BEST 管理的支点 PRACTICE

企业人力资源管理案例甄选（一）

彭剑锋
顾问

李直
主编

“管理就是实践
实践是我们最伟大的老师”

中国人力资源开发研究会企业人才分会 ◎ 出品

图书在版编目（CIP）数据

管理的支点：企业人力资源管理案例甄选 . 一 / 李直主编 .—北京：企业管理出版社，2022.12

ISBN 978-7-5164-2738-5

Ⅰ . ①管 ... Ⅱ . ①李 ... Ⅲ . ①企业管理 – 人力资源管理 – 文集 Ⅳ . ① F272.92-53

中国版本图书馆 CIP 数据核字 (2022) 第 206117 号

书　　名：管理的支点：企业人力资源管理案例甄选 . 一
作　　者：李直
责任编辑：杨慧芳
书　　号：ISBN 978-7-5164-2738-5
出版发行：企业管理出版社
地　　址：北京市海淀区紫竹院南路 17 号　邮编：100048
网　　址：http://www.emph.cn
电　　话：发行部（010）68701816　编辑部（010）68420309
电子信箱：314819720@qq.com
印　　刷：北京博海升彩色印刷有限公司
经　　销：新华书店
规　　格：880 毫米 ×1230 毫米　16 开本　27.75 印张　675 千字
版　　次：2022 年 12 月第 1 版　2022 年 12 月第 1 次印刷
定　　价：328.00 元

本书编委会

（按照姓氏笔画排序）

顾　问

彭剑锋

主　编

李　直

编　委

王　震　韦　玮　吕利萍　刘平青　李朋波　李东风　张小峰　张月强

张杰贤　陈毅贤　罗　墉　胡志华　段　磊　宫艳卿　蔡元启　颜世富

序言一

实践是我们最伟大的老师

彭剑锋

中国改革开放四十多年，中国企业管理最具有中国特色，其中，最具有中国原创管理理论和最优实践的是关于人的管理。可以说，中国企业人力资源管理理论与实践最具有原创性和独特性。长期以来，我一直关注中国企业人力资源管理的最优实践，并坚信，中国企业过去对世界的贡献主要是GDP，未来中国企业对世界的贡献，不仅仅是GDP，更有原创管理理论与最优实践。

我认为，一个好的企业实践案例应该符合以下三个标准，第一是创新性，该企业的人力资源管理实践是不是具有独创性和创新性；第二是应用价值，该人力资源管理的理论与最优实践的应用是不是真正推动了企业的健康成长与人的发展；第三是标杆影响力，该企业的人力资源管理最优实践是否成为行业标杆并成为其他企业学习对象。

管理就是实践，实践是我们最伟大的老师！人力资源管理作为一门应用科学，来源于实践的创新与总结提炼，回归于实践的应用与价值创造。管理是科学和艺术的有机结合，作为科学，一定是基于理性假设与科学思维，有方法论与内在规律性，具有可复制性，在应用实践中，不需要个性化创造，而是更强调做到位、执行到位、改进到位；而作为艺术，往往植根于独特的文化土壤，基于非理性的激情与洞察，一定需要个性化创造，一定要有中国特色、中国创造。中国人跟西方人的思维方式不一样，西方是二元对立思维，我们是基于不二法则的整体思维、系统思维。从这个角度上来说，中国企业的管理实践模式肯定有中国特色，肯定有中国企业自己的独特性。实践是与时俱进的，时代在变，管理实践也在变，作为一种实践的管理是一盘永远下不完的棋，永远没有止境，永远达不到我们所要的理想状态。

总的来说，管理既是一门科学，又是一门艺术，是融为一体的一体两面；管理既是理论又是实践，但是我更承认管理是一种实践。

管理作为一种实践，是对度的把握，是科学和艺术、理论和实践的有机融合。一方面，企业不能被理论绑架，立意过高，落不了地，没法活下去；另一方面，如果不相信理论、不遵循规律，靠拍脑袋，又容易翻车掉沟里。管理作为一种科学理论，我不太赞成构建“中国式管理理论”之说，从科学管理理论的含义出发，中外科学管理的内在规律与底层逻辑是一致的，没有所谓中国模式和美国模式之说，但从管理实践的角度，中国的最优实践模式是有的，是一种独特的存在。就像日本的丰田精益模式一样，中国也要总结出自己的模式。比如华为的以奋斗者为本的价值管理循环实践模式、海尔的人单合一实践模式、小米的平台化生态实践模式，以及“专精特新”企业的实践，等等。我们拥有各种最优实践，也理应总结出被世界认可和标杆学习的模式。

中国企业的最优实践亟待总结出来，这是包括我们管理学人、管理实践者的共同使命与责任。在数智化时代，我们在理念引领性方面是进步的，如七八年前，我们就开始倡导长期价值主义、创新向善等，这种理念的方向是进步的，是代表人类管理的发展方向的，当时很多人不理解，现在基本都接受了，很多企业都把这些观念写进了大纲里，这就是前瞻性。最近我们提的中国企业转型升级的六大要点“登科技高峰，下数字蓝海，聚天下英才，与资本共舞，创世界品牌，做三好企业”以及“战略生态化、组织平台化、人才合伙化、领导赋能化、运营数智化、要素社会化”六化新思维等作为理念引领，十年内方向是没问题的。但这些年我们的遗憾在于，对于中国企业的最优实践持续挖掘不够、总结提炼不够，这也是我们应该和企业家一起努力的方向。实践是管理理论活的灵魂，只有面向实践、扎根实践、向实践学习，做有意义和有价值的研究，我们管理学人才能不辜负这个伟大时代。让我们共同努力，为中国企业最优管理实践贡献更多、更优秀的案例。

彭剑锋
企业管理专家
中国人力资源开发研究会副会长兼企业人才分会会长
中国人民大学教授、博导
华夏基石管理咨询集团董事长

序言二

开启案例征集和研究的序幕

李　直

经过近一年的征集、遴选，人力资源管理案例（2021）征集工作于近期顺利完成。我们把优秀的案例结集为这本《管理的支点》呈现给大家。

发起这样一个案例征集活动，是基于两个基本的认知：一是改革开放四十多年来，我国众多企业的人力资源管理工作从无到有，从学习、借鉴国外的成功经验到形成适合自身的管理体系和方法，造就一大批有着自己特色的人力资源管理优秀案例，很多案例具有中国式人力资源管理模式的特征。它们需要被挖掘、总结、推广。二是我国企业的人力资源管理水平差距还很大，很多企业的管理还比较落后，不能跟上时代的步伐。这些企业急需要对标管理，学习先进企业的管理经验和管理模式，不断提高自身的管理能力，才能不被时代淘汰。

整体来看，这次遴选出的优秀案例具有以下优点。

（1）可读。整体来说，本次征集到的案例内容翔实，信息量丰富，可读性强。优秀案例均提供了本企业在项目实施前的战略和专业考量以及实施过程中的具体流程、步骤，很多案例还配备了相关的数据和可视化图标作为支撑，内容清晰、完整、详实，信息量丰富，可读性强。

（2）可学。这些案例均从实际问题出发、从实践中总结出来的成功经验，有着创新性、时效性、实用性，具有较好的参考、学习与借鉴价值。每个案例均为企业为解决某个实际的人力资源管理问题的对策、方法，是企业在实际操作过程中的经验总结。这些经验紧密贴合企业发展需求，与企业发展战略高度匹配，切实有效地解决了企业人力资源的相关问题，提高了管理效率，提升了管理能力。同时，企业入选案例均为企业正在实施的方案、方法，一部分企业提供的是多年来一直努力解决的人力资源管理的重点、难点问题方案，一部分企业提供的是根据企业发展和人力资源专业发展过程中进行的转型、变革、创新等新的方法、系统，新的人力资源管理理念和方法被大量应用，数字化、智能化成为人力资源管理的重要工具。这些案例因其创新性、时效性和实效性而具有很强的现实意义。对于参考企业来说，具有较好的学习参考价值和启发意义。

（3）可思。入选的优秀案例均聚焦管理的难点、热点，表现了较强的创新性，体现了企业在变化过程中的思考和探索，也值得我们广大的企业人力资源管理者深入思考。同时，我们也看到，很多企业提交的案例还流于表面，缺乏专业和实际成果的支撑，这也从另一个层面反映我国企业人力资源管理水平的参差不齐。另外，很多企业有很好的实践经验，却缺少总结和提炼，导致很好的方法、措施不能发挥更大的效果。这些都值得我们深入思考，也从侧面印证了我们案例征集活动的价值和意义。

由于此次征集工作是我们第一次开展这么大规模的案例集选工作，加上企业的踊跃参加程度高，数百家企业案例的遴选工作量较大，导致我们的遴选难免会有不少瑕疵，希望在以后进行改进和修正，以便让优秀案例脱颖而出，真正绽放出它们迷人的光彩。

李　直
中国人力资源开发研究会常务副秘书长
中国人力资源开发研究会企业人才分会副会长兼秘书长
《中国人力资源开发》社长、副主编

目　录

第一部分　国企三项制度改革

第二部分　人力资源数字化

第三部分　岗位评价与组织建设

第四部分 激励绩效与薪酬管理

第五部分　企业文化建设

第六部分　人才队伍建设

第七部分 企业管理培训

第八部分 劳动关系管理

第一部分

国企三项制度改革

严格任期管理，精准契约考核，建立保利特色现代化新型经营责任制

中国保利集团有限公司

一、保利集团简介

中国保利集团有限公司（以下简称保利集团）成立于1993年2月，2016年7月入选“国有资本投资公司试点”,是国务院国有资产监督管理委员会（以下简称国务院国资委）管理的商业一类中央企业。保利集团以实现“高质量、稳增长”为首要任务，决战决胜国企改革三年行动，不断优化贸易，升级地产，做强文化，创新科技，做特工程，发挥金融业务支撑保障作用,着力打造具有国际竞争力、国内领先的“5+1”业务体系,加速实现“建设一流、追求卓越”的战略目标。

二、改革的背景和目的

1. 实行任期制和契约化管理的背景

2021年3月，国务院国资委翁杰明副主任在国有企业经理层成员任期制和契约化管理专题推进会上的讲话明确指出：推行经理层成员任期制和契约化管理，就是要推动建立中国特色现代企业制度下的新型经营责任制。

2. 建立新型经营责任制的目的

国有企业建立新型经营责任制的目的是：打破“铁交椅”，打破“大锅饭”；按市场规律对经理层进行管理，立下军令状，明确责任制；干得好就激励，干不好就调整；实现职务能上能下、收入能增能减；强化“干好干坏不一样”导向。

3. 任期制和契约化管理的特点

通过一年的实践，保利集团总结经理层任期制和契约化管理相对于传统的干部管理，有以下4个鲜明的特点。

（1）任期管理是岗位管理，不是身份管理

这一点体现在任期管理意识的转变。通过明确任期期限、到期重聘、签订并严格履行岗位聘任协议书，弱化“看身份、看级别”的传统观念，树立领导干部的任期意识、岗位

意识，打破领导干部“铁交椅”，实现从身份管理到岗位管理的转变。

（2）契约考核是精准考核，不是笼统评价

这一点体现在考核指标的差异化。每个经理岗位对应个人岗位职责及分工，“一人一表”差异化考核，而不是针对一把手和班子整体的考核；考核目标要体系化，也要有挑战性；考核周期长短衔接、各有侧重。

（3）薪酬管理是刚性兑现，不是柔性应用

这一点体现在经理层的薪酬和业绩直接联动。薪酬是计算出来的，不是平衡出来的；薪酬刚性兑现不能打折，做到“干得好不含糊，干得差不将就”；年度薪酬和中长期激励相互搭配、做好衔接。

（4）岗位退出是刚性退出，确保“能上能下”

这一点强调考核的刚性退出。考核结果不仅要影响收入的“能增能减”，更要影响岗位的“能上能下”。

三、改革进度

作为中央企业，保利集团坚决贯彻落实党中央、国务院关于国企改革的决策部署和国资委工作要求，按照“能推尽推”的原则，推动经理层成员、非经理层成员、总部部门负责人等各类领导人员任期制和契约化管理全覆盖。2021 年，全集团子企业领导班子成员实施任期制和契约化管理的户数和人数完成率均为 100%。初步构建了保利特色的现代企业新型经营责任制，激发企业参与市场竞争的内生动力和活力，助推保利集团驶入高质量发展快车道。

四、集团层面顶层设计

保利集团的任期制和契约化管理，从经验上讲就是“坚持以问题为导向，以企业实际为出发点”。保利集团将市场化和多元化两个特色贯穿始终。集团层面定调子、设总纲，逐级推动领导干部完成顺应市场的身份转变，提供“样板套装”；子公司层面因企制宜、诊脉抓方，适应多元需求量身打造个性化“高级定制”。

（一）子企业经理层成员

在完成子企业经理层成员任期制和契约化管理这一方面，保利集团主要做了以下三件事。

1. 加强顶层设计，完善制度体系

保利集团制定了 1 个管理办法 +1 个工作方案 +6 个配套文件，形成子企业经理层成员任期制和契约化管理的制度体系，同步修订领导人员管理、业绩考核、薪酬管理等配套制度，指导子企业实现任期制和契约化管理的落地。

“1 个管理办法”是指《二级企业推行经理层成员任期制和契约化管理办法》。将其作

为子企业开展任期制和契约化纲领性文件，从目的、原则和方向、基本概念、范围和职责、基本操作流程、任期制管理要点、契约化管理要点和监督管理要点等八个方面，规范任期制和契约化改革，以及未来对经理层成员管理的过程。

“1个工作方案”是指《子企业经理层成员任期制和契约化管理工作方案》(参考模板)，作为子企业任期制和契约化管理的指引性文件，从企业基本情况、背景和目的、实施范围、任期制管理的主要举措、契约化管理的主要举措、监督管理的主要举措、组织保障与进度安排等七个方面，对经理层成员如何进行任期管理、如何开展业绩考核、如何兑现薪酬，以及如何实施岗位退出为子企业提供解决方案，确保改革规范。

“6个模板文件”是指经理层成员的《岗位说明书》《岗位聘任协议书》《年度经营业绩责任书》《任期经营业绩责任书》《经营业绩考核管理办法》和《薪酬管理办法》等6份文件参考模板。这6份模板文件作为任期制和契约化改革落地的标志性文件，既体现落实董事会职权，又体现市场化干部管理。

保利集团用《岗位说明书》《岗位聘任协议书》《年度经营业绩责任书》和《任期经营业绩责任书》解决任期制和契约化问题，用《经营业绩考核管理办法》和《薪酬管理办法》解决刚性考核、刚性兑现、退出机制的问题。

2. 狠抓关键环节，指导实操落地

在具体实施方面，保利集团狠抓关键环节，以岗位任职资格为基础，以规范的任期管理为要求，以科学合理的契约目标为关键，以薪酬刚性兑现为硬约束，以岗位刚性退出为底线，指导子公司高标准、高质量实施任期制和契约化管理。

（1）规范岗位，明晰权责，夯实任期制和契约化管理的基础

一是规范设置岗位。根据经理层成员工作分工，建立标准岗位清单。按“一岗位一职责”的原则编制岗位说明书，从岗位信息、岗位目的、岗位权限、岗位职责、工作关系、任职条件等方面开展工作分析，明确经理层成员岗位职责和任职资格。子企业结合经理层成员分管业务情况，按照“统一设岗”或“分类设岗”原则规范设置岗位。统一设岗是指按照副总岗位职责及分工设置“一人一岗”；分类设岗是指按照副总分管业务类别，设置为业务类和职能类两类岗位。

二是明晰权责边界。保利集团制定了《落实重要子企业董事会职权工作方案》，差异化落实子企业董事会中长期发展决策权、经理层成员选聘权、经理层成员业绩考核权、经理层成员薪酬管理权、职工工资分配管理权和重大财务事项管理权等6项重点职权；制定了《董事会授权管理办法》《董事会授权决策方案》和《董事会授权决策事项清单》，推动董事会向总经理授权制度化、清单化。子企业在党委会、董事会、总经理办公会议事规则基础上，根据经理层成员岗位职责和工作分工，规范董事会与经理层、总经理与其他经理层成员之间的权责界限，通过制度化、规范化的方式对经理层成员行权提供保障，严格落实总经理对董事会负责、向董事会报告的工作机制。

（2）规范任期，严格管理，严守任期制和契约化管理的要求

一是规范任期管理。以经理层成员签订《岗位聘任协议书》为依据，约定子企业领导班子整体任期一般为3个完整自然年度，与集团对子企业任期经营业绩考核周期保持一致。届中新聘任领导人员任期自集团下发任职通知的时间起至本届领导班子任期届满。（保利

明确任期是指领导班子整体任期，对任期期初任职的经理层成员，统一规定 2021 年 1 月 1 日至 2023 年 12 月 31 日为本届任期。若任期中，如 2022 年 5 月 1 日补充聘任一名经理层，则该经理层聘任协议书起止时间为 2022 年 5 月 1 日至 2023 年 12 月 31 日。）任期内应保持经理层成员岗位稳定，成员变动应重新签订《岗位聘任协议书》和《经营业绩责任书》。原则上考核内容、指标和目标值等不作调整。

二是分类确定签约主体。对于已建立董事会的企业，规定由公司董事会授权董事长与经理层成员签订《岗位聘任协议书》《年度经营业绩责任书》和《任期经营业绩责任书》，董事会可以授权总经理与其他经理层成员签订《年度经营业绩责任书》和《任期经营业绩责任书》。对于未建立董事会的企业，可由控股股东代表与经理层成员签订《岗位聘任协议书》、年度和任期《经营业绩责任书》，控股股东代表可以授权总经理与其他经理层成员签订年度和任期《经营业绩责任书》。

三是规范确定到期重聘程序。任期内，在签订岗位聘任协议的基础上，董事会（或控股股东及其党组织）加强日常监督管理，考核认定不适宜继续任职的应及时予以解聘，且本届任期内不得再参加该岗位的聘任；任期期满后续聘的，应重新履行聘任程序并签订岗位聘任协议，未能续聘的，自然免职（解聘），如有党组织职务，原则上应一并免去。

（3）科学确定契约，抓住任期制和契约化管理的关键

一是注重契约考核的体系化和个性化相结合。集团公司健全完善子企业组织绩效考核体系。子企业年度经营业绩考核，立足多元化主业实际，突出考核差异化，强化短板考核，引入对标管理，建立以质量效益为主体，业务及管理、党建考核、三项制度评估、风控及合规考核为辅助的综合考核体系。

任期经营业绩考核制订“3+2”考核指标体系。“3”为三项财务指标（其中，国有资本保值增值率为共性指标，其余两项指标立足子企业经营实际），从研发经费投入强度、“两金”占流动资产比重、现金短债比等指标中差异化选取；“2”为两项业务及管理指标，结合子企业主业特点，从中长期发展战略目标和重点改革发展任务中选取。

子企业经理层业绩考核突出个性化、差异化。对总经理岗位，在与集团对子企业组织绩效考核衔接上，保利集团提供以下 3 种方式供子公司选择。

● 方式一：完全承接集团公司对子公司综合考核；

● 方式二：承担集团公司对子公司综合考核的经营业绩指标、业务及管理指标，董事会根据需要增加相关业绩指标或提高指标目标值；

● 方式三：完全承接集团公司对子公司综合考核，董事会根据需要增加相关业绩指标或提高指标目标值。

对于其他经理层岗位，根据岗位职责及分工，实行“一人一表”的个性化考核。考核指标既挂钩总经理经营业绩，强调对领导班子协同作用，也挂钩个人岗位关键业绩，所占权重不得低于 60%。保利集团提供以下两种方式供子公司选择。

● 方式一：统一标准。即所有副总经理在挂钩总经理年度经营业绩和个人岗位关键业绩方面，考核维度和权重都一致。

● 方式二：分类标准。即将副总经理分为职能类和业务类，两类副总在挂钩总经理年

度经营业绩和岗位关键业绩方面，权重有所不同。业务类副总个人岗位关键业绩占比要比职能类副总高。

二是注重契约考核目标的科学性和合理性。对子企业组织绩效考核，先根据历史数据、行业对标情况确定基准值；再按照与基准值的对比情况，对目标值分三档管理（第一档要达到历史最高水平，且明显好于上年完成值；第二档不差于基准值；第三档低于基准值）。目标值档位与考核计分、结果评级紧密结合。对子企业经理层成员，总经理围绕企业全面达成生产经营目标设置考核指标；其他经理层成员根据分管领域从符合战略发展导向和岗位职责要求方面设置个人指标，主要来源于集团公司对子企业综合考核、公司发展战略、个人分管领域的重点任务等。

三是科学设置计分规则。对于财务类指标，计分规则为每项指标分别设置标准分，完成目标得 100% 标准分；对超额完成目标值的，设置了超 1 加 1 的计分规则；对未完成目标值的，设置了少 1 罚 2 的计分规则，强化对没完成考核目标值的约束性，计分上限为标准分的 120%，下限为 0，没有保底分。对于任务类指标，整体完成得 100% 标准分；同时计分规则对任务类指标设置了里程碑关键节点，按完成关键节点情况计算得分，计分上限为标准分的 100%，下限为 0。

四是强化绩效结果应用。年度绩效考核和任期绩效考核结果按考核得分进行排序，依次划分为优秀、良好、合格、不合格四个等级。考核兑现系数根据考核得分折算，兑现系数上限为 1.2，下限为 0。年度经营业绩考核实行底线管理，考核得分为 70 分及以下或主要指标完成率为 70% 及以下的，及时解聘；考核得分超过 70 分不满 75 分的为不合格，绩效年薪为 0；子企业组织绩效考核结果为 D 的，经理层成员不得有优秀等级，且至少有一个不合格；干部年度综合考核和任期综合考核评价为不胜任的，不得领取绩效年薪和任期激励。

（4）突出薪酬刚性兑现，强化任期制和契约化管理的硬约束

一是优化经理层薪酬结构。经理层成员薪酬由基本年薪、绩效年薪、津贴补贴、任期激励、专项奖励构成。基本年薪根据企业规模效益、个人岗位系数确定；绩效年薪根据个人年度经营业绩考核结果确定，绩效年薪基数为基本年薪的 1.5 倍；任期激励与任期经营业绩考核结果挂钩，参照超额利润分享机制实行奖金包管理。

二是强制拉开薪酬差距。经理层成员实行“一岗一薪酬”，根据岗位系数和经营业绩考核结果，合理拉开薪酬差距。经理层年薪标准参照集团下达主要负责人年薪标准，由董事会根据岗位系数确定，岗位系数同时参与基本年薪和绩效年薪计算；副职经理层岗位系数为正职 0.6—0.9 倍，原则上最高与最低标准之间差距不低于 15%。岗位系数的确定方式有两种：一种是根据岗位价值评估结果确定；另一种是根据人才稀缺程度、业绩贡献等因素确定。

绩效年薪根据年度经营业绩考核结果兑现。绩效年薪兑现值拉开差距的方式也有两种：一种是分为 N–1 档（N 为纳入经营业绩考核范围的同级经理层成员总数。例如，一个班子有 5 名副总，则这 5 人绩效年薪兑现值要拉开 4 档），且每档之间差距不低于 3%；另一种是副职经理层成员绩效年薪兑现值最高值和最低值差距至少拉开 10%。

三是推行增量价值分配机制。以子公司创造增量净利润为基础，推行任期超额利润分

享机制。任期净利润目标值按年度核定，每年参考净利润考核目标、近三年平均净利润、本企业上一年 ROE 以及行业平均 ROE 计算的净利润水平 4 个数中的较高值来确定；任期超额利润分享额挂钩企业任期经营业绩考核结果。经理层超额利润分享总额不超过计提基数的 10%，经理层个人超额利润分享额不超过任期内年度薪酬总额的 30%。对任期激励水平进行双控，避免变相涨薪。

（5）强化岗位刚性退出，坚守任期制和契约化管理的底线

一是规范设置领导人员退出条款。在工作方案和岗位聘任协议书中，对经理层成员规定了六种退出情形。一方面，强化经营业绩考核结果的刚性应用。例如，明确经理层年度经营业绩考核得分低于 70 分，或年度经营业绩考核主要指标完成率低于 70%，或连续两年年度经营业绩考核结果低于 75 分，或任期经营业绩考核结果低于 75 分的，要退出岗位。另一方面，要求领导人员综合考核评价“双达标”。例如，明确经理层任期综合考核评价不称职、或者年度综合考核评价中总经理年度综合考核评价得分连续两年靠后，其他经理层成员连续两年排名末位，经分析研判，确属不胜任或不宜担任现职的，要退出岗位。此外，还要求按违规经营投资追责结果，以及兜底条款也要退出岗位。

二是细化领导人员退出程序。规定对不胜任或不适宜担任现职的经理层成员，不得以任期未满为由继续留任，应当及时解聘，在本届任期内不得再参与该岗位的聘任；原则上降级使用，经综合研判，符合同一层级其他岗位任职条件的，可以按照企业领导人员有关规定聘任；任期届满不符合续聘条件的，应当退出现职。

三是健全完善干部退出制度。保利集团以深化干部人事问题整改为契机，大力推行公开竞聘、竞争上岗，严格执行干部转任、干部到龄改任、干部到龄退休制度，推动干部有序退出，形成经理层成员正常更替、人岗适配的良性循环和常态化机制。

3. 健全工作机制，严格督导考核

任期制和契约化管理是一项系统性、综合性改革，涉及干部人事、业绩考核、薪酬管理等多个方面，推行过程中需要多条线协同，上下联动。保利集团在推动改革进程方面也做足了组织保障工作。

一是健全工作机制，层层压实责任。制定《推行子企业经理层成员任期制和契约化管理工作方案》，从工作目标、工作任务、推进方式、推进计划、组织保障等方面进行周密部署。

二是严格督导考核，狠抓改革成效。通过召开宣传贯彻培训及动员部署会，营造良好的改革氛围；通过开展摸底统计，夯实改革任务基础；通过组织签约仪式，把握改革关键节点；通过召开专题推进会，对改革进行再动员、再部署；通过建立完善改革考核方案，明确改革评估内容和规则；通过开展专项调研督导、选人用人专项巡视，组织“回头看”自查和抽查，常态化推进改革举措落地落实。

（二）子公司非经理层成员、集团总部部门负责人

在子公司经理层成员以外，保利集团增加了两项改革“自选动作”，将任期制和契约化管理实施范围拓展至子公司非经理层成员、集团总部部门负责人。

1. 子公司非经理层成员

（1）非经理层成员能否实施任期制契约化管理

国资委改革办印发的《两个指引有关问题的回答》中这样答复："两个操作指引针对的对象范围是'双百企业'的经理层成员。对于非经理层成员的董事会成员、党组织领导班子成员等，由'双百企业'的控股股东及党组织根据相关人员管理权限和企业领导人员管理有关规定，结合'双百企业'实际情况，综合研判后自行决定是否参考两个操作指引推行相关工作。"

保利集团在推行任期制和契约化管理之初，对于非经理层成员是否实行任期制和契约化管理，存在两种观点：一种观点认为建设现代企业制度，应当严格按照《公司法》，落实董事会对经理层成员的选聘权限。公司法中规定董事会对经理层成员的选聘权限不包括上述岗位，就应当将其排除在外。另一种观点则从中国特色出发，如果不将上述岗位纳入，部分人员按照契约化管理要求严格考核和刚性退出，但还有一部分岗位停留在"干部"思维里，会影响班子团结，滋生本位主义的倾向，不利于企业发展，因此应当将其纳入。对此，保利集团调研了其他央企的做法，实践中，有的企业将非经理层成员纳入实施范围，也有企业未将非经理层成员纳入实施范围。

最终，经保利集团党委研究决定，将非经理层成员的企业党组织负责人、专职董事会成员、专职监事会成员等领导人员纳入任期制和契约化管理参照执行范围。

（2）具体做法

考虑到非经理层成员岗位一般不直接承担经营管理职责，在任命方式、考核方式、退出方式上与经理层成员有所不同，因此保利集团对非经理层成员的契约签订、业绩考核以及退出管理做了差异化规定。

在契约签订方面，保利集团规定：非经理层成员中的董事长，与控股股东或实际控制人代表（指上级单位的董事长、总经理或者分管领导）签订《任职承诺书》，其《年度经营业绩责任书》和《任期经营业绩责任书》直接采用集团对子公司的组织绩效考核责任书；非经理层中的党委副书记与本级党委书记签订《任职承诺书》和《目标责任书》；非经理层中的纪委书记岗位，由于纪委条线有考核以上为主的要求，因此子公司纪委书记与上级单位的纪委书记、本级党委书记"双签"《任职承诺书》和《目标责任书》。

在年度考核方面，保利集团规定：董事长 100% 承接集团公司对子公司年度考核指标和结果；党委副书记考核维度包括上级单位党建责任制考核和个人岗位关键业绩两部分，权重分别是 60% 和 40%；纪委书记考核维度包括上级单位的纪委书记履职考核和个人岗位关键业绩两部分，权重分别是 60% 和 40%。

在任期考核方面，保利集团规定：董事长 100% 承接集团公司对子公司任期考核指标和结果；党委副书记和纪委书记，考核维度设置了两种方式，方式一：100% 取任期内加权计算的个人年度考核结果；方式二：60% 取任期内加权计算的个人年度考核结果，40% 挂钩总经理任期经营业绩考核结果，以体现与公司经营业绩的一定关联。

在退出管理方面，保利集团对非经理层领导班子成员，规定了 3 种退出情形：一是依据干部年度综合考核评价结果和任期综合考核评价结果退出；二是依据违规经营投资追责结果退出；三是因其他原因控股股东及党组织认为不适合在原岗位继续工作的要退出。

2. 集团总部部门负责人

对于集团总部部门负责人，在推行任期制和契约化管理过程中，虽然集团总部部门负责人与子企业领导班子成员同为集团党委管理干部，但在岗位职责方面，与子企业领导班子成员有显著区别。集团总部部门负责人主要从事职能管理工作，在业绩考核、薪酬管理、退出管理等方面要与总部员工业绩考核、薪酬管理办法相衔接。

在契约签订方面，规定总经理代表集团公司与部门负责人签订《岗位聘任协议书》和《年度业绩责任书》。

在业绩考核方面，先确定部门组织绩效考核，从“履行日常职责”和“年度重点工作”两个考核维度，签订《部门业绩责任书》，考核指标 6—8 个。考核内容要结合总部部门的职能特点，聚焦部门工作的质量和效率，按照可衡量、可考核、可检验、要办事的要求，实行定性和定量相结合，重点选取可量化、可具象化的重要日常职责；年度重点工作设置考核目标值，能量化的量化，不能量化的具象化。

在年度业绩考核方面，部门主要负责人（指部门正职和主持工作的部门副职）直接采用本部门的《年度业绩责任书》，不再签订个人《年度业绩责任书》。部门其他负责人根据本部门年度业绩考核目标，结合本岗位职责及分工情况，提出 3—5 个本岗位关键业绩目标，签订个人《年度业绩责任书》。

在任期业绩考核方面，考虑到总部部门负责人岗位职责特点，是职能导向、任务导向、参谋导向，绩效都是要短周期实现，这一点与经理层三年的业绩周期不同，因此暂不签订《任期业绩责任书》，任期业绩取任期内各年度业绩考核结果加权计算。

在薪酬管理方面，考虑到总部部门负责人实行的是岗位绩效工资制，取绩效奖金关联年度业绩考核结果。负责人考核级别分为 A+（优秀）、A（良好）、B（称职）、C（待改进）、D（不称职）5 个等级，对应年度绩效系数为 1.2、1.1、1、0.5、0，绩效奖金最高上浮 20%，下不保底。

任期结束后，根据任期内个人年度业绩考核加权计算结果，对符合条件的部门负责人，给予任期总经理奖励，奖励总额不超过本人任期内年度平均薪酬的 30%。

在退出管理方面，规定了部门负责人 5 种退出情形：对年度业绩考核评价不称职，或在年度业绩考核评价中得分连续两年排名末位，或任期业绩考核得分在 60 分以下的负责人，经综合分析研判，确属不胜任或者不宜继续担任现职的，进行组织调整。另外，对违规经营投资追责处理决定应当退出、或因其他原因集团公司认为不适合在原岗位继续工作的负责人，要退出岗位。

五、子企业实践案例

子企业根据集团公司管理制度和方案模板，结合本企业实际，按照“一岗位一职责、一岗位一考核、一岗位一薪酬”原则，制订个性化工作方案，呈现出一批有特色的实践案例。

案例一：在岗位价值评价方面，所属企业保利国际采用“管理要素评价法”评定经理层成员岗位价值系数。首先，将领导班子成员分管的部门或分管子公司视为价值要素，对价值要素进行对偶比较评价，形成不同要素的价值排序和得分；然后，在此基础上，按照多管理要素的组合计算方法，对照副总经理岗位的分工情况，算出不同副总经理岗位的价值得分；最后，按照副总经理岗位系数取值区间和拉开差距要求，根据副总经理岗位价值得分，分档赋值，得出岗位系数方案，如图 1 所示。这个方法除了相对公平、客观以外，还有一个好处是，在经理层成员或岗位分工发生调整，或当管理要素（分管的部门或子公司）发生整合或撤销等变动时，只需重新对管理要素进行组合计算，即可计算出高管人员的岗位价值，具有动态调整的灵活性。

图 1　经理层岗位价值评估流程

如图 2 所示，对经理层分管的部门和子公司进行两两比较，得出的管理要素的排序和得分。图中黄色的这张表是一名副总岗位价值计算的过程，这里对照 2 号副总岗位分工情况，按其分管部门、分管子公司、分管业务板块的这些管理要素评价得分，加权计算出这名副总的岗位价值得分为 4.6；蓝色的这张表是按照副职岗位价值得分情况，分档设定岗位系数。

案例二：在考核指标选取和目标值设定上，所属企业保利发展健全高质量发展考核体系，层层压实经营管理责任，做到三个“锚定”和三个“不低于”（图 3）。

在考核指标选取上，一是锚定体现发展质量的财务性指标，建立“摸高”机制，确保“十四五”目标达成；二是锚定体现业务协同的差异性指标，做实一人一表，避免出现“搭便车”“大锅饭”的情况；三是锚定干部考核结果刚性兑现，通过业绩薪酬双对标，动态确定领导干部薪酬水平。

在考核目标值设定上，按照三个“不低于”原则，结合企业发展战略规划、近三年的经营业绩、行业对标情况，分档制定考核目标，确保公司市场份额不下降，保持央企第一行业地位。

案例三：在考核指标选取上，所属企业保利久联引入 KSF 战略解码工具（表 1），分高质量发展、重点工作、自主创新、深化改革、加强党建等五个维度，通过分解“十四五”规划、解析年度工作报告、开展领导访谈等多种方式，提取 22 项企业关键成功要素，转化为 111 项考核指标，按照领导班子成员岗位分工分解至每位班子成员身上。

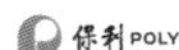

保利 POLY

案例一：经理层成员岗位价值评估（2）

管理要素评价结果

Sample

本级部门

排序	部门	对偶比较得分	分档	赋值
1	业务部门5	801	A+	4.0
2	业务部门2	732	A	3.0
3	业务部门1	686	A	3.0
4	业务部门6	686	A	3.0
5	业务部门3	685	A	3.0
6	业务部门4	656	A	3.0
7	职能部门3	633	A	3.0
8	职能部门4	611	B	2.5
9	职能部门1	602	B	2.5
10	职能部门2	571	B	2.5

子公司

排序	子公司	对偶比较得分	分档	赋值
1	子公司 A	236	A+	4.0
2	子公司 B	180	A	3.0
3	子公司 C	164	A	3.0
4	子公司 D	134	B	2.5
5	子公司 E	130	B	2.5
6	子公司 F	108	B	2.5
7	子公司 G	87	B	2.5
8	子公司 H	77	B	2.5
9	子公司 I	77	B	2.5
10	子公司 J	47	C	2.0

保利 POLY

案例一：经理层成员岗位价值评估（3）

计算岗位价值系数

Sample

任职者	管理要素	岗位价值组合计算过程	计算结果
副总经理2	业务部门5（4.0）、业务部门7（3.0）、甲类业务板块（2.0）、参股公司L（1.0）、参股公司M（1.0）	4×65%%+3×35%+2×30%+1×20%+1×15%	= 4.60

姓名	职务	分管部门	分管子公司	协管子公司	协助分管业务板块	岗位价值得分	岗位系数
1	副总经理	1	2		1	4.60	0.90
2	副总经理	2	2		1	4.60	0.90
3	副总经理	2	1			4.35	0.85
6	副总经理	3	2			4.25	0.85
4	副总经理	2	2			3.70	0.75
5	副总经理	3	1		1	3.45	0.75
7	副总经理	1		1		2.75	0.70

图 2　副总岗位价值计算过程示例

保利发展控股

保利发展控股-考核指标与目标设置

考核指标

发展质量
- 经营业绩指标权重不低于70%。
- 聚焦销售签约额、权益回笼额、签约毛利率、总资产周转率；营业收入、利润总额等量化指标。

业务协同
- 按照“组织考核结果共担+必选主要指标+个性化其他指标”设置考核表。
- 按照“1+N”设定个人岗位关键业绩指标。

考核应用
- 干部个人综合考评、晋升、退出。
- 干部短、中、长期激励。

三个“锚定”

考核目标

战略规划
- “十四五”规划目标倒排分解。
- 健全市场化经营机制，稳步提升经营效率。
- 完善国有资产监管体制。

近三年经营业绩
- 不低于集团下发的经营预算目标。
- 不低于公司过去三年经营业绩成果。

行业头部对标
- 地产板块市场占有率、市场排名不下降。
- 相关产业子版块形成多个行业标杆。
- 人力资本投入产出保持行业前列。

三个“不低于”

图 3　保利发展的考核指标与考核目标设置

表 1　保利久联“KSF 战略解码工具－高质量发展”指标分解表

战略导向	关键成功要素KSF	指标来源		衡量指标M	单位	2021年目标值	“十四五”目标值	适合周期	董事长	总经理	党委副书记	常务副总经理	副总经理	总会计师	副总经理	副总经理
高质量发展	效益	工作报告	“十四五”规划	资产总额	亿元	xx	xx	任期	√	√				√		
		工作报告	“十四五”规划	营业收入	亿元	xx	xx	年度	√	√	√	√	√	√	√	√
		工作报告	“十四五”规划	利润总额	亿元	xx	xx	年度	√	√	√	√	√	√	√	√

案例四：在考核目标值具有挑战性上，所属企业保利华信在集团公司制定的目标基础上，董事会对经理层成员的考核指标进行了加码，净利润在集团下达的目标值基础上上浮一定比例。例如，集团下达给子公司的净利润考核目标值同比增幅为 10%，则该公司董事会下达给经理层净利润同比增幅在目标值档位为一档情况下，同比增幅上浮到 10.5%，依次类推，在二档、三档情况下，净利润同比增幅分别要上浮到 11%、11.5%。这体现了董事会对经理层考核的自我加压、自我挑战。

保利华信经理层成员主要经营业绩指标目标值上浮比例如表 2 所示。

表 2　保利华信经理层成员主要经营业绩指标目标值上浮比例

主要经营业绩指标	公司考核目标值	经理层成员
净利润	一档	考核目标分解上浮不低于【5%】
	二档	考核目标分解上浮不低于【10%】
	三档	考核目标分解上浮不低于【15%】

案例五：针对职能类班子成员考核量化难的问题，所属企业保利久联按照“干什么就考什么”的原则选取考核指标，并设定目标值。

表 3 所示为一名党委副书记的“一人一表”。从这张表可以看出，这名党委副书记的考核指标紧密结合了他的岗位职责和工作分工，设定的考核目标值是可以量化的。

案例六：针对任期业绩考核目标难预测的问题，所属科改示范企业中轻日化院按照“能量化的量化，不能量化的节点化”的原则设定目标值。

表 4 所示为一名分管装备仪器的副总的“一人一表”，可以看出他的任期业绩目标设定清晰，任务明确。

表 3　某党委副书记的“一人一表”

序号	维度	指标来源	指标	指标定义	指标权重	目标值	单位	评分标准
1	公司年度经营业绩	集团公司分解	引用公司年度经营业绩考核得分	——	40%			公司年度经营业绩得分 × 权重
2	岗位关键业绩	战略分解	党建工作考核结果（核心指标）	党建工作考核结果	15%	A	级	公司党建考核 A 级，得 100 分，考核 B 级，得 80 分，其他不得分
		个性化分工	年度党建工作要点的任务完成率		5%	xx	%	得分 = 完成率 × 100
		个性化分工	维稳工作	不发生群体性（5 人以上）省级上访事件、不发生个人极端事件	10%	0	起	未发生，得 100 分；发生 1 起，扣 50 分，扣完为止
		个性化分工	人才队伍建设	1. 培育行业工匠、技术标兵（以企业、省市级相关政府部门、行业主管部门等认定为依据）； 2. 党群人才占比（从事党工团、纪检巡查等人员占全员人数）	10%	1.≥x 2.≥x	1. 人 2.%	指标 1 基本分为 50 分。完成目标值得 50 分；每少 1 人，扣 20 分，扣完为止； 指标 2 基本分为 50 分。完成目标值得 50 分；每低 1%，扣 5 分，扣完为止
3	重点工作任务	个性化分工	深化改革	选树改革发展先进集体或个人（保利集团级及以上先进集体或先进生产工作者）	5%	xxx	个 / 人	基本分为 100 分，完成目标值得 100 分，每少 1 个 / 人，扣 50 分，扣完为止
		个性化分工	党建工作责任制	全面贯彻落实党建工作责任制，巩固深化“三基建设”，打造保利久联级基层示范党支部	5%	xx	个	以 100 分为基本分，完成值比目标值每少 1 个，扣 50 分，扣完为止
		个性化分工	企业文化	1. 企业文化建设，完成保利久联“家文化”手册编制、原创微信公众号宣传、文化活动组织次数及满意度等； 2. 在中央媒体、国务院国资委、省国资委、集团官方媒体刊发公司好的经验和企业发展经验做法报道的数量	10%	1.≥xx 2.≥xx	篇	指标 1 基本分为 50 分。编制手册，得 30 分；公众号 ≥20 篇，得 20 分，每少 1 篇扣 2 分，扣完为止； 指标 2 基本分为 50 分。完成值比目标值每多 1 篇，加 5 分，最多加 20 分；每少 1 篇，扣 50 分，扣完为止
合计					100%	——		

表 4　某副总的“一人一表”

序号	指标类别	指标来源	指标名称	指标说明	权重	目标值	单位	计分规则
1	总经理任期经营业绩	总经理任期经营业绩考核结果	引用总经理任期经营业绩考核得分	——	20%	——	——	本指标得分 = 总经理任期经营业绩考核得分 × 权重
2	岗位任期关键业绩	公司任期考核任务分解	拓展仪器设备及工程设计业务	提升智能装备技术研究水平，推动装备技术服务向数字化、在线化和智能化系统解决方案的转型和服务能力升级	20%	升级改造4 种装置	——	以 100 分为基本分，完成目标值，得 100% 基本分；完成值高于目标，每超出 1%，加 1% 基本分，最多加 20%； 完成值低于目标，完成率在 50%（含）以上的，每低 1%，扣 1% 基本分，完成率在 50% 以下的，每低 1%，扣 2% 基本分，扣完为止
3		公司任期考核任务分解	交城孵化基地正常运营	交城孵化基地正常运营，并作为日化院产业化收入新的经济增长点	20%	建成生产装置，全面正常运营	——	以 100 分为基本分，完成目标值，得 100% 基本分；完成值高于目标，每超出 1%，加 1% 基本分，最多加 20%； 完成值低于目标，完成率在 50%（含）以上的，每低 1%，扣 1% 基本分，完成率在 50% 以下的，每低 1%，扣 2% 基本分，扣完为止
4		公司任期考核任务分解	探索标准化服务新业态，创新服务模式，全面推进细分领域的标准化工作	标准渗透到细分领域，全方位探索标准的立项工作，在国家、行业、地方以及团体标准领域全面发力，推进国际标准化工作	10%	任务 1：提出国家、行业、地方以及团体标准项目不少于 xx 项； 任务 2：申报的 xx 项国际标准	——	以 100 分为基本分，整体基本完成，得 100% 基本分，并可根据重点任务完成质量综合评判予以适当加分，最多可加 20% 基本分； 完成任务节点 1，得 80% 基本分； 完成任务节点 2，得 20% 基本分； 未完成，本项不得分
5	任期内个人年度经营业绩考核结果	——	——	任期内年度经营业绩考核结果平均值	30%	——	——	本指标得分 =（第一年年度业绩考核得分 + 第二年年度业绩考核得分 + 第三年年度业绩考核得分）/3
小计					100%			

六、结　语

通过推行经理层成员任期制和契约化管理，保利集团的干部职工市场化意识显著增强，经营业绩稳健发展，企业活力效率明显提升。但与高质量完成国企改革要求相比，还存在改革举措形到而神不到、机制转换不到位等问题。今后，保利集团将继续贯彻党中央、国务院决策部署和国资委工作要求，持续巩固和深化领导人员任期制和契约化管理的改革成果，推动三项制度改革在各级企业扎实到位，高质量完成国企改革三年行动任务，全面完成集团“十四五”规划目标和“建设一流、追求卓越”战略目标。

主要创作人：张方斌

参与创作人：葛根图娅

以“四个结合”全面推行“两制一契”管理的探索与实践

中国中车人力资源部（党委干部部）

习近平总书记多次强调，要把坚持党管干部原则和发挥市场机制作用结合起来，坚定中国特色社会主义制度自信，把制度优势转化为治理效能。中国中车党委深入贯彻习近平总书记关于深化国有企业改革、加强干部队伍建设的系列重要要求，扎实落实国企改革三年行动等重大决策部署，以全面推进中高层管理人员任期（聘期）制、聘任（任用）制和契约化的“两制一契”管理模式为关键突破口，注重把握这一管理模式与科学治理、竞争性选拔、综合考评、授权放权四个方面的有机结合，支撑中国中车现代企业制度更加成熟，形成了中国中车深化三项制度改革“特色品牌”，为加快培育具有全球竞争力的世界一流企业提供了坚实保障。

一、全面推行“两制一契”管理的背景和重要意义

推行企业经理层成员任期制和契约化管理，是 2015 年 8 月《中共中央国务院关于深化国有企业改革的指导意见》中明确提出的改革举措，旨在建立国有企业领导人员分类分层管理制度，推动实现“法人治理结构更加健全，优胜劣汰、经营自主灵活、内部管理人员能上能下、员工能进能出、收入能增能减的市场化机制更加完善”。中国中车党委坚持目标导向和问题导向相统一，着眼于培育各类中高层管理人员增强进取精神、强化责任担当、激发干事创业活力、畅通能上能下渠道的良好环境，全面建立实施具有中车鲜明特色的“两制一契”管理模式。

（一）全面推行“两制一契”管理是贯彻落实党中央、国务院深化国有企业改革总体部署的创新性探索

党的十九大以来，国务院国有企业改革领导小组和国资委先后组织开展了国企改革“双百行动”“科改行动”等专项工程，并深入推进混合所有制改革。2020 年 8 月，中办、国办印发实施《国企改革三年行动方案（2020—2022）》，掀起了全面深化国有企业改革、着力完善以选人用人机制为核心的市场化经营机制的热潮。其中，全面推行经理层成员任期制和契约化管理，是深化国有企业干部人事制度改革、完善市场化经营机制的重中之重。中国中车党委全面推行“两制一契”管理，是在完整准确贯彻落实党中央、国务院和国资

委相关部署要求基础上，将任期制和契约化管理模式覆盖至经理层成员以外的其他各类管理人员，加快完善“人人肩上有指标”责任传导和激励约束机制的一种创新性探索。

（二）全面推行“两制一契”管理是以高素质专业化干部队伍支撑引领中国中车高质量发展的必然要求

当前，中国中车面临的外部环境正在发生“六个变化”，即：行业市场需求导向的变化、行业竞争加剧带来的变化、科技创新体制改革的变化、全面深化改革要素和目标的变化、股东员工期望值的变化、新时代党的建设要求的变化，企业改革发展的困难和压力明显增多。要解决改革发展难题，实现中车“七个新突破”，担当落实制造强国交通强国战略、打造原创技术策源地和现代产业链链长、持续擦亮“国家名片”的历史重任，必须依靠坚强有力的各级企业领导班子以及高素质专业化的领导人才队伍，必须依靠以“增强企业活力、提高效率”为中心的管理机制。中国中车党委全面推行“两制一契”管理，是以科学一流的人才管理机制激励维系高质一流的经营管理人才队伍、支撑引领全集团高质量发展的必然要求。

（三）全面推行“两制一契”管理是破解干部“能上不能下”难题、完善干部管理监督制度体系的关键举措

实现干部“能上能下”是三项制度改革中难度最大的问题。中国中车党委全力推进子公司领导班子任期制和副职全体竞争上岗，坚持以内部竞争上岗为主要方式选拔领导干部，积极推行市场化选聘。各子公司也在努力推进中层管理人员全体竞争上岗工作，有效激发了干部队伍的内生动力和整体活力。中国中车党委全面推行“两制一契”管理，是坚持目标导向和问题导向相统一，以更大的改革勇气、创新力度，科学谋划、统筹推进，系统性破除管理机制障碍，畅通“能上能下”渠道，完善干部管理监督制度体系，激励干部新时代新担当新作为的关键举措。

二、全面推行“两制一契”管理的内涵和主要做法

中国中车党委坚持系统思维、整体观念，着力打好干部人事制度改革的“组合拳”。将“两制一契”管理与科学治理有机结合，切实解决“覆盖面、合规性”的问题；将“两制一契”管理与竞争性选拔有机结合，切实解决好“分得清、下得去”的问题；将“两制一契”管理与综合考评有机结合，切实解决“控薪酬、调岗位”的问题；将“两制一契”管理与授权放权有机结合，切实解决“分类管、激活力”的问题。

（一）“两制一契”管理与科学治理相结合，实现各类领导人员全覆盖

契约精神是现代社会健康发展的基石。全面强化国有企业各类领导人员任期制和契约化管理，是解决干部“能上不能下”难题、培育和发扬契约精神的关键举措。中国中车党委在前期管理实践和研究探索基础上，2020 年 3 月印发《关于深入推进实施“两制一契”

管理的意见》，将任期制、契约化管理与企业领导人员不同任职方式有机结合，创造性提出并推进实施“两制一契”管理模式（图 1），实现在全级次企业经理层成员、党委领导人员、董事会成员以及中层管理人员范围的全覆盖。

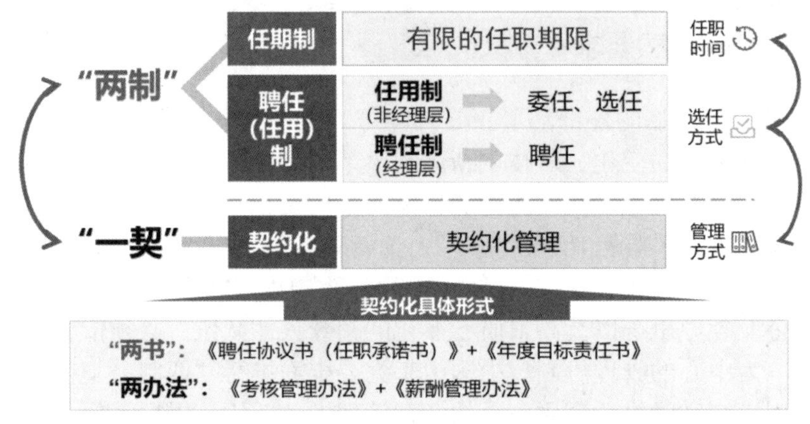

图 1　中国中车“两制一契”管理基本框架

1. 实行分类差异化管理

对企业经理层成员和经营管理类中层管理人员实行聘任制，明确聘期为三年，签订《聘任协议书》和《年度目标责任书》；对党委领导人员、董事会成员以及党群管理类中层管理人员实行任用制（选任制、委任制的合称），明确任期为三年，签订《任职承诺书》和《年度目标责任书》。其中，对实行选任制的领导职务，以任期综合考核评价周期三年的形式强化契约化管理。同时，建立健全两类人员的绩效考核办法、薪酬管理办法，促进实现契约化管理制度化、程序化、常态化。

2. 统筹规范任期起止时间

规定子公司领导班子任期以及领导人员整体任期（或任期综合考核评价周期）一般为三个完整自然年度。其中，对建立董事会的全资子公司，通过修改公司章程等形式过渡，逐步实现企业董事会、经理层任期的起止时间与领导班子任期保持一致；对控股和实际控制的子公司，可按照企业董事会、经理层任期的起止时间确定领导班子任期，也可依法依规对其进行调整过渡。

新提拔或交流任职的领导人员，一般与本届领导班子任期保持一致；新提拔人员试用期内（交流人员任职一年内）领导班子任期届满的，试用期（年度）考评合格后，任期延续至领导班子新一个任期届满。

3. 分类明确契约签订主体

建立董事会的企业，由董事会授权董事长与经理层成员签订《聘任协议书》、与总经理签订《年度目标责任书》；未建立董事会的企业，由其控股股东或派出的执行董事与经理层成员签订《聘任协议书》、与总经理签订《年度目标责任书》；授权总经理与经理层副职签订《年度目标责任书》。

企业党组织书记、董事长的《年度目标责任书》分别直接引用《党建工作责任书》和《经营业绩考核责任书》。企业党组织副书记的契约化管理文本，由同级党组织书记与其签订；企业纪委书记的契约化管理文本，由上级纪委书记和同级党委书记与其签订；企业中层正职和总助级管理人员的契约化管理文本，由企业主要负责人或委托分管负责人与其签订；中层副职的契约化管理文本，由所在部门（单位）正职或企业分管负责人与其签订。

同时担任多个职务的，针对具体职务分别实行差异化的任期制和契约化管理。要求任期内应保持岗位稳定，如发生变动，新任职人员应当重新签订契约化管理文本，原则上考核内容、指标和目标值不作调整。

4. 全面组织签订契约

2020年上半年，组织二级企业222名经理层成员、94名党委领导人员和董事会成员，以及集团总部140名部门及其内设机构负责人，应用信息化方式全部在线签订契约化管理文本。在此基础上，2021年组织全级次子公司中层以上管理人员全面推行任期制和契约化管理。

通过对聘任制和任用制两类人员全面严格执行契约化管理，同时注重坚持“两个一以贯之”，将党管干部原则与公司治理机制有机结合，将党组织政治优势与现代公司治理优势有机结合，确保改革依法合规、守正创新，使党的领导在完善公司治理中得到全面加强，有力提升了法治央企建设水平。

（二）“两制一契”管理与竞争性选拔相结合，实现职务能上能下

竞争是市场经济的灵魂，竞争机制是市场经济最基本的运行机制。国企改革三年行动方案中强调，要大力推行管理人员竞争上岗制度。中国中车党委分析认为，做实任期制和契约化管理，必须严格推进实施任期届满“先起立、再坐下”的全体竞争性选拔制度，以此实现“能上能下”。

1. 着力优化内部竞争性选拔程序

习近平总书记曾经对改进传统的竞争性选拔方式提出明确要求，强调“要引导干部在实干、实绩上竞争，而不是在考试、分数上竞争；要科学设置资格条件和考试方法，让干得好的才能考得好，考出干部真水平、真本事”。中国中车党委认真贯彻落实总书记重要指示精神，特别注重优化竞争性选拔程序，坚持严格标准、公开公正、精准科学原则，规范工作程序，推动方法创新，严格实施任期届满“先起立、再坐下”。对实行聘任制的人员，组织开展全体竞聘；对实行任用制人员，组织开展述职评价。在此基础上，探索形成了具有中车特色的领导人员内部竞争性选拔“六化”模式（图2）。

（1）推荐考察前置化。为便于考察组详细掌握情况、深入了解信息、充分做好“摸底”工作。在组织召开竞聘人员演讲答辩会议之前，先对竞聘人员进行会议推荐和谈话调研推荐。通过将推荐考察环节前置，使考察组初步对竞聘人员中谁干得好、谁有真水平、真本事等情况有所了解。

图 2　中国中车内部竞争性选拔“六化”模式

（2）演讲答辩结构化。严格落实改革要求，针对企业领导人员岗位特点以及内部竞争性选拔的实际情况，科学设计演讲答辩程序。竞聘人员的 3 道必答题由考察组在竞聘会议前临时拟定并严格保密，重点考察竞聘人员对企业战略、改革发展、“一岗双责”、领导力提升等方面的理解认识和具体分析。全体竞聘人员的必答题题目原则上一致，从而在人选严格封闭的条件下便于相互比较。

（3）评委组成多元化。竞聘人员演讲答辩结束后，按照考察组 30%、本企业董事会成员和有关专家 30%、本企业中层管理人员和职工代表 40% 的权重进行测评，从而将组织认可、职工认可有机结合，将组织上精准科学选人和提升公信度、满意度有机统一起来。

（4）综合测评信息化。依托人才评价信息系统，依据国有企业领导人员 20 字要求以及中国中车“政治家 + 专门家”标准体系（图 3），科学设计内部竞争性选拔综合测评指标，组织全体评委应用信息系统当场评分（每项指标都设置了底分，防止恶意评分）。在确保便捷高效、精准科学选人用人的同时，进一步提升了选人用人的公信度。

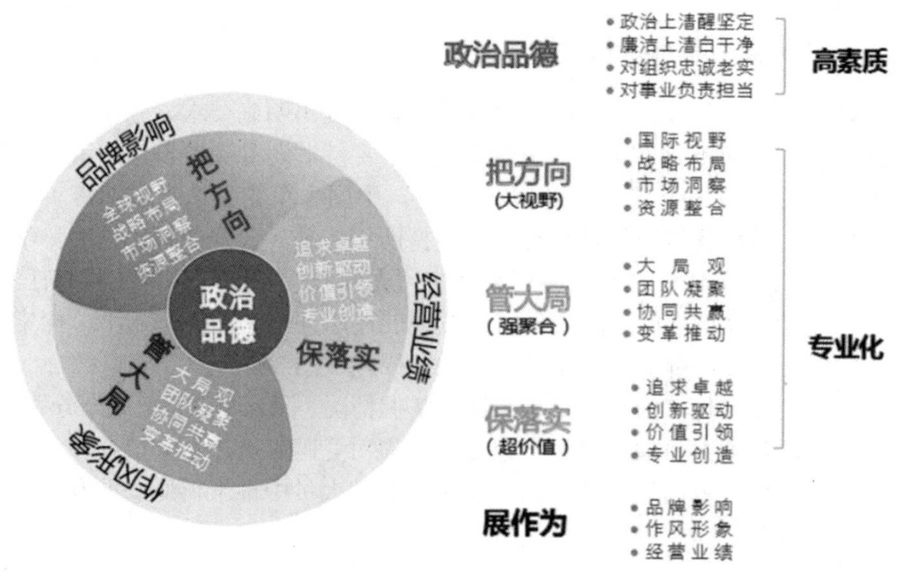

图 3　中国中车“政治家 + 专门家”标准体系

（5）竞聘成绩公开化。在信息系统中对全体评委的在线评分进行即时汇总，履行汇报程序后及时公布。以此作为竞聘上岗的重要依据。

（6）否决项点严格化。在干部考察中，突出考察政治表现。全面考察竞聘人选素质、能力、业绩和廉洁从业情况，严格履行“凡提四必”。一旦发现政治、品行、廉洁方面有问题，坚决予以一票否决，切实防止“带病提拔”。

内部竞争性选拔“六化”模式的探索实施，有效落实了习近平总书记关于改进传统竞争性选拔机制的重要指示精神，有效保证了选人用人精准度、公信度和满意度，有效激发企业领导人员干事创业的内生动力。

2. 推进实施“赛马订约”“揭榜挂帅”等机制

要求实行聘任制的领导人员在全体竞聘演讲答辩时，自行提出本人下一个任期的绩效目标。在竞聘成功、履行程序继续聘任时，以其提出的绩效目标为基础，经组织研究、双方协商一致后，将任期绩效目标写入《聘任协议书》和《年度目标责任书》，从而实现高目标引领。

3. 切实加大“下”的力度

新中车成立 7 年以来，在集团总部中层管理人员和各二级企业中高层管理人员范围全面推行任期届满述职评价或全体竞争性选拔，年度“下”的比例达到了 5.37%。

通过将“两制一契”管理与竞争性选拔相结合，切实解决了国有企业管理人员“能上不能下”的难题，有效激发了管理人员干事创业的外在压力和内生动力。

（三）“两制一契”管理与综合考评相结合，形成末等控薪调整新机制

契约化管理的关键在于夯实业绩考核，完善“下”的标准和途径。中国中车党委坚持“市场化、精准化、科学化、契约化”的基本原则，系统完善企业领导人员综合考核评价机制，重点通过“六个强化”，努力做到“六个实现”，如图 4 所示。

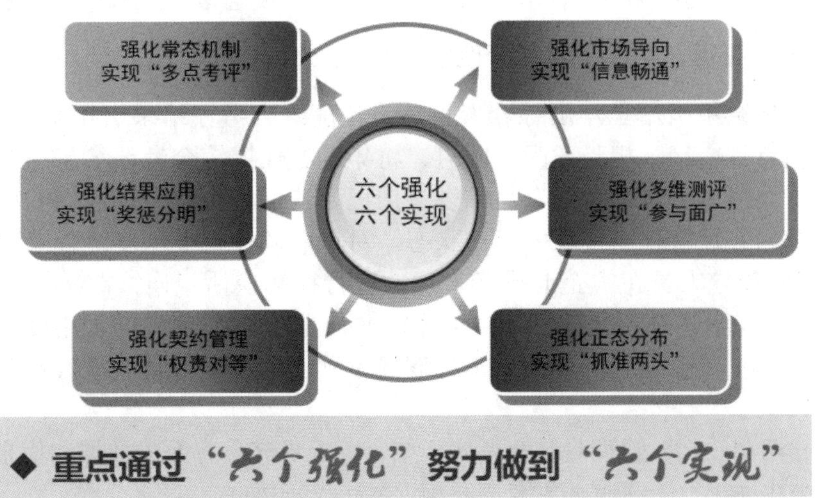

图 4　中国中车企业领导人员综合考核评价机制

1. 强化常态机制，实现“多点考评”

按照习近平总书记关于加强干部日常考核的要求，注重平时考核，建立平时考核工作档案，促进企业领导人员考评工作常态化。每半年组织一次定性测评，推动实现“多点考评”，从而能够更加准确地掌握企业领导人员的一贯表现。

2. 强化市场导向，实现“信息畅通”

发挥市场机制和竞争机制在人力资源管理中的基础性作用，建立企业领导人员业绩展示的信息化平台，要求在严格执行保密规定的前提下，每半年至少上传 1 次履职尽责和工作成效情况报告，从而让考评主体更加充分地了解考评对象的日常工作情况。

3. 强化多维测评，实现“参与面广”

科学确定、适当扩大参加领导人员综合素质能力方面多维度测评的人员范围，实现“参与面广”。通过“点多”和“面广”，提升领导人员考评工作的准确度。

4. 强化正态分布，实现“抓准两头”

运用正态分布的方法，针对领导人员综合素质能力方面的测评，简化评价规则，仅从 A、B、C 三个等次中进行选择并在相应的分数区间进行评分，强制规定 A 和 C 的比例，从而重点“抓准两头”。

5. 强化契约管理，实现“权责对等”

深入落实企业董事会对总经理、总经理对经理层副职的业绩考核权（在综合考核评价总分中占 60%）。董事会根据总经理《年度目标责任书》确定的指标项、评价标准、评分细则以及具体完成情况，实事求是地核定业绩得分，并将考评结果上报备案。总经理根据股东和董事会确定的企业经营业绩考核指标，组织制订经理层副职 KPI 量化指标以及年度重点工作任务等定性指标，提交党委会审议、董事会决定；组织开展经理层副职年度绩效考核，提出考核结果建议和绩效薪酬兑现建议，提交党委会审议、董事会决定。

6. 强化结果应用，实现“奖惩分明”

将平时考核结果引用至年度综合考评，将年度综合考评结果引用至任期综合考评，促进三者之间有效衔接、相互匹配。同时，将年度、任期综合考评结果与提醒谈话、薪酬兑现、岗位调整等手段紧密结合。综合运用提醒谈话、控薪、降职等约束机制，激励鞭策领导人员始终保持积极进取的工作状态。对正职领导人员年度综合考评在全集团排名后 5%、副职领导人员在本企业排名末位的进行提醒谈话，连续两次提醒谈话的予以调整岗位；规定副职领导人员年度综合考评在本企业排名后 30% 的，年度薪酬水平不得超过正职的 75%；年度综合考评为基本称职或不称职的，不得领取绩效年薪（已经预发的，予以追回）。

通过将“两制一契”管理与综合考评相结合，提供充分有效的数据和信息，从而分清楚领导人员孰优孰劣，实现职务上下、薪酬高低用实绩说话。

（四）“两制一契”管理与授权放权相结合，形成三层递进改革新模式

在全面推进实施各类领导人员任期制和契约化管理基础上，坚持因企制宜、试点推进，探索形成“任期制和契约化管理全覆盖、深入落实董事会和总经理选人用人权、积极推行职业经理人制度”三层递进市场化改革新模式。

1. 深入落实董事会和总经理选人用人权

首先坚持“三强三类”选拔标准（图 5），打造高素质专业化的外部董事队伍。严格按照“政治能力强、专业能力强、履职能力强”的“三强”基本标准，具体围绕“企业管理经验丰富、熟悉有关专业领域、具有培养发展潜力”的“三类”细分标准，选拔建立了由 3 方面人员组成的二级企业“外部董事百人库”。

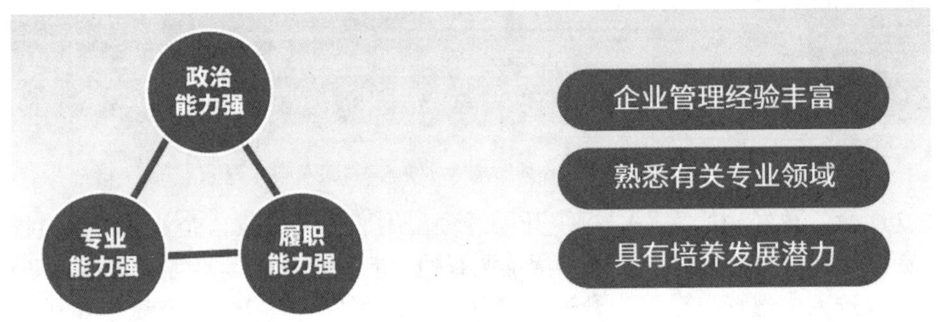

图 5　中国中车所属企业外部董事“三强三类”选拔标准

一是选拔 60 余名二级企业正职和集团总部部门正职以上人员入库，建立专职外部董事队伍（有 37 人任职），充分发挥他们熟悉基层企业管理的经验优势。二是面向集团内外选拔 20 余名熟悉财务、审计、法律、投资、战略性新兴产业等领域的优秀专业人才担任兼职外部董事，充分发挥他们的专业特长和资源优势。三是从二级企业正职后备干部中选拔 16 人入库，把外部董事岗位打造成为培养复合型领导人员的重要平台，目前已安排 4 人担任其他企业外部董事。在此基础上，指导二级企业建立所属全级次企业外部董事人才库，突出政治标准和专业能力，确保队伍高质量。

其次，统筹谋划、分步实施，“三步走”推动实现全级次企业董事会外部董事占多数。第一步是 2018 年至 2020 年，向 12 家“双百”“科改”“混改”二级企业派驻专职外部董事，实现外部董事占多数；第二步是 2020 年至 2021 年，落实国企改革三年行动部署，在 32 家应建董事会的二级企业全部派驻专职外部董事、全面实现外部董事占多数；第三步是 2021 年，明确应建董事会的全级次企业清单，推动 174 家应建董事会企业全面实现外部董事占多数。

在推动董事会规范运作基础上，坚持党管干部原则与董事会依法选择经营管理者、经营管理者依法行使用人权相结合，坚持简政放权、放管结合，按照现代企业制度要求，在 22 家二级及以下子公司全面落实董事会 6 项重要职权，重点是把《中华人民共和国公司法》第四十六条规定的选人用人权真正落实到企业董事会；把经理层副职的任免提名权同步落实给总经理，内部称之为总经理组阁制。

如图 6 所示，将经理层成员的管理模式由原来的集团党委管理变革为备案管理；将总经理的选聘程序由原来的集团党委考察提名，变革为本企业董事会和党委会同集团党委干部部遴选考察、报集团党委批复同意后由企业董事会聘任；将经理层副职的提名权同步落实给总经理，由总经理在经理层副职差额人选中选择拟任人选，提交本企业党委会审议、董事会聘任。

坚持党管干部原则与董事会依法选择经营管理者、经营管理者依法行使用人权相结合

第四十六条(九)决定聘任或者解聘公司经理及其报酬事项，并根据经理的提名决定聘任或者解聘公司副经理、财务负责人及其报酬事项

变革项点	变革前	变革后
经理层管理模式	集团党委管理	集团党委备案管理
总经理选聘程序	集团党委考察提名	本企业董事会和党委会同集团党委干部部遴选考察、报集团党委批复同意后由企业董事会聘任
经理层副职提名权	集团党委考察推荐	由总经理在经理层副职差额人选中选择拟任人选，提交本企业党委会审议、董事会聘任

图 6　中国中车落实所属企业董事会选人用人权

如图 7 所示，总经理产生后，组织开展经理层副职公开选拔，企业董事会会同党委组织报名、资格审查、面试测评、考察或背景调查后，向总经理差额推荐经理层副职候选人，由总经理从候选人中选择自己认为合适的拟任人选，履行党委会审议、董事会聘任程序。

“总经理组阁制”选聘经理层副职流程

总经理组阁制=把经理层副职的任免提名权落实给总经理

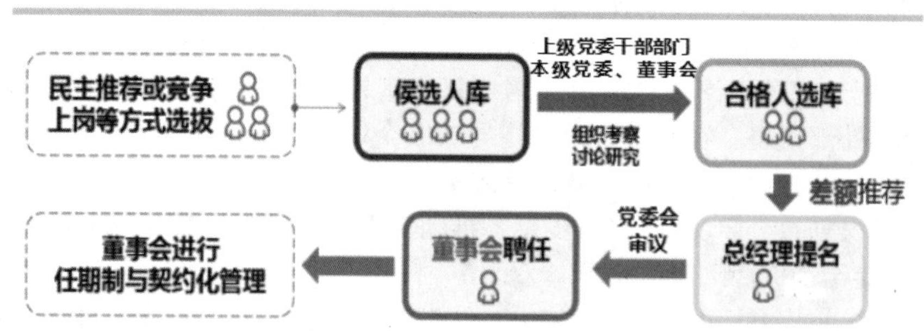

图 7　中国中车落实所属企业总经理选人用人权

2. 积极推行职业经理人制度

按照中央和国资委党委关于试点推行职业经理人制度的总体要求，在 16 家处于充分竞争领域、人力资源市场化程度较高的子公司深化改革推行职业经理人制度。现有经理层成员全体起立、公开招聘，人员转换身份、新签固定期限劳动合同，打造真正市场化的职业经理人团队。在按照规定流程深入落实董事会对经理层成员的选聘权以及总经理对经理层副职的任免提名权基础上，根据市场化选聘、市场化退出的原则，总经理有权对触及退

出条件的经理层副职向董事会提名解聘、并提议依法解除其劳动合同。同时，指导试点企业董事会在政策框架内自行制定实施经理层成员市场化薪酬管理办法，创造性推行“增加风险溢价＋放大薪酬弹性”管理模式，以增加风险溢价补偿身份置换，以放大“薪酬—绩效”弹性切实体现强激励、硬约束。

通过将“两制一契”管理与授权放权相结合，理顺了上级党委、企业党委、企业董事会、企业总经理之间的权责关系，既保证了党对干部人事工作的领导权和对重要干部的管理权，又充分发挥了现代企业制度的治理优势，充分体现了权责对等、一级对一级负责、管事与管人相结合的市场化改革导向。

三、全面推行“两制一契”管理的实施成效

坚持党管干部原则与发挥市场机制作用相结合，以“四个结合”全面推行“两制一契”管理，成为中国中车党委激发“关键少数”队伍活力、支撑现代企业制度更加成熟定型、推动企业做强做优做大的重要保证。通过探索与实践，总体上看，实现了“三个显著提升”。

（一）干部队伍建设市场化水平显著提升

通过全面推行“两制一契”管理、试点落实董事会选人用权和推行职业经理人制度，企业领导人员管理机制实现了从集中统一选拔管理向分类分层差异化管理、从任期和契约执行不严格到严格任期管理和目标考核的根本转变。2020 年度子企业领导人员综合考核评价，对考核结果在本企业排名末位的 22 人进行提醒谈话。子企业负责人最高年度总工资和最低年度总工资收入比达到 4∶1；同一子企业经理层副职考核结果为称职以上的，最高薪酬是最低薪酬的 1.5 倍。

全集团所属子企业中层以上管理人员年度“下”的比例由 2019 年的 1.96% 提高到 2021 年的 5.37%。其中，中车电动公司 2021 年通过组织新任期“全体起立”竞聘，经理层成员 6 人退出 4 人；中层管理人员退出 63 人（含降级），占比达 58%。整个过程平稳有序，企业逐步进入健康发展的轨道。

（二）各级次企业经营发展活力显著提升

通过全面推行“两制一契”管理、试点落实董事会选人用权和推行职业经理人制度，子企业高管团队在心态上、行为上发生了明显变化，更加彰显出开拓进取、冲锋陷阵的精神，充分体现了市场化的人才管理机制对人才活力激发的关键作用，有力支撑了企业的又好又快发展。

2020 年，环境公司率先推行“两制一契＋职业经理人制度＋总经理组阁制”，总经理带头转为职业经理人。2021 年，环境公司营业收入、净利润分别同比增长 47% 和 27%。戚墅堰所在下属的瑞泰装备公司和汽车零部件公司推行“两制一契＋职业经理人制度”后，2021 年，瑞泰装备公司在营业收入基本持平的情况下，净利润同比增长 56%；汽车零部件公司营业收入、净利润分别同比增长 22% 和 112%。

（三）中车干部工作品牌影响力显著提升

中国中车的干部人事制度改革工作得到了国资委等方面的充分认可。2021 年 7 月，国务院国有企业改革领导小组办公室印发《关于推广深化三项制度改革经验成果的通知》（国企改办〔2021〕6 号），在中央企业、地方国资委、地方国有企业范围首批遴选了 20 个三项制度改革推广范例（其中央企 10 个），中国中车全面推进“两制一契”管理的案例入选其中。

2022 年 5 月，集团公司总经理楼齐良代表中国中车在中央企业组织人事工作推进会上就相关专题作了交流发言（仅有 4 家央企）。2022 年 6 月，集团公司党委副书记王铵受中国大连高级经理学院邀请，录制课程《深化“两制一契”推进“四个结合”支撑中国中车现代企业制度更加成熟定型》，广受社会好评。中国中车包括干部工作在内的人力资源管理品牌影响力不断提升，被中国人力资源开发研究会评为“中国人力资源管理十大优秀企业”。

主要创作人：程冬然、刘　鹏、彭　鹏

参与创作人：张兆宇、董树诚

激活人力资源，把好企业改革发展“方向盘”

陕西钢铁集团有限公司

2018 年，国务院国资委启动《国企改革“双百行动”工作方案》以来，陕西钢铁集团有限公司（以下简称陕钢集团）以“五突破一加强”改革目标为指引，以三项制度改革为主线，聚焦制约企业改革发展的人力资源体制性、结构性、素质性矛盾，围绕实现各级法人治理结构高效运行、市场化经营机制渐趋完备、激励约束机制成效显现等核心要务，有效激发了企业管理活力，提升了企业经营效益，提高了劳动生产率。

一、企业基本情况

陕钢集团是全国最大的建筑钢材单体生产企业，陕西省唯一大型国有钢铁企业，世界 500 强企业陕煤集团的控股子公司。目前，陕钢集团的资产总额为 460 亿元，钢铁产能规模 1300 万吨，员工 1.8 万人，主要产品为“禹龙牌”系列建筑钢材。产品曾荣获“国家冶金实物质量金杯奖”“陕西省名牌产品”等殊荣，广泛应用于国家及省级重点工程项目。2021 年钢产量位居世界第 36 位。在钢铁行业中综合竞争力排名 A（特强），是全国螺纹钢 A 级生产企业。

二、主要做法

（一）推行契约化管理，抓住管理人员“能上能下”的“牛鼻子”

1. 建立上下贯通、层层分解的目标体系管理

出台《陕钢集团关于所属企业推行经理层成员任期制和契约化管理工作实施意见》，完成了集团公司本部及所属 14 家独立法人公司经理层任期制契约化管理，统一任期为三年；制定了集团公司总经理经营目标与业绩考核指标，细化量化分解至所属 14 家公司总经理，以 14 个子目标确保集团公司总目标的实现，做到目标体系一致、上下有机贯通。

2. 建立“红牌、黄牌”考核机制

在各法人单位总经理《年度业绩责任书》中约定，出现被发黄牌 3 种情形的，法人单位总经理向董事会进行述职，总经理对班子提名一位相关副职报请党委会、董事会进行调整；

出现被发红牌5种情形的，公司董事会、党委会同上级党委组织部门启动对总经理及经理班子岗位效能达标评价调查，不达标者解除总经理及相关经理层成员岗位聘任协议。

3. 突出考核结果应用

一是推行干部刚性考核与强制排序，排名靠前的20%要受到激励表彰或晋升，排名靠后的20%要受到提醒处罚或调整；二是根据经营业绩考核结果决定各级经理层成员的进退去留。年度及任期考核优秀者，可以连聘连任；年度考核及任期考核良好者，党委和董事会综合研判，决定是否连聘连任；连续两个年度考核合格但未达到良好者，或连续三个月考核结果不合格者，党委、董事会会同上级组织部门启动岗位效能达标评价调查，不达标者解聘职务；年度考核不合格者解聘职务。

（二）实行工资总额备案制，用好收入能增能减的“调节器”

1. 坚持以效益决定收入

出台《陕钢集团关于所属企业推行工资总额备案制工作实施意见》，将14家法人单位业绩同工资刚性挂钩，用利润和利润总额行业排名衡量经营业绩，用业绩评判经理层工作成果，用工作成果跟踪问效，有效形成了改革闭环，实现“业绩与市场对标，薪酬跟着业绩跑，激励凭贡献说话”的分配机制变革。

2. 推行差异化薪酬管理体系

出台《全员绩效考核管理指导意见（试行）》，实行两级高管、中层干部、骨干人员、一般员工分类分层分级考核。在保证总量科学合理分配的前提下，积极对内“调结构”，向核心管理、业务骨干、高技能人才倾斜，同时对低收入职工政策兜底。

3. 把握稳定与效率的平衡

在实施过程中重点管好各级公司领导班子业绩同薪酬挂钩的刚性线，管好一线职工收入的保底线（80%基本工资），管好各层分配不得向下穿层挤占的红线。在保证基层职工工资稳定的基础上，突出发挥两级高管、中层干部、骨干人员在企业效益和盈利水平中的关键少数决定性作用，从而压实责任，以绩效论英雄。

（三）完善市场化选人用人机制，把好员工能进能出的“质量关”。

1. 全面推进员工公开招聘，实现“增量突破”

近5年，陕钢集团累计招聘各类人员1851人，其中二本及二本以上院校毕业生占比70%，并首次引进了北京大学、浙江大学等全国一流高校毕业生，本科及本科以上学历者占比由11.06%增长到17%。

2. 引进高精尖缺和成熟性人才，实现“变量突围”

围绕企业发展战略和生产经营需要，按照“五湖四海、优中选优”的原则，先后从外部引进4名高级专家分别聘任为集团及子公司高管，作为关键人员进行契约化管理，匹配市场化薪酬。为集团所属单位禹龙云商、大西沟矿、产业创新研究院等引进成熟型人才 20 多人，补充了专业技术力量，弥补发展短板。

3. 全面实施岗位公开竞聘，实现“存量蝶变”

2019 年，陕钢集团总部机关改革成功完成，为践行“揭榜挂帅！谁能干就让谁干”理念做出了表率，竞聘上岗成为陕钢集团选人用人的首选模式。同时，落实契约化及全员绩效考核要求，对末等调整以及岗位不胜任退出岗位进行公开竞聘，提高了人岗匹配度。2021 年，对所属龙钢公司总经理岗位面向全集团进行公开竞聘，是陕钢集团内部竞聘职级最高的一次，进一步拓宽“市场化选人、市场化退出”的路子。

（四）提升人力资本竞争力，为企业高质量发展注入“新动力”

1. 强化员工培训，提高整体素养

2018 年以来，陕钢集团累计开展安全培训、技能提升培训、特种作业取证培训、转岗培训 3.6 万多人次。其中，专题培训班更加精准聚焦企业弱项短板，服务于生产经营、改革发展的需要。建立了四级大赛体系以赛促训，连续承办八届“陕钢杯”技能大赛，积极参加行业大赛。2021 年，被中钢协授予“教育培训工作先进单位”称号。

2. 稳步推进技能人才评价机制改革

印发《陕钢集团职业技能等级认定实施办法（试行）》，有序开展企业自主职业技能等级认定工作。2021 年年底，陕钢集团共有技能人才 11420 人。其中，高级技师 299 人，技师 1237 人，通过认证的技术工人占比 28.8%，比 2018 年提高 8.34%。

3. 深入贯彻落实中省深化职称制度改革精神

创新人才评价体制机制，加大专业技术人员培养力度。目前，各级工程专业技术人员比 2017 年增长了 83.4%。技能人才与专业技术人才发展通道实现贯通，已有 22 名高技能人才获评工程系列专业技术职称。

4. 健全“师带徒”机制，创新管理模式

出台《师带徒管理办法》。陕钢龙钢公司通过“名师、大师带徒，劳模、工匠传艺”等方式，实行“技术培训、技能比武、岗位练兵”三位一体，师徒共奖共罚评价机制，实现人才培养与降本增效双丰收。陕钢汉钢公司针对新工、转岗人员制定了系列人才培养方案，有效提升了徒弟岗位认知、业务技能和操作水平。截至 2022 年 5 月，陕钢集团师徒结对 1651 对，出师 1365 人，投放师带徒补助 137 万余元。

5. 促进人才交流工作常态化机制化

印发《关于进一步推进人才交流工作的实施意见》，建立内外部人才交流工作平台，实施了主业与经营公司相互挂职锻炼的人才交流，并对有关单位交流岗位进行公开竞聘择优选拔。2017 年以来，已组织各类人才交流 200 多人次，为造就懂业务、会管理、善经营的复合型人才提供了保障。

6. 发挥学会、协会育才荐才作用

出台《专业技术学会、职工技能协会管理办法》，成立天车工、高炉炼铁工等 4 个技能协会，炼铁、会计、人力资源等 10 个专业学会，吸纳会员 4800 余名，一线职工占比 70% 以上。协会学会围绕企业生产经营，积极开展技术比武、学术研讨、专业咨询、技术审定、联合攻关、推优荐才等活动，为广大职工搭建了学习交流、成长成才的平台。

三、改革成效

1. 管理活力全面迸发

通过持续深入推进市场化经营机制、工资总额备案制、经理层任期制契约化管理等改革，形成了“能者上、优者奖、庸者下、劣者汰”的正确导向。2021 年，陕钢集团各级党组织干部提醒谈话 66 人次，诫勉谈话 24 人次，应用“三项机制”鼓励激励 73 人次、容错纠错 3 人次、能上 54 人次，能下 35 人次，人员配置更加高效，用工结构更加优化，收入分配更加合理，充分激发了干部职工的工作动力。

2. 产量效益大幅提升

接连创造历史最好生产经营业绩。2018 年钢产量 1138 万吨，同比增长 10.28%，实现利润 30.12 亿元；2019 年钢产量 1245 万吨，同比增长 9.40%，实现利润 19.33 亿元；2020 年钢产量 1318 万吨，同比增长 5.86%，实现利润 7.5 亿元；2021 年钢产量 1245 万吨，实现利润 10.08 亿元。2022 年一季度，陕钢集团累计利润总额在行业排名第 29 位，较 36 位的年度目标上升 7 位次，同比排名提升超过了 20 位。

3. 竞争实力显著增强

盈利水平行业排名从第 91 位上升到第 28 位，吨钢利润水平从原来的与周边民营企业差距 200 元 / 吨，到现在基本持平；在钢铁行业中的综合竞争力持续提升，从 2016 年的 B 级（较强），提升到 2017 年的 B+ 级（优强），2018 年—2021 年连续 4 年蝉联 A 级（特强）。

4. 劳动生产率大幅提高

通过持续的人力资源优化，劳动用工总量从 2.6 万人减少到 1.8 万人。2018 年，人工成本利润率 153.27%，同比增长 37.83%，2020 年和 2021 年钢铁主业人均产钢量均超过 1000 吨，跨入行业先进水平。

5. 人才队伍建设取得显著成效

先后创建了 2 个国家级大师工作室，1 个全国工匠人才创新工作室，4 个陕西省机械冶金建材工会优秀创新工作室，5 个省级大师工作室，3 个省级实训基地；培养了 1 个全国技术能手，3 个全国钢铁行业技术能手，1 个陕西省首席技师，23 个省级技术能手，60 个省冶金建材系统技术能手和技术标兵，24 名工匠人才。

6. 改革红利惠及广大职工

截至“十三五”末，陕钢集团职工工资总额同比增长了86.73%，人均收入增长了98.03%。社会保险、住房公积金、企业年金、补充医疗等应缴尽缴，职工薪酬待遇在当地更具市场竞争力，福利保障水平逐步提高，极大地激发了广大职工的工作热情，职工获得感、归属感明显增强。

7. 改革成果获得国务院国资委好评

陕钢集团以三项制度为突破口的系列改革，契合了国企改革趋势。2018年，陕钢集团入选国务院国企改革“双百行动”，荣获全国“五一劳动奖状”。在陕西省国资委“双百行动”改革工作检查中获评A级，2020年，改革案例成功入选《改革样本：国企改革“双百行动”案例集》，被陕煤集团确定为“三项制度改革试点单位”，获得陕煤集团2019年“改革先锋”称号。

主要创作人：李　俐

参与创作人：马　敏、吴　桐、郭　晶

中铁交通高速公路运营公司市场化用工改革模式

中铁交通投资集团有限公司

一、企业概况

中铁交通投资集团有限公司（以下简称中铁交通）是中国中铁的全资子公司，是中国中铁建筑业基础设施投资运营的专业公司，主营高速公路投资、建设、运营，交通、市政等基础设施项目投资、建设，土地整理开发，城市轨道交通及铁路总承包，房地产开发。2007年12月28日，中铁交通在广西壮族自治区南宁市注册成立，注册资本金80亿元，净资产172亿元，管理总资产超过542亿元，项目累计投资及新签合同3300多亿元。公司拥有公路工程、市政公用工程施工总承包壹级资质。

自成立以来，中铁交通立足于高速公路投资建设运营，确立了“全力建设国内领先、行业一流的高速公路产业集团”的发展定位，着力开拓基础设施投资建设市场，大力加强与政府、金融机构、社会各界的投资合作，迅速发展壮大，经营业绩逐年攀升。2021年，中铁交通实现营业收入142.62亿元，净利润9.05亿元，经营性净现金流56.39亿元，人均营业收入3054万元，人均净利润194万元，全员劳动生产率314.64万元/人，资产负债率69.42%。2022年，中铁交通开展遍布全国各地31条高速公路运营服务业务，运营里程3905公里，分布在北京、广东、四川、云南、贵州、山东、河南、陕西、青海、新疆等多个省、自治区、直辖市。

二、运营公司劳动用工面临的形势与挑战

改革前，中铁交通处于运营期的高速公路公司10家，实际从业人员2506人。其中，外聘员工1691人，劳务派遣人员354人，其他临时用工100人。外聘员工占全公司总人数的67%，劳务派遣员工占比14%。大部分外聘员工是由劳务派遣用工转换过来，直接与运营公司签订劳动合同，由运营公司进行实质性属地化用工管理。随着运营高速公路的不断增多，外聘员工总量持续增加，逐步出现了诸多管理问题：员工总量及工资总额管理口径不一致、同板块之间人均创效不高、企业考核分配不合理、劳动用工风险增大、员工身份差异等。企业“包袱”愈发严重，制约影响企业的运营成本和经营活力。

三、市场化用工改革推进及实施策略

1. 顶层设计是改革成功的前提

改革要搞好顶层设计。高层领导重视并坚定推动是成功的关键。集团公司、运营公司上下两级成立相应领导小组，建立责任分工清单，明确年度任务目标、完成时限、具体措施、责任主体等。通过召开全公司运营改革动员大会，周例会协调解决问题、月例会通报执行情况、督导帮助推进工作困难的单位，建立了"横向到边、纵向到底"的责任矩阵体系，确保责任落实到人，工作有序推进。

2. 过程把控是改革成功的关键

中铁交通在充分调研和认真研究政策法规的基础上，拟定了《外聘员工减员实施方案》，按照难易程度分步分阶段实施，稳步推进外聘员工身份转化各项工作。

（1）坚持"五项原则"。坚持责任到人原则：明确工作职责，确定目标和时限，落实到具体责任人，强化责任意识和担当精神。坚持只减不增原则：10家运营公司人员只减不增，冻结用工增量，劳动合同到期一批转签一批，新增人员采用外包方式解决。坚持分步实施原则：根据合同签订情况，统筹制定年度分流目标，在依法合规的基础上，编制切实可行的减员方案，分批实施，稳步推进。坚持确保稳定原则：确保员工队伍稳定，积极宣传有关政策、减员安排和保障措施，争取理解和支持，确保减员工作稳妥、顺利实施。坚持力求实效原则：加强法规政策学习研究，拓宽工作思路，探索推进公司股权结构调整、相邻路段合署办公等措施，多措并举、择优推进，确保取得实效。

（2）执行"三不变"政策。落实"岗位不变、工作不变、感情不变"政策，并辅助以薪酬待遇略有增长的政策刺激。积极做好员工思想工作，本着尊重员工意愿、平等协商的原则，将运营公司合同到期的员工转签至劳务公司；合同未到期的员工，经双方协商达成一致，提前解除原有劳动合同，再转签至劳务公司；对不愿转签的员工，履行相应的法律程序予以解除劳动合同。

（3）落实"三步走"方针。制定周密推进方案，分阶段三步走。第一阶段（优化阶段）：深挖内部潜力，优化定员定编。此阶段重新修订《高速公路运营公司机构设置及定员定编办法》，下达各运营公司定编人数。调整后，定员减少124人；第二阶段（精简阶段）：购置设备，精简一线收费人员数量。此阶段减少收费人员204人，占一线收费人数的15.4%，占外聘员工总数的11.6%。第三阶段（转换阶段）：平稳过渡，逐年置换员工身份，降低企业用工总量。此阶段，2016—2019年共实现减员1619人，全面完成外聘员工身份转换工作。

3. 创新思路是改革成功的重点

中铁交通创新思路，认真研究和充分论证运营公司业务外包模式的可行性，与民企公司合作成立不控股的专业劳务公司（众越公司）。前期，将10家运营公司市场化用工人员整体打包装入，属地化成立各级分公司，解决转换员工身份置换、合同期限、岗位职级、薪酬社保等问题；后期，将中铁交通、招商中铁现有及未来在建高速公路的市场化用工人员统一纳入管理。按照层级管理模式，运管公司与众越公司签订外包管理总合同。众越分公司与各运营公司签订劳务外包合同。

运管公司：中铁交通的参股子公司，负责中铁交通、招商公路所属 BOT、PPP 项目运营工作集中统一管理，负责对运营公司开展业务检查、指导、监督、考核等，是成立众越公司的发起人，参与众越公司重大事项的决策、检查和指导。

运营公司：中铁交通现已开通、即将开通运营的高速公路项目公司，具体负责所属路段运营日常管理工作，与众越公司签订劳务外包服务管理合同，双方为合同关系。运营公司负责按照劳务外包服务管理合同履行发包方的职责，负责对众越公司的分公司开展业务指导、检查、监督、考核等。

众越公司：由运管公司发起，与专业人力资源公司共同设立的，为各运营公司提供运营外包服务的专业公司。众越公司与运营公司签订劳务外包合同，双方为合同关系。为便于工作的开展，众越公司负责在运营公司所在地设立分公司，具体与运营公司建立工作关系，协同开展运营服务工作。

众越分公司：由众越公司在各运营公司所在地注册成立，具体与运营公司对接协同开展工作，分别接受众越公司、运营公司的指导、检查、监督和考核；将运营公司现有劳务员工纳入分公司，充分利用现有劳务员工参与分公司管理；具体负责所在运营公司非股东派遣人员劳动关系的转入，负责员工招聘、培训、考核、薪酬、社保、福利发放、节假日慰问、劳务关系管理等。

通过专业运营外包，一是落实员工总量优化工作要求，解决员工身份问题；二是满足企业市场化用工的需求，有效规避劳动用工风险；三是发挥专业公司的品牌效应和管理优势，提供专业的招聘、培训、考核等外包服务。四是中铁交通参股，具有原始“血脉”，员工更容易心理接受和安心工作；五是面向外部市场提供运营管理服务，建立具有竞争力的市场化用工模式，从而发挥公司运营服务和人才管理优势。

运管公司、运营公司、众越公司及其分公司管理组织架构示意图，如图 1 所示。

4. 维护稳定是改革成功的保证

中铁交通立足以人为本，从心出发，有原则、有底线，讲感情、有人情味，平衡好企业改革发展与稳定的关系。各运营公司在熟悉掌握有关政策法律的基础上，把握好工作开展的节奏和力度，深入细致地做好员工思想政治工作，教育引导员工顾全大局，自觉服从组织决定，不以任何借口影响和干扰改革。

一是做到“一对一”思想工作，让员工理解改革势在必行、一视同仁、公平公正，让员工吃下“定心丸”；二是及时了解员工的思想动态，畅通诉求表达渠道，做好舆情应对，及时解决和化解敏感问题和突出矛盾，为员工排忧解难，努力营造风清气顺的改革环境。

5. 提升效能是改革成功的验证

通过采用劳务外包用工模式，解决员工身份问题，控制员工总量，规避劳动用工风险，有效发挥市场化用工的优势，市场竞争能力显著提升。截至 2019 年年底，中铁交通转化各类形式用工 1619 人，转签率达 90%，劳务外包人员占运营公司员工总量的 95%。全公司员工总量从峰值 2700 人，减少到现在的 610 人，减员率达 75%。改革后，中铁交通新签合同额较 2019 年增长了 292.2%、营业收入增长了 17.6%、利润总额增长了 18.8%、全员劳动生产率增长了 112%，企业运行效率、管理品牌效应、市场竞争能力、专业运营水平显著提升，进一步提高了企业面向市场的能力。

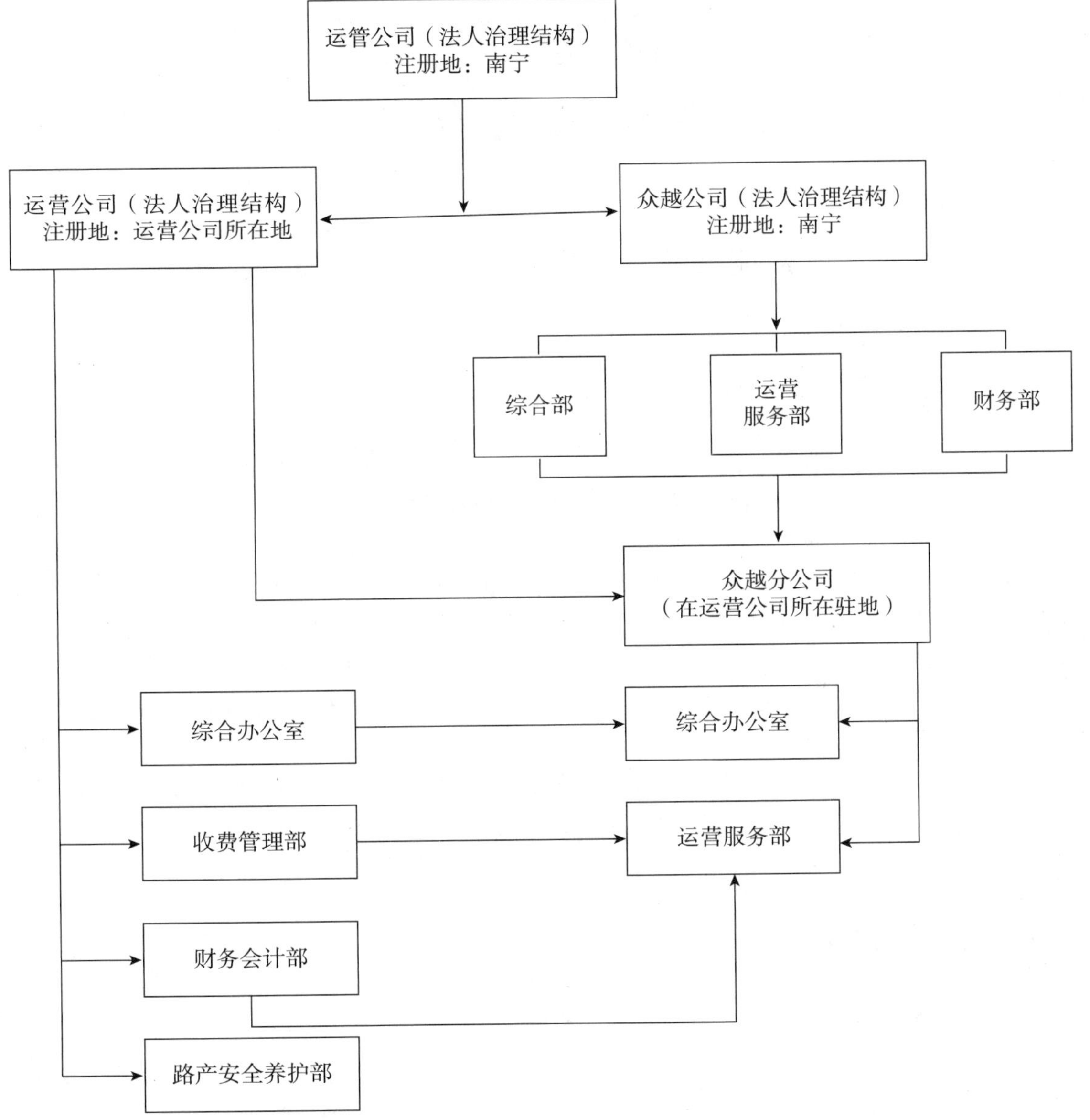

图 1　运管公司、运营公司、众越公司及其分公司管理组织架构示意图

主要创作人：裴清宁

参与创作人：李　燕、刘　庭、刘　思

直面挑战砥砺前行，坚定不移破解人力资源困局

中国石油天然气股份有限公司辽河油田分公司

一、企业基本情况

中国石油天然气股份有限公司辽河油田分公司（以下简称辽河油田）地质勘查始于1955年，经过接续奋斗和持续改革，已建成重要的油气能源骨干企业，业务涵盖油气勘探开发、储气库、工程技术、工程建设、燃气利用等。连续36年保持原油千万吨规模稳产，累计探明石油地质储量25.44亿吨，天然气储量2184.6亿方，累计生产原油4.9亿多吨、天然气900多亿方，贡献财税2900多亿元，获省部级以上科技成果490余项，全面建成“国家能源稠（重）油开采研发中心”，蒸汽驱、SAGD、火驱等稠油特色技术保持行业领先水平。现有员工7万人，各类设备设施21万台（套），固定资产原值1857亿元、净值436亿元（上市346亿元）。

2019年以来，辽河油田直面老油田长期积累的整体性冗员、劳动生产率低等问题，围绕“控减压降”和“强优转提”总目标总要求，全力破解人力资源困局，变“包袱”为财富，变“资源”为资本，让一个“老油田”焕发出了新生机。

二、经验做法

1. 做数量“减”法，提升管理运行效率

一是员工总量“控”。全面实行公开招聘，严格劳动合同管理，逐人逐岗清理督查长期不在岗人员，用好“提前退休、离岗创业、依法解除”等政策，持续压减员工总量；全面实行控员计划与工资总额、班子考核双挂钩，超额完成的奖励工资总额，未完成的按比例扣减；抓住退休高峰“窗口期”，区分业务类型多退少补或只退不补，三年员工总量刚性下降8000多人。

二是机构编制“压”。持续优化组织体系，大刀阔斧压机构、减编制。两次推进公司机关“大部制”改革和二级单位“三定”，稳步实施新型采油管理区作业区建设，不断优化基层劳动组织形式，持续构建与“油公司”模式相匹配的扁平短精组织架构。三年压减二级机构36个、三级机构547个、管理人员编制4673人，均同比下降三分之一。

三是干部职工数“降”。坚持主业优先、精干高效，严控领导班子职数；严格执行到

龄提前离岗政策，多退少补、有序接替；严控基层领导人员数量，超编单位实行“出五进一”；持续推进任期制与契约化管理，完善管理人员选聘竞聘、末等调整和不胜任退出机制，三年中层领导人员减少 113 人、减幅 19%，基层领导人员减少了 704 人、减幅 16%。

2. 做价值“加”法，提升人力资源效能

一是加大显化“上平台”。严格落实“富余人员显化比例 10% 以上，亏损企业要达到 20% 以上”的要求，按效益原则差异化定员，显化富余人员近万人；以劳务中心为基础，搭建人力资源调剂平台，完善激励约束机制，促进富余人员对内顶替外雇岗位“出劳务”，对外开疆扩土“走出去”，三年平台调剂转岗 2940 人，办理内养、离岗歇业等分流措施 3680 人，减员增效 2.4 亿元。

二是提升素质“赋新能”。聚焦“加油增气”，围绕千万吨油田稳产、百亿方气库建设、外围区效益上产“三篇文章”战略布局，加快天然气、勘探开发等核心技术的人才培养，为中长期发展储备人才；紧盯燃气终端、炼化等外部市场需求，加强转型培训，重点培养 LNG 处理、站场运维等业务骨干 417 人；强化采油采气等主体工种接续补充，从后勤与社会服务等低端低效业务转岗培训 5700 人次，提前做好“转岗能上岗”技能储备。

三是拓展市场“促增长”。对内全面清理劳务项目，按照“先识别、后清理、再顶替”流程，腾出外雇工岗位安置内部人员 3863 人，降本 1.1 亿元；对外以辽河技术优势为导向，瞄准发展势头好、效益潜力大的市场，精准走出去，服务外部市场，实现外部市场收入、利润、人员输出“三个同步增加”，三年外部市场实现收入 103.5 亿元、利润 4.1 亿元、人员输出 4856 人。

3. 做改革“乘”法，提升企业综合效益

一是强化改革一盘棋，形成“最大公约数”。坚持党建引领，加强对改革的全面领导，将党建与深化改革有机融合，统筹设计、统筹谋划、统筹推进；坚持以人为本，实施民生工程，激发全员支持改革、参与改革，改革成果惠及广大员工。

二是深化体制机制改革，推进“治理现代化”。出台《关于深化油田公司体制机制改革的实施意见》，明晰公司内部各层级功能定位，全面构建“油田公司—二级单位”的两级管理体制架构；推行项目制改革，在重大项目、重点工程、重要领域，集中人员、技术，配套专项政策；推行重大科技项目“揭榜挂帅”制，两批 8 名专家竞标成为项目负责人；推行市场化“五自”经营改革，油建、供水两个单位共减亏 4.7 亿元；建立亏损治理联动承包机制，出台参控股企业专项政策和监督办法，防控经营风险和队伍稳定风险。推进机关职能流程优化，建立白、黄、红督办机制，提升管控能力和服务意识。

三是优化发展布局，实现“业务归核化”。将油田若干业务梳理优化为 5 类主营业务、7 类辅助业务，形成“5+7”归核化发展格局；提前完成修井、物资、运输、物业等业务的主辅分离、专业化重组；先后完成工程建设、技术服务、外部市场、社保离退等业务重组整合；全面剥离医疗卫生、民用物业业务，按期完成“三供一业”分离移交，全省首家完成社保和 3 万多退休人员社会化改革，积极稳妥完成厂办大集体改革。三年共 7544 人与油田中止劳动合同，3500 多名民用物业人员实现有序安置和转岗分流。

4. 做观念“除”法，提升思想破冰效应

一是坚持思想引导换“脑子”，破除“等、靠、要”的思维定式。深入开展“转观念、勇担当、高质量、创一流”主题教育，在党史学习教育中汲取前进力量，激发改革内生动力，凝聚“不改革就没有出路”“不消灭亏损就消灭企业”的思想共识。

二是坚持政策倒逼动“票子”，破除“干好干坏一个样”的思维定式。实施工效挂钩、工编挂钩，打破“按人头算奖金”模式，经营性单位推行差异化考核，绩效奖励向劳效高、效益好、贡献大的单位倾斜，向一线、科技、外部市场人员倾斜；科研单位重置考核政策，由效益导向转变为科研贡献导向；拉开奖金分配差距，同类单位差距达 3.5 倍，引导和激励员工崇尚技术、转岗一线、外闯市场。

三是坚持组织约束挪“位子”，破除“当太平官”的思维定式。将推动改革、精简机构、控减人员纳入各级干部考核体系，严厉治庸、治懒、治无为，加大对不思进取、不接地气、不抓落实、不敢担当“四不干部”的问责力度。近三年，诫勉谈话 22 人次，先后对 9 名工作不力的二级正职进行岗位调整，二级正职交流 32 人。

三、改革成效

人力资源的优化盘活有力支撑了辽河油田各项生产经营工作，改革红利持续释放，发展活力不断增强。

一是企业经营业绩明显改善。三年来，辽河油田年年超额完成各项经营指标，累计生产油气当量 3188.59 万吨，超交商品量 10.96 万吨，超交利润 19.41 亿元，桶油操作成本对比下降 4.7 美元。2021 年，辽河油田扭转亏损局面，实现整体盈利 10.08 亿元，对比集团公司预算指标超交 11.33 亿元，为 2008 年重组整合以来，首次全面盈利。

二是组织运行效率持续提升。三年来，辽河油田共压减二、三级机构 583 个，总量下降三分之一；压减基层站队 899 个，管理层级由四级压缩为三级；减少在职中层领导人员近 19%、基层领导人员 16%；压减管理人员编制定员 4673 人，减少三分之一，基本建成了主营业务归核化、辅助业务专业化、组织架构扁平化、运行机制市场化、管理手段信息化的“油公司”体制，组织的管理效率与运行效率得到明显提升。

三是人均创效能力不断增强。三年来，辽河油田实现了员工降、闯、分“三个 8000 人”，即“员工总量下降 8000 人、参与外闯市场 8000 人、分流安置 8000 人”。人均油气当量增加 16.5 吨，提升了 12%；人均利润增加 2.91 万元，提升了 197%；全员劳动生产率增加 5.2 万元 / 人，提升了 20%。

四是员工队伍活力充分迸发。三年来，干部队伍活力不断激发，用人导向更加清晰；队伍结构持续优化，组织机构精干高效，管理效能持续提升；人才成长通道初步搭建，人才队伍创新创效活力进一步迸发；公司上下转变管理理念、创新管理模式，领导干部战斗力、执行力不断增强，员工队伍呈现出积极向上、拼搏进取的精神面貌。

主要创作人：赵万辉

参与创作人：李红伟、赵相文

“三项制度”改革背景下的人才发展通道建设

国网山东省电力公司潍坊供电公司

一、实施背景

（一）推进“三项制度”改革需要建立人才队伍建设新常态

党的十九大以来，习近平总书记发表国企国资改革发展的系列重要讲话，国资委下发《关于进一步深化中央企业劳动用工和收入分配制度改革的指导意见》，要求不断深化国有资产管理体制及国有企业改革。国家电网公司要求深化“三项制度”改革，逐步实现人员“能上能下”、员工“能进能出”、收入“能增能减”，公司的人力资源工作迎来新挑战。

（二）践行“三项制度”改革需建立“最好自己”新常态

国网山东省电力公司潍坊供电公司（以下简称国网潍坊供电公司）将“争创最好企业、建设最好电网、提供最好服务、争做最好的自己”作为战略路径之一。“最好的自己”作为企业核心资源和动力，是增强企业发展内生动力的重要措施。构建形成“各级人才等级能上能下、人才资格能进能出、人才绩效能增能减”的综合性发展通道，为建设具有卓越竞争力的世界一流能源互联网企业提供坚强保障。

（三）落实“三项制度”改革需要建立人才链条管理新常态

国网潍坊供电公司在人才链条培养过程中，仍存在部分不足亟须改善，主要包括部门协同不流畅、专业管理缺乏创新意识、培训针对性不强、考核评价流于形式，后备梯队储备不足、人才断层现象凸显、复合型人才数量偏少等。因人才“单向道”问题，人才长期处于“备而不用”状态，逐渐失去工作动力和激情。

二、成果内涵及主要做法

以“三项制度”改革为契机，以“四级四类”人才评选为平台，以“结构合理、人尽其才、能尽其用”为目标，聚焦人才管理过程中规划计划、选拔任用、培养培育和激励约束四个关键节点，探索建立人才通道“2345”四种新常态管理模式，如图 1 所示。

图 1　人才发展通道研究与实践基本内涵框架图

- “2”即中长期规划与短期计划相结合、结构数量与后继储备相结合的两个计划管理转型；
- “3”即人才选任新基准、试用期新模式、交流与退出新通道三个选用新机制；
- “4”即以基层人才滴灌式、专业人才递进式培育，复合型人才锻炼式、高精尖人才个性化培养的四个培育新方式；
- “5”即以岗位任职模型、360 度考评模型、动态积分模型、人才任用模型、多元考核模型为主要内容的五个考核新模型。

这四种新常态管理模式为公司实施质量、效率和动力变革，建设运营好“三型两网”企业提供坚强人才保障。

（一）以需求导向转型人才规划，实现计划管理新常态

1. 调结构、控数量，实现中长期规划的管理转型

打造梯次合理的年龄与专业结构。坚持老中青人才梯次配备，在人才评选中实现 45

岁以上、36～45岁、35岁及以下人才比例1∶3∶1。其中，地市公司35岁及以下青年人才比例不低于30%。合理搭配各类人才的能力特点和层级结构，使专业人才搭配互相补充，相得益彰，提高人才队伍整体运行效率。

精准确定人才数量。将人才配备纳入专业队伍结构合理化调整的刚性要求，确保各级别人才之间相互作用、相互促进、相互提升。

精准控制优秀人才锻炼数量。量化分析各类人才的性格、学历、专长和履历等数据，建立上下贯通、左右联动的网状人才交流机制，有计划地选派优秀人才进行上挂下派。

2. 建梯队、强储备，实现短期计划的管理转型

建立各类人才梯队。系统内建立人才培养四年预控计划，严控各级人才及其后备选拔关口，统一人才选拔流程和任用条件，确保人才队伍保持活力。系统外统筹考虑人才培养实力，年初制定新增高端人才数量，定期对完成情况调度，提高高端人才培养热情。

合理配置人才储备数量与结构。遵循“储备一批、培养一批、使用一批”原则，加强青年人才储备管理，复合型及高精尖人才的储备以35～45岁人才为主体，其他人才储备以25～35岁员工为主体。加强人才专业配置，国网级人才3个及以上专业经历占比达80%，省公司级人才3个及以上专业经历占比达70%，地市级人才2个及以上专业经历占比达50%，各级各类储备人才2个及以上专业经历占比达30%。

（二）以用人导向拓宽通道视野，实现选拔任用新常态

1. 严把“四个关口”，建立优秀人才选拔新基准

严把政治关。在政治忠诚、政治定力、政治担当、政治能力、政治自律上严格把关，对政治不合格的实行“一票否决”。

严把业绩关。坚持“人资牵头、专业主导”，从工作业绩、专业评价、岗位能力和工作经历四个维度严格把关；注重基层经历、关键岗位锻炼、经受重大任务历练。

严把程序关。严格资格验证、成果属实、任前公示、工作纪实，严把人才选用关口。

严把降级关。落实人才等级“能下”的制度要求，加大对不担当、不作为人才的问责和组织调整力度。

2. 探索“试用管理”，建立后备人才试用新模式

建立后备人才试用期评价体系。分类制定后备人才试用期为1～6个月。试用期满后以现场考察、业绩考评等方式，实施多角度、立体式考核。

拓展后备人才考核实际运用。强化与人才选用、年度评优相结合，对绩效突出、业绩优秀的后备人才优先储备培养，让有为者有位。

3. 注重“鼎新革故”，建立人才交流与退出新通道

畅通人才交流通道。参照关键岗位任职年限标准，制定各类人才交流调整计划（小类岗位），试点建立“输电运检室—建设分公司”“经研所—建设分公司”“调控中心—变电运维室”三个人才交流直达通道，避免各级人才因同一岗位工作时间过长造成工作激情

衰减。

畅通人才退出通道。严格人才考核评价，结合三项制度改革要求，制定《“四级四类”人才综合考核评价方案》，明确人才退出条件、退出计划、退出方式和考核主体，及时取消人才补贴。

（三）以支撑导向确保优质卓越，实现培育培养新常态

1. 开展滴灌式培育，提高基层培养人才主动性

组织开展专业化滴灌培育。坚持专业主导，开展以“五大”专业为主、辅助专业并行的专业能力培训和人才专业能力评价考试，着力增强专业素质、专业作风和专业精神。

组织开展责任制滴灌培育。建立“领导包靠”机制，将各专业人才培养工作分别包靠到分管主要领导，通过定期“查作业”，强化各类人才统筹驾驭全局、解决复杂问题的能力。

组织开展全程化滴灌培育。统一开展跟踪培养，结合岗位经历和能力特点，重点为年轻后备人才量身定制培养方案，跟踪记录成长轨迹，完善青年人才成长纪实机制。

2. 开展递进式培育，提高关键节点提升及时性

对后备青年人才，以专业技术能力和执行能力为重点，采用“公司搭平台、专业育人才”的培养模式，每年组织专题培训；对市县级人才，以开拓视野和团队管理能力为重点，以所在单位跟踪培养为主，每两年举办一期胜任力专题培训；对省公司级人才，以更新理念认识和保持昂扬动力为重点，每两年轮训一次；对国网级及以上人才，以政治素质、专业能力和创新能力培养为重点，每年脱产培训不低于 60 学时，至少举办一期高级人才培训班，引导提升自主学习的针对性。

3. 开展锻炼式培养，强化复合型人才培训力度

加大优秀人才定向培养。按照“缺什么补什么”原则，对专业型人才，选派到行政、党群主干线进行综合型锻炼；对有潜力的“苗子型”人才，选派到重点任务一线“压担子”锻炼；对缺乏基层历练的管理型人才，选派到基层“接地气”锻炼，打造复合型人才队伍。

加大优秀人才跨层级锻炼。探索开展复合型人才跨地区、跨层级交流，开展省市公司与基层县公司优秀人才的双向培养锻炼，鼓励引导优秀人才参加援藏、援疆、东西部人才帮扶，在急难险重任务中增长才干。

4. 开展个性化培养，强化高精尖人选培训力度

拓展高端人才成长通道。搭建联合培养平台，加强与行业主管部门、地方有关部门沟通，做好高精尖人才协同培养。

多维度开展联合培养。开展“金种子”博士人才培训班，实现从高知人才到高能人才的转化；充分利用“四站”资源，优先选拔高精尖人才参加科技项目、科研成果创造，提升人才竞争力。

（四）以效能导向强化激励约束，实现考核评价新常态

1. 建立胜任模型，确保人才与岗位的高效匹配

在客户经理岗位试点实施任职资格评聘，提高公司获得电力效率。根据任职资格要求由高到低评定为首席客户经理（三级资格）、高级客户经理（二级资格）、客户经理（一级资格）；建立任职资格评价基本条件、业务能力、工作业绩和综合表现四个维度，评价权重分别为 10%、40%、40%、10%；客户经理任职资格评价总成绩 60 分且业务能力评价得分不低于 24 分为合格；通过数量核定、聘期内动态调整、设立津贴等方式，实现客户经理岗位能进能出、等级能上能下、收入能增能减，促进“三项制度”改革有效落地。

2. 下放考评权限，开展人才 360 度考评

提升专业主导作用。打破原基层人才选拔任用方式壁垒，由专业主导负责本专业人才选拔、考核、培养及使用，鼓励优秀人才列席专业重要会议、重点课题和攻坚行动。

突出量化考核和基层评价。将月度考核、季度评价、半年评价权限下放至人才管理单位，将年度考核、任期考察权限下放至各地市级单位，以月度考核加强人才过程激励，以季度评价和半年评价加强人才贡献提升，以年度考核加强人才攻关能力评价，以任期考核加强持续增效、发展潜力考察。

统一人才考评标准和维度。优化研判机制，针对不同地区、不同单位、不同专业的管理差异，探索引入管理难度系数，从相关排名和进退等维度客观评判人才业绩贡献。

加强大数据技术应用。对考评结果的长周期动态分析，注重不同人才的横向比较和同一人才的纵向变化趋势分析，真正做到历史地、辩证地分析识别人才。

3. 创新积分制度，实现人才活力的动态管理

以“三项制度”改革为指导，以“金种子”青年人才六大培养工程为主线，以创新量化积分方式为手段，对市县公司入职 10 年内的青年员工，实施青年人才“一二三四”培养计划，紧紧抓住青年人才成长最关键的第一个“十年期”，畅通管理成才和技能成才“两个路径”，把好集中培训选拔关、跟踪培养质量关、多元培育成效关“三道关口”，创新“四个时期”（1 年内入职期、2–5 年筑基期、3–8 年成长期、5–10 年成才期）培养模式，搭建青年人才发展平台。

4. 融入“两个序列”，建立优秀人才选用新机制

加大对干部序列的服务支撑。在严选人才、精选人才的基础上，为干部选拔任用提供更为宽泛的拟任范围，协助明确人才优先提拔标准，加速催化人才序列与干部序列之间的相辅相成。

加大对职员职级序列的服务支撑。明确两大序列之间的沟通台阶、路径和标准，全面释放人才序列、职员职级序列的最大潜能，实现人才序列对职员职级序列的高度支撑、相互促进和深度融合。

5. 拓展多元评价，确保考核结果落地

充分发挥考评的“正导向”作用。加大考评结果应用范围和力度，深度应用于岗位调整、干部提拔、评先评优、梯队建设、教育培训等各个方面，使人才及时受到褒奖和惩戒。

充分发挥业绩考核和同业对标的“温度计”作用。优化优秀人才与企业业绩、指标之间的挂钩模式，将人才薪酬与企业业绩考核、效益效率紧密关联，着力推进人才考评结果的可用、敢用、管用。

实施人才管理问题销号制。开展人才使用情况专项检查，压紧压实各级责任，并与各级领导班子业绩考核挂钩，倒逼各级单位全面提升人才管理水平。

三、实施成效

（一）各级人才队伍实现集约化管控

“四个常态化”全过程管控机制更加顺畅，人才选拔、任用、培养、考核标准实现了规范统一。清晰的人才发展通道建设思路、有序的人才培养规划和交流计划，为选拔任用人才、加快人才培养创造了积极条件。人才总量满足公司需求，为各部门协同开展人才管理工作指明了方向。

（二）后备人才储备与公司战略发展相协调

后备人才的选拔培养制度日趋完善，公司人才储备结构日趋合理，形成可结合机构改革、人才岗位（职位）变动等情况适时调整的自愈机制，一批年纪较轻、文化层次较高、基本素质较好、发展潜力较大的后备人才迅速成长。

（三）形成可复制、可操作、可持续的管理成效

“两个管理新转型”形成了中长期规划与短期计划相结合、结构数量与后继储备相结合的人才队伍建设新局面。“三个选用新机制”建立了人人有目标、人人找差距、人人能成才的员工主动成长新氛围。“四个培育新方式”形成了企业育员工、员工撑企业的共赢发展新循环。“五个考核新模型”建立了人才等级能上能下、人才资格能进能出、人才绩效能增能减的人才发展新格局。措施可复制、可实施的特征与属性，将有效促进市、县两级供电企业人才队伍的高标准建设，为公司带来可持续的管理效益。

主要创作人：郭万平

参与创作人：刘海鹏、谭金石

坚持"能上能下"新常态
激发"雁阵"张力增效益

中能建建筑集团有限公司

一、企业简介

中能建建筑集团有限公司（以下简称公司）成立于1952年，位于安徽省合肥市，隶属于世界500强特大型能源建设央企——中国能源建设股份有限公司（以下简称中国能建），是我国能源电力建设的国家队、基础设施建设的主力军。公司立足能源电力、房屋建筑"两大主业"以及市政、综合交通、环保水务"三大辅业"，构建"2+3"产业格局，业务拓展至国内31个省份和海外20个国家，承建各类电力装机突破1亿千瓦（其中新能源突破2200万千瓦）、房屋建筑总面积4000万平方米。

二、改革背景

近年来，公司深入贯彻习近平总书记关于做好新时代人才工作的重要思想，全面落实国企改革三年行动重大部署，结合企业由电力建设施工企业向建筑业企业深刻转型的实际要求，聚焦健全市场化经营机制，不断深化劳动、人事、分配三项制度改革，特别是管理人员能上能下成为新常态，有力驱动了"头雁"高飞、"中雁"竞飞、"尾雁"快飞，大幅提升了"雁阵"张力。通过改革创新，进一步激发了企业活力，助力企业实现高质量发展。

近三年，公司市场中标额、新签合同额、营业收入、净利润复合增长率均达20%以上。2021年，成功迈入新签合同额、营业收入"双百企业"行列，人均价值创造水平在电力建设行业企业中名列前茅。

三、主要做法

（一）畅通"上"的渠道，增强"头雁"引领力

1. 打造"头雁"战略梯队

各级领导班子成员作为团队的"领头雁"，对于贯彻落实党中央重大决策和企业战略部署、推动企业高质量发展具有至关重要的作用。公司坚决贯彻新时代党的组织路线和国

有企业领导人员对党忠诚、勇于创新、治企有方、兴企有为、清正廉洁“20字标准”，秉承“德才兼备、以德为先、知人善用、任人唯贤”的人才观，坚持正确选人用人导向，明确基层企业班子年轻化配置要求，细致开展人才盘点，有针对性地实施导师制，面向“85后”“90后”年轻骨干建立一级项目班子、二级项目班子、技术专家、经营专家、党建专家、技能专家“六个人才库”，聚焦市场一线、边远地区、境外项目及业务转型等急难险重岗位和优秀青年人才，通过多维度培养和制度化安排，大力选拔任用业绩突出、实干创新、担当奉献的业务骨干。

近三年，选拔任用的管理人员中，来自基层业务部门及项目一线的占比85%以上，来自超额实现经营业绩单位的占比80%以上，“85后”占比达到65%，7名“90后”逐步走上舞台。坚持“使用是最好的培养”理念，优先选拔扎根一线的优秀年轻骨干，建立“年轻后备干部库”，每年根据实际情况进行动态更新。通过民主推荐、组织考察、公开竞聘等多种形式，并综合年度绩效考核等情况，于2021年在入库年轻骨干中近距离考察和“压担子”培养人才129人。

2. 打通“中雁”晋升通道

在推动企业发展的进程中实现个人的成长与发展，最终实现人企共赢、相互成就是公司追求的方向。公司导入卓越绩效人力资源管理模式，坚持以人为本、价值创造的理念，构建基于战略的人力资源管理体系，打通战略规划和人才引进、培育、测量、使用、留人的完整管理链条，制定了31部管理标准规范和710个岗位工作标准，实现人力资源管理和员工工作标准化。公司建立“三职系、互通式、阶梯型”职业发展模型，修订完善《岗位序列和员工职业生涯管理办法》，畅通岗位轮换渠道，加强人才有序流动和“双向交叉”任职。采取自上而下职业辅导和自下而上逐级评审相结合的“V字型”模式，注重充分沟通，分层分类组织开展干部员工职业生涯规划，助力干部员工立足岗位成长成才。

近三年，通过组织安排和自愿申请，91人实现跨通道晋升。其中，71人由技术岗位晋升至项目管理岗位，20人由技能岗位晋升至项目管理岗位；35人实现本部与基层“双向”交流。管理、技术、技能“三大通道”各岗位纵向晋升、横向交流和跨通道发展的通道更加畅通，为企业进一步优化人才结构和培养复合型人才提供了坚实保障。

3. 拓宽“群雁”竞飞队形

公司致力于以“头雁效应”激发“群雁动力”，营造“比学赶帮超”的“竞飞”格局，形成超强的战斗力。公司积极探索与转型企业实际相契合的人才选用方式，坚持“内”“外”求索，推进人才选拔方式由“相马”向“赛马”转变。

一方面，立足企业由传统电力施工企业成功转型为房屋建筑专业化平台公司需求，巩固能源电力、房屋建筑和市政、综合交通、环保水务“2+3”业务发展需求，加大人才选拔力度，市场化引进设计、投融资、调试等高层次紧缺型人才253人，补齐“工程总承包”全生命期和“投建营”全产业链人才短板。

另一方面，推行本部管理人员、项目经理等关键岗位竞争上岗，变“要我干”为“我要干”，激发干部员工干事创业的激情和担当作为的动力。近三年，组织开展管理岗位公开竞聘 14 场次，49 人成功竞聘上岗。

（二）刻准“下”的标尺，提升“雁阵”超越力

1. 压实“头雁”责任

管理人员“上”有条件、“下”有标准，才能达成共识、赢得拥护。公司抢抓国企改革三年行动契机，将任期制和契约化管理作为重点攻关领域和重要的突破口。公司拓宽任期制和契约化管理覆盖范围，由公司及重要子企业经理层成员延伸到所有二级单位和项目部负责人，率先在中国能建实现企业、二级单位、项目部三个层级“头雁”全覆盖，“一人一策”细化制定任期及年度岗位聘任协议书、经营业绩目标责任书。

近三年，公司坚持依据签订的 257 份责任书，将业绩目标分解到个人、到月度，形成可量化的体系表、任务单。围绕“经营业绩目标责任书”与“月度任务单”，晒出“月度成绩单”，对于时序计划完成率偏低的下达“督办单”，及时发现存在的问题并督导纠偏，直至计划目标进度回归到正常范围。年度经营业绩指标超额完成的基层单位占比达到九成。

2. 激发“群雁”活力

完备可操作、覆盖全员的绩效考核体系，是实现薪酬分配市场化的重要前提。公司完善组织绩效、个人业绩考核体系，突出管理人员全面绩效考核，与经理层成员任期制和契约化管理形成有效衔接，实现绩效考核全覆盖。建立管理人员业绩考核、民主评议、在线监测“三位一体”评价体系，按照有力承接公司战略和年度经营计划目标的原则，设置 KPI、OKR 年度关键业绩指标，表单化、机制化推进，并严格实施周盘点、月通报、季纠偏、年考核，考核结果与职位升降、薪酬核定直接挂钩。

2021 年，公司管理人员浮动工资占比达到 66.82%，收入差距倍数平均 1.76 倍，同岗级员工最大差距超过 3.11 倍，在岗员工年度薪酬极差达到 6.54 倍。在考核指挥棒和薪酬牵引力的双重作用下，管理人员平均绩效考核结果逐年上升，“群雁”民主测评得分近三年一直保持在 94 分以上。

3. 鞭策“尾雁”奋进

公司坚持严管与厚爱相结合，既健全制度从严监督，又建立容错帮扶机制，促进“尾雁”快飞、尽快入群。建立组织、巡察、纪检及业务部门协同联动工作机制，加强对各级领导班子成员监督。自主开发干部在线监测信息系统，近三年累计监测 6446 人次，形成干部管理与监督常态化机制。2021 年，建筑集团对经营业绩指标综合考核结果靠后的 7 个单位和 18 名中层干部个人实施集体绩效约谈，当面指出问题不足，共同分析整改对策，及时督导、改进提升，帮助掉队的“尾雁”保持先进性。

一年来，对项目经理负责制和项目经营核算制“项目两制”执行不力、履责欠佳的 7 名项目经理予以调整岗位。通过公司领导对口包保辅导和自身努力改进，2 名项目经理快速转变提升、得到组织和群众广泛认可，改进过程监测结果达到优良等级，目前已重返项目经理岗位。

（三）打开“退”的闸门，激发“雁群”原动力

1.“头雁”退出千层浪

公司强化制度的硬约束，增强干部的危机感，使后进“退出”浪花飞溅，促“群雁”奋飞提升组织先进性。修订发布《中层干部管理办法》《绩效考核管理办法》，明确退出的情形、流程及配套操作指引等规范，明确中层干部年度考核不胜任，采取组织约谈、扣减绩效工资等措施，连续两年综合考核评价处于末位的，提交公司党委研究予以调整。组织绩效考核结果为D级的团队，班子成员全员起立，重新组织竞争上岗，团队协同合作、追求卓越绩效蔚然成风。

近三年，经过综合考核评价，因年度考核低于目标值被扣减绩效106人，因年度考核不合格或综合考核评价末位被调整岗位37人，其中免职14人、降职23人，占比5.91%，“头雁”退出制度化、常态化有力促成公司员工退出正常化。

2.“中雁”退出活水来

基层单位管理人员是企业沟通的桥梁和推动事业发展的中坚力量，通过优胜劣汰，激活与充盈一池春水。参照企业层面职业经理人制度，在房建、市政、综合交通、环保水务等基础设施业务领域开展项目职业经理人试点，引来高层次专业化项目管理人才的源头活水，提升项目履约核心竞争力。针对项目职业经理人，创新构建“引进、管理、考核、退出”全过程管理机制，实行市场化定薪、契约化管理，按照履职绩效情况决定去留，培育高素质项目经理队伍。三年来，考核结果未达标解聘项目职业经理人5人，降职使用3人。

3.“群雁”退出争上游

公司率先完成公司总部、基层单位、项目部“三个层级”适应性组织建设，加速管理人员能上能下，落地优胜劣汰、双向交流、减员增效“三大举措”。近三年，各类本部机构精简37.5%、本部人员定编下降21.16%、项目部定员降低15.87%，企业经营业绩已连续“十一年”保持增长，在中国能建年度及任期业绩考核中始终保持A级前列，成为首家荣获“优秀企业奖”的电建企业。公司已连续三届获评全国文明单位，两获“全国五一劳动奖状”“全国模范职工之家”，荣膺“新中国成立70周年功勋企业”称号。公司人力资源管理“一企两制”创新实践等两项成果先后荣获“全国电力行业管理创新论文大赛”一等奖、二等奖。

通过长期实践，管理人员能上能下已成常态，以上率先、示范引领作用日益突显，动真碰硬传导效应显著，牵引企业在用工市场化方面取得重要突破。2021年，员工末位淘汰、市场化退出70人，退出率达到3.45%；开展不在岗员工清理专项行动，不在岗职工占比降至0.44%，实现“应清必清”；全员劳动生产率提高10%，人均利润、人工成本利润率同比增长20%以上，组织的创造力和人力资源效能大幅度提升，人均价值创造行业第一。

主要创作人：董俊顺
参与创作人：李国兵　吴言杰

第二部分

人力资源数字化

集团式企业人力资源管理数字化转型路径与实践

中国电力建设集团有限公司

人力资本是企业获得持续竞争力的关键所在，也是企业增效的重要基石。随着信息技术的迅速发展，人力资源管理作为企业管理体系的核心功能，人力资源管理的数字化转型成为企业管理模式变革的重要手段。如何推动实施数字化转型成为企业面对未来竞争，实现企业高质量发展的重要内容。本文以中国电力建设集团有限公司（以下简称中国电建）为例，探究在数字化转型的时代背景下，集团化的企业如何搭建符合管理现状和发展需求的数字化管理模型并建立独特的实施路径。

中国电建创新性地构建了从集团总部到子企业为一体的“1+1+72”人力资源数字化管理体系，定制《中国电建人力资源管理数据标准字典》，提出并实践了从子企业人力资源业务运营到集团人力资源数据管控与分析的数字化解决方案，彻底变革传统的人力资源管理模式。成功搭建集团层级的人力资源信息数据库，并通过对大量累积数据的挖掘、清洗、整理等方式来获得数据价值增值，对企业如何进行新时代人力资源管理数字化战略转型，打造企业高质量发展的“智慧引擎”提供了参考路径。

一、中国电建人力资源管理数字化转型的背景

（一）着力践行时代使命，推进“数字强企”战略

《中共中央关于制定国民经济和社会发展第十四个五年规划和二〇三五年远景目标的建议》中明确提出，坚定不移建设制造强国、质量强国、网络强国、数字强国，加快数字化发展，推进数字产业化和产业数字化，推动数字经济和实体经济深度融合，打造具有国际竞争力的数字产业集群。中央企业作为我国经济的重要组成部分，占据着产业链的头部或核心位置，应当发挥自身的网络效应，加速推进数字化转型进程，抢占时间优势和数字化“红利”，全面提升在国际市场的竞争力、控制力和影响力。

国资委在《关于加快推进国有企业数字化转型工作的通知》中要求，结合企业实际，制定企业数字化转型专项规划，明确转型方向、目标和重点，勾画商业模式、经营模式和产业生态蓝图愿景。以构建企业数字时代核心竞争能力为主线，制定数字化转型方案，纳入企业年度工作计划，明确相关部门和岗位工作要求，加强动态跟踪和闭环管控。加快企业数字化治理模式、手段、方法升级，以企业架构为核心构建现代化 IT 治理体系，促进

IT 投资与业务变革发展持续适配。

在数字经济大潮中，数字化转型已成为关乎企业生存和长远发展的“必修课”。中国电建把数字化纳入公司“十四五”战略规划，突出“水、能、砂、城、数”五大核心优势，从战略高度谋划公司数字化、网络化和智慧化发展。中国电建对公司人力资源管理数字化转型和实施路径进行深度探索，着力践行党中央加快推进中央企业数字化转型的时代使命，为集团公司战略实施提供人才保障和智力保障，打造新时代人力资源数字化战略转型、高质量发展的“智慧引擎”。

（二）整体提升企业数字化水平，打破信息“孤岛”

中国电建是 2011 年在中国水利水电建设集团公司、中国水电工程顾问集团公司和国家电网公司、中国南方电网有限责任公司所属的 14 个省（区、市）电力勘测设计、工程、制造企业基础上组建的集团化公司。由于各子企业的发展不同，人力资源管理方式和数字化建设深度存在差异。

一方面，在子企业层面，有的企业管理制度健全、管理基础夯实，已逐步建立本地的人力资源信息管理系统；有的企业信息化起步较晚，数字化建设进展缓慢。另一方面，在总部管控层面，集团重组前建成的信息系统因数据不能汇聚，成为信息“孤岛”，总部在实时掌握集团人力资源信息全貌上存在难度，给集团业务管控带来挑战，因此，集团公司成立之初就对人力资源管理数字化建设有着较高的需求。

（三）消除时空壁垒，赋能企业运营

中国电建业务遍及全球 130 多个国家和地区，业务领域广阔，子企业地域分布分散，推行人力资源管理数字化转型，一是能有效消除传统人力资源管理在时间、空间上的壁垒，利用云计算、大数据、移动互联和人工智能等数字技术将人力资源管理的事务性、重复性的工作集中平台化处理；二是通过信息平台的运行在企业内部打造以人力资源为核心内容的数字化体系，掌握人力资源配置，实现劳动合同、培训管理、绩效考核、薪资社保、业务报表等各类人力资源全流程服务闭环，让数字化管理贯穿人力资源管理的“选、用、育、评、留”全过程；三是提升集团总部和子企业人力资源管理过程的可视化程度，做到实时掌控全貌，及时洞察分析，确保管理规范性，提高整体服务效率，推进企业战略有效执行和持续发展。

二、中国电建人力资源数字化转型的主要做法

根据集团公司“数字电建”总体战略部署，为了给公司人才战略提供良好的信息化支撑，电建集团启动了人力资源管理数字化建设项目。该项目在信息系统建设中充分利用网络技术，拓展获取信息的渠道，预见性地积累数据，在集团层面形成数据汇聚，构建人力资源信息数据库，实现人力资源信息数字化，达到提升人力资源管理业务质量，满足集团总部管控和子企业各层级的业务运营需要，切实支撑集团公司的发展战略、辅助政策制定和各类业务实践。

（一）建设目标引领

中国电建人力资源管理数字化建设以公司“数字电建”战略为核心，以建设目标为引领，统筹集团 70 余家子企业系统建设。

中国电建人力资源数字化建设目标如下。

一是实现人力资源集团管控职能，做到实时掌控集团人力资本全貌，为领导决策分析提供人力资源数据支撑。

二是搭建人力资源业务服务平台，赋能企业管理，落地实施公司用工、合同、培训、工资、社保等人资业务管控，提升人力资源管理的业务标准化、流程规范化及工作流转自动化，提高人力资源业务管理效率。

三是横向贯通纵、纵向集成、数据整合，构建集团人力资源数据库，提升人力资源数字化水平，通过人力资源数据的高效管理创造竞争优势，支撑公司人才战略发展目标，加强人力资源管理的战略导向职能。

（二）顶层规划方案

中国电建为集团化公司，子企业地域分布广阔、经营业态复杂多样，既要满足不同类型的人力资源管理模式，又要满足子企业各具特色的人力资源业务运营的需要，还要满足集团管控各类需求，因此，中国电建整体的数字化建设方案的确定显得尤为重要。

中国电建在对市场和内部人力资源管理现状深入调研和分析后，规划设计了电建集团人力资源数字化建设规划实施方案，如图 1 所示。中国电建人力资源数字化建设采用分布式部署，人力资源管理信息系统采用“1+1+72”体系建设，即 1 个领导大屏、1 个管控平台和 72 家业务运营平台，成功构建了中国电建的人力资源管理数字化生态体系。

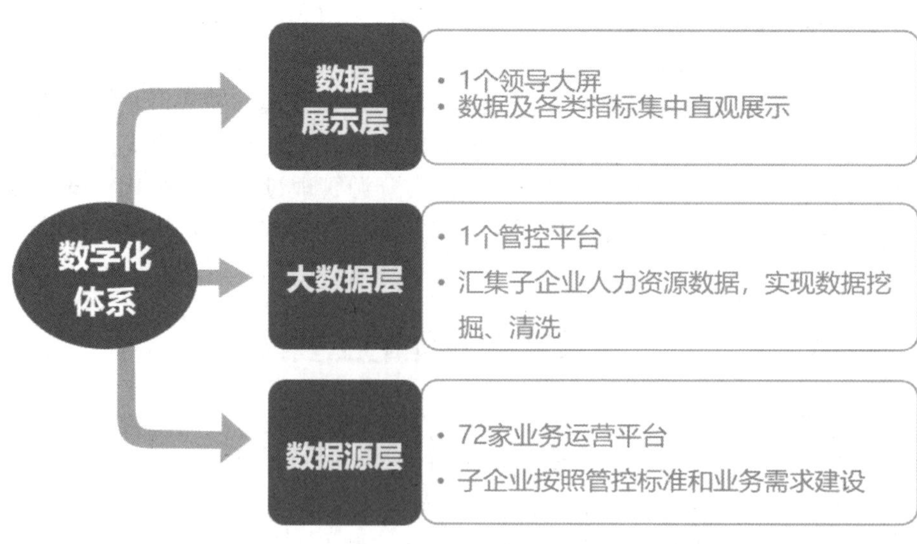

图 1　系统规划建设方案

（三）定制人力资源管控数据标准字典

人力资源管理数字化转型成功与否的基础是人力资源数据。基础数据会贯穿整个人力资源管理流程，数据的标准化也是深度挖掘数据库的内在价值，使各类数据真正转为生产力要素，使管理成为企业核心竞争优势的一部分。中国电建在数字化建设初期就注重电建管控数据字典建设，利用数据治理、数据调研等技术手段来不断发现数据问题，规范完善电建数据标准，不断改进和提升数据质量，制定了《中国电建人力资源管理数据标准字典》。

《中国电建人力资源管理数据标准字典》包含 140 余个标准管控字段，24500 余条标准编码信息，定制电建特色标准字段管控编码体系，为后期数据清洗、数据加工、数据内在价值再创造打下坚实的基础。

（四）分阶段推广建设

人力资源数字化建设不是一蹴而就的，既需要人、财、物的全方位投入，又需要管理思维转变、新技术运用、数字人才培养。根据人力资源管理数字化总体建设方案（图 2），采用分阶段实施的方式推进数字化建设，通过试点运行、推广运用、完善提升三个阶段，逐步推进建设，达到搭建电建集团人力资源信息化平台、构建人员数据库、实现数据价值再创造的目标。

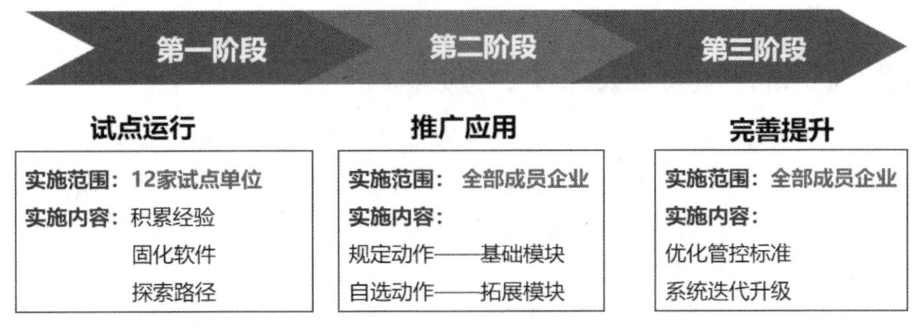

图 2　系统实施方案展示

1. 试点运行阶段

遵循“先试点、后推广”的原则，组建电建管控数据标准体系；选取试点单位试运行，优化标准版软件，总结经验，完善组织机构、人员基本信息、人事业务等数据管控标准；组建电建管控数据标准体系和公司标准版软件配置，为管控平台人员信息数据统计分析做好规范基础。

2. 推广应用阶段

在全部子企业部署人力资源管理信息系统标准版软件，做好集团管控平台与子企业系统的数据对接。该阶段子企业要完成集团要求的基础模块建设，在遵循管控数据标准的前提下，可根据自身业务需求进行实施配置，利用信息化手段全面提升子企业人力资源管理的业务标准化、流程规范化、流转自动化，进一步提高工作效率和工作质量。

3. 完善提升阶段

优化集团管控数据标准，通过迭代升级或二次开发，提升人力资源管理数字化应用水平。总部层面通过优化数据标准，提升管控数据统计、分析的精确度；子企业在基础模块良好应用的基础上，可以进行系统拓展建设，逐步实现人力资源管理业务全面覆盖，人力资源管理流程全面贯通，促进提升企业核心竞争力。

（五）落地数字化建设五项保障机制。

人力资源管理数字化转型不是一蹴而就的，是一个逐步推进的过程，在建设和推广应用的过程中要统筹规划、建立机制，搭建平台、培养人才、关注重点、制度保障，保持系统生命活力。

1. 顶层设计，统一推广

定制电建特色标准版软件，系统内置入中国电建管控数据标准，明确推广目标和实施路径，有效保障系统集团管控数据标准的贯彻执行。

子企业不能各自为政，集团化企业总部要站在未来管理的高度，从查询使用、数据统计分析、业务管控、决策支撑的角度出发，将数据库中包含的指标和代码进行顶层设计、统一规范，建立管控数据标准；系统建设强调了分步实施，通过“标准推进、扩展应用、自主实施”相结合的方式，以确保系统推广应用顺利进展。

2. 搭建交流平台，建立沟通、协调、督办机制

为确保 70 余家子企业数字化建设统一顺利推进，公司组织建立各类线上即时沟通群，分业务板块举办数字化建设经验分享交流会 10 余场，组织公司数字化建设专家对实施困难企业进行建设辅导，组织系统验收等形式，促进数字化建设目标实现。

以上措施既能强化数字化建设宣贯，总结分享好的经验做法、优秀案例，进行技术交流，又能让员工充分认识到人力资源信息化管理工作的重要性和必要性，了解信息化工作的要求和实施步骤，对当前工作的影响和今后带来的便利等，从而保障公司数据化建设的顺利推进。

3. 培养数字人才，倡导自主实施

有效组织培训，积极培养企业内部数字化人才，倡导自主实施，保障系统持续有效运行。中国电建集团多次分角色、分板块、分批次开展实施运维、业务操作相关培训，注重在人资业务人员身上做好数字化知识的有效转移；遴选人力资源管理部门、信息化部门业务骨干，组建项目实施专家团队，加强对弱势企业的实施建设辅导，提高企业实施、配置的自主能力，应对业务需求的不断变化，保持系统的生命活力。

4. 重视用户反馈，及时解决问题

系统的实操用户作为人力资源管理信息系统的最终使用者，须改变以往的工作方式。

而人的行为方式被动改变是一件较为困难的事情，所以用户体验对系统的应用效果特别重要。

用户体验反馈是人资系统迭代完善的重要来源，对实操用户反馈的问题及时解决，能改善信息系统的使用效果；及时反馈用户的问题也可以提高用户对系统建设参与程度，促进使用者对信息系统的接纳，推进系统的应用。

5. 以制度为保障，建立管理长效机制

人力资源管理数字化工作是根据业务需求变化不断推进的过程，及时制定系统运行管理办法和系统运维方案等相关制度，使其配套形成长效机制，才能推动人力资源数字化工作的不断深入。

三、人力资源管理数字化转型的实施效果

（一）成功组建子企业人力资源管理业务运营平台体系

业务运营平台建设支撑子企业人力资源数字化转型，建立了子企业人力资源数据库，形成集团公司人力资源大数据库的数据源，给企业的人力资源管理带来全新的业务运行界面和管理优势。人力资源管理业务运营平台模块框架，如图 3 所示。

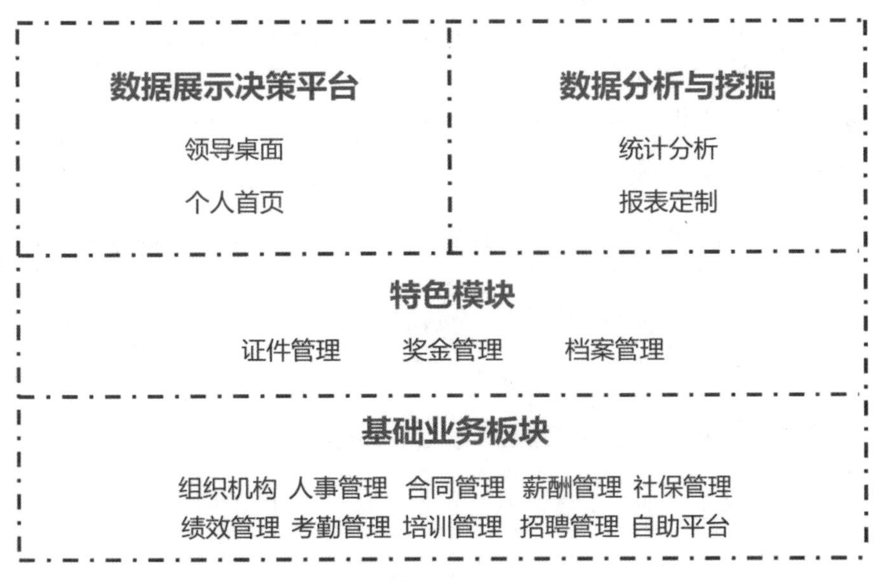

图 3　业务运营平台模块架构示意图

1. 为管理提质增效，加速业务流转，降低管理成本

人力资源管理数字化转型可以有效减少人力资源部门行政负荷，降低企业管理成本，提升人力资源服务水平。以新进职工为例，从人员入职、转正审批，到个人学历、专业技术资格、职业资格、人员履历、业绩等各类信息自行维护，再到社保的建立、薪酬的发放、用工成本统计、部门工资总额核定，实现人力资源业务全流程化线上管理。企业通过人力

资源数字化建设，信息化管理手段的创新应用，帮助组织加快事务处理，减少信息误差，通过线上审批流程，实现职工少走路，信息多跑步的运行效果。

2. 形成人力资源数据库，人员信息可视化管理。

数字化建设通过对各种人力资源数据的有效采集和技术整合，实现数据的积累，达到人员信息可视化管理。中国电建通过 72 套子企业业务运营平台的建设，共搭建各级组织机构信息 73800 余条，不同类别人员信息 40 余万条，3000 余万个字段信息，形成人员数据金矿，成功构建各级组织的人员数据库，有效支撑企业人力资源业务流转、数据清洗提炼。

3. 创新管理模式，做到换人不换“芯”

子企业业务运营平台的应用促进人力资源管理关键岗位换人不换“芯”。经过人员信息可视化、业务标准化、管理流程规范化，企业的关键业务管理经验和管理模式经过数字化固化，企业不因关键岗位人员流动而影响工作质量和效率，使组织持续保持管理优势，数字化转型为企业持续保持管理质量助力。

4. 搭建“数字场景”，打造“数字员工”

通过人力资源数字化转型，利用数据建模将物理世界的管理手段迁移至数字世界，对人力资源管理业务的运行状态进行动态优化、实时跟踪、过程管控，搭建企业内部管理“数字场景”，使人力资源管理相关活动更为直观展示，部门间的协同管理效率大幅提升，管理质量有效提高。打造“数字员工”，建立人员信息分析模型，通过对人员资历、行为和工作表现等各类信息的调取分析，形成“员工画像”，促进人岗精准匹配。

5. “数”尽其用，以“数”为基

企业根据派生数据需求，通过数据建模配置各类报表，实现数据可灵活组合、查询、统计、分析，如各类人才结构统计分析表、薪酬社保统计报表、考勤统计分析表等，将累积的业务数据挖掘分析，实时展现企业的人资信息全貌，为管理者合理决策提供有效的数据支撑。

（二）建成中国电建集团人力资源管理信息管控平台

集团管控平台是各子企业人力资源数据的汇聚层，是集团人力资源管理数字化转型的重要平台和核心环节。

1. 建立系统接口，实现数据汇聚

中国电建总部为实现人力资源业务管控、数据监控与分析需求，通过总部管控平台与子企业信息系统建立系统接口的方式，将各子企业的数据源定时报送，数据汇聚至管控平台，形成集团公司的人力资源信息大数据，成为电建集团宝贵的人力资源数据金矿，为总部实现洞察人力资源全貌、业务管控、数据统计分析提供坚实的数据基础。中国电建人力资源信息大数据库形成过程，如图 4 所示。

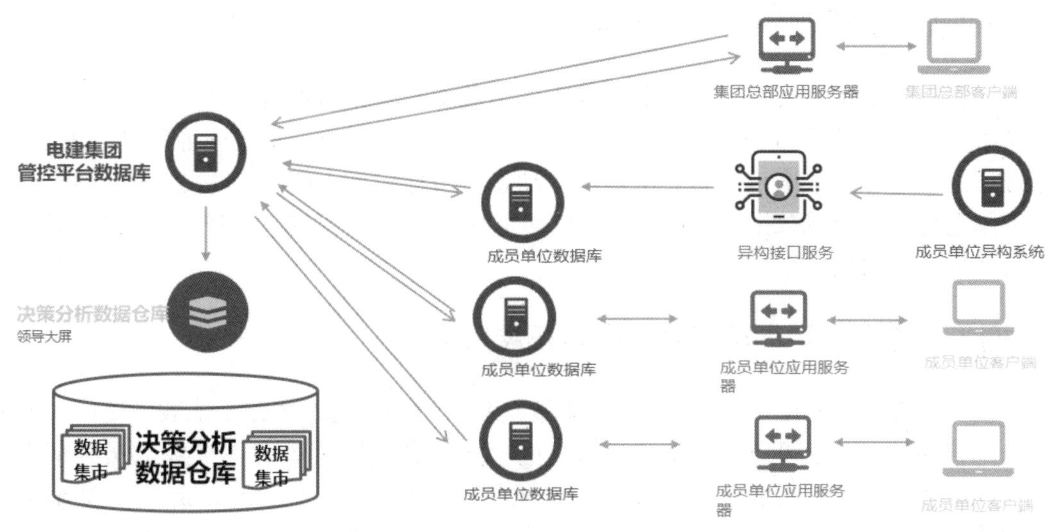

图 4 大数据库形成过程

2. 搭建六大管控业务模块，实现人力资源总部管控职能

通过需求收集、需求分析、逻辑建模、方案设计、权限分配等环节建立相应的分析指标体系，搭建了集团人员管理、集团用工管理、集团招聘管理、集团薪酬管理、统计分析等六大管控业务模块，如图 5 所示。

图 5 集团管控平台架构

六大管控业务模块的建设，建立了统一的组织机构、人员类别、人员编码方案，提供了子企业组织机构、人员基本信息源数据的查询功能，实现了集团用工、招聘、培训等业务的现状上报、结果评估、计划批复、指令执行等管控职能，配置了薪酬总额的年度预算、清算、调整、核定等相关的表单流程；在统计分析模块还可以通过设立明确的统计范围和计算逻辑，对管控平台大数据进行自动提取、计算，对大数据里的人员信息进行各统计维度的调取和统计分析，建立全面、统一、易调取的派生数据，切实支撑管理者决策。

（三）派生数据集中展示的领导大屏

领导大屏是在集团公司人力资源数据库的基础上，将大数据按统计维度分类，将数据库里实时数据进行统计与分析，以图、文、数并茂的方式展示，形成企业管理决策需要的派生数据。通过领导大屏可以直观清晰地、动态实时地对人力资源派生数据进行展示，能一览中国电建人力资源数据全貌，对人资数据实时监控，使管理决策者迅速获取需求数据，为管理者提供有效的决策支持。

（四）人力资源管理信息系统有效拓展应用

在人员数据库的基础上，建立人力资源数据共享中心。通过搭建系统数据接口的方式，人力资源管理信息系统可以成为组织内部其他业务系统的数据源，成为组织人员共享中心，实现与其他业务系统的集成应用。如，可以为组织内部的OA系统、4A集成、财务共享中心、对外招聘平台等系统进行数据交互，充分发挥数字化管理优势，实现业务互联互通等功能。

四、结　语

通过推进数字人才强企战略，探索实践人力资源数字化管理，实现数字化服务能力、智能化人才管理、全价值链人才发展，成为中央企业、集团公司构建核心竞争优势最重要的手段之一。通过顶层设计集团人力资源数据信息标准，规划实施集团数字化人力资源管理体系，构建集团人力资源大数据分析平台，实现人力资源管理的数字化、动态化、协同化、流程化、战略化成为大势所趋。

人力资源管理数字化转型加强了人力资源管理用数据决策的意识和能力，让更精确地计量人力资本的价值成为可能，转型必然面临企业内部以及外部的一系列约束与挑战，诸如企业高层数字化管理变革意识、建设人力资源信息平台的人力、物力、财力投入，平台数据资源的充分重复利用和资源共享机制的构建，数字化建设下的数据信息安全保障，企业内部信息化人才培养等，这些必将是企业能否决胜于数字化时代人力资源管理变革的重要保障。

主要创作人：李志勇、裴广军

参与创作人：孙　镇、融翔、周永梅、侯　宇

数字化助力集团人力资源管理体系转型实践

东风汽车集团股份有限公司人力资源部

一、企业简介

东风公司着力构建“以客户为中心，产品为主线、分层授权的人力资源矩阵化管理模式”，推进向战略人力资源管理体系转型升级，数字化与业务转型要同步推进，相互促进。

一是以客户导向，通过数字技术应用建立统一数字化门户、一站式服务的数字化平台。

二是构建业务运营团队、通过对业务工单全周期管理及首问解决负责制提升系统运营、业务运营。

三是通过基于“及时、准确、完整、共用、自动化”的数据质量量化体系，通过“增量、存量”两种数据治理策略，以及“管理者、业务、个人”的闭环治理工具进行数据质量提升。

四是通过数据接口服务、分析报告服务、业务运营报告等方式实现数据赋能业务。

东风公司以“效率倍增、成本减半、规范达标、客户点赞”的业务目标为指导方针，从“建设”“运营”和“治理”三个维度推进人力资源数字化，支持“服务型、增值型、赋能型”总部建设，实现人力资源领域数字化转型。

二、实施背景

东风公司着力构建“以客户为中心，产品为主线、分层授权的人力资源矩阵化管理模式”，推进向战略人力资源管理体系转型升级。

（1）通过建立全集团共享的人事共享服务中心，分总部层和各事业单元层的专家中心和业务伙伴团队，支持“服务型、智能型、增值型”总部建设，支持事业单元经营发展，支持员工服务优质高效。提升 HR 效率和价值创造，助力公司高质量发展。

（2）围绕东风公司“领跃 2025”人力资源规划目标，全面对标行业、领域 75 分位。推动人力资源体制机制改革转型和人才赋能，聚焦重点战略项目、共性难点问题、共性转型项目，融合“对标世界一流企业管理改善行动”“国企改革三年行动”等管理改革重点工作，开展人力资源规划 HR“三支柱”E3 行动、D^2–HR 数字化行动等六大行动。

（3）在数字化建设方面，要实现业务支持度达到 100%，即人力资源业务数字化率

100%、组织覆盖范围 100% 的双百目标；在数据质量提升方面，要实现数据支持度超过 90%，即人力资源核心数据的及时率、准确率、完整率、共用率、自动化率等“五率”综合支持度达到行业 90 分位以上；在客户满意度方面，通过提升系统应用友好度、系统业务支持度、数据服务支持度等措施，要实现客户满意度达到 84% 的水平。

三、人力资源数字化推进面临的主要问题

（1）系统无法支持共享产品孵化同步落地。共享产品孵化完成后，数字化建设如何快速落地支持业务开展。

（2）对业务提供的服务途径不统一、不便捷。在日常工作中，员工的业务咨询、业务人员的系统使用咨询存在反复找不同的人。

（3）系统数据现状满足不了业务使用数据诉求。系统应用积累的大量数据存在不能用、不敢用，数据价值未能发挥。

四、人力资源管理体系转型实践的主要做法

（一）基于客户导向，建立数字化工作平台

按照公司 HR“三支柱”转型，构筑强有力的 HR 支撑体系，通过 HR 自身的变革（Evolution）、赋能（Empower）和效率（Efficiency）提升，实现跨组织共享、跨组织协同、跨组织赋能，推动业务变革、赋能业务、提高业务效率，助力业务战略目标达成。

1. 形成数字化规划，支撑业务转型

基于“效率倍增、成本减半、规范达标、客户点赞”的目标，形成人力资源数字化“2N21”规划，即：双业务线、多应用、双体系、一中心，如图 1 所示。

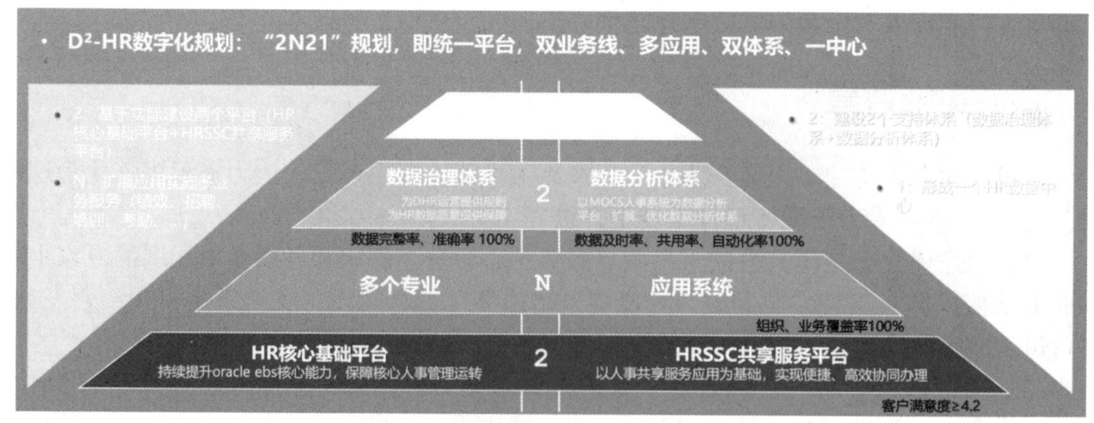

图 1 人力资源数字化“2N21”规划

- 双业务线：人力资源核心基础与共享服务。
- 多应用：建设覆盖绩效、培训、干部、人才等人力资源全业务的数字化系统。

● 双体系：人力资源数据治理体系与数据分析体系。

● 一中心：人力资源数据中心，通过系统融合形成统一的人力资源数据仓库，为数字化服务产品建设提供权威的数据支持。

2. 引入数字技术，支持疫情下新业态

新冠肺炎疫情突袭以来，更需要数字化平台对异地业务办理提供支持。

一是引入电子签技术，在劳动合同、个人简历、证明开具等场景使用，通过身份鉴别、证书认证、签署服务、证据保全、司法举证等保障业务合法、安全，运行一年覆盖600多家单位、1万多次业务。

二是引入OCR技术，支持对身份证、银行卡等证件识别，减少个人信息录入，提升员工体验，达成业务办理效率提升，运行半年提供5000多次服务。

3. 融合系统流程，保障业务无缝办理

系统建设是根据业务成熟度分步实施，依据业务特性选择合适产品，为了避免出现信息孤岛，采用“低耦合、高灵活、高扩展”方式推进融合。

一是确定核心组织、人员数据在各业务系统全打通，实现使用的核心数据一致。

二是推进各系统业务打通。以入职为例，通过流程梳理实现招聘、录用、预入职、身份认证授权、入职办理、定薪、社保开户等全环节数据拉通、各系统功能按业务流程实现集成。

4. 聚合员工服务，提升一站式体验

对员工提供多端访问，并将分散的业务聚合，提供完整服务。

一是提供移动端、一体机、微信H5端、Web端、与办公移动端集成等访问方式。

二是提供400服务热线、业务办理大厅进行人力资源业务咨询，运行两年提供4万多次服务。

三是实现服务整合。例如，将分散在各系统的个人信息维护、薪酬信息查询、社保业务办理、在线学习、弹性福利、证明开具等提供统一服务。

（二）落实整体运营，实现业务效率提升

在数字化运营上采取统一运行流程、统一运行工具、统一运行团队落实整体运营，实现业务能力、系统运营能力同步提升。

1. 建立业务运营保障体系，实现业务数字化能力提升

在数字化运营上，关注业务侧系统应用能力建设，通过对系统熟练掌握提升业务办理效率。

一是在集团层面有系统运营支持团队，负责业务人员培训、业务工单管理、业务优化需求整合、系统实现方案设计和确认等，做到系统整体的高可用、一致性。

二是在板块有系统运营支持协调人员，负责业务优化收集。

三是提供系统运营管理服务，协助板块进行系统运营。

2. 建立业务工单全周期管理，实现业务与系统深度融合

对业务遇到的系统使用问题、功能优化，采用工单方式推进。

一是先从业务规范、业务能力提升角度进行工单处理。

二是对工单进行全处理流程看板量化。

三是对工单深入分析，提炼业务培训内容、系统优化内容。

四是系统支持人员和业务人员一起对工单复盘、促进业务更懂系统，系统更懂业务。

3. 建立首问解决负责制，实现业务与系统效率双提升

由于系统不断融合，一个工单会涉及多个系统的协同分析，为了提升系统运营效率推出了首问解决负责制，即各业务专家为一线支持团队、多个系统开发团队作为三线来支持。

从用户角度，每次的工单只有一个人对接，由一线专家协调不同系统应对；从系统支持角度，避免信息不对称造成的无效投入，又能有效地协同相关系统共同解决客户需求。

（三）搭建数据治理体系，实现人力资源数据价值可视化

企业数字化转型、人力资源数字化变革，都对数据质量提出更高要求，东风公司对以往零散的数据治理方式进行体系化重构，按照“明确数据治理内容、制定数据治理标准、开展数据治理活动、跟踪监控持续改善”的工作方法开展数据治理工作。

1. 构建数据“五率”量化标准，打造数据价值评价体系

数据质量提升不能全靠主观判断，需要通过具体指标和量化现状来支持。为此，东风公司基于自身人力资源数据质量现状，制定了数据“及时率、准确率、完整率、共用率、自动化率”的“五率”量化内容，具体有 24 个指标、110 个检查项。

- 及时率：指标关注线上、线下业务一致。
- 准确率：指标关注业务核心数据逻辑校验，并通过线下抽查核检。
- 完整率：指标关注业务核心数据是否有缺失。
- 共用率：指标关注在各业务系统数据共享、使用同一数据源。
- 自动化率：指标关注业务数据是通过线上业务开展自然产生。

2. 构建“增量 / 存量”治理方式，形成数据价值提升策略

东风公司对人力资源系统中已有数据进行盘点量化，准确定位每家单位、每个员工的数据质量短板，并制定了增量数据、存量数据治理策略。

（1）增量数据：把住数据入口，对系统已有校验逻辑进行规范。

一是优化新单位上线数据初始化方式。对于单位掌握的组织、人员基本信息等，使用业务流程的批量导入、通过校验后生效；对于个人的其他信息，通过自助方式维护审核。

二是关注线上、线下业务开展一致。通过取消线下审批、使用线上提供的单据、打通人事与财务的会计凭证和进成本数据交互等措施，做到相关数据全程在线上运转，并提升数据自动化率。

（2）存量数据：主要通过业务专项治理、数据应用来激活存量数据并保持数据鲜活度。

在业务专项治理上，每年结合现状、提升目标、数据应用来制定治理活动，活动开展遵循 PDCA 循环，确保数据质量提升效果；在数据应用上，主要是拓展在职称申报、职等评价等应用场景，通过数据横向纵向拉通，提升数据产生者对数据质量重视。

3. 构建“监督 / 自检”工作方法，落实数据价值提升工具

在业务专项治理推进中，对不同群体提供差异化工具，做到数据质量及时、透明显现，达到相互促进效果。

（1）对管理人员，需承接集团数字化行动任务，在集团运营分析平台和业务系统工作会上通报达成情况，来强化管理人员对数据治理工作的重视及参与度。

（2）对专业业务人员，进行数据标准宣贯、开展数据质量评比，培养数据质量意识。通过数据治理平台每周推送本单位数据质量报告，用于制定有针对性的改善措施。

（3）对员工个人，提供个人信息盘点情况，准确反馈个人信息的不符合项，推送个人信息完善方式，引导个人主动完善数据。

（四）推行数字化服务产品，实现数据赋能业务

为更好地将数据治理效果赋能业务实际工作，东风公司提供了数据接口服务，实现了关联业务领域系统间的数据共享，推出例行报表、定制统计、分析报告等服务，挖掘数据价值。

1. 提供数据接口服务，数据推动效率提升

人力资源核心数据通过治理后，形成组织、人员的标准接口服务产品，已向统一身份认证、办公、财务等集团、板块系统提供数据服务。工资核算的数据采集、进成本、个人支付等标准接口服务实现与财务系统全流程线上数据打通。

2. 提供分析报告服务，数据推动管理改善

依据系统内业务运营数据，向集团、板块每月提供系统运营报告，每半年提供人力资源数据分析报告。系统运营报告聚焦于工资核算、业务流程审批、月报报送业务开展情况和基础数据盘点分析，促进及时性、准确性、完整性提升。数据分析报告聚焦人员（人员结构、人员流动、重点人群）、人工成本（成本结构、人均）、组织效能（人均）等 9 类 28 项指标、协助单位洞察全年管理趋势、管理行为路径、管理效率异常诱因，为人力资源业务管理改善提供方向性支持。

五、人力资源管理体系转型实践的实施效果

（1）形成以“效率倍增、成本减半、规范达标、客户点赞”的数字化建设和运营理念，为业务转型提供全方位支持。以业务“三支柱”转型为推手，以提升客户满意度为导向，通过数字化技术应用，从“管理”到“服务”的数字化建设思路转变，形成基本“服务型、增值型、赋能型”的数字化业务工作平台。

（2）形成人力资源领域“五率”（及时率、准确率、完整率、共用率、自动化率）数

据价值体系。从人力资源数据赋能业务为出发点，形成数据价值的量化标准、治理策略、提升工具，并从数据产生、治理、应用提供数字化服务产品，对集团、板块、单位进行业务赋能。“五率”数据价值体系的建立，实现了业务数据的可量化，可管理、可提升、可变现，实现了数据提供者、管理者、应用者对数据的质量重视、价值重视、赋能重视。

（3）形成人力资源领域复合型人才梯队。东风公司人力资源领域经过多年的数字化建设和运营，已在集团、板块层面形成一批业务强、数字化能力强的复合型人才梯队，整体占比达到20%以上，并在集团层面沉淀了一支懂系统、懂业务的数字化建设、运营团队。

（4）数字化助力人事共享服务在公司高效推行，累计为客户降本增效15000多万元，全集团共享业务效率提升189%，成本节约64%；客户满意度达89.5%；12项成熟业务综合覆盖率在全集团达81.1%，服务集团人数超过16万人，累计服务220多万人次；提前超额实现“效率倍增，成本减半”目标，并取得了价值创造、业务拓展、客户体验、产品运营、信息化建设、基础设施建设、发展规划、品牌建设、价值共享“九大阶段性成果”，使得集团的“三支柱”转型理念和服务效果获得客户单位和广大员工的普遍认同。

主要创作人：刘志军、刘玉翠、于文强

参与创作人：齐　虎、夏雪锋、余　静、姜　建

海尔集团人力资源数字化转型实践

——HRSSC 数字化转型案例

海尔集团公司

一、海尔人力资源数字化转型的背景

海尔集团公司创业于 1984 年，是全球领先的美好生活和数字化转型解决方案服务商，历经名牌战略、多元化战略、国际化战略、全球化品牌战略、网络化战略阶段，如今已经进入生态品牌战略阶段，连续 4 年作为全球唯一物联网生态品牌，蝉联“凯度 BrandZ 最具价值全球品牌 100 强”。

在每一个战略发展阶段，海尔始终坚持以用户为中心，对外秉承“真诚到永远”，创用户最佳体验；对内致力于人的价值最大化，让每个人都有机会成为创客合伙人。

随着物联网时代的不断发展，科技的进步不断颠覆传统的企业管理模式。数字化与智能化在人力资源管理领域被快速应用。为了企业降本提效，创造员工最佳服务体验，海尔人力资源管理率先源数字化转型。

海尔人力资源数字化转型的目标是“三零三高”。“三零”是 HR 对员工的服务承诺，即要实现员工办事“零跑腿、零签字、零延误”；“三高”是 HR 对业务单位的服务承诺，即要帮助业务单位实现“高体验、高效率、高价值”。

海尔人力资源的数字化覆盖了员工职场的全生命周期，如图 1 所示。

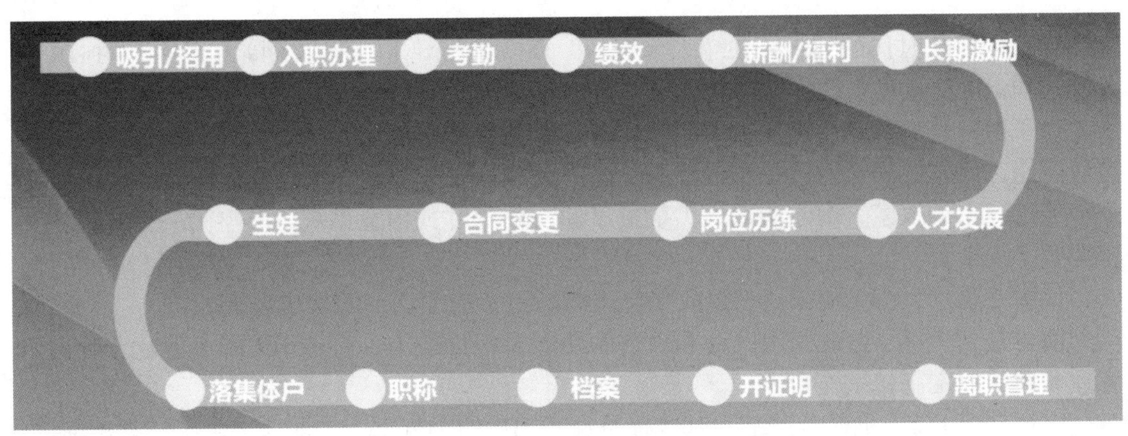

图 1　海尔员工职场全生命周期场景图

二、海尔人力资源数字化转型的历程

海尔人力资源数字化之路，从 2008 年至今，经历了 3 个阶段：从“信息化”到“数字化”的转型，从早期的“数据线上化”“流程标准化”到现今的“产品云化”“员工自助化”“数据价值最大化”，未来海尔人力资源数字化将进一步与业务融合、为场景赋能，打造员工最佳体验平台。

（一）第一阶段（2008-2012）：从无到有，从线下到线上

为了“数对人数、发对工资”，海尔集团从 2008 年开始搭建集团统一的人力信息化平台，从青岛开始试点，逐步推广至全国。

2012 年，海尔集团实现了全国所有工厂和工贸的 HR 数字信息的清洗，完成了从线下到线上的转型，实现了集团统一的数据信息统计分析，实现了海尔员工的工资统一核算，统一发放。

除此之外，海尔集团还同步实现了薪酬绩效等业务的标准上平台，流程上平台。

（二）第二阶段（2013-2018）：探索前行，流程信息化

从 2013 年到 2018 年，海尔集团人力开始全面推进人力资源各个模块业务流程的信息化管理：从组织的“增减并调”到内外部的招聘面试录用，从绩效目标的设定、评价、辅导到绩效结果的薪酬兑现等，全部实现信息化管理。在这个阶段，海尔集团人力构建了数据分析平台——HR 人单酬可视化平台，服务于海尔集团 HR 团队 800 多人和所有业务单位管理者，实现了人数、人效、人才结构等多维度的数据查询、分析、管理，深得用户好评。

同一时期，海尔集团人力还搭建推出了人力信息化平台——小微 e-HR 增值平台。该平台是 HR 业务的统一入口，涵盖了 HR 所有模块的人力资源子系统，基本实现了系统、数据、流程的大一统。因此，小微 e-HR 增值平台多次获得业务信息化建设大奖。

（三）第三阶段（2019- 至今）：产品云化，体验数字化

随着数字化时代的到来，在“人单合一”模式的指导下，海尔不断颠覆原有的 HR 服务模式和 HR 信息化系统（深井式）。

为了提升全场景全生命周期的用户体验，强化数据的底层支撑能力，为组织决策提供高效赋能，海尔集团人力进一步沉淀业务能力，提升业务效能，支撑业务创新。

经过一系列探索，海尔集团人力颠覆了原有的深井式信息系统，转型为一体化的人力资源数字化平台。

如图 2 所示，海尔集团的 HR 数字化蓝图采用了前中后台的架构模式。

前台是两个端：通过调用中台和后台的功能及组件能力，打造 HR 的专业化工作台和各业务领域的定制化工作台。

中台是七朵云：七朵云的能力基本上贯穿了 HR 的全流程，为前台提供了三类赋能。

（1）直接赋能，即为业务单位提供标准化方案，确保“开箱”即能用。

（2）定制赋能，即为各业务单位提供功能或流程的定制化服务。

（3）组件赋能，即为各业务单位提供组件能力，如电子签等。

后台是两个库：员工职场全流程的数据库和组件及技术能力库为HR数字化转型奠定了坚实的基础。

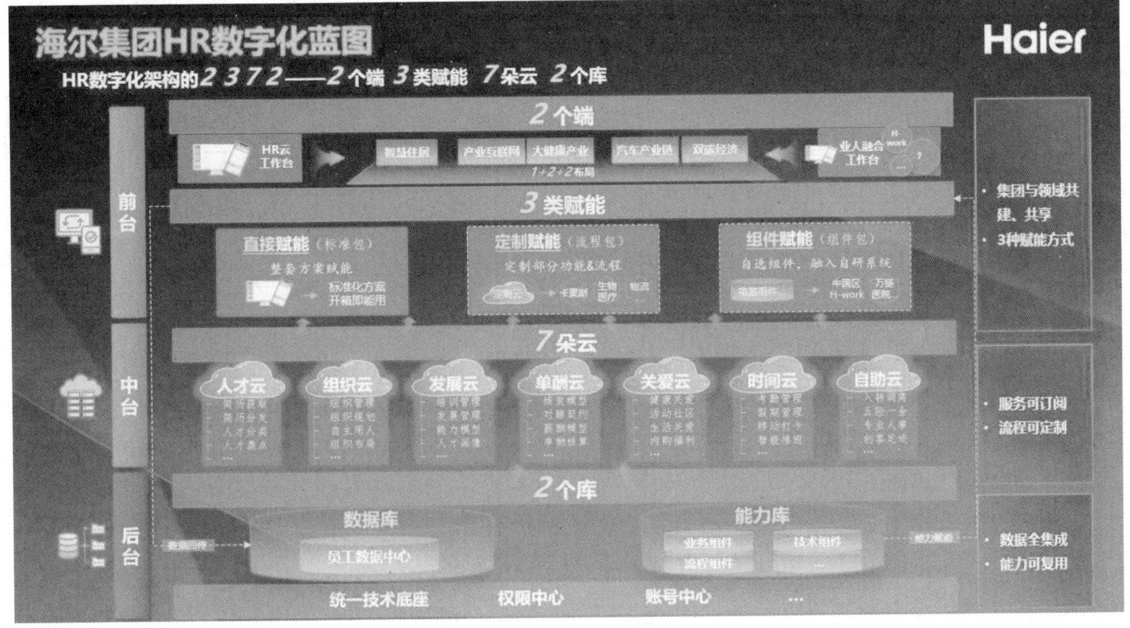

图2　海尔集团HR数字化蓝图

三、海尔HRSSC数字化转型的案例——【HR云】大厅自助云

海尔HRSSC始建于2008年，目标是提升用户体验，服务于全国各地的业务单位和员工。2019年之前，海尔HRSSC都是窗口人工服务模式，从2019年开始，海尔HRSSC开始探索从传统的窗口人工共享服务模式向数字化云服务自助办模式转型。截至2020年，已实现所有HR的业务，员工均可在【HR云】大厅自助办理。

【HR云】大厅替代了原有的HR共享服务中心物理办事大厅，实现了所有共享服务从线下到线上，从签字办到零签字，从跑腿办到零跑腿，从排队办到零延误的目标。海尔HR共享大厅变化的昔与今，如图3所示。

（一）【HR云】大厅之——创客端（员工端）

在【HR云】大厅创客端，可实现员工“办、看、问、享”零跑腿。海尔HR共享大厅的昔与今对比，如图3所示。

（1）“办”：在【HR云】，员工可自助办理入转调离、开证明、查收入等20+场景内的所有HR业务，实现员工办事“零跑腿、零签字、零延误”。

（2）“看”：在【HR云】“我的”专区，员工可自助查看与自己相关的所有信息，如历次劳动合同、工资条、五险两金基数及缴纳情况、职称、落户、人才补贴等各类信息。

（3）“问”：【HR 云】内嵌 24 小时智能客服机器人，员工可以在线咨询各类问题，若机器人无法解答，则会由人工客服为员工提供相关答复。

（4）“享”：【HR 云】的每笔业务、每个场景员工均享有评价权。

图 3　海尔 HR 共享大厅变化的昔与今

（二）【HR 云】大厅之——HR 管理端

【HR 云】的后台管理端，即 HR 管理端，有 3 大功能区：工作台、驾驶舱和后台配置。【HR 云】大厅示意图，如图 4 所示。

图 4　海尔 HR 共享服务云平台——【HR 云】大厅示意图

在【HR 云】管理端的工作台，HR 可以实时看到并参与办理每一笔业务，还可以监测到员工的办事动态。

在【HR 云】管理端的驾驶舱，HR 可以通过数据大屏看到数据分析，可以监控到异常的数据信息等。

在【HR 云】管理端的后端配置，可实现业务单位 HR 流程的个性化定制和可在线办公，非常高效便捷。

四、海尔 HRSSC 数字化转型中新技术的应用与管理模式创新

海尔 HRSSC 数字化转型，不仅采用了全新的技能，如电子签章、CA 认证、RPA、OCR 等，更注重工作模式创新，通过与青岛市人社局的多次交流沟通，海尔与青岛人社局共创政企协作新模式“政企直连”，极大地加速了 HR 共享的数字化建设。

（一）数字化技术应用——电子签技术

自 2019 年，电子签技术发展日渐成熟，海尔 HR 共享抓住机遇，首先在劳动合同签订上应用了电子签，后来在收入证明、在职证明、离职申请、离职证明等多个场景广泛应用。

下面以电子签技术在劳动合同的应用为例进行说明。

原来线下纸质合同签署时，容易出现排队等待、信息重复填写、地域局限、员工需要多次往返等问题，全流程耗时长且繁琐。此外，还存在着诸如他人代签、合同文本查阅不便捷、新员工数量巨大等挑战。为解决以上问题，海尔 HR 共享决定使用电子签替代传统纸质劳动合同的签署。

出于对电子签潜在风险和法律合规性的顾虑，海尔 HR 共享前期与青岛市人力资源社会保障局、青岛市劳动仲裁院进行多次协商沟通，以确认电子合同和纸质版合同具有同等法律效力。得到权威部门的认可后，海尔 HR 共享积极推进了电子合同签署的落地。

在系统侧，海尔内部系统通过检索系统内用户信息，智能锁定需要进行合同签署的员工。不论是新员工还是合同到期需要续期的老员工，系统都将自动为其生成专属合同，发送至用户手机端并提醒其进行合同签署。

在员工侧，新员工本人通过“身份三要素”校验，即姓名、身份证号和人脸识别（人脸数据接入公安系统），即可进行电子劳动合同签署。为防止已签署的合同被二次更改，海尔 HR 共享创新使用区块链技术，以规避风险。

对于电子合同签署技术的推广落地，海尔 HR 共享并没有采取激进的“一刀切”方式。考虑到部分员工对电子签效力存疑的情况，海尔 HR 共享最终保留了“双通道”模式：一方面使用电子合同进行签署；另一方面保留了原有的线下纸质合同签署模式。自电子签应用上线以来，使用率接近 100%，获得了员工的一致认可。

（二）数字化技术应用——RPA 技术

机器人流程自动化（Robotic Process Automation，RPA）一般指的是通过在组织架构中加入虚拟用户，模仿用户去操作现有系统，从而助力企业数字化转型，降低企业成本。

海尔 HR 共享通过 RPA 技术，实现了效能提升，为不同场景间架起了桥梁，提升了交互便捷度。目前，海尔流程机器人主要有两大类应用：数据治理[①]和智慧薪酬（图 5）。

---

① 数据治理即通过 HR 安全卫士进行信息校验，完成事前、事中和事后的全流程显差、关差及推进。

图 5　海尔智慧薪酬

以 RPA 在薪酬发放中的应用为例，对 RPA 技术进行说明。

海尔薪酬支付负责整个集团 160 万人次 / 年的薪酬发放工作，以前这是一项极其困难的工作，需要通过人工线下收集信息、核算和报账来完成。在 HR 数字化转型过程中，通过梳理工作节点，我们可以看出，薪酬支付存在大量重复性人工操作，不仅耗时长，而且繁琐低效。

海尔 HR 共享的 RPA 通过在组织架构中加入虚拟用户，模仿用户去操作现有系统，通过 RPA 自动核算、数据并联、系统逻辑自生成等技术创新，实现数据采集、智能核算及报账、费用出账、对外报表 / 对内数据分析、自助查询 5 个场景智能化覆盖，减少了人员投入，避免了人员长时间重复劳动导致效率降低的问题，实现了人员工作质量上、效率上极大的提升。

（三）“政企直连”模式创新

“政企直连”是通过信息化手段，打通政府与企业之间的数据和信息，架起政、企之间的桥梁，让数据多跑腿，让办事少跑腿。“政企直连”创新模式，如图 6 所示。

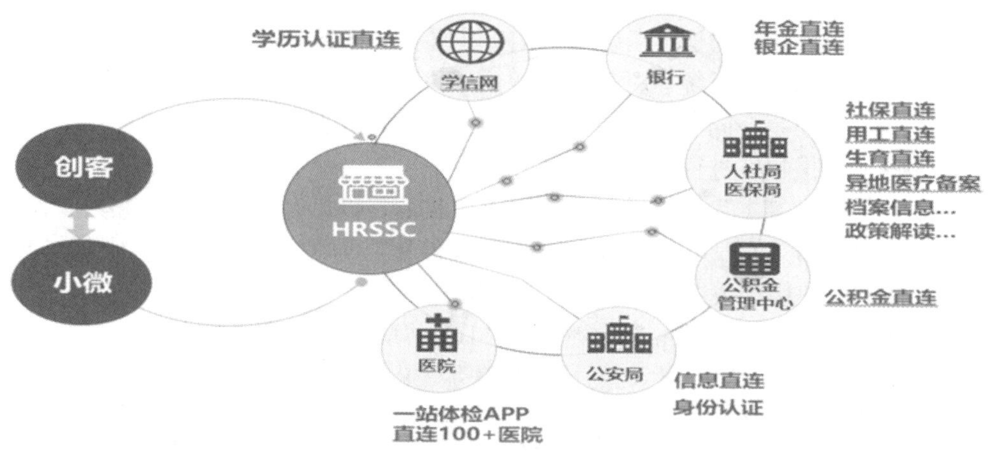

图 6　“政企直连”创新模式

传统社保办理的模式需要企业的共享工作人员登录社保中心，逐一录入每个员工的相关信息与数据，从入职到社保办理，需要多次重复手工录入信息。若员工没有通过线上审核，还需亲自前往人社局现场办理。如此一来，耗时长且效率低。

海尔 HR 共享与青岛市人社局关于社保增减变化的信息能否在双方系统中实现数据直连，进行了协同探索。经过多次交流讨论，最终实现了企业系统与社保中心的信息共享与链接。海尔 HR 共享可以将新员工入职采集的相关数据直接上传至社保中心，实现一次信息录入，多平台共享与流转，从而避免手工重复录入，极大地减少了线下办理社保的业务量，缩短了社保办理的周期，实现了高效的信息化社保办理，办事效率显著提高。业务办理时间从 10 分钟缩减到 1 分钟，以五险一金业务办理 40000+ 笔 / 年计算，仅此一项就会节省约 1.8 万小时。

此外，一键直连信息录入，保证了信息零差错零风险；系统自动识别员工合同单位，自动匹配社保单位用户名，实现了投保零差异。与此同时，社保中心等公共服务的满意度也更高。

此创新模式颠覆了以往政企之间割裂、跑腿的线性模式，重构了非线性政企互联模式。社保直连的成功让海尔 HR 共享有了探索更多直连的信心。目前，海尔 HR 共享政企直连包含社保直连、医保直连、公积金直连及税务直连 4 大类，合计 30 多项功能，包含社保、医保、公积金缴纳的增减补业务，账务核销所需的五险一金单位缴费明细、单位缴费汇总以及电子票据等，实现了围绕员工五险两金产生的各类业务及数据与政府网站的互联互通。通过政企直连模式，推动数字化、智能化、移动化的人力服务运营新模式的创建与发展，规避用工风险，保障业务合规与风险可控，提升效率，持续不断地赋能企业的发展。

五、海尔人力资源数字化迭代方向

（一）数据标签化，数据资产化，数据价值最大化

随着 HR 数据化转型的深入，员工数据价值越来越被重视，为了管理好海尔 10 多万员工的数据，海尔集团人力正在探索搭建“员工数据湖”，目标是将员工职场的 HR 数据、行为数据等全量入湖。通过对数据进行标签管理、画像管理，实现人才标签画像和岗位标签画像的自动匹配，为人才选拔、人才配置、人才发展等提供数据支持。

此外，也可以通过大数据模型，对海量的人员数据、组织数据、行为数据等进行深度挖掘和分析，为业务提供前瞻性的分析洞见，为预测和决策提供支持，让数据价值最大化。

（二）服务无止境，从员工最佳体验到更有幸福感

员工对体验的诉求是无限的，也是在不断更新的。面对愈加多样化的员工需求，如何深度优化员工体验，提升员工幸福感，是海尔 HR 数字化未来要思考的重要方面。海尔 HR 数字化将借助以下方式，持续发力，提升员工幸福感。

（1）事先洞察：海尔 HR 数字化要通过用户运营、用户评价、调研问卷等，提前洞察员工诉求。

（2）跨界启迪：他山之石可以攻玉，海尔集团的各个业务领域都在进行数字化创新实践，例如售后、服务、物流等，而他们的创新实践也会给人力资源数字化转型带来诸多启迪。

（3）行业峰会 / 标杆学习借鉴：物联网企业因其得天独厚的优势，可以将员工体验做得极其深入。因此海尔 HR 数字化在保障全面覆盖的同时，还会通过借鉴与学习来兼顾深度，做到既有“百米宽”，又有“百米深”。

此外，海尔还通过“埋点”、智能客服、员工实时评价等途径，收集员工心声，以提升全流程员工体验。例如，在入职流程结束后，弹出入职评价窗口，让每位新入职的员工

基于感受和体验给出最真实的评价，并针对入职过程中遇到的实际问题提出意见反馈，从而为负责该场景的业务主人明确问题，进而寻找路径，解决问题。与此同时，系统还会及时收集智能客服回答频次较高的问题，以便后续进行迭代优化。

六、结语

身处数字化转型浪潮中，海尔人力资源深知不应当做被动的参与者，而应该做推动者和引领者。未来的探索之路，道阻且长，但行则将至。海尔集团人力资源将立足于数字化平台、应用及服务方式，不断提升员工体验，以数字化为手段赋能组织，提升效能，赋能员工最佳体验。

主要创作人：张俊玲

参与创作人：纪婷琪、马玉娟、任　荣

以数字化推动国企人力资源管理变革的成功实践

唐山钢铁集团有限责任公司

一、背景介绍

唐山钢铁集团有限责任公司始建于1943年，随着2009年河北钢铁集团组建公司更名为“河钢集团唐钢公司”(以下简称唐钢)，在册员工6万余人。经营范围覆盖钢铁制造、钢材深加、工装备制造、大物流产业、化工产业、工程技术服务、房地产业、服务与教育培训等行业，主要产品多达等140多个品种，其中精品板材占产品总量的60%以上，广泛应用于建筑、汽车、煤炭、机械、电力、交通和家用电器等领域，远销欧洲、美洲、非洲、东南亚等150多个国家和地区。

近年来，唐钢紧跟国家国企改革步伐，在2018–2020年国企改革进程中，入围“双百行动”，应国资委要求实现“五大突破、一个坚持”战略转型目标，进行了包括建立唐钢新区和国有企业改制等一系列历史性变革。在2020–2022年国企改革三年行动中，以“可衡量、可考核、可检验、要办事”为基调进入国改二次加速，在提升国资国企改革成效不断做出新的成绩。

为了积极响应和支持企业各项变革创新工作，唐钢人力资源部积极围绕公司战略发展规划，结合集团化人力资源管理特性，积极开展企业人力资源管理体系变革和HR系统平台重构的探索。

二、面临的问题

当前，全球新一轮科技革命和产业变革的兴起，以数字化、网络化、智能化为特征的信息化建设蓬勃兴起。以互联网为代表的信息化、数字化工具对传统生产与服务形成了巨大冲击。国家提出“加快数字化发展、建设数字中国”体现了未来时期数字技术在经济社会发展进程中的角色将愈发重要。

唐钢作为一家拥有八十余年历史的老国企，人力资源体系制度健全，管理规范，人力资源信息化管理也一度走在国内同行前列。但近年来由于企业规模扩大、竞争格局改变、人才环境日益开放，加上为了配合国家环保治理工作而进行的将主要生产能力前往唐钢新区所开展的各项工作，使人力资源管理工作面临各种新的挑战，遇到了前所未有的难题，主要表现在以下几个方面。

（1）以往企业人力资源管理工作较为强调对国家、地区行业和企业的各项法律法规和政策制度的规范化执行，忽视了工作效率、员工满意度和对企业领导决策的支持能力方面的改善。导致很多业务流程繁琐、冗长，基层业务工作负担沉重，员工办事耗费大量工作时间，面对一些因历史政策更迭而引发的具体问题，常常让“员工跑断腿、人事部门抓破脑”而找不到解决办法。

（2）多年来，一直使用的国外软件，尽管在考勤统计和薪酬核算方面帮助人力资源部门提高工作效率方面发挥了一定的作用，但由于缺少配套的审批工作流，使得 HR 系统只能作为一个事后管理工具使用，流程管理及信息变更的严谨性、规范性无法得到充分的保障。

（3）由于人力资源业务流程和 HR 系统与企业实际面临的战略环境、经营环境和各种复杂的人事业务情景形成的“双重脱节”导致企业人力资源管理人员的主要精力都耗费在了日常传统人事事务当中，不能腾出足够时间用于员工服务、人才培养和决策支持等高价值领域。

三、深度分析

唐钢人力资源部通过多方学习、调查研究，从组织、流程和 HR 系统等多个方面查找相关工作存在的差距。

（一）组织模式层面

从国外和国内先进的理论探索和企业实践经验总结中可知，传统职能制的人力资源分工模式已无法满足大型集团型企业的人力资源管理业务效率、工作质量和服务满意度要求，只有从组织变革入手按照先进的“HR 三支柱”模式进行 HR 组织结构的变革才能真正改变传统业务的分工模式、协作模式，更重要的是改变人力资源专业人员的思维模式，从管理思维转化为服务思维，主动从内外部客户需求出发新思考自身工作的价值和应做出的改变。

（二）政策执行层面

唐钢作为一家老牌国企，在员工招聘、人才引进、调动晋升和福利待遇等各个方面都必须依据相关法律法规和政策制度严格执行。但由于历史原因，政策更续，加上专业人员的流动更迭，难免造成特定历史阶段的政策制度熟悉不足、认识理解不一的现象发生，企业缺少制度固化、执行统一的管理工具，给实际工作带来各种难题。

（三）HR 系统层面

之前使用的国外 HR 系统就设计理念和实现功能而言，只能满足传统以行政组织为主线的业务管理，缺少对包括事业部制、项目制、矩阵制等新型组织模式的支撑能力，且业务功能主要偏重提高员工信息记录、考勤统计和薪酬计算的专业职能工作效率，缺少对实际业务的支持能力和日趋复杂的人事业务情景的适应能力，从而导致线上工作和线下工作分步开展，没有实现员工全生命周期和业务全流程“端到端”的打通。

对内外部环境发生的变化、企业战略转型对人力资源管理工作要求以及人力资源管理各个层面存在的问题及成因的客观分析，为后续一系列人力资源管理的数字化转型工作奠定了坚实的基础。

四、具体举措

（一）组织变革

唐钢按照“HR”三支柱模式进行了HR组织结构调整，重新划分业务职能定位，将7个人力资源专业科室整合调整为两个中心、一个伙伴，如图1所示。

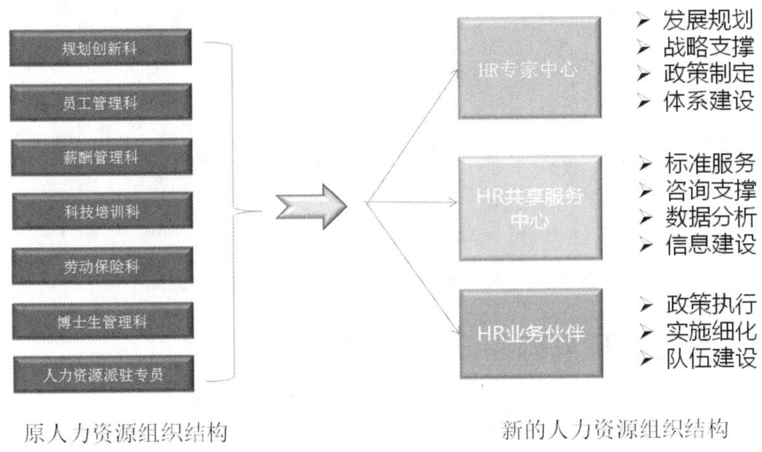

图1　人力资源组织机构的整合

（1）专家中心：作为政策的制定、业务管理及特殊问题处理单元，解决的是业务内容超出了现有管理制度的、或者管理制度尚不明确的业务，此类流程与业务进入专家中心审批。根据合作伙伴和服务中心提交的特类问题及进行文件补充，及业务和流程的优化。

（2）服务中心：作为政策执行、服务性窗口单元，负责处理人事、考勤、薪酬等日常业务，对符合管理文件与政策内的流程进行相应处理、审批、归档。协同专家中心解决各类突发情况，同时收集各类窗口特类问题提交专家中心。

（3）合作伙伴：负责执行各类管理文件、及时准确地对本单位业务进行发起、跟踪，向专家中心提交特类问题的情况说明。

组织结构的重新划分，明确了政策制度制定、标准化工作执行和一线业务支持角色的责任，为更加规范、简捷应对人力资源各项工作，推动业务流程和IT系统优化奠定了坚实基础，也为各层次人力资源专业人员明确职业发展通道、学习专业知识、有针对性地提升工作技能指明了方向。

（二）流程优化

唐钢人力资源部门在认真梳理各项政策制度基础上，对当前各项人力资源业务流程开展了全面的梳理工作，通过业务流程再现，优化意见征集、流程优化方案编制，将59个主线业务流程合并成由 8 个业务组成的联动流程体系（图 2）。新的流程体系以人事流程为主线，明确各项政策、管理制度、业务流程间承接、关联与依附关系，强化人事业务与薪酬、保险、福利等各项业务的联动关系，从而确保各项业务在执行过程中相关政策制度的严格规范执行。

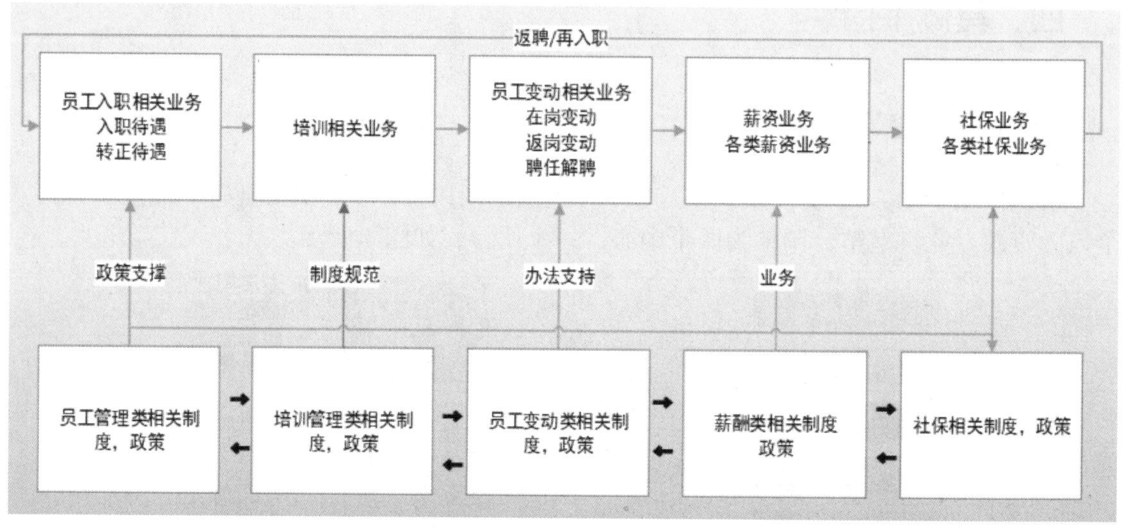

图 2　唐钢人力资源管理新的流程体系示意图

（三）HR 数字化管理系统建设

在人力资源管理体系变革的同时，唐钢全面提速从传统信息化管理向数字化运营转型的步伐，选择在满足大型企业差异化管控、跨组织业务处理和复杂人事适应能力方面具有国内领先优势的金蝶 s-HR Cloud（图 3）作为新的 HR 业务平台，引进新的人力资源共享服务业务处理方式，有力支持了人力资源管理体系变革各项举措的落实。

图 3　金蝶 s-HR Cloud 业务平台界面

五、实施成效

过以上措施的实施，唐钢的人力资源管理工作发生了显著的改变，变革成效体现在如下方面。

（一）组织和员工信息的真实性和准确性获得了充分保障

企业组织结构信息、职位信息员工信息管理和人事业务流程全面实现了线上管理，组织结构调整、职位变更、员工各类异动和信息变更均须通过线上流程审批实现，消除了组织职位信息维护不及时、人事信息记录不规范等隐患，保证人事业务与其他业务的充分联动，组织和员工的信息质量获得显著提升。图 4 所示为唐钢的人员调动审批表。

单据编号：　PRJ2020100768

河钢集团唐钢公司
单位内调动/聘任解聘审批表

聘任解聘类型：专业技术职务聘任

人员编号		姓名		出生年月	1988-10-12	性别	男
民族	汉族	政治面貌	群众		参加工作时间	2012年7月23日	
文化程度	本科	毕业学校			毕业时间	2012年7月1日	
档案身份	干部	所学专业			入党时间		
专业技术职称	工程师	称取得时间	2017年11月20日	职业资格等级		取得时间	
聘任前信息	单位：	人力资源部		聘任后信息	单位：	人力资源部	
	部门：				部门：	信息化数据中心	
	岗位：				岗位：	系统优化服务主管师	
	工种：				工种：		
	聘任级别：	主管师			聘任级别：	主管师	
	任用形式：				任用形式：		
聘任前薪酬信息	岗位等级			聘任后薪酬信息	岗位等级		
	薪酬等级				薪酬等级		
	薪等系数				薪等系数		

本人简历	有效期起	有效期止	工作单位	工作部门	岗位名称
	2020-08-01	2199-12-31	人力资源部	信息化支撑服务	系统优化服务主管师
	2020-05-01	2020-07-31	人力资源部	HR共享服务中心	系统优化服务主管师
	2020-04-01	2020-04-30	人力资源部	HR共享服务中心	系统优化服务主管师
	2020-01-01	2020-03-31	人力资源部	薪酬管理科（HR数据中心）	系统优化业务主管师
	2019-03-01	2019-12-31	人力资源部	薪酬管理科	HR系统及数据维护技术

呈报单位意见	公司人力资源部 员工服务中心
同意	同意
主管领导：　2020年10月30日	部长审批：　2020年11月2日

图 4　人员调动申请单据示例

（二）业务流程效率显著提高，不再为人事“跑断腿、抓破脑”

新的系统上线后，由于实现了审批流程的集中化管理及批量移动审批，人事审批业务效率大幅度提升，较之前业务审批效率最高提升 5 倍，纸质单据减少 50%，人力资源系统中 36 枚各类业务用章停用 27 枚，公章使用次数降低到之前的 13%。以前人员调动需要准备的材料、审核盖章流程十分繁杂，现在只需要一份含防伪识别二维码的申请单据（如图 4 所示），就能办完所有流程。各类联动业务统一驱动，及时输出标准、规范、准确的业务结果。人力资源流程的优化不但极大提升人力资源管理工作的效率，减轻了人力资源专业人员的工作负荷，方便了企业员工各项个人事务办理，还对企业迁厂工作起到了直接的推动作用，让唐钢最多每个月上千人的迁厂调动手续都能有条不紊地及时办理。

（三）人力编制管控实时化，规划定编定岗位更清晰

金蝶 s–HR 系统实现了按照员工类别、组织单元、岗位类别进行多维度编制管控，并自动生成岗位编制报表，用于数据监控分析，为企业主动控制人力成本，提高人力效能，奠定了良好的基础。

图 5 所示为通过金蝶 s–HR 系统申请调动人员的相关信息示例。

河钢集团唐钢公司 HBIS GROUP TANGSTEEL COMPANY　专业应用　搜员工、组织、职位、菜单

工作经历信息

	有效期起	有效期止	工作单位	工作部门	岗位名称	职务
1	2019-11-01	9999-12-31	发展规划部	资产处置管理科	专业师	
2	2018-10-01	2019-10-31	物流分公司	京唐港服务公司	港口业务协理	
3	2018-07-01	2018-09-30	物流分公司	干部储备	6岗干部储备	

调动详细信息

生效日期	2020-11-01	调动后单位	唐山钢铁集团有限责任公司
现任岗位	资产处置业务专业管理师	调入后岗位	综合业务专业管理师
当前职位定编数	1	目标职位定编数	1
当前职位实配数	1	目标职位实配数	0
变更前工种		拟聘任工种	
现任部门	战略管控平台_发展规划部_资产处置管理科	调入后部门	平台外非钢单元_生活服务分公司（行政福利处）_北休所
现公司代码	河钢股份有限公司唐山分公司	调入后公司代码	
现人事范围	发展规划部	调入后人事范围	城市服务有限责任公司

图 5　申请调动人员的相关信息示例

（四）工资社保核算精准化，各类薪资核算更简单

面对数万人不同类型和境内外员工薪酬核算，在标准的业务流程控制下实现了各类复杂的工资、社保的准确计算和各类薪资报表的快速生成，一名薪酬核算人员一天内即可完成全公司人员的月工资核算工资。

（五）人力资源服务共享化，员工服务体验更舒适

在人力资源管理体系转型过程中，唐钢还建起了以多种智能化软硬件设施为支撑的人力资源共享服务中心，该中心以员工服务中心、s-HR办公系统的“一厅、一网”为载体，实现了模块化、流程化、标准化、无纸化的移动办公要求。将员工入离职业务、社保业务、员工退休业务、工会劳模业务、亡故类业务和党费事务等十余项员工服务实现窗口化服务。智能服务终端（图6）的应用，实现了各类证明开具、员工卡制作、政策问询解答业务的自助服务。此外，还有一批轻应用服务搭载在“i河钢”移动办公平台上，使大量的人事业务实现了线上申请、线上审批、线上交付，赢得了员工的广泛好评。

图6 智能服务终端机

新冠肺炎疫情期间，人力资源部充分发挥员工服务中心和s-HR系统优势，协调各归口部门、各模块联动，实现了薪酬业务集中办理、线上发放；进一步简化了各子分公司、机关部室薪酬审批手续，员工服务中心统一对接集团各相关部门；避免了各级人员的面对面接触，极大缩短了审批时间，节省了资源，有效避免了疫情期间的人员接触及聚集。

六、总结

面对日益开放和不确定性因素加剧的企业竞争环境，唐钢积极开展人力资源管理转型和数字化系统建设，从组织、流程和数字化系统建设多方面入手开展工作，积极采用国产软件建设数字化运营服务平台，实现了人力资源在工作效率、政策准确执行、企业领导和员工满意度提升方面的积极转变，有力推动了企业战略目标的实现。为企业提供专业化和标准化的人力资源管理服务，有效减少事物性服务工作在人力资源管理中的比重，在服务员工的同时实现人力资源管理部门的工作重心向人力资源规划、公司战略支持等方向转移，进一步提升人力资源管理部门的战略定位，使之与公司战略和业务发展规划紧密衔接，推动人力资源管理改革向纵深发展。

主要创作人：隋吉平（河钢唐钢HR数据中心经理）
宁卫军（金蝶软件HR解决方案事业部产品方案总监）

以赋能人才自驱成长为目标的大型国有企业人力资源管理数字化转型实践

国网山东省电力公司

一、企业简介

国网山东省电力公司（以下简称国网山东电力）是国家电网有限公司的全资子公司，作为全国第一家“中国一流管理的省级电力公司”，荣获“全国五一劳动奖状”“全国文明单位”“中国电力行业责任沟通创新卓越企业奖”“首届山东工业突出贡献奖”“山东十大责任企业”等荣誉称号，对标、业绩连续多年居国网公司前列。

二、概要

国网山东电力成果摘要示意图，如图 1 所示。本成果以“赋能人才自驱成长”为目标，打造人力资源管理数字化转型“三中心一平台”，配套建立四大保障体系，即：通过打造全周期数字化服务体验中心、全方位数字化学习培训中心、全维度数字化效能激发中心及人力资源数字能力开放平台，建立“人资业务 + 数字技术”双牵头的组织体系、“专业管理 + 员工自驱”双结合的管理体系、“自上而下 + 自下而上”双支持的技术体系、“定性评估 + 定量评价”双维度的评价体系，确保人力资源数字化转型实践落地落实，实现“职业发展通道化、人才培养平台化、员工发展自驱化”，持续提升公司人力资本效率效益，助力公司高质量发展。

三、实施背景

当前，中央各层级加快推进数字经济工作。习近平总书记在《求是》发表重要文章《不断做强做优做大我国数字经济》，数字化转型成为大势所趋。

数字经济时代也是人资管理的大时代，国家电网公司印发《数字化转型发展战略纲要》，提出要“建设人力资源智慧化业务应用”，推动人力资源转化为人才资源。

国网山东电力用工总量超过 13 万人，位居国网系统首位，人资管理业务量大、重复性工作多。面对内外部改革加速深入推进的新形势，面对员工的个性化需求，传统人资信息化无法满足企业发展需要。如何在数字化新时代下，最大化发挥人资效率效益，成为人力资源管理面临的重要挑战。

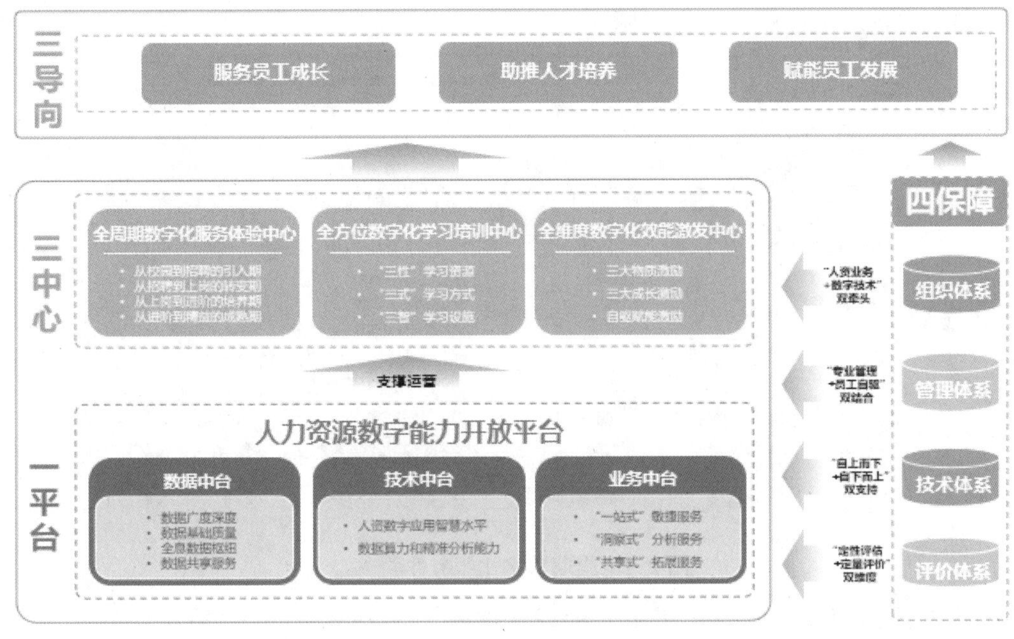

图 1　国网山东电力成果概要示意图

四、数字化转型措施

（一）内涵

本成果以"赋能人才自驱成长"为目标，借助"大云物移智链"等先进技术，加强数据要素流通和数字技术赋能，重点打造"三中心一平台"，配套建立四大保障体系：通过打造全周期数字化服务体验中心，优化员工职业生涯的引入期、转变期、培养期、成熟期的管理服务；通过打造全方位数字化学习培训中心，提供"三性"学习资源，拓展"三式"学习方式，打造"三智"学习设施；通过打造全维度数字化效能激发中心，满足员工物质、成长、赋能三大激励诉求；打造数据模型规范统一、技术路线先进高效、服务应用沉淀共享的人力资源数字能力开放平台，提供一站式、洞察式、共享式服务，有效支撑"三中心"高效运转；建立"人资业务 + 数字技术"双牵头的组织体系、"专业管理 + 员工自驱"双结合的管理体系、"自上而下 + 自下而上"双支持的技术体系、"定性评估 + 定量评价"双维度的评价体系，确保人力资源数字化转型实践落地落实，实现"职业发展通道化、人才培养平台化、员工发展自驱化"，持续提升公司人力资本效率效益，助力公司高质量发展。

（二）以服务员工成长为导向，打造全周期数字化服务体验中心

国网山东电力围绕员工成长发展的四个时期，通过大数据分析技术，进行员工各时期洞察，挖掘人才的需求和痛点，通过数智化工具不断迭代优化流程、系统和服务，以帮助、服务人才成长为核心，打造数字化服务体验中心，不断提升人才数智化体验。国网山东电

力全周期数字化服务体验中心，如图 2 所示。

以服务员工成长为导向，打造全周期数字化服务体验中心

（运用了设计思维挖掘人才的需求和痛点，通过不断地迭代来优化流程、系统和服务）

从校园到招聘的 引入期

从招聘到上岗的 转变期

从上岗到进阶的 培养期

从进阶到精益的 成熟期

01 精准选人 线上互动 人岗匹配

02 多元培训 精准定岗 深入洞察

03 建立成长分析机制 建立大数据成果库 建立量化积分体系

04 数字化人事服务 数字化团队管理 数字化决策分析

数智工具运用

招聘平台 社交工具 测试报告

多元培训 精准定岗 完善培养方案

员工成长分析机制 人才大数据成果库 人才量化积分体系

数字化人事服务 数字化团队管理 数字化决策分析

图 2　全周期数字化服务体验中心

1. 从校园到招聘，服务员工引入期成长体验

通过国网招聘平台实现信息发布、简历收集、招聘统一管理，实现在线测评和考试；通过性格测试等方式发掘合适人才；应聘人才可根据自身条件精准匹配理想单位。

2. 从招聘到上岗，服务员工转变期成长体验

一是多元培训助推角色转变。构建知识库，开展新员工测评。通过“一起培训”APP，开发线上线下课程培训。

二是系统评估辅助精准定岗。利用数字化手段，全面评价新员工轮岗情况，提供智能推荐意见。

三是深入洞察完善培养方案。大数据分析新员工培养信息，量化改进入职引导方案。

图 3 所示为新员工“掌上成长地图”。

图 3　新员工“掌上成长地图”

3. 从上岗到进阶，服务员工培养期成长体验

一是建立员工成长分析机制，助力人才进阶。创新人才发展健康“体检”，运用预测算法，形成健康发展报告。

二是建立人才大数据成果库（图 4），支撑人才评价。围绕基本素质等 9 个维度建立信息库。通过系统测评，自动进行初审。

图 4 人才大数据成果信息库

三是建立全景式人才量化积分体系（图 5），辅助人才培养。构建人岗差距模型，基于 30 个子维度提供自评服务，提供企业战略发展决策支持。

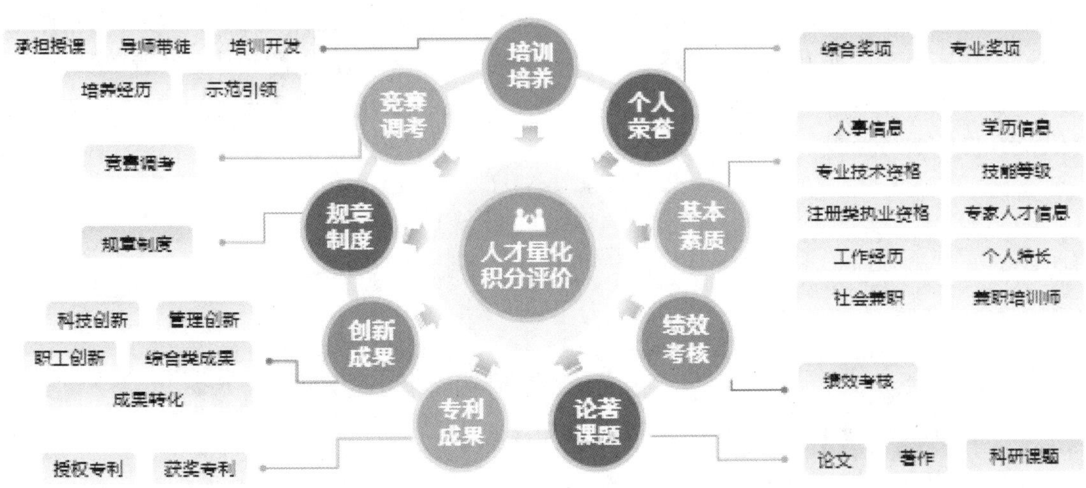

图 5 人才量化积分评价维度

4. 从进阶到精益，服务员工成熟期成长体验

一是提供数字化人事服务，实现绩效流程全过程管理。采用机器人智能客服技术，实现 24 小时咨询。

二是助力数字化团队管理。利用人才智慧管理平台有效分析团队，优化组织分工；利用全员绩效管理系统落实战略目标；利用智慧人脸考勤系统，加强考勤规范管理。

三是辅助数字化决策分析。构筑“领导驾驶舱”（图6），对公司业绩等历史趋势提供洞察数据。

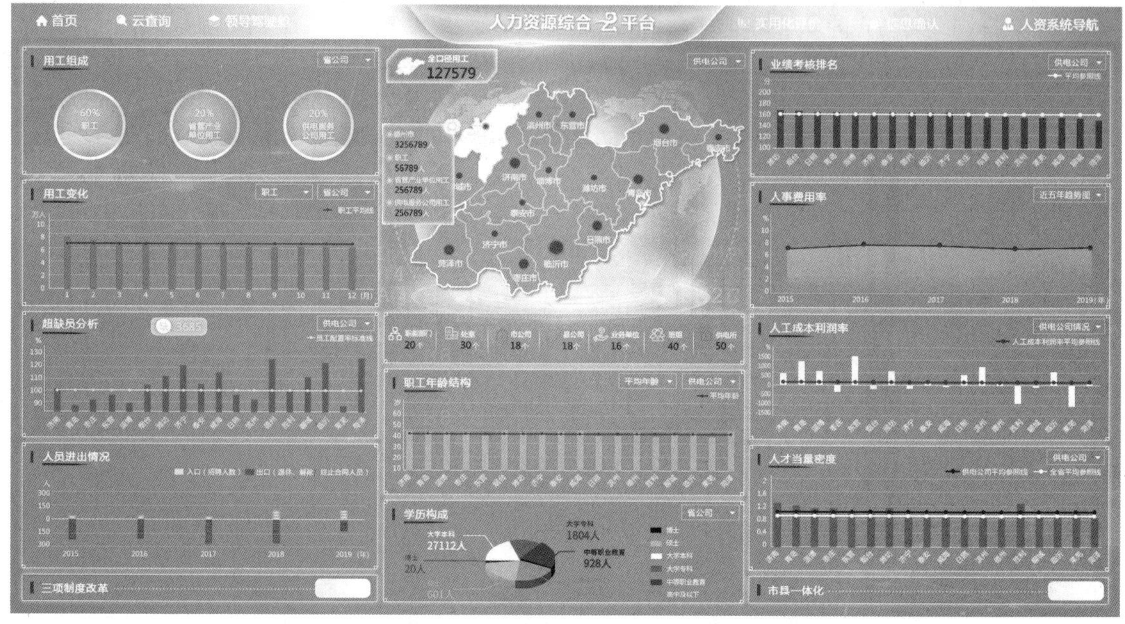

图6 “领导驾驶舱”辅助决策分析界面

（三）以助推人才培养为导向，打造全方位数字化学习培训中心

围绕员工个人的学习成长主线，以助推人才培养为核心，在深挖多元学习诉求基础上，归纳员工切实需求，汇集海量学习数据资源，构建多个学习方式微应用，打造数字化学习培训中心（图7），提供“三性”学习资源，拓展“三式”学习方式，打造“三智”学习设施，提供全方位的服务支撑，提升学习效率、质量。

以员工个人成长为主线

“三性”学习资源
学习智能引擎
移动数字技术
大数据洞察
学习资源的
系统性
共享性
针对性

“三式”学习方式
系统性设计场景式学习
数字化打造移动式学习
智能化打造积分式学习

“三智”学习设施
互联互通的智慧校园
三位一体的智慧软件
实操演练的智慧硬件

图7 全方位数字化学习培训中心

1. 基于企业和员工需求，提供“三性”学习资源

一是规范学习资源的“系统性”。基于“岗位阶梯 + 能力模型”构建资源库。对内，提供专业热点和基层诉求；对外，建立学习资源有偿购入机制和数据传输路径。

二是实现学习资源的“共享性”。建立人人参与机制，鼓励员工共享课程。

三是提升学习资源的“针对性”。搭建学习路径图与“岗位能力现状数据库”并即时反馈。

2. 聚焦学习效率和体验，拓展“三式”学习方式

一是设计“场景式”学习方式。利用人脸识别等新技术，分析学员课堂学习并自动录入培训档案。

二是打造“移动式”学习方式。采取数字化合作模式及网络化虚拟技术，自动推送岗位课程。

三是打造“积分式”学习方式。推行掌上学习、个性学习，建立全场景积分模式，利用积分建立进阶式选拔。

如图 8 所示为“一起培训”APP 提供的培训内容展示。

图 8　“一起培训”APP 提供移动式培训内容

3. 提升管理和实施效果，打造“三智”学习设施

一是建设互联互通的“智慧校园”。建设园区数据中台，实现数据共享和身份认证。优化园区运营管理，实现全过程现场管控。

二是搭建三位一体的“智慧软件”。搭建教培大数据管控平台、国网学堂山东分院、“一起培训”APP 三位一体的学习支撑平台。

三是打造实操演练的“智慧硬件”。探索培训业务新模式，建立模拟现实环境，提供虚拟教学培训环境体验。“智慧硬件”应用场景如图 9 所示。

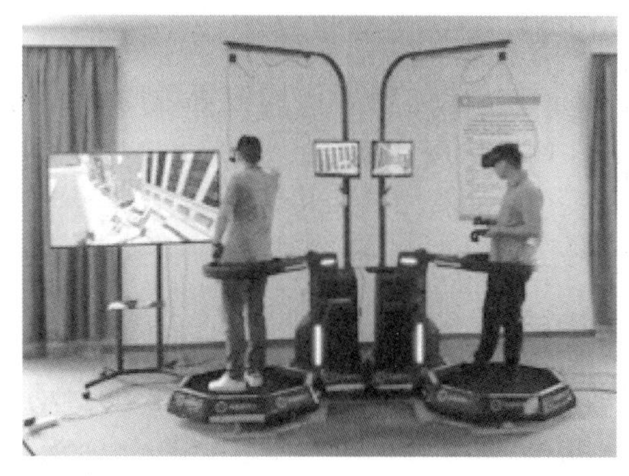

图 9 “智慧硬件”应用实景

（四）以赋能员工发展为导向，打造全维度数字化效能激发中心

以激发人才奋发向上为目标，打造全维度数字化效能激发中心（图 10），驱动员工发展为核心，围绕物质、成长、赋能三大激励诉求，激发员工主观能动性，提升员工工作效能。

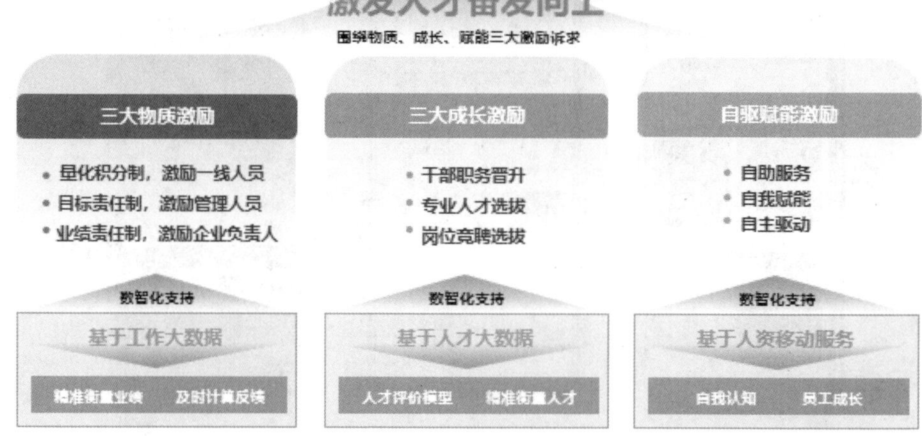

图 10 全维度数字化效能激发中心

1. 分层分类，精准发放物质激励

一是通过工作量化积分制，自动提取数据指标，考核得分和绩效工资自动计算，激励一线人员。

二是通过绩效目标责任制，自动获取业务数据，构建“1+3”业绩考核监控机制，激励管理人员。

三是通过“四象限”动态管控业绩责任制，设计指标得分评价模型，系统内置指标数据，激励企业负责人。

2. 三线并行，拓宽员工发展通道

一是全方位量化干部职务晋升。建立干部综合评价指标体系，全方位汇总分析，出具综合评价报告，量化职务晋升。

二是高效率选拔优秀专业人才。依托人才智慧管理平台整合收集员工业绩信息，对人才能力与专业人才标准进行匹配度检测，高效识别选拔人才。

三是多维度评价精准岗位竞聘。实现岗位竞聘“一键式”填报审核。通过人才开发管理平台精准了解候选人，智能对比分析。

3. 自主自发，赋能员工成长成才

一是聚焦自助服务，增强自我认知。建设移动便捷微应用，提供员工全维度信息查询。提供移动考勤打卡、休假申请等全生命周期手续自助办理服务。

二是聚焦自我赋能，提供多元助力。提供职业生涯全周期人资工作流程的在线查阅。在员工关键时间定制祝福语并主动推送贺卡祝福。

三是聚焦自主驱动，加速员工成长。提供职业成长发展路线图，职称申报、技能等级评价到期提醒和一键申报，利用 OCR 技术，提供个人业绩成果备案。

（五）全面支撑“三中心”运转，打造人力资源数字能力开放平台

基于人资数据中台、技术中台和业务中台三大中台，打造人力资源数字能力开放平台（图 11），综合利用各种先进技术，全面支撑三大中心运转。

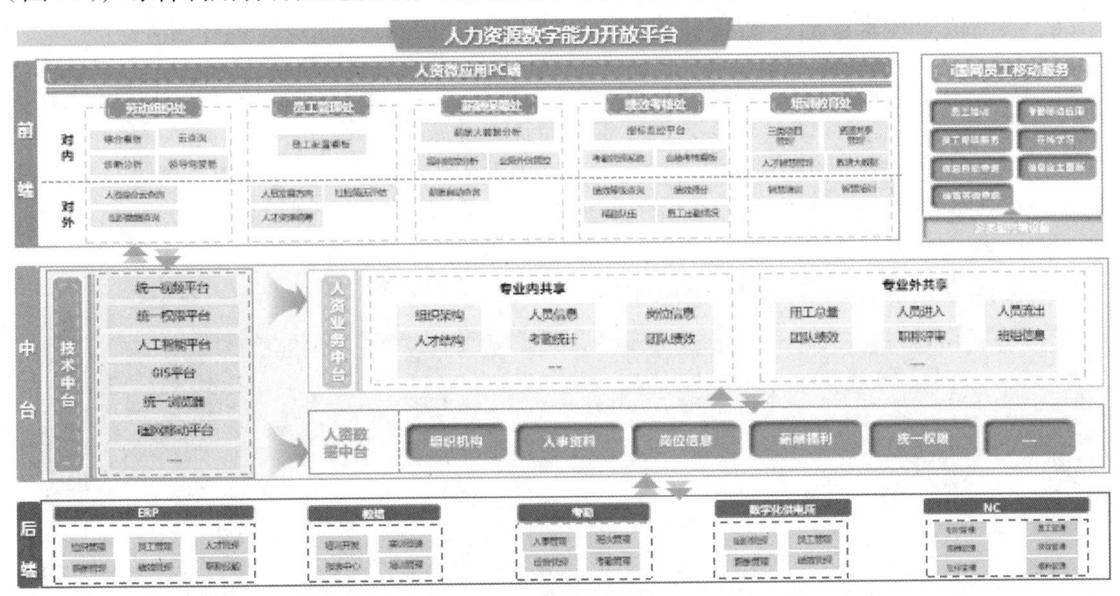

图 11 人力资源数字能力开放平台

1. 打造人资数据中台，实现数据服务价值共享

一是扩展数据广度深度。运用生物指纹、RFID 感应等技术，洞察感知员工状态，形成立体化数据。

二是夯实数据基础质量。印发《人力资源基础信息数据业务应用标准》等 5 项技术标准，开展人资数据治理月活动。

三是发布数据共享服务。梳理人资全维数据，发布数据共享负面清单，建立数据应用需求申请流程和数据赋权机制。

如图 12 所示为全员全息数据枢纽示意图。

企业人力资源大数据管理体系

底层建设，沉淀基石

数据
HR数据
非HR数据
外部数据
...

标签
标签体系
基本属性
行为偏好
主观评价
经历经验
任职要求
...
指标体系
用工指标
运行指标
绩效指标
...

模型
关系图谱模型
人才评价模型
人岗匹配模型
...

画像
个人画像
岗位画像
领导力画像
...

主题多元，持续赋能

应用场景
员工全景信息
员工关系信息
员工对比分析
员工胜任力评估
员工发展图谱
员工培训建议
...

业务体系
招聘
绩效
培训
薪酬
员工发展
...

图 12　全息数据枢纽示意图

2. 依托企业技术中台，实现技术能力高效复用

一是提升人资数字应用智慧水平。实现“无感知”考勤和证书信息智能提取、自动录入；利用区块链分布式存储技术，为员工提供合同全生态闭环服务。

二是提高数据算力和精准分析能力。引入知识图谱全新算力技术；依托智能分析、流媒体资源处理等支撑培训业务场景。构建数据挖掘和认知算法模型，部署自动化报表、校验分析工具，AI 赋能电力行业通用知识，确保准确理解业务意图。

如图 13 所示为云查询检索升级界面。

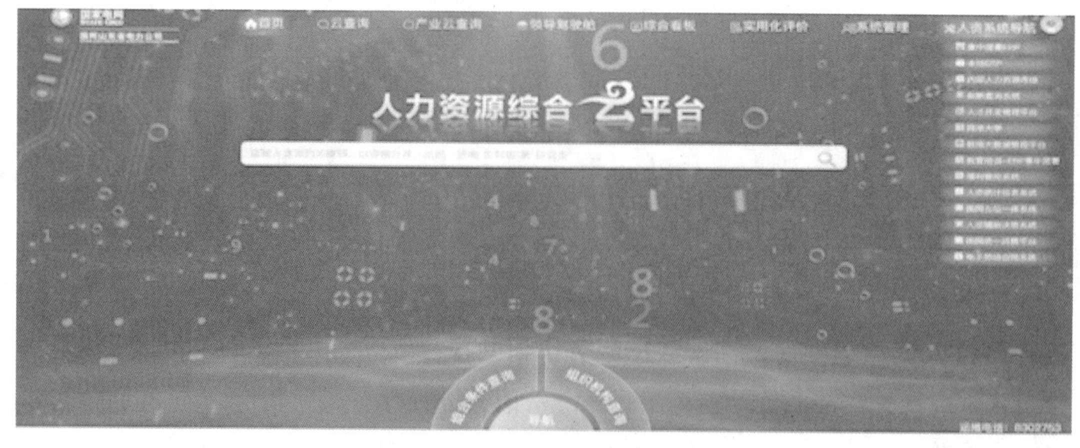

图 13　云查询检索引擎升级

3. 构建人资业务中台，实现数字能力敏捷赋能

一是化繁为简，提供“一站式”敏捷服务。对人资传统架构系统迁移改造、业务解耦，打通系统权限壁垒，自动识别员工身份并赋权应用，构建人资一站式服务窗口。

二是数说管理，提供“洞察式”分析服务。打造智能看板和报表平台，实现运营情况自动监测，业务情况一键式校核分析。

三是协同共建，提供“共享式”拓展服务。如图 14 所示，链接 40 套系统，沉淀共性、协同场景，实现信息有效共享利用、动态整合和交互协同。

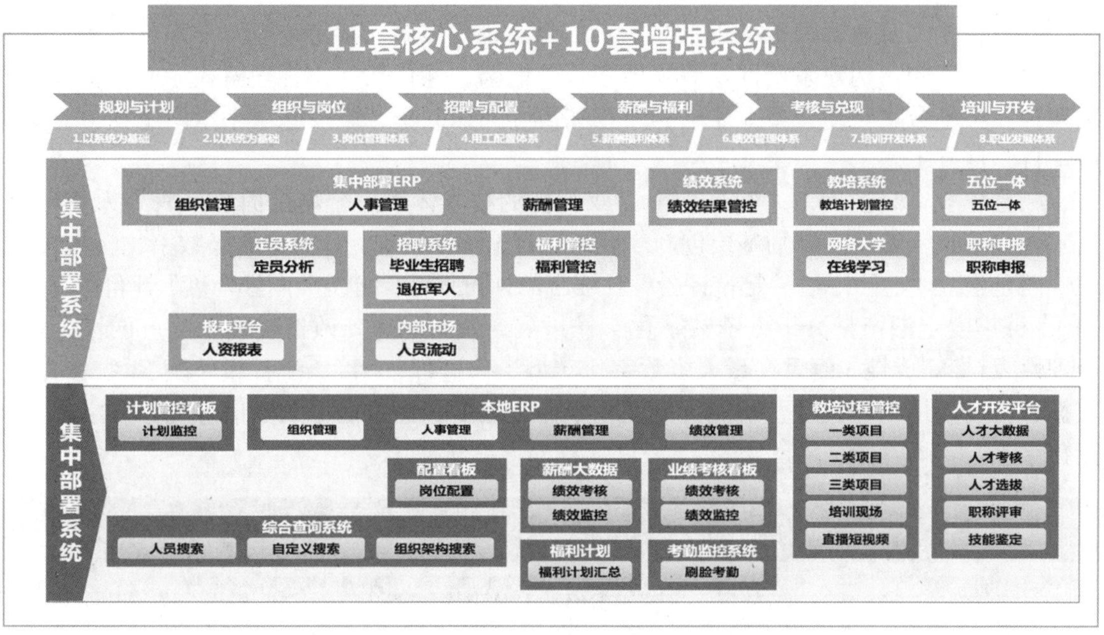

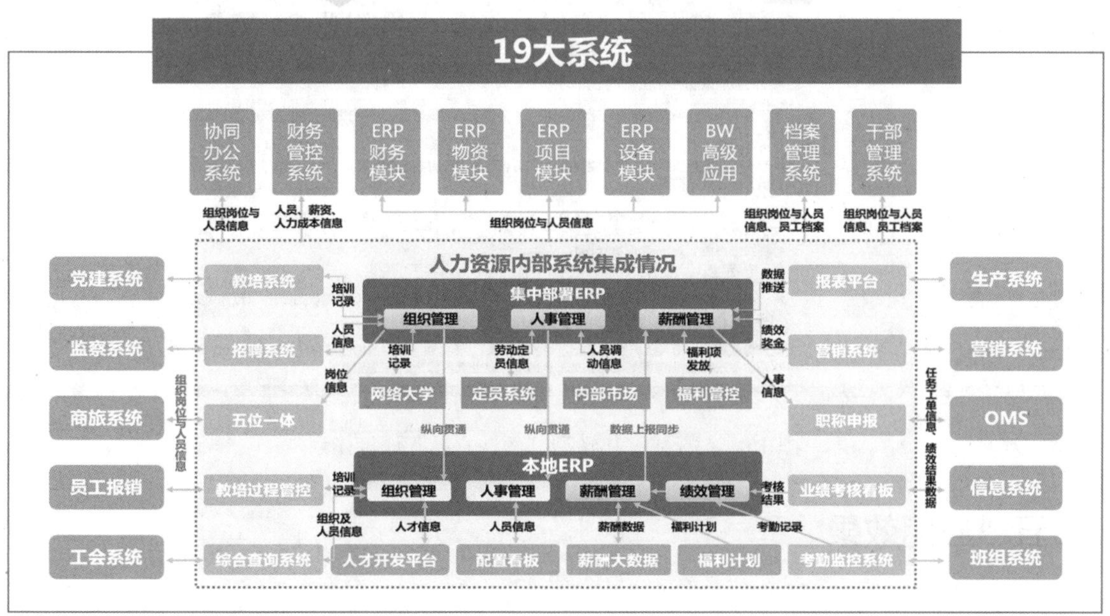

图 14 40 套系统的链接协同

（六）构建人力资源数字化转型四大保障体系

一是建立“人资业务＋数字技术”双牵头的组织体系。人资部门作为业务主体负责开展人力资源诊断分析。数字化部门作为技术主体统筹开展支撑人力资源数字化的基础设施及企业级数据共享引用。

二是建立“专业管理＋员工自驱”双结合的管理体系。制定企业“十四五”人力资源数字化转型蓝图，构建系统性发展规划和管理框架，优化数字化管理模式、业务流程和组织架构。实施数字化复合型人才培养工程和鼓励知识共享，激发基层创新内生动力，构建员工自驱良好生态。

三是建立“自上而下＋自下而上”双支持的技术体系。公司层面统一研究人资中台、人工智能等技术路线。鼓励基层创新实践，及时论证评估，上升为企业级数字化转型方案。

四是建立“定性评估＋定量评价”双维度的评价体系。建立“两性六度”评价体系（图15），每年度定期衡量分析人资数字化工作进展，及时调整、改进转型策略。两性（业务合理性、目标完成性）侧重衡量人资数字化转型工作进程；六度（流程成熟度、系统覆盖度、数据齐备度、用户体验度、功能智能度、平台集成度）侧重衡量人资信息化、数字化、智能化水平。

评价维度	权重	说明	衡量角度
业务合理性	——	通过人资部门视角，围绕规划计划、劳动组织、员工管理、薪酬福利、绩效考核、人才培训等六大管理职能，定性评价数字化是否科学合理支持人资业务开展。	人力资源数字化转型工作进程
目标完成性	——	通过领导层、专业部门和基层员工视角，针对“选、用、育、留”等全流程下全员人力资源管理情况，定性评价人资数字化转型既定目标是否完成。	
流程成熟度	10分	评估人资业务流程数字化水平，反映“业务线上化”水平，划分五级（每2分为1级），分别代表经验级（经验取代流程，最佳实践不能复制和沉淀，绩效更多依赖个体，有很大不确定性）、职能级（部门级的流程，一事一议的文件、制度管理）、规范级（以员工为中心，流程集成化、标准化，最佳实践能在公司内沉淀和推广）、度量级（数据及时、准时和全面，基于数据驱动流程绩效持续改进，流程管理者对价值链负责）和标杆级（流程延伸和拉伸价值链上下游，流程绩效及管理实践成为跨行业的学习标杆）。	人力资源信息化水平
系统覆盖度	10分	用于评估人资业务流程是否有系统覆盖，0分表示无系统覆盖，10分表示流程端到端都在线上进行。	
数据齐备度	20分	衡量客体属性在信息空间的孪生程度，0分代表基本没有或者很零散，20分表示已在人资信息系统有客体数字仿真。	人力资源数字化水平
用户体验度	20分	衡量客体属性在信息空间的孪生程度，0分代表基本没有或者很零散，20分表示已在人资信息系统有客体数字仿真。评估用户视角的人资数字化管理服务使用体验，0分表示体验很差，用户心里抗拒系统，20分表示体验很好。	
功能智能度	20分	评估人资数字化实现功能，划分五级（每4分为1级），分别代表手工、PC客户端：桌面自动化、结构化及半自动化：流程机器人（以规则为基础）、自动化：自主流程自动化（以知识为基础）、智能化：认知流程自动化（人工智能为基础）。	人力资源智能化水平
平台集成度	20分	侧重纵向集成亦即人资与其他专业之间数据集成。0分表示无集成即数据在产业链中处于孤岛状态，20分表示纵向端到端全集成即数据能在企业级内部自动按需流转。	

图15　人资数字化转型“两性六度”评价体系

五、应用效果

（一）管理效益

人力资源数字化转型的措施实施以来，云查询调用66412人次，人资数据调用

1803805 次，看板调用 6432 人次，有力支撑管理决策。抗疫期间组织移动学习培训 167 期，参培人员 2.5 万余人次，员工服务满意度大幅提升。国网山东电力近三年培养各类人才 5964 名，业绩考核保持国网系统内前三，荣获“国家电网有限公司人力资源先进单位”“2021 年度山东省人才工作表现突出单位”称号。

（二）经济效益

降本方面，大幅减少人资数据获取、业务办理的时间成本，每年节省 2750.8 万元的人力成本。随着移动在线培训大力推行应用，每年节省培训成本 850.6 万元。

增效方面，实施以来劳动生产率上升 12.7 个百分点，利润总额在国网系统排名前三，人力资源效能水平大幅跃升，累计产生经济效益 1500 余万元。

（三）社会效益

本成果将大数据、人工智能等与人资管理结合应用进行了创新研究，打造了大型能源互联网企业人力资源数字化转型的借鉴样板和先行标杆，并对用工总量大、用工种类复杂、管理层级多样的大型企事业单位、政府机构、高等院校均具有高度的普适性。相关成果先后荣获“2021 年国家电网有限公司管理创新推广成果二等奖”等 19 项荣誉，并提炼形成著作《能源互联网企业人力资源管理信息化探索与实践——国网山东省电力公司人力资源管理数字化转型》，被中国经济出版社正式出版，如图 16 所示。

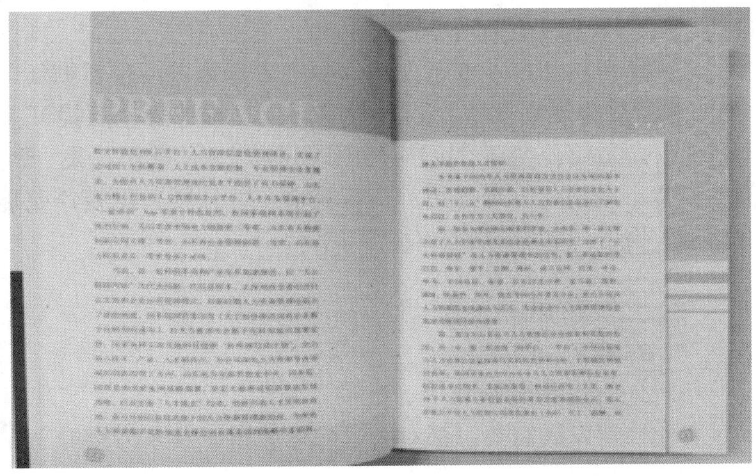

图 16　本成果已正式出版

主要创作人：王　悦

参与创作人：朱郑博、李玉华

央企集团的“机制 + 平台”人力资源管理数字化变革

中国远洋海运集团有限公司

一、时代背景

随着科学技术的不断创新与广泛应用，信息化、数字化转型正在融入现代企业经营管理发展的各个方面，并逐步成为全行业领军企业的战略共识。人力资源管理作为现代企业经营管理中的一个重要环节和组成部分，不仅影响着企业的短期效益，更是对企业中长期发展战略起着至关重要的作用。

中国远洋海运集团有限公司（以下简称中远海运）乘第三次信息化浪潮之势，自 2017 年推进人力资源管理信息化建设，历时 4 年基本实现了人力资源管理事务性工作从手工到自动、从线下到线上的转变。

新一轮科技和产业变革加速，中远海运为进一步贯彻新时代党的组织路线、支撑集团“十四五”战略规划落地，同时顺应国企改革趋势全面提升人力资源管理能力，开启了人力资源管理数字化变革，旨在从组织管控与人才队伍出发，聚焦人力资源管理的核心需求，借助科技手段助力管理升级、流程再造，并依托数据资产赋能组织人事决策，进一步构建战略型人力资源数字化管理体系与平台。

二、变革的内涵

新时代，落实国家政策、贯彻“两个一以贯之”，实现集团“十四五”战略愿景以及满足企业快速发展需要，都对中远海运的组织及人力资源工作提出了更高的要求。

（一）贯彻新时代党的组织路线，建设高素质人才队伍

习近平总书记指出，坚持党对国有企业的领导是重大政治原则，必须一以贯之；建立现代企业制度是国有企业改革的方向，必须一以贯之。其关键在于把党的领导融入公司治理各环节，做到“组织落实、干部到位、职责明确、监督严格”。进一步贯彻新时代党的组织路线，建立“素质培养、知事识人、选拔任用、从严管理、正向激励”五大体系，建设忠诚、干净、担当的高素质人才队伍。

（二）充分发挥国有企业引领作用，落实“十四五”战略

在新一轮科技和产业变革加速推进的大背景下，企业数字化转型成为大势所趋。为充分发挥国有企业在新一轮科技革命和产业变革浪潮中的引领作用，中远海运“十四五”战略将以“打造世界一流的全球综合物流供应链服务生态”为愿景目标，围绕“产业链经营、效益专精、数字驱动”三大主题，构建“3+4”产业生态。要实现这个愿景，中远海运需要战略型人力资源理念、科学的人才管理机制、高素质人才队伍的全方位支撑。

（三）顺应改革趋势满足业务发展要求，全面升级人力资源管理定位

为匹配集团国有资本投资公司试点、对标世界一流、国企改革三年行动方案的总体要求，中远海运人力资源管理的定位须从“服务型”向“战略型”升级，从“把方向、定规则、促发展”统筹管控，以战略为驱动、以科技为赋能，全面提升人力资源管理的能力。

基于此，中远海运开启了新一轮的人力资源管理数字化变革，明确战略型人力资源管理的定位，以“机制 + 平台”的方式，在通过“管理制度化、制度流程化、流程系统化、系统数据化”优化机制流程的基础上，完善数据治理框架，搭建组织、岗位、人才的标签体系，打通人力资源管理场景，构建具有中远海运特点的人力资源数字化管理平台，全面提升人力资源管理服务生产经营的能力和水平，赋能管理转型升级。

三、建设目标

自 2017 年启动人力资源信息化建设以来，中远海运已完成人力资源管理主要场景的流程梳理和功能搭建，包含健全数据标准化体系、实现线上算发薪以及建设员工自助查询终端等，基本实现了人力资源管理事务性工作从手工到自动、线下到线上的转变。

数字化时代，中远海运秉承“人才是第一资源”的理念，围绕“人才”开启人力资源数字化管理平台建设，覆盖人才发展“选、用、育、留、退”全生命周期，深化人才发展体制改革，系统性优化人才结构、人才布局、人才培养、人才引进、人才评价等，进一步释放人才使用效能。

通过打造战略型人力资源数字化平台，实现“可视化人才盘点、智能化人岗匹配、差异化人才培养、灵活化组织管控、市场化选人用人、科学化人才评价、自助化员工服务”七大建设目标，纵深推进新时代人才强企战略，更好支撑中远海运高水平科技自立自强。

四、建设蓝图

中远海运通过构建“驾驶舱、画像中心、组织管理、招聘管理、培训管理、人才测评和员工服务”7 大模块，充分与原绩效管理、薪酬管理模块打通，打造一体化战略型人力资源数字化管理平台，落实七大建设目标，实现场景贯通、数据驱动、灵活可控。中远海运人力资源管理数字化建设蓝图，如图 1 所示。

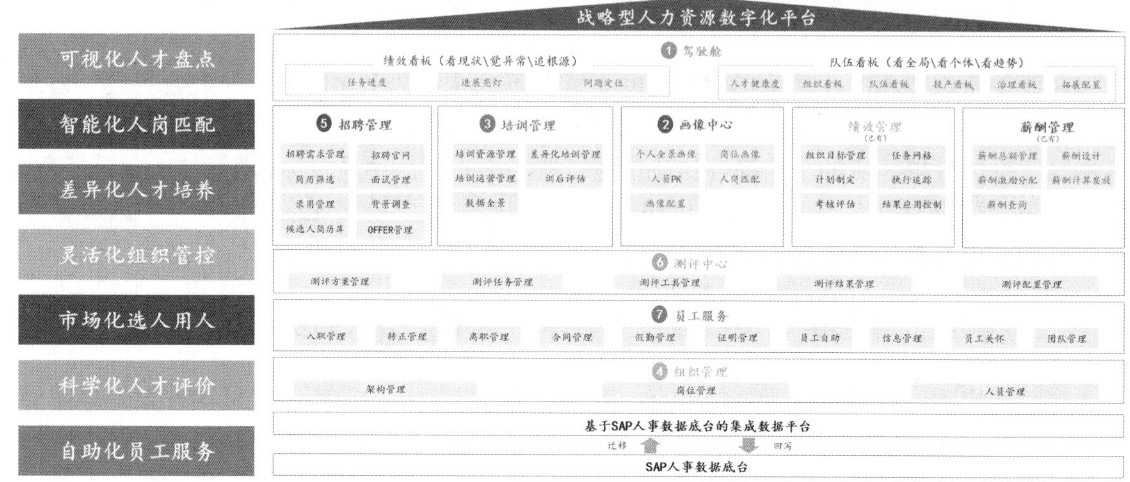

图 1　建设蓝图

结合中远海运人力资源管理信息化现状与核心需求，从可行性、示范性和影响力三个因素通盘考虑项目建设路径。第一阶段先选取试点单位，以点带面，在中远海运现有信息化平台的基础上实现部分模块功能的扩充，夯实整体人力资源数字化平台基础，实现试点单位的创新转型；第二阶段，基于试点成功经验，在全集团打造人才“选、育、用、留、退”全生命周期的线上管理闭环，落实全方位培养、引进、用好人才，助力员工体验提升；第三阶段，引入智能化模型与应用，充分发挥数据协同价值，做到全面推广、一体覆盖，实现数据驱动的人力资源经营。

五、建设方法

作为大型集团化央企，中远海运在项目建设的过程中，面临大型企业实施数字化变革的典型难题。

一是统一思想挑战大。如何做到集团上下同欲，统一管理、业务及技术团队对项目目标的理解，贯彻数字化转型的理念思想面临挑战。

二是体系融合难度高。在融入业界领先的管理理念与数字化方法工具时，需要解决与中远海运现有的管理体系融合、与现有的信息系统衔接集成的问题，避免“水土不服”。

三是项目复杂工作重。建设覆盖全集团的一体化平台涉及多元业务类型、多个国家地区、多种管理机制、多支组织队伍之间的协同与权衡，系统设计与实施复杂度高、工作量大。

四是能力转移周期长。项目团队从接受理念、学习方法到掌握技能需要较长的转化周期。如果认知不充分、缺少数字化建设的实战经验，可能会带来极大的内部沟通成本，影响建设效率和效果。

为了应对以上挑战，项目组有针对性地明确了解决方法与工作重点，确保战略型人力资源数字化项目的成功落地。

一是试点先行、分步实施。选取中远海运集运上海分部作为试点单位，先行开展人岗匹配、人才盘点等核心业务系统建设，再以点带面，逐步扩大到全场景、全集团。确保既有通盘统筹、全局规划，又能解决当前的重点问题，以可控的投入创造最大化效果。

二是咨询先行、平台衔接。围绕中远海运“十四五”战略与管理要求、央企的管理特色进行管理咨询，确保业界领先的理念与平台功能的转化、融合，保证平台对管理的承接。

三是深度共建、沉淀方法。由中远海运人力资源与技术团队和外部合作伙伴成立联合项目组，在“机制 + 平台”的实施方法论指导下，深度共创共建，沉淀适合中远海运的数字化建设方法与工具。

四是明确要求、确保投入。选取中远海运内部对人力资源管理意识到位、对数字化理念较强的优秀骨干，组建建设团队；在项目初期获取高层背书，确保强大的资源投入与组织推动力。

五是全程培训、能力转移。贯穿“管理理念、系统规划、测试上线、推广运营”的体系化培训，以战代练，保证对战略型人力资源管理体系与平台的理念、工具、方法的理解，持续提升中远海运的组织能力。

六、建设内容

（一）可视化人才盘点

结合中远海运“十四五”战略与“3+4”业务发展要求，优化人才分类，使得人才队伍与业务结构保持一致。基于人才分类标准，通过数字化管理平台实时统计分析各序列人才信息，进一步理清队伍数量、结构，形成可视化人才盘点，精准评估组织能力与战略的匹配程度，有效扩大选人用人视野。中远海运“人才盘点 – 驾驶舱”平台建设，如图 2 所示。

人才盘点-驾驶舱：看组织、看队伍、看投产、看治理

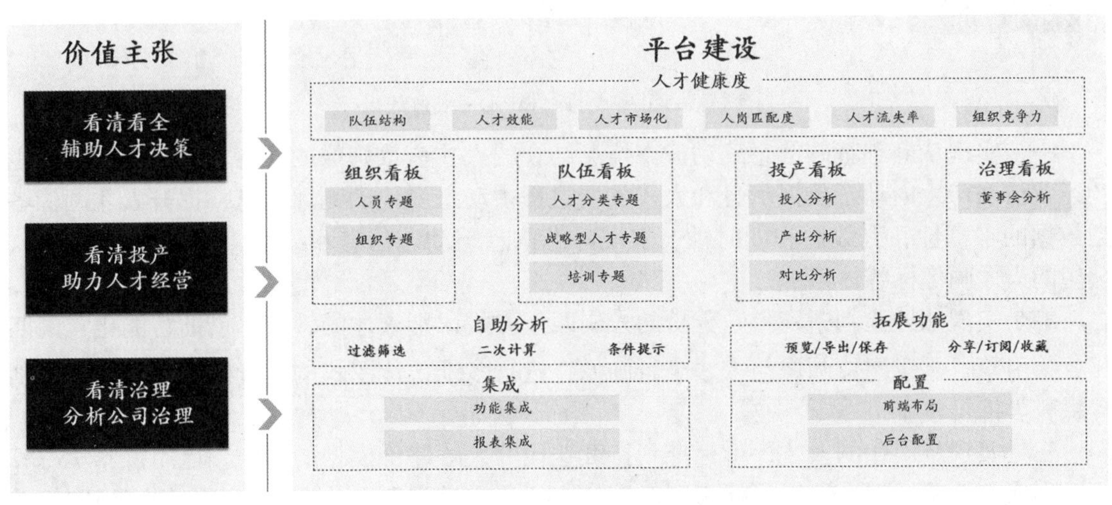

图 2　人才盘点 – 驾驶舱：平台建设

一是实现从局部视野到全局视野的转变。打破选人用人的人数范围局限，达到全量可得、全盘可视、全局分析的目标。

二是实现从定期的人才统计评价到实时的人才队伍诊断的转变。将战略自上而下通过

平台传导用人标准和组织发展的要求，应用过程中持续积累人才队伍数据，实现对组织健康度、机制支撑度、人才匹配度等进行追踪预警、通盘分析，支撑以战略为出发点的人才队伍诊断和优化。

（二）智能化人岗匹配

通过数字化管理平台全面沉淀岗位信息数据和人才全量数据，多维度梳理人员信息，提取特征标签，形成人才全景画像；定义人岗匹配的规则，比对岗位能力素质模型和人才全量信息，快速识别人才优劣势，形成可视化的能力雷达图，实现精准的人才识别和智能人岗匹配。中远海运“人岗匹配－画像中心”平台建设，如图 3 所示。

人岗匹配-画像中心：价值主张与平台建设

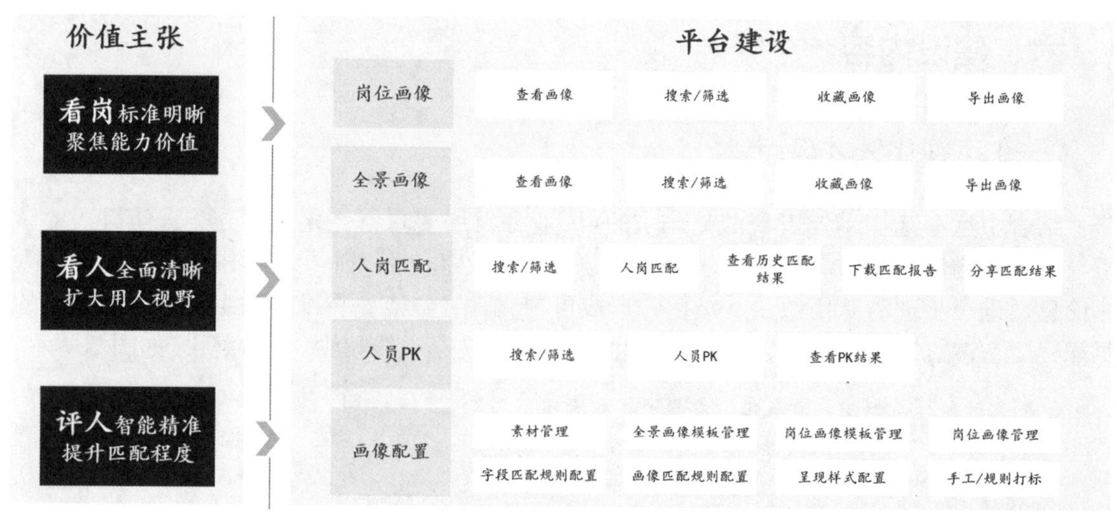

图 3　人岗匹配－画像中心：平台建设

一是实现从静态基础信息到动静态信息结合的人才全景画像的转变。通过全面收集生产经营活动产生的动态数据信息和人才发展过程中动态变化的测评信息，提升人才画像各类数据的丰富性、有效性和即时性，实现静态信息与动态信息相结合，构建全时、全量、全貌的人才画像标签体系。

二是实现从经验判断到科学分析的人岗匹配方式识别人才的转变。借助智能化人岗匹配分析引擎，基于岗位画像与人才全景画像，进行多维雷达图式的智能匹配，为人才识别提供科学依据。

三是实现从固化的人才评价标准到持续迭代的人才评价模型的转变。运用机器学习算法，形成与战略规划、组织目标高度匹配的岗位素质模型和人才评价模型，提高识别优秀人才的精准度和前瞻性。

（三）差异化人才培养

基于人才全景画像和岗位任职资格的比对，精准锁定人才待提升的领域，指明育人方向。基于人才能力长短板，借助系统平台精准推课，实现千人千面、按需培养、因材施教的数字化培训平台。中远海运“人才培养－培训管理”平台建设，如图4所示。

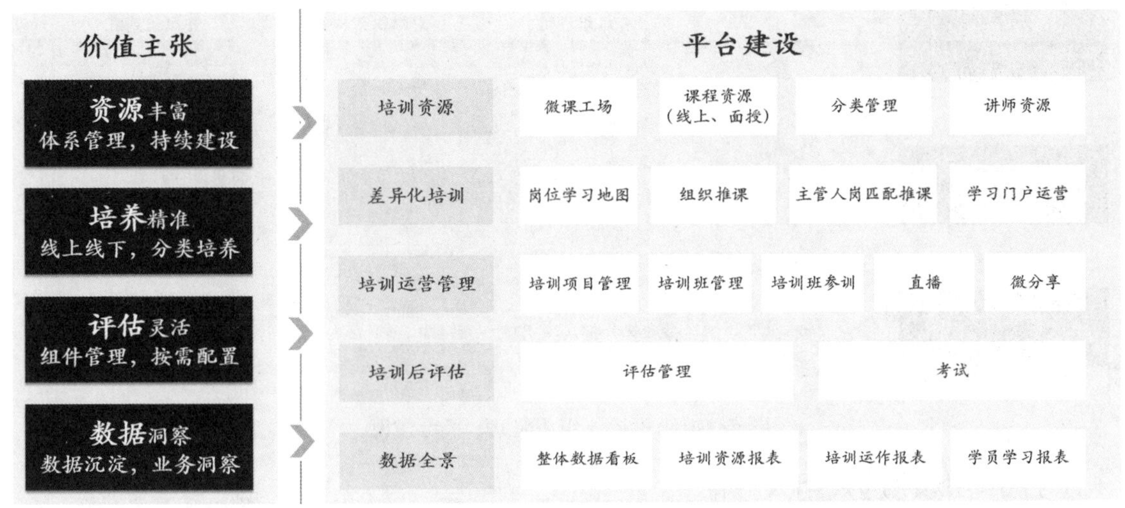

图4　人才培养－培训管理：平台建设

一是实现从“千人一面”到“千人千面”的培训课程体系的变革。基于人岗匹配结果精准识别人才能力长短板，形成差异化配置和智能化课程推送的培训体系。

二是实现从分类分层设计培训计划到贯穿人才发展全生命周期培养规划的转变。基于人才发展全生命周期不同阶段、不同场景，通过对平台积累的数据进行分析，制定全面系统的人才培养规划。

三是实现从“有使用无培养、有培训无考核”的“孤岛式”培训到建立“选人－用人－育人”场景打通的培养体系的转变。打通人才培养、人才选用、考核评价等全场景，根据用人需求配置培养计划、根据绩效表现验证培养效果，以数字化、智能化手段整合培训资源、提升培训针对性和有效性，使人才培养成为服务战略要求、支撑战略落地的重要抓手。

（四）灵活化组织管控

依据价值链模型，结合中远海运业务特征，构建岗位职能序列，并在此基础上对现有岗位现状进行分类、聚集、落位，确保中远海运全集团职能序列清晰、职责明确；再结合岗位价值细分能力等级，构建清晰的发展通道，确保职等横向可比。

同时，数字化管理平台与原信息化系统就人事数据进行充分集成对接，实时同步“组织、岗位、人员”信息。通过标准化的数据结构、标签化的管理体系，实现组织架构可灵活调整、岗位体系兼顾稳定包容差异、人员信息准确齐备，有效支持战略及业务开展。上下层、内外部数据充分交互、实时沉淀，为人力资源的智能化分析决策提供数据基础。中远海运“组织管控－组织管理”平台建设，如图5所示。

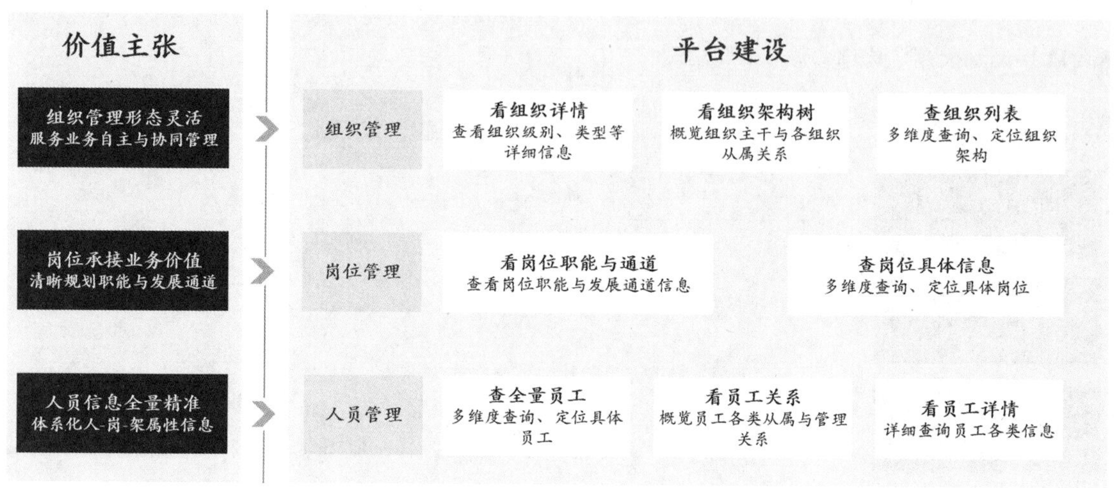

图 5　组织管控 - 组织管理：平台建设

（五）市场化选人用人

依据中远海运制度与指导意见，充分结合下级各单位实际情况，优化人才引入机制与通道。一方面梳理全集团统一的用人标准底线，严格把控入口关；另一方面结合岗位画像精准刻画候选人需求，完善候选人评价体系、统一评价标准。

从招聘闭环管理出发，完善中远海运现有招聘流程、细化招聘标准，实现由原来“线下招聘”到“智能招聘”的转变，大幅提升人才引进效率。

覆盖所有招聘场景，赋能各级管理者自主搭建团队。线上对接各类渠道扩大人才来源，构建人才内外部双循环，落实统筹管理、科学评价、择优录用，为市场化选人用人奠定优良基础。中远海运“选人用人 - 招聘管理”平台建设，如图 6 所示。

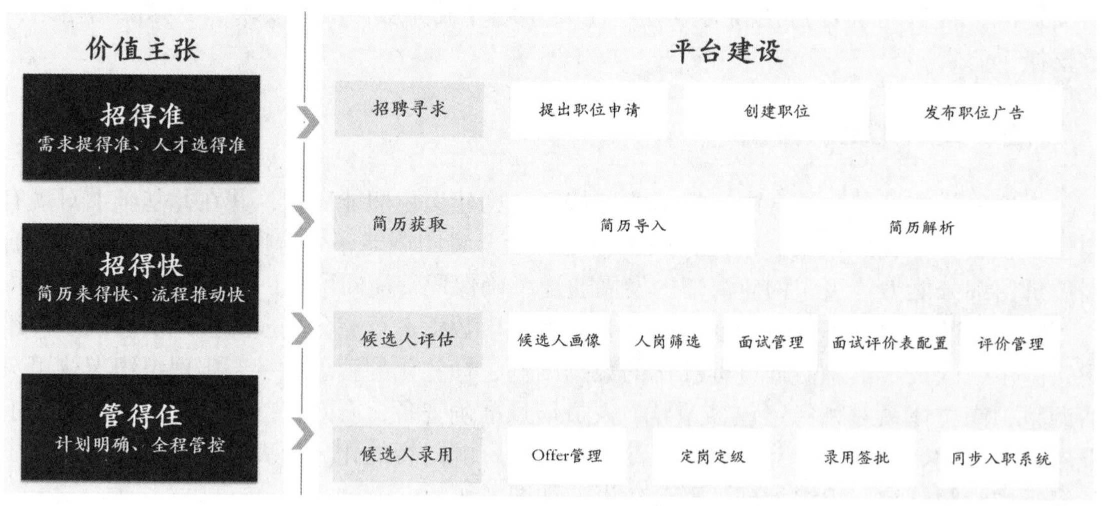

图 6　选人用人 - 招聘管理：平台建设

（六）科学化人才评价

构建中远海运集团人才测评体系，完善人才评价手段、扩充评价要素，结合人才招聘、人岗匹配、人才盘点等各类场景，打造线上化测评平台，科学识别人才个性特征、道德品质和价值观，精准评估人才能力素质和岗位胜任力。中远海运“人才评价－测评中心”平台建设，如图 7 所示。

图 7　人才评价－测评中心：平台建设

实现从单一评价到多维立体评估的转变。通过系统全面获取人才的品德能力、业绩表现、审计结果等信息，丰富人才评价维度信息，不仅关注人才短期的业绩和能力等“冰山上的部分”，也关注动机、价值观和特质等“冰山下的部分”，确保评价结果横向可比较、纵向可穿透、历史可回溯、未来可预测。

同时，基于人才分类标准，针对不同类型人才设置差异化评价要素，落实“人人皆可成才、人人尽展其才”的培养理念。

（七）自助化员工服务

搭建入口统一、移动化、线上化、自助化的员工服务平台，整合已有的员工自助功能，丰富员工服务内容和场景，以空中服务大厅的形式提供全集团覆盖的高质量员工关怀与人事服务，实现 100% 服务线上自助化，进一步减少员工非工作损耗，提升服务效率，优化人才发展环境、提高价值认同、提升人才留存率，从而释放人才创新动能。中远海运“员工服务”平台建设，如图 8 所示。

员工服务：为员工、团队领导、HR提供多场景下的“自助+智能”工具，实现员工服务去手工、全覆盖、全自助，提升员工服务体验、团队管理效率，减少事务性损耗

价值主张

减少手工，释放精力

自助服务，便捷高效

流程统一，风险可控

建设方向

- 空中服务，100%自助：足不出户享受多样化员工服务，操作便捷、体验贴心
- 全集团覆盖，一体化管理：HR后台管理统一管理，严格执行，支持全集团的集中管控

员工：自助服务与员工关怀

自助服务
便捷体验，高效服务
自助请假　服务大厅
证明办理　薪资查询
信息管理　一键打卡

关怀服务
全面关怀、激发教职工“获得感”
服务热线　生日祝福
体检服务　周年祝福
健康问诊　工卡办理

团队领导：赋能团队管理
赋能干部，有效的管理支撑
团队档案　BI报表
团队考勤　移动审批
督办提醒　任务派发

HR团队：核心流程
日常工作自动化，去手工，释放精力
入职流程　转正流程
假勤管控　合同流程
调动管理　离退办理

图8　员工服务：平台建设

七、建设效果

1. 以数字化平台有力支撑管理升级

中远海运于2021年开启人力资源管理数字化转型，充分发挥国有企业引领作用，通过统筹规划、小步快走的方式，进行人力资源数字化管理平台建设，兼顾“稳定与敏捷”双重需求，实现“运营提速、执行提效、创新提质”的管理效益。

一是运营提速，以自动化提升基础工作效率。中远海运集团总部及下属二级机构、在岗在职员工数据已全部载入系统，解决原始人员信息缺失、组织机构不全等问题，进一步完善岗位发展序列，助力“身份管理”向“岗位管理”转变。在此基础上，各类人事基础数据实时沉淀、自动同步，大幅提升员工人事服务基础工作效率，最大化减少非生产力损耗，降低差错和风险，帮助人力资源工作者和各级管理者从操作性工作中解放精力，关注业务和组织发展。

二是执行提效，以数据化提升人力投入产出。中远海运将人才信息从10个维度解耦、落位，以数据化形式有效洞察人才全方位信息。从战略出发、一体化分层分类梳理岗位模型、能力素质模型，进一步提高组织、人才对业务的适配度，确保经营战略层层贯穿组织，经营分析及时准确，全员执行有力，上下协调，步调一致，人才效能持续释放，人力投入产出比显著提升，进一步提升全员劳动生产率。

三是创新提质，以智能化支撑经营管理决策。中远海运已完成全集团人才盘点，通过健康度亮灯预警，四大看板百余指标的现状及趋势表可视化呈现各类人才分布展示、结构分析、缺位预警。同时，实现线上授课与差异化培养，在疫情常态化情况下落实全员学习，持续为干部职工学习赋能。通过平台持续使用，不断沉淀、积累数据，充分发挥数据协同支持决策价值，实现先知、先决、先行，全面驾驭经营管理。

2. 以数字化项目助力转型持续成功

中远海运战略型人力资源数字化项目作为集团首个管理数字化试点项目，打造了“一个标杆工程、一支复合型团队、一套数字化方法”，为企业数字化变革的持续成功起到了良好的带动和奠基作用。

“机制 + 平台”人力资源管理数字化变革通过试点单位以点带面，打造了一个数字化转型的标杆工程，既实现了小步快跑，短期速赢见效，又进行了长远规划，集团全面推广、升级转型。

在项目建设过程中，中远海运持续进行能力培养和转移，业务部门、数字化部门、科技公司紧密协作配合，孕育培养出一批懂管理、懂业务、懂技术，具有过硬专业的复合型团队。

同时，充分利用项目学习、实践国内外领先的数字化理念，沉淀提炼出一套具有央企和中远海运特色，以战略为引领、以管理为内核的数字化转型实践方法，为中远海运全面部署数字化转型打下坚实基础，助力中远海运数字化变革持续成功。

主要创作人：李　歆

参与创作人：李忱忱、罗丹枫、韦秀民

以员工为中心，打造数字化“情深工程”

深圳供电局有限公司

一、企业简介

深圳供电局有限公司（以下简称深圳供电局）是中国南方电网有限责任公司的全资子公司，是国务院国资委国企改革“双百企业”中唯一的供电企业，是国务院国资委国有重点企业管理标杆创建行动“标杆企业”，运营管理着我国供电负荷密度最大、供电可靠性领先的超大型城市电网。

深圳供电局地处改革的窗口——深圳，现有员工 5027 人，人力资源专职人员 86 人，员工平均年龄 38.6 岁。公司三重定位（国家队定位、示范区定位、试验田定位）使其承担了在经济责任、社会责任、政治责任和安全责任中的先行示范责任。在输配电价、增量配电网等机制改革和深圳生活成本居高不下等新形势下，使得深圳供电局在员工激励方面走出一条新路，不断满足员工获得感、幸福感和安全感，提升队伍活力、动力、效力，成为用电营商环境全国最优，供电服务连续 10 年位居“深圳市 40 项政府公共服务满意度”第一位，获得电力指标连续两年排名全国第一，度电产值全国领先的“标杆企业”。

二、实施背景

（一）政治层面

全面深化改革为深圳供电局推进激励机制改革明确了方向、提供了契机。十八届三中全会以来，全面深化改革已成为国有企业改革发展的主旋律。2020 年 10 月 14 日，习近平总书记在深圳经济特区建立 40 周年庆祝大会上的讲话中提出：“生活过得好不好，人民群众最有发言权。要从人民群众普遍关注、反映强烈、反复出现的问题出发，拿出更多改革创新举措”“努力让人民群众的获得感成色更足、幸福感更可持续、安全感更有保障”，为深圳供电局在新形势下关心关爱员工、优化员工激励举措指明了方向。

（二）经济层面

复杂多变的经济环境及快速增长的房价物价让深圳供电局的人才吸引力面临较大压

力。因为这一核心因素的影响，年轻员工购房成本剧增、供房压力变大，获得感降低，进而导致深圳供电局在新员工招聘及高端人才引进中的人才吸引力下降趋势明显。

（三）社会层面

员工队伍快速变化的需求倾向及行为习惯对深圳供电局推进员工激励工作提出了较大的挑战。大批头部企业在深蓬勃壮大，年轻、开放、创新已成为深圳的代名词，同时也融入了深圳供电局干部员工队伍的血液和意识形态中，导致传统的及单调激励模式难以满足的员工的需求。

（四）技术层面

快速发展的信息技术为深圳供电局创新人力资源管理模式及员工激励方式提供了有力的基础支撑。在大数据时代，企业人力资源管理已经由传统的人事管理向人力资本增值管理转变，管理模式也逐步向信息化、数字化方向倾斜，促进实现了工作的高速、标准化及强交互等特性，能够让人力资源业务人员从繁杂重复的业务工作中解放出来，从而将大量时间和精力投入高层次的研究分析和策略制定中。

（五）总体目标

基于互联网思维中“产品思维、用户思维、数据思维、生态思维”的四大核心，深圳供电局以员工为中心，持续解放思想，加强统筹谋划，强化人力资源管理创新，逐步将“电励计划”升级为“情深工程”；系统推进员工关爱工作，营造情深关爱品牌生态，以“情深工程”为载体，构建正向激励体系；以“情深工程”为平台，构建员工精神家园；以“情深工程”为基础，拓展基层治理实践。进一步通过整合、数字运营和生态打造，达到助“三能”、育“三感”、促“三力”的目的（三能：管理人员能上能下、员工能进能出、薪酬能增能减；三感：获得感、幸福感、安全感；三力：凝聚力、战斗力、创造力）。

三、内涵和做法

为提升员工满意度，增强公司吸引力，深圳供电局积极解放思想、不断开拓创新，推出“电励计划”并逐步发展成为“情深工程”。

（一）以员工为中心，十年如一日，“三阶段”稳步打造关爱员工“情深工程”，广泛增强干部员工获得感、幸福感

升级成为南方电网公司直接管理的省级电网公司以来，深圳供电局始终坚守“强动力提效率增活力”的工作目标，坚持“以员工为中心”和“以业绩为导向”的工作原则，倾听大多数员工的需求，解决急难愁盼，服务成长发展，凝聚基层力量、群众力量，不断优化迭代，打造员工关爱平台“情深工程”，并以此为载体构建了体系化的正向激励体系，树立了关爱员工管理标杆。

十年间，“情深工程”经历了“电励计划”创意萌芽期（2011–2013）、“电励激励”平台创建期（2014–2017）和“情深工程”系统深化期（2018–2021）三个阶段，如图 1 所示。

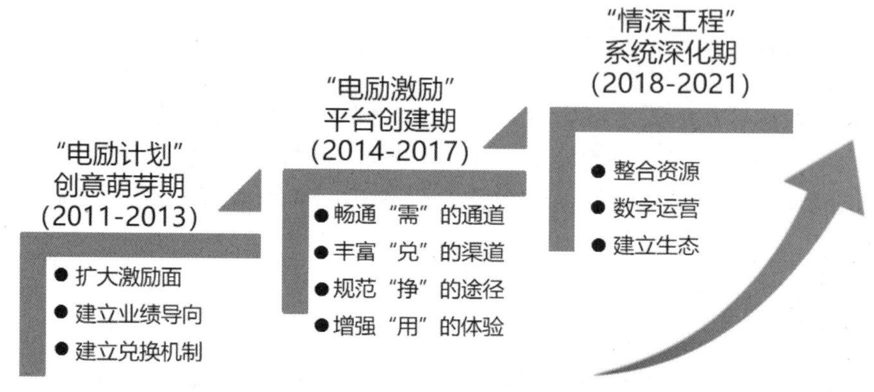

图 1　深圳供电局“情深工程”三个发展阶段

1.“电励计划”创意萌芽期

此阶段面临的主要问题是，员工激励举措和福利保障较为单一，覆盖面有限，员工激励效果不明显，亟须需转变观念，聚焦更大群体范围，创新激励举措。为此，深圳供电局探索推出“电励计划”，通过扩大激励面、建立以业绩贡献和团结协作为导向，以“电励徽章”虚拟量化价值贡献为兑换机制，更好地引导和激励员工提升能力、增强积极性。

2.“电励激励”平台创建期

随着深圳供电局步入快速发展期，高压力、快节奏的工作环境与员工收入增长缓慢之间的矛盾，导致员工离职率、新员工招聘毁约率上升，员工精神面貌下降。如何找到并满足员工需求是当前需要解决的主要问题。为此，深圳供电局打造“电励激励”平台，通过多重要素融合，平台化运作，通过关注员工诉求、满足员工诉求来不断引导和激励员工干事创业，积极推动满足员工更高层次的需求，实现差异化精准激励。

3.“情深工程”系统深化期

2018 年，深圳供电局成为国企改革“双百行动”中唯一的供电企业，如何在深化三项制度改革新形势下吸引人才、激励人才，在“市场化激励机制方面”率先突破；如何面对员工关爱工作的“需求”和“供给”同时暴增，系统化、数字化打造平台生态是此阶段需要解决的主要问题。

深圳供电局进一步解放思想，加强统筹谋划，通过强化资源整合、数字运营和生态打造，将“电励计划”升级为“情深工程”，系统推进员工关爱工作，营造情深关爱品牌生态，从而达到育“三感”、促“三力”的目的。

（二）以员工为中心，系统总结“情深工程”成功经验，创新构建 PUDE 思维模式，积极培育市场化改革意识

深圳供电局坚持“以员工为中心”和“以业绩为导向”的原则激发队伍活力，通过解

决急难愁盼、服务成长发展，逐步打造出“党政工团齐抓共管、多部门单位协同共建、高黏性”的“情深工程”。

通过十余年的创新和探索，深圳供电局“情深工程”品牌深入人心，员工获得感、幸福感显著增强；通过实施“电励计划”等非物质激励举措，一枚虚拟的“电励徽章”极大撬动了员工跨部门协作和攻坚克难的积极性和生产力，有效培育了“干和不干不一样、干多干少不一样、干好干坏不一样”的市场化意识和改革氛围；通过深入总结“情深工程”所取得的成效，深圳供电局创新构建 PUDE 思维模式，即：产品思维（Product Thinking）、用户思维（User Thinking）、数据思维（Data Thinking）、生态思维（Ecological Thinking），实现员工有所呼、公司有所应。

1. 产品思维

基于产品思维，创新开展“电励计划”等非物质激励，培育市场化改革意识。2012 年，为适应深圳转型升级的新形势，深圳供电局借助赫兹伯格双因素理论，尝试推动保健因素向激励因素转变，将传统“福利”转变为“激励”，在南方电网系统内首推“电励计划”非物质激励，创新设计“电励徽章”虚拟激励产品，以业绩贡献和团结协作为导向，以徽章虚拟量化价值贡献，对做出贡献的员工，即时给予徽章激励，员工可以用徽章换取物质或非物质的激励。通过额外工作付出换来的“小确幸”即时鼓励员工的点滴进步和分毫贡献，以提升激励的广度和温度。较传统薪酬激励相比，“电励计划”激励面更广，可激励更大范围的普通员工，有效增加了激励机制的广度和温度；业绩导向更加鲜明，只要有进步、有贡献，就有机会获得激励，促进形成“不看岗位、不看身份、不看级别，只看贡献”的氛围；即时获得感更强，员工获得电励徽章后，可以随时在电脑上选择兑换自己喜欢的小奖品，让员工有意外收获的“小确幸”。

2. 用户思维

基于用户思维，践行全过程民主，把员工当用户、以用户为中心，打通“电励计划”需、挣、兑、用四大环节。

（1）畅通“需”的通道，全面收集员工需求。设立公司领导接待日，逐一分析审核员工诉求并形成督办，确保员工“所呼所盼”能够及时有“所应所办”；充分发挥职代会功能，广泛征求员工代表意见，平均每年形成 30 件情深关爱的举措。

（2）规范“挣”的途径，引导员工行为。标准化建立 4 种勋章获取途径 253 条，有效树立了“多劳多得赚徽章、跨部门协作挣徽章”的激励导向，自上而下引导员工行为；大力鼓励基层首创，建立徽章发放评审机制，明确发放对象、发生标准等，各业务归口部门和基层单位可自行创新，按需申报，人力资源部组织专家组评审通过并履行审批程序后各由各部门单位自行开展。

（3）丰富“兑”的渠道，增强员工黏性。基于对员工需求的分析，分类建立 6 大兑换库，包括亲子礼品类、关爱长辈类、数码电子类、美妆护肤类、家庭生活类及培训休假类；推出“中高考陪护假、荣誉车位”等兑换产品，满足不同性别、不同年龄段、不同家庭环境的员工诉求，极大提升员工的获得感，员工参与活动的积极性明显增强。

（4）增强“用”的体验，打造沟通平台。在获得员工高黏性的同时，公司开始尝试通过系统平台融入培训宣贯和调查研究模块，将之打造成企业与员工沟通的平台。

一方面，把员工当客户，强化运营服务，在春节、端午、六一、中秋等传统节日和南方电网公司、深圳供电局成立纪念日开展“电励周年庆”“情深优惠兑”活动，集中批量上架新的产品，推出折扣，定时开展兑换，平台流量持续增加，活动当日同时在线人数达79%，员工获得感、幸福感和安全感明显提升。另一方面，平台经常性推出有奖答题、阅读互动赢打折、赠予、夺宝和竞拍等大家喜闻乐见的活动，将公司制度宣贯、安规法规培训考核、重点工作宣传、调查问卷等工作通过新方式融入，增加了活动的吸引力。

3. 数据思维

基于数据思维，建立以员工为中心的员工关爱平台，如图 2 所示。随着数字化技术的快速发展，深圳供电局基于马斯洛需求理论，开始逐步应用数字化思维打造“电励激励”平台；通过多重要素融合，平台化运作，通过关注员工诉求、满足员工个性化诉求实现差异化精准激励；建立员工需求画像机制，应用数字化平台，综合员工年龄、岗位、家庭、经济等多个维度进行群体需求分析并进行“员工需求画像”，为增强员工激励效果提供了强有力的参考和指引；构建员工需求在线反馈渠道，建立自下而上的需求反馈和沟通渠道；通过深圳供电局自有的企信 APP 平台收集员工需求，设置“许愿树”，让员工表达自己的需求愿景，实现公司管理与员工互动，提升员工的参与度和主人翁意识；强化数字互联，与中智关爱通合作打造“情深工程”系统 APP，不仅与外部美团、京东、山姆、盒马、喜马拉雅等市场化平台打通，还实现了集团公司内部企信打通，实现了原“定点”服务向现在更开放的“多元”市场化优质服务转变，提升员工使用体验，增强情感黏性。

图 2　深圳供电局“情深关爱”平台功能模块

4. 生态思维

基于生态思维，打造关爱员工“情深工程”（图 3），形成员工关爱合力。

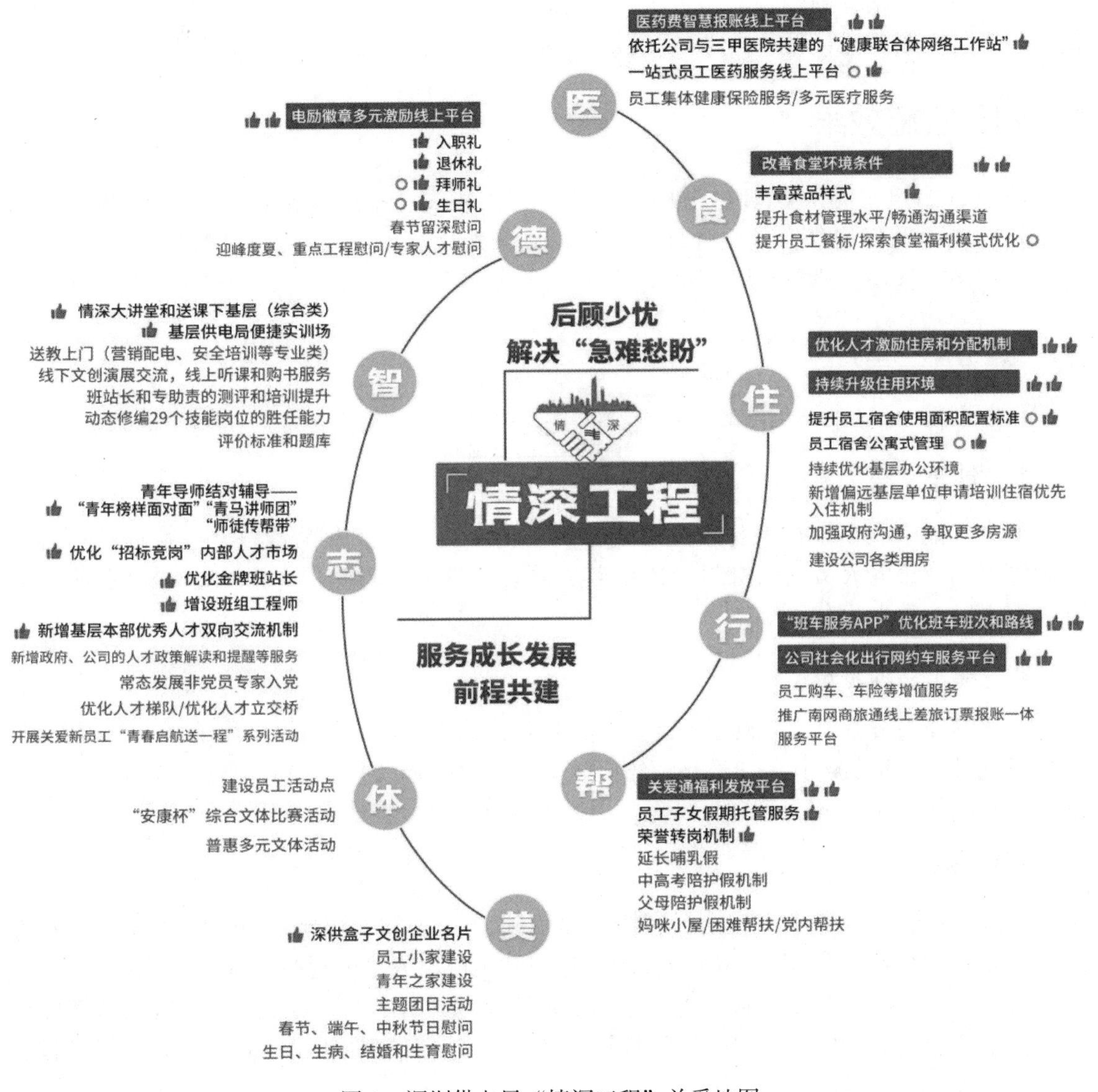

图 3 深圳供电局“情深工程”关爱地图

（1）以员工为中心，从“医食住行帮、德智志体美”10 个维度全面推进“情深工程”，覆盖员工工作生活方方面面；党政工团齐抓共管，相关职能部门通力协作，全面推进 34 项关爱举措，使得员工获得感、幸福感大幅度增强。

（2）强化品牌运营。2018 年，深圳供电局发起了一场关于员工关爱的品牌命名和 VI 设计活动，由员工自主设计、自主投票选择，最终确定了“情深工程”品牌命名和专用 VI。此举有效提升了员工关爱工作的影响力，反映了广大员工对“万家灯火、南网情深”南网企业文化的认同，包含着大家对员工关爱共进的殷切期盼。

（3）创新建立“十件实事”机制，有效打造了品牌中的典范。每年年初，员工自主评选本年度最为关注“十件实事”，年底员工闭环评价“十件实事”满意度。据统计，近十年“十件实事”满意度均在 90 分以上。

（4）深化“幸福南网－职工之家”体系建设，为青年员工提供“一站式”住宿服务，优化职工子女假期托管服务，建立入职礼、拜师礼、生日礼、退休礼的“文化四礼”。

四、实施效果

截至2021年年底，深圳供电局经营效益全国领先。企业效益效率明显提升的同时，队伍活力动力明显增强，基层管理者活力得到激发，员工主动参与感增强，助“三能”、育“三感”、促“三力”效果明显。

（一）助“三能”

情深工程“以员工为中心”，提供柔性关爱和保障，助推“三能”机制获得明显成效。

1.“能下”有力度

推进“能下”制度体系标准化、场景化和清单化，建立业绩考核、综合评价、群众口碑等多维评价的人员画像机制。2021年，管理人员末等调整或不胜任退出比例近10%，合理有序退出成为常态。

2.“能上”显效度

优化管理人员竞争上岗机制，建立价值创造、多岗位锻炼等多维量化的履历分析机制，将攻坚克难、班站长、党务、巡视巡察等工作经历纳入履历评价加分项，推动竞争上岗常态化、制度化。2021年，管理人员竞争上岗比例达61.2%，选人用人导向性更加鲜明。

3. 关怀增温度

在网公司管制业务中率先出台容错纠错机制，明确可以容错纠错的11种情形以及否A定C情形。各级党组织充分谈心谈话，做细做实退出人员的思想工作，确保队伍稳定。建立管理类专项岗位机制，管理人员退出后从事专项工作，1年为期进行考核，考核优秀者“下了还能上”，可调整或竞岗至同层级其他职务，促使退出人员知耻后勇、重新出发，鞭策在岗人员履职尽责、担当作为。

（二）育“三感”

“情深工程”平台的品牌力、示范力全面形成。情深关爱举措体系化、规模化，极大地增强了员工的获得感、幸福感和安全感。

情深关爱举措覆盖员工生活及工作的方方面面，丰富了公司与员工的沟通渠道，员工个性化诉求得到满足，住房问题、亲子教育问题、老人照顾等现实问题得到有效解决，极大增强了员工和企业间的情感黏性。

通过“情深工程”平台，共收集员工愿望2632条，其中激励类1703条，愿望祝福类820条，建设意见类109条。其中，激励类在合法合规前提下采纳500余条，并结合员工生日愿望，随机送出生日惊喜“小确幸”，提升员工获得感。

2021 年，该平台十周年庆活动期间，单日最高参与人数达 3900 余人（约占员工总数的 80%），日均参与活动人数约 2200 人（约占员工总数的 44%），就连周末休息日参与人数最高都达 1341 人（约占员工总数的 26%），全年累计参与人次超过 19 万。

2021 年年底，近半数职工在线上投票，“十件实事”均得分 90 以上，职工普遍反映“情深工程”对日常工作生活帮助多、提升快、服务好。

（三）促“三力”

“情深工程”实现了自下而上的员工诉求与自上而下的公司要求相融合，队伍凝聚力、战斗力、创造力明显增强。

1. 员工队伍凝聚力持续增强

电励徽章、关爱通、给到、畅易行等一系列平台型信息化应用矩阵组成的“情深工程”平台，因“做好实事”成为思想政治阵地的具化，培育了共识，打通了公司和员工间的“最后一公里”，平台流量保持较高水平，公司内部的幸福互助氛围因员工与公司的良性互动得到了增加。

2. 经营效益全国领先

深圳供电局经营指标均达到网公司挑战值考核目标，经营业绩在省级电网排名第一。其中，营业收入同比增长 16.72%；2021 年全员劳动生产率 201.68 万元 / 人 · 年，同比增长 37.48%，处于行业领先水平；人均售电量 2062.18 万千瓦时，同比上升 12.2%，深圳平均每度电支撑 29.46 元 GDP，保持全国领先；连续 4 年获南方电网公司党建和经营考核“双 A”。

3. 先行示范作用不断加大

深圳供电局以“员工为中心”打造数字化“情深工程”平台，获得了国资委、网公司、兄弟单位的认可。2021 年 11 月，南方电网公司改革推进会上，深圳供电局做了专题经验分享，兄弟单位多次对标学习。

主要创作人：姜　霞

参与创作人：江　榆、吴　迪、何劲峰、陈　涛

余　航、白雪峰

打造高科技、高效能、有温度的数字化人力资源共享服务中心

中车株洲电力机车有限公司

一、前言

人力资源共享服务中心是指，企业集团将各业务单元所有与人力资源管理有关的事务性工作集中起来，围绕数字化信息系统平台，高体验服务场地和高质量的服务标准，建立一个高科技、高效能和高体验的服务中心。在共享服务中心的支持下，专家中心（COE）更聚焦于制度体系的顶层设计，业务伙伴（HRBP）更聚焦于服务业务和个性化解决方案。

二、实施背景

中国株洲电力机车有限公司（以下简称株机公司）是全球领先的轨道交通装备供应商。随着企业的快速发展，业务的复杂化、多元化和全球化程度不断提高，基于传统职能模块管控的人力资源管理体系已经无法及时响应员工的诉求。如何帮助企业适应外部环境，支撑战略和业务落地，服务员工，管控风险，提升效率是摆在株机公司人力资源管理体系面前的首要课题。为此，株机公司开展了人力资源三支柱转型项目，并在此基础上，全面推进人力资源共享服务中心建设。

三、核心内涵

HRSSC 是全公司的 HR 服务和运营平台，基于智能化的信息系统、舒适的服务大厅、贴心在线客服和高要求的服务标准，为全公司所有在职员工、潜在员工、管理者和 HR 提供高体验、一站式的服务。具体而言，包括以下几方面内涵。

（一）服务导向

人力资源共享服务中心是企业的服务中心，以服务支撑业务、服务员工、赋能管理者和 HR 为最高准则。

（二）共享

人力资源共享服务中心的本质是整合人力资源重复性、事务性工作，通过流程梳理和流程再造，整合全集团不同部门或业务单元的 HR 组织和资源，实现服务交付的集中、工作标准的统一和服务标准的统一，从而强化企业核心竞争力，优化资源配置，降低企业成本，提高管理效率。

（三）数字化

通过流程的优化设计，实现了人力资源各模块、全流程的打通，并以此为基础，搭建业务互通、数据整合、实时监测、实时分析的 IT 技术平台；通过对人力资源相关结果数据、过程数据、行为数据和心理数据大数据分析，为企业经营管理和战略决策提供基础支撑。

四、主要做法

（一）考察调研

1. 标杆考察

为学习先进企业在共享服务中心建设和运营方面的方法和经验，实地考察了吉利集团、华为、华润置地、东软集团、三一集团、腾讯和今麦郎 7 家大型制造类集团公司的 HRSSC 建设和运营情况。

2. 人力资源管理诊断

人力资源调研诊断方法的基本框架，如图 1 所示。

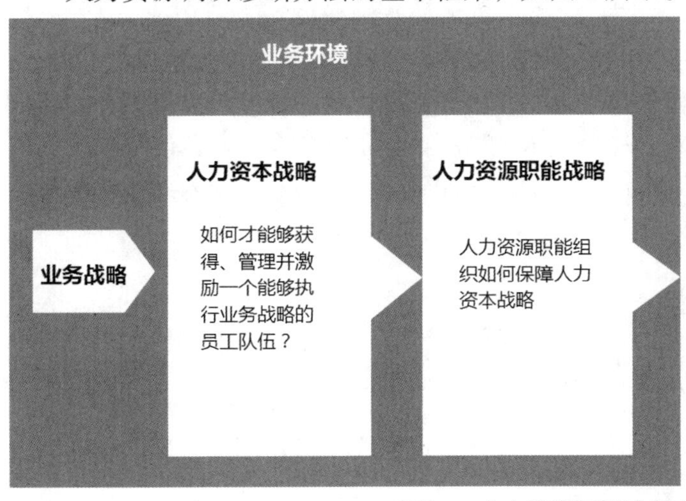

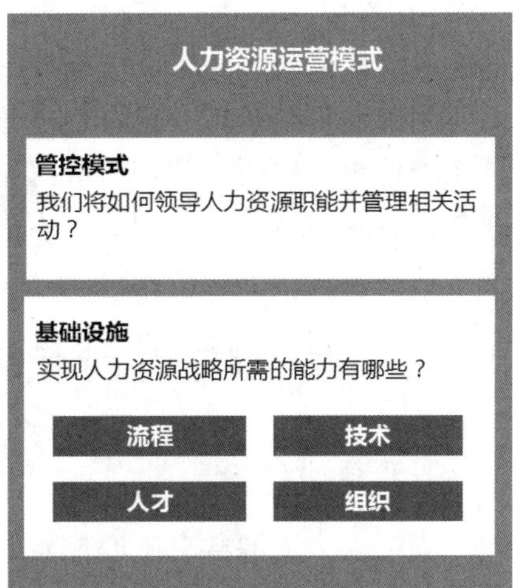

图 1　人力资源调研诊断方法

以企业业务战略为出发点，逐层梳理业务战略对企业人力资本战略、人力资源职能战略的要求；基于战略梳理，深入调研公司现有组织、流程、人才、技术等方面，并以此推导出共享服务中心建设的关键点和侧重点，确保共享模式设计能满足企业战略目标、业务经营、转型目标及各类人力资源用户的期望及价值诉求。

从战略规划、HR 管控与组织、HR 流程和 IT、HR 能力，HR 服务交付五个方面对 HR 管理体系进行诊断，总结问题，并给出相关建议。

3. 人力资源业务运营扫描

通过从职能、角色、流程等多个角度对人力资源各项活动做精细化切分，并以 HRTA 问卷和 HRVE 问卷为载体，通过手机端、网页界面等多种途径进行问卷调研。以此作为人力资源共享中心建设业务优先级和上线周期安排的基础。

人力资源业务运营扫描方法如图 2 所示。

职能(12类)	跨职能流程(40类)	职能流程(77类)	角色(5类)	服务交付模式(3类)	技术节约
人员配备 组织发展 (OD) 培训 员工关系 劳资关系 薪酬 福利 人力资源信息系统/人力资源应用软件 工时及考勤 工资发放 人力资源部管理 非人力资源活动	客户服务 数据收集与分析 聘用流程 合法合规 组织发展项目管理 新员工 业务运营报告 周期性工资发放 计划和策略的制定、设计与开发 招聘事务性工作 非日常性特殊项目 ……	福利计划 薪酬计划 部门计划 部门管理 员工沟通 员工发展实施 员工关系事务处理 高管薪酬 专业技能培训 工资计划 人才选拔 培训管理 ……	战略伙伴 设计体系与项目 提供咨询服务 事务处理/记录 合规合法性/审计	业务伙伴 专家小组 共享服务中心	技术最大节约成本 技术最小节约成本
				建议职位等级(3类)	**服务模式节约**
				中层领导 主管级 主办级	服务模式最大节约 服务模式最小节约

调查参与者分类					
单位	部门	现地	职务	职级	调查者类型

图 2　人力资源业务运营扫描方法

HR 在员工问询解答和事务处理 / 记录工作中投入的时间比例较大，达到了 62.78%；而在业务伙伴的时间投入仅为 9.06%，中高层也有很多精力被这些事务性工作占用。因此，需要明确职责与分工，优化业务流程，建立和完善服务标准，建立持续改进机制，完善信息系统建设。同时，建议优先考虑对“工资发放”“社保 / 福利”“人力资源信息系统”等业务进行深入整合，并纳入“入离调转续”等手续办理服务，后续业务纳入共享的前提必须是“规范化”，以此为目标进行共享服务中心业务的建立。

（二）共享服务模式顶层设计

1. 顶层设计

围绕人力资源共享中心愿景、定位、业务范围、管理模式和运营模式，顶层设计人力资源共享服务模式（图 3）。

愿景	打造高科技、高效能、有温度的数字化人力资源共享服务中心
定位目标	> **平台定位**：数据处理中心、员工服务窗口、信息共享平台、风险管控中心 > **发展目标**：提高人力资源效率、提升员工满意度、规范人力资源业务、支持人力资源数字化决策、推动战略落地执行能力
业务范围	核心人事　绩效业务　招聘业务 工资计发　人力资源信息系统　培训业务 福利业务　工时与考勤业务　薪酬业务
服务特点	> 通过集中交付、信息技术优化、大数据等方式，统一服务标准，实现规模效应，进而提升服务质量与服务效率。
管理模式	> 强调运营，监管服务质量与服务流程，持续提升流程的效率与标准化。
运营模式	> 产品思维运营，实时关注成本。从创新产品和服务的角度不断增加服务附加值。

图 3　人力资源共享服务模式顶层设计

2. 运营机制设计

设计人力资源共享服务中心四级服务模式，构建人力资源共享服务中心的基本运营机制，如图 4 所示。服务分级降低了业务办理成本，提高了业务处理效率。

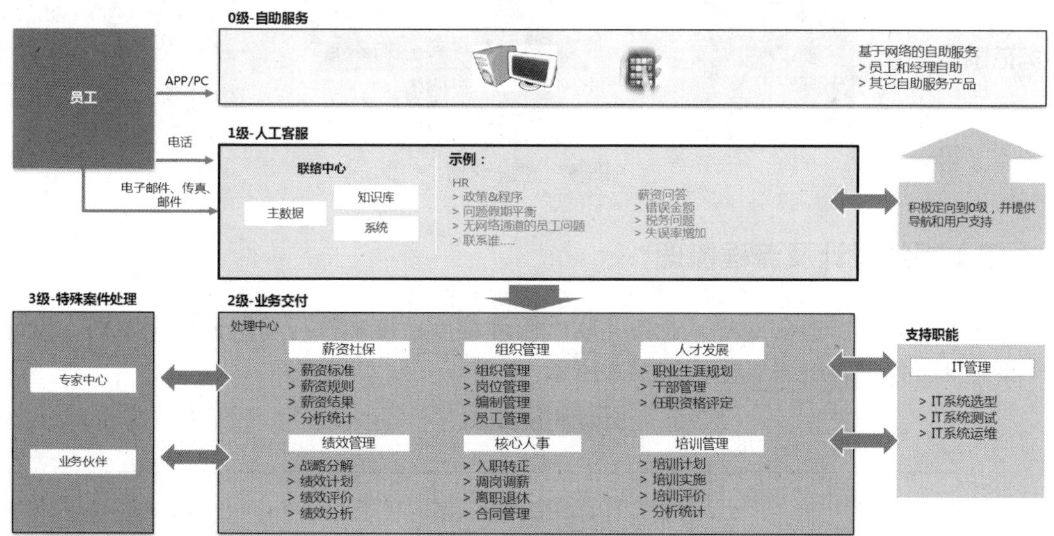

图 4　运营机制设计

0 级 – 自助服务：员工可通过云之家“HR 服务”、s–HR 系统自助端、智能一体机自助查询办理人力资源业务。

1 级 – 热线电话与前台服务：员工可随时随地拨打服务热线问询人力资源、社保、公积金等问题，还可前往共享服务中心大厅获取入职、档案、离职、退休、五险三金等一站式、面对面的服务。

2 级 – 后端业务处理服务：借助智能化的共享服务平台，创新性地将组织人事、薪酬核算等业务进行标准化和集中化处理，大大提升了工作效率。

3 级 – 专家服务：借助共享服务中心的支撑和赋能，专家（COE）和业务伙伴（HRBP）为公司全体员工提供服务。

3. 建设规划

规划“快速见效、升级拓展、深挖价值”三步走策略（图 5），逐步推动人力资源共享服务中心在横向上覆盖全球，纵向上覆盖人力资源所有业务内容。一期实现本部组织、人事、薪酬等基础人力资源业务共享；二期持续完善现有业务，拓展招聘、培训等新业务，达成全国子公司人力资源业务共享；三期将全面承接人力资源业务，完成全球子公司人力资源业务共享。

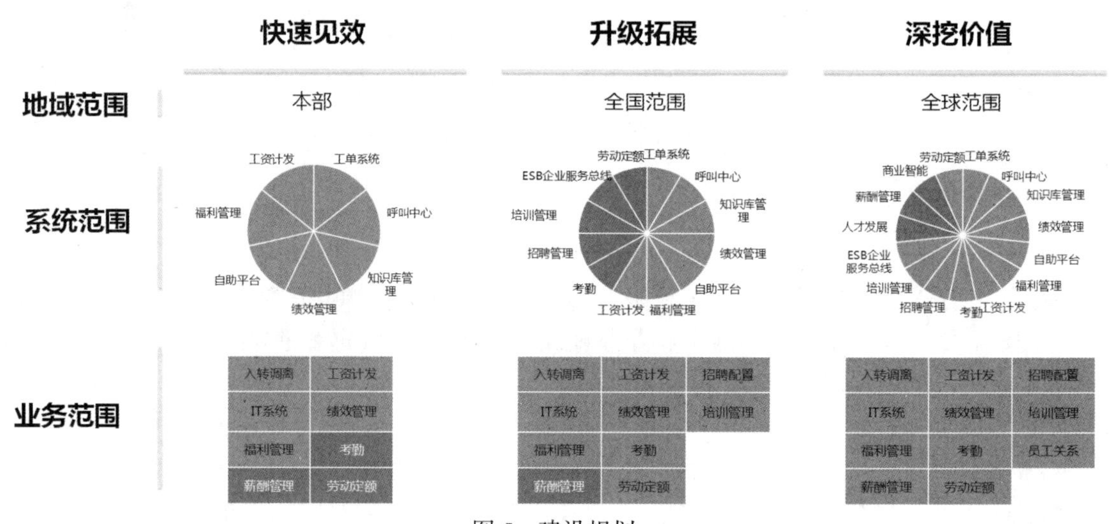

图 5　建设规划

（三）组织设计及流程梳理

基于管控分层、运营支持、业务关联、管理幅度适度和执行与监督分设原则，设计人力资源共享服务中心组织机构，如图 6 所示。

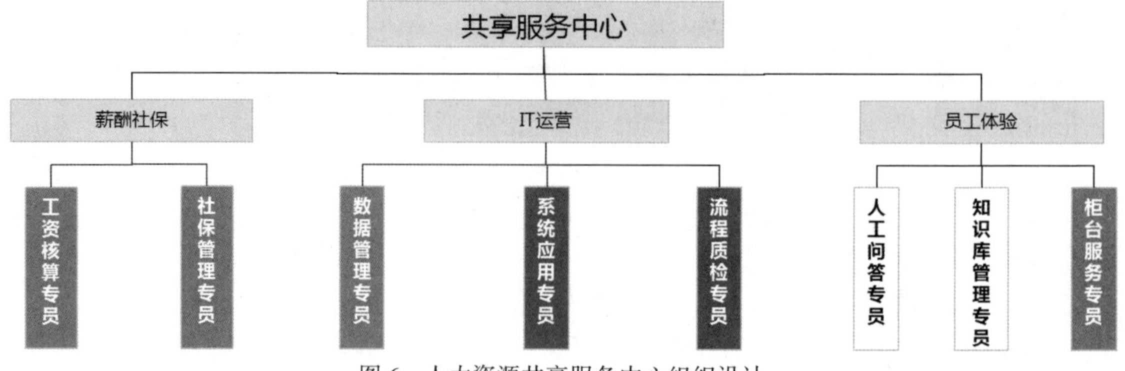

图 6　人力资源共享服务中心组织设计

基于共享服务中心组织设计、运营模式设计，梳理、优化人力资源业务流程。采用 PDCA 模型，梳理各模块流程清单；按照龟形图，梳理每条流程的输出、输入和处理过程；

根据梳理结果，利用 VISIO 绘制流程图；采用 2×2 矩阵法、场景化流程优化方法和 ESEIA 流程优化法；最终，通过流程梳理，形成整体的流程地图、业务流程图、流程说明和 SOP。

（四）信息系统平台实施

1. 平台蓝图规划

围绕人力资源共享转型规划，完成人力资源共享信息化蓝图规划，明确了共享模式信息化建设总体目标，如图 7 所示。

平台目标

- 加强人力资源内部业务融合：建立人力资源共享信息化平台，实现人力资源业务在线协同；
- 加强公司整体业务融合：实现生产、财务、研发、后勤等相关业务的在线协同，数据共享。
- 加强国内外平台建设：打造能够支撑全球业务的人力资源业务协同平台。

服务目标

- 提高员工满意度：为员工提供多样化的优质服务，通过不同的终端连接员工和HR，让服务更便捷；
- 提高服务效率：通过系统进行部分业务的自动处理，流程的自动判断，提高服务交付效率

管控目标

- 加强业务过程监控：通过共享运营平台监控各类业务的运营情况，自动生成运营诊断报告，为领导决策提供及时准确的数据支持；
- 提高决策科学性：通过对数据进行建模分析，提供智能预警、趋势预测等决策支持数据，让决策更具科学性。

图 7　共享模式信息化建设总体目标

基于共享模式信息化建设总体目标，设计系统平台业务架构，如图 8 所示。

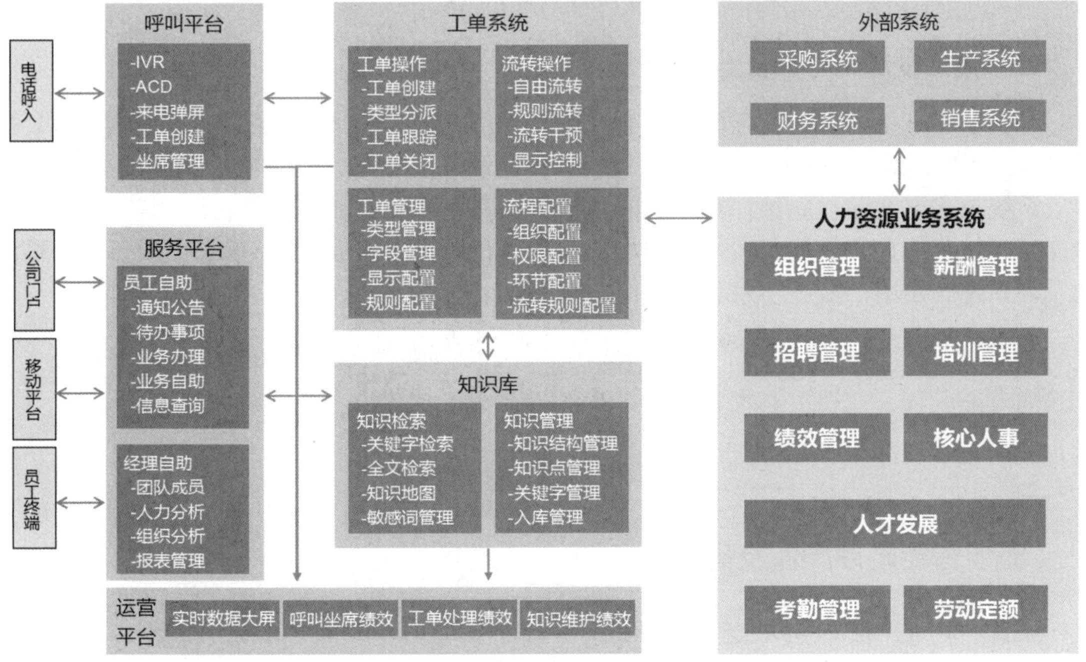

图 8　平台业务架构

2. 平台方案设计

基于人力资源共享平台蓝图设计，制定组织、人事、薪酬、绩效、自助、管理者分析、共享、呼叫等模块系统业务方案、技术方案、详细设计方案。

制定人力资源共享信息系统与 EAS、社保系统、考勤系统、智能一体机、绩效 APP、执规考核系统、应知应会考试系统的集成方案制定；基于集中部署模式下的分布式应用，与中车总部共同完成了人力资源共享信息系统与总部 HCM 集成方案的制定，如图 9 所示。

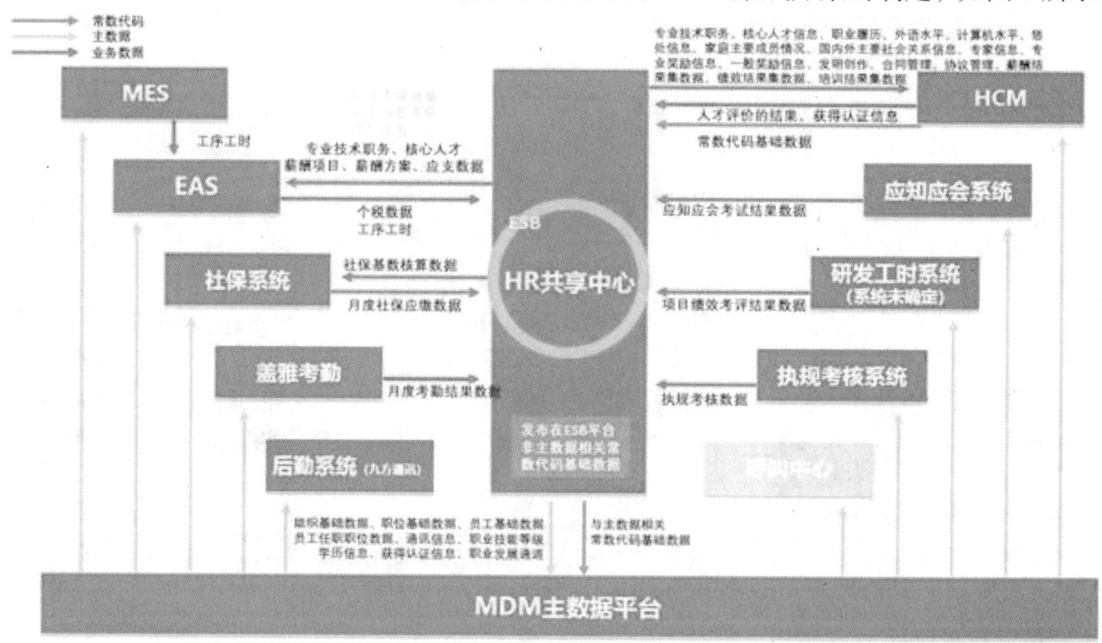

图 9　平台集成方案

3. 系统开发测试与平台上线

开发与测试主要是开发人员，基于前期调研分析和系统设计成果，具体实现软件功能的过程。开发测试具体包含定制开发系统设计、定制开发编码 / 单元测试、系统测试等内容。

系统正式上线前，应做好充分的准备工作，确保系统顺利实现上线；系统上线后，组织 4 轮系统最终用户培训，覆盖公司本部及分公司所有专兼职 HR，确保上线后用户能有效掌握系统的使用；系统上线的步骤如图 10 所示。

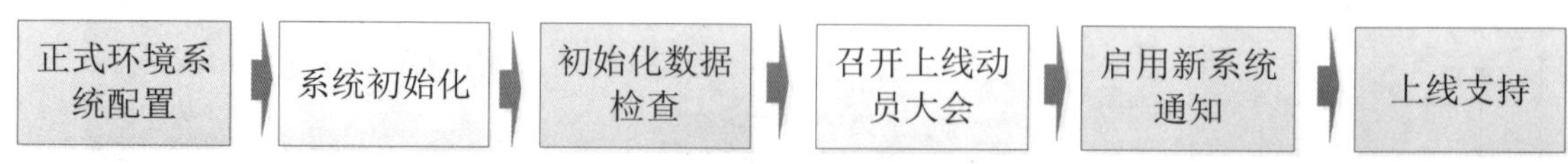

图 10　系统上线步骤

（五）智能硬件配置及集成

配置、集成智能一体机、护照管理机、证明打印机（图 11），实现证明打印、工卡制作、护照取还等业务的自助化。

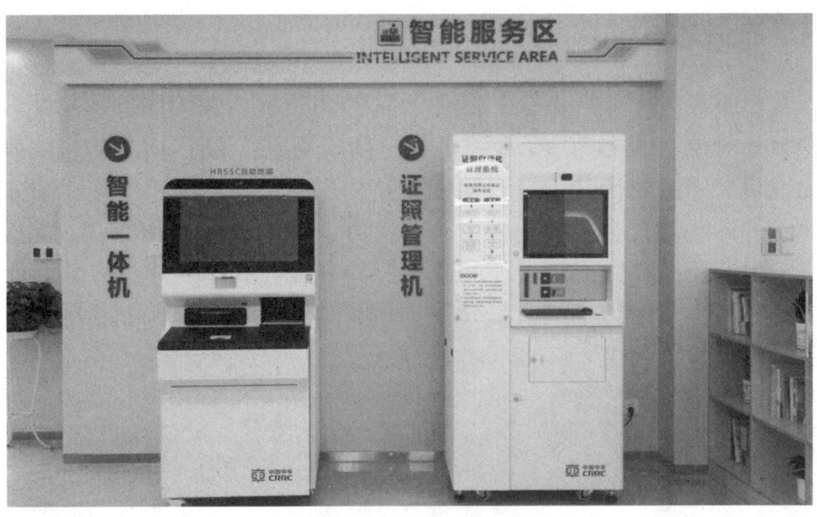

图 11　智能一体机

开通 400 呼叫线路（图 12），配置智能语音网关、IP 话机，集成呼叫系统与共享系统平台，共享人员信息数据和呼叫运营数据。

图 12　呼叫中心

集成大屏幕与共享系统，员工可刷卡与大屏幕互动，如图 13 所示。

图 13　大屏幕互动

（六）共享服务大厅建设

人力资源共享服务大厅兼含办公、服务、宣传、展示、休闲体验等功能。通过详细梳理共享中心的服务对象、服务内容、服务形式、办公需求、展示内容等，明确场地需求说明。基于需求说明，通过对比从位置、面积、结构和施工难度 4 个维度，确定共享大厅选址方案和平面图设计。联合企业文化部、公司三办，经 8 轮评审和修订，完成共享大厅效果图设计和施工图设计，并完成了大厅的施工。共享服务大厅的建设成果，如图 14 所示。

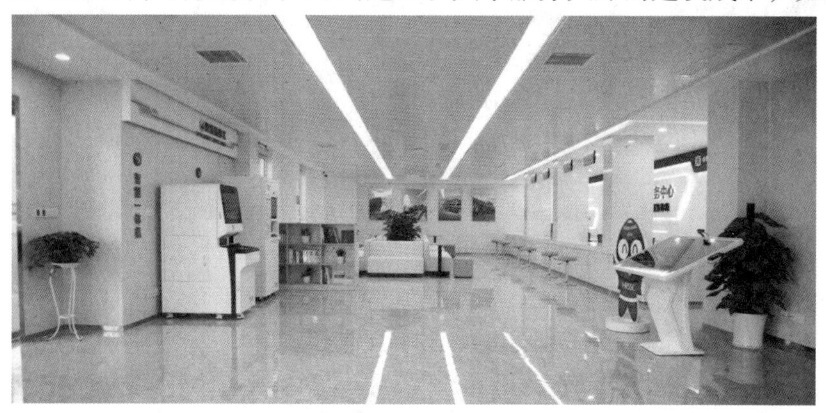

图 14　共享大厅建设成果展示

（七）人员配置及培训

合理、及时的人员配置是人力资源共享服务中心运行的重要保障，包括人员能力要求、人员选拔招募和上岗培训等。

（八）宣传推广

项目组详细策划了人力资源共享中心宣传推广方案，开展了共享服务中心宣传视频（图 15）、大厅展播视频、一体机滚动视频的策划和制作。

图 15　共享服务中心宣传视频

（九）模式切换及试运行

随着人力资源共享服务中心逐步建设完成，项目逐步由建设阶段转化为新旧模式切换和试运行管理阶段。

1. 模式切换

模式切换包括业务切换、组织切换、系统切换和人员及硬件切换。

- 业务切换。根据业务的紧迫性，标准化程度及影响程度制订切换计划。逐步将组织职位维护、异动手续办理、薪酬核算、合同档案管理、信息化建设、数据管理等业务切入共享服务中心，正式启动业务的试运行。
- 组织切换。人力资源组织模式须并行由原来的直线职能式切换为三支柱和共享服务模式。
- 系统切换。为确保共享中心运作效率，须并行完成共享信息系统的正式切换和试运行。
- 人员及硬件切换。业务切换过程，同步涉及思维观念、人员分工、设备场所等的切换过程，须同步保证管理者、员工、COE、HRBP 以及共享中心业务人员适应新的业务模式和信息系统。其中，对管理者和员工，须做好宣传、沟通和引导，营造有利于共享中心上线运营的氛围。

2. 试运行管理

逐步构建共享服务中心运营机制（图 16），包括服务标准的评价、应用和优化，流程的监控与优化，以及系统的应用与运维；不断关闭试运行期间发现的各类问题，不断完善人力资源共享服务中心。

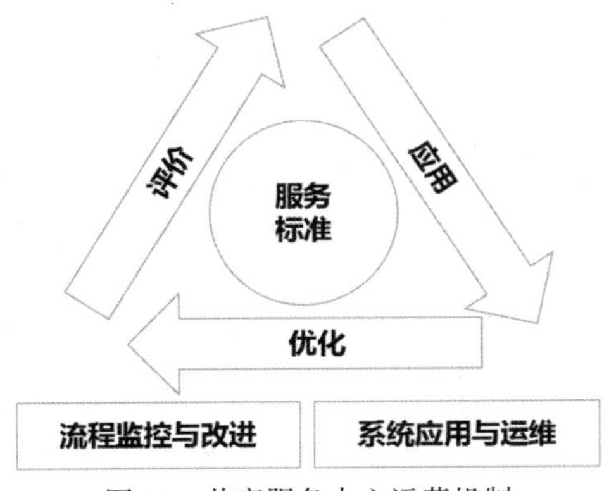

图 16　共享服务中心运营机制

五、实施效果

通过人力资源共享服务中心建设，开展了共享服务模式下的组织变革、流程优化、系统建设、服务大厅建设、智能软硬件集成及试运行管理等各项工作，实现共享服务组织成立，团队配置、培训和成功上岗，共享系统平台的上线试运行，共享大厅的建成和投入使用，以及人力资源共享服务中心的全面试运行。具体实施效果如下。

（一）提升效率、降低成本

通过人力资源共享服务中心的建设和运营，实现组织职位维护，人事业务办理，劳动合同管理，人事档案管理，薪酬核算，社保服务，以及流程运营、系统管理、数据服务等服务内容的集中化、标准化和信息化交付；全面取消线下纸质人事令，实现业务操作信息化率 70%，实现业务审批信息化率、移动化率 100%；实现在职证明、收入证明、调档函等各类证明的自助下载或自助打印；通过建设智能问询机器人和知识库，实现基础政策类和操作类问询的自助化，降低人工接待的业务量。

（二）规范流程、管控风险

共计梳理业务流程 344 条，识别纳入共享的流程 184 条。其中，首期纳入共享的流程有 102 条，完成 102 条流程的共享优化和共享模式优化；梳理审批流 190 余条，优化 40 余条。同时，通过信息系统，固化业务流程和审批流程，有效规范业务流程，规避合规性风险和操作性风险。

（三）优化服务、提升体验

通过梳理员工相关的入职、离职、退休、转正、证明打印、问询咨询等各类人事服务，实现各类手续的在线化、自助化和一站式办理，提升员工办事效率。

建成温馨、舒适的共享服务大厅，制定服务标准化方案，明确服务标准，为全公司全体员工提供标准化、一致性、五星级的服务。

重点优化与员工接触界面，发掘员工体验点，通过共享大厅屏幕，员工可刷卡互动；通过员工关怀模块，管理者可随时向员工发送祝福和关怀；通过 400 人工热线，员工可随时随地了解各类政策、制度，反馈各类问题，感受来自企业的关心，提升员工的归属感。

通过办事效率的提升，服务质量的提高以及员工体验点的发掘，全面提升公司全体员工的服务体验。

（四）驱动业务、聚焦战略

共享服务中心集中、高效地处理人力资源业务，释放专家中心和业务伙伴的精力，支撑专家中心和业务伙伴更加聚焦公司政策、制度的设计和个性化解决方案的制定，为企业战略发展提供更加专业的人力资源服务。

（五）奠定数字化人力资源体系基础，驱动智慧株机建设

通过集成企业 ESB 数据总线，实现将人力资源共享系统作为全公司生产、经营、财务、质量、运营等各业务系统唯一的人事主数据来源，全面提升人事主数据的规范性和统一性。

通过人力资源共享服务平台的建设，集成社保、考勤、绩效等专业模块系统，实现组织、职位、人事、薪酬、绩效、考勤、社保以及共享中心运营等各类人力资源相关数据的共享。

通过打通人力资源共享系统平台与财务共享平台，实现人员基础数据和薪酬数据的共享。

基于数据共享平台，通过报表设计和管理者分析模块的开发，实现数据报表的自动化、实时化和可视化呈现，为企业的数字化运营和数字化决策奠定基础。

通过上述人事数据的全局共享、人力资源业务数据的局部共享以及数据分析、呈现，为数字化人力资源管理体系建设奠定基础，驱动数字株机、智慧株机的建设。

主要创作人：程　建

参与创作人：吴　艺、潘　姝、郭定惠、王东亚

基于数字孪生的人力资源管理体系的构建与实践

深圳航天工业技术研究院有限公司

一、航天工研院简介

深圳航天工业技术研究院有限公司（以下简称航天工研院）是中国航天科工集团在粤港澳大湾区的桥头堡、唯一一家直属二级单位。作为中国航天科工“国际科技创新中心”及“国际化经营主平台”，航天工研院重点发展科创服务、装备制造、信息技术和国际化经营等高科技相关产业，总资产和年营收超百亿元，直属企业 16 家，参股中兴新、宏华集团等 21 家企业。

2016 年，航天工研院转型升级为新型研发机构，积极发挥“航天基因 + 深圳元素”企业禀赋，提出“九九”战略，系统构建“四民两军三基础”产业体系，发展科技创新和生产性服务产业生态集群，致力建设“世界一流航天工业技术创新发展智慧型公司”。

二、改革背景

近年来，航天工研院坚决贯彻习近平总书记重要指示精神和党中央决策部署，积极参与“人才强国、数字中国”建设，融入粤港澳大湾区和深圳先行示范区建设，聚焦战略目标与人才发展的联系；力争在创新驱动发展中当好排头兵，在数字化转型中当好引领者，率先启动“数字工研院”和“数字员工项目”建设；通过“识别矛盾、明确思路、规划路径”，以产业、治理、人才数字化入局，从顶层设计到产业载体，努力成为推动我国数字化、智能化升级的排头兵；提出了“打造国际一流的平台型智慧企业”的战略目标，走出一条具有航天特色的数字化转型和创新发展之路。

基于“数字孪生”① 理论实施人力资源数字化变革，按“1+5+N”② 的方式构建复杂系统工程的物理实体与其数字虚体之间精确映射；准确辨识员工的价值贡献，实现数字化岗位和人才的精准匹配；推动组织人事管理由粗放型向精细型，阶段型向持续型、经验型、智

① “数字孪生”：通过构建物理实体与其数字虚体之间精确映射，将物理世界的人力资源管理体系投射进数字世界，形成数字刻画的员工。

② “1+5+N”：一套智慧系统，五大支撑平台 HR 业务平台、数据平台、BI 平台、AI 平台、基础平台，N 种业务应用。

能型转变，强有力地促进了航天工研院高质量发展。

三、主要做法和内涵

梳理了航天工研院基于“数字孪生”的人力资源管理体系的构建与实践,以“数字孪生”理论与人力资源管理相结合，实现“运营提速、执行提效、创新提质”的三层进阶；航天工研院以“数字孪生”理论为基础，管理创新与数字化工具建设相结合，构建数字员工平台，进行人力资源体系数字化转型和供给侧结构性改革，采用员工数字化管理的新理念。

（一）高标谋划，数字孪生与人力资源相结合

随着大工业时代、数字经济时代的发展，工作被分成不同模块和职能，人力资源管理的复杂程度越来越高。员工的属性从泰勒科学管理的“经济人”，即通过雇员与工人的工作关系协调最大化提升生产效率，逐步演变为行为科学管理的“社会人”，即人不仅仅具备业务行为属性，还具备自然行为属性，包含员工工作情绪等。德鲁克在行为科学管理的基础上，衍生出基于“知识人”的现代知识管理理论，提出“未来的典型企业以知识为基础，由各种各样的专家组成，基于大量信息自主决策和自我管理”，人力资源管理成为复杂的组织系统工程。

当今，在大数据、人工智能、数据挖掘等技术的不断融合与作用下，使得“员工数字画像”的深度刻画成为可能。航天工研院率先创造性地将“数字孪生”技术应用于人力资源管理,将现实中的人力资源管理业务投射进数字世界,形成基于“数字孪生”的员工画像。

一是映射，将现实世界与数字世界融合。从员工业务行为、自然行为等多维度感知员工行为数据信息，将物理世界的人力资源管理体系映射进数字世界。映射主要包含五个步骤，即数据采集、数据预处理、数据分析、状态呈现、形成数字刻画员工孪生体。

二是共生，适应内外部环境调节。数字孪生体始终适应环境变化，可以随着战略目标与组织结构调整，管理实践的深化而成长，进行自我调节与成长；提高数字员工平台在不同系统、不同业务领域的生存与生长能力，从而刻画现实的数字员工。

三是预测，当前现状与未来发展趋势。数据在数字孪生体构建过程中发挥着重要作用，如何发挥数据驱动的效力颇为重要。因此，通过对数据的处理，分析、提炼、推演关键信息，更直观、全面地形成基于现实预测未来的员工画像全貌，实现人事管理工作模式到人力资源全业务流程、全生命周期管理智能化模式转变。

（二）高点站位，管理理念与先进科技相结合

当前，国内人力资源管理面临的最大问题是管理方法、思维方式还停留在人力资源管理职能角度，在战略目标与组织人员之间的联系、人才发展与提升、人才配置的科学性等方面探索不足。

航天工研院以实施“数字员工项目”建设为抓手,统筹推动全级次单位人力资源信息化、智能化和集约化进程，将人力资源价值创造能力提升的管理理念与大数据、人工智能等先进技术相结合，实现人才画像数字化，提升人才建设和服务的专业化能力，推动模型建设

和工具开发相结合，提供“产品”的同时提供“服务”，搭建全场景、全链条的“数字员工”智慧平台。

“数字员工”系统通过流程和数据驱动，打通底层业务数据逻辑，实现人力资源基础业务流程的集约共享、标准作业、高效运作，优化服务体验，提升服务效率，降低服务成本，使人力资源工作更好地服务航天工研院战略目标，聚焦主责主业发展。

一是以数字基建赋能新力量，激发组织发展潜能。国有企业人力资源制度建设、系统建设与模型建设相辅相成，通过“管理制度化、制度流程化、流程表单化、表单信息化”的方式，将人力资源管理业务流程全部纳入数据系统平台，完成30余条人力资源运营流程标准化上线运行，业务审批效率提升40%；打造数字化员工基础设施，将沟通协作、共享服务和激励赋能融入场景，促进组织的创新活力与可持续发展。

二是以员工为中心，洞察员工个性化需求。研制“小鲜”智能机器人，为员工提供全领域、全方位、全周期的智能化、数字化人力资源业务服务；员工入离职、考勤休假、收入证明和工资证明等集中事务性工作，智能助手在线7*24实时办理，全力满足各类用户，为员工提供无时不有、无处不在的优质服务，使得员工熟悉企业文化，尽快融入环境、适应岗位要求，顺利实现角色转换；同时，业务人员精力得到释放，使其更专注于重点工作。

三是以系统和制度为支撑，创新人才发展工作机制。建立“职级－职务－岗位”规范体系，明确人才队伍建设的原则、选拔标准、选拔渠道、人才培养、人才的管理及选拔使用程序等，为有效开展人才发展工作奠定了基础；构建可视化人才大数据看板，覆盖30余个维度的盘点指标，支撑上百种人才盘点的场景，企业管理者可在线根据个性化需要，了解各类人才的工作学历、经历、员工关系图等全息信息，提升了企业人才结构优化的决策效率。

（三）高效赋能，决策管理与量化分析相结合

航天工研院基于“数字孪生”的人力资源管理，将决策管理与人力资源的量化分析相结合，自主开发的数字员工平台，以管理者视角为核心进行系统建设，将人力资源作为企业核心要素量化分析，聚焦战略目标与组织人员的联系、重在通过人力资源数字孪生体对员工战略落实的核心技能、岗位要求、个人业务行为与自然行为进行分析刻画，对战略目标达成、人员岗位匹配、员工行为进行预测，为管理决策提供数据支撑。

“数字员工”系统将“人”的管理“场景化、数字化、可视化”，实现业务管理集成化、自动化和智能化的高效运作。在工作业务中直接钻取数据，从现象到本质、从局部到整体，分步建立了多个人才量化评价模型，以数据来驱动人才价值持续优化与变革，促进人力资源管理和人才量化评价进一步升级，描绘了数字化人才管理的版图，为航天工研院在人才竞争方面提供了强有力的动力与保障。

一是提炼人才标签体系，高度精炼员工的特征标识。通过“分类－主题－关键词”三级标签体系，盘活员工5000多个数据指标，形成92个人才标签类型，丰富人才选用育留的场景。例如，某个岗位需要35～45岁、985高校背景、三级单位副职任职经历的人选，应用标签可快速筛选出符合条件的人选并进行辨识、对比，将最匹配的人才放到合适岗位上，实现智能选才。

二是实现人才管理数字化，构建人才量化数字评价模型。从业务系统钻取数据，可实

现 277 个数据源的采集，构建“德、能、勤、绩、廉”模型，将 5 个维度层层系统拆解，采集培训管理、项目管理、计划管理、全面绩效等系统 278 个数据指标，以天为采集周期，预计全年形成 1200 万条数据。为开展领导干部选拔、人才推荐、人才能力评价、年度绩效考核等管理工作提供数据支撑。

三是绘制人才九宫格，分场景分级别对员工工作状态全面刻画，实时采集计划管理、考勤、流程、OA 等系统数据。在九宫格中，如果工作强度高、活跃度低，说明员工压力可能比较大、工作有阻力。实时查看人才的工作状态，为人才职业生涯规划、绩效考核等工作提供量化评价依据。

四是员工智慧绩效预测。依据员工工作表现和 360 度评价，构建绩效预测模型。应用角色轮盘图分析员工优势与劣势，结合能力评价信息、工作重点计划完成情况等数据，形成员工绩效考核结果预测，为员工绩效管理提供重要参考，实现个人效能最大化。

五是人才流失预警。运用大数据建立人才流失预警红绿灯。管理者可通过对黄灯人员进行心理辅导、绩效谈话和岗位调整，避免黄灯人员工作状态进一步恶化，发展为红灯人员，事先预警应对人才流失。

基于“数字孪生”的“数字员工”智慧平台建设，是航天工研院彻落实中央人才工作会会议精神，全方位培养、引进、用好人才工作的有力体现。“数字员工”系统从产品设计到研发落地，均由自有团队开发完成，是航天工研院推进人力资源数字化转型的解决方案，瞄准数字经济实现高质量发展，以人力资源数字化转型驱动企业治理方式变革的有力实践。“数字员工”系统服务内外部客户，辅助企业经营管理者智能决策，赋能企业实现数字化转型，致力于成为国有企业人力资源数字化标杆，为粤港澳大湾区高水平人才高地建设贡献中国航天智慧。

主要创作人：刘　浩

参与创作人：刘瑞华、王　静、陈景丰、景军强
陈巧琳、侯　莉、蔡晓溦

打造小而美的企业数字化学习平台
——中信出版创新学院数字化学习分享

中信出版集团

一、公司介绍

中信出版社成立于1988年，隶属于中国中信集团有限公司，是国家新闻出版署批准成立的第一家由中央企业主管、主办的图书出版机构，2013年发展成为出版集团。2019年7月，中信出版集团成功登陆A股市场，成为大众出版的龙头企业。

中信出版集团先后与超过13 000位国内外作者建立合作关系，出版图书超过12 000种，《谁动了我的奶酪》《从优秀到卓越》《激荡三十年》《黑天鹅》《人类简史》《这里是中国》等畅销书深受广大读者喜爱，创造了“从零到一”“灰犀牛”等引领性概念和话题，对推动中国商业发展和社会进步发挥了积极作用。

近年来，中信出版集团秉承“我们提供知识，以应对变化的世界”的宗旨，不断自我革新，跨越出版边界，推动知识服务内容和形态变革，已将业务范围拓展到线上知识服务、新型连锁书店、教育培训、知识产权运营、文化增值服务等众多领域。2010年起，中信出版开始在全国主要城市机场和市中心标志性建筑开办连锁直营中信书店，是亚太地区颇具影响力的书店连锁品牌。旗下的中信书院App，则囊括了电子书、有声书、好书快听、大咖共读、精品音视频课程、训练营、直播、播客等在内的丰富高质的线上资源，致力于打造一站式知识服务平台。

针对企业的系统化、线上线下相融合的学习需求，中信出版搭建了知识服务体系，以中信书店、中信书院APP为依托，提供从图书馆配、书房营建、借阅系统搭建到读书会服务的阅读服务，以及包括党建学习、线下培训、线上学习平台在内的学习服务体系，助力企业打造学习型组织。

中信出版，正在成为锐意进取，为中国的思想文化、商业经济、创意生活等领域提供优质内容服务的新型国有文化品牌。

二、企业数字化学习的三个阶段

企业数字化学习，是跟互联网技术的进步是分不开的。从培训管理和学员两个维度来讲，可以大概分为三个阶段。

第一个阶段是培训管理数字化。通过IT系统服务于培训管理工作，如培训项目信息的存档。学员可以通过电脑端在线学习课程视频等。

第二个阶段是移动在线学习阶段。移动互联网技术的普及，尤其是二维码技术的普及，学员可以通过移动端签到、评估及手机端在线学习课程等。

第三个阶段是社交化学习阶段。这是知识共创阶段，学习的交互时代。相比第二阶段的培训单项信息分发，第三个阶段更注重学员自我参与，知识内容的自生产。第三个阶段是真正的以学员为中心的时代。

三、数字化学习，用数据思维发现培训更大价值

企业数字化学习，需要培训经理要用数据思维指导企业培训工作。培训经理具备了数据思维，才能看见数据的价值。创新学院一直用数据思维指导培训，同样的培训管理动作，在数字化场景中，有无限的价值挖掘可能性。

1. 相信数据的力量，用数字化推动培训产品不断迭代

举个简单的例子：培训签到，是培训事务管理中一个最基本的环节。关于学员的信息，在一张签到表上，呈现的是参训人员和未参训人员两个维度；如果在线上，就可以更便捷地创造更多的接触点，产生更多的数据。

你可以用报名功能，这样就获取了对此课程有意向度的人群；再用签到功能，就可以对比，知道哪些人是报名也签到的，哪些是没报名现场到的。再如，纸质签到和线上签到，还有一个区别是线上加入了时间这个维度，只有线上系统才能便捷地采集数据。如：有的学员是开课前 30 分钟到，有的是前 10 分钟到，有的是开课后 10 分钟到等。

拿到数据，就可以询问学员，是培训课程信息表达不清晰，收益点不清晰，还是推送时间不合适等，这样就有了对于培训产品进行改进的更多数据支持。这就是互联网产品经理的迭代思路。

再举个例子：学员总结。有了移动学习系统后，每次培训结束，我就有一个简单的要求，就是要求学员根据 531 培训总结模板（5 个最大收获，3 个可应用点，1 个实施计划），限时自行发布在系统内，并 @ 直接上级评价。这样做，一举多得。首先，学员知道会有总结，就会认真学；其次，我给了模板，提高了标准化程度，降低了总结难度；再次，学员知道总结要发线上，而且直接上级要评价，他总不会就马虎应付吧；再次，学员知道同一批参加培训的也有总结，他总不想自己的总结比别人差吧，学员除了自己的总结，通过别人的总结，也能学习。

最后，直接上级评价，他总能看到通过与其他学员的总结比较，更客观地了解自己下属的学习吸收能力和文字呈现水平；学员的上级之间也会比较谁的下属总结写得比较好；公司领导也能通过学员的总结判断学员学习水平，能通过学员上级的点评，知道学员上级的管理能力。

所以，一篇简单的学员总结，如果放到一个开放的内部学习系统中，就会因一个总结，产生更多的链接，产生更多的数据，而数据背后，是对学员行为的记录。这就是系统对信息的叠加、放大效应。这个背后的逻辑就是知识产品的生产逻辑，越分享越多，越分享越有价值。

如果没有系统支持，这些总结就不可能发挥出这么大价值，这就是系统的力量，内部学习社群的力量。只有系统，才能有这样精细化的运营能力，才能让学习的价值最大化，更显性化。

2. 人才发展：用数据精准客观识别人才

如果老板要你选出来一批守纪律、时间观念强、学习能力强、沟通表达能力强，思维清晰、与同事关系融洽的人，你怎么选？

以往的人才选拔，可能就是拟定标准、选拔通知、自我报名、领导同事评估。这些有意为之的行为，人在这种情况下是可以突出自己优点，遮蔽自己缺点的。这种选拔有明确的目的性，而且机会难得，谁不愿好好表现，这是人性无可厚非。这时候，移动学习系统产生的大数据就可以帮到你，不仅多维而且真实。如果一个员工，参加 10 次培训，9 次都迟到，这大概率就可以判断出他的时间观念了吧？如果一个员工从来没有在学习系统内看过一个视频，没有发过一篇帖子，没有与同事互动过一次，你总不能说这个员工积极学习吧。传统的线下培训难，难在除了课堂，对学员学习应用的识别和跟踪，几乎没有什么数据可抓取。

3. 溢价：培训数字化对于企业文化建设的促进作用

一般企业在 OA 办公系统中有企业文化宣传窗口。但信息只是展示，没有学员的交互，而培训学习平台，就有先天的交互优势。

企业文化打造，就像品牌建设一样，其实核心就在于不断重复。学员登录一次你的系统，就是一次接触。在培训运营中，与学员有 N 个接触点，还有学员与学员的互动，都是接触点，都是流量的入口。

如可口可乐这样的知名企业，每年也要通过大量做广告持续让用户产生印象，培训更要像广告公司做广告一样，不断把企业大学的信息植入学员的脑海。通过设计一个有范儿的企业大学徽标，学员一登录系统就可以看到；把老板的讲话截成小视频内部推送，设计成一张图片配上金句那样的宣传文案，内部推送；内部员工活动等，都可以在线上发起投票报名分享等。

企业文化就是要润物细无声，像空气一样，有了很正常，一旦没有了，大家就会很难受。这样，企业文化建设就水到渠成了。

培训经理也可以邀请企业文化、品牌经理一起来做。这样文化活动，能给线上平台导流，更重要是会产生数据。

四、数字化学习案例分享——新员工数字化学习项目

1. 新员工培训：及时化、可视化、互动感、获得感

新员工成长学院 K 吧，是新员工的线上学习社区。

（1）对于新员工，入职就启动在线学习，做到及时学习公司企业文化、公司业务等。通过学习地图形式，实现新员工学习进度本人可视化，管理员可视化。中信出版新员工入职 3 个月学习地图如图 1 所示。

图 1　中信出版新员工学习地图

（2）互动感与获得感：除了线上及时学习，还有线下培训班完成后，学员要内部公开发布学习心得。他人学习，上级点评，形成知识共创，推动内部分享，如图 2 所示。

（3）除了必修课程，新员工想学更多怎么办？如果一个新人想了解公司领导有哪些内部讲话，有哪些新观点等，可通过搜索关键词，就会出现公司领导的内部讲话、内部年会的演讲视频、外部的行业分析文章等。

员工通过搜索，实现多形态知识聚合，方便员工学习。线上学习平台就是内部的百度，背后是创新学院对内容及时采集、标签化及上架等一系列的运营。

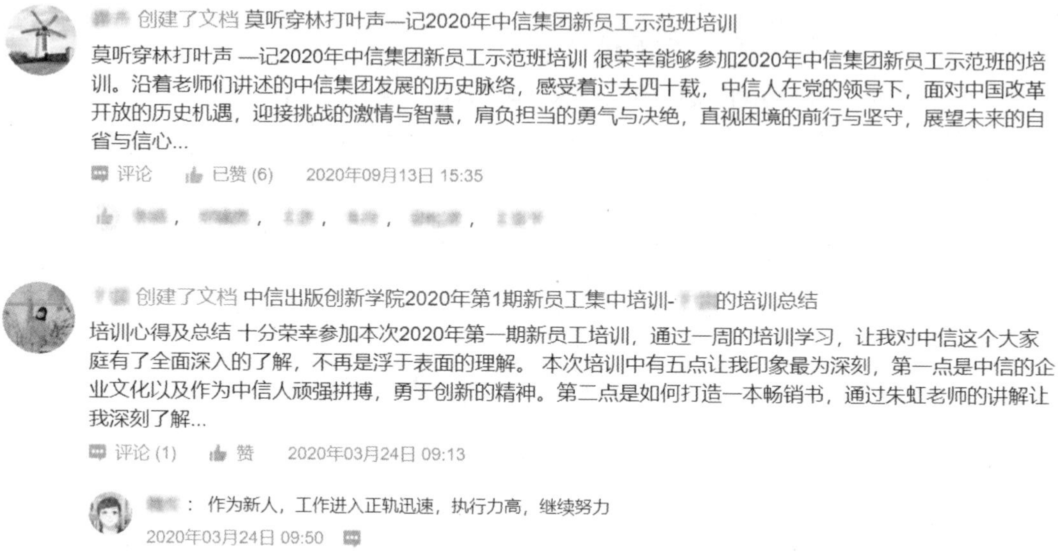

创建了文档 莫听穿林打叶声—记2020年中信集团新员工示范班培训

莫听穿林打叶声 —记2020年中信集团新员工示范班培训 很荣幸能够参加2020年中信集团新员工示范班的培训。沿着老师们讲述的中信集团发展的历史脉络，感受着过去四十载，中信人在党的领导下，面对中国改革开放的历史机遇，迎接挑战的激情与智慧，肩负担当的勇气与决绝，直视困境的前行与坚守，展望未来的自省与信心...

评论　已赞 (6)　2020年09月13日 15:35

创建了文档 中信出版创新学院2020年第1期新员工集中培训-　的培训总结

培训心得及总结 十分荣幸参加本次2020年第一期新员工培训，通过一周的培训学习，让我对中信这个大家庭有了全面深入的了解，不再是浮于表面的理解。本次培训中有五点让我印象最为深刻，第一点是中信的企业文化以及作为中信人顽强拼搏，勇于创新的精神。第二点是如何打造一本畅销书，通过朱虹老师的讲解让我深刻了解...

评论 (1)　赞　2020年03月24日 09:13

：作为新人，工作进入正轨迅速，执行力高，继续努力

2020年03月24日 09:50

图 2　员工内部公开分享学习心得

2. 员工线上学习行为怎么管

通过积分管理系统，将学员的在线学习行为数据化。每年度根据积分情况给予学习达人的荣誉及物质激励；每月积分排名前几名人员给予创新学院特色笔记本等，以及调整不同积分的分值进行引导等。积分管理系统的界面如图 3 所示。

积分

745

积分明细　排行榜

证书

员工行为规范培训合格
2021年05月31日获得

内部讲师角色认知
2020年08月01日获得

法律知识培训合格证书
2020年03月26日获得

查看更多

影响力

影响力值 11467　超过 99% 的同事

图 3　积分管理系统界面

3. 不断拓展在线学习内容，助力企业内部无边界沟通

2017 年，中信出版创新学院成立以来，一直把在线学习平台建设，数字化学习作为培训工作重点。经过不断探索，终于为企业搭建了学习系统，而且经受了实践检验。特别是面对 2020 年突如其来的新冠肺炎疫情，培训几乎没有受到影响，系统经受住了考验，获得了内部员工的认可，这得益于提前布局。

除了在线直播，视频学习外，创新学院更多服务职能部门，服务业务开展。服务职能部门：比如党办的党员学习园地 K 吧，党员每日学习；企业全员行为规范千人学习及在线考试等；企业微信运营，社群营销服务，沉淀客户，防止离职后企业客户流失；制定培训 SOP，内部开放，内部员工皆可根据培训 SOP 来发起一个培训项目，人人都是培训项目经理，让员工有参与感，也提高了内部培训服务的透明度和培训

协同界面的友好性。

五、数字化学习的心得感悟三句话

1. 学习系统有温度

公司不是一个冷冰冰的赚钱机器，而应该是有温度，有梦想的地方。人性复杂，但向善之心需要被呵护，被激发，这就是管理的最大价值。而赚钱，只是这个价值的附加品。这个起点，就是人力资源工作者首先要有温度，你的温度会温暖员工。系统也是一样，要有温度和感情，而不只是一堆代码。

2. 创新立足于需求

当你站在老板需求、经理人需求、员工需求及自身需求的交汇点，就可以挖掘出很多创新点。当你看到移动学习系统本质上是通过技术手段提高培训产能，重新生产知识和分发知识，就会有很多种知识产品被创造出来。

3. 思路决定出路，重新定义学习

马化腾曾说“带着沉重的工业时代思维，无法跃入移动互联网广阔的海洋”。传播界麦克卢汉有句话“媒介即信息”。媒介作为信息传播的一种技术手段，不仅决定了信息的样式，更决定了信息的内容。马化腾和麦克卢汉，他们这两句话，才有了我对企业数字化学习的思考起点。

未来已来，让我们驾驶数字化的大船，驶入波澜壮阔的数字化学习的海洋。

创作人：胡松波

全球领先实践　中国企业智慧

用友网络科技股份有限公司

基于移动互联网、云计算、大数据、人工智能、物联网等新一代信息技术发展起来的数字经济，正在成为重塑全球经济结构、改变大国竞争格局的关键力量。

企业是经济的主体，数字化的企业是数字经济发展的引擎。如何紧扣时代脉搏，利用新技术推进数字化升级与商业创新，实现高质量发展，是当前所有企业的迫切需求。

企业数字化需要领先的数智技术平台与应用服务系统的强力支撑。只有通过自主创新、国产化与信创相结合，把核心技术和产品牢牢掌握在自己手中，才能在国际竞争中立于不败之地。

在这个时代背景下，以用友为代表的企业云服务和软件提供商研发出全球领先的数智技术平台与应用服务系统，提供了企业数字化的中国方案。

一、融合全球最佳实践，提炼中国企业人力资源数字化转型“1-4-3 模型”

企业基业长青的基石是商业创新，数字化转型需要聚焦企业的战略目标和业务目标，需要围绕自身核心竞争力持续锻造组织能力。因此，人力资源管理数字化转型是管理变革项目，需要企业更加深刻地认识和充分考虑数字化转型的变革管理，充分考虑管理挑战、技术挑战、文化挑战、领导力挑战等。人力资源管理数字化转型要立足于管理变革与组织发展、员工服务与人才发展、持续创新与人才供应链、数据赋能与智能嵌入，围绕组织能力建设这一核心目标，从员工服务、人力运营和智慧决策等层次构建数字化人力资源管理与人才发展体系。

中国企业人力资源数字化转型的“1-4-3”模型，如图 1 所示。

“一”个目标：人力资源数字化转型的目标是企业的高质量发展与组织能力建设。

“四”大核心：新时期人力资源管理数字化转型要从以下四个方面入手。

（1）组织发展与人力资源共享转型视角思考；

（2）以组织绩效管理与目标管理创新作为关键手段；

（3）构建数字化人才供应链与人才发展体系；

中国企业人力资源数字化转型的“1-4-3”模型　用友 yonyou

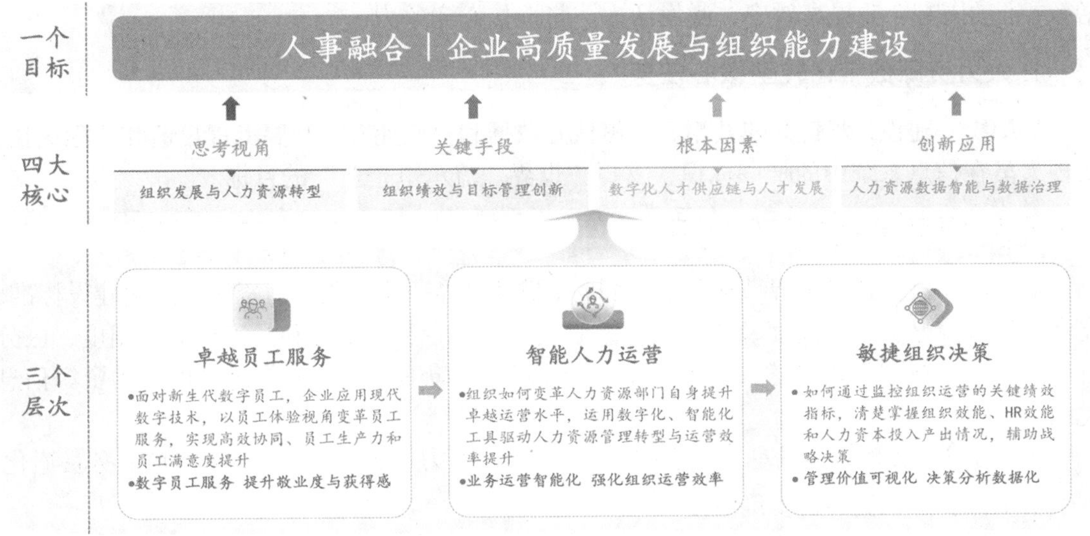

图 1　中国企业人力资源数字化转型“1-4-3”模型

（4）依托数据智能与人力分析等创新的数字化应用，最终实现高质量发展与组织能力建设。

“三”个层次：人力资源数字化转型的核心价值有以下三个不同的层次。

（1）以提升员工敬业度与获得感为目标的、数字化和智能化的卓越员工服务。围绕“工作环境”和“运营效率”提升这一核心目标，融入员工体验和智能化应用技术，搭建“员工在线、服务在线、协作在线”的数字化与智能化基础设施，深度应用现代信息技术实现员工满意的工作环境营造、组织和团队高效协同与员工生产力有效提升的数字工作环境，推动员工敬业度和使命感提升。

（2）强化组织运营效率的业务运营智能化，即智能人力运营。围绕“组织发展”和“结构效率”提升的目标，人力资源管理数字化需要思考组织如何变革人力资源部门自身来进行数字化运营，人力资源如何通过运用数字化工具和应用来提供解决方案。因此，需要人力资源管理者从机制创新角度重构面向客户与业务创新的组织运作体系，重塑人力资源管理角色定位的共享服务转型与员工服务体系，优化与升级人才吸引、激励与保留的薪酬体系；重塑匹配组织愿景与个人意愿的目标绩效管理体系；重构兼顾个体发展与组织发展的人才发展体系，进而提升组织效能和人力资源运营效率。

（3）管理价值可视化和决策分析数据化的敏捷组织决策。用数据驱动一切，是数字化转型的核心价值主张。通过数据驱动做出更快更好的决策，能够创造更高的业务价值，获得新的竞争优势。人力资源数字化帮助企业实现敏捷人才决策，即通过监控组织运营的关键绩效指标，清楚掌握组织效能、人力资源管理效能和人力资本投入产出情况，辅助战略决策并推动管理价值可视化。

二、基于“1-4-3”模型的企业人力资源数字化转型实践分享

实践分享一：某特大型央企，世界 500 强，13 家境内外上市公司以及若干直属单位，

总员工数接近 20 万。从承担国家任务、到多种产品和服务，优势产业做优做强，培育新的产业增长点和发力点；同时，进一步提升集团管控能力，全面推进管理效能提升，提质增效；推动国有企业提高效率、激发活力、打造核心竞争力。

1. 人力资源数字化转型核心任务

集中统一建设，坚持共建共享，聚焦核心数据和核心业务，开展流程再造和流程优化，实现人员在信息系统中的唯一标识，支撑“世界一流示范企业”的目标。

2. 人力资源数字化转型三阶段

对标集团公司建设世界一流的战略目标，瞄准世界一流企业人力资源信息化建设标准，立足于提升战略支撑的高度、业务运行的效度、人力专业的精度和员工体验的温度，区分三个阶段，形成“战略支撑、业务效率、员工赋能和集团特色”4 个维度的人力资源信息化的目标体系。

第一阶段：实现数据共享、支撑战略决策；核心人力业务数字化、典型管控业务贯通化；增强员工体验感、提高员工满意度。

第二阶段：实现全方位管控、决策一体化；人才全生命周期业务应用一体化；激活员工自驱力。

第三阶段：打造共生共荣的平台型组织。

3. 转型整体思路

如图 2 所示，打造一个平台，形成一套标准，建设一个中心，深化两类应用，赋能全体人员，实现战略目标。

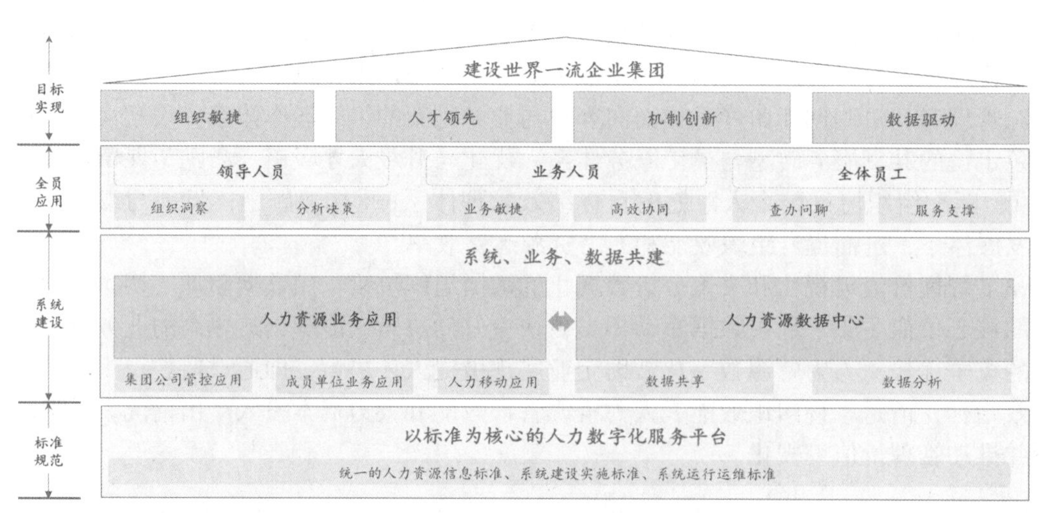

图 2　转型整体思路框架图

一套标准：人力资源标准规范，是人力管理服务平台运行以及与其他业务系统协同中的基本规则和“共同语言”。

一个中心：人力资源数据中心，是基于统一的标准，以统一数据源的方式进行建设，实现数据实时归集和交互共享，支撑科学决策；主要建设内容为人力资源指标集、人力资源共享数据以及核心（分析）数据建设。

两类应用：立足于集团公司总部、二级板块、三级单位等各单位的不同定位，将产品模块支撑的业务，区分为集团公司人力管控应用、成员单位业务应用两类应用。

实践分享二：某大型能源集团，世界 500 强企业，现有 8.5 万名员工。通过一系列的上下游产业链整合，产业结构不断优化升级，已建设成为主业突出、产业链完整、上中下游一体化的综合型能源集团。在这样一个典型的多业态、多层级的大型央企，人力资源管理及信息化具有海量数据、大型化业务结构，复杂化的权限管理以及高安全性等特性。

1. 业务诉求

人力资源系统一期 HR 项目以集中管控、业务协同、高效管理为目标，实现了全集团人力资源管理的信息化支撑；人力资源管理系统 19 个模块全面应用、数据共享。

迎接“十四五”，国资委对中央企业对标世界一流进行管理提升和数字化转型指明了方向。此能源集团整体企业战略发展思路，以“建设中国特色国际一流能源公司”为目标，坚持“人才兴企”战略，为企业战略向人力资源战略分解确定了方向。在“四个跨越”中，也明确了从传统模式向数字化模式转型的要求。

承接企业战略，人力资源战略围绕“人才管理”“智能应用”“共享中心”三大主题，推动人力资源信息系统由传统模式到数字化、智能化跨越，支撑与国际一流能源公司相匹配的新一代人力资源管理模式。

2. 整体规划

人力资源系统建设应以企业管理的长期目标为导向，以到 2023 年形成人力资源大数据应用基础、完成智能化战略支持为目标，通过 2020—2021 年的数字化人才管理建设，完成人力资源系统业务功能升级、云原生架构升级。

按照“先架构升级、后数字化提升”的思路，建设基于集团云平台的数据中台、业务中台、技术中台微服务应用，提取公共应用，能够以微服务模式服务于其他系统，打造一轨双模的人力资源系统架构，即支持传统业务管理模式下的人力资源业务功能管理，又能满足三支柱模式下的管理实践，并可快速复用三支柱管理的管理模式与系统应用，实现价值输出。

选取一家二级单位为人力资源共享中心试点单位，进行包括共享运营平台（工单管理）、共享运营监控平台、共享自助服务、员工辅助服务（通过 PC 端、手机移动端、客服中心等渠道接入方式实现员工出差申请、票务预订、住宿预订、员工账号管理等服务）等应用搭建。

通过人才管理、智能搜索和数据分析、电子合同、智能客服、智能设备（员工自助机、护照阅读器、证照管理柜、证照交换柜）等应用提升数字化管理水平。

统一门户，各单位统一入口与认证方式，面向不同角色，管理者、HR 专业人员（HRSSC、HRBP、COE）、员工，采用设计思维，搭建角色化门户，提升各角色的应用体验，各单位共享服务中心数据隔离，功能共享，数据应用可通过数据中台治理后进行统一调度、分析。

3. 价值分享

数字化建设是一个持续建设的过程，与管理体系搭建类似，每个阶段有阶段的建设重点和难点。从此能源集团案例中，我们逐渐总结出世界领先企业进行数字化建设的先进标准。

- 标准一致：按照形成统一语言的原则，多次迭代优化人力资源指标及规范，形成标准规范的、全面覆盖的、实时归集的人力资源数据中心，为辅助决策提供有效支撑。
- 流程闭环：按照“系统即业务、业务即数据”的建设方向，开展流程梳理和业务逻辑梳理，业务规则在线定义，业务过程自动记录，业务数据自动采集，业务闭环完成，数据自然沉淀，保障系统、业务和数据的统一。
- 业务融通：遵循“立树木见森林”的思想，开展系统融通工作，实现人员基础数据在集团公司各系统中的数据共享，推动数据跨业务领域运转，打破组织壁垒、管理层级壁垒，提升业务运转效率。
- 技术领先：采用先进的云架构、微服务架构的一体化技术服务平台，形成多层级、“点－线－面”立体化的数字化人力管控与服务系统，支撑集团公司差异化管控模式落地。

大型企业建设世界领先的人力资源数字化体系都在沿着这 4 个方向进行努力建设，在数据层面、流程层面、业务层面、技术层面不断升级迭代。

三、面向未来，中国企业数字化转型的关键提示

1. 人力资源管理数字化转型是管理变革

人力资源数字化转型是管理项目，是利用平台型技术基础上的管理创新和内外部管理体系与运营体系的升级，需要改变对项目是临时性任务的认知。

人力资源数字化转型不同于传统人力资源信息化建设，需要企业：

- 立足根本目标，紧紧围绕组织能力的重塑与提升推进人力资源管理变革和数字化建设；
- 人力资源管理从强调流程固化到强调业务变革与创新；
- 人力资源运营从强调流程到强调场景；
- 数字化系统建设从强调系统运维升级到持续的业务运营。

2. 人力资源数字化转型需要具备新的数字化领导力

人力资源数字化转型需要从企业的顶层设计开始。所以，企业的数字化转型必须首先从企业的最高管理者开始。企业的主要管理者必须要基本弄清楚未来人力资源数字化和企业数字化发展的方向，转换新的数字化管理企业理念，学习掌握一定的数字化基础知识。

在整个企业数字化变革和转型过程中，必须由最高管理者直接规划、组织、指挥转型。最高管理者具备数字化的领导力，是企业转型的基础。

3. 人力资源数字化转型要拥有数字化人才

企业转型，关键是人的转型、团队的转型。企业转型数字化必须要拥有相应的数字化人才。

数字化转型是一项庞大的系统工程。目前，技术领域的快速发展、快速迭代，企业要重视与相关技术公司的合作，及时发现新技术、新工具，提升企业的技术能力。

4. 人力资源数字化转型需要技术引领与敏捷迭代

科技创新的重构商业模式和组织能力已经成为企业发展的共识。因此，在人力资源数字化转型过程中，诸如响应不同场景、不同业态需要的微服务化技术架构等的科技创新，需要最大化利用，以支撑业务的快速变革与发展。需要采用小步快跑的敏捷迭代策略，不断优化提升，让参与的每一个用户都能持续感受数字化的价值。

四、人力资源数字化转型落实到行动的关键点

（1）高层参与：数字化转型是变革，需要 CEO 的参与和高层的推动。

（2）思维转变：人力资源数字化转型是管理项目，是利用平台型技术基础上的管理创新和内外部管理体系与运营体系的升级，需要改变对项目是临时性任务的认知。

（3）体系建构：从重项目交付到建立项目运营、敏捷研发体系。

（4）知识赋能：从重系统运维能力转移到持续业务创新能力转移。

（5）数据沉淀：使用的过程中点滴积累，沉淀出可用的数据。

（6）技术引领：微服务化技术架构，以响应不同场景、不同业态的需要。

（7）敏捷迭代：小步快跑，不断优化提升和迭代，让参与的每一个用户都能持续感受系统的价值。

创作人：张月强

引领中国薪税服务数字化发展

——中智薪税数字化薪税服务案例分享

中智薪税技术服务有限公司

一、企业简介

中智薪税技术服务有限公司（以下简称中智薪税）成立于2006年，是中智股份旗下聚焦薪酬财税业务板块的专业公司，致力于推动薪税服务行业技术发展与服务升级。凭借多年的行业实践经验，科学设计企业薪税管理模式，依托先进的信息管理系统，提供专业化薪税服务数字化解决方案。通过一站式的薪税服务，为企业提供持续发展的动能。

近年来，党中央围绕国家治理现代化、数字中国、数字化转型做出了一系列重要的战略部署。2020年，国务院国资委印发《关于加快推进国有企业数字化转型工作的通知》。"十四五"期间，国家加快推进数字化发展。

人力资源数字化是指盘活人力资源管理中的各项数据，重塑管理与业务流程，助力企业实现各层级人力资源管理场景的无缝衔接。在数字经济高速发展、疫情常态化以及信息技术高速发展的背景下，人力资源数字化将加速发展渗透。本文通过分析中智薪税数字化薪税服务的发展历程及服务案例，阐述数字化服务如何提高企业发展能效，优化员工体验、助力管理决策。

二、中智薪税数字化服务发展历程

1. 洞悉趋势，引领薪税服务数字化转型

作为适应中国本土薪税管理的领先者，中智薪税早在2013年就意识到人力资源服务的数字化转型是发展趋势。2013年11月，中智薪税首款数字化薪税管理工具"薪税云"1.0立项。经过半年的自主研发，产品于2014年5月正式发布。同年7月，中智薪税整合线下专业顾问式服务与数字化工具，为客户提供全新的数字化薪税解决方案。同年11月，首批30家客户开始享受数字化薪税服务。

"薪税云"1.0基于客户需求，实现定制化系统对接、数据存储与查询、数据交互等功能。其主要使用者为中智薪税的薪税顾问与客户HR。在传统的服务过程中，客户HR将雇员入、转、调、离等信息通过数封邮件发送给中智薪税的薪税顾问，基于客户自身数字化水平不一，

有些客户 HR 从公司系统中导出数据，有些则依然是传统的手动统计。薪税顾问接到客户数据后，通常需要对数据进行二次整理。"薪税云" 1.0 上线后，支持系统对接客户人力资源管理系统，实现数据在系统中的传递。对于手工统计数据的客户，"薪税云"支持上传数据，系统针对重点字段自动辨识读取，薪税顾问进行核对即可，节省了双方大量事务性工作及沟通的时间。

2. 需求导向，促进数字化工具升级迭代

随着数字化时代的到来，人力资源数字化服务的需求也在不断变化。站在客户角度看，最大的变化在于使用者范围的扩大，从最初的企业 HR，拓展到企业管理者、企业 HR 及企业雇员。以薪税板块为例，企业选择人力资源数字化服务的原则是降本增效，具体表现为：企业管理者关心数据分析、成本数字可视化；企业 HR 关注工作流程化繁为简、结果呈现、计算准确；企业雇员则注重使用体验、便捷自助等。各角色之间的需求不尽相同，但对于使用产品或服务有共同的诉求——易用且美观。

中智薪税的"薪税云"根据市场需求的变化不断更新迭代。2016 年 10 月，服务客户数量突破 700 家，"薪税云" 2.0 立项；2017 年 6 月"薪税云" 2.0 正式发布；2020 年 9 月，服务客户数量突破 2000 家，"薪税云" 3.0 立项；2021 年 5 月，"薪税云" 3.0 正式发布。如今的"薪税云"，具有数据安全、灵活配置、满足客户定制、雇员终端管理等特点。结合线下专业顾问式服务的第三代数字化薪税服务，使享受数字化的便捷和专属顾问服务的温度，满足企业管理者、企业 HR、企业雇员的各类需求。

三、中智薪税数字化薪税服务案例

1. X 公司薪税服务案例

X 公司是全球知名的汽车制造企业，自 2016 年进入中国市场，即与中智薪税公司达成合作。该公司在华 20 多个城市有 60 多个分支，其 2 万名雇员的薪税服务皆由中智薪税负责。中智薪税为其提供专业薪税顾问团队与"薪税云"组合的数字化薪税服务。

X 公司雇员数量大且变动大、考勤制度复杂、计薪规则有 120 余种。公司有自己的人事管理平台，用于考勤、请假等基础管理。中智薪税首先与 X 公司沟通数据传输，定制化"薪税云"对接 X 公司人事管理平台，考勤、请假等基础数据直接通过平台传输给中智薪税。

通过系统对接，极大简化了 X 公司 HR 繁琐的事务性工作。"薪税云"读取雇员打卡数据记录、休假数据记录、加班数据记录等，形成考勤动态分析及月度考勤报表，作为薪资核算依据。薪税顾问在"薪税云"中根据不同类型的职工及不同的计薪规则划分多个薪酬组，在当期数据收集完整后，利用"薪税云"进行薪资计算，核对后进行发薪。依托中智遍布全国的服务网络，中智薪税为 X 公司各地分支完成属地报税。

随着"薪税云"雇员终端管理功能的上线，X 公司的雇员通过"薪税云"小程序即可查看个人薪资明细。中智薪税还设立 400 服务专线，搭配"薪税云"雇员终端小程序，为雇员提供薪资查询、咨询、人工核实解答的服务，极大地提升了雇员满意度，降低 X 公司 HR 的沟通成本。

X公司企业管理者对于人工成本数据的监控要求较高。“薪税云”支持定制化报表功能，根据企业定制需求，可以将企业薪酬数据组合运算，形成可视化报表。目前，周期性向X公司提供次发薪总额表、月度人力成本总额表、员工平均薪酬表、薪酬变动对比表等多种人力成本报表，供X公司企业管理者参考，成为其分析、管理决策的工具。

2022年上半年，新冠肺炎疫情袭击上海、北京等众多城市。突如其来的疫情，使X公司的核心管理层及HR团队均被迫居家隔离，打乱了公司的经营管理节奏，公司业务一度陷入停滞，但人力资源管理工作必须维持。“薪税云”支持薪酬业务全线上审批与办理，在疫情期间作用凸显。此外，在薪税顾问热情专业的服务下，疫情期间X公司薪酬薪资核算及发放零差错，赢得X公司企业管理者、HR和雇员的一致好评。在多年的服务过程中，中智薪税始终保持行业领先的服务质量，连年获得X公司的感谢信。

2. 数字人民币发薪实践

开展数字人民币试点是“十四五”规划重要事项之一。中智薪税积极响应国家政策，密切关注新业态发展及新技术应用，努力探索数字人民币在薪税服务场景的应用。2021年11月，中智薪税完成首笔数字人民币发薪，为用户提供全新的收付体验。

四、中智薪税数字化薪税管理展望

1. 薪税服务全面数字化转型

薪税管理作为HR运营环节比较复杂的工程，涉及不同部门、不同职级，产生多种计算规则，需要耗费大量沟通成本以及计算成本。中智薪税坚定做数字化薪税管理的引导者，依托长期稳定薪税服务专业团队，自主研发的数字化工具，通过线上线下深度融合，解决企业薪税管理能效低下、沟通成本高和计算难度大的问题。在为客户企业降本增效的同时，持续提升企业各角色员工的满意度。在报税环节，中智薪税发挥专业优势，以合规为底线，追求高效便捷，打通税务系统接口，为客户提供一键式报税体验，实现薪税管理全面数字化。

2. 数字化 SaaS 产品创新突破

从市场需求的角度讲，企业对人力资源数字化管理逐渐重视；企业在人力资源领域的数字化布局思路逐渐清晰，采购数字化产品模块增多，预算增加。从供给角度讲，HRSaaS供应商持续发力；技术型“跨界”竞争对手不断加入，市场供给力增强。

越来越多的中小企业开始选择采购HRSaaS产品来实现企业人力资源数字化转型。中智薪税洞悉行业发展趋势，基于多年薪税服务实践经验，聚焦薪税专业赛道，自主研发薪税管理SaaS产品——“智薪易”。该产品功能覆盖企业薪税管理全周期，简化人事流程，入转调离轻松应对；打卡、请假、加班数据自动统计，一键同步数据；算法齐全，轻松应对各种薪资核算规则，一键计算应发、实发、税金；工资条明细清晰，实时发放；对接税务系统，一站式个税申报和缴纳；系统数据实时可视，随时生成统计图表；此外，“智薪易”兼容各主流协同办公平台，方便融入企业人力资源管理现状生态，便捷易用。

业务数字化，服务全员化，“智薪易”满足中小企业企业管理者、HR、雇员等各种薪税管理需求。

数字经济时代已经到来，中智薪税不忘初心，聚焦薪税赛道，持续提升薪税数字化服务水平，研发薪税数字化 SaaS 产品，以开放的心态融入数字时代人力资源服务生态圈，为企业提供一站式数字化薪税解决方案。

主要创作人：李　琪
参与创作人：闫　文

第三部分

岗位评价与组织建设

“双碳”目标下能源互联网企业打造平台型组织的探索与实践

国家电网有限公司人力资源部

为适应能源革命和数字革命融合发展、电力改革和国企改革向纵深推进的要求，国家电网有限公司（以下简称“国网公司”）提出了建设中国特色国际领先的能源互联网企业的战略目标。如何融入互联网思维，优化组织体系，创新体制机制，有效整合内外部资源，激发员工的创造力，释放组织活力，推动战略落地见效，成为摆在国网公司人力资源工作面前的一个重要课题。为此，国网公司开展了平台型组织模式和运行机制研究，以所属南瑞集团等6家单位为试点，探索构建与枢纽型、平台型、共享型企业相适应的组织架构及运行机制。

一、实施背景

（一）推动能源革命的需要

当前，“四个革命、一个合作”能源安全新战略正加快实施，我国做出力争2030年前二氧化碳排放达峰、2060年前实现碳中和的国际承诺，提出要构建以新能源为主体的新型电力系统，能源电力发展面临保障持续稳定供应和加快清洁低碳转型的双重挑战。国网公司作为保障国民经济命脉和国家能源安全的特大型国有重点骨干企业，奋力开创建设具有中国特色、国际领先的能源互联网企业新局面，亟待进一步加强顶层设计，强化整体谋划，打破专业壁垒，推进体制机制和管理模式变革，促进业务协同，为业务赋能，为发展赋能。

（二）落实电力体制改革和国企改革的需要

当前，国企改革进一步深化，电力体制改革进入新常态，市场化改革步伐逐步加快。这一阶段，电力经济进入新常态发展时期，按照国有经济布局优化和结构调整要求，电力产业组织结构调整加快，电价制度更加灵活，国网公司将着力构建优结构、高素质、强活力的管理体系，多措并举提高精益精细化管理水平，驱动高质量发展，以推动业务持续发展。

（三）响应客户及业务融合的需要

随着客户需求层次及品质诉求的个性化、多样化，客户的价值诉求从单一的功能诉求逐步转变为一体化的体验价值、整体价值诉求，倒逼组织变革与升级。需求侧变革需要组织模式更加敏捷、开放、协同，以洞悉客户需求，快速响应客户需求。在此过程中，要持续树立开放、合作、共享理念，汇聚各类资源，促进供需对接、要素重组、融通创新，带动产业链上下游共同发展，打造共建共治共赢的能源互联网生态圈。

二、主要做法

（一）构建互利共赢的平台化生态体系

以国网信通产业集团下属思极位置公司为试点，打造面向社会高度开放的时空产业公共平台，为外部伙伴提供资源共享与价值获取的能力平台，为内部员工提供价值创造与潜能释放的赋能平台，最终形成“内外资源良性互动、多边主体创新活跃、平台生态繁荣富饶”的循环生态圈。

1. 功能定位

思极位置平台提供基于北斗时空位置的整体解决方案/产品和服务，形成聚合生态伙伴的核心价值单元，坚持对外开放的理念和思路，促进多边资源优化配置，为内外部创新团队提供平台，利用平台生态圈资源为之赋能，将创新成果转化、孵化，打造生生不息的创新高地。

2. 组织架构和运行机制

坚持以“自主敏捷、高效赋能、专业支撑、开放生态、创新治理”为首要目标，兼具组织整体的内在韧性，全面推进“前台、中台、后台、生态”四位一体的内部组织形态建设，着力于“四要点”贯穿设计，打造独具思极位置公司特色的平台化组织（图 1）。

一是打造自主的敏捷前台。构建以面向交互对象为核心的特种部队型前台作战单元，实现快速响应及持续迭代的交互能力。

二是打造赋能的强力中台。以聚合方式帮助前台快速匹配所需的能力及资源，实现针对用户快速变化需求的敏捷响应，推动核心能力的固化共享及沉淀数据资产的活化创新。

三是打造高效的专业后台。集合公司发展所必需的职能模块，保障业务的正常运转，为前中台提供专业的内部服务支撑和平台治理。

四是打造多元生态体系的投资平台。发挥平台型企业吸引组织内外资源的优势，实现“无边界”利用，同时将平台能力和资源向全行业开放，为生态伙伴赋能，共同创造价值，成就彼此事业。

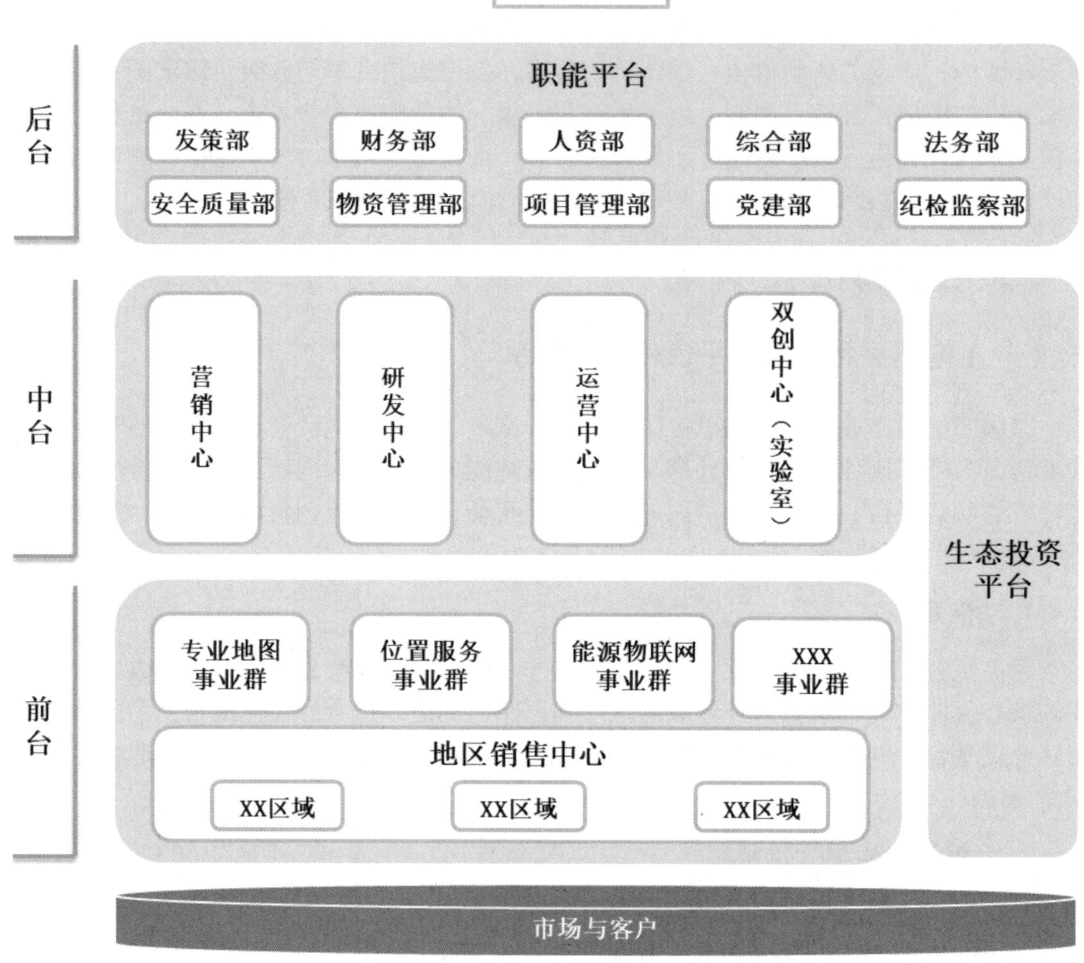

图1　思极位置平台型组织架构示意图

3. 运行实例

以生态投资平台为例，内部创新团队或外部创新团队发布创新项目 / 产品，按照思极位置生态投资平台要求提交申请；生态投资平台对提交项目或产品进行投资筛选，组织投资评审；评审通过者进入孵化池，由生态投资平台按约定提供相应的资金及配套资源支持，并统筹投后管理。成功孵化的项目，转移至思极位置平台进行产业化推广，有力推动了资源汇集、创新赋能、价值创造等作用充分发挥。

（二）构建高效协同的平台型组织模式

将国网数科控股公司作为平台型组织建设综合性试点，构建“小前台 + 大中台 + 强后台”的组织模式，打造前台由事业部或子公司构成、中台由通用服务资源构成、后台由本部部门构成的组织架构（图 2）。

国网数科公司平台型组织架构示意图

国网数科控股公司
（国网雄安金融科技集团）

前台
灵活敏捷
自主发展

前台

国网区块链科技（北京）有限公司
（金融科技实验室）

国网征信有限公司
（国网商用大数据有限公司）

英大商务服务有限公司

国网汇通金财（北京）信息科技有限公司

光伏云事业部
综合能源事业部
物资电商事业部
能源B2B事业部
电动汽车（新零售）营业部
消费者事业部
双创中心
天津英大金财旅行社
供应链金融事业部
电费金融事业部
个人金融事业部
电力结算共享事业部
智慧财务事业部

中台
资源复用
服务共享

中台

服务中台　营销服务中心
数据中台　运维中心
技术中台　技术研究院

后台
管理高效
保障有力

后台

发展规划中心
业务管理中心
法务风控中心（金融合规中心）
网络信息化中心（安全监察质量中心）
办公室（党委办公室）
党建工作部
人力资源部（党委组织部）
财务共享中心
金融运营中心

生态
用户生态
合作生态
双创生态
员工生态

生态
共创共享
共赢共荣

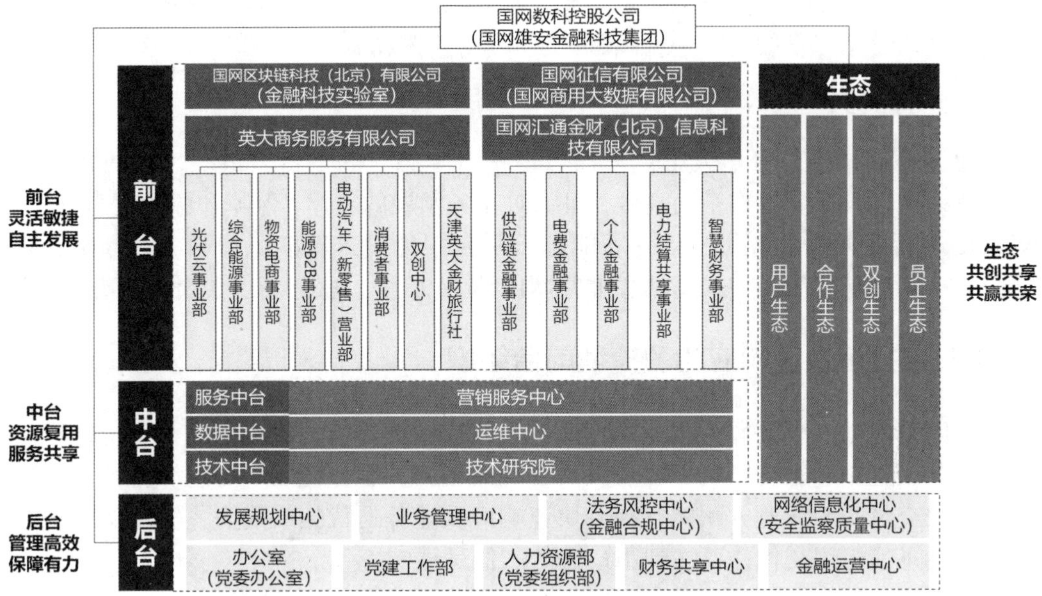

图 2　国网数科公司平台型组织架构示意图

1. 组织架构

前台由子公司和事业部共同组成，每个前台聚焦一条业务线，适应公司业务发展需要，打造数字化产业链、信息技术业务“8+8”的 16 个“小而优”灵活前台。

中台由服务中台、数据中台、技术中台组成，设置 3 个二级支撑单位分别负责建设运营，整合后台业务能力，为各前台业务普遍涉及的用户、商品、交易、支付等模块提供标准化中间件与统一数据接口。

后台由本部职能部门构成，是公司指挥、服务、控制的平台，统筹规划公司各项业务发展，保障平台型组织发展效率，成为业务发展的强大“引擎”。

生态由用户生态、合作生态、双创生态、员工生态组成，引入优势资源，拓展平台疆界，共同构建共荣共享的公司平台生态圈。

2. 运行机制

（1）分级授权管理机制。精简审批事项和流程，给予基层单位更大经营自主权，释放活力，放管结合，理顺前中后台管理界面，推进业务协同、发挥整体合力，提高市场竞争力。

（2）业务协同工作机制。建立以客户为中心，营销、数据、技术协调联动的业务协同机制，促进公司各类资源统筹挖掘、各单位及各业务板块柔性协同、业务运营常态监控协调。

（3）创新多元激励约束机制。深化核心人才薪酬期权、项目合伙人等激励机制应用；试点建立员工积分工作机制，畅通员工职业发展路径；探索上市公司股权激励、科技型企业股权和分红等多种激励方式，不断释放员工队伍活力。

（4）人才培养“双百”机制。梳理公司具有两类以上岗位经历或精通两个以上专业知识的复合型人才，形成复合型人才库，优化人岗配置效率，最大限度发挥复合型人才的特殊跨界价值，形成“1+1>2”效应，促进人才跨界成长。

（5）企业文化驱动机制。构建平台发展基石，广泛开展企业文化宣贯传播，健全员工保障制度，使用“爱如电”平台倾听员工心声，有效满足员工需求。

3. 运行实例

通过打造“小前台 + 大中台 + 强后台 + 富生态”的平台型组织，国网数科控股公司组织体系和运行机制更加精简高效，组织对业务发展的支撑、保障和服务能力进一步加强，有效促进新业务高效孵化。依托新能源云平台累计接入新能源场站 282 万座、装机 5.53 亿千瓦，支撑新能源集中式场站线上并网申请 1496 个，服务新能源企业超万家。

（三）打造快速响应的敏捷型前台组织

以国网电动汽车公司为试点，打造具备快速敏捷等能力特点的前台系统，聚焦“实时感知、洞察挖掘、敏捷影响、轻盈灵活、产品创新、服务优质”等组织特征，构建敏捷交互、高效交付的一线业务团队，提升快速响应及业务迭代拓展能力，实现从用户端获得需求，随之迅速组织交付并反馈到用户端的“低延误响应”。

1. 功能定位

电动汽车服务敏捷前台主要承担五大能力中心职责，分别是市场营销与业务扩展中心、产品及服务模式创新中心、线上平台个性化运营中心、线下平台规划建设运维中心、客户关系维护与服务中心。

2. 组织架构及运行机制

按照“业务板块 – 地区公司 – 属地团队”的模式，由各业务板块事业群 + 地区合资公司构成敏捷前台，围绕充电服务核心业务，沿电动汽车及清洁能源业务链延伸协同，组成三大事业群。

各事业群统筹会同各地区公司，共同打造所负责业务板块的敏捷市场营销体系、敏捷产品创新体系、敏捷规划建设体系及敏捷运营服务体系，按照业务板块核算业绩。

地区合资公司定位为公司各业务板块解决方案 / 产品及服务的市场运作中心以及线下运营中心，紧密承接三大事业部具体业务，负责线下各类充电等设施的建设、运维、检测及优化，并围绕公司所有产品及服务开展推广与销售工作，规划和完善营销体系，直接对区域业绩负责。

3. 运行实例

以地区合资公司为例，明确赋予四大职责，充分发挥灵活高效的组织优势，一是统筹各区域营销管理，开展个性化营销工作，建立有针对性的市场营销体系，建立健全市场拓展营销全业务周期运行及管理机制，与事业群营销团队及中台业务支撑团队紧密协同，打造公司品牌。二是开展属地化运作，负责公司各类产品及服务的市场拓展与推广工作，根据实际情况，按照需要设立省域内分支机构，进一步实现属地化运营。三是负责所辖区域内的充电设施等线下物理设备的建设、运行保障、检测维护、优化改进等，确保各类设施可靠好用。四是负责客户服务与客户关系维护，及时响应所在地区的用户反馈和诉求，保障良好的用户服务品质，维护良好的用户关系，获得市场与用户认可和喜爱，增强用户黏性（图 3）。

电动汽车服务敏捷前台系统组织形态示意图

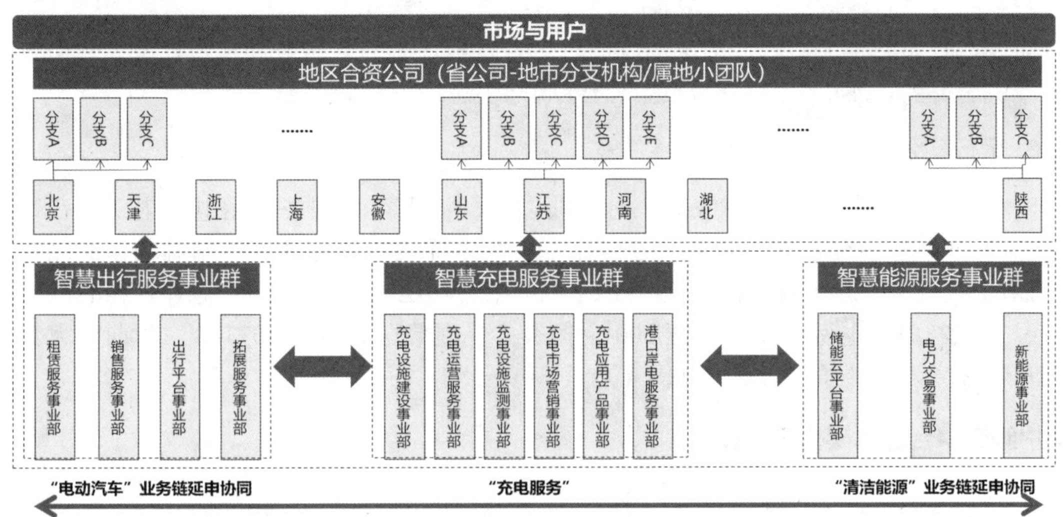

图 3　电动汽车服务敏捷前台系统组织形态示意图

（四）打造以客户为中心的服务中台

以公司客户服务业务需求为导向，通过多渠道、不同业务接入，迭代升级用户中心、工单中心等八大共享中心，逐步演进为客户服务业务中台，通过业务需求驱动中台能力优化，最终形成适应公司建设能源互联网目标要求的公司级客户服务业务中台，全面支撑能源互联网生态圈建设。

1. 功能定位

客户服务中台通过整合服务渠道、统一服务入口、集中服务运营，客户一次注册、全渠道应用，实现“客户聚合”；推行交费、办电、能源服务等业务“一网通办”，实现“业务融通”；构建两级数据协同管理平台，推进数据深入融合和数据价值共创，实现“数据共享”；全面支撑营销各管理层级的服务创新、产品运营，并向产业单位进行创新赋能，实现“创新支撑”；向客户提供“极致”服务体验，全面提升公司线上服务能力。

2. 组织架构及运行机制

优化调整组织体系和岗位体系。一是“以扁平化、去中心化”的互联网思路进行组织体系设计，在部门层级方面，纵向层级压缩到 2 层，在内设机构方面，持续精简客服部数量，简化职能部门设置，加强平台支撑能力建设。二是组建网上国网运营中心，主要负责“网上国网”等线上渠道产品设计、活动运营推广及平台建设工作，保障“网上国网”高质量建设和高效率运营发展。三是从产品前端设计和业务中台建设两大模块进行岗位设置。如基于产品前端设计工作，设置产品经理、业务需求分析、推广策划等岗位。

通过客户连接平台实现客户聚合。推进公司线上全渠道统一建设运营，实现线上线下服务无缝衔接。

通过共享服务平台实现数据共享。构建统一的客户全景视图，做好客户服务创新示范，汇聚营销和客户服务数据资源，支撑公司大数据应用共享。

通过客服业务平台实现业务融通。通过聚合各板块客户、服务和渠道资源，牵引各板块业务快速发展，加快面向客户打造具有互联网生态特征的业务群。

3. 运行实例

以数据共享为例，自共享服务平台上线以来，汇聚客户服务、用电采集、电费结算等 27 类业务数据，建设客户标签、业务指标、模型库、算法库 4 大类基础数据产品，支撑产品的快速建设，实现数据与业务的对接。截至 2021 年年底，网上国网共汇集数据 230T，共核查电量电费、用采数据 300 余亿条，受理数据类需求 5033 个，为前台大数据应用和后台决策提供强有力支撑（图 4）。

客户服务中台总体架构示意图

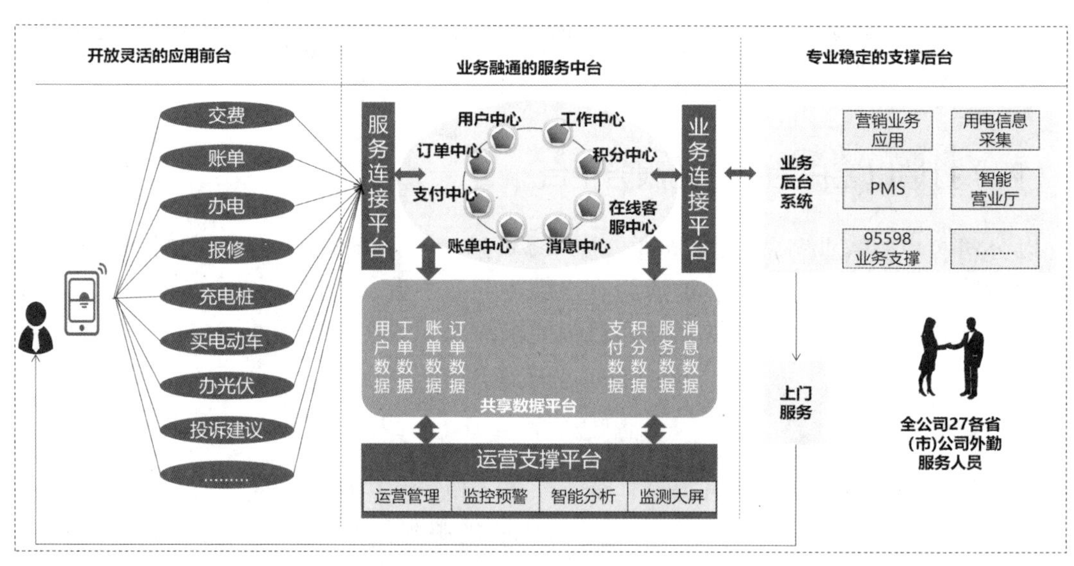

图 4　客户服务中台总体架构示意图

（五）转型打造全面共享的数据中台

依托公司大数据中心，实现公司核心数据资产的整合和共享，围绕“打通、整合、共享”，将公司海量、多维的数据资产盘点、整合、分析，为前台提供数据资产、数据定制创新、数据监测与数据分析等服务，最终实现数据资产活化。

1. 功能定位

大数据中心作为公司数据管理专业机构和数据共享平台、数据服务平台、数字创新平台，主要负责公司统一数据模型设计、总部企业级数据库建设、全业务统一数据中心建设运营、全业务数据归集整理及数据治理、数据价值挖掘分析、数据流监测和全景展示、公司数据管控治理等工作。

2. 从职能型组织向平台型组织演变

大数据中心从筹备组建到职责不断健全，再到产品开发逐步完善、实现客户群体逐步稳定，在不同阶段需要有不同的组织机构与之相适应，以保障业务稳步发展。

第一阶段是职能型组织机构。该阶段不断建立健全相关部门职责，完成大数据中心相关数据业务接入，设计相关大数据产品和服务，配齐配强各岗位人员。

第二阶段是项目（产品）管理矩阵式组织架构。该阶段大数据中心可以面向客户提供更为丰富和完善的服务，需要主动适应变化调整新的组织机构，项目（产品）管理矩阵式组织机构应运而生。

第三阶段是平台型组织架构。该阶段产品开发已经成熟，为全力开拓市场，需要重新调整组织机构，设置更多的前端市场事业群，形成“前台—事业群；中台—业务赋能平台；后台—职能共享平台”相互合作、配合的新型组织架构（图 5）。

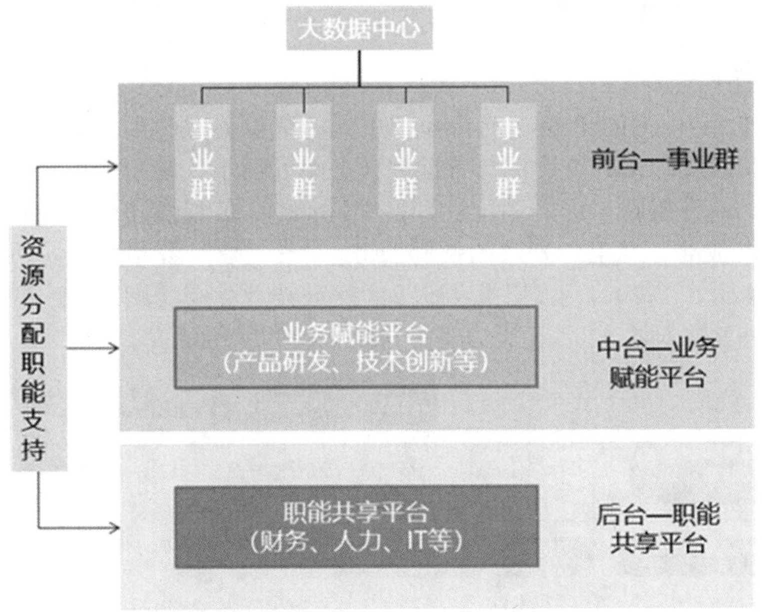

图 5　大数据中心平台型组织架构示意图

（六）打造人力资源“三支柱”平台

以南瑞集团为试点，基于人力资源“三支柱”模型，研究适应平台型组织的人力资源管理模式，打破条块分割的职能条线，从传统的金字塔组织层级化、中心化、中介化职能运行模式，向平台型组织服务、赋能、整合、协调、激活的组织模式及运行机制转变，打造一站式共享服务体系、下沉式业务支撑体系、专家式战略支持体系，实现人力资源管理由职能管理向价值创造的转变。

1. 功能定位

将人力资源管理由重视过程的职能化管理体系转变为更加强调成果与产出的价值创造体系，以人力资源各大职能作为方法和工具，发挥战略决策、业务支撑、服务共享等功能，为企业经营发展和战略目标达成持续赋能。

2. 组织架构与运行机制

一是设立人力资源共享服务中心（SSC），作为集约高效、标准规范的中台，为前台业务单元提供共性服务，覆盖招聘引才、劳动关系、薪酬社保、人才评价、人事档案等5类32项业务，实现标准化、专业化、规范化。

二是构建人力资源管理专家中心（COE）作为后台决策支持体系，聚焦战略性、系统性、前瞻性工作，围绕组织发展、人才规划、劳动用工、绩效薪酬等业务领域，研究提供整体解决方案，为前台业务单元赋能。

三是调整所属单位人力资源管理职能定位，将其作为前台业务单元的合作伙伴（HRBP），贴近业务，深入一线掌握需求，运用现有政策和机制，为前台业务单元提供个性化、差异化、定制化方案并推动落地。

3. 运行实例

以员工招聘为例，HRBP负责前台业务单元的岗位梳理和人才盘点，确保招聘需求精准对接和人岗匹配；COE负责汇总各前台业务单元需求，统筹制定招聘规划、引才政策和实施方案，提升招聘工作的系统性和科学性；SSC负责搭建校企合作、招聘渠道等资源平台，提供标准、规范、高效的招聘服务。“三支柱”各司其职、协同发力，有效提升招聘质效（图6）。2021年，招录985、211高校毕业生同比增加10%，聚焦新兴领域、战略前沿，引进紧缺人才52名，有力支撑科技创新和队伍建设。

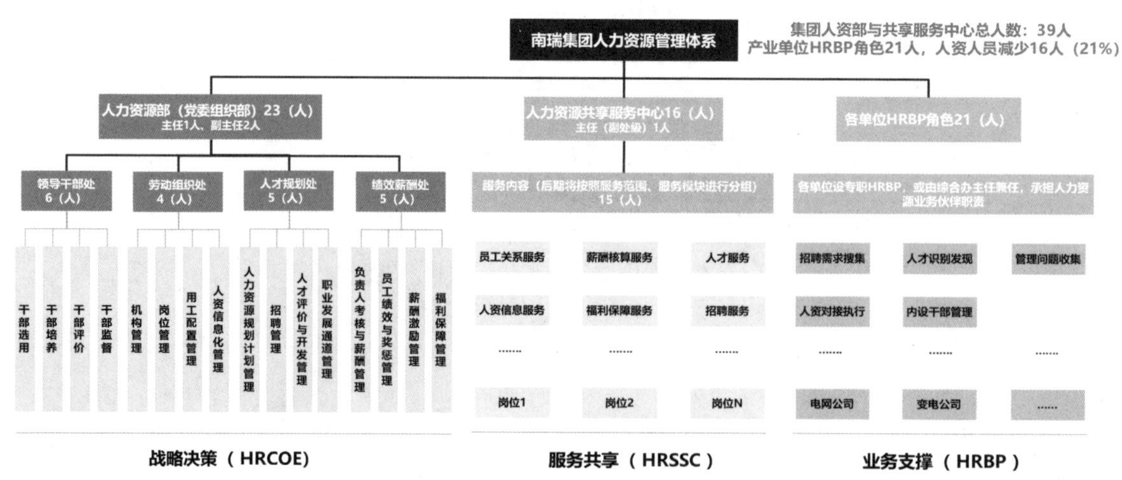

图6　南瑞集团人力资源“三支柱”管理体系示意图

三、实施效果

通过平台型组织架构模型、转型路径的研究及有关单位的试点工作，适应“具有中国特色国际领先的能源互联网企业”建设要求的平台型组织模式探索与实践取得积极成效。

（一）通过前瞻性研究试点，支撑公司战略落地实施

各试点单位在顶层设计方法的统一指导下，根据业务发展需求，提前规划与之相匹配的组织模式，包括组织架构、组织功能及组织间运行方式。南瑞集团通过人力资源“三支柱”模式转型，打破原有“处室墙、流程桶”制约，重构集团人资管理组织架构，提供人资定制化解决方案和标准化服务流程，建立适应平台型组织要求的人资管理模式；国网客服中心通过客户服务中台建设，聚合公司线上服务渠道，客户总量超过5600万，为打造企业级用户中心奠定坚实基础。

（二）通过组织机构优化，支撑业务发展和效益提升

各试点单位根据平台型组织架构模式及实施方案，开展组织机构调整及优化，以赋能前端市场为目标，精简业务过程管控，加大放管赋能力度，提高市场响应速度，提升了劳动效率。数科控股公司打造数字化信息技术领域8个前台，时刻保持“内可变、外可扩”状态，满足了快速迭代的市场和业务发展变化要求。客服中心设立“网上国网”建设运营机构，实现个性化增值服务产品无缝集成，场景上线时间压减50%以上，服务资源利用率提升5%以上。

（三）通过开放组织边界，支撑合作共享和价值提升

通过平台型组织的建设，引导各单位开放组织边界，围绕用户需求与外部企业深化合作，提升企业价值，带动产业链上下游共同发展，打造共建共治共赢的能源互联网生态圈，与全社会共享发展成果。国网客服中心将“网上国网”业务中台积极与“上海云平台”“浙江浙里办”等第三方政务平台对接，共享“网上国网”交费、办电等业务便利，履行了国网公司社会责任，配合政府改善营商环境，同时扩大了网上国网客户基数，发挥了网络效应。国网数科公司搭建新兴业务孵化生态平台“国网小e”，面向全社会实现双创成果品牌化运作和商业化推广，带动上下游180余家中小微企业共同创业，新增就业1000余人，全年可转化1000个项目，累计转化交易金额突破10亿元，有效激发企业发展新动能。

下一步，国网公司将聚焦“双碳”和新型电力系统构建目标，秉持求实创新的价值理念，对上述试点单位运营管控模式、平台型组织运行质效进行全方位评估和持续优化，为中国企业人力资源管理创新贡献更多企业实践。

主要创作人：尚锦山、栗　宁

参与创作人：张振兴、郭基伟、胡永建、任　翔

电网企业基于团队胜任力的本部人才评价体系构建

国网江苏省电力有限公司管理培训中心

一、电网企业基于团队胜任力的本部人才评价体系构建背景

（一）新发展阶段人才优先发展的战略需要

党的十九大提出，人才是实现民族振兴、赢得国际竞争主动的战略资源。中共中央办公厅、国务院办公厅《关于分类推进人才评价机制改革的指导意见》提出，要健全“选育管用”全链条管理机制。当前，我国进入了新发展阶段，中央作出了“碳达峰、碳中和”、深化电力体制改革、构建以新能源为主体的新型电力系统等重要部署。同时，新冠疫情、经济下行压力、阶段性电价下调、用电负荷快速增加、客户规模持续扩大等因素导致电网企业面临巨大的管理、经营和发展压力，对电网企业战略全局领导力和执行力的要求越来越高。本部作为全局运转的中枢，需要统筹考虑公司业务发展、队伍结构优化和干部职业发展需要，引入科学精准的手段，从标准体系、识别体系、发展体系等各个维度，一体化打造更为科学高效的人才评价体系，以完善人才培养和职业发展机制，形成具有竞争力的人才优势。

（二）落实国网公司队伍发展要求的实现手段

国网公司本部一贯重视人才建设，秉持战略领先、管理科学、运转高效、开放创新、追求卓越的理念，不断优化人才战略和队伍能力建设，创造人才选、用、育、留一体化的政策条件和成长环境。本部队伍作为公司顶层设计与基层单位探索实施之间的重要纽带，是公司推进重点工作落地、服务基层的引擎。本部能力建设的重点应该紧扣以团队为载体，将基于胜任力的科学评价由以人岗匹配为主向团队高绩效目标延伸，在应用中实现优秀个体的组合，产生一加一大于二的合力。通过系统构建本部团队胜任力体系，有效打通能力绩效的“人—团队—公司”的中间环节，提升本部组织力和领导力，为各级管理机关提供具有普适价值的标杆实践，具备很强的示范效应和创新意义。

（三）激发本部队伍团队活力的必由之路

公司本部人员平均年龄 39.8 岁，正处在职业“黄金期”，学历高、职称高，一方面思考、

学习能力较强，另一方面对自身能力提升、价值发挥、职业发展的需求也十分迫切。近年来，随着企业管理向数字化、智慧化方向发展，对于管理人才能力提出了新挑战，迫切需要创新原有手段，运用全新的理念和方法，建立系统性、智能化、智慧型的评价方式，不断优化本部人员选拔、培养、使用、考核机制，激发队伍活力，为企业高质量发展提供人才支撑。

二、电网企业基于团队胜任力的本部人才评价体系构建做法

电网企业基于团队胜任力的本部人才评价体系构建，以团队胜任力理论为基础，以本部部门、本部科级、一般管理人员为团队主体，基于整体考量其胜任力标准、评价体系、人才发展，并配套建设相应数字化评价手段。根据本部工作对多种技能、经验和判断进行组合的典型要求，团队的业绩优于多个在各自范围和责任内工作的个人业绩简单加和的正常规律，在保障和推动团队业绩、放大合力、不断提升团队绩效、不断满足公司战略和任务对本部履职能力新要求等方面，发挥切实的价值。

立足电网企业本部工作实际，界定相关概念和前期假设。一是根据麦肯锡提出的“团队是对接业绩目标标准的最小组织”的定义，按照公司战略绩效承接关系，团队概念定义为本部部门；二是广义的团队胜任力注重团队成员间的差异性与互补性、灵活性与整体性，以及在此基础上的协调统一性。现实情况下，本部人员在选拔到本部岗位工作前，其业务知识、技能、能力、经验等已经达到了较高的胜任标准，因此，本案例所构建的团队胜任力，不涉及专业胜任力范畴；三是胜任力项目注意剔除不适合团队而仅适用于个体的部分。

（一）建立多维度分析研判机制，明晰队伍提升需求

综合分析能源变革和数字变革融合发展趋势、电力改革和国企改革纵深推进要求、公司战略和地方政策落地执行方向，明晰本部队伍能力提升需求。面对改革形势，须以前瞻性思维和开阔视野分析研究外部变化对公司发展的影响，不断提高本部干部员工驾驭全局、科学决策和破解难题的能力水平。面对企业发展，须进一步做好战略统筹、顶层设计、关键把控，汇聚资源、凝聚合力，确保公司发展步调合理。面对机遇挑战，须提升核心统领能力，有力推动改革发展，有效提高资源调配能力，大力提升价值创造能力。面对体制机制，须搭建本部队伍成长成才舞台，激发干事创业热情，让干部员工在各自岗位上更好发挥价值，最终实现个人、企业、社会携手发展。

围绕“本部部门、本部科级、一般管理人员”三类对象，按照“构建评价指标、拓展数据来源、创新工作方法、深化结合应用、完善保障措施”的思路，建设本部队伍分析研判机制。其中，从结构、过程、实绩三个维度对部门进行研判，通过三个维度10项指标对部门进行现状统计分析，形成横截面数据，并将结构、过程、实绩三个维度的研判结果与往年的研判结果进行趋势比较分析，形成时间序列数据，从而提出领导班子调整优化建议。从本部管理实际需求和可操作性、实用性角度出发，设计了“德、才、绩＋个性因素”四个维度12项指标，对本部科级及以下管理人员进行全面客观的评价

分析，对领导干部的思想政治素质、组织领导能力、工作作风、工作实绩和廉洁自律等方面形成全面判断，并结合个性因素给出提拔选用、重点培养、保持活力、转岗或退出的综合判断。从“基本素质、能效表现、成熟度”三个维度 8 项指标，客观评价一般管理人员能力素质是否已足够成熟，最后结合部门和本部科级分析研判成果，给出成熟使用、继续培养、滚动调整的推荐建议。采用条件赋分、比较赋分、换算赋分三种方式，对评价指标进行量化赋分，并对量化结果进行分级，转换成“优秀、良好、一般、较差”等定性结论，如图 1~ 图 3 所示。

图 1　本部部门评价指标构成图

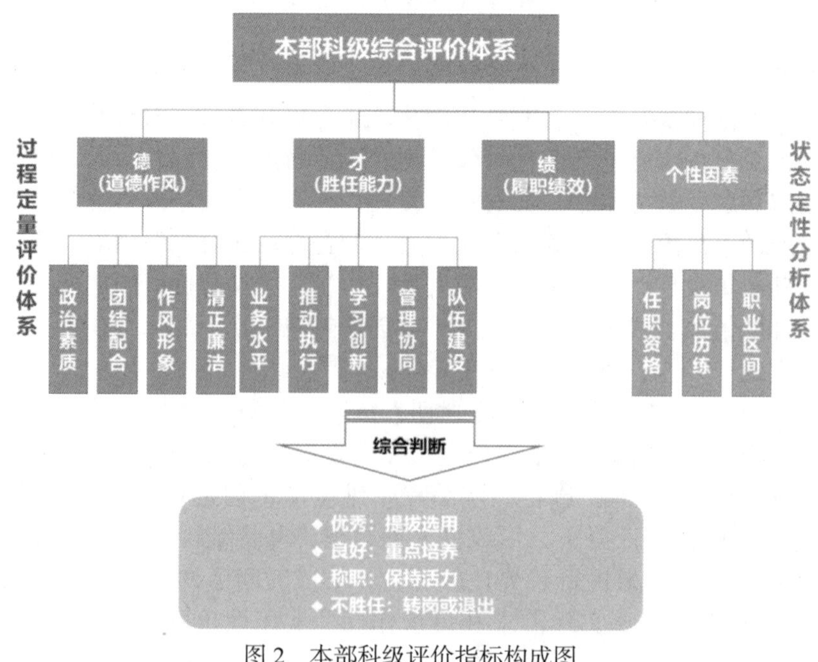

图 2　本部科级评价指标构成图

图 3　一般管理人员评价指标构成图

（二）构建团队胜任力模型，实现精准识人用人

之前的研究中大多针对个人胜任力进行评估，本文创新结合本部特点开展本部团队胜任力评估。在整体架构上，将团队胜任力分为成员个体和团队整体两个层面。其中，将个体胜任力作为团队胜任力研究的基础，团队胜任力方面重点研究两个层面的匹配程度：团队整体要与明确的团队目标或团队任务来匹配；成员个体与其所处团队角色的胜任特征相匹配。从团队角色上，将团队角色分为团队带头人、业务骨干和一般协助性人员三种。团队带头人是团队的大脑，对专业知识、业务能力、组织能力、协调能力有较高要求；业务骨干是工作的推进者，要求其在具体负责的工作进程中具有较强执行力，是行动的发起者；一般协助性人员要求计划性强，有很好的自控力和纪律性，是团队工作的具体执行者。通过梳理三种角色和团队整体的胜任特征，分别构建团队胜任力模型、领导人员胜任力模型和一般管理人员胜任力模型，据此提出相应对策建议，在提升团队整体效能的同时，进一步促进本部队伍建设，加强人员配置的针对性。

（三）定制胜任力评价工具，提高评价精准度

关注本部人员在国网江苏电力独特工作场景中所表现出的行为能力，对可衡量的胜任力指标定制开发，迭代了场景化评价工具。综合采用角色扮演、公文筐、无领导小组讨论等测评手段，开发了场景化测评题本和量表共计 45 套，年迭代率 78%。在胜任力特质性测评工具中，同时引入了 DISC 和贝尔宾团队测评两种量表，跟踪分析人员（岗位）胜任力和团队胜任力之间的交互影响关系，找出对团队胜任力和绩效有潜在负面影响的因素，为确保胜任力达到和保持高水准提供辅助支持（图 4~ 图 6）。

维度	指标名称	指标定义
结构特征	年龄结构	老、中、青结合，传帮带互助
	知识结构	具有较为综合的知识素养
	资历结构	团队的经历经验与工作要求相匹配
	专业结构	团队的专业技能与部门业务相匹配
	学历结构	团队的学历层次与部门业务相匹配
	角色清晰	团队具有明确的角色定位，并承担相应的职责
人际能力	团队信任	团队成员之间彼此尊重信任，关系密切
	团队协作	团队成员之间能进行良好的互动，互相配合，取长补短
	团队凝聚力	团队遇到问题时，团队成员会同心协力共同面对
	目标共识	团队成员能够形成一致的目标，达成共识
	理解他人	成员之间能够换位思考，相互理解，求同存异
	团队共享	团队成员乐于把自己掌握的知识和信息分享给其他团队成员
	诚信守义	表里如一、信守承诺、维护公道、主持正义
	沟通能力	团队成员内部以及与领导之间都能顺畅地沟通
领导力	团队激励	团队具有鼓励创新和高绩效的激励机制
	组织协调能力	团队领导者善于协调各个利益主体之间的关系
	洞察力	团队领导者看待问题有预见性
	危机处理能力	团队领导者遇到危急情况能沉着冷静地处理问题
	决策能力	为实现团队目标，领导者能正确地制定并实施决策
	人格影响力	团队领导者在团队中很有感染力且备受尊重
	战略思维	对事关全局性、长远性的重大问题进行分析、预见和决策的能力
	责任心	对自己、他人、组织和社会所负责任的认识和信念，以及遵守规范、承担责任的态度
	统筹规划	根据团队发展战略，着眼全局，制定长远的、分阶段的实施计划，并相应合理配置资源
	识人用人	善于发现下属的品德、才能和发展潜力，能够用人之长、避人之短，并创造机会帮助其成长
团队效能	专业技术能力	团队成员拥有完成团队任务所需的专业知识和技能
	获取外界资源能力	团队能及时地获取外界信息和资源，以保证团队高效运行
	自主管理能力	团队分工明确且成员均有相应的自主权
	组织支持	组织会赋予团队很多的资源和权利
	成就导向	有取得成功的强烈愿望，不断提出更高的目标和要求，追求卓越，努力超越
	创新氛围	团队鼓励创新并有相应的激励政策，能不断提供有价值的新思想、新理论和新方法
	团队执行力	积极响应和贯彻组织安排，一旦确立团队目标能有效组织资源，迅速行动，及时达成目标
	全局观念	团队成员能把团队目标放在个人目标前面，从大局出发思考和处理问题
	团队学习	有内在的、持续的自我提升意愿，善于通过各种方式获取知识，优化知识结构
	团队经验	团队积累了很多技术和管理方面的经验
	团队认同	团队成员理解团队目标并主动按要求行事
	团队规范	团队具有完善的制度和流程来保障团队日常工作的顺利展开

图4　团队胜任特色模型

特征类	特征项	
	正职	副职
职业道德	诚信守义	
	甘于奉献	甘于奉献
	勇于担当	勇于担当
	责任心	责任心
	忠诚企业	忠诚企业
团队管理	感召力	感召力
	识人用人	识人用人
	授权能力	授权能力
	团队领导	团队领导
		沟通协调
个性品质	战略思维	战略思维
	决策能力	决策能力
	统筹规划	统筹规划
	信念坚定	风险管理
	洞察力	
创业发展	创新能力	创新能力
	风险管理	信念坚定
	沟通协调	洞察力
客户管理	关系管理	关系管理
	客户导向	客户导向
		诚信守义
个人效能	成就导向	成就导向
	执行力	执行力
	学习发展	学习发展

图 5　本部科级人员胜任特征模型

素质类型		素质项	
领导品质	立业	组织承诺	大局观念
		社会责任	团结协作
	修身	廉洁	自省
		正直	尊重
领导能力	思想力	理性决策	客户导向
		战略思考	创新能力
	行动力	学习能力	公共关系
		计划与组织	
	聚合力	领导影响力	团队建设
		培养人才	
	驱动力	追求卓越	

图 6　一般管理人员胜任特征模型

测评手段的组合应用满足了本部群体年度测评需要，可资量化分析和诊断本部队伍优势和差距，提高本部人员的使用、培训与发展效能。针对测评者个人，依据本部人员胜任力特征模型，判定目前处于待发展、中等还是优秀水平，同时可视化呈现个人能力短板。

（四）搭建数字化评价平台，确保系统智慧高效运行

将评价工具线上化，部署在国网江苏电力内部局域网，支持本地和远程测评数据的传输、监控和存储。测评工具接入国网江苏电力员工发展中心，实现统一身份认证。测评完成后输出测评报告，在线获得个人报告、个人综合报告和团队分析报告；报告内容涵盖数据分析和结果应用，可从不同维度剖析结果，根据个人的机会和盲点、团队的相对优劣势，提供能力发展建议。整合本部人员团体和个人胜任力评价数据，运用智能化人才数据分析方法，支撑干部人事智能决策应用，实现本部队伍管理数据化、可视化、智能化，为高效的干部决策提供支持，打造国网江苏电力干部人事数字化管理分析体系。

（五）创新评培结合人才培养模式，提升培养锻炼质效

国网江苏电力对本部各部门开展人才测评，形成了团队胜任力现状分析研判结果（按各项能力、各个团队）。针对管理技能定制专项能力提升方案，纳入本部人员下一年度的学习发展计划。建立基于评价结果的电子看板，提出人员调整补充建议。同时建立标准化的本部团队胜任力测评实施指南，包括规范的准备、通知、实施、结果导出的流程，以及流程各环节行动的实施指导。在此基础上，结合测评结果，跟踪分析人员（岗位）胜任力和团队胜任力之间的交互影响关系，对团队共识合力的其他关键影响因素进行深入判断、评价及导入应用。

通过建立本部人员评价数据库，为人才的精准优化提供依据。对积累的本部人员能力数据近万条分析测评结果，明晰相应人才的胜任力优势和不足。在学习体系设计中，针对群体性短板调整赋能方向和学习内容。针对个人能力短板，秉持“缺什么、补什么”的原则，针对个人测评结果相对较弱的 5 个子维度，为员工定制个性化进修课程清单，配置线上学习专栏，加强培训的精准度和差异化，增加补短课程。课程体系调整率 15%，新增课程近 120 课时。同时也加大场景化学习、案例模拟式学习等学习方式的比例，设计开发绩效改进类、训战结合类等学习项目和课程。逐步完善基于“精准、实用和价值”的人才培养体系，已连续两年在本部人员培训班应用实施，完成精准培训 486 人次。

三、电网企业基于团队胜任力的本部人才评价体系构建效果

（一）为打造强本部提供了科学的能力绩效支持

创新性建构和应用基于团队胜任力的本部人员评价体系，不断提高本部团队绩效水平。基于评价体系构建和和工具开发，为完善团队领导、优化团队组建、调整团队配置、聚焦能力提升等提供了基于科学评价的精准依据。创新性地实现了岗位—团队—公司绩效闭环的贯通，在本部岗位选拔人员、配置人员的实际应用环节直接产生效用。同时解决了对本

部团队进行绩效考核时，难以进行过程性绩效管理、尤其是平衡计分体系中“能力与发展”维度的考核长期无法落地的问题，为绩效管理提供了可描述、可衡量的评价基础。完善绩效管理评价标准，对团队最终绩效结果有正向的推动。

（二）为持续强增长发挥了本部的全局领导作用

得益于本部领导、统筹、督导等作用的强劲发挥，公司经营活力持续激发，经营实力和动力大幅增强。通过开展团队胜任力和人才评价，配套“能增能减、能上能下、能进能出”经营考核机制，企业经营实力和动力大幅增强。2021 年，国网江苏电力成功应对了新冠肺炎疫情突发、供电紧张等严峻挑战，圆满完成了各项目标任务，全年全社会用电量超 7000 亿千瓦时，全口径营收超 4000 亿元，同比增长 10.59%。业绩考核连续十年保持国网系统第一名、实现“十连冠”，发展迈上新台阶。

（三）打造人才评价示范样板

国网江苏公司开展人才评价体系建设和实践，相关做法于 2020 年在人民日报出版社出版专著《国有企业领导力评鉴探究与实践——以国网江苏省电力有限公司为例》并向全社会推荐；数智化人才评价手段，在本部团队组织、变更、调整中，进行高效即时的靶向人员配置，体现了苏电干部人事智慧管理平台价值，评价系统获得国家计算机软件著作权登记保护，并向国网系统其他省公司输出人才测评共 16 次；华为南京事业部、阿里武汉公司、南方航空等十几家企业专程前来国网江苏电力人才评鉴中心现场参观学习，得到中国人事科学院余兴安院长等专家的高度评价。通过能力评价体系分析、诊断、筛选，本部 6 名优秀干部人才赴西部帮扶，协助西藏、新疆、内蒙古等地区开展电网建设、运维检修等工作，充分展现了国网江苏电力干部人才队伍奋发向上、不畏艰险的精神风貌，优秀的能力素质及精湛的专业技术，彰显了国家电网负责任央企形象。

主要创作人：侯　俊

参与创作人：周　权、黄　珊

搭平台建通道压任期
全方位打造生态型组织

南方电网能源发展研究院有限责任公司

一、基本情况

南方电网能源发展研究院有限责任公司（简称“南网能源院”）是南方电网公司智库机构，主要开展能源电力政策、能源发展战略、企业运营管理、投资与财务、电力规划、电力工程建设、新兴业务、国际业务等方面的研究咨询，是中国智库索引（CTTI）来源智库。近年来承担国家部委及省区政府、行业协会政策研究课题90余项，部分成果转化为国家政策文件、改革方案等；获省部级奖项70余项。现有员工176人，平均年龄35岁，硕博士占86%，研究人员占80%，人才当量1.74，居南方电网公司系统前列。

二、案例背景

作为智库机构，南网能源院需要构建与智库功能相匹配的组织运营机制、人才发展机制，全面激发组织活力和员工创新力。生态型组织强调构建灵活敏捷的自组织，实现跨部门自主协同，促进员工自我赋能自我驱动，有利于科研人员面向市场、自主决策、横向沟通、知识共享，从而输出高水平、有价值的产品和服务，是能够支撑智库发展的有机组织结构。

南网能源院以组织运营机制和人才发展机制为支柱，以组织管理、岗位管理、任期管理为抓手，全面构建生态型组织。通过组建柔性研究团队、授权赋能，构建跨部门合作机制、自主协同，建设研究型自组织，盘活组织生态；通过搭建符合智库特点的岗位体系，实施全员任期管理，促进员工自我赋能自我驱动，激发员工主动性创造性。

三、主要做法

（一）组建柔性研究团队，扁平管理激发活力

南网能源院推进项目矩阵化管理，调整原有“院－研究所／中心－研究室”3级架构，撤销全部22个研究室，根据研究方向组建25个柔性项目团队，压缩自上而下的管理层级，提升沟通与决策效率。压实项目经理成员选择权、项目路线决定权、考核与薪资分配权，通过权力下放，给前端小团队充分的资源调配权、决策权、用人权，实现按研究需求迅速配置资源。项目团队快速响应，围绕“双碳”、构建新型电力系统、全面深化改革等中央决策部署，配备“精兵强将”，系统梳理重点难点问题，提前谋划研究路线、研究范式、

预期成果等，积极主动与国家部委汇报沟通，实现首次承担中财办关于“双碳”背景下电力市场、新型电力系统建设等课题，首次揭榜国资委年度重点研究课题，“中央企业研发投入对标研究”相关成果纳入国企改革三年行动有关文件等重大突破。项目团队积极发挥政策主力军作用，推动统筹南网系统政研资源，建立健全共同服务协同机制，建立和扩大向地方政府常态化汇报沟通渠道，2021 年承担省区政府课题 12 项，增长 11 项；首次配合中国澳门环保局开展实现碳减排可行路径研究，为推动粤港澳大湾区能源转型贡献“南网智慧”。

南网能源院研究咨询项目往往复杂而交叉，涉及电力、经济、政治、技术、环境、工程等多重领域，对跨部门、跨学科合作要求较高。为此，在扁平化管理的基础上，南网能源院全力支持团队之间共享成员，允许人员与团队双向选择、跨所流动，基于项目需求组建跨部门合作团队。构建鼓励协作的成果认定机制，项目团队成员按贡献排名计算研究员选聘积分、分配研究成果奖励，项目产值按贡献划分，分别计入各研究所中心经营业绩考核，用清晰可量化的成果激励促进内部自主协同。项目经理根据研究需求跨部所组建柔性研究团队，开展“适应新型电力系统的电力体制机制研究”“点对点能源零售业务”“南方电网解放用户的理论研究与实践”等省部级重大课题研究，有效整合内部跨学科资源，提高项目运转效率和研究质量。建立服务南方电网公司党组的跨部门工作机制，常态化开展五省区宏观政策、经济信息分析研究。

（二）搭建智库岗位体系，多元发展畅行通道

作为智库机构，南网能源院始终将人才作为企业核心竞争力和价值创造第一要素，通过优化岗位体系、量化选聘评价标准、打造多元发展通道，建设公平公正、唯才是用、充满活力的人才发展机制。

南网能源院以专业学科设置为基础，实施从新入企员工到领军人才的全周期“金字塔”型岗位体系，对一级专业领域、二级细分专业各层级研究员数量进行中长期规划，并根据队伍成长及建设需要，动态调整职数设置。以岗位性质为基础，针对研究咨询和职能业务分别建立 4 层 12 级“研究员”岗位、7 级“管理师”序列（详见图 2、表 1）。以岗位价值为基础，明确选聘评价标准，“管理师”岗位重点考察法规制度、行政策划、文稿起草、沟通协调、解决问题 5 个维度。“研究员”岗位构建包括项目累积、奖励表彰、知识产权、人才发展共 4 类 16 项成果标准，每项成果均量化计分，并定量明确每级岗位的成果要求，作为竞聘门槛条件。如高级研究员要求承担并完成省部级及以上重大项目不少于 6 项、发表论文被 SCI、EI 收录不少于 3 篇等。实施“每年有选聘，晋退业绩定”，常态化开展研究员选聘，对满足门槛条件的研究员分别计算成果积分，以此衡量业绩贡献，确保选聘结果公平公正。

基于金字塔型岗位体系，南网能源院通过打造跨岗晋升机制和 H 型岗位通道，促进员工职业发展从“千军万马挤官道”向“多元发展畅通道”转变。大胆使用优秀青年人才，成果特别丰硕或取得突出业绩的研究员，可以进行跨岗申报。比如作为主要完成人的研究成果获得国家级二等奖及以上奖项，或作为主要完成人的研究成果获得国家有关部委主要领导及以上肯定批示、转化为国家政策文件印发施行等。2020 年以来新聘任研究员中，

18% 凭借突出业绩实现跨岗级晋升，平均年龄仅 34.5 岁，最高实现跨 3 个岗级。建立 H 型岗位通道，在满足上岗条件的基础上，可以跨岗位序列、岗位通道发展，打破职业发展壁垒，让员工走向适合自身发展的职业生涯通道。

（三）实施全员任期管理，自我驱动创造价值

南网能源院以任期制契约化量化价值评价标准，以契约定目标，以考核定去留，推动实现人岗匹配，促使员工自我赋能、自我驱动，激发员工主动创造价值。

全员任期，确保“责任落到纸面上”。分层分类实现全员任期管理。经理层任期制契约化管理率先垂范，明确经理层成员岗位职责、年度和任期目标责任、薪酬待遇、退出规定、责任追究等事宜。中层管理人员实施任期制，与院经理层任期、考核周期同步。依据综合评价、契约考核、干部表现等实施“末等调整、不胜任退出”。项目经理实行三年“不竞则退”。全院 17 名项目经理以三年为任期，协议确定业绩标准，期满解聘不连任，岗位重新张榜竞聘，任期履职评价直接决定能否再次参加竞聘，防止“一竞定终身”。研究员、管理师要求“3 年期满不晋岗则降岗”，全岗均刚性执行任期管理。

目标牵引，确保“自我驱动创价值”。经理层正职契约突出企业战略及效益对个人绩效的导向，全面承接院经营指标、改革分解指标、高端智库建设三年行动指标；3 名经理层副职根据分管领域不同，设置重大课题数、重大创新成果数、产品出版期数等差异化指标，营业收入、项目成本等关键指标的目标值差异化设置，做到“一岗一表一考核”，确保科学衡量业绩目标。中层管理人员聚焦三类业绩契约管理，考核绑定薪酬。坚持不同岗位目标差异大、正副职目标有区分，并明确主要指标未达完成底线值等 6 种退出条件。政策研究与运营决策咨询类研究所，体现观点与影响，重点关注国家与行业重点课题数、课题质量指数、创新力指标、智库影响指数；电力规划与工程咨询类研究中心，体现规划龙头牵引与增量拓展，重点关注重大规划咨询专项数、项目质量指数、成果获奖、人均营业收入等；计财、人资、行政等职能部门，体现全院的合规管理与成本控制，重点关注成本费用占营收比、劳产率、内控体系关键指标等。中层管理人员契约考核排名直接决定年度绩效薪酬分配系数，确保“年底工资算得出”。项目经理聘任后一个月签订首年目标责任书，包括关键任务与考核指标两部分，任务和指标均具体化、可衡量、时限明确。关键任务涵盖承接年度重点任务、研究项目、人才发展和团队建设等定性考核，考核指标涵盖自主完成率、研究成果质量、项目完成率、服务满意度等定量目标。目标责任书作为年度考核的依据，任期考核综合三年的目标责任书完成情况进行评定。

四、案例成效

（1）组织活力逐渐凸显。南网能源院以项目制和柔性团队为抓手，打造自主协同创新的科研自组织，充分释放组织活力。2021 年完成课题量历年最大，承担国资委、中财办等国家部委课题 29 项，增长 107%；省区政府课题 12 项，增长 11 项；南网总部 117 项课题，增幅 13.6%。成果数与获奖数历史最好，发表 SCI/EI 论文增长 81.3%，授权专利增长 63.6%，编制国标行标增长 30%，出版专著增长 20%，获省部级奖励 31 项，管理创新类

获奖数居系统内第一。研究质量获高层肯定，2021 年，中央领导批示（2 次）和国家部委、省区主要领导批示（5 次），实现零的突破；获南方电网公司领导批示增长 125%（图 1）。

图 1　各种奖励及证书

（2）人才生态更优。聚焦权责、人岗、责利匹配，实现“经理层 – 中层管理人员 – 项目经理 – 专业技术岗位”各岗位全员任期制管理，破除岗位“终身制”，“竞争择优”的理念逐步深入人心，员工基于岗位职责、任期目标，自主赋能，创造价值。2021 年，国务院特殊津贴专家、南网战略级专家、广州产业领军人才、教授级高级工程师、高级经济师跃升至 20 人，增幅 40%，南网领军级、拔尖级专家增幅 50%，建成三级专家梯队；23.71% 的员工新考取注册咨询工程师、CFA 等证书，33% 的员工通过竞争性选拔赢得职业发展新平台。“3 年期满不晋岗则降岗”倒逼能者上庸者下，畅通人才发展通道。2020 年以来，能源院通过竞争性选拔，新聘任项目经理中“85 后”占比近 75%，“90 后”占比近 20%；新聘任研究员中“85 后”占比 80%，“90 后”占比 21%。

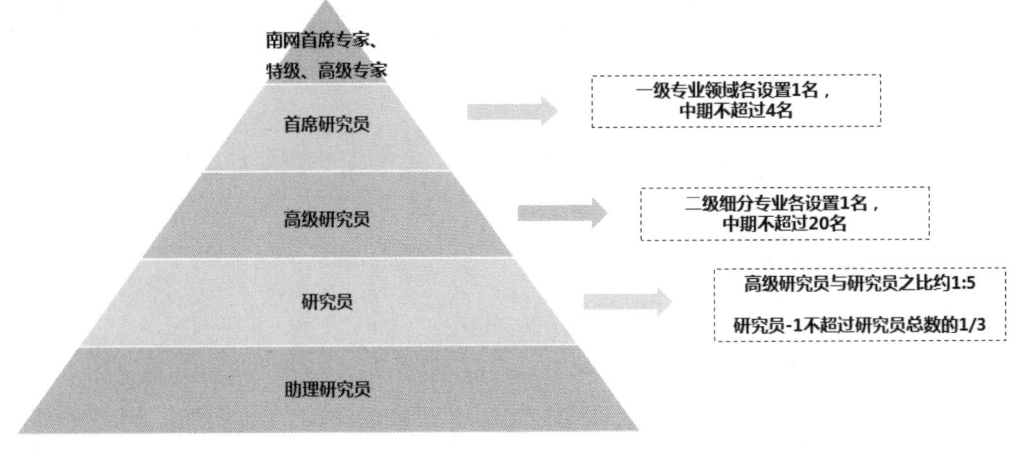

图 2　南网能源院研究咨询专业技术岗位金字塔

表 1　南网能源院专业技术岗位体系表

<table>
<tr><th rowspan="4">岗级</th><th colspan="6">岗位体系表</th></tr>
<tr><th rowspan="3">管理类岗位</th><th colspan="5">专业技术类岗位</th></tr>
<tr><th colspan="2" rowspan="2">职能业务序列岗位</th><th colspan="3">研究咨询序列（含改革发展中心）</th></tr>
<tr><th colspan="2">岗位层级</th><th>南网专业技术专家</th></tr>
<tr><td>29</td><td>公司党组管理干部</td><td colspan="2" rowspan="2"></td><td colspan="2">南网公司首席专家</td><td>首席专业技术专家</td></tr>
<tr><td>28</td><td>公司党组管理干部</td><td colspan="2">南网公司特级专家</td><td>特级专业技术专家</td></tr>
<tr><td>27</td><td>总师、副总师</td><td colspan="2"></td><td>首席研究员</td><td>南网公司高级专家</td><td>高级专业技术专家</td></tr>
<tr><td>26</td><td>主任/经理/所长/三级职员</td><td colspan="2"></td><td rowspan="3">高级研究员</td><td>高级研究员-1</td><td>一级领军专业技术专家</td></tr>
<tr><td>25</td><td>副主任/副经理/副所长/四级职员</td><td colspan="2"></td><td>高级研究员-2</td><td>二级领军专业技术专家</td></tr>
<tr><td>24</td><td>主任助理/经理助理/所长助理</td><td rowspan="2">高级管理师</td><td>高级管理师-1</td><td>高级研究员-3</td><td>三级领军专业技术专家</td></tr>
<tr><td>23</td><td rowspan="2">项目经理</td><td>高级管理师-2</td><td rowspan="3">研究员</td><td>研究员-1</td><td>一级拔尖专业技术专家</td></tr>
<tr><td>22</td><td rowspan="2">中级管理师</td><td>中级管理师-1</td><td>研究员-2</td><td>二级拔尖专业技术专家</td></tr>
<tr><td>21</td><td></td><td>中级管理师-2</td><td>研究员-3</td><td>三级拔尖专业技术专家</td></tr>
<tr><td>20</td><td></td><td rowspan="2">初级管理师</td><td>初级管理师-1</td><td rowspan="3">助理研究员</td><td>助理研究员-1</td><td></td></tr>
<tr><td>19</td><td></td><td>初级管理师-2</td><td>助理研究员-2</td><td></td></tr>
<tr><td>13-18</td><td></td><td colspan="2">助理管理师</td><td>助理研究员-3/研究助理</td><td></td></tr>
</table>

主要创作人：袁　为、于晓丽、郑培苗

参与创作人：席智强、金东亚、刘济川

江阴天江药业有限公司
人才发展与管理模式

江阴天江药业有限公司

一、企业概况

江阴天江药业有限公司（以下简称“天江药业”）创建于1992年，隶属于世界500强中国医药集团有限公司的成员单位中国中药控股有限公司。公司占地面积128亩，员工人数约2880人，年产10000吨中药配方颗粒、600多味中药产品；以江阴为总部，在全国布局14个产业园，涉及中药种植、饮片炮制、配方颗粒、中药大健康等产品的研发、生产和销售业务，在国内中药配方颗粒细分领域占据龙头地位。

天江药业响应习近平总书记对中医药“传承精华，守正创新”重要指示精神，近年来，坚持科研创新，先后承担国家级科技项目22项、省级科技项目31项，主导中药配方颗粒国际质量标准研究及美国药典质量标准研究，获得国家科技进步二等奖；转型升级，获批工信部智能制造新模式项目和科技部两化融合国家级科研项目；坚持高质量发展，提炼总结“跨区域、全产业链、数字化”中药质量管理模式，荣获江苏省省长质量奖。天江药业引领行业研究储备200多项中药配方颗粒国家和行业标准，其中48项通过国家药监局和药典委发布实施。先后承担国家级、省部级科研课题30余项，拥有行业核心技术专利30余项。建有行业内首个院士工作站、国家企业技术中心、国医大师工作室、博士后工作站，设有工信部智能制造新模式应用平台和行业首家CNAS认证检测平台。

天江药业以“中医药让现代生活更美好”为使命，以“成为中药标准化、现代化和国际化的持续领跑者”为愿景，坚守“担当、协作、创新、进取”的价值观，努力实现持续领跑中药配方颗粒行业的战略目标。

二、人才管理理念

德才兼备，共同成长。德才兼备，是天江衡量人才的标准。在天江拥有发展机会的人，必须具备优良的道德品质，认同天江的文化主张，具备胜任相应工作岗位的专业能力。共同成长，是天江团队建设的目标。天江努力完善人才的选、育、用、留机制，实现公司与员工的共同成长。天江始终坚持以人为本，追求卓越，持续推进高质量发展。

三、管理实践

中药配方颗粒行业是中药行业创新发展的产物，是一个独特的细分领域，长期以来一直是试点的新兴行业，直到去年才全面放开，总体缺乏行业专业人才，行业在社会面的知名度不足。天江药业作为该行业的创始者，开启中药配方颗粒行业人才培养实践，逐步形成了独具特色的人才培养模式。

（一）找准“切入点”，提升人才竞争力

1. 扩大影响，探索雇主品牌新路径

中药配方颗粒行业在中药行业内有较高影响力，但专业化程度高，社会面对其认知有限。公司坚持以“建设一流的雇主品牌”为目标，从雇主文化、人才发展、雇主形象、组织管理、工作环境等要素提升公司对内对外雇主品牌形象，传递公司品牌信息，提升企业的整体形象，提升企业对人才的吸引力，以期找到符合企业价值观的人才，实现人才招引。公司连续三年被评为“中国年度最佳雇主·无锡十强”，并荣获“人才发展优秀企业奖”“2022 人力资源管理杰出奖”“江苏省劳动保障诚信企业”和“全国和谐劳动关系创建示范企业”等多个荣誉称号。

2. 精准发力，构建校企合作新模式

中药配方颗粒专业人才稀缺，主要来源于校园招聘后自主培养。公司深入推进校企合作、产教融合，实现了校企资源的有机结合和优化配置，共同培养适合企业发展需要的高素质、高技能的工匠型和研发型人才。公司在南京中医药大学、中国药科大学等高校设置奖学金，在中药学专业定向宣传中药配方颗粒行业前景；与医药类大专无锡卫校、连云港中药学校签订校企合作协议，打造技能人才定向培育基地；与当地的江阴中专、南华职校等中专类院校对接沟通，招聘一线技术人员。同时进一步加强与高校、科研院所合作，与南京中医药大学、中国药科大学、福建中西医结合研究院等组建了一支外围专家团队。

（二）突出“着力点”，全方位培养、用好人才

1. 成立人才管理中心，构建人才发展体系

（1）搭建全新组织机构，保障人才全面发展。

建立天江人才管理创新发展中心，对接组织发展战略，从人才储备上支持企业战略的落地，传播企业文化与企业品牌，服务企业人才成长及发展，构建有效的人才培养体系。中心下设党建、企业文化、管理、研发、制造、营销六个分中心，坚持“中心主导、分中心实施”的管理机制，以训战结合方式推进天江药业生态链人才加速成长，实践“情景重现、案例教学、训战结合”三位一体的核心方法论，沉淀天江优秀管理经验和技能经验，以此构建全面人才管理体系（图 1）。

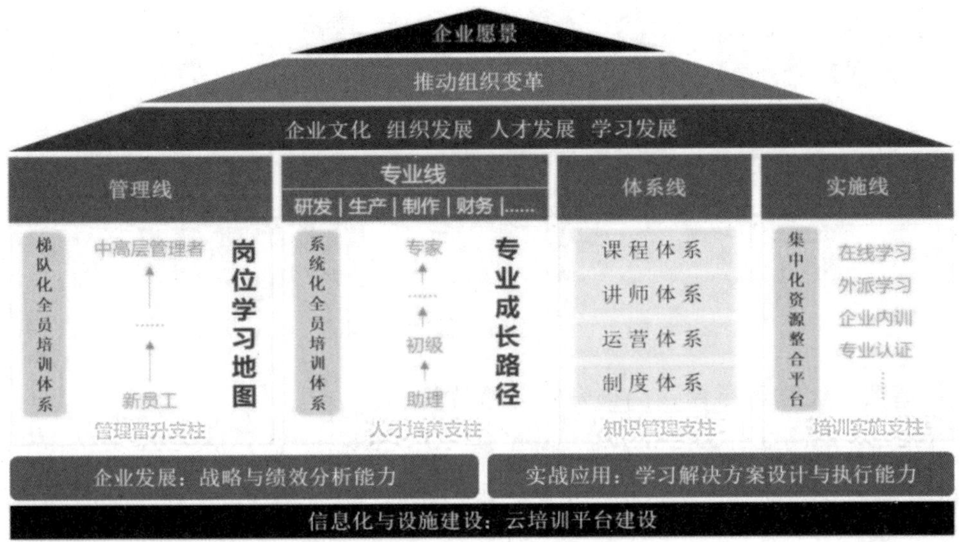

图 1　天江全面人才管理体系

人才管理创新发展中心以培训制度体系、知识体系为支撑，通过对员工引入期、成长期、成熟期、稳定期开展培训项目，建立健全人才发展全周期管理，加快推进人才横向发展，提升人才价值（图 2）。

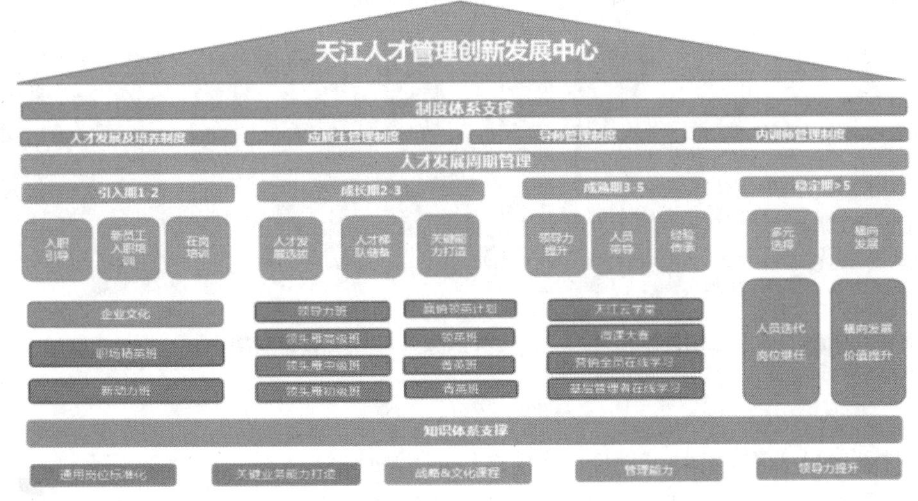

图 2　天江人才管理创新发展中心业务地图

（2）打通多维职业发展通道，明确人才发展路径。

以提升员工能力为目标，不断完善员工职业发展晋升通道，建立了管理、技术、研发、技能等多维度职业发展通道（图 3），实现了员工职业发展路径全员覆盖，公司内部管理、技术、研发、技能等所有岗位类别都有相应的职业发展路径，充分建立了员工职业生涯发展的保障机制。目前已认证技术和研发核心技术人才 176 人。

管理通道（M）	
M7	总监
M6	经理
M5	副经理
M4	主管
M3	副主管
M2	高级专员
M1	专员

技术通道（T）	
T7	专家级工程师
T6	高级工程师
T5	副高级工程师
T4	中级工程师
T3	助理工程师
T2	高级技术员
T1	初级技术员

研发通道（R）	
R7	首席专家
R6	资深专家
R5	高级专家
R4	高级研究员
R3	中级研究员
R2	初级研究员
R1	助理研究员

技能通道（W）	
W5	高级技师
W4	初级技师
W3	高级工
W2	中级工
W1	初级工

图 3　天江多通道职业发展体系

2. 打造数字化学习平台，凸显资源体系优势

通过构建数字化学习平台，实现创新引领、整合资源、人才培养、业务支持、文化建设的功能，提升学习质量，丰富培训手段，为构建网络化、数字化、个性化人才培训体系迈出重要一步。

（1）打造敏捷学习的课程体系。企业的快速发展，对人才培养体系和企业治理能力提出了更高要求。搭建“云学堂”数字化学习平台（图 4），推动在线课程的便捷获取、高效运用、智能服务，有助于加大人才培养的力度、深度和效度，实现个性化、精准化课程资源的配送，为员工提供丰富全面的课程选择，实现学习模式新变革。

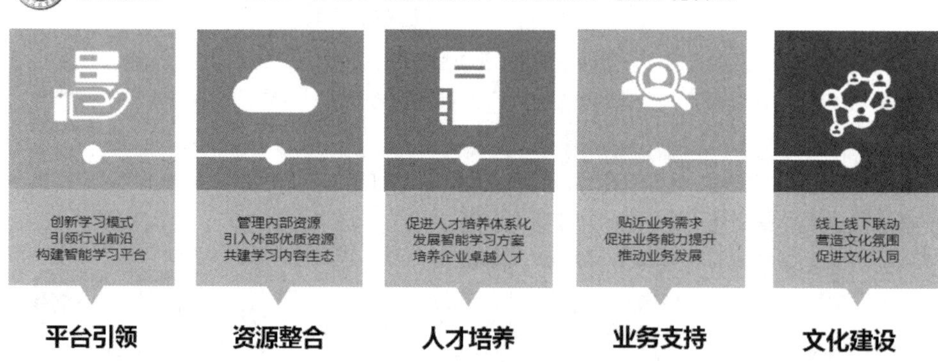

图 4　天江云学堂

（2）打造赋能业务的讲师队伍。一是多层面搭建导师体系。导师是人才培养的第一责任人，肩负着为天江培养高层次创新人才的重要使命。通过高层管理团队人员带教储备干部的形式，实现管理经验传帮带；通过工人师傅带徒弟的形式，实现技能经验老帮新。将导师体系真正落实到人才培养的全方位、全过程。二是多板块培养内训师队伍。通过 TTT 培训打造天江内训师队伍，覆盖营销、市场、研发、生产等部门，结合业务实际开发课程，建立“人人皆须为师，人人皆能为师”机制。三是多措并举实现岗位经验内化。作为中药配方颗粒行业的领跑者，天江聚焦配方颗粒行业经验型人才，萃取过往岗位经验为标准，以外部转化、内部传承为手段，以优化体系、提升绩效为目标，通过系统、专业、务实、可持续的培训模式，将既有岗位专业经验进行梳理、总结、提炼、沉淀、升华，整合成标

准化内部教材并进行传授、促进内化。

3. 强化特色培训项目，打造人才运营体系

（1）搭建科研平台，汇聚行业高端领军人才。天江药业秉持“担当、协作、创新、进取”的价值观，汇聚天下英才，建立刘良院士——江阴中药产业研究中心、陈可冀院士工作站、国医大师工作室、博士后工作站、研究生工作站、南京中医药大学中药配方颗粒产业技术研究院、中国药科大学中药优良品种繁育研究中心等多个研究合作平台，与多所高校、科研院所开展国家级、省市级项目合作，有效推动了中药饮片产业现代化，特别是中药配方颗粒行业的科研进步与产业升级。公司目前拥有合作院士 2 人；享受国务院特殊津贴专家 1 人；江苏省有突出贡献中青年专家 1 人；江苏省博士后聚集计划入选者 1 人；江苏省科技企业家 1 人；无锡市有突出贡献中青年专家 2 人。

（2）建设干部培养梯队，形成后备人才储备池。公司坚持从长远出发，坚持党管人才原则，搭建人才管理体系，实施人才继任者计划（图 5），形成“新动力 – 领头雁 – 领导力”人才梯队培养特色项目，覆盖人才成长全生命周期。

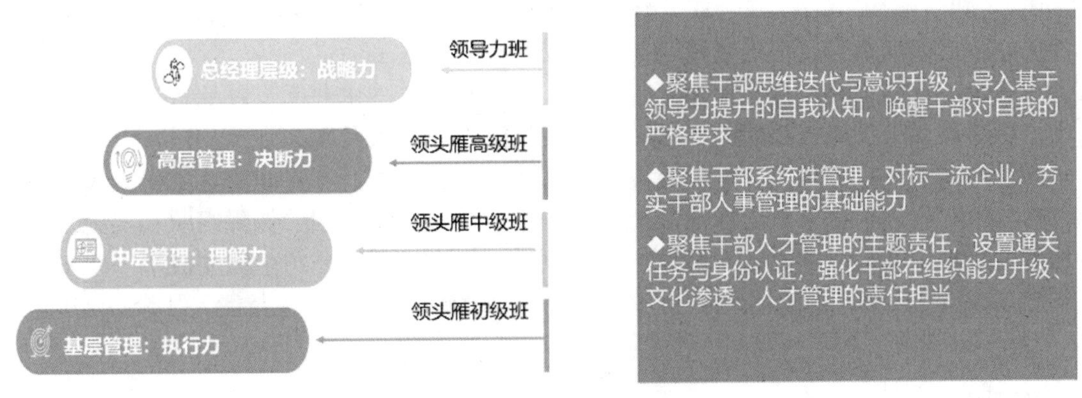

图 5　天江人才继任者计划

①凝“新”聚力，行稳致远。一是形式多样促融入。通过导师传授、拓展训练、作业打卡、课程教学等多种形式相结合，使入职大学生在短时间内了解公司历史发展脉络，养成职场必备基本素质，增强对集体的认同感与归属感，为尽快融入新集体和提升职业素养打下良好基础。二是协同子公司共促人才发展。将子公司入职的应届大学毕业生纳入新动力班，实现企业文化传递，增强子公司员工归属感。

②长远发展，实施基层继任培养。公司始终把基层人才的培养放在培训工作的重要位置，筑牢基层发展根基。严格选拔程序，通过自荐及领导推荐两种方式，通过人才测评（考试）、演讲选拔等具体程序，择优选拔“德才兼备”的后备人才，保证后备干部队伍质量。采用双导师制，领头雁初级班以导师制为特色，岗位导师与职业导师齐抓共管，公司中高层亲自进行一对一（一对多）辅导，通过“传、帮、带”的方式辅导学员掌握工作流程、业务技能和方法。至今领头雁初级班已历三届，前两届晋升率达 67% 以上（表 1），为公司搭建后备人才梯队提供了可靠保障。

表 1　领头雁初级班晋升情况

领头雁初级班	总人数	男	女	平均年龄	晋升人数（2017–2022 累计）
第三届（进行中）	33	13	20	26.6	1
第二届	17	3	14	30.2	10
第一届	17	7	10	35.4	13

③战略引领，打造中坚力量。一是提炼领导力素质模型。领头雁领导力进阶计划之中层管理研修班，基于天江“十四五”战略目标和发展方向，从高层和中层双视角，构建中层管理者素质“北斗七星”模型。二是对标能力，专项提升。通过能力项对标，开展专项赋能提升，培养能够执行企业战略的中坚核心力量人才，锻造了一支忠诚、干净、担当的中坚骨干队伍。

（3）坚持市场领航，打造行业营销精英。①营销培训全覆盖。针对不同对象，营销序列培训项目设置了营销领英计划，形成青英班、菁英班、领英班的阶梯式营销人才培养体系。

②突出赋能业务。聚焦天江药业现阶段营销中的痛点问题，通过“在线直播”“案例工作坊”“随学随用”O2O 混合式设计，实现营销人员业务能力提升，加速营销管理者角色转化，深挖市场潜力，促进区域销售业绩提升。

（4）组建技能道场，夯实产业工人队伍。有计划地培养中药配方颗粒行业岗位技能型人才，不断调动员工提升技能的积极性，提高技能人才队伍素质。

开展国家职业技能认定，培养行业工匠人才。充分运用江苏省职业鉴定中心规范技能等级的政策红利，申报并获得职业技能鉴定资格，规范鉴定流程，保障组织和实施。经过系列理论培训、实操培训、理论测试、实操测试、综合评定，公司全面完成了一线工人职业技能等级认定工作。目前，公司拥有中药炮制工、中药制剂工等一线技能人才合计 279 人。

主要创作人：杨鹭颖

参与创作人：丁晓红、韩　娟、毛雪英、申叶倩

以人人参与经营为导向的创新型组织建设

——大北农集团创业单元组织建设创新模式

北京大北农科技集团股份有限公司

一、企业介绍

大北农集团是以邵根伙博士为代表的农业科技工作者创立的农业高科技企业。自1993年创建以来，大北农集团始终秉承“报国兴农、争创第一、共同发展”的企业理念，致力于以科技创新推动我国现代农业发展。

大北农集团拥有5个国家级科研平台，4家国家农业产业化重点龙头企业，30家国家级高新技术企业；建有北京市首家民营企业院士专家工作站和中关村科技园海淀园博士后工作站分站（图1）。

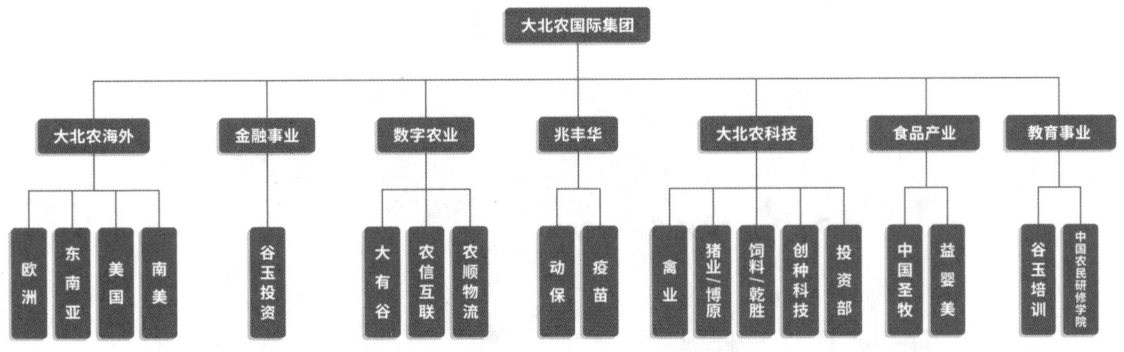

图1 大北农集团组织结构图

大北农集团产业布局涵盖饲料科技、动保科技、养猪科技、疫苗科技、作物科技、乳业科技、农业互联网等多个领域，拥有30000多名员工、3000多人的技术创新团队、300多处生产基地和近300家分、子公司，在全国建有10000多个基层科技推广服务网点。2010年，大北农集团在深圳证券交易所挂牌上市，成功登陆资本市场。

二、创业单元组织建设的管理实践

大北农创业单元组织以客户为中心、以客户的需求为基础，打造具有凝聚力与战斗力的不同规模创业单元，各单元自行制定目标与计划，并依靠全体成员的智慧和努力来完成既定目标，实现各个创业单元的绩效成果，形成全集团各个组织的命运共同体，从而成就每一个组织成员。

创业单元组织建设包括三大系统，分别为：支撑系统——大北农企业文化、经营哲学；绩效实现系统——创业单元组织建设；核算系统——经营核算会计。三个系统相互支撑，共同组成创业单元组织建设统一体（图 2）。

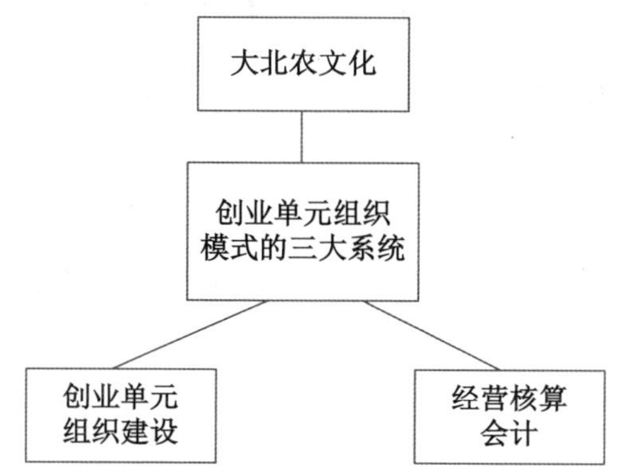

图 2　大北农创业组织单元建设模型

（一）支撑系统：大北农企业文化和经营哲学

大北农文化以报国兴农、争创第一、共同发展为核心理念，现已成为大北农人勇于创新、长效发展的源动力。大北农文化引领员工不断追求人生更高目标，大北农文化成为解决管理问题的内生动力（图 3）。

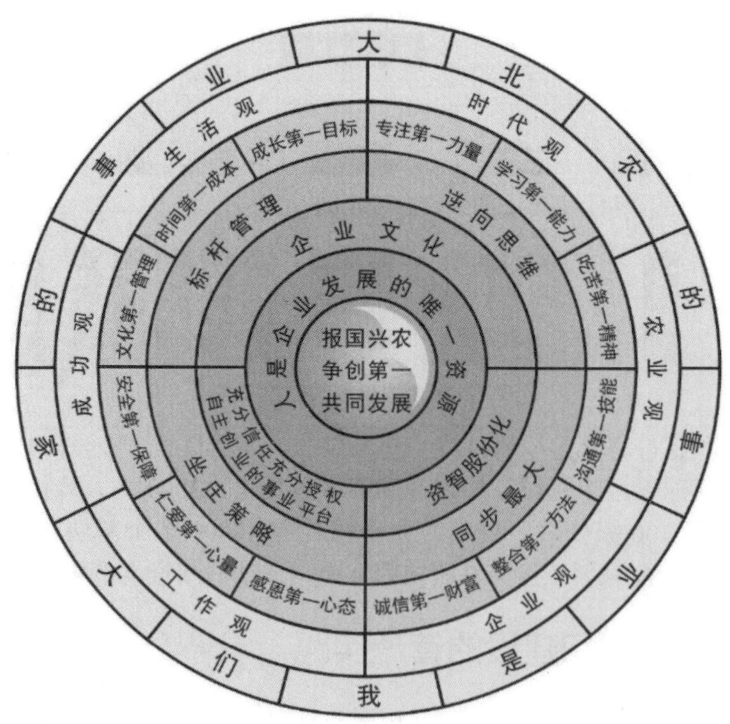

图 3　大北农文化罗盘

（二）绩效实现系统：创业单元组织建设

2010年集团上市以来，不断探索创新，以经营战略为导向，创新组织管理机制，探索出一套适应集团不同产业发展特点的创业单元组织模式。创业单元组织建设是大北农事业发展的不竭动力，以创业理念为组织建设的根本动力，不断推动组织扁平化。组织下沉，划小核算单元，实现从集团战略到一线执行的最短通路，有利于全员理解从集团战略到战术再到战斗的企业总体布局，从而激发团队的活力与创造力，实现人人会核算、人人明确目标、人人参与经营的机制。

（三）经营核算系统：经营核算会计

大北农经营会计实现了财务核算与创业单元同时下沉，采用信息财务系统，通过复式记账、资本分析、独立核算等方法，每天将经营结果反馈到一线创业单元，实现了企业经营日经营化、透明化经营，一线创业单元快速反应，及时调整策略，看清内部经营活动的具体盈亏情况，采用成本预算控制的方法，降低企业成本和支出；通过透明化的绩效考核激励，激发员工的积极性与创业精神，从而大大提高企业经济效益。

三、创业组织单元建设策略与方法

（一）大北农企业文化（经营哲学）

大北农文化的核心理念是报国兴农、争创第一、共同发展。报国兴农是大北农人奋斗的目标，是大北农人共同的神圣使命。争创第一是报国兴农的具体体现，是大北农人的工作状态、工作方法和工作目标。共同发展是实现报国兴农、争创第一的实现途径，内在含义是在企业文化引领下，构筑一个共同发展的平台，营造一个伙伴式共同创业机制，与员工、投资者、其他利益相关者乃至社会、国家一起发展，实现共同富裕（图4）。

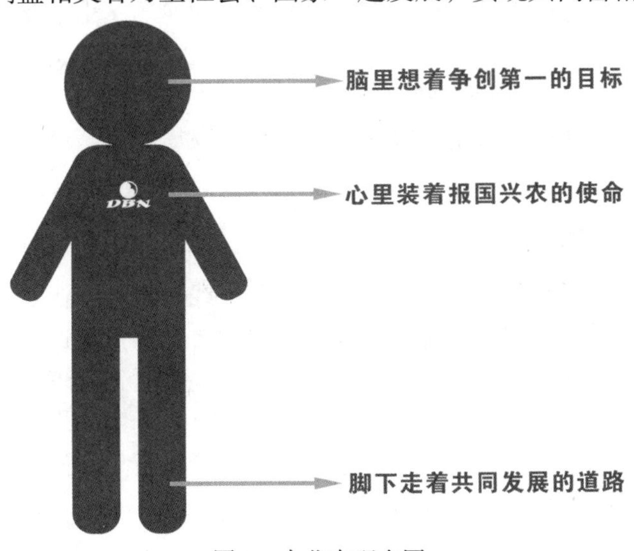

图4　大北农理念图

大北农的管理系统五层次由上而下，依次解决员工的五方面问题，这是创业单元组织建设的根本基础，也是通过文化的浸润改善员工心智模式、打通员工思想通路的现实途径。大北农报国兴农理念首先解决员工为什么干的核心问题；其次是让每位员工明晰自己的人生目标与工作目标；再次是解决大家如何干的问题，通过培训解决战略、组织、流程下沉到组织最末端的流程问题；然后员工可以通过创业单元组织的经营会计体系评估自己的业绩，提升人力资源系统的评估效率；最后是效益如何分配。五个层次一体贯通，组织才有凝聚力，员工才有活力，企业才能无往不胜（图 5）。

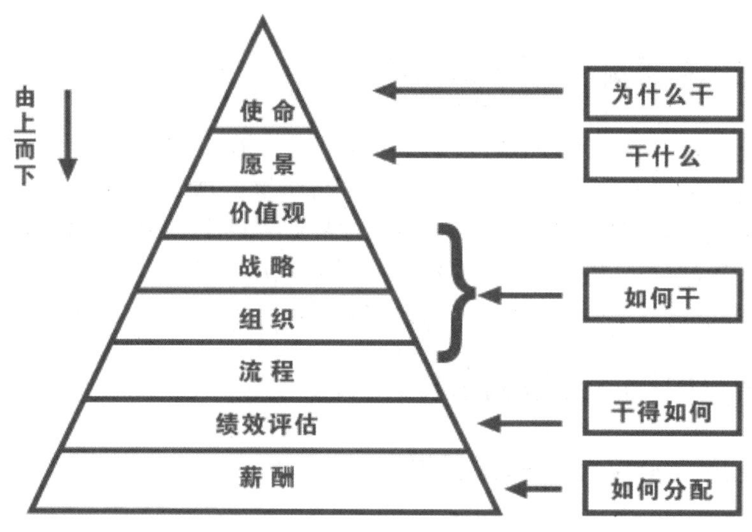

图 5　大北农管理系统五层次（由上而下）

（二）创业单元组织建设

大北农的事业是所有员工的事业。信任是大北农团队的基本信念，充分信任是大北农的创业氛围。充分授权是激发团队创业激情的有效途径，是培养员工能力、提高员工领导力的有效途径，也是实现目标的有效方法。以大北农创业单元组织为最小业务核算单位，大北农事业平台在公司文化与愿景的统领下，为员工发展提供广阔的创业空间和实现人生价值的宽阔舞台。

1. 创业单元组织建设框架

大北农创业单元组织建设包含一个核心、两条主线，兼顾产业发展。创业单元组织建设的核心，是人员的冲锋型阵法，每一个人都能找到自己舞台，这也是创业单元保持创业激情的法宝。两条主线分别为，从经营理念到中长远规划再到各事业部、各创业单元及部门的年度经营计划层层分解，确保年度目标的完成；跟据经营主线，将企业战略转为团队战术再转为每个人的具体战斗方法。再从总体上通过各科研院所的科技支撑，统筹兼顾成熟、发展与新生各层次产业的协调发展（图 6）。

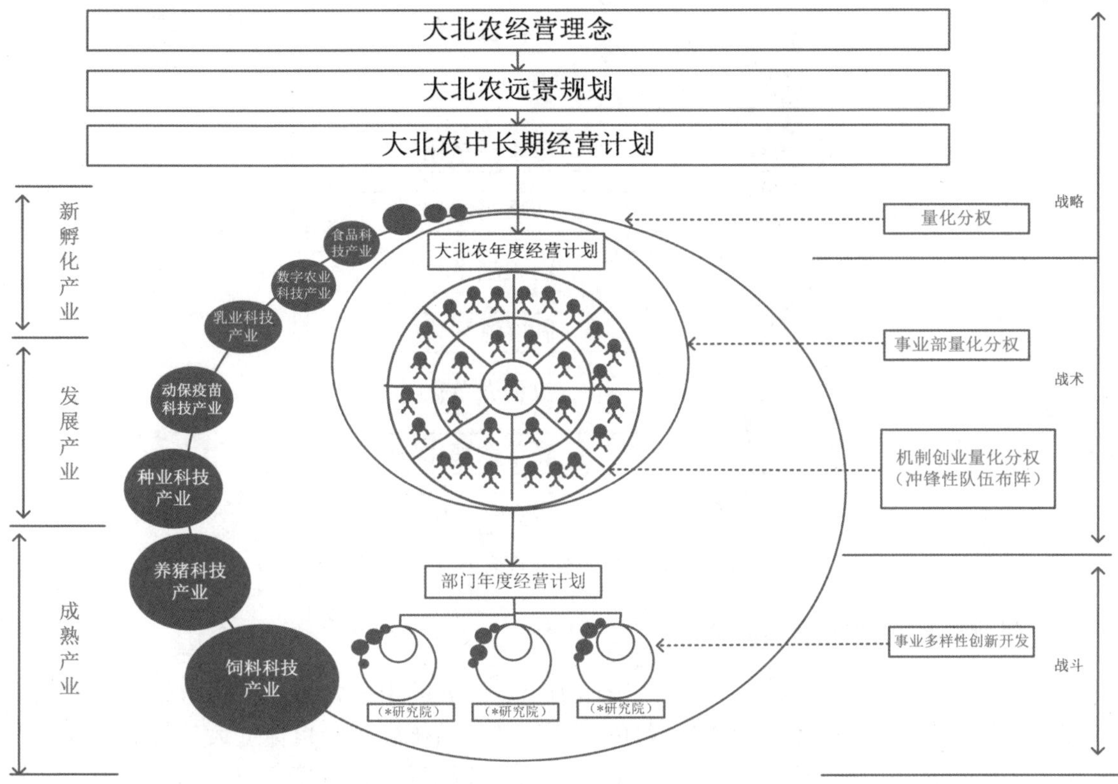

图 6　大北农创业单元组织建设示意图

2. 创业单元组织建设的目标

（1）最大目标：实现组织的长期愿景，即创建世界级农业科技服务企业；

（2）让每一位员工成为主角，打造人人具有使命感的组织；

（3）让员工站在企业经营者的角度思考问题，人人都成为经营者，让员工具有利润意识，对经营结果负责，培养具有经营者意识的人才；

（4）建立部门核算制度，以小集体规模、单位时间等为核算基准，是创业单元经营的特质，以此实现管理精细化。

3. 创业单元组织建设理念转化

创业组织单元模式将大北农的核心理念最终转化为绩效数字，这是一个系统化、流程化的过程。首先将理念依次转化成战略、组织、制度、表单、数字，最终形成报表。通过打造梦想、事业与财富的创业命运共同体，使员工的心灵、事业、财富同步成长，成就每位员工，实现最小创业单元组织价值。由此实现集团内部销售、独立核算，达成以利润为核心的经营管理体系，最后实现公平分配（图 7）。

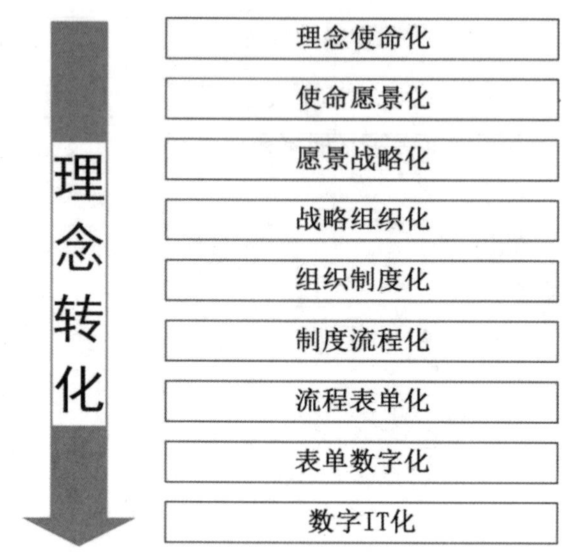

图7　大北农集团核心理念转化流程图

4. 创业单元组织建设的条件

（1）素质过硬的干部队伍。干部队伍作为企业发展的中坚力量，在团队管理中承担着教练、导师、啦啦队长、公仆等四大角色，必须具备品德高尚、目标远大、技能高强三大素质，必须具有文化意识、人才意识、第一意识、危机意识、楷模意识、品牌意识、绩效意识、创新意识等八大意识，可以将使命、目标阐述清晰并坚持不懈地付诸行动，获得团队的信任和尊敬，从而凝聚人心、激发团队智慧。

（2）每一位员工必须能够独立完成业务目标。独立创业单元组织必须具备作为经营者的责任感，努力提升业绩，每一个员工都制定目标并为实现这一目标而感到工作的意义，在工作中找到乐趣和价值，从而激发创业组织激情和活力，有效激励员工齐心协力地参与经营，实现“全员参与经营”，做到投入最小化、产出最大化，将全年绩效目标分解落实到每一天，做到日日进步。

（3）必须具备自主独立核算的能力。集团内部财务往来数据必须清晰，组织单元内部成本、效益数据明确，每个独立创业单元组织能够做到独立核算。财务数据精确到每个单元，每个员工都可以看到自己的成本费用和绩效数据。

（4）必须能够贯彻执行集团的目标和方针。贯彻集团企业理念、执行集团战略方针，是对创业单元组织的基本要求。

5. 创业组织单元建设模式

（1）人人参与经营。在大北农创业单元组织中，每一位员工都站在企业经营者的角度思考问题，人人都成为经营者，每位员工都具有作为经营者的责任感，员工有利润意识，对经营结果负责，实现“全员参与经营”，做到投入最小化、产出最大化，将全年绩效目标分解落实到每一天，做到日日进步。

（2）权责分明的监督机制。集团为每位员工提供自由发展空间的同时，为创业组织单元明确了三个权力和三个责任。权力就是责任，责任就是担当。

三个权力：业务决策权、财务签字权、人事调度权。三个责任：文化、战略宣贯责任、制度执行责任、主动受控责任。真诚、和谐是大北农的团队氛围，透明经营是最高效的管理工具。

（3）系统完善的培训体系。人是企业发展的最重要资源，公司鼓励全体员工加强专业学习和技能提升，希望每个人成为学习型员工、每个部门成为学习型组织、公司整体成为学习型企业。公司通过军事化、家庭化的培训模式，打造出一套高层以领导力为核心、中层以管理能力为核心、基层以专业技术能力为核心的三层级狮虎狼培训教程，构建以研发、后勤、销售、生产等 4 大体系为主体的完整培训体系，并以大北农文化贯穿始终。大北农通过 28 年的探索，打造了独特的“341”人才培养模式，持续建设集团人才梯队（图 8）。

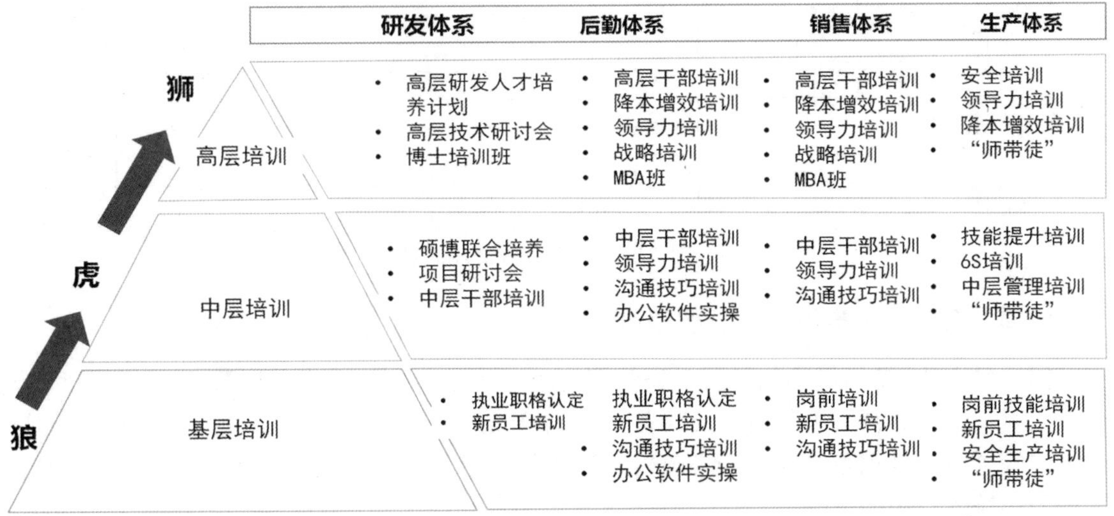

图 8　大北农全方位培训体系图

6. 创业单元组织绩效评估

创业单元组织绩效评估主要包含组织业绩评估、员工考评，并以此为依据实施多项奖励。

（1）绩效评估：组织绩效评估包括三个方面：进步程度（与自身比），贡献度（与其他组织比），公平度（投入产出比）。通过绩效评比确定奖金、绩效奖与股份奖励等多种奖励额度。

（2）员工考评：员工考评分为思想考评（认同集团经营理念）、能力考评（能力提升）和业绩考评（根据当下业绩，确定年终奖、股份奖励等）。

（三）经营会计

创业单元组织经营会计是创业单元组织建设落地的管理工具，为企业经营服务。创业单元组织经营会计紧紧抓住与经营相关的核心数据，时刻关注核心数据的变化，并把数据运用到工作流程中，及时形成创业单元组织经营报表，用数据促进经营。通过及时发布经营会计报表，可以激发创业单元全体成员的经营意识，反映创业单元的即时经营状况（图 9）。

项目		业务单元1	业务单元2	业务单元3	业务单元4	业务单元5	业务单元..	合计
附加值	销量							
	乘：单位售价							
	销售净额							
	减：原料成本							
	附加值							
边际利润	减：生产费用							
	毛利额							
	减：变动费用							
	边际利润							
经营利润	减：固定费用							
	经营利润							
净利润	加：损益摊销							
	其他损益							
	净利润							
经营指标	单位毛利额							
	单位边际利润							
	总人数							
	总工时							
	人均创利							
	每工时创利							

图 9　创业单元组织经营会计报表示例

1. 基本原则：销售最大化、费用最小化

销售最大化、费用最小化是所有经营都要遵守的原则。在节约经费方面，首先通过《创业单元组织经营会计报表》，清晰反映各个创业单元组织的费用状况。在反复推比的过程中，通过经验共享，推动各方面的循环改善，让各创业单元都掌握相应的费用降低方法，从而实现公司整体费用的下降。

2. 确保数据真实

确保数据的真实性和时效性看似理所当然，但现实中却往往并非如此。确保数据真实反映经营状况，据此做出的结算报表才能够如实体现公司现状。

3. 量化制定经营计划

每个创业单元组织根据所处的行业现状、自身规模及发展阶段，制定年度经营计划，以中期经营计划为前提，通过量化的计划和方法，制定本部门的年度效益计划、经营计划，并通过经营会计报表和单位时间核算表，掌握创业单元的实际经营状况。通过报表数据，从微观上把握好每一个细节，从宏观上了解整个企业的发展态势，通过认真分析研究会计报表，解决每一个数据背后隐含的问题，最大程度地发挥创业单元经营会计的作用。

4. “公平、公正、公开”

通过业绩评价制度、绩效考核的导入及其应用，对各创业单元组织经营实态进行客观评价，对组织能力及个人能力进行客观评价，实现组织、个人能力的循环改善。应用业绩评价的结果，实现员工的奖惩、晋升、福利等相应的制度安排，打造充满活力的“高收益组织”。

四、创业单元组织创新模式推动企业持久健康发展

创业单元组织建设，不仅塑造了优秀的大北农企业文化，而且打造出以人人参与经营为导向的创新型组织。经营会计工具的使用，是建设大北农企业文化极为重要的一环。大北农企业文化、创业单元组织建设、经营会计三个系统相互支撑，不仅有效保证了创业单元组织的良性运转，而且不断激发员工潜力，成为推动企业持久健康发展的不竭动力。

主要创作人：韩瑞玲

参与创作人：刘　敬

现代制造业技术序列构建与思考

江南造船（集团）有限责任公司

习近平总书记在2021年9月，中央人才工作会议上指出，要培养大批卓越工程师，努力建设一支爱党报国、敬业奉献，具有突出技术创新能力、善于解决复杂问题的工程师队伍。随着经济社会的转型发展，制造业在人口红利渐失、用工成本高起、制造业高科技人才就业意愿逐年下降等复杂背景下，面临着如何突破发展瓶颈与如何保留企业发展所需高科技人才的双重困境。越来越多的制造业企业开始探索科技型、数字化的转型之路。专业技术人才在专业技术引领、关键技术攻关等方面起着重要作用，是企业实现转型的基石，其职业发展通道、激励考核机制等也逐步成为企业人力资源规划建设的重要举措，而传统的“单通道”式职业发展路径，一方面限制了专业技术人员的职业发展空间，另一方面也制约了其在专业技术领域深耕的积极性。本文主要通过构建职业发展通道来探索对专业技术人员职业发展、激励考核等进行科学管理的有效途径。

一、技术序列的定义与特征

“技术序列”并非新概念，它是企业向高附加值领域转型与发展过程中，优化人力资源管理的重要制度产物。国外的3M、英特尔、苹果，国内的华为、百度、阿里巴巴等优秀企业均有M/T/P序列之分，即管理序列、技术序列、项目（产品）序列。其中，管理序列和技术序列是双线并行、价值平等的人员发展主通道。有技术特长的专业技术人员是企业引领科技创新、实现高质量发展的主力军，技术序列则是其职业发展的重要通道。管理序列队伍负有行政抓总，统一指挥、重大专项、资源统筹等职责；技术序列队伍主攻技术，开展前瞻性技术研究、技术风险预控、重要课题攻关、关键技术把关、技术人才培养等工作。以组织为载体，构建管理序列与技术序列的协调关系是企业实现高效、平稳转型的人力资源制度基础。

二、现代制造业技术序列的现状及问题

对于以往主要以生产、集成、安装业务为主的大型现代化制造企业来说，管理序列和项目序列仍是专业技术人员晋升发展的主要路径，技术序列少有提及。在船舶、钢铁、煤炭等传统劳动力密集型产业，建设独立完整的专业技术人员发展通道的企业为数不多。专业技术人才存在培养周期长、规模化复制难等特点，然而受中国传统“官本位”思想的影

响，专业技术人员中的佼佼者往往在专业岗位职级发展到达瓶颈后，由于缺少针对专业技术人才的进一步发展通道，通常选择进入管理序列，但结果可能不尽如人意。一方面专业技术人员由于缺乏管理经验和管理理念，表现平平，难有发展，对组织绩效带来负面影响；另一方面，进入管理岗位后，很难再有精力发展自己的专业技术之长，久而久之，一身好本领消磨殆尽，造成了人才的浪费。

现有专业技术人才发展机会与企业高质量发展战略不匹配，主要表现在三个方面：首先，大多制造企业只有少量的高职级技术岗位，如技术专家、高级顾问等，但数量有限；其次，从人员现状来看，由管理人员转为技术专家的居多，自下而上，逐步成长起来的很少，存在因人设岗、不成体系的情况；再者，由于没有系统的选拔、任用、考核等岗位管理机制，结构上存在年龄老化、后继乏人、部分领域空白、缺乏储备等问题；最后，高层次领军人才匮乏。专业技术人才成长为所在领域的权威，需要良好的创新氛围和系统的培养升级机制，这些条件在制造业是相对匮乏的。

三、现代制造业技术序列建设的目的和意义

专业技术人力资源是企业提高核心竞争力，引领科技水平的核心资源，是制造业企业走向科技型、数字化的推动者。做好专业技术人才的职业发展管理工作，是企业人才管理的基础和核心工作，是企业人力资源管理工作的重要组成部分。职业发展作为人力资源管理的一个重要领域，其重要性已渐为大家普遍接受，而如何构建新时期现代制造业专业技术人才职业发展体系，激发他们的工作激情，对于企业来讲有其特殊意义。

四、现代制造业企业技术序列建设实践

江南造船（集团）有限责任公司（简称“江南造船”），隶属于中国船舶集团有限公司（简称“中船集团”），前身是1865年创办的江南机器制造总局，是中国民族工业的发祥地。江南造船开发、设计和建造了多型国家战略高新产品、液化气船、集装箱船、散货船等12大类40多型船，拥有20多款自主知识产权的高附加值船型，是国家特大型骨干企业和国家重点军工企业。作为国家首批40家企业技术中心之一，拥有2个国家级创新中心，设有院士科研工作站和博士后科研工作站，拥有超3300人的专业科技人员队伍，工程师及以上专业职称人才近1500人。

十四五以来，江南造船加速变革步伐，引入大量优质高科技人才，技术序列建设对江南造船来说势在必行。江南造船深入贯彻中船集团“十四五”人力资源规划要求：构建以专业领军人才、青年拔尖人才为支撑的技术人才队伍，为高质量发展提供强有力的人才支撑和智力保障。江南造船以构筑公司“人才高地”为战略指导，将技术序列建设作为公司2021年一项重点专项工作启动策划并落地实施。

1. 总体策划，全面布局

顶层设计在人才资源管理政策制定过程中至关重要，思考的广度、深度直接影响到政策是否能顺利落地以及是否具有可持续发展性。经过长达七个月的调研与策划，江南造船从“建”“选”“用”“育”“留”“退”六个方面进行全面策划，以期实现人才发展全链路

牵引与逻辑闭环。坚持五个基本原则：基于专业领域建通道、基于能力素质选人才、基于精准培养提素质、基于业绩贡献兑薪酬、基于考核结果定升降，以技术序列建设为专业技术人员铺设发展主通道（图 1）。

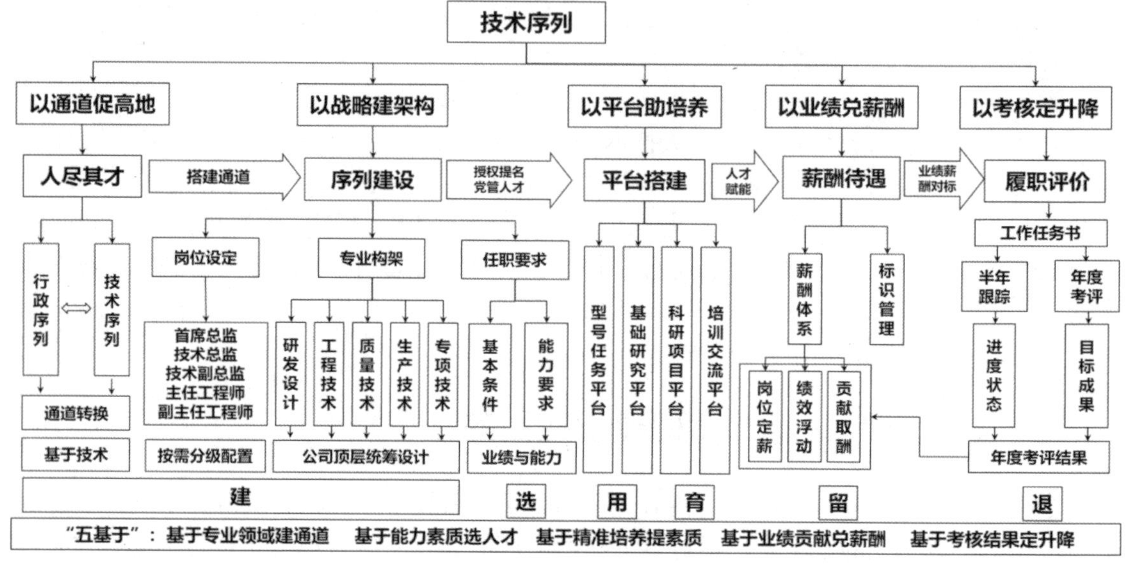

图 1　技术序列总体框架

岗位层级设置首席技术总监、技术总监、技术副总监、主任工程师、副主任工程师五层。总监级主要负责前沿研究、技术引领，主任 / 副主任工程师级主要负责技术跟踪、协同落地。在编制上采用总编控制的方式，将各层级人数控制在合理人数范围内，形成金字塔型稳固梯队；同时，打通管理和技术两大序列间的转聘壁垒，实现序列内纵向升降、序列间横向转聘的灵活机制，充分发挥个人专长，人尽其才，才尽其用，实现员工潜能与组织绩效最大化。此外，在角色定位、多平台培养、薪酬待遇、考评应用等方面均进行机制策划与建设，保障技术序列人员在履职过程中责权利的合理匹配（图 2）。

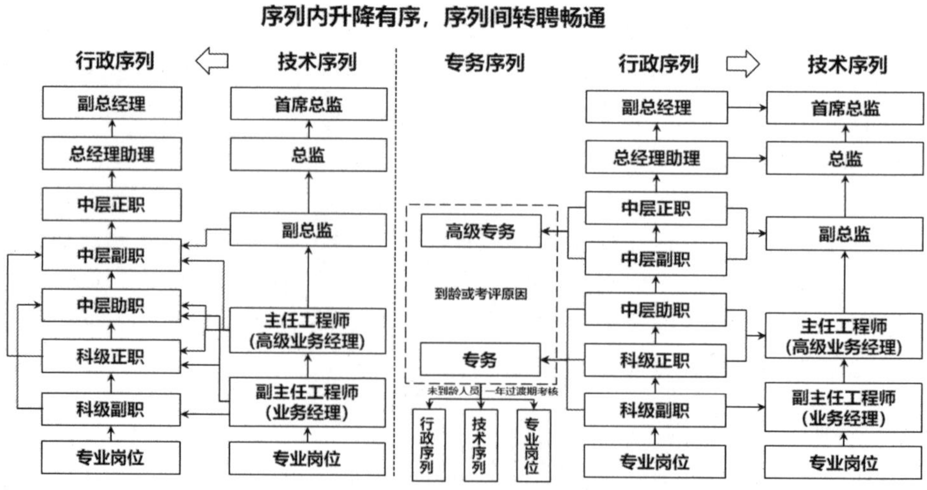

图 2　升降通道和序列间转任关系

2. 搭建技术架构，描绘技术蓝图

技术架构是企业立足现在、着眼未来，在企业战略发展规划下产生的技术规划蓝图，是企业不断优化现有技术、突破前瞻性技术、填补技术空白、实现可持续发展的技术指导框架。同时，技术架构也是技术序列人员在相应领域进行技术开发的方向，是技术序列岗位设置的有效依据。江南造船依托技术特征最明显的三类部门，梳理出研发设计、质量精度、工程运行三大技术方向，并提出这三个技术方向在十四五期间的建设目标：研发设计方面，通过创新、驱动、变革三个阶段发展，建设与世界一流军工造船企业相适应的“企业研发中心”；质量精度方面，通过筑基、预控、引领三个阶段发展，构建先进的质量运行体系，铸造“江南质量品牌”；工程运行技术方面，通过造船模式 1.0、2.0、3.0 三个阶段发展，引领一流船舶工程建造模式，打造行业“一流造船模式”（图 3~ 图 5）。

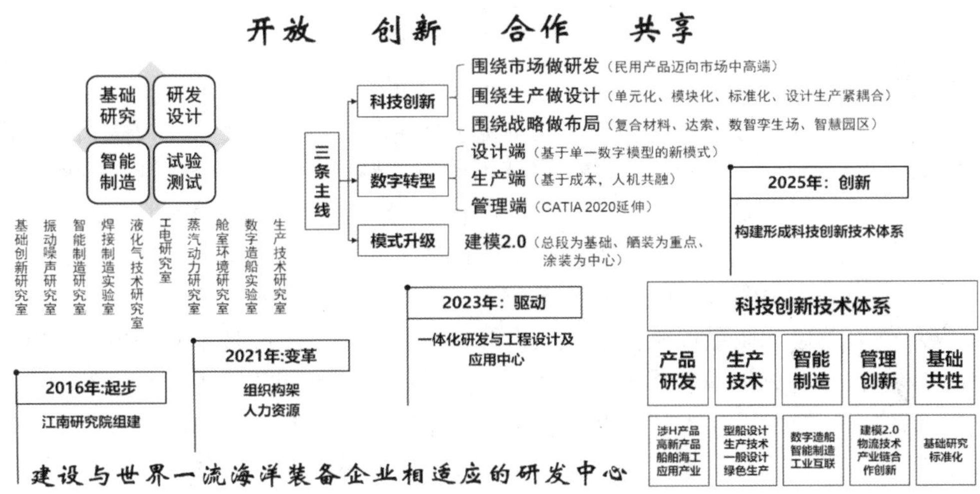

图 3　研发设计技术理念与规划

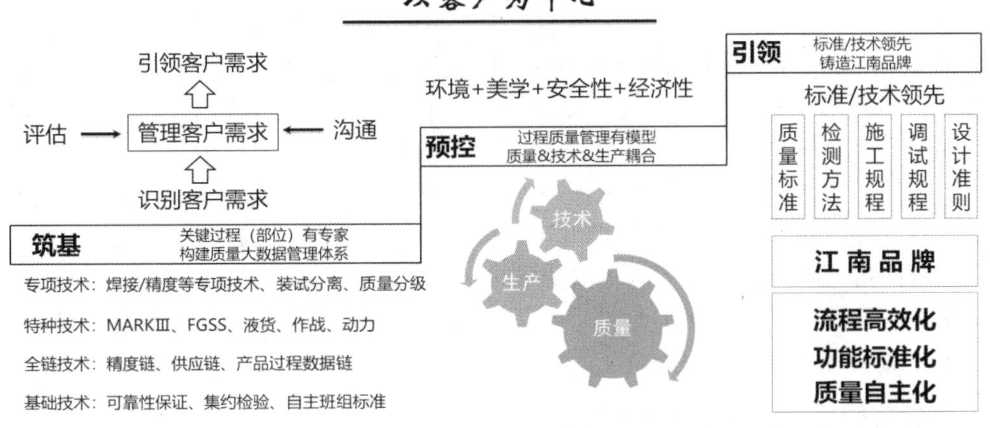

图 4　质量精度技术理念与规划

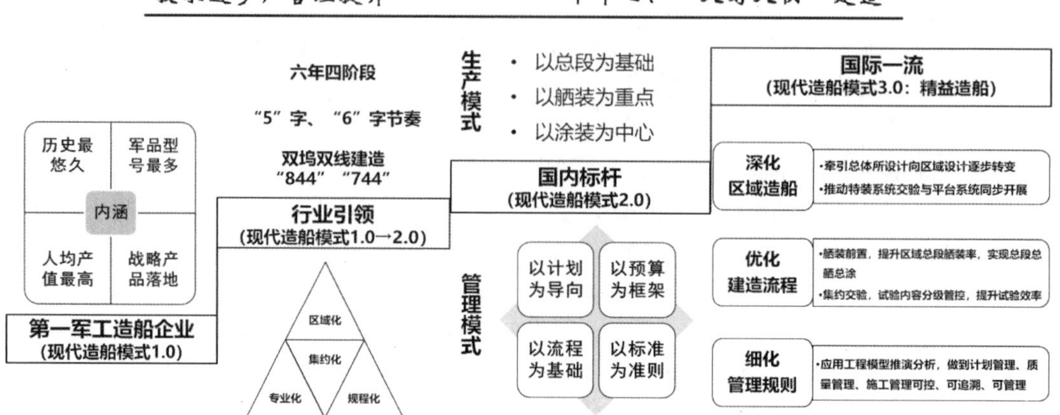

图 5　工程运行技术理念与规划

围绕发展目标，江南造船对每个技术方向进行分类分层、细化分解，将每个技术大类细分为领域、分领域、技术方向三层，使得每个技术领域都形成完善的树状结构，保障各类技术稳步推进。领域对应树干，掌控该技术的发展脉络与方向；分领域对应树枝，从几个主要方面为树干提供支持；技术方向对应树叶，不断为树枝、树干提供养分，形成引领、营造技术发展的参天大树。经过梳理，研发设计技术包括动力与机电技术、电子信息系统技术、先进制造与材料等 11 大技术领域，50 个技术分领域及技术方向若干；质量精度技术包括以总段为单位的质量控制技术、以系统为单位的集约预控技术、测控技术等 5 大技术领域，14 个技术分领域及技术方向若干；工程运行技术包括节律化工程技术、集约化试验技术、特种专项技术等 4 大技术领域，11 个技术分领域及技术方向若干。以上各技术领域的长足发展，将为江南造船带来创新活力与经久不衰的生命力。同时，以上三类总师部门（总建造师、总工艺师、总质量师）技术序列的建设将进一步提升三总师团队的综合作战能力，为产品的按期高质量交付打下坚实基础。

3. 严格实行选拔机制，有效遴选优质人才

严格、公正的选拔机制是技术序列强大生命力的前提。技术序列人员的选拔有其独特性，区别于传统的人员选拔中严卡硬条件、以学历论水平等做法，更注重个人能力素质、工作业绩、研发创新力等。江南造船提出"工作业绩为先、能力素质为本"的选拔理念，贯彻"四结合、可破格"的指导思想，即业绩、资历、学历、职称相结合，特别优秀的人员可予以破格。此外，在选拔程序上做出严谨论证，提出"三级审核、两级公示"的严格程序要求，即部门提名评议＋人力资源部审核＋党委会审议，部门提名公示＋公司聘前公示，保障用人部门对甄别与选拔优秀人才的主体地位，确保公司对人员资质的严格筛选。同时，通过机制牵引，保障选拔过程的公平、公正、透明，为公司选出一批创新能力强、基本素质好、工作业绩优的技术序列人员。

4. 创新薪酬体系，实现有效激励

技术序列作为专业技术人员的重要发展通道，其薪酬待遇是员工有效激励的重要手段，须打破固有的发津贴、打补丁方式，建立一套与技术序列岗位设置、人员贡献度相匹配的

薪酬体系。江南造船基于“任其位、授其权、担其责、给其利”的设计理念，将技术序列薪酬体系分为薪酬待遇和履职待遇两部分。薪酬待遇部分，以岗定薪、绩效浮动、按贡献取酬；履职待遇部分，技术序列人员佩戴与其职级对应的标识，同时享受通信补贴和相应差旅标准等。此外，鼓励技术序列人员用自己的科研成绩争取公司的科创杯、奋斗者杯等专项奖，真正形成能者多劳、多劳多得的良性循环。

5. 落实考核应用，保持序列活力

能升能降的考核机制是技术序列保持活力的关键措施，也是跟踪、协助、监督技术序列人员高质量履职的重要手段。江南造船基于“事前定任务、事中追过程、事后用结果”的考核理念，要求技术序列人员任职前签订《工作任务书》，作为“履职承诺”与“考核依据”，明确技术责任，确保可检查、可考核、可追溯；任职期间，进行半年度评估，掌握任务进展状态，及时纠偏；任期结束，进行任期考核，检查指标任务达成情况，作为后续考核结果应用的依据。考核结果分级分档，“271”强制分布，按照20%优秀，70%一般，10%末位排序，同员工收入挂钩，同岗位晋升挂钩。通过以上措施，强化技术序列人员业绩评估，及时跟进各项工作推进情况，促进技术序列人员履职，保持序列活力，保障公司战略目标的达成（表1）。

表1　技术序列人员考核应用表

考核结果	强制分布比例		同员收入挂钩		同员工发展挂钩	
	总监 副总监	主任/副主任工程师	工资调整	评优选先	升降	内部调动
优秀	≤20%	≤20%	连续两年优秀，岗位工资加1档	优先推荐	有机会，优先纳入重点培养	优先考虑
称职	70%	70%	不调整		有机会	
基本称职	10%	10%	不调整	较少推荐	一次基本称职：降职或重点观察改进。 两次基本称职：降职。	不予考虑
不称职			降薪	取消资格	降职	

6. 总结工作成果，积蓄发展力量

江南造船已完成技术序列顶层策划，颁发《技术序列人员管理规定》。2021年下半年开展三总师部门组织选聘工作，聘任技术总监6人、技术副总监10人、主任工程师14人、副主任工程师158人，技术序列人才队伍初具规模。任职期间，技术序列人员依托于工作任务书，在各项技术工作的推进中起到了举足轻重的作用。

研发设计技术方向，围绕市场做研发，助力14K集装箱船、175K LNG船首单突破，在双碳技术、新材料应用、智能船舶等技术创新领域取得丰硕成果；围绕战略做布局，在核心技术、智能平台搭建、智能制造等方面取得长足进展；围绕生产做设计，在设计端赋能、在生产端变革、在工程端应用，LNG全局工艺、深熔弧焊、焊接标准物量、六面体AR视图等技术推行大幅提升了设计效率与便捷性。

质量精度技术方向，新技术研究应用，PAUT在C型罐上试点应用并形成PAUT检测应用空间标准，数字射线自动化、涡流检测技术研究均有可观成绩，M36钢焊接管控技术实现焊接合格率98%；质量分级管控，推进装试分离，提升下水状态，舾装完整率、正确

率均有提升，交验效率大幅提升；建立质量精度数据库，优化数据采集路径，集成质量数据分析，形成产品质量态势的分析模型。

工程运行技术方向，以“期-量”为导向的标准节拍建立，推进分段制作与流转周期固化，形成气船“744”，箱船“844”的建造节奏；工程模型建立，集装箱船、液化气船“二合一”“三合一”试航关键技术与实施路径研究取得进展，转阶段状态评估标准制定，系统安装、调试作业标准化出台；总段建造信息集成系统，涵盖总段商品化交付，阶段舾装完整度，提升船舶总段、入坞、出坞状态；达成先进工程管理技术应用、超长轴系工程管理校中技术研究与应用、管路吹扫管控技术研究与应用等。此外，人员培养与队伍建设作为技术序列人员的一项重点工作任务，对技术序列后备力量的储备、梯队发展建设均有重要贡献。

技术序列的推广落地，一方面为技术人员建立了专有发展通道，搭建了各序列间的转聘路径，充分解决了相关人员的职业发展受限问题；另一方面，为江南造船研发设计、工程运行、质量精度三个技术大类的长远发展奠定了人才基础，在新船型研发、产品升级、数字化转型、建造模式转化、产品质量与客户满意度提升等方面竖起了旗帜；为高质量发展，打造科技型、数字化制造业的战略目标注入了力量。

主要创作人：张志成

参与创作人：罗厚毅、张　坤、朱　琳

中核集团创新建设体系标准，提高人力资源管理标准化水平

中国核工业集团有限公司

党的十八大以来，党中央聚焦人才强国战略，提出一系列关于深化人才发展体制机制改革、加快推动人才队伍建设的重要举措。作为高科技战略性产业和国家安全重要基石，中国核工业集团有限公司（以下简称中核集团）致力打造世界核工业重要人才中心和创新高地，始终秉持人才资源是核工业发展的第一资源这一重要理念，坚持把人才工作放在集团改革发展的重要位置，着力推动人力资源工作领域管理机制改革和创新，并于2021年在全集团范围内启动人力资源管理体系建设提升工作。

一、工作背景

在集团型企业管理中，构建集团化的管理体系是系统指导、管理和规范成员单位日常工作的有力抓手。人力资源管理作为集团管控的重要领域，集团化人力资源管理体系的运行情况一定程度上决定着集团整体管理的质量和水平。基于这一背景，2020年中，中核集团人力资源部面向各单位开展人力资源管理体系运行情况调研分析。调研发现，在人力资源管理中，集团大部分成员单位能够认真落实上级单位要求，在认真分析研究本单位人力资源需求基础上，建立健全制度体系，并将其作为日常工作的主要依据和遵循。与此同时，很多问题也显著存在，主要体现在：1、部分单位人力资源管理体系不完善或管理机制随机、零散，尚未形成体系；2、大部分单位人力资源管理顶层谋划不足，制度体系整体逻辑性不足、系统性差；3、部分单位存在制度管理空白或不同制度间管理要求不一致、协调性差等问题；4、部分单位在政策要求上落实上级文件要求多、关注自身发展少，无法满足改革发展实际对人力资源工作的要求；5、大部分单位在具体业务的开展过程中，缺少操作类指引或流程设计，导致管理方式和水平在一定程度上因人而异。

这些问题长久累积，势必影响各单位的人力资源管理效能。但是，集团公司长期缺乏对各单位人力资源工作的全面规范指导和科学评价机制，亟需系统提升各单位的人力资源管理水平的有效工具手段。

二、工作目标和思路

人力资源部借鉴质量管理体系建设思路和方法，在集团层面建立管理体系标准，明确人力资源管理体系应具备的关键要素和基本规范；成员单位根据标准，结合本单位实际和

发展需要，规范建立或逐步完善人力资源管理体系。同时，借鉴质量管理体系评价思路，集团层面依据标准进一步明确考核评价机制，明确分级标准。在此基础上，定期对成员单位人力资源管理体系的运行绩效和有效性进行综合评价分级。根据评价结果，开展管理诊断和精准施策，进而促进人力资源管理水平的整体提升。

三、标准设计与体系评价

（一）体系标准设计原则

标准借鉴 GB/T19001–2016《质量管理体系要求》，明确人力资源管理的整体框架和具体要求，以此作为成员单位开展人力资源管理工作的总体遵循。标准着重从以下几方面对人力资源管理体系进行规范：一是提升管控系统性。不同于以往发布人力资源主要业务模块或具体业务的政策要求，标准以“管理体系”为切入点，明确影响人力资源管理质量和效果的关键要素，提出完备的人力资源管理体系应满足的基线要求；二是强调全过程管理。在人力资源工作中引入过程方法和 PDCA（策划 – 实施 – 检查 – 改进）循环，要求形成自我健全的“链式反应”；同时，围绕人力资源规划、招聘与配置、培训与开发、绩效管理、薪酬管理和员工关系管理六大主要业务模块，逐一明确关键环节要求；三是坚持权变原则。集团成员单位在性质、规模、类型等方面存在较大差异，标准要求单位建立明确机制，定期对内外部环境因素进行评审，并基于管理实际、战略目标等，提出自身的人力资源管理目标，确保体系持续适宜有效；四是强化资质管理。建立资格准入机制，明确要求参与人力资源工作的业务人员应经过岗位培训、能力考核等，确保“合格的人做合格的事”；五是强化制度建设。各单位响应集团人力资源管理体系标准要求，建立完善本单位制度体系，并以层次化形式区分顶层设计、关键管理要求和具体操作流程，在实现总体理念和管理策略层层落实的基础上，使制度建设兼具稳定性和灵活性。

（二）基于标准的分级评价工作原则

分级评价工作借鉴质量管理评价工作思路，根据标准要求，结合人力资源管理业务特点，建立人力资源管理体系成熟度量化指标体系，明确分级评价标准，最终将评价合格的体系进一步区分为 A 级（有效）、AA 级（创新）和 AAA 级（卓越）。评价工作的主要任务包括：（1）通过定期开展体系审查工作，了解掌握成员单位人力资源制度体系的规范性、完整性以及制度的执行情况，实现对成员企业的系统监管；（2）依托审查工作，收集掌握成员单位在管理中的共性问题和成功典型，并通过完善政策指引、推进知识共享、强化资源保障等方式实现集团整体的管理提升；（3）发掘成员单位中具有成本效应的业务单元，推进共享服务，实现规模效益。

在各单位建立完善本级管理体系基础上，集团总部研究发布顶层战略和制度：（1）结合标准提出框架和基本要求，根据战略发展需要，制定发布集团人力资源相关领域的总体发展规划、重要规章制度、管理要求等；（2）引入全集团组织人事干部资格准入制度，建立应知应会题库，开展岗前培训和考核，实现“逢训必考”“凡进必考”；（3）必要时对标准化程度较高的管理活动制定标准化工作流程，作为成员单位人力资源管理必须承接或遵循的制度要求。

四、体系标准实施情况

2021 年 1 月至 7 月，标准试点工作在中国核电工程有限公司、三门核电有限公司等 5 家成员单位陆续开展。试点过程中，各单位根据要求，进一步完善本单位现有的人力资源管理体系，在规范管理基础上，进一步优化了顶层设计，梳理了规章制度体系，完善了基础流程指引等。试点工作成果充分验证了标准要求的适用性和有效性，能够满足人力资源管理的规范和提升需要，具备在集团推广的条件。

2021 年 9 月，标准在全集团范围内正式发布实施。截至 2022 年 6 月下旬，全集团共 119 家成员单位实施标准。通过实施标准，各单位达成以下目标：

（1）总体设计进一步完善，实现了全过程的精细化管理。过去，很多成员单位在人力资源管理中缺乏顶层设计和系统规划。标准实施是系统观念在人力资源管理领域的具体应用，各单位根据标准要求，统筹抓好人力资源管理体系的总体设计，构建起了目标明确、权责清晰、精简高效的人力资源管理体系，通过体系总揽全局、牵引各方，做到纲举目张、有条不紊，并综合考虑各方面因素，全面控制各业务过程，实现了机构全覆盖、人员全覆盖、职能全覆盖的精细化管理。

（2）制度建设进一步夯实，实现了日常业务的规范化。根据标准要求，各单位逐步建立由大纲——管理程序——流程指引组成的三级制度体系，金字塔结构的文件体系框架完整、协调统一、相互衔接，使目标层层分解、责任层层传递、工作层层落实，同时牢固树立把规章制度作为提升工作标准、规范业务流程作为基本遵循的思想意识。无论是大的战略指导、总体把控，还是小的流程指引、细枝末节，通过层次化制度体系的建立和完善，使每个管理环节都有据可依、有章可循，进一步提升人力资源管理体系的制度化、标准化工作水平。

（3）引入系统评估机制，实现管理水平的螺旋式上升。系统开展自评估、内部审核、管理评审，建立全面规范的三级评价机制，实现对人力资源管理体系适用性、有效性、可行性的定期检验和评审，能够及时发现管理中存在的各项问题，并将纠正责任落实到人，树立持续改进的理念，通过跟踪整改，实现体系自我健全的"链式反应"。

（4）知识与能力管理精细化，实现从业人员能力全面提升。通过系统开展人力资源相关的知识管理，实现知识的显性化、组织化，知识集聚和分享得到有效管控，经验反馈、同行对标、调研交流等知识分享渠道得到有效开发，从业人员知识储备迅速提升。各单位根据标准要求，建立操作卡、流程指引等，实现了业务流程的规范化和相对固化，最大程度避免了在管理过程中因人员的调整变动造成的标准不一。部分单位在此基础上，积极探索通岗培养模式，打破内部边界，进一步优化人力资源配置，打造"一专多能"复合型人才。

中核集团将以"创新理念、夯实基础、提升能力"为主线，加快推进人力资源管理体系标准实施落地，系统提升全集团人力资源管理能力和水平，进而为实现集团"三位一体"奋斗目标、全面提升核工业核心竞争力提供强大的人力资源保障。

主要创作人：杨朝东

参与创作人：余富祥、孙占辉、明晓洋、秦海成

基于企业战略迭代演进的人力资源集团化管理体系建设实践

中车南京浦镇车辆有限公司

一、人力资源集团化管理体系建设背景

中车南京浦镇车辆有限公司（以下简称浦镇公司）是中国中车旗下核心企业，主要从事城市轨道车辆、城际动车组、现代有轨电车及铁路客车、重大核心部件产品制造等。近年来，公司大力推动技术和管理模式创新，深入构建企业产业生态，推动产业规模与产业创新水平双提升，成功跻身并稳定保持在年百亿企业行列。发展过程中，公司配合产业结构升级、市场策略延伸、总包模式突破等，推动成立了多家子公司及事业部。截至 2022 年，公司旗下共拥有 12 家控股子公司、6 家参股子公司、4 个事业部，具备了完整的集团化组织形态。

二、人力资源集团化管理体系建设动因

（一）加快实施企业战略迭代升级的需要

“十二五”以来，浦镇公司先后经历了业务空间的地域拓展、主干产业的多元化拓展和“双商”（高端装备制造商和系统解决方案提供商）集团化发展三大战略迭代升级阶段。公司“十三五”发展规划明确提出“巩固和提高主业国内国际竞争力，快速发展新产业，大力拓展轨道交通车辆运维业务，积极推进总包业务，积极进行资本运作，持续提升效率效益”的发展主目标。为加快推进战略规划实施，配合产业结构升级迭代，浦镇公司先后成立了浦镇城轨公司、浦镇阿尔斯通公司等 2 个子公司；配合跨区域业务延伸和“产品 +”市场拓展，投资了杭州、合肥、苏州、工业物流等 7 个子公司；配合国际化发展战略，设立了印度、新加坡 2 个子公司和香港分公司；配合总包经营模式突破和客户价值链管理，设立了南京麒麟有轨电车工程总承包项目公司、南京河西有轨电车工程总承包项目公司；配合业务结构优化、建立健全售后服务和维保体系，成立了国铁、城轨、国际、服务四大事业部。短短十几年时间，浦镇公司由单一的铁路车辆制造企业发展成为规模化协同化多元经营的集团型企业。

企业战略的迭代演进，对不同时期的人力资源集团化配置思路、工作发展方向策划等提出了不同要求，如表 1 所示。

表 1 企业发展战略演进对应的人力资源集团化管理方向

战略阶段	"十二五"前	"十二五"至"十三五"	"十三五"至"十四五"
企业发展战略	着眼于客户关系建维和区域市场拓展，以投资方式打造业务空间发展潜力，以布局形成规模效应	着眼于经营模式创新和业务板块扩展，以技术引进、合资等多种形式获取产业相关多元化拓展，以规模形成影响力	着眼于企业治理，推动以"双商"定位发展为更大集团，以影响力实现长远竞争力
集团化组织调整内容	在杭州、苏州、合肥、江门等地区设立制造基地	设立浦镇阿尔斯通合资公司，海外印度公司，总包事业部和河西项目公司等	优化业务结构，成立四大事业部；落实"产品+服务"市场经营模式，设立后市场运维子公司
人力资源集团化管理方向	应对企业急速扩张和子公司大规模增加态势，为了达到行动方向统一和资源最大化高效利用，人力资源集团化管理更倾向于集权化管理	随着扩张态势稳定和总部人力资源管理幅度扩大，为了解决集团与子公司之间信息沟通协调和管理链条有效性问题，实施人力资源集团化管理，逐步扩大分权范围并持续推进重点业务指导	为了全面激活各组织人力资源活力，提高效率，人力资源集团化管理聚焦核心治理，向分权模式转型升级

为适配业务拓展战略实施，提高集团人力资源价值创造能力，支撑企业战略目标落地，人力资源集团化管控体系成为"十三五"期间人力资源系统重点建设的六大体系之一。

（二）创建世界一流示范企业的需要

中国中车是国务院国资委指定的创建世界一流示范企业的 10 家中央企业之一。浦镇公司作为中国中车旗下核心企业，对标世界一流企业和行业标杆，所属子公司的集团化管控还存在管理制度不完备、体系不健全、机制不完善、执行不到位等问题，在全员劳动生产率、人均营业收入、百元收入人工成本等人力资源效能量化指标值方面也还存在差距，这在一定程度上影响了企业发展质量和效益。为落实中国中车对标世界一流管理提升行动方案，找准短板和弱项，致力构建科学规范、系统完备、运行高效的管理范式，持续提升科学管控能力和人力资源效能，需要综合考虑所属子公司发展阶段、行业特点、治理能力、管理基础等因素，给予不同范围、不同程度的人力资源管理管控要素及权责划分，全面激发子公司活力。

三、搭建人力资源集团化管理体系分阶段做法

（一）起步初建期

在人力资源集团化管理体系的初建期，浦镇公司推进了管理体系框架设计、管理模式构建、管理内容设定和管理模式匹配的全链条建设，为系统化开展子公司人力资源集团化管理奠定了根本基础（图 1）。

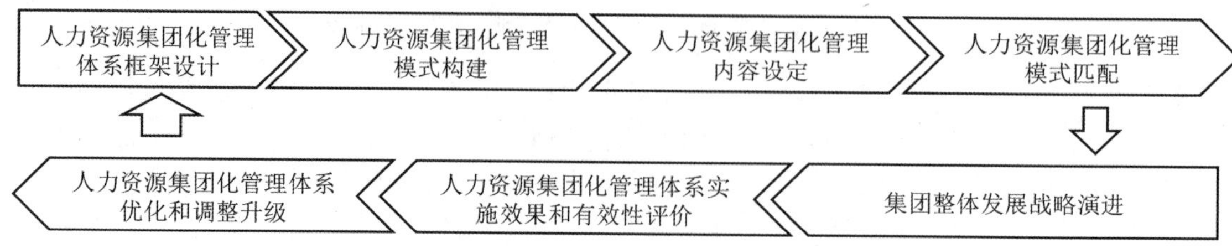

图1　人力资源集团化管理体系全链条建设模型

1. 人力资源集团化管理体系框架设计

以“管控目标导向明确、管控理念统一清晰、管控模式求同存异、管控定位科学合理、管控事项完善到位、管控机制清晰系统”为目标，浦镇公司搭建人力资源集团化管理体系框架并应用于实践。

该管理体系框架在战略层面以实现人力资源效能产出最大化为目标导向；在管理核心层面，融合职能定位、管控要素、权责划分、管控流程，顶层设计分类差异化的人力资源集团化管控模式；在实施层面，建立相应的组织保障、机制保障等配套管理机制，改善体系运行效果；最后，通过人力资源业绩评价，形成人力资源集团化管理体系的闭环建设。模型参见图2。

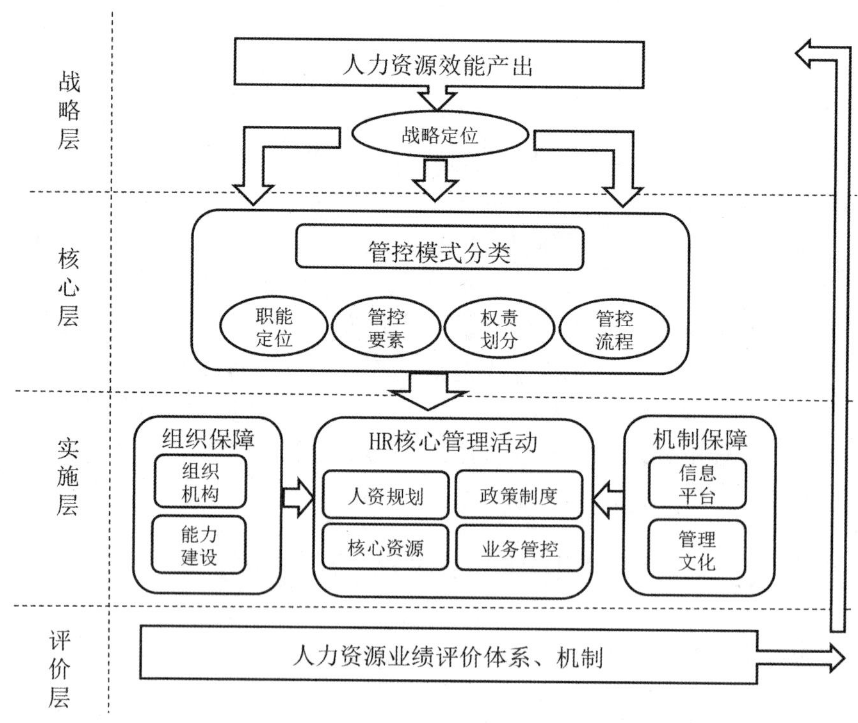

图2　人力资源集团化管理体系框架模型

2. 人力资源集团化管理模式构建

浦镇公司基于集分权特征、管理幅度等，构建三类人力资源集团化管理模式（表2）。

表 2　人力资源集团化管理模式

项点	A 类模式	B 类模式	C 类模式
公司总部定位	制定统一的人力资源政策、制度和规范，同时统筹履行各业务模块职能	制定基本、核心的人力资源政策制度，指导下属子公司或业务单元制定实施细则，并监督其执行	制定宏观的、原则性的政策指导意见，具体的人力资源业务由下属子公司或业务单元自行决定，重要制度和事项定期向公司备案
集分权特征	公司总部拥有绝对管理权限	下属子公司或业务单元拥有在制度范围内的实施权，集分权兼备	下属子公司或业务单元有充分的自主权
公司总部管理幅度	从策划到具体实施均由总部进行管理，管理项点最多、覆盖面最广	介于 A 类模式和 C 类模式之间	总部承担的工作内容项点最少，工作性质基本以指导或咨询服务为主
公司总部管理深度	整体管控深度最大	介于 A 类模式和 C 类模式之间	整体管控深度最小

3. 人力资源集团化管理内容设定

在模式分类的基础上，浦镇公司进一步丰富三大类模式内容，从管控板块、管控内容、管控权限、具体权力等维度，进一步细化各模式对实际工作的指导和要求。体系内容层面，包括人力资源规划、政策制度、核心资源、业务管控四大要素，细分 45 个工作项点；明确了知情权、建议权、决策权、审核权、实施权五种关键权限，细分 12 种权力，如图 3 所示。

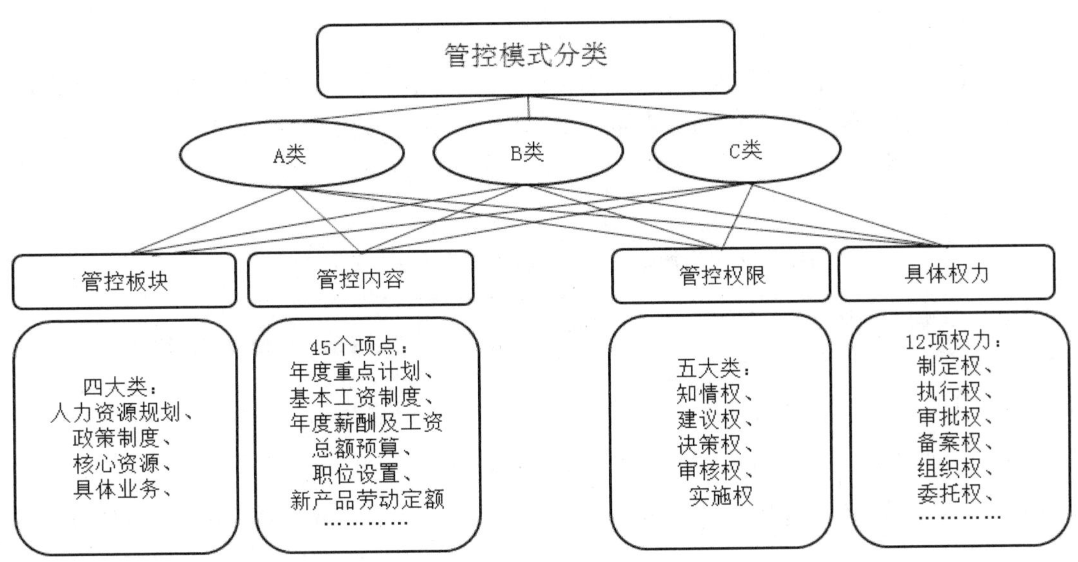

图 3　人力资源集团化管控内容

公司综合管理模式、管控要素、权责划分、适用对象四个维度，构建了人力资源业务管控要素与权责划分及适用对象矩阵（表 3）。

表 3　人力资源业务管控要素与权责划分、适用对象矩阵（局部）

管控要素		模式 / 对象、权责划分 / 工作项点	A类模式			B类模式			C类模式		
			公司	子公司或业务单元	适用对象	公司	子公司或业务单元	适用对象	公司	子公司或业务单元	适用对象
人力资源规划		人力资源规划	制定	执行	★	审批	制定	●▲	备案	制定	□
		年度重点工作计划	制定	执行	★	备案	制定	●▲	——	制定	□
政策制度	基本/核心	如：基本工资制度	制定	执行	★	审批	制定	●▲	备案	制定	□
	一般	如：考勤管理办法	制定	执行	★	备案	制定	●▲	——	制定	□
核心资源分配		年度薪酬及工资总额预算	审批	制定	★●▲				备案	制定	□
		年度用工总量计划	审批	制定	★●▲				备案	制定	□
业务管控	职位定员	职位设置	审批	制定	★●	备案	制定	▲	——	制定	□
		定员配置	审批	制定	★●	备案	制定	▲	——	制定	□
		职位说明书管理	审批	制定	★	备案	制定	●▲	——	制定	□
		职位评价、岗薪档级管理	制定	——	★	审批/备案	制定	●/▲	——	制定	□
	劳动定额	新产品劳动定额	制定	——	★	备案	制定	●▲	——	制定	□
		劳动定额指标体系	制定	——	★	备案	制定	●▲	——	制定	□

备注：★——代表 A 类模式所有子公司

●——代表 B 类模式中，对公司技术、市场依存度高的部分子公司

▲——代表 B 类模式其他子公司

□——代表 C 类模式所有子公司

4. 人力资源集团化管理模式匹配

浦镇公司立足自身行业特点，选取战略地位、资源相关度、发展阶段、人力资源成熟度四个维度做为子公司匹配人力资源集团化管理模式的参考要素，并对每个要素分类分级。其中，战略地位对管控模式的选择影响最重要，资源相关度和发展阶段影响次之，人力资源成熟度影响最小（表 4）。

表 4　人力资源集团化管理模式匹配要素、适用对象

模式 / 要素	战略地位	资源相关度	发展阶段	人力成熟度	匹配的子公司或机构
A 类模式	核心	高	起步	薄弱	授权分立经营的事业部、受托管理的子公司
B 类模式	重点	中	成熟	中等	合并财务报表范围内的全资、控股、合资公司
C 类模式	从属	低	成熟	成熟	未纳入财务并表范围但具有实际控制权的子公司

（二）稳定推进期

在人力资源集团化管理体系的稳定推进期，浦镇公司不断深化人力资源集团化管理制

度建设，并从组织保障、工作保障、监督评价保障三方面建立并强化配套保障措施，促进管控能力的真正释放。

1. 健全"1+N"管控制度体系

浦镇公司编制《人力资源集团化管理暂行办法》，构建对子公司人力资源职能监管的纲领。围绕规划、政策、资源、业务四大管控要素，先后发布了《人力资源规划管理办法》《薪酬总额预算管理办法》《子公司收入分配管理指导意见（试行）》《境外薪酬福利管理办法（试行）》《子公司人力资源业务管控报批报审清单》《人力资源效能评价办法》等，人力资源集团化管控"1+N"制度体系架构已然形成，将"管什么、管多深"落地扎根。

2. 建立"三位一体"工作机制

（1）组织保障机制。一是打造人力资源集团化管理总部，明确落实集团化管理的直接责任组织，切实解决人力资源集团化管理主体和主责问题。二是基于顶层设计和人力资源转型思想，组织管理、技术、技能等各领域专家组建人力资源集团化专家中心，全面充实人力资源集团化管理智囊团。三是针对公司本部和各子公司出现的劳动力用工不均衡现象，建立人力资源集团化余缺调剂平台，最大限度避免因生产时间不均造成的人员结构型短缺。

（2）工作保障机制。一是基于建立统一的人力资源集团化管理意识和把控整体年度工作方向的考虑，优化子公司年会机制，使集团人力资源年度工作部署、重大事项安排、经验分享、工作绩效评价等得以贯彻落实。二是规范业务事项报告机制，并针对不同子公司编制出人力资源业务管控报批备案清单和要求等，强化过程监督。三是筑牢人力资源集团化管理沟通协调机制，优化并规范以正式沟通手段为主、非正式沟通渠道为辅的沟通协调模式，力保过程可跟踪、记录可追溯，保障沟通及时顺畅。

（3）监督评价机制。针对核心资源分配使用，建立月度统计、季度预警、半年通报、年度专项检查的工作机制；建立子公司年度人力资源业绩评价机制，并通过评价指标和机制体现人力资源集团化管理战略引领、重点驱动、绩效量化、系统管理等职能。

（三）转型升级期

随着党的十九大提出高质量发展战略、国企改革三年行动的推进、国有企业现代化治理要求的提出、国有企业合规工作的强化等一系列重点工作深入铺开，浦镇公司人力资源集团化管理积极顺应要求，进入转型升级阶段。

此阶段的人力资源集团化管理升级，是再一次提炼和聚焦的过程，旨在凝聚共识和思路，以命运和发展共同体的定位，提升人力资源集团化管理的高度和核心度，更加突出牵引作用。浦镇公司以组织管理、人事管理、分配管理为抓手，在组织各子公司梳理现状、识别风险点的基础上，进一步提示发展方向，为人力资源集团化管理做出长远性工作指引（图 4）。

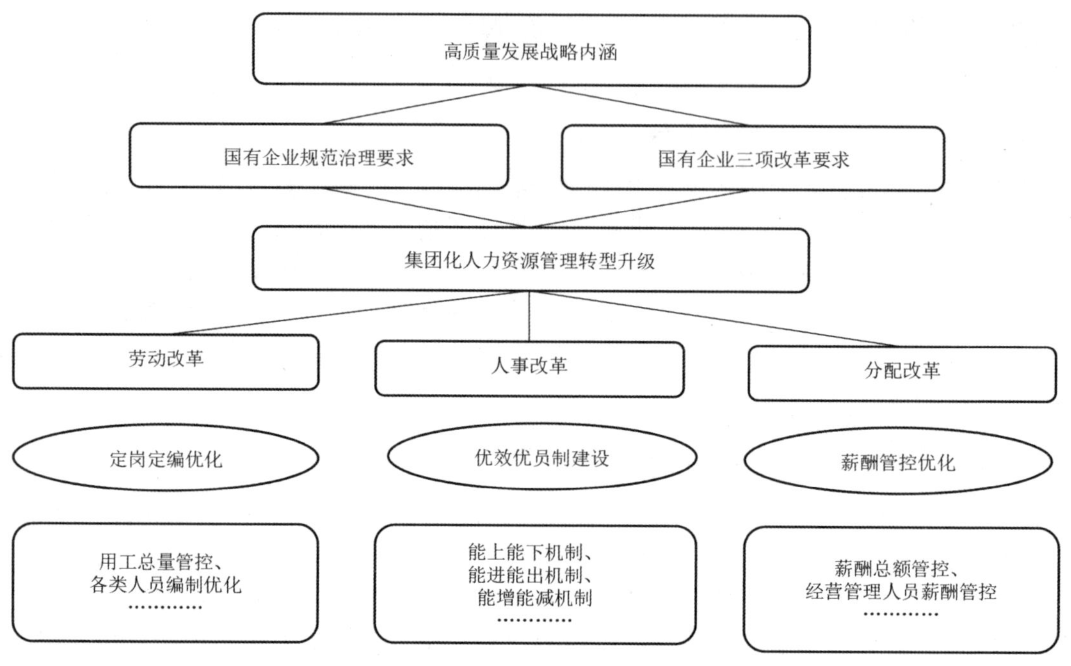

图4　人力资源集团化管理体系转型升级路径

四、人力资源集团化管理体系实施效果

（一）集团化管控能力得到提高

在差异化管控思想指导下，浦镇公司核心资源配置合理性显著提高。近三年，子公司之间、公司本部和子公司之间的工资关系趋于合理，用工规模及人工成本管理计划性和管理效力持续增强，用工风险得到有效控制。同时，子公司业务合规性显著提高。近三年，子公司向浦镇公司报备制度48项，报审分配重大事项2件，无一起超计划用工、超预算发放工资违规现象。浦镇公司为子公司提供的业务帮扶也帮助子公司有效化解了劳动争议风险。

（二）人力资源效能显著提升

2019年以来，浦镇公司持续推进总部及子公司之间的人力资源余缺调剂和共享，指导子公司组织职业技能竞赛、高端培训项目等，公司整体人力资源产出效能明显提高。2021年，浦镇公司人均营业收入较2018年增长117%，百元营业收入人工成本较2018年降低4.5元，控制在10元以内。

（三）助推企业转型升级，实现高质量发展

“十三五”以来，浦镇公司着力打造的集团化人力资源管控体系在实践运用中不断丰富完善，已经成为企业加快转型升级、实现战略发展的强力支撑体系之一，协同化、集团

化多元经营体系基本形成，企业快速发展，经营业绩连续持续攀高（表 5）。

表 5　2018 年—2021 年销售收入统计（合并）

指标名称	2018 年	2020 年	2021 年
销售收入（亿元）	74.4	150.7	165.4

目前，浦镇公司已经发展成为国内城市轨道交通车辆龙头企业，国内市场占有率高达 30% 左右，2020 年、2021 年连续两年市场占有率位居第一；公司加快推进服务化转型战略，大力开展“产品 +”“系统 +”商业模式创新，在中车集团内创造多项第一，为建设世界一流示范企业奠定了良好的基础。

主要创作人：沈文静、谢　鑫、张成光
参与创作人：张振甫、曾　露

北京汽车集团财务有限公司价值评价体系

北京汽车集团财务有限公司

北京汽车集团财务有限公司（以下简称“北汽财务公司”）是2011年10月经银监会批准成立的非银行金融机构，由北京汽车集团有限公司（以下简称“北汽集团”）等4家股东单位发起设立，注册资本50亿元。公司以“依托集团，服务集团”为宗旨，坚持防范风险、合规经营、持续创新、稳健发展方针，建立了较为完备的风险管理体系、完善的法人治理结构，拥有高素质、专业化的人才队伍，开展多样化金融服务，为集团发展提供金融支持。

作为北汽集团的重要成员企业，北汽财务公司立足服务集团高质量发展，打造多元化金融服务平台，为北汽集团全产业链伙伴和广大消费者实现幸福出行梦想，为“百年北汽成就美好生活”提供金融动能，积极发挥综合性金融服务平台作用，开展存放同业、成员单位贷款、经销商贷款、消费信贷、票据贴现、财务顾问等多样化综合金融服务，通过完整的金融解决方案，帮助内部成员单位形成有效的金融链条，促进北汽集团实现“主业发展、极致服务、支撑实体、稳健运营、成就价值”目标。

北汽财务公司是北汽集团的“资金管理运营中心、汽车金融运营中心、综合金融服务中心、金融资源聚合中心”，自成立以来，已逐步形成以“资金归集平台、资金结算平台、资金监控平台、金融服务平台”四个平台为业务载体，以“汽车＋金融”为前进方向，以“绿色金融”“科技金融”为创新驱动，以“北汽金融”品质提升为内在保障的全方位业务发展布局，积极打造国内汽车行业领先的金融服务企业。

北汽财务公司致力于聚合金融资源、探索并践行助力北汽集团高质量发展的协同模式，将自身打造成为北汽集团高质量发展的金融创新中心和金融超级引擎；坚持以客户为中心，深度思考、理解客户需求，突破行业旧有规则，坚持“专业、高效、创新、活力”理念，在每个环节全程陪伴，用金融科技增值增效，无论是集团成员、经销商亦或是消费者，都可以享受量身定制的金融解决方案。公司致力于成为全产业链金融服务的创领者。

一、管理背景

北汽财务公司自2011年成立以来，整体运行平稳健康，各项风险、合规指标均控制在合理范围之内，在稳健经营的背景下，实现资产总额、净利润逐年增长，对北汽集团的整车销售贡献度逐年提升。

在取得上述业绩（价值创造）的过程中，北汽财务公司以绩效评估为主项进行价值评价，并作为价值分配的依据。长远来看，这种价值评价、价值分配模式将不能满足北汽财务公司“高质量”发展的战略需求。在此背景下，北汽财务公司适时搭建并重塑了公司价值评价体系，为员工树立了正确的价值导向，激发组织和人才活力，为价值分配奠定基础，最终促进公司价值创造。

二、价值评价体系

价值评价是价值循环体系中连接价值创造和价值分配的桥梁，既能促进企业的价值创造，又能为企业的价值分配提供依据。在科学、规范评价价值方面，北汽财务公司进行了系统、规范的体系建设，紧紧围绕着“在什么岗位（岗位价值评估），用什么样的人（能力评估），创造什么样的业绩（绩效评估）”这一逻辑进行价值评价体系的搭建与完善，为员工树立正确的价值导向，激发员工工作热情，在实现人力资本增值的同时，保证组织战略目标的实现（图 1）。

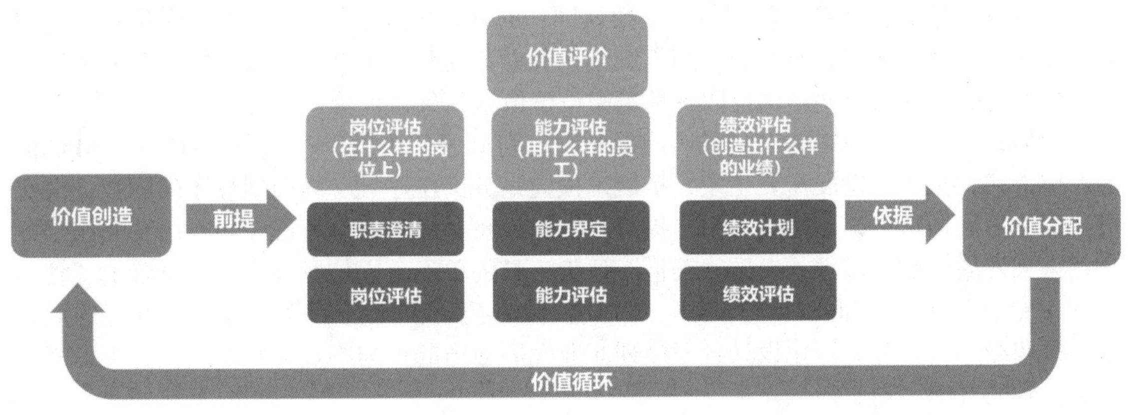

图 1　价值循环体系

（一）优化岗位价值评估体系

北汽财务公司原有岗位价值评估体系主要体现了纵向岗位（直接上下级）之间的相对价值，对横向岗位之间价值的衡量较为欠缺，不同部门岗位相比，哪些岗位的价值高？谁对公司的价值贡献更高？北汽财务公司原有的岗位价值评估体系并没有真正明晰清楚地回答这一问题。

不同岗位的工作内容、工作性质、工作环境不尽相同，为了便于对岗位价值进行横向对比，确保价值评价的内部公平性，北汽财务公司不断优化岗位价值体系。

1. 职责匹配，优化岗位职责

在进行岗位价值评估前，在部门职责和岗位设置相对明确的基础上，北汽财务公司采用 ARPCI 职责梳理工具进行岗位职责梳理，以部门职责为纵轴、以岗位为横轴，将部门职责矩阵式分解到各个岗位。

在岗位职责分解过程中，通过对岗位职责清晰的界定和分析，明确岗位设置的必要性、岗位职责分配的合理性。通过与原岗位职责进行对比，分析岗位设置合理性，重点是通过纵向与横向分析，避免岗位职责遗漏，减少职责重叠，最终明确各个岗位在相关部门中的角色权限，对照检验岗位职责的合理性。通过对岗位及职责的优化，形成新的职位说明书。

2. 健全岗位价值评估体系，完善岗位职级体系

北汽财务公司以职位说明书为基础，采用美世咨询公司的国际职位评估体系（IPE）工具，从 4 因素（影响、沟通、创新、知识）、10 维度（组织、影响、贡献、沟通、框架、创新、复杂性、团队、知识、宽度）来评估岗位之间的相对价值。

北汽财务公司结合公司实际情况，将 IPE 的 4 因素 10 维度转化为北汽财务公司的内部描述，提升内部理解度与适用性。在评价过程中明确四大原则：一是岗位第一原则，强调岗位价值评估评的是岗位、职位，而不是该岗位、职位上的“人”；二是公平性原则，将各岗位之间的内部公平性贯穿评估全过程；三是一致性原则，建立“自上而下、自下而上”的讨论机制，达成管理者与任职者的一致认同；四是动态和静态统一原则，岗位有一定的动态变化，但又要保持相对稳定，当组织结构和业务流程发生变化导致相应岗位的工作内容出现变化时，须及时调整岗位职责并对岗位价值重新进行评价。

价值评估后，北汽财务公司结合实际情况，打破了“美世”一个岗位对应一个 PC 值的对应方式，从人才发展需要出发，扩展出横向划分岗位序列、纵向划分序列职级，构建员工职业发展通道，强调能力牵引与提升。同时，将各序列特点考虑在内，结合北汽财务公司未来发展的前瞻需求，突破“美世”评价工具的单通道岗位职级序列，设置了“管理序列＋专业序列”。其间，推行基层、中层管理岗位职级与专业序列相应职级并行的双通道岗位职级序列，并差异化设计各子序列职业发展通道起点与终点，并以此作为人力资本优化配置的基础（图 2）。

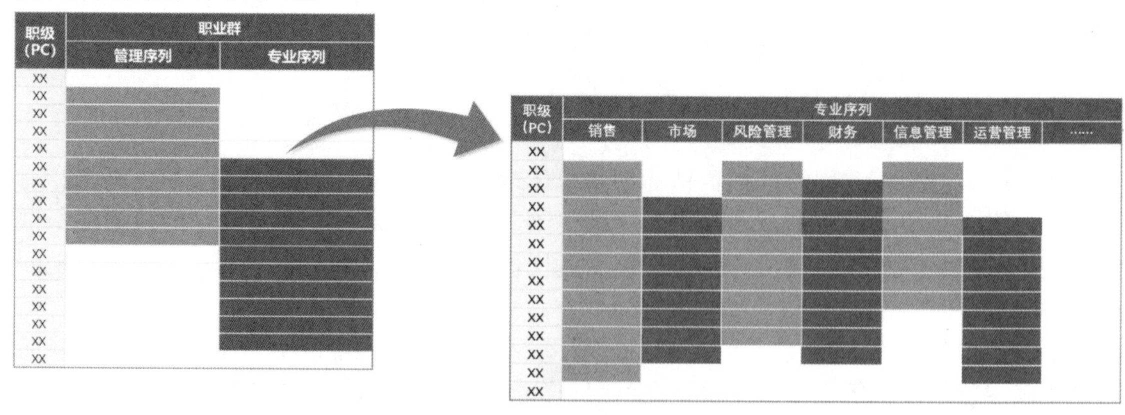

图 2　岗位价值评估体系

一套完善的岗位价值评估体系，能够有效指导建立适合北汽财务公司实际的岗位职级体系。该体系的建立，在组织层面上助力薪酬体系搭建，保障内部公平性。同时，可借助岗位职级与外部薪酬市场进行对标，准确分析与外部市场的差异，有效保留人才，也便于招聘时给候选人做精准定位，确定候选人合理、准确的岗位职级。在人才发展工作中，该体系可帮助各级管理者更好地规划、搭建管理团队。在员工个人层面上，有助于员工明确职业发展方向，了解每一个职级阶梯的定义与要求，更清晰地规划个人发展路线。

（二）打造能力评估体系

人才对企业的生存和发展至关重要。选对人，企业和人才皆大欢喜；选错人，不但事倍功半，还可能给企业带来致命的危害。那么，公司需要什么样的人才？公司如何评估员工是否是公司所需的人才？

前期，北汽财务公司较多关注员工的专业能力适配公司的业务发展，但在推动人才的“高质量”发展、打造北汽财务公司的核心竞争优势、适配公司高质量战略发展要求上仍存在差距。为此，北汽财务公司打造了“专业能力＋核心能力”双驱动的能力评估体系。其中，“专业能力”主要是从事相应工作所需的知识和技能，直接影响员工是否能完成岗位的工作要求；“核心能力”则是公司全体员工围绕公司发展战略和企业文化，能够影响公司发展的相关行为和素质。

1. 能力设定，搭建能力模型

北汽财务公司已有成熟的岗位“专业能力”评估体系，现由“专业能力”单一评估转型为“专业能力＋核心能力”双驱动的能力评估体系。

在“核心能力”评估中，北汽财务公司以“人岗匹配”为媒介，以挖掘员工潜力、激发员工积极性、进而提升公司的核心竞争力为目标，在岗位职责匹配的基础上，通过识别关键能力及设立人才标准，以“冰山模型”为工具，打造了北汽财务公司“引领业务＋凝聚团队＋激发自我”的能力模型，并根据员工所处层级不同，将“核心能力”差异化设置为“通用能力”和“领导能力”。

其中，“引领业务”的通用能力为开放创新、战略思考、领导能力、客户导向（普通员工为客户服务）；“凝聚团队”的通用能力为说服影响、领导能力、激发团队（普通员工为团队合作）、推动执行（普通员工为计划组织）；“激发自我”的通用能力追求卓越、应对复杂多变局面能力（普通员工为适应力）。

2. 能力评价，形成人才地图

在明确未来发展所需人才的“核心能力”标准后，北汽财务公司针对现状和未来的需求找出差距，并制定人才规划。

在员工“核心能力”方面，北汽财务公司建立了新聘人员甄选机制、现有人员“人才盘点”机制，形成了“三层级＋双序列”的分层级盘点甄选模式。“三层级”是指“中层管理人员＋基层管理人员＋基层员工”，“双序列”是指“管理序列＋专业序列”。同时，创建了线上、线下多种测评手段相结合的能力评价工具库，包括能力测评、行为事件访谈、述能会、无领导小组讨论、迷你评价中心等，区别新聘人员或现有人员，按照“三层级＋双序列”方式，差异化选取不同评价工具。

通过能力评价，能够有效识别高潜力人才、问题员工，明确能力差距，形成北汽财务公司人才地图（图 3）。

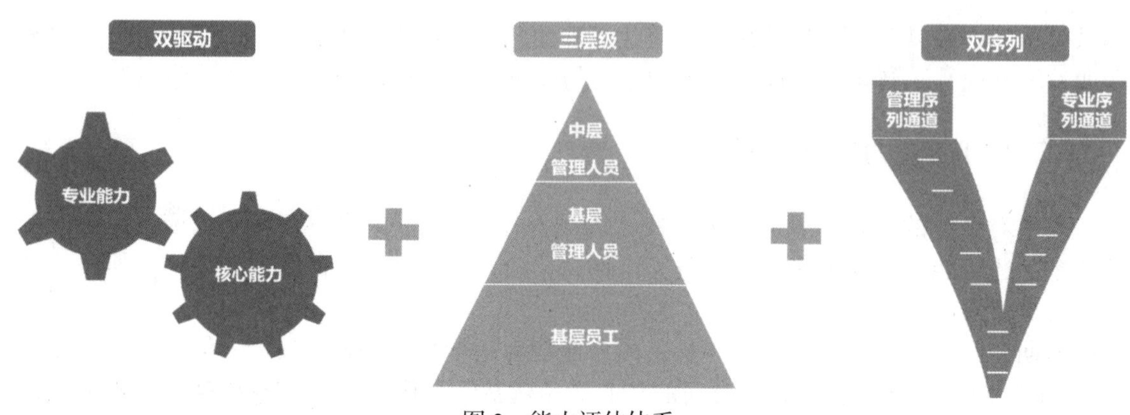

图 3　能力评估体系

能力设定明确了人才标准，能力评价甄别了能力差异。能力评价体系的建立，从组织层面上促进公司形成统一的人才任用标准，摸清了人员现状，找出差距，发现人才缺口，为公司人才规划奠定基础的同时盘活了人才；在人才发展方面，促进管理者统一用人思想、标准和识人方法，实施科学评价，提升管理者意愿，为辅导下属成长提供了抓手。在员工个人层面，有助于员工明确自身短板，激发成长意愿，并找到能力发展路径。

（三）完善绩效评估体系

北汽财务公司的绩效评估体系在多年实践中形成了“4 循环 +4 维度 +3 层级”绩效管理体系。其中“4 循环”是指依托公司战略，以绩效计划制定、绩效回顾辅导、绩效评估反馈、绩效结果应用 4 个循环步骤的绩效管理流程；“4 维度”是指借助战略地图和平衡记分卡，从财务、客户、内部运营、学习发展 4 个维度平衡财务与非财务指标、短期业绩与长期发展之间的关系；“3 层级”是指打造公司、部门、员工 3 个层级联动的绩效管理体系（图 4）。

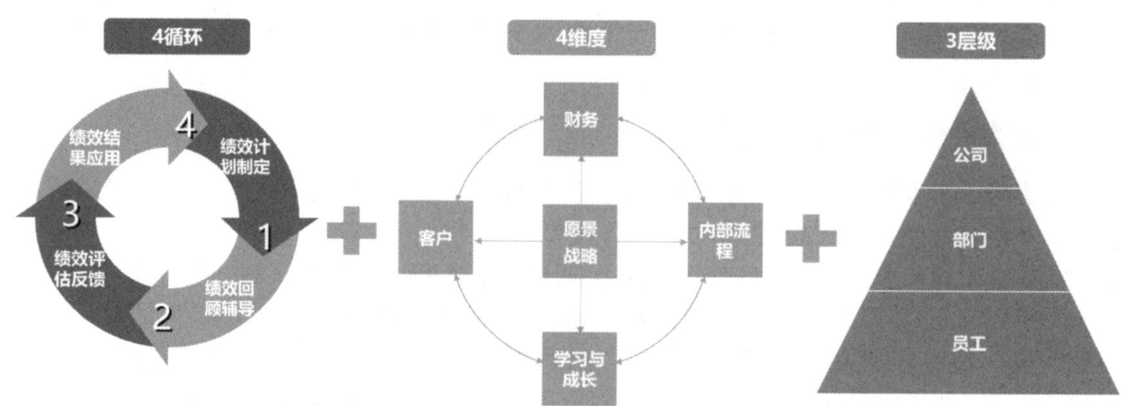

图 4　绩效评估体系

在既有绩效管理体系下，根据北汽集团各年度考核导向、北汽财务公司年度经营目标和重点工作、外部市场环境的变化，北汽财务公司不断优化绩效管理体系，及时完善绩效计划，强化绩效评估导向功能。

1. 调整绩效计划，传达企业经营目标

在既有的绩效管理体系下，根据北汽集团的考核导向，结合北汽财务公司实际经营情况，将绩效考核周期由“年度”优化调整成为“季度预考核＋过程记账＋全年统一考核”的绩效考核周期模式。

在绩效指标方面，以战略地图、平衡记分卡工具提取关键绩效指标（KPI），形成公司、部门、员工 3 层级的绩效计划。其中，公司组织绩效由北汽集团下达；部门组织绩效指标由公司绩效指标、部门职责与公司内部客户需求构成；员工个人绩效指标由部门绩效指标分解、岗位职责与能力态度构成。通过绩效计划的制定，北汽财务公司将战略目标、经营任务自上而下层层分解、层层传递，抓住关键绩效指标、工作目标，树立目标导向，做到工作有标准，考核无盲区（图 5）。

图 5　关键绩效指标示意图

2. 完善绩效评估，强化价值评价市场导向

绩效评估流程中，所有绩效考核指标数据来源于提供考核部门 / 机构或评价人，有效降低了主观影响。

绩效评估方式，由所有部门采取同样的评价方式，优化为区分市场销售类部门与非市场销售类部门的不同方式。其中，市场销售类部门采用绝对评价，业绩指标评估时可突破满分，确定绩效考核结果时，市场销售类部门根据考核得分直接对应考核等级；非市场销售类部门采用相对评价方式，所有指标均为满分封顶，确定绩效考核结果时，非市场销售类部门结合市场销售类部门考核结果执行强制分布。该策略重在激励市场销售类部门进行价值创造，同时平衡市场销售类部门与非市场销售类部门的绩效考核差异。

不断优化完善绩效管理体系，组织层面上，可以有效地将公司战略目标通过绩效管理体系层层分解，落实到个人，将员工工作活动与组织目标联系起来，促进组织战略目标的实现；管理层面，为管理人员在薪酬管理、岗位变动、培训发展等多项管理决策中提供必要依据；在员工个人层面上，有助于员工在绩效管理过程中发现自身优点，寻找差距，并获得相应的资源和支持，促进个人业绩达成与绩效改善。

三、创新价值

通过夯实价值评价体系，全面搭建岗位价值评估体系，明确岗位在价值创造中的地位；

打造能力评估体系，厘清人员价值创造的能力；完善绩效评估体系，识别员工创造价值。科学公正的价值评价体系，为价值分配奠定了基础，激发全员持续进行价值创造。

围绕着“在什么岗位（岗位价值评估），用什么样的人（能力评估），创造什么样的业绩（绩效评估）”这一主题，北汽财务公司同步优化了价值分配体系，完善了北汽财务公司的职位管理体系与薪酬激励体系，并根据岗位价值、员工能力、员工绩效考核结果三个维度组织实施了员工职位薪酬调整工作，对岗位价值高、员工能力强且绩效结果优异的员工进行了职位晋升和薪酬调整；对于员工能力一般、绩效考核不佳且个人职级超过岗位价值的员工采取了职位下调和薪酬调整等措施。

以重塑价值评价体系为基础的价值分配体系，使公司的人工成本体现了更大的价值，提升了人力资本的运作效率；员工清晰明知晓各岗位价值，了解自身能力提升及绩效改善的方向，形成更清晰的职业发展规划；实施过程中管理有抓手，顺利推动了公司职位薪酬调整实施方案。总之，通过价值评价体系的重塑，北汽财务的价值分配明晰了方向，牵引了价值创造，提升了人力资源效能。

主要创作人：刘　钧

参与创作人：王文悦、赵云禄、于文争、孙玉英

第四部分

激励绩效与薪酬管理

基于工资效益联动的人事预算管理体系构建

东风汽车集团有限公司

一、公司介绍

东风汽车集团有限公司（以下简称公司）是中央直管的特大型汽车企业，现有总资产3256亿元，员工14万余名，经营规模约400万辆，位居中国汽车行业第2位、中国企业500强第15位、世界500强第82位。

公司主营业务涵盖全系列商用车、乘用车、新能源汽车、军车、关键汽车总成和零部件、汽车装备以及汽车相关业务，分布在武汉、十堰、襄阳、广州等国内20多个城市。公司在瑞典建有海外研发基地，并入股Stellantis集团。公司研发实力雄厚，已形成以东风技术中心为主体、各子公司研发机构协同运作的复合开发体系，东风技术中心是国家级“企业技术中心”、国家一类科研院所、国家级“海外高层次人才创新创业基地”。公司科技创新能力保持行业领先，“东风猛士”获国家科学技术进步奖一等奖，混合动力城市客车节能减排关键技术获国家科技进步奖二等奖。面向未来，公司把握汽车产业五化（轻量化、电动化、智能化、网联化、共享化）发展趋势，围绕“为用户提供全方位优质汽车产品和服务”的发展定位，确立了“加快建设卓越东风、开启世界一流企业发展新征程”的新阶段使命，努力建设为具有全球竞争力的世界一流汽车企业。

二、实施背景

（一）适应汽车行业形势变化，满足企业提升竞争力的需要

2018年国内汽车销量2808.1万辆，同比负增长2.1%，2019年销量2576.9万辆，同比降幅达8.2%，汽车行业结束了持续28年的高速发展，进入负增长阶段。销量下滑导致国内汽车企业对市场份额的争夺加剧，市场均势打破后部分企业产能大量过剩，为追求规模经济利益，市场上降价促销现象层出不穷。同时，传统汽车企业面临新能源汽车的竞争威胁，新能源汽车为市场引入了新的生产能力，并且蚕食已有的资源和市场份额。汽车行业的种种变化，导致市场竞争加剧、产品售价下降、生产成本上升、企业盈利能力下降。

面对行业形势变化的不利影响，为确保企业盈利能力不降低，降低成本是国内汽车企业的必然选择，包括人工成本在内的成本控制成为国内汽车企业的一种市场竞争策略。

（二）适应国资监管变化，满足深化国有企业改革的需要

2015 年 8 月 24 日发布的《中共中央国务院关于深化国有企业改革的指导意见》中，明确指出改革目标是到 2020 年要培育一大批具有创新能力和国际竞争力的国有骨干企业，其中一项重点工作是实行与社会主义市场经济相适应的企业薪酬分配制度，建立健全与劳动力市场基本适应、与企业经济效益和劳动生产率挂钩的工资规定和正常增长机制，完善既有激励又有约束、既讲效率又讲公平、既符合企业一般规律又体现国有企业特点的分配机制。

面对深化国有企业改革的要求，国资委要求公司围绕“一适应、两挂钩”的目标要求，进一步完善工资总额与经济效益挂钩的决定机制，在企业内部全面树立“工资是挣出来”的核心理念。

（三）适应公司发展战略，满足新事业布局的需要

面向未来，公司把握汽车产业轻量化、电动化、智能化、网联化、共享化发展趋势，围绕“为用户提供全方位优质汽车产品和服务”的发展定位，确立了“加快建设卓越东风、开启世界一流企业发展新征程”的新阶段使命，努力建设具有全球竞争力的世界一流汽车企业。提出了今后五年“三个领先、一个率先”的奋斗目标，其中包含新兴业务行业领先，新能源汽车研发及资源掌控能力、产业化规模居于行业领先位置，智能网联汽车、出行服务及水平事业形成领先优势。

为了达成“三个领先”的奋斗目标，公司积极布局，成立易捷特新能源汽车有限公司、岚图汽车科技有限公司、智新科技股份有限公司等企业。但这些企业大多处于建设期或投入期，目前尚无经营效益产出，甚至有较大亏损，需要建立合理的工资总额规定和管控机制，保障新事业规划目标顺利达成。

（四）适应三项制度改革需要，满足员工薪酬增长预期

公司三项制度改革要求，通过“机构精简高效、岗位能上能下、人员能进能出、收入能增能减”等机制建设，强化以奋斗者为本、市场导向、价值创造、增量分享的分配理念，进一步形成激励干事、创业的氛围。同时，公司第九次党代会提出“三个领先、一个率先”的奋斗目标，其中“一个率先”指东风员工高质量跨越小康，率先享有新时代美好生活，增强员工获得感、幸福感，使公司成为员工引以为豪的企业。

为了兼顾三项制度改革要求和公司“一个率先”的奋斗目标，需要通过劳动生产率提升来实现员工收入增长，并采取差异化薪酬政策推进中长期激励和多元化激励等工具，巩固和增强员工薪酬的公平性和市场竞争力。

三、具体举措

为贯彻深化国有企业改革要求，适应汽车行业形势变化，保障新事业合理有序发展，公司制定与经营效益增长相适应的动态工资总额管控机制，与员工收入增长相适应的可调节的人员预算编制方法，完善强调执行效果的人事效率 KPI 指标设置和评价规则，建立涵盖各类风险的全流程预算管理体系，夯实下属企业的主体责任，解决人事预算管理的痛点问题，构建基于工资效益联动的人事预算管理体系，落实“两匹配、两优化、两提升”工作方针，大幅提高公司人事预算管理能力，有力支撑三项制度改革等深化改革举措。

两匹配，指工资总额增长与经营业绩增幅相匹配、人均工资增长与劳动生产率提升相匹配；两优化，指人工成本利润率、全员劳动生产率持续优化；两提升，人均工资与人工成本利润率对标匹配度提升，员工满意度提升。

（一）人事预算编制方法

“十二五”期间国内汽车行业高速发展，公司销量年复合增长 8.5%，为企业规模快速扩张提供充足的人力资源供给，公司实施“从分到总”的人事预算编制方法，首先根据经营效益和业务变化确定人员预算，其次根据经营效益和劳动生产率提升幅度确定人均工资增幅，最后根据人员预算和人均工资增幅确定人工成本预算。

但是十三五期间汽车行业从高速增长转为微增长、负增长，原先以人员预算为龙头的“从分到总”人事预算编制方法已不适应经营发展需要，主要痛点包括：经营效益增速回落，传统的“增人增资”不能支撑人工成本的刚性增长；下属企业对公司提升人力资源效能的要求响应不积极，预算沟通陷入业务细节，成本高、效率低；员工收入增长主要依赖人工成本总量增长，而不是劳动生产率提升。

为统一人事预算管理思想、有效控制人工成本增长，公司决定实施以工资总额为抓手的“从总到分”的人事预算编制方法，通过经营效益增长确定工资总额，以劳动生产率提升确定人员预算，根据工资总额和人员预算确定人均工资增幅，实现“业绩增工资增、业绩降工资降”，最终达成“控制面积（员工人数和人工成本总额）、提升高度（人均工资水平）”的管理目标。

1. 工资总额编制方法

公司要求下属企业采取与自身纵向比较和与行业标杆横向对标方式确定工资总额预算，并将下属企业分为经营性单位和非经营性单位两类，其中经营性单位直接参与市场竞争，通过产品或服务获取效益；非经营性单位大多从事技术研发类业务，资金来源主要为上级单位拨款。

（1）经营性单位

公司将经营性单位按照成熟期和特殊时期分别适用不同的工资总额确定方法。

成熟期企业，工资总额主要与反映经营结果的利润总额挂钩，并选择反映汽车行业规模经济特点的营业总收入作为复合挂钩指标。为鼓励单位挑战高目标，按照利润总额、营业总收入增长的先进程度分档确定工资总额增幅；为鼓励自主事业快速扩大经营规模分摊固定成本、提升盈利能力，差异化设置指标权重，亏损自主事业利润权重不高于50%，盈利自主事业利润权重不低于60%，合资公司利润权重不低于70%。

特殊时期企业，为公司基于中长期战略发展需要而设立，但处于严重亏损期、建设期、投入期等无经营效益产出或亏损严重。公司以企业达成盈亏平衡时的经营效益规划数据为基础，依据公司或行业对标，合理确定企业工资总额后推演至当年预算。同时，达成盈亏平衡前、企业超出工资效益联动要求的工资总额，模拟为项目投资、当期单列管理，达成盈亏平衡后从经营效益增量中逐年冲减回收。

公司要求下属企业实现“业绩薪酬双对标”，其中人工成本利润率行业对标水平优于人均工资的企业，在人力资源效能不降低的前提下可逐步提高核心骨干人才的薪酬竞争力；反之，企业应提升劳动生产率，逐步改善人工成本利润率的行业对标水平。

（2）非经营性单位

研发中心为代表的非经营性单位，其创造的专利等无形资产可在较长时期内发挥经营效益，因此针对研发中心的工资效益联动，应偏重于研发能力提升、研发过程和结果的评价，同时联动周期应与其研发周期强关联。

公司要求研发中心工资总额主要与反映能力提升的研发收入、体现研发过程和结果的成本控制和科技成果转化等指标挂钩，分别设计工资效益联动薪酬包和中长期激励薪酬包。

工资效益联动薪酬包，主要保障研发人员基本收入达到行业50分位水平，以人才保留为主要目的。工资效益联动薪酬包与整车研发、专项技术研发、内外协同研发等不同业务线的研发收入增幅联动。

中长期激励薪酬包，主要保障有突出贡献的研发群体工资收入达到行业75分位以上、其中领军人才达到行业90分位以上，以高端人才吸引和保留为主要目的。中长期激励薪酬包包含研发过程的项目奖，商品化后的科技成果转化激励。为落实“以价值贡献者为本”要求，公司要求分配方案满足“3773”要求，即价值贡献前30%员工分配奖金占比不低于70%，剩余70%员工分配奖金占比不高于30%。

2. 人员预算编制方法

贯彻落实国家“按劳分配、多劳多得、少劳少得”的分配理念，公司提出下属企业的人均工资增长应与劳动生产率提升相匹配。因此，公司要求下属企业基于中期规划、员工收入市场竞争力，确定劳动生产率提升幅度和用人规模。

公司根据中期规划目标，按照工资总额管控目标和员工收入增长要求，确定劳动生产率中期规划提升目标，并要求下属企业根据经营效益增长、行业对标以合理确定劳动生产率提升幅度。具体方法为，劳动生产率提升幅度 = 基本增幅 + 经营效益联动增幅 + 行业对标联动增幅。其中，基本增幅为公司劳动生产率中期规划提升要求；经营效益联动增幅，与反映企业经营指标的劳动生产总值挂钩联动；行业对标联动增幅，与劳动生产率行业对标结果挂钩联动。

（二）人事预算管理工具

KPI指标的设置与评价直接引导着企业工作方向，在人事预算管理体系中是承上启下的关键一步。预算编制、KPI 管理、过程管控之间实现良性互动，能有效推动下属企业经营层实施符合公司战略目标、提升价值贡献的业务决策。公司在管理实践中发现不尽如人意之处：KPI 指标的设置规则缺失或不透明，谈判博弈比较突出，善于沟通诉苦的单位总能找出理由压低目标，反而自我加压、从严要求的单位被要求加码等；KPI 指标评价有唯结果论倾向，对预算与实际严重偏离的情况考虑不充分，个别达成较差的单位为了“一年跌倒、三年吃饱”就自暴自弃、破罐破摔，影响 KPI 管理导向。

为实现 KPI 管理的客观、公正，从指标设置和评价两个环节入手，公司实施基于人事预算编制结果规范的 KPI 指标设置规则，以及基于工资效益联动的可修正的 KPI 指标评价调整规则，统一 KPI 管理要求与人事预算编制要求，发挥人事预算管理体系合力。

1. KPI 指标设置规则

完成人事预算编制后，根据企业发展阶段，公司从人事费用率、人工成本利润率、劳动分配率等选择，并按照定性与定量分析相结合的方式，从两个层次、两个维度差异化确定 KPI 指标。其中，两个层次指首先判断企业的人事预算编制结果是否满足公司要求，其次分析企业人力资源效能指标的改善情况；两个维度指纵向的自我改善和横向的行业对标。通过 KPI 设置规则，明确 KPI 指标与预算编制结果的关联关系，减少 KPI 指标设置的沟通时间和成本，引导企业将注意力集中到预算编制上，而不是与上级单位的谈判博弈中。

人工成本利润率指标的 KPI 设置规则，详见表 1。

表 1　人工成本利润率指标的 KPI 设置规则

边界条件	工资总额预算编制情况	不满足工资效益联动机制要求			满足工资效益联动机制要求		
	人工成本利润率改善情况	相比上年劣化幅度>2%	相比上年劣化幅度≤2%	相比上年未劣化	低于行业75分位	行业75-90分位或相比上年优化幅度≥2%	高于行业90分位或相比上年优化幅度≥4%
人工成本利润率KPI设置规则		上年实际作为目标值	预算值可作为门槛值	预算值可作为目标值	预算值可作为目标值	预算值可作为挑战1	预算值可作为挑战2

2. KPI 指标评价调整规则

为统一人事预算执行结果和 KPI 指标评价，消除企业对 KPI 评价顾虑，公司对预算前提与实际达成发生较大偏差的，以是否达成工资效益联动要求为判断依据，围绕特殊事项清单设计 KPI 指标评价调整规则，合理评价管理过程和管理结果。

KPI 评价调整规则，详见表 2。

（三）人事预算管理机制

人事预算和 KPI 指标确定后，公司仍会进行过程管控，防范执行过程中的各类风险，确保年底达成预算要求。人事预算管理机制，是以预算执行流程为主线，以重要环节风险点为导向，建立预算执行风险的事前防范、事中控制、事后追责动态机制，提高人事预算执行管理水平。

表 2　以工资效益特殊事项设置 KPI 指标评价调整

事项大类	序号	具体事项	认定条件	认定原则和标准
管理范围变化	1	管理的企业范围变化	预算执行过程中，管理的下属企业范围发生变化的	根据资料，据实认定，按照同口径比较原则评价
	2	人工成本口径变化	预算执行过程中，人工成本的构成项目发生变化的	根据资料，据实认定，按照同口径比较原则评价
经营指标变化	3	经营效益指标增幅差异	因经营效益指标差异影响，人工成本利润率指标未达目标，但人事费用率或劳动分配率达成目标的	根据资料，据实认定。满足工资效益联动要求的，KPI可替换为人事费用率或劳动分配率评价
	4	经营效益指标大幅下降	销售收入等经营效益指标，较预算降幅较大的	根据资料，据实认定。满足工资效益联动要求，但人工成本利润率未达目标的，KPI可按照达成目标值评价
特殊事项	5	研发投入	研发投入大幅增长，人工成本利润率未达目标，但同口径剔除研发人员工资后满足工资效益联动要求的	根据资料，据实认定。剔除后满足工资效益联动要求，但人工成本利润率未达目标的，KPI可按照达成目标值评价
	6	支援协同	积极响应公司人员支援协同，支援人数较多，对公司人力资源效能提升贡献较大的	根据财务凭证等相应证明资料，据实认定，对援出、援入单位按照同口径比较原则评价
	7	股权、分红激励	在国资委规定适用范围内、经公司批准实施股权、分红激励的，因实施后对人工成本利润率达成影响较大的	依据中长期激励年度实施情况报告等证明资料，据实认定，按照工资总额特殊事项单列管理评价

1. 人事预算 PDCA 管理机制

（1）计划（Plan，P）

除前述的人事预算编制要求外，公司每年的预算编制流程为公司与下属企业两级联动。企业根据公司下达的预算管理要求、结合本企业经营效益等因素，组织编制本企业人事预算，报公司审核；公司审核、汇总后形成的年度人事预算，报公司总经理办公会审议、公司董事会审批，审批结果报国资委备案。

人事预算编制中，公司人力资源部门会同经营、财务等职能部门研讨，检视下属企业的预算编制结果，对预算先进程度不足的提出改善要求；同时，公司人力资源部门与企业交流经营 / 财务预算的确定背景、本行业 / 本地区的人力资源供给状况，需要公司支持的特殊事项等。通过上述工作，确保公司人力资源向优势领域和业务集中，最大化人力资源产出。

（2）执行（Do，D）

预算执行环节，首先是下属企业根据经营效益预算的月度分解情况，将人事预算和人力资源效能 KPI 指标分解至各月，报公司审核后作为过程管理依据；其次是企业依据人事预算的月度分解和工资效益联动要求，合理安排组织机构调整、人员增减、薪酬福利调整、以及人工成本计提等工作。

（3）检查（Check，C）

公司日常检查下属企业的人事预算执行情况，从内容上包括人员、人工成本预算执行情况；从周期上包括月度报表和滚动预测；从机制上包括月度通报、季度例会、企业董事会和公司运营分析会等。公司每年开展行业对标，结合汽车行业人力资源经理人组织（CAHRD）的行业数据，编制、发布劳动用工、薪酬对标报告。

同时，滚动预测还有特殊意义：3+9 预测，检查预算前提条件是否与实际一致，以及是否发生预算外事项；6+6 预测，是编制中期规划基点；8+4、10+2 预测，分别是第一、二轮人事预算编制基点；11+1、12+0 预测，分别对应人工成本预清算 / 清算，让公司经营层在年度结束前提前把握，做到心中有数，同时也做好年度决算准备。

（4）处理（Action，A）

基于人事预算执行情况，公司开展三级预警、工资总额清算、KPI 指标评价等工作。

三级预警，根据月度报表和季度例会的信息，公司对工资效益联动较差、KPI 达成情况较差的下属企业逐级采取预警警示、公司内通报、约谈企业主要领导等方式，责成企业采取管理改善措施，并检查整改落实情况。

工资总额清算，公司根据下属企业的经营效益指标，测算、反馈工资总额清算数。工资总额预测未达清算要求的企业，应核减工资总额计提数，对拒不改正、超提超发的企业将严肃处理、追究责任。

KPI 评价，公司按照下属企业经营效益和人事预算执行情况，评价 KPI 指标达成情况，作为企业经营层团队绩效和个人绩效的评价依据，其中的 KPI 指标评价调整规则详见前述内容。

2. 违规责任追究机制

公司以提高国有企业运行质量和经济效益为目标，构建权责清晰、约束有效的违规责任追究机制，提高国有资本效率、增强国有企业活力、防止国有资产流失，实现国有资本保值增值。

人事预算违规情形包括：超提超发工资总额，在工资总额外列支工资性支出，超标准列支福利费项目，任意提高福利费标准，支付应由个人负担的个人所得税、企业年金和物业管理费等。对于发生违规情形的企业，责令清退违规发生金额，进行相关账务处理，核减次年预算基数，并依据违规金额处理相关责任人。

四、实施效果

2018 年实施后，通过“两个预算编制方法、两个 KPI 管理工具、两个管理机制”，公司将工资效益联动要求落实到人事预算的编制和执行中，人力资源投入与企业经营效益产出紧密联动，把人事预算管理变成经营管理的一把利器。同时，人事预算与经营、财务预算组成一个整体，各部门以不同角色提供有价值的分析和建议，支撑公司做出有科学依据的决策，做到下达目标有支撑、发现问题有路径、解决问题有依据，公司预算管理能力大幅提升。

（一）提高了公司人力资源的行业竞争力

实施后，公司工资总额刚性增长势头得到有效控制，人工成本利润率的劣化趋势得到扭转，优于汽车行业整体表现，人事费用率从行业 25—50 分位提升至 50 分位以上，提前 2 年完成“十三五”规划目标，人工成本利润率的市场竞争力显著提升，如表 3 所示。

表 3　人工成本利润率表现趋势

项目		2010-2017年	2018-2020年
年增幅	利润总额	7.2%	1.6%
	工资总额	12.2%	1.8%
年增加额	工资总额	15亿元	3亿元

同时，公司大力推进全员劳动效率提升工作，2018—2020 年从业人员累计净减 1.9 万人，人均工资年均增长 7.7%，员工薪酬市场竞争力进一步增强。

（二）支撑了公司三项制度改革等深化改革举措

实施后，公司基本实现“业绩升工资升、业绩降工资降”预算管理目标，初步建成“收入能增能减”的三项制度改革机制，并通过劳动生产率提升工作大力促进公司内跨单位富余人员的支援协同，创新劳动用工调配方式，活用现有人力资源、减少新增用工需求，打造“人员能进能出”通道。

2018 年以来，公司内跨单位富余人员支援协同人数达到 16576 人 / 月，帮助援出、援入企业降低成本，保障员工薪酬收入，实现企业与员工双赢。

（三）营造了“以价值创造者为本”的文化氛围

公司已经形成“以价值创造者为本”的文化氛围，公司与下属企业的人事预算管理有了一致的沟通平台，工作方向一致不仅大幅提高沟通效率，还促进各项管理工作良性发展；公司经营层也高度认可工资效益联动对生产经营的促进作用，逢会必提、逢会必讲，在公司各层级工作会议上提倡和要求，下属企业经营层也以此指引推进包括规划效率、组织效率、制造效率、人事效率在内的全员劳动生产率提升工作，人事预算管理体系进入良性循环的发展轨道。

主要创作人：李　彦
参与创作人：刘志军

大型军工集团基于差异化关键行为绩效的领导人员管理实践

中国兵器工业集团有限公司

一、案例背景

（一）履行好强军首责核心使命，实施好国防和军队现代化建设“三步走”战略部署的迫切需要

作为肩负强军报国核心使命的大型军工央企，兵器工业集团武器装备种类多、技术门类齐全，涉及装甲突击、远程制导、高效毁伤等多个领域，对照对抗强敌和备战打仗战略需求，部分武器装备实战化水平还有待提高，部分装备信息化、智能化水平还不够高，装备体系化和核心能力体系化仍不完备，装备体系内部各装备之间还存在发展不平衡的问题，要履行好强军首责，实施好国防和军队现代化建设“三步走”战略部署，就必须加强对军品子集团的管理，这就对精准管理子集团领导人员提出了重要而紧迫的要求。

（二）实现高质量发展，培育具有全球竞争力的世界一流企业的迫切需要

兵器工业集团涉及产业领域多，包括军品、民品、国际化经营、支撑服务单位等四大类；地域分布范围广，二级单位覆盖26个省（市、自治区），发展阶段不尽相同。基于不同单位的差异性，要实现兵器工业集团高质量发展，建设世界一流企业，就必须牢牢抓住领导干部这一“关键少数”，深入分析每个行业每个单位特点和现有领导人员长处及短板，实现领导人员精准配置、精准管理。

（三）打造高素质专业化领导人员队伍的迫切需要

习近平总书记在全国组织工作会上提出了新时代党的组织路线，其中关键是建设忠诚干净担当的高素质专业化干部队伍，建立干部选拔任用、知事识人、素质培养、正向激励、从严管理“五大体系”。与党中央要求相比，兵器工业集团领导人员管理还存在着一些差距，必须加快完善现有领导人员管理工作，打通“五大体系”之间的壁垒，提高子集团领导人员精准管理水平，打造一支能够满足装备保障类、民品主导类、国际经营类、支撑服务类

等不同类型子集团发展需要的领导人员队伍。

二、主要做法

（一）构建关键行为绩效指标体系，打造关键行为绩效模型

（1）构建领导人员关键行为绩效指标体系。兵器工业集团贯彻落实全国组织工作会提出的干部工作“素质培养、知事识人、选拔任用、从严管理、正向激励”五大体系，整理分析管理过程中产生的数据信息，形成了领导人员关键行为绩效指标体系并加以编码，具体内容如表1所示，这些编码数据在“五大体系”内部运行的逻辑关系如图1所示。

表1　领导人员关键行为绩效指标体系

序号	管理环节	关键行为绩效指标	编码
1	选拔任用	一把手“六看”标准；区分“一把手”八种类型的个性化标准；领导班子整体评价指标；领导人员整体评价指标；优秀年轻干部队伍结构分析；领导班子年龄结构分析；……	A1\A2\A3\A4\A5\A6\……
2	知事识人	子集团分类考核指标；岗位分类考核指标；综合考评体系；“360”全方位精准考评；……	B1\B2\B3\B4\……
3	素质培养	“六种模式”精准岗位锻炼；“五级领导力”模型及实践；……	C1\C2\...
4	正向激励	“四下六问责”体系；干部收入能增能减情况；绩效薪酬双对标；……	D1\D2\D3\...
5	从严管理	干部日常监督指标体系；干部档案“画像”；……	E1\E2\...

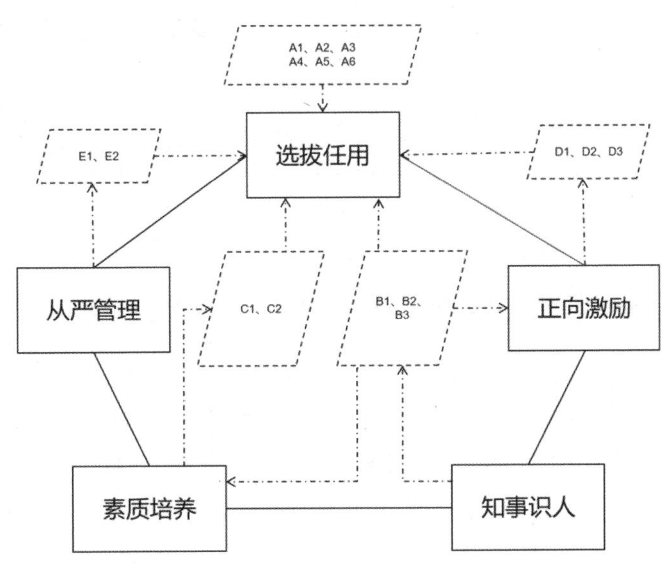

图1　以五大关键行为绩效雷达图群为载体的领导人员管理体系示意图

（2）构建关键行为绩效雷达图群。在提取关键行为绩效数据的基础上，构建起包含“管理环节、履职年份、职业生涯”三大维度的关键行为绩效模型（图2）。通过该模型，获取领导人员近几年在五大体系各环节的关键行为绩效，并绘制成雷达图，形成了领导人员

管理“五大体系”关键绩效行为雷达图群。

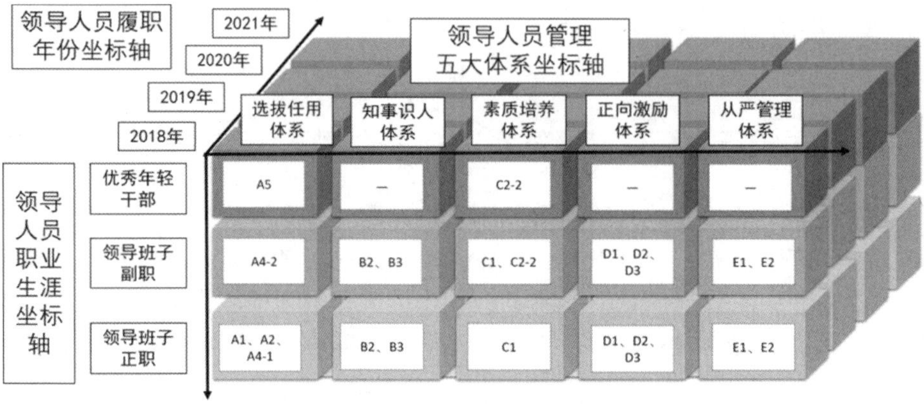

领导人员履职年份坐标轴
2021年
2020年
2019年
2018年
领导人员管理五大体系坐标轴
选拔任用体系
知事识人体系
素质培养体系
正向激励体系
从严管理体系
领导人员职业生涯坐标轴
优秀年轻干部
领导班子副职
领导班子正职
A5
—
C2-2
—
—
A4-2
B2、B3
C1、C2-2
D1、D2、D3
E1、E2
A1、A2、A4-1
B2、B3
C1
D1、D2、D3
E1、E2

图 2　兵器工业集团领导人员关键行为绩效模型

（3）分类应用于领导人员管理体系。一方面，将关键行为绩效雷达图群运用到领导人员管理“五大体系”中，打通了领导人员管理各环节“壁垒”。其中，每一个雷达图群是每个管理环节的“输出”结果，并将“输出”结果“输入”到相关管理环节作为领导人员管理的重要依据，这样就畅通了各管理环节的联系，实现了领导人员全链条管理；另一方面，围绕装备保障类、民品主导类、国际经营类、支撑服务类等不同类子集团领导人员管理需求和特点，形成不同类型子集团领导班子和领导人员的差异化关键行为绩效（表 2）。

表 2　不同类型子集团领导班子和领导人员差异化关键行为绩效

序号	不同类型子集团	主责主业和核心使命	领导班子和领导人员差异化关键行为绩效
1	装备保障类	保障装备科研生产任务	履行强军首责能力
2	民品主导类	推动民品产业转型升级	改革创新能力
3	国际经营类	提升兵器工业国际竞争地位	国际化经营能力
4	支撑服务类	发挥好支撑服务保障作用	专业能力

（二）构建差异化胜任力模型，精准识别多层级领导力

（1）构建基于不同核心使命定位的子集团领导班子差异化胜任力模型。聚焦重点任务，兵器工业集团创新构建了领导班子胜任力模型（图 3），包括“十大指标”，通过年度整体评价结果，对 2018—2020 年来班子的强项、短板做到精准把握、心中有数。突出不同子集团的差异化特性，例如，装备保障类更加突出可持续发展、创新成效；民品主导类更突出运营质量、管理效能（图 4）。

（2）构建不同层级的领导人员差异化胜任力模型。兵器工业集团提出子集团领导人员的胜任力通用模型，包括 6 项指标，即政治素质、履职贡献、管理效能、改革创新、作风形象、廉洁从业。同时着眼于领导正职与领导副职在领导力要求上的区别，在胜任力通用模型上，明确了差异化特性，构建差异化胜任力模型。其中，突出领导正职的战略领导力，强调科学决策、驾驭全局、市场运作、识人用人能力（图 5）；突出领导副职的发展领导力，

强调推动执行、协调配合能力（图 6）。

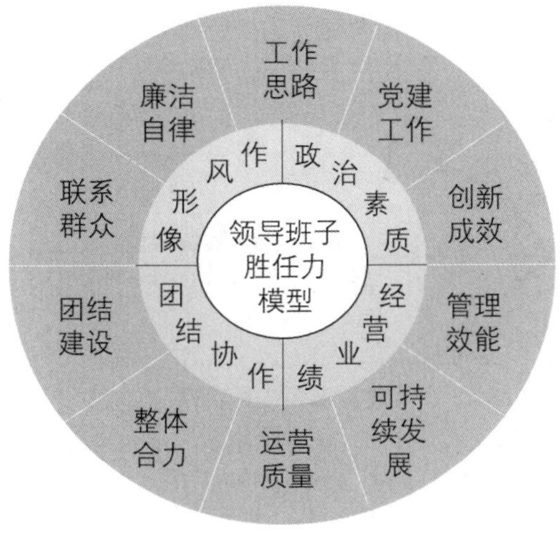

图 3　子集团领导班子差异化胜任力模型

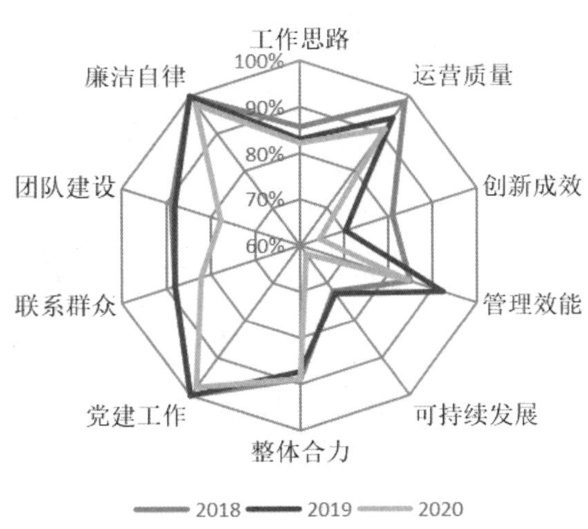

图 4　领导班子整体评价“十大指标”情况雷达图

图 5　子集团领导正职胜任力模型

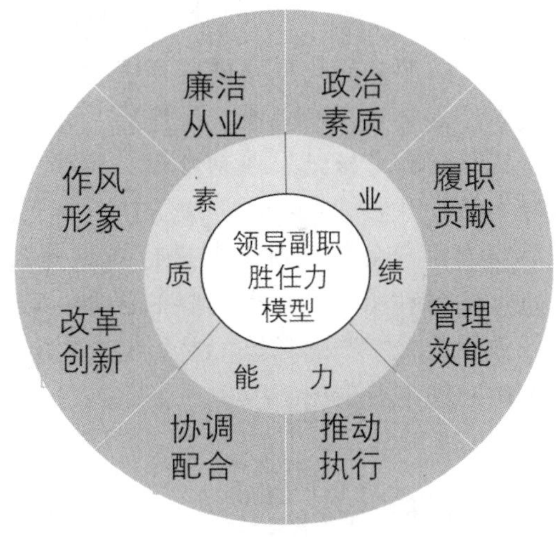

图 6　子集团领导副职胜任力模型

（三）突出装备保障类单位领导人员履行强军首责能力和分类管理

（1）按照 8 种类型精准选拔“一把手”。一是提出“一把手”六看标准。一看政治素质好不好，二看思想站位高不高，三看履职业绩优不优，四看斗争本领强不强，五看识人用人准不准，六看岗位历练实不实。二是区分“一把手”8 种类型。将装备保障类单位发展阶段划分为内改解困型、外拓解困型、外谋转型型、内改转型型、外联发展型、外拓发展型、技术领军型、市场领军型等 8 种发展类型，并相对应地提出每一种类型“一把手”所需的突出能力素质，形成 8 种“一把手”类型。以某弹箭类企业为例，从该企业绩效考核结果雷达图（图 7）能够直观地看出，该企业在装备科研、技术创新体系建设、基础科研与科研平台建设等方面还存在不足，最后选配了一位改革创新经验丰富、科学决策水平突出的主动转型型干部担任“一把手”（图 8）。

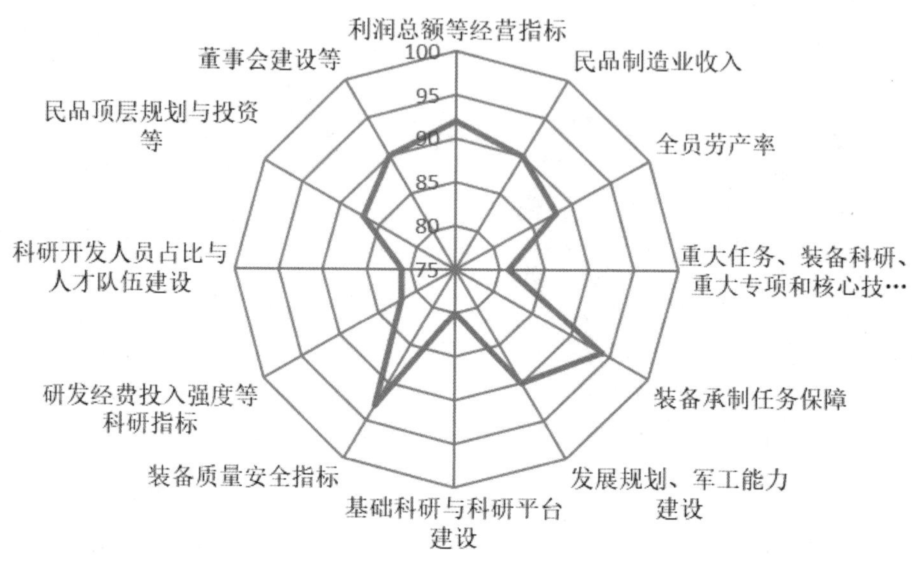

图 7　某弹箭类企业绩效考核结果雷达图

（2）按照差异化思路精准开展考核激励。一是个性化确定考核指标和权重。将装备保障类单位划分为科研院所、火炸药、光电信息、试验测试、装甲车辆、弹箭等 6 个细分类型。二是实行考核结果强制分布。兵器工业集团在中央企业中率先从二级单位领导班子和领导人员中开展综合考评分级工作，将年度绩效考核、党建工作考核和多维度测评结果加权后得出汇总分数并排名，进行强制分级，形成综合考评结果雷达图（图 9）。三是突出对重点任务和重大专项的考核和激励。与相关子集团签订《专项绩效责任书》，突出对重点任务和重大专项的考核，注重从中看领导人员在关键事项的表现，并将其作为选拔任用、薪酬激励的重要依据。

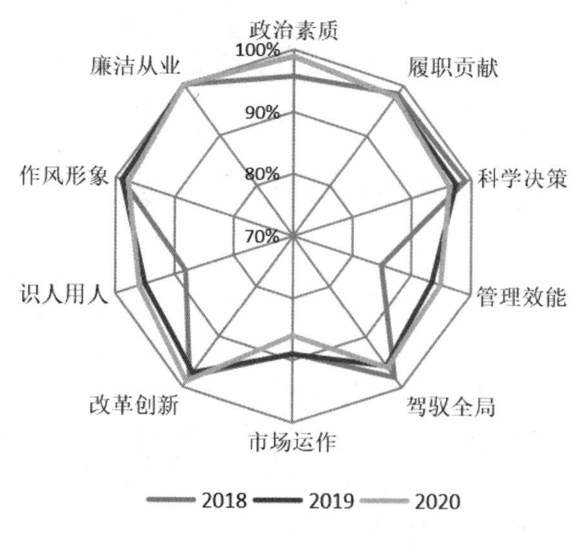

图 8　某“一把手”三年整体评价

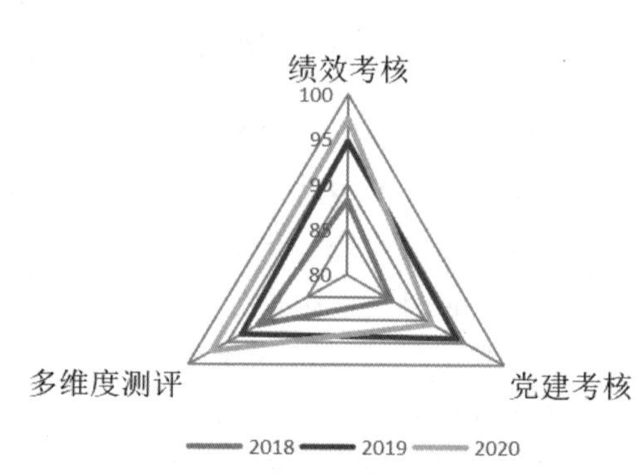

图 9　X 集团总经理综合考评结果雷达图

（3）按照“4+X”模式精准开展交流锻炼。“4”指组织推动型的交流，包括任期型、回避型、结构型、培养型交流，“X”指根据工作需要，自主探索的干部交流。兵器工业集团通过领导班子整体评价雷达图分析班子发展趋势，并以交流方式选配合适的领导人员。例如，某火炸药企业领导班子的可持续发展、创新成效等方面评价相对较低（图 10），兵器工业集团通过将兵器四院领导人员交流到该企业任职，该领导人员 2018—2020 年改革创新能力持续增加（图 11）。

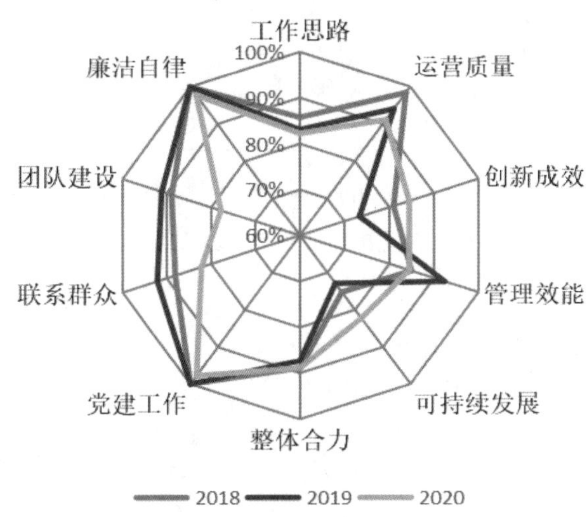

图 10　某火炸药企业领导班子整体评价情况雷达图

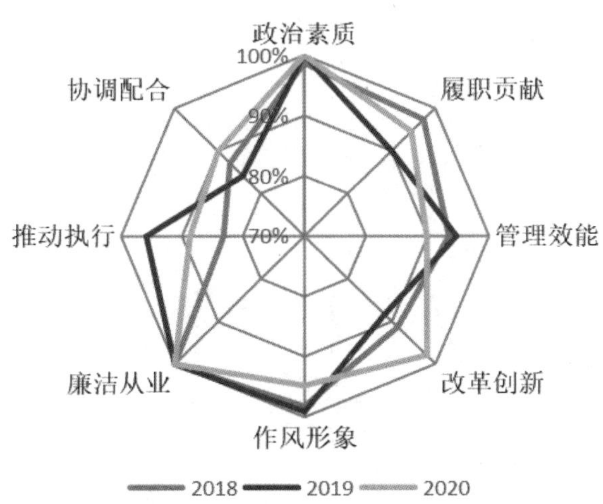

图 11　领导人员 2018—2020 年整体评价情况雷达图

（四）突出民品主导类企业领导人员改革创新能力和有效激励

（1）精准选配改革创新能力强的领导人员。民品主导类企业大部分处于新旧发展动能转换、产业结构转型升级的关键时期，班子处于调整发展思路、应对市场挑战的关键节点，迫切需要选配具备丰富改革改制经验的领导人员，特别是“一把手”。以东北工业集团为例, 2019 年整体评价呈现明显的下滑趋势, 这主要因为汽车零部件行业向“新四化”转型, 企业转型压力巨大, 需要一位改革经验丰富、能够驾驭全局的领导, 集团党组及时将一位高度匹配的领导配备到该企业（图 12~ 图 15）。

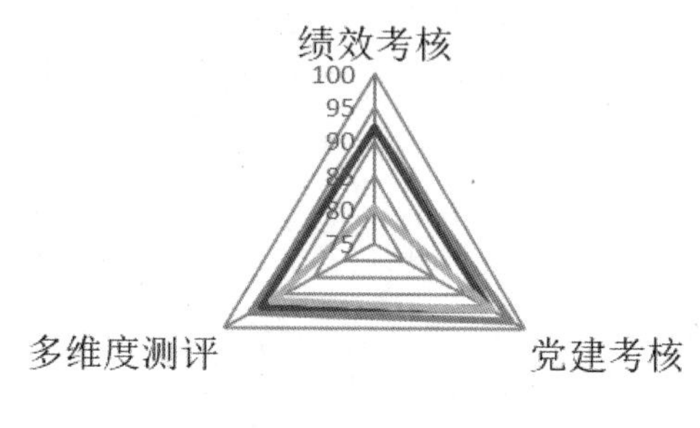

图 12　东北工业集团综合考评分级结果雷达图

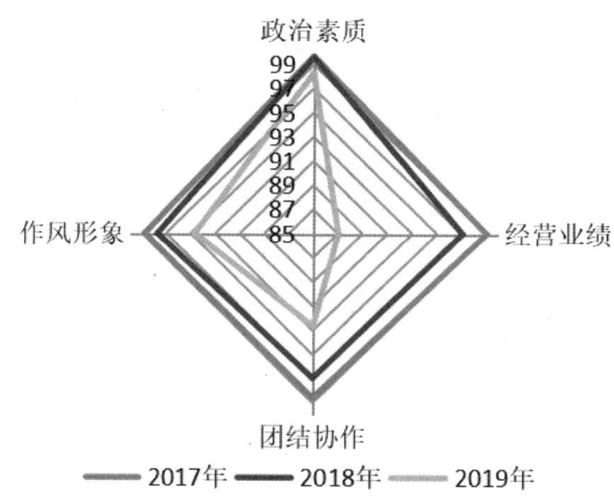

图 13　东北工业集团内部测评结果雷达图

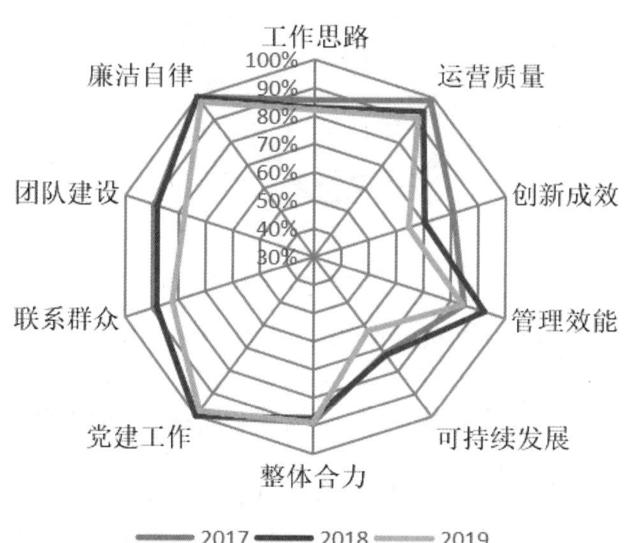

图 14　东北工业集团整体评价情况雷达图

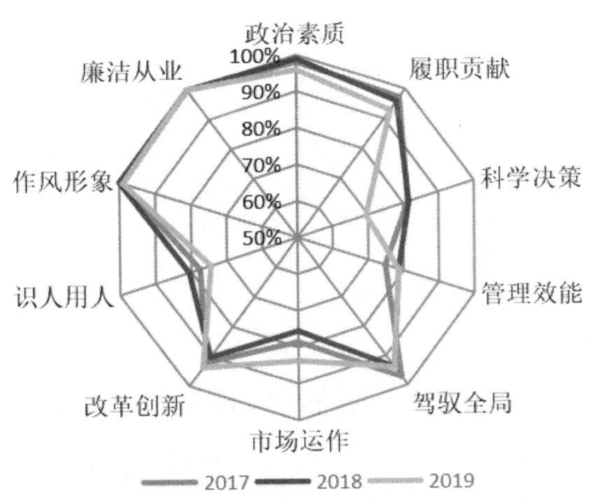

图 15　高汝森董事长整体评价情况雷达图

（2）开展绩效薪酬“双对标”有效激励领导人员。围绕领导正职的薪酬水平开展“五看”对标：一是纵向看，对比系统内单位 3 年绩效指标变化情况；二是横向看，即从拟对标群体和外部对标单位之间进行对比分析；三是内部看，即看内部民品企业之间对比绩效薪酬水平；四是外部看，即从定性和案例角度分析军工集团推进中长期激励情况；五是联动看，即将单位绩效和薪酬两类指标纳入统一分析框架同步对标比较分析。通过对标，对主要领导人薪酬在市场中的水平进行了定位，形成了薪酬对标雷达图（图 16）。

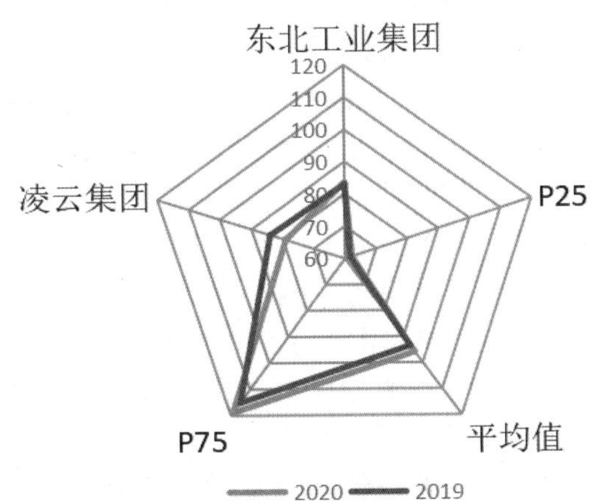

图 16　汽车零部件行业主要领导薪酬对标情况（2019—2020 年）

（五）突出国际经营类企业领导人员国际化经营能力和统筹调配

（1）统筹调配领导人员到海外事业平台培养历练。兵器工业打造形成了“五位一体”的国际化经营格局，形成了一系列海外事业平台，运用这些平台，从拥有国际化业务的企业中选配具有培养潜力的领导人员“走出去”，到海外接受历练、承担重任。一方面可以有效开拓视野，锻炼国际化思维与市场化能力；另一方面可以提升应对复杂局面、解决实际问题的破题能力，已经成为兵器工业集团重要的干部成长锻炼平台。以某领导人员为例（图 17），在海外锻炼成长速度很快，回国之后及时提拔到某民品子集团担任主要领导职务。

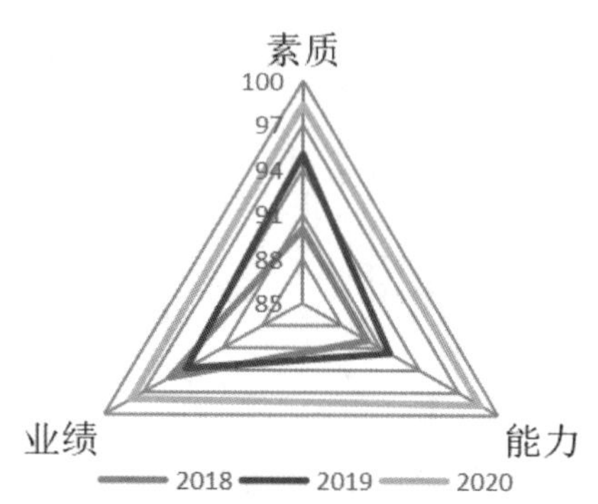

图 17　交流到海外事业平台任职某领导人员测评雷达图

（2）及时提拔领导人员到相关企业担当重任。兵器工业集团坚持全系统领导人员资源调配，依托以北方公司为代表的国际化经营类企业，培养了一批具有优秀国际视野、精通国际业务发展的领导人员，及时将他们选配到适合的事业平台，促进了人才与事业共同发展。例如，兵器工业集团从优化业务布局的高度出发，将原北方公司副总裁交流到面临国际化经营风险的凌云集团担任总经理（现已提拔为董事长），旨在充分发挥其在北方公司积累的国际化经营发展经验。

（六）突出支撑服务类单位领导人员专业能力和专项考核

（1）创新联合监督的领导人员用人方式。结合支撑服务类单位的业务特点，选取业务类型相似、管理难度不高的几家单位，成立联合监事会、联合纪检组，发挥联合监督作用，有力提升领导人员使用效率。例如，中兵投资、财务公司、北斗院等三家单位尽管单位内部人数不多，但是占有资金都超过几十亿，存在较高财务风险，兵器工业集团选举了 3 名工作经验丰富、业务能力强、敢说敢管的领导人员组成联合监事会，共同监督三家单位的审计、财务等经营风险问题。

（2）树立聚焦主责主业的考核导向。一方面，在考核指标上更加突出重点任务的考核；另一方面，在考核结果上更加体现主责主业的作用发挥程度。以中兵投资公司为例（图 18），由于此前该公司以利润为主要导向，偏离了支撑产业发展的核心使命，因此尽管 2018 年该公司迅速发展，但是董事长仍然未能获得 A 级评分，随后中兵投资重新聚焦主责主业，2019—2020 年对兵器工业内部产业发展的投资支持力度明显增强，连续两年获得 A 级、集团公司突出贡献奖。

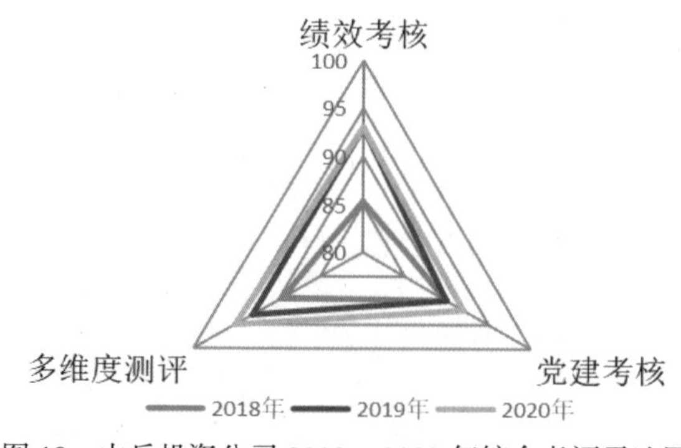

图 18　中兵投资公司 2018—2020 年综合考评雷达图

（七）推动“四下六问责”，实现领导人员“能上能下”

（1）坚持“四下”原则。一是坚持不守规则的“下”，对违反“三重一大”有关规定，违反党纪政纪规定，不作为、乱作为的，严格问责。二是不保底线的“下”，对因履职不到位发生质量、安全、环保、稳定事故，以及触碰党纪政纪规定的，严格问责。三是不敢担当的“下”，对不敢改革怕矛盾、不想改革怕担当、不会改革少办法、不去改革多顾虑的及时调整。四是不在状态的“下”，对综合考核评价中，连续 2 年排名末位的领导人员，经综合研判确属不胜任的，要进行及时调整。

（2）坚持“六问责”原则。“六问责”是指对重点科研项目拖期、军品订货任务未按期完成，工作不到位在竞争中丢失市场，投资失误造成国有资产流失，监督管理失误，干部使用失当造成较大经济损失和企业形象受到较大影响等不良后果的进行问责。

三、实施效果

（一）有力支撑了履行强军首责，推动高质量发展

以关键行为绩效雷达图为载体，精准化选优配强领导班子，打造高素质专业化领导人员队伍，为兵器工业集团履行好强军首责、推动高质量发展提供了有力支撑。2020 年在兵器工业集团党组的领导下，各单位领导班子和领导人员积极对接军方需求，承担装备订购任务，是“十三五”以来装备承制任务量最大的一年，全面完成武器装备保供任务，2019—2020 年连续在军工集团军品任务考核中位列第一，连续 17 年获得国资委中央企业负责人经营业绩考核 A 级。

（二）显著提升了党组选人用人满意度

本案例内容实施以来，有力实现了领导班子选优配强，党组选人用人满意度不断提升，2020 年达到 99.2%，较 2018 年提升了 1.1%；职工群众对领导班子和主要领导的认可度逐年提升，领导班子内部测评结果由 2018 年的 98.04 分提升到 2020 年的 99 分，主要领导内部测评结果由 2018 年 98.15 分提升到 2020 年的 98.89 分。

（三）为大型产业多元的企业提供了实践经验

本案例为涉及产业领域多、地域分布范围广、所属单位发展不均衡的国际化大公司提升领导人员分类管理能力提供了实践经验。一方面，将关键行为绩效雷达图运用于领导人员管理“五大体系”中，打通“五大体系”壁垒，实现领导人员管理从单个环节管理向全链条管理转变，有力提升管理效率。另一方面，将关键行为绩效雷达图运用于不同类型企业领导人员管理中，实现领导人员精准化管理，有利于促进所属企业更加聚焦主责主业、更好履行核心使命。

主要创作人：曹光祥

参与创作人：于　洋、徐余庆、于金辉、杨继伟、赵荣荣

鞠小波、杨　鹏、李　维、曹　阳

强化考核分配导向重构薪酬分配体系助推企业高质量发展

中国石油天然气股份有限公司辽河油田分公司

中国石油天然气股份有限公司辽河油田分公司（以下简称辽河油田）作为连续36年保持原油千万吨规模稳产的老油田，面临资源有限、上市业务盈利空间较小、未上市单位解困扭亏压力大等突出矛盾，为推动高质量发展，持续深化改革，不断调动全员智慧和力量，强化薪酬考核分配制度顶层设计与落实落地，自2020年起，逐步探索建立起工效挂钩考核模式，经过两年的实践和摸索。2022年，辽河油田从薪酬结构设计、考核分配导向、重点激励目标等方面通盘考虑，建立健全工资效益联动、效率对标调节和收入水平调控的工资总额决定机制，充分发挥绩效考核和薪酬分配的“指挥棒”作用，引导各单位更好履行责任使命，为辽河油田高质量发展提供人力和智力支持。

一、强化顶层设计，构建“1+3”制度体系

考核评价、薪酬激励是人力资源管理的重要环节。辽河油田面对资源有限、工资总额有限的实际情况，将如何利用薪酬考核的指挥棒，无限激发人力资源的潜能作为重要课题。如何实现有效激发、无限激发，首当其冲的是要设计一套科学合理的制度体系，让企业的每位员工都能找到自身的定位和价值，都能有施展才能的舞台，都有被激发、被调动的愿望和可能，真正实现“让创造效益的人有效益、创造价值的人有价值”。对此，辽河油田经过多年设计与实践，形成了覆盖全员考核的“1+3”制度体系。

“1”是一套工效挂钩办法，也就是对50个考核单位实行工效挂钩，将各单位的工资总额与效益效率联动。主要包括工资总额基数如何下达、工资总额增量如何考核、精准激励政策如何设定、专项奖励如何规范等方面，共30条规定。依靠“一个办法”将各单位的工资总额进行整体确定，对考核指标、挂钩政策、调控机制进行一体化设计，对单位的绩效考核、薪酬分配进行整体统筹，体现了政策设计的一体化、系统化和协同性。

“3”是指3个群体的绩效考核制度。一是以契约化、任期制为核心的中层领导人员考核制度。主要从业绩合同出发，分别签订年度业绩合同和任期经营业绩责任书，形成绩效计划、绩效考核、结果运用的管理闭环，用绩效分值衡量各单位班子绩效，按照ABCD四档计分的形式，分档确定薪酬水平，以业绩论英雄。二是以业绩评价、GS为核心的机关全员考核制度。2022年下发了机关全员绩效考核办法，从群体上分机关科室和员工两个维度考核，从内容上形成“综合评价”“业绩考核”“党建责任制考核”的“三位一体”

架构，年度分为 ABC 三档，真正以业绩和工作表现确定薪酬。三是以多元化考核为基础的一般员工考核制度。基于岗位和价值贡献，推行“标准作业井次考核法”“标准定额法”“实录工时法”等考核方法，将全员考核落到实处，真正实现“干多干少不一样、干好干坏不一样”，广大干部员工热情高涨、干劲十足，队伍活力与动力得以有效激发。

二、强化目标导向，构建“5+N”指标体系

在整体制度架构下，尤其是对单位的工效挂钩政策下，对各单位的目标导向就是“指挥棒”的方向，如何精准定位这一方向，辽河油田将 50 个考核单位划分为油气生产、科研、生产保障、经营创效、经费五个板块，根据主营业务、主体岗位、工作区域等因素差异化来确定指标体系。确定的原则是在辽河油田整体效益、产量指标基础上，找到每个板块、每个单位的主责主业和核心贡献，以此为依据确定指标体系，不是搞“效益”一刀切，而是透过效益的“账面”贡献，找准每个单位对效益贡献的“实物”价值，而这种价值是差异化的。

基于此，辽河油田简化挂钩指标，每个板块单位选取 2 ～ 3 个关键指标，聚焦关键进行考核。油气生产、经营创效单位的挂钩指标从以往 20 余项，精简为主要考核净利润、人均油气当量、营业收入。科研单位不再承担经营创效指标，主要考核科研成果、科技贡献，并与辽河油田产量完成情况挂钩，突出科技兴油作用。生产保障单位在主要考核净利润、人均营业收入的基础上，突出提升服务质量效率。经费单位重点考核重点工作完成情况、经费控制，并与油田公司整体净利润挂钩，突出提升管理水平效能。这样的指标体系，基于各单位主责主业下的目标导向，在各单位定的主营业务本原上来设计指标体系，目标更为清晰、考核更为科学、结果评价更为直接，后续的挂钩政策也就更加合理。

三、强化工资总额管理，构建“1+4”精准激励体系

工资总额是每个单位、每名员工绩效考核与薪酬挂钩的最终体现，也是最直接的考核结果运用。因此，辽河油田将工资总额实行切块管理、分块预算、差异化考核兑现，将工资总额划分为工资总额基数、工资总额增量、精准激励奖金和专项奖励四部分，每块工资总额的使用分配对象和激励作用逐渐聚焦，绩效考核的指挥棒作用更加明显。

（一）差异化下达工资总额基数

工资总额基数包括基本工资和基础业绩奖励，重点保证员工基础收入。基本工资依据基本工资制度核定。基础业绩奖励则由定员数、兑现系数、盈亏情况等确定，并推行“工编挂钩”，按超编人员扣减 50% 基础业绩奖励。为体现效益效率导向，按 97% ～ 100% 差异化下达工资总额基数，引导各单位持续提升效益效率。

（二）精简确定工资总额增量

工资总额增量与业绩指标挂钩兑现，首先，各单位按照挂钩指标完成情况确定工资总

额挂钩增幅；其次，将各单位在板块内劳动生产率指标（人均油气当量、人均营业收入）排名情况、对比基准值改善提升情况纳入挂钩增幅。此外，对盈利企业、亏损企业设置了差异化工资增幅封顶线，更能体现效益效率贡献差异。

（三）瞄准重点工作设定精准激励奖金

精准激励奖金，重点突出奖金的“功能定位精准”和“分配对象精准”，为保障公司重点工作、重点任务，辽河油田以“加油增气”“三篇文章”和“六项战略工程”战略目标为导向，进一步细化完善精准激励政策，设置勘探增储、油气超产、重点工程项目组建设等精准激励奖金，实现精准到人、激励到位。

（四）聚焦专项工作规范专项奖励管理

按照集团公司规范专项奖励工作要求，将未纳入工效挂钩和业绩考核的重点工作、重大活动、专项工作列为奖励对象，设置科技创新、管理创新等奖励项目，并制定出台了专项奖励管理办法，在奖金立项、预算控制、考核评价、审批发放、监督检查等方面做出明确规定，形成全过程闭环管理。

主要创作人：赵万辉
参与创作人：张宝疆、杜媛静

推进实施股权激励
创新公司中长期正向激励模式

攀钢集团钒钛资源股份有限公司

一、公司概况

攀钢集团钒钛资源股份有限公司（以下简称钒钛股份）成立于1993年03月27日，1996年11月15日在深圳证券交易所上市（股票代码000629），是资本市场唯一一家以“钒、钛”为双主业A股上市公司。

钒钛股份属于有色金属冶炼及压延加工行业，主营业务包括钒、钛、电，其中钒、钛是钒钛股份战略重点发展业务，具备钒制品（以V_2O_5计）4万吨/年的生产能力，拥有五氧化二钒、三氧化二钒、中钒铁、高钒铁、钒氮合金、钒铝合金等系列钒产品，是世界最大和品种较全的钒制品生产企业。钒钛股份钛白粉是国内知名品牌，具备硫酸法钛白粉22万吨/年、氯化法钛白粉1.5万吨/年的生产能力，是少数具有“硫酸法+氯化法”钛白粉生产企业。钒钛股份控股子公司生产的主要钛白产品中塑料专用R–248、R–248+、R5568；造纸专用R5567；通用型R–298、R5569、CR–350等在中国钛白粉行业具有较大影响力，产品在涂料、塑料、造纸、油墨行业中得到用户广泛认可。钛渣产品及产量逐年攀升，市场占有率居国内前列。

二、坚持市场化改革方向，积极探索股权激励新模式

2018年，钒钛股份就开始探索员工激励机制，但股权激励等中长期激励尚处于空白状态。

2021年，为贯彻落实国资委三项制度改革工作部署，钒钛股份聚焦“新鞍钢”内涵，通过政策和先进企业股权激励机制的对标研究，积极探索股权激励新模式，以期达到以市场化的经营机制为导向，完善法人治理结构，健全中长期激励约束机制，激发骨干层活力，为“十四五”高质量发展和攀钢第三次管理变革落实落地奠定坚实基础，全面提升人力资源配置效率和经营管理效率。

钒钛股份结合自身经营特点、发展阶段、所处行业等情况，一方面借鉴标杆企业的最佳实践经验，选择股权激励工具和方法；另一方面结合企业实际，做出适应性评估，“找不足、查弱项”，既保证方案可落地，又力求系统化解决即期激励（薪酬绩效体系）和中

长期激励（股权激励）、中长期激励与管理系统的整体匹配性。根据《上市公司股权激励管理办法》《中央企业控股上市公司实施股权激励工作指引》（以下简称《工作指引》）等有关规定，对各类指标进行了细致的梳理、筛选、讨论和分析，不断调整完善草案相关内容，取得了国务院国有资产监督管理委员会书面批复，最终确定股权激励方案，并编制了《攀钢集团钒钛资源股份有限公司 2021 年限制性股票激励计划（草案）第二次修订稿》。经钒钛股份股东大会审议通过，根据《上市公司股权激励管理办法》等有关规定，确定本次股权激励限制性股票的授予日为 2022 年 1 月 17 日，上市日为 2022 年 1 月 28 日。

三、坚持跳起摸高正向激励，精准制订激励方案

为构建科学、规范的中长期激励机制，推动企业高质量发展，钒钛股份提出以达到激励目的和具备挑战性兼顾为原则，明确股权激励模式、股票来源等基本设计要素，因地制宜地选取业绩考核指标、对标企业及业绩考核标准。

（一）综合分析，选取股权激励的基础模式

股权激励是企业拿出部分股权用来激励企业高级管理人员或核心员工的一种方法。股权激励模式主要有限制性股票、股票期权等。

1. 限制性股票

限制性股票是指事先授予激励对象一定数量的公司股票，但对股票的来源、抛售等有一些特殊限制，一般只有当激励对象完成特定目标（如扭亏为盈）后，激励对象才可抛售限制性股票并从中获益。绝大部分公司均是通过向激励对象发行股份作为股票来源。

2. 股票期权

股票期权是指公司授予激励对象的一种权利，激励对象可以在规定的时期内以事先确定的价格购买一定数量的本公司流通股票，也可以放弃这种权利。股票期权的行权也有时间和数量限制，且需激励对象自行为行权支出现金。绝大部分公司均是通过向激励对象发行股份作为股票来源。

3. 限制性股票与股票期权的优缺点分析（表 1）

表 1　限制性股票与股票期权的优缺点分析

项目	优点	缺点
限制性股票	1. 限制性股票没有等待期，在实行股权激励计划时，激励对象即获得股权，具有较好的激励效果； 2. 股权激励属于一种融资方式，激励对象能以较低的价格获取公司的股权，同时公司也可增加相应资金	1. 激励对象接受限制性股票激励方式，其流通权受限，同时需承担股票下跌的风险； 2. 在获取限制性股票激励中，激励对象因需即期投入资金而存在一定的资金压力； 3. 高管减持时，要受每年只能减持 25% 的限制； 4. 对授予当期公司会计成本的影响较大

续表

项目	优点	缺点
股票期权	1. 对激励对象来说，股票期权模式的资金沉淀成本较小，被授予人可根据股价波动情况，选择是否行权； 2. 被授予人分批行权时因持续的现金流入而产生激励； 3. 根据会计准则的规定，股份支付费用可在等待期内进行摊销，对当期会计成本的影响较小	1. 根据《会计准则－股权支付》的规定，需在等待期内分期计入股份支付费用，持续影响公司利润； 2. 股票期权期限普遍较长，存在较大的不确定性。当股票价格波动较大时，其激励作用相对较低； 3. 行权前，被授予人无相应股东权利

通过对近三年上市公司股权激励类型、企业性质的统计，绝大部分上市公司选择限制性股票激励和股权期权的方式实施股权激励。90% 以上的公司通过向激励对象发行股份作为股票来源（表 2、表 3）。

表 2　股权激励类型统计

激励类型	限制性股票	股票期权	股票增值权	员工持股计划	混合	合计
数量（家）	1119	304	5	551	200	2179

表 3　实施股权激励企业性质统计

企业性质	地方国有	中央国有	民企	集体企业	中外合资经营企业	外企	合计
数量（家）	150	112	1704	5	202	6	2179

（二）锐意创新，因地制宜设置股权激励限制性条件

钒钛股份主营业务包括钒、钛、电三大板块，除电力业务利润较为稳定外，钒产品价格是影响钒钛股份利润的最敏感因素。钒产品价格在 2017—2019 年处于历史最高位，2020 年持续在低位徘徊。根据行业专家对市场的调研判断，在股票激励计划有效期内，钒产品价格很难再次回到前期历史高位（图 1）。

从限制性股票的授予和解锁指标的设置情况看，受上述钒产品价格异常波动影响，钒钛股份 2017—2019 年连续 3 年业绩异常，直接导致虽然第一类和第三类指标存在一定的实现授予和部分解锁的可能性，但第二类指标完全无法实现授予，即使授予了解锁可能性仍然极低，同时也难以满足国资委提出的净利润或营业利润 6 年翻一番的要求。由于指标设计参照期钒产品市场的异常波动，使得核心指标设置难度大，这也是影响本次股票激励计划实施的焦点问题。

1. 实施股权激励业绩考核指标选取

根据《工作指引》的相关规定，上市公司实施股权激励原则上应当包含以下三类考核指标：第一类是反映股东回报和公司价值创造等综合性指标，如净资产收益率、总资产报酬率、净资产现金回报率（EOE）、投资资本回报率（ROIC）等；第二类是反映企业持续成长能力的指标，如净利润增长率、营业利润增长率、营业收入增长率等；第三

类是反映企业运营质量的指标，如经济增加值（EVA）、资产负债率、总资产周转率、现金营运指数等。

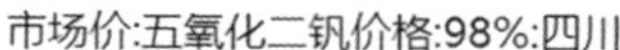

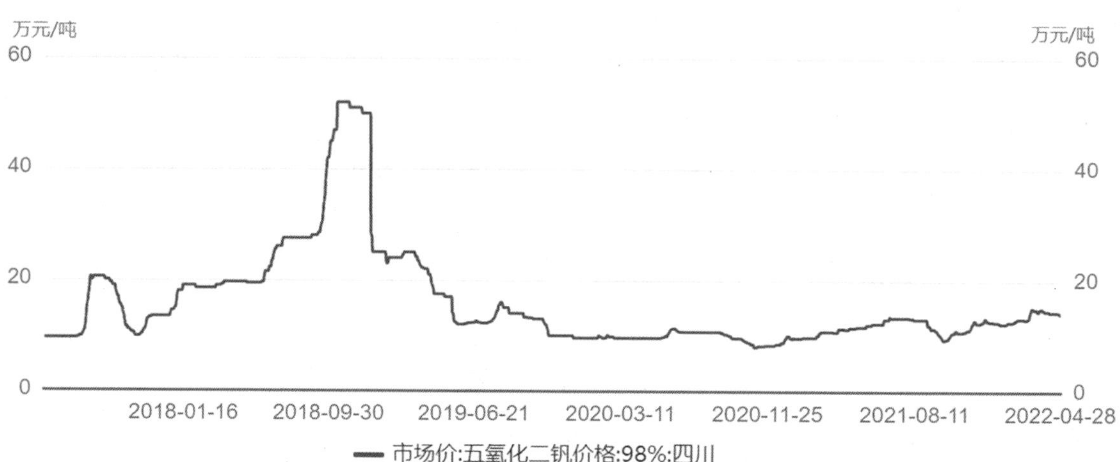

图 1　五氧化二钒价格走势

业绩考核体系设计对于股权激励计划至关重要，既要体现股东对公司经营发展的业绩要求和考核导向，还要兼顾疫情背景下业绩目标设置的合理性，既不能挫伤激励对象的积极性，在一定程度上体现业绩实现的可预期，确保实现首期“破冰”，又要体现必须尽全力跳起来摸高的挑战性，为后续多期股权激励的延续实施及中长期激励文化的形成奠定良好基础。

根据钒钛股份与中介机构对指标分析、盈利能力、收益质量三个纬度 15 个指标，从 2015—2020 年的完成情况及与对标企业完成情况的综合分析，并借鉴其他上市公司实施限制性股票股权激励指标设置情况，最终从三个维度中各选取一个业绩指标，即总资产报酬率、净利润复合增长率、经济增加值（EVA）三个指标作为实施限制性股票股权激励的业绩考核指标。

钒钛股份所设定的业绩指标是综合考虑历史业绩、经营环境、行业状况，以及未来的发展规划等相关因素，指标设定合理、科学，符合股东的期望和要求。对激励对象而言，业绩目标明确，同时具有一定的挑战性；对钒钛股份而言，业绩指标的设定能够促进激励对象努力尽职工作，提高上市公司的业绩表现。本次业绩指标的设定兼顾了激励对象、钒钛股份、股东三方的利益，对钒钛股份未来的经营发展将起到积极的促进作用。

2. 同行业对标企业选取

钒钛股份是钒、钛双主业上市公司，没有类似经营业务架构可对比的上市公司，只能按照中国证监会行业分类标准在所属行业为“制造业—有色金属冶炼和压延加工”中选择对标企业。

上市公司的有色金属行业中各家企业都各具特点，也有自身的发展和周期规律。钒钛股份在选择同行业指标时，将与自身规模差异较大、收益出现较大负数的企业剔除，以体现行业正常发展水平。同时，经审慎评估，为了避免某单一品种有色金属的周期峰值影响业绩对比的有效性，经慎重考虑，认为有色行业内钒钛股份收益波动属于正常情况，所以钒钛股份将方案进行了调整，选取经营规模、业务模式与业绩可比的企业，再加上主营钛白粉的 4 家企业，最终保留对标企业 25 家。

3. 确定解除限售期限

在确定对标企业的基础上，钒钛股份根据有关规定，进一步确定了本次限制性股票激励计划的解除限售期限及个人、企业经营的绩效标准，为最终确定激励方案奠定基础。本计划的有效期为自限制性股票授予登记完成之日起至所有限制性股票解除限售或回购注销完毕之日止，最长不超过 60 个月，包括授予后的 24 个月限售期和 36 个月解除限售期（表 4）。

表 4　解除限售时间计划表

解除限售期	解除限售时间	可解除限售数量占限制性股票数量比例
第一个解除限售期	自授予日起 24 个月后的首个交易日起至授予日起 36 个月内的最后一个交易日当日止	33%
第二个解除限售期	自授予日起 36 个月后的首个交易日起至授予日起 48 个月内的最后一个交易日当日止	33%
第三个解除限售期	自授予日起 48 个月后的首个交易日起至授予日起 60 个月内的最后一个交易日当日止	34%

4. 获激励对象考核评分系统

在解除限售期内，激励对象在三个解除限售日依次可申请解除限售限制性股票上限为本计划获授股票数量的 33%、33% 和 34%，实际可解除限售比例与激励对象上个年度绩效评价结果挂钩，具体如表 5 所示。

表 5　激励对象考核标准

考核等级	考核结果定义	解除限售比例
A	优秀：超额完成任务，工作超出期望，有突出业绩	100%
B	称职：较好完成任务，部分工作超出期望，业绩正常	100%
C	称职：基本完成本职任务，业绩基本正常	80%
D	基本称职：部分工作未完成，业绩有较大改进空间	0%

钒钛股份只有在规定的考核年度内达到业绩目标，激励对象才可根据其个人绩效考核分值按比例解除限售。本计划中，限制性股票的解除限售条件如表 6 所示。

表 6　股权激励业绩考核目标

解除限售期	业绩考核目标
第一个解除限售期	① 2022 年总资产报酬率不低于 5.8%，且不低于对标企业 75 分位值水平； ②以 2020 年净利润为基数，2022 年净利润复合增长率不低于 35.79%，且不低于对标企业 75 分位值水平； ③ 2022 年 EVA（经济增加值）指标完成情况达到董事会下达的考核目标，且 ΔEVA>0
第二个解除限售期	① 2023 年总资产报酬率不低于 7.8%，且不低于对标企业 75 分位值水平； ②以 2020 年净利润为基数，2023 年净利润复合增长率不低于 35.79%，且不低于对标企业 75 分位值水平； ③ 2023 年 EVA（经济增加值）指标完成情况达到董事会下达的考核目标，且 ΔEVA>0
第三个解除限售期	① 2024 年总资产报酬率不低于 12.2%，且不低于对标企业 75 分位值水平； ②以 2020 年净利润为基数，2024 年净利润复合增长率不低于 35.79%，且不低于对标企业 75 分位值水平； ③ 2024 年 EVA（经济增加值）指标完成情况达到董事会下达的考核目标，且 ΔEVA>0

四、创新中长期正向激励模式，助力改革落实落地

本次限制性股票激励计划的成功实施，给钒钛股份带来了新气象、新面貌，为钒钛股份“十四五”高质量发展和攀钢第三次管理变革落实落地奠定坚实基础。

（一）生产经营迈上新台阶

2021 年，钒钛股份累计完成钒制品（以 V_2O_5 计）4.33 万吨，同比增长 1.93%；钛白粉 24.44 万吨，同比增长 3.77%；钛渣 21.24 万吨，同比增长 3.20%；实现营业收入 140.60 亿元，较上年同期增加 35.22 亿元，同比上升 33.42%；累计实现营业毛利 28.01 亿元，较上年同期增加 14.63 亿元，同比上升 109.34%，归属于上市公司股东的净利润 13.28 亿元，较上年增加 9.47 亿元，同比上升 248.56%。2022 年上半年，钒钛股份累计实现营业收入 82.48 亿元，同比上升 16.04%，归属于上市公司股东的净利润 10.73 亿元，同比上升 55.52%。

在本次中长期股权激励计划实施背景下，钒钛股份 2021 年全年及 2022 年上半年生产经营情况同比都有较大幅度提升，获得资本市场的普遍认可。

（二）企业激励机制实现新突破

股权激励是价值分配的实现手段，实施股权激励，极大地创新和丰富中长期激励模式，有效实现激励计划与激励对象的工作业绩、贡献紧密结合，不仅可以提高钒钛股份管理绩效，实现上市公司与全体股东利益最大化，确保公司发展战略和经营目标的实现，同时有利于提高核心团队稳定性，增强激励对象荣誉感，促进钒钛股份长期可持续发展。

（三）为企业持续发展提供新动力

钒钛股份通过本次股权激励，将高管人员薪酬收入的实现与企业经营业绩和市场价值挂钩，激发高管人员大胆地进行技术创新和管理创新、采用各种手段降低成本、提高劳动生产率，促使高管人员将个人利益与企业的利益联系在一起，不仅是企业常规绩效的有益补充，而且在本质上促进了企业长期持续稳定的发展，从而有利于提升钒钛股份持续发展的内在动力。

（四）人才队伍获得感得到新提升

对国有企业而言，能否可持续发展，人才是至关重要的，薪酬待遇不高是国有企业人才流失最直接的原因之一。为了有效留住人才，吸引人才，国有企业尤其是国有控股上市公司有必要着眼于企业的长期发展目标进行薪酬改革和激励制度创新。股权激励为企业提供了一个良好的解决问题的思路，采用激励对象自行购买限制性股票，可以降低人才流失率、提升人才的获得感、提高人才的忠诚度。

（五）干部职工精神面貌展现新风采

本次限制性股票激励计划的成功实施，极大地激发了广大干部职工只争朝夕、锐意进取的精气神，“新鞍钢”内涵及“艰苦奋斗，勇攀高峰”攀钢精神得到大力弘扬，钒钛股份展现出前所未有的进取风貌和奋进姿态。

主要创作人：吴礼三

参与创作人：苏　攀、石灏南

一种企业改善创新激励体系构建与应用

东风汽车有限公司东风日产发动机分公司

东风日产乘用车公司成立于2003年6月16日，是东风汽车有限公司旗下重要的乘用车板块，从事NISSAN品牌、启辰品牌乘用车的研发、采购、制造、销售、服务等业务，是涵盖商品企划、造型、技术研发、采购、生产制造、物流运输、市场营销等全价值链体系的国内主流车企。

东风日产乘用车公司是由乘用车公司机关、花都工厂、襄阳工厂、郑州工厂、大连工厂、常州工厂、武汉工厂，以及发动机分公司和技术中心组成的，拥有员工超1.7万人。2020年全年销量达121.2万台，行业排名第五。

随着东风日产乘用车公司业务发展壮大，采购总部业务规模和范围日益扩大，年度采购金额超1100亿元，管理供应商数量超2800家。

东风日产发动机分公司（以下均简称DNEC），于2006年2月28日开始投产，是东风日产重要的动力总成板块，目前由花都发动机工厂与赤坭零部件工厂组成，占地面积约78.6万m^2，具备96万台发动机（HR、MR）和30万台MT变速箱（JH、JR）的年产能。产品涵盖了装配、加工、铸造、锻造、变速箱等多个工艺，是业内工艺最全、产品最多的动力总成工厂。DNEC现有员工1700余人，平均年龄30岁，是一个充满激情和活力的公司。公司近年6次荣获日产雷诺联盟动力总成工厂排名第一，多次荣获品质、精益工厂等奖项，2021年3月完成900万台发动机下线。

一、一种企业改善创新激励体系构建与应用背景

（一）紧跟“大众创业、万众创新”的车企持续创新需要

当今世界正处于百年未有之大变局。2015年国务院公布了关于“大众创业、万众创新”的指导意见，2017年党的十九大提出了加快建设创新型国家的明确要求，2018年国资委发布《中央企业工资总额管理办法》也提出了“工效联动”的要求。传统的经济发展模式必须转到创新驱动的新发展模式，车企需要拥有自主知识产权和持续创新能力。

（二）形成完整系统化创新激励体系需要

改善创新是企业发展与生存之根本，“创新则兴、守旧则退”。当前大多数企业虽重视

改善创新，但未能形成完整的、系统化的、可持续的激励机制。DNEC 对于改善创新激励局限于单次激励缺少系统化全方位的激励模式，致使员工参与度日渐低下、改善创新提案少，改善氛围逐步变弱（图 1）。如何让企业改善创新活动得到大家的重视，让团队在改善创新活动中相互竞争？让员工在改善创新活动中你追我赶？DNEC 迫切需要对改善创新的激励和评价机制进行改革，营造良好的创新环境，也必须构建一个可持续发展的改善创新激励体系，以应对竞争日益激烈的市场环境。

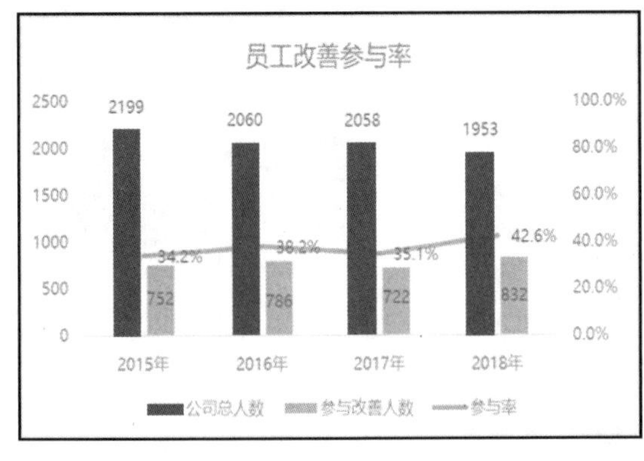

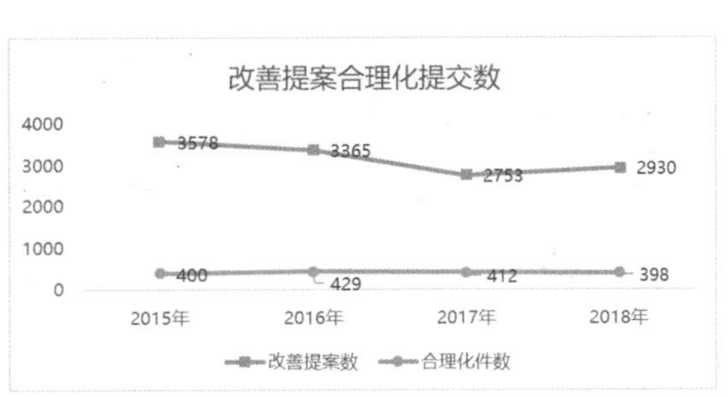

图 1　员工改善参与率及改善提案合理化提交数

二、一种企业改善创新激励体系构建与应用的内涵和主要做法

第一，以波特－劳勒综合激励模型为理论依据。综合考量期望、环境、能力、认知程度等影响因素，创建完整、闭环的 E3 改善创新激励体系，促使企业改善创新活动不断循环发展。

第二，运用层次分析法，构建改善创新积分模型。对员工所取得的改善创新成果进行价值量化，确保了激励机制的合理性和科学性，对个人及团队积分统计评比，激励员工发挥主观能动性，全员参与到改善创新活动中。

第三，结合中期事业计划，按专项、月度、年度设计系列活动作为激励体系的载体。确立改善创新日，开展改善创新活动与评比表彰，形成系统化的激励机制，以精神激励和物质激励两种方式共同作用调动员工改善激情，营造全员改善创新氛围。

第四，依据知识管理理论搭建改善创新知识管理平台和人才培养机制。通过归纳梳理改善创新知识，将隐性知识显性化，归纳沉淀知识。通过推进知识管理和人才培养，促进改善知识积累、共享、应用和创新，提升员工改善能力，实现全员改善，形成系统化的激励循环。

（一）总体思路

基于工效联动及万众创新的指导思想，为激励全员参与改善创新，首先，以波特－劳勒综合激励模型为理论依据，通过 Easy、Everyone、Enjoy 三大主题，构建了 E3 改善创新激励体系。其次，运用层次分析法对各类改善成果进行价值量化，构建了改善创新积分机制，建立了公平、合理、科学的评价标准。再次，依据知识管理理论搭建改善创新知识管理平台和人才培养机制。通过归纳梳理改善创新知识，将隐性知识显性化并向全员共享，归纳沉淀新知识，促进改善知识积累、共享、应用和创新，形成良性循环。定期举办活动、发布积分和奖励，引导员工和科室形成良性竞争，使得人人会创新、人人想创新、人人享创新，在东风日产体系内真正实现“全员创新”（图 2）。

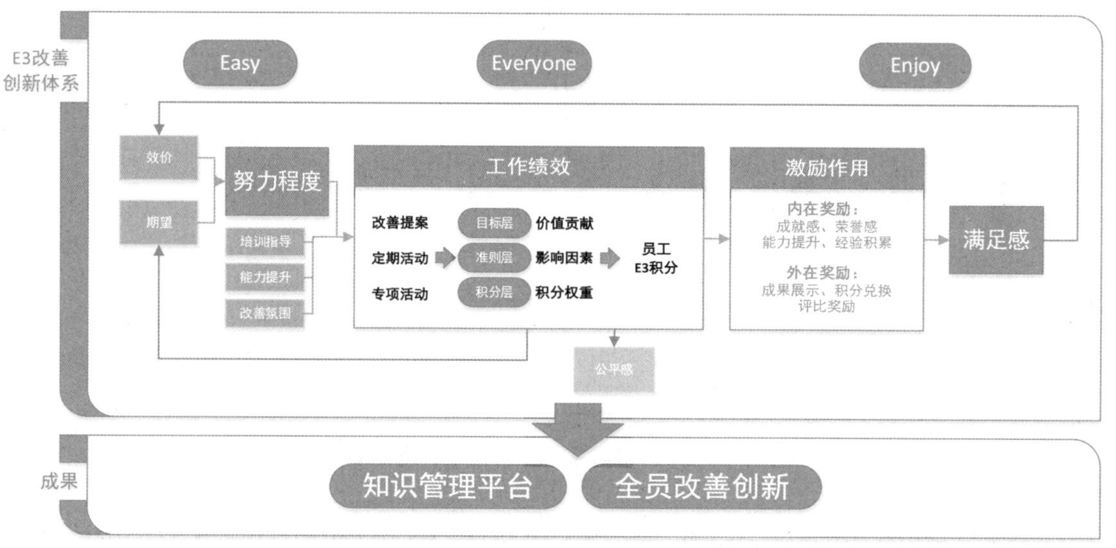

图 2　总体方案

（二）创新理论依据及具体实施步骤如下

1. 构建 E3 改善创新激励体系

波特－劳勒综合激励模型描述了努力工作与取得绩效、获取奖酬、满足个体需要之间的内在联系，其涵义是人们通过努力工作取得良好的绩效，之后获得相应报酬，最终满足需要而产生满意感。结合 DNEC 现状，通过多次研讨探索出适合 DNEC 的改善创新激励体系，确立“Easy、Everyone、Enjoy”的理念，形成激励→努力→绩效→奖励→满足→激励的完整、闭环、良性激励机制，使人人会创新、人人想创新、人人享创新（图 3~ 图 4）。

（1）针对工作绩效的影响因素：营造全员改善的环境氛围，增设培训体系、资源支持来提升员工自身能力、认知水平，使得每位员工都具备改善能力，让“人人会创新”（Easy）；

（2）针对原有的改善发表场合：设立改善创新体系以统筹、融合及兼容所有窗口及改善创新项目，面向所有员工开放，鼓励员工创新，实现“人人想创新”（Everyone）；

（3）针对奖酬、满足感：建立良性循环体系，将员工内在奖励、外在奖励有机结合起来，即重视对员工的物质奖励和表彰，也重视平台宣传、氛围营造、精神奖励，使“人人享创新”（Enjoy）。

图 3　方案检讨

图 4　构建 E3 激励体系

2. 构建改善创新积分模型

建立统一的量化评比机制。为确保课题评价的合理性、科学性，实现对不同改善创新课题的统一评价。本项目利用层次积分法设立积分制度，形成一个多层次的分析结构模型，利用多层级评价体系对各类别改善成果进行评估，形成一套标准化的积分机制。具体方法如下。

1）建立积分层次结构模型

将目标（积分）、决定因素（付出程度、影响力等）和决策对象（困难程度等）按相互关系分层，梳理层次结构图（图 5）。

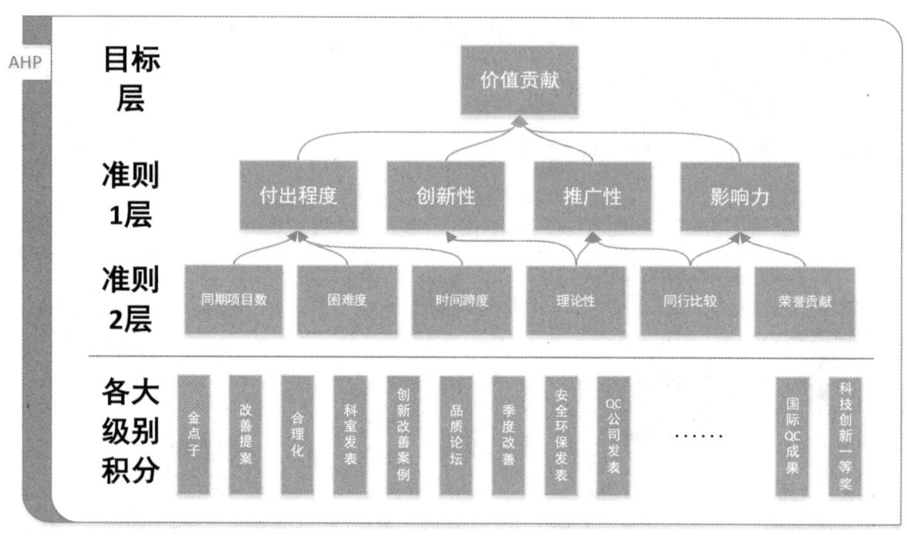

图 5 层次结构模型

2）判断相关性

（1）构造判断矩阵

为确定各层次、各因素之间的权重，采用 1—9 标度方法来定义某层次所有准则针对上一层某一准则的相对重要性，记为 aij（表 1）

表 1 重要性等级判断矩阵

A	准则1	准则2	准则i	准则n
准则1	1	a_{12}	…	a_{1n}
准则2	$\frac{1}{a_{12}}$	1	…	a_{2n}
准则i	…	…	1	…
准则n	$\frac{1}{a_{n1}}$	$\frac{1}{a_{n2}}$	…	1

（2）层次单排序

根据判断矩阵计算各评价元素的权重，计算判断矩阵 A 的最大特征根值 λ max 和其对应的归一化后的特征向量

W=$[W_1, W_2, W_3, \cdots W_n]^T$，计算公式为

$$AW=\lambda_{max}W$$

其中，λ_{max} 为判断矩阵最大特征根，计算公式为

$$\lambda_{max}=\sum_{i=1}^{n}\frac{(AW)_l}{nW_i}$$

其中，$W_i=\frac{\overline{w_\iota}}{\sum_i^n\overline{w_\iota}}$，$\overline{w_\iota}=\sqrt[n]{\prod_{j=1}^{n}a_{ij}}$。

经验证，计算结果满足一致性检验。

（3）层次总排序

准则 2 层第 i 元素对总目标权重值为

$$\sum_{j=1}^{m}a_jb_{ij}$$

经验证，计算结果满足一致性检验。

3）积分计算

采用评分法，邀请专家评委对各级别在准则 2 层的维度上按 0—120 分进行评分，求得均值后乘以上述相应指标权重，得到各级别积分值，如图 6 所示。

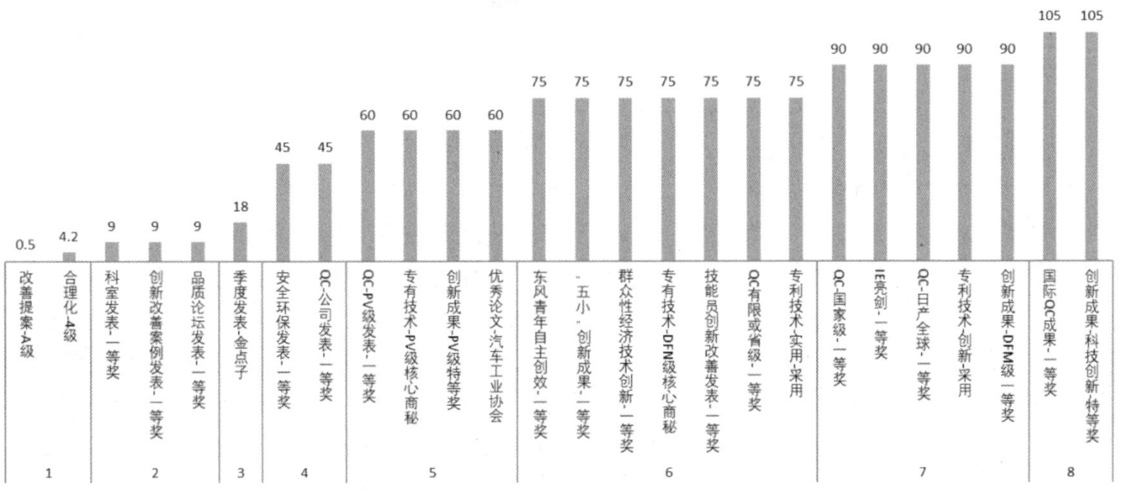

图 6　各级别积分值

以上过程利用层次分析法，通过目标分解、相互比较、层层排序计算，最底层因素权重由每一个中上层次的相关因素权重综合求得。因此最终改善课题层对积分层的相对权重是经过量化的，标准严格统一，结果清晰明确，使得评价体系更合理化、科学化。

（三）推行改善创新激励活动

依据 E3 改善创新激励体系，课题组设计一系列活动作为激励体系的载体，激励员工改善创新，形成系统化的激励机制。通过定期、专项的激励活动策划，开展系统的改善创新活动与评比表彰，以精神激励和物质激励两种方式共同作用调动员工改善激情，促进团队良性竞争、个人你追我赶，营造全员改善创新氛围，形成激励循环（图 7~ 图 8）。

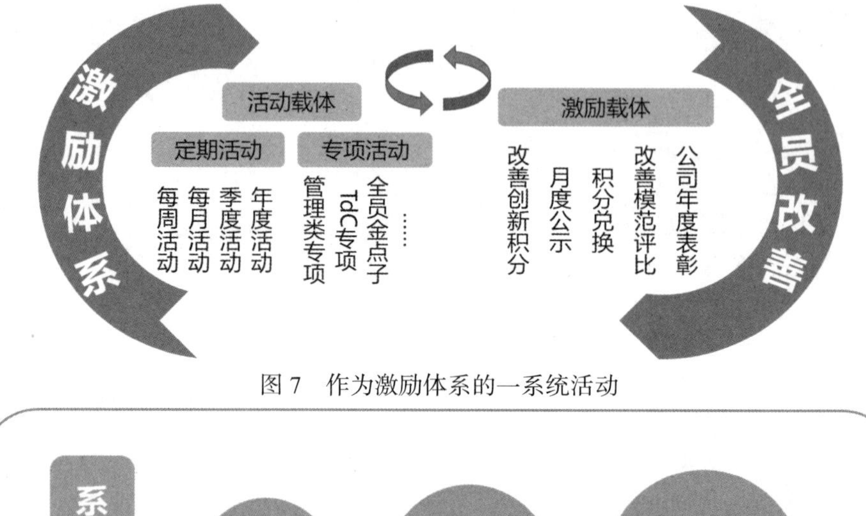

图 7　作为激励体系的一系统活动

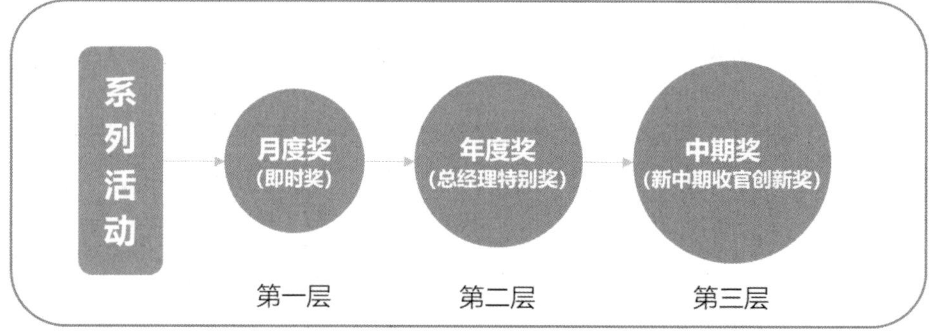

图 8　奖励机制

1）组织全员改善创新系列活动

除了改善创新日系列活动之外，主题活动也是提升改善氛围的重要载体，有利于有计划、有层次、有步骤地提升改善氛围，有利于增强改善创新的针对性和实效性。本项目遵循系统性、层次性和创新性原则，从定期活动和专项活动两个方向设计“全员改善创新”主题活动。定期活动以改善创新知识周报、月度改善创新知识授课、季度现场发表等内容为核心开展，专项活动以不定期科室内部发表、公司内各“家族”交叉挖掘活动、全员“105”行动、改善成果展等内容为核心开展。以系列主题活动为氛围提升载体，提升 DNEC 整体改善创新氛围，实现“万众创新”的最终目的，如图 9~ 图 10 所示。

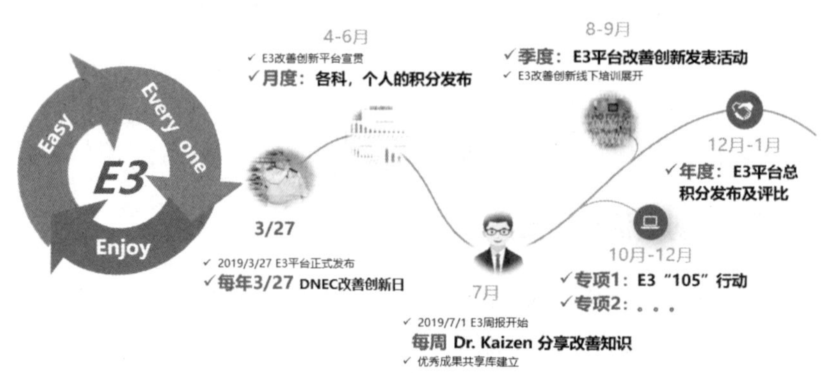

图 9　全员改善创新主题活动思维导图

图 10　全员改善创新系列活动

2）月度改善创新积分评比

为持续激励各团队和个人改善创新，创建公平、公正、公开的团队及个人积分排名，在月度进行改善创新积分可视化公示和评比。同时积分可兑换奖品，让每一位改善创新者能得到切实的精神和物质回馈以及来自公司高管的鼓励与肯定，在激励体系促进下，改善创新活动不断良性循环，为公司改善创新活动发展打下夯实基础，如图 11~ 图 12 所示。

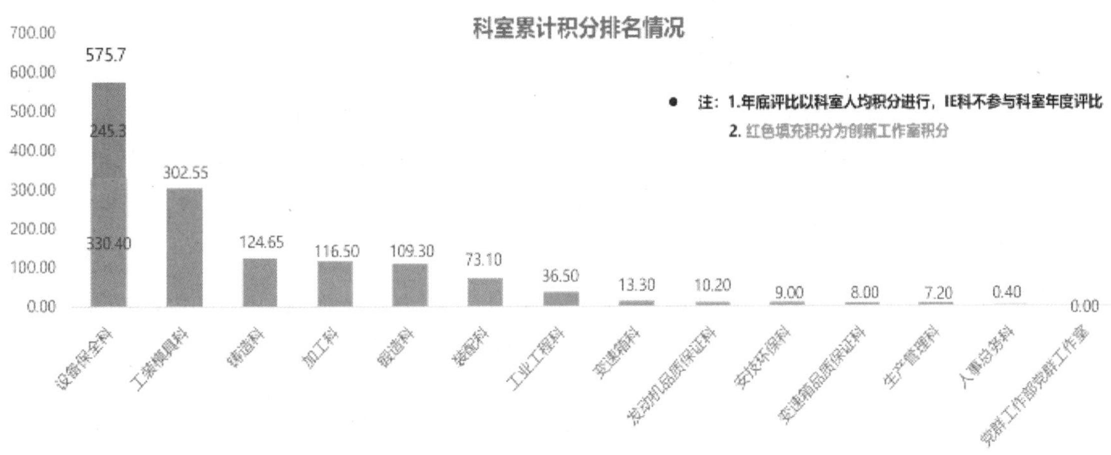

图 11　科室累计积分排名情况

图 12　月度积分评比与积分兑换

3）设立改善创新日和总经理创新奖

为了有目标、有规划地推行改善创新活动，确定每年 3 月 27 日为 DNEC 改善创新日，以便周期性总结过往成果经验、规划未来主题。以 E3 积分作为员工全年改善创新成果贡献的评价基准，设立总经理创新奖，在改善创新日表彰鼓励年度贡献最多的员工和团队，激励更多员工奋勇争先，如图 13 所示。

改善创新日系列活动由各级领导、相关部门嘉宾以及公司全员参与，主要总结过去一年的成果和经验，表彰优秀个人和团队，同时发布未来规划。除了总经理创新奖、流动红旗颁发外，还策划现场改善发表会、改善趣味体感游戏、创新成果展等几大类改善创新活动，通过宣传、氛围营造、精神和物质奖励，实现“人人享创新”。

4）中期事业计划收官创新奖

X-SPeeeD 聚焦东风日产 NIM 战略的智能动力，紧紧围绕制造总部 Great 1 的战略愿景“以先进技术为核心、打造与客户同步的一流体系竞争力和产品”，规划发动机分公司未来五年的事业蓝图。

依托于 DNEC 中期事业计划，结合 E3 改善创新推进，依据 5 年累计积分，综合评选 DNEC 中期事业计划收官创新团队及个人践学奖，进一步升级改善创新氛围。

图 13　改善创新日总经理创新奖、流动红旗颁发

5）创建改善创新知识管理平台和人才培养体系

为了保持企业改善创新活力，DNEC 必须推进知识管理，促进改善知识积累、共享、应用和创新，实现全员改善，提升员工改善能力，因此需要系统性地搭建一个知识管理平台。

通过搜集归纳改善创新知识，将隐性知识显性化，并进行层别分类、明确知识来源、分类和输出，结合知识管理理论，采用线上线下相结合的形式向全员共享，并对应用后产生的新知识成果进行归纳传承，形式良性循环（图 14）。

改善创新知识包含提案、合理化、QC 等的流程、相关知识、内外部优秀案例、发表经验等。其中经验、思路属于隐性知识，课题组将其编制成系统化的课程资料，从而使隐性知识显性化，如图 15 所示。

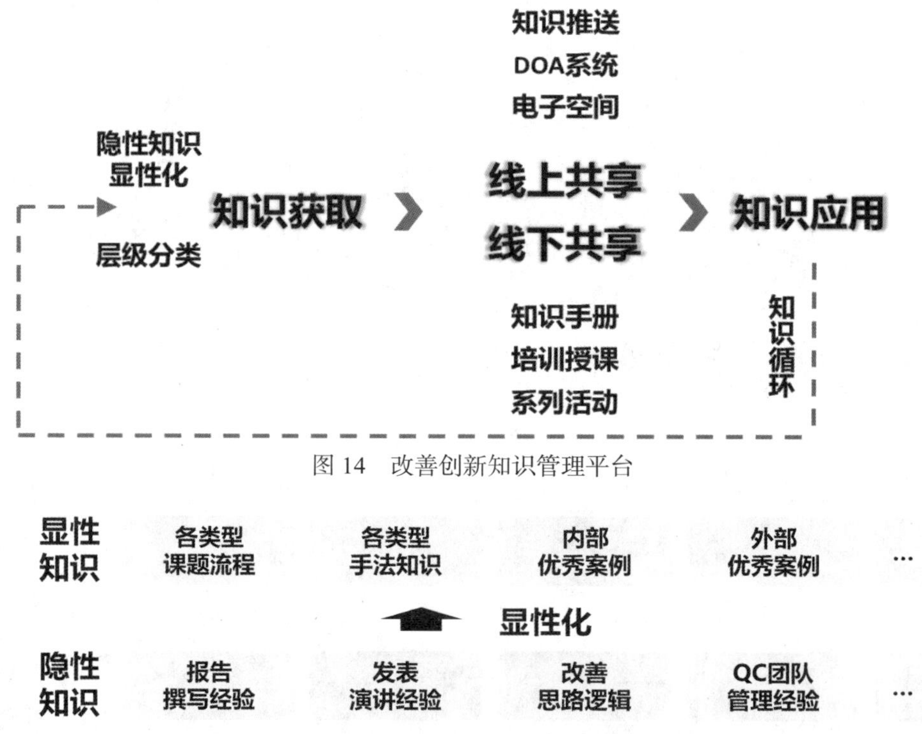

图 14　改善创新知识管理平台

图 15　隐性知识显性化

其次根据梳理明确了改善创新知识的来源、分类、输出。课题组依据提案、合理化、QC、专利、专有技术、创新成果等几种不同课题类型对 DNEC 的改善进行了归纳和统筹。员工通过应用知识进行改善创新，经总结归纳后又有了合理化、品质论坛、公司级、国家级、日产级等发表成果。

根据知识管理理论，知识的价值应当体现于共享、流动和被使用。知识的共享范围越广，其利用、增值的效果越好。据此课题组 0 成本投入自主搭建的 E3 改善创新电子空间涵盖资讯共享、荣誉展示、积分查询、知识智库 4 大功能；为 DNEC 全员获取改善创新知识和案例提供更便捷途径，同时形成 DNEC 改善创新知识的传承。目前改善创新电子空间的知识智库涵盖 QC、创新成果、专利技术等 6 大方面，在库 160 项优秀成果知识，点击率 15896 人次（图 16）。

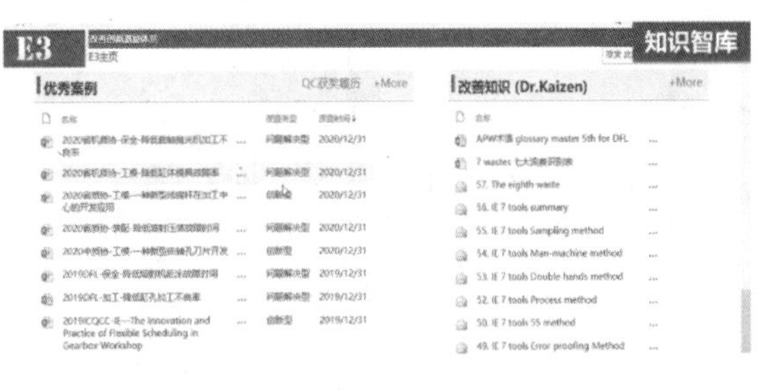

知识智库：
涵盖QC、创新成果、专利技术等6大方面，在库160项优秀成果知识，点击率15896人次

图 16　E3 电子空间

电子空间可以针对事务局管理人员、各科担当、其他员工区分设置编辑权、设计权、审核权等，而外部网络则无法访问电子空间，以便有效保护信息安全，防止信息流出。

电子空间内的知识成果按课题类型、发表年份、发表平台、获奖等级等多种维度进行体系化地归类，使用元数据进行标记，员工可轻松地进行在线筛选、浏览、下载，也可更有针对性从文件类型、作者、修改时间等多个维度进行高级搜索。同时通过 DOA 实现了案例在线提交、审批，使流程无纸化，便于查询、管理（图 17）。

在线浏览知识

多维度搜索知识

定期推送知识

图 17　电子空间知识成果展示

在员工应用知识的过程中，如有疑问也可方便快捷地通过线上讨论区提问、线下答疑等途径获得解答、协助。以确保员工的疑问能被快速解决，促使新知识更快产出、推动改善创新更快发展。

上述积分机制同时也在电子空间展示，并支持个人积分查询，鼓励各部门及全体员工发挥主观能动性，活学活用改善创新知识（图 18）。

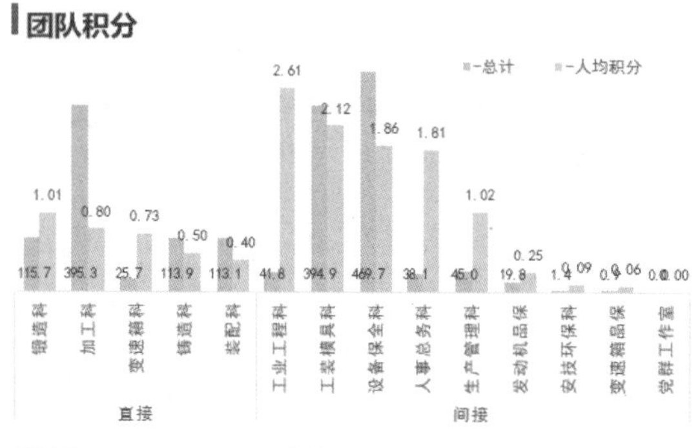

个人积分

序号	科室	姓名	提案合理化	专项及创新发表	专利专有技术QC等	总计
1	工装模具科	成玉辉	9.7	7.2	26.0	42.9
2	设备保全科	张定思	0.0	10.8	24.0	34.8
3	设备保全科	张浩	0.0	10.8	22.0	32.8
4	设备保全科	金益	0.0	7.2	25.0	32.2
5	加工科	王亭	4.5	0.0	21.0	25.5
6	铸造科	陈永良	2.1	15.3	7.5	24.9
7	设备保全科	刘昌和	0.0	0.0	23.5	23.5
8	设备保全科	李大勇	0.0	10.8	12.0	22.8
9	设备保全科	吴玉波	0.0	7.2	14.0	21.2
10	工装模具科	王栋	2.2	10.8	8.0	21.0

工号	科室	姓名	提案合理化	专项及创新发表	专利专有技术QC等	总计
输入工号查询积分						

图 18　E3 积分公示

改善创新知识管理平台的创建使得历年员工所积累的创新思路和宝贵经验通过整合、记录、存取、更新等过程沉淀下来，让显性知识通过标准化形成固定资料，让隐性知识通过人文传承回馈到改善创新系统内，形成良性循环。

三、一种企业改善创新激励体系构建与应用的效果及推广情况

（一）实现员工自主化改善创新

经过本成果的有效实践，2019—2021 年 DNEC 员工改善创新参与率达 84%，较 2018 年（实施激励体系前）增长 45%，改善合理化件数累计提升 433%，专利、创新成果及 QC 发表获奖累计增长 925%，连续两年代表东风汽车有限公司获得国际级 QC 发表“金奖”，改善活动收益达 5589 万元（表 2）。

表 2　项目应用后的经济效益与社会效益情况

<table>
<tr><td colspan="3">项目应用后的经济效益情况</td><td>社会效益情况</td></tr>
<tr><td>日期名称</td><td>应用至申报时累计</td><td>应用至申报时年平均</td><td rowspan="3">截止申报时，新增发明专利 4 项、实用新型专利 7 项</td></tr>
<tr><td>新增效益（万元）</td><td>–</td><td>–</td></tr>
<tr><td>节约费用（万元）</td><td>5589</td><td>4526</td></tr>
<tr><td>计算依据说明</td><td colspan="3">通过实际提交改善提案及合理化件数，根据事务局评审后效益
$年度总收益=\sum_{y=1}^{12}\left(\sum_{x_1=1}^{N_y}改善提案收益_{x1}+\sum_{x_2=1}^{M_y}合理化收益x_2\right)$
其中 y 为月份，Ny 为 y 月改善提案件数，My 为 y 月合理化件数</td></tr>
</table>

1. 全员参与改善创新氛围提升

通过该项目的实施调动起员工改善激情，形成团队相互竞争的全员改善创新企业文化。2021 年度公司员工参与率达 87%，较 2018 年增长 45%（图 19）。

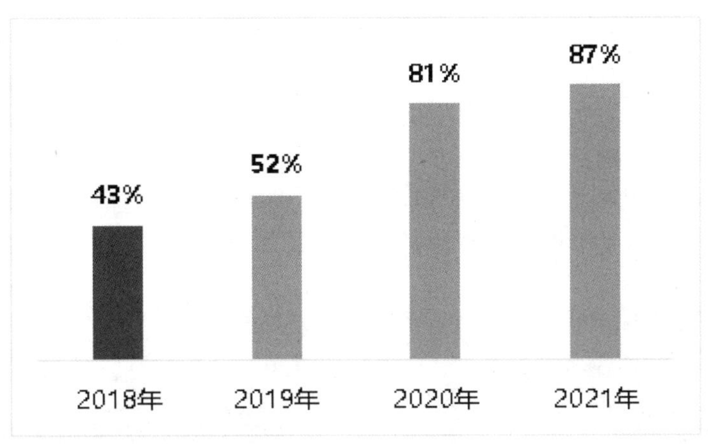

图 19　全员参与率

2. 改善、合理化件数数量提升

2021 年度改善提案数达 8960 件较 2018 年增长 205%，合理化件数达 1065 件较 2018 年增长 228%（图 20）。

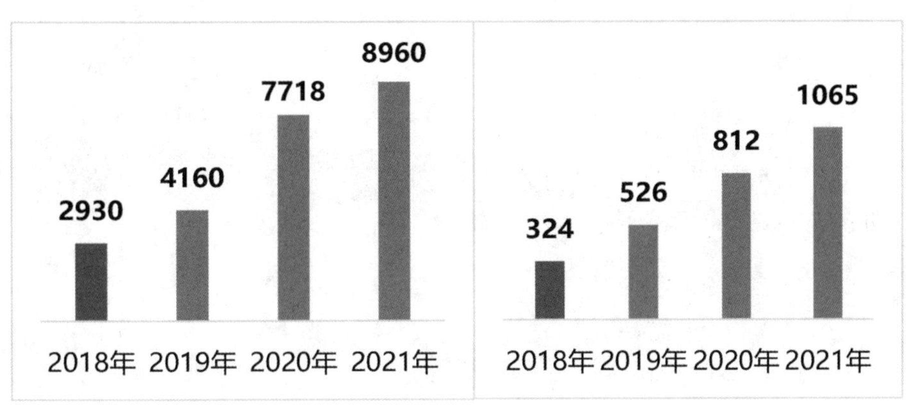

图 20　改善提案件数与合理化件数

3. 外部获奖，捷报频传，改善创新质量大幅提升

该激励体系连续实施 3 年以来，在数量提升的同时，改善创新质量也同步提高。外部获奖数达 105 项（专有技术，创新成果，DFL 级、省级、国家级、国际级 QC 发表）；2021 年创新成果获奖 26 项，较 2018 年增长 125%、专利技术获得国家授权 13 项，增长 800%。

（二）改善创新激励体系在东风集团内部广泛推广

第一，本项目创建的一种企业改善创新激励体系可推广至东风公司各工厂，对创新成果进行储存管理，增强员工创新氛围，提供学习资源。改善创新激励体系的激励方式可以作为激励员工改善创新辅助手段，增强各工厂的创新氛围，提高整体的创新能力。

第二，激励→努力→绩效→奖励→满足→激励的良性激励循环，灵活运用及借鉴此模式，也可运用于公司的其他职能部门，作为提高职业能力和个人满意度的激励方法，提高公司整体管理水平及竞争力。

第三，积分模型的建立可以更科学的定义评分体系，可以应用于员工绩效、供应商评价、设备采购等诸多方面。

第四，2020 年发动机总经理在东风有限 QC 成果大会做分享推广报告，将 DNEC 改善创新体系向总部各事业单位进行经验共享，为集团持续改善创新，降本增效打下夯实基础（图 21）。

图 21 发动机总经理做分享推广报告

第五，本项目推广至东风日产乘用车工会创享慧平台，鼓励全员改善，汇集全员创新智慧，形成人人创新氛围、推动企业创新发展（图 22~ 图 23）。实现“人人能创新、时时能创新、处处能创新”。

图 22 创享慧平台

图 23　东风日产乘用车创享慧启动会

四、结　论

通过与其他汽车制造型企业及在东风集团内部对标，发现各企业对工厂制造现场改善创新方面均无平台化激励体系。DNEC 改善创新激励体系属于在行业内首创，不断促进全员改善创新文化的落地，通过此项目的实施，提升整体改善氛围，员工收获成长及荣誉感，改善创新质量、数量都得到大幅度提升，为公司持续发展提供源源不断的动力。本成果是管理思路的突破，成效卓著、通用性广，有较大推广意义（表 3）。

表 3　对标外部企业改善创新管理模式

范围	公司	管理模式
东风集团	东风体系内部工厂	改善创新无建立平台化管理
行业内	一汽大众	改善创新无建立平台化管理
	上海通用	改善创新无建立平台化管理

主要创作人：雷星宇、陈　宁

参与创作人：商纪文、黄开勇、陈左建

程　博、杨　威、余剑荣

积极实施中长期激励
有力推动科技创新

国家电网有限公司

国企改革3年行动以来，国家电网公司深入贯彻落实党中央、国务院决策部署，围绕人才强企和创新驱动发展战略，用好用足国资委各项有利政策，针对“卡脖子”技术攻关、新型电力系统、能源互联技术、芯片设计制造等关键领域，不断创新优化各项中长期激励措施，促进公司攻克多项关键核心技术，取得一大批重要科技成果，探索出一条科技创新带动人才发展、人才激励激发创新动力的可持续发展之路。

一、基本情况

国家电网公司以习近平新时代中国特色社会主义思想为指导，围绕公司发展战略目标，以吸引和留住企业核心骨干人才为中心，即“一个中心”，聚焦科技创新和产业升级“两个聚焦”，坚持以效益提升、收益共享、风险共担为导向，即“三个导向”，科学顶层设计，健全制度体系，综合运用十大中长期激励工具，打造企业发展和员工利益共同体，到2022年已初步建成具有国网特色、国内领先的中长期激励体系。

核心骨干人才：包括科研专家、专业领军和从事项目研发、基础研究的科技人才；技术大师、工匠能手、业务骨干等专业人才；市场化、国际化引进的高端人才等。

聚焦科技创新：包括特高压套管、分接开关、电力专用工控芯片等“卡脖子”技术攻关项目；国家重点研发计划、公司重大攻关计划项目，高性能电工新材料、大功率电力电子器件等基础研究项目，电力能源科技创新“无人区”和“沼泽地”研发项目等；存量科技成果盘活项目、成果转化和交易撮合项目、知识产权运营等成果转化项目等。

聚焦产业升级：包括主导产业重点激励源网荷储协同互动、电气热冷多能互补、能源与数字技术融合等产业链与创新链双向融合项目；支撑产业重点激励电网安全运行和智能互联、中高端电工装备制造、信息通信服务，资金融通、保险保障服务等；新兴产业重点激励芯片制造、大数据、云计算、物联网、人工智能、能源电商、智慧车联网、综合能源服务等。

十大中长期激励工具：分红类5项，为科技型企业岗位分红、科技型企业项目收益分红、超额利润分享、虚拟股权、虚拟分红；股权类5项，为科技型企业股权、上市公司限制性股票、股票期权、混合所有制企业员工持股、项目跟投。

二、主要做法

（一）围绕科技成果转化、基础前瞻研究，推广科技型企业分红激励

大力支持公司所属科研单位、重点实验室、职工“双创”基地等，加快科技成果转化、稳定基础前瞻研究。组织华东电试院等 8 家主要科技成果转化单位开展科技型企业项目收益分红激励，对 80 项科技项目，528 名科技人员实施激励。2021 年有 429 人完成年度考核目标，共兑现激励总额 2528 万元，人均兑现 5.89 万元；组织华北电科院等 12 家基础前瞻科研单位开展科技型企业岗位分红激励，对 1196 名科研人员实施激励。2021 年有 476 人完成年度考核目标，共兑现激励总额 2262 万元，人均兑现 4.75 万元；组织浙江双创中心等 4 家不具备科技型企业资质条件的国家重点实验室、职工“双创”基地等单位开展虚拟项目收益分红激励，对 14 项科技项目，43 名科研人员实施激励。

（二）围绕“1025 专项”攻关任务，实施科技型企业股权激励

组织上海能研院向 36 名科技研发骨干，授予 2340 万元股权，人均出资 65 万元；北京智芯向 195 名科技研发骨干，授予 1.11 亿元股权，人均出资 56.92 万元；南瑞联研向 36 名科技研发骨干，授予 1759 万元股权，人均出资 48.86 万元。3 家单位激励周期 9 年，其中锁定期 5 年，解锁期 4 年。锁定期满，财务类、科技创新类、管理类等考核指标达标后，持股员工每年可转让 25% 股权。

（三）围绕新型电力系统科技攻关行动，实施上市公司股权期权激励

国电南瑞 2018 年开展首期限制性股票激励计划，向 990 名激励对象授予 3845.1 万股股票。2021 年实现了第一个考核周期业绩目标，解锁兑现了 25% 激励股权，人均收益约 17.45 万元。自开展股权激励以来，国电南瑞在企业发展、科技创新、人才队伍等方面取得了突出成绩。基于首期股权激励的良好成效，2021 年，国电南瑞开展第二期限制性股票激励，通过定向增发 5454.96 万股股票，对 1300 名核心业务骨干开展激励。激励计划周期为 7 年，其中禁售期 3 年，解锁限售期 4 年，期间每年企业业绩考核达标后，激励对象可解锁授予股份的 25%。

国网信通 2021 年实施首期限制性股票激励，通过定向增发 835 万股股票，对 168 名核心业务骨干开展激励。股票授予价格按市场公平价格的 50% 定价，激励计划周期为 6 年，其中禁售期 2 年，解锁限售期 4 年，期间每年企业业绩考核达标后，激励对象可解锁授予股份的 25%。

远光软件 2021 年实施股票期权激励，通过定向增发 3426.53 万股股份，对 687 名核心业务骨干进行激励。期权行权价格按公平市场价格定价，激励计划周期为 5 年，其中禁止行权期 2 年，期权行权期 3 年，期间每年企业业绩考核达标后，激励对象分别按 30%、30%、40% 的比例行权。

（四）围绕战略性新兴产业领域，开展超额利润分享、项目跟投激励

组织浙江送变电、国网电动汽车、国网电商公司3家“双百行动”单位，实施超额利润分享，对118名核心骨干人员实施激励。2021年73人完成年度考核目标，共兑现激励总额151.5万元，人均兑现2.08万元。组织“双百行动”单位江苏综能公司及国网英大产业2家单位实施项目跟投，2家单位选择2项市场化创新业务投资项目开展试点，江苏综能公司跟投总额300万元，占项目注册资本的15.78%，强制跟投人员15人；国网英大产业基金跟投总额80万元，占项目基金规模的2%，强制跟投人员15人。

三、成效经验

国家电网公司自2017年开展中长期激励试点以来，不断优化中长期激励机制，稳妥有序地推进中长期激励工作，累计组织38家单位，对5447名核心骨干人才实施了中长期激励。在人才队伍建设、关键技术攻关、科技成果转化等方面取得了显著成效。

一是骨干人才队伍积极性被极大调动。项目负责人埋头攻克科技难题、复杂技术，科研管理模式得到快速优化，矩阵式管理模式广泛推广，跨专业合作、跨公司组队更加频繁，科研效率和灵活度不断提升。公司科研工作内生动力快速提升，以成果转化为导向的价值观念深入人心，科研人员科研行为主动转变，自觉节约科研成本，大力寻求成果落地和转化增值，努力提高成果转化收益。

二是基层科研人员安心岗位成长。公司中长期激励仅限于科技、专业人员，其他行政职能人员均不参与激励，激励对象通过量化积分公开、公平、公正选拔，促使各单位形成争做人才的良好氛围，科研人员的荣誉感和价值感极大提升。国家电网公司核心人才保留率根本性提升。实施股权激励以来，国电南瑞990名激励对象共离职11人，离职率仅为1.1%。新兴业务吸引人才留住人才难的问题得到极大缓解，人才流失率降低至2%，远低于互联网等行业平均水平。

三是多项关键核心技术取得突破。实施股权、分红激励的中国电科院、智芯公司、南瑞联研等单位，高质量完成特高压套管、分接开关“1025专项”攻关任务，实现国产IGBT、电力工控芯片、嵌入式操作系统等核心软硬件示范应用。±1100千伏特高压直流输电技术、张北柔直电网等重大创新成果入选国家“十三五”科技创新成就展。公司成功入选国资委首批原创技术策源地。

四是科研工作取得丰硕成果。开展成果转化激励、基础前瞻研究分红激励的科研单位，获得国家科学技术奖6项、中国专利奖22项、中国电力科学技术奖75项。牵头立项国际标准22项、发布国际标准14项。申请发明专利超过1.7万项，授权发明专利达到7500项。3个国家级实验室获批建设，4个国家工程研究中心全部通过发改委评估。《高电压技术》获得我国新闻出版领域最高荣誉“中国出版政府奖期刊奖”。

国家电网公司在实施中长期激励、促进科技创新方面积累了丰富的经验，可以初步总结为以下三个方面。

一是遵循“两先两后”，即先分红激励、后股权激励，先选择试点、后全面推广。合理安排中长期激励实施计划，明确实施激励的方式以及关键时间节点，分步、稳妥地推进

中长期激励实施推广，从总体上对进度进行把控。这样由简至繁、以点带面的推广方式不仅能够使新企业在实施过程中有效规避相关风险，也使得试点企业的样板效应得以充分发挥，确保中长期激励的实施推广始终保持着平稳前进的状态。

二是坚持“两严两化”，即严控激励条件、严控激励额度，工作制度化、流程公开化。对中长期激励的实施进行严格管控，中长期激励主要针对科技型企业，面向科技型人才。通过严控激励条件及额度，避免激励成为变相普惠性福利，确保激励对象精准且能够达成预期激励效果；通过工作制度化和流程公开化，确保激励的实施方案、执行过程、分配结果等合法、合规、合理，充分保证了激励实施的规范性。

三是注重“两新两高”，即推动新技术研发、新成果转化，提高企业净资产增值、净利润增长。进一步明确了实施中长期激励的目的与目标。将激励重点放在新技术研发和新成果转化上，充分体现了公司坚持创新驱动、激发创新活力的激励导向，进一步推动了创新链、资金链和人才链深度融合，为公司发展赋予了新动能；以提高企业净资产和净利润增长为目标，确保了公司发展与中长期激励的一致性，体现了激励对于公司发展的重要作用。

主要创作人：李　峰、张鹏辉

参与创作人：陈　琦、刘舒潇、单　飞

正向考核提升一线班组全员绩效

中国石油天然气股份有限公司大港石化分公司

一、背景介绍

中国石油天然气股份有限公司大港石化分公司第一联合运行部主要承担原油常减压分馏、延迟焦化、航煤等生产运行工作，是公司生产加工流程的首站，运行工作质量和效率直接影响后续加工流程。为提升全员绩效，车间决定加大绩效考核力度，从工艺、设备、HSE 体系、培训、文明生产、员工行为准则、现场标准化管理、工会管理等全方位制定了考核标准，明确了奖金挂钩办法。意图通过严考核、硬兑现，进一步激发员工主动性、积极性，提升车间生产经营绩效。

经过一段时间的运行之后，提升全员绩效的初衷不仅没有达到，反而出现了绩效滑坡，特别是在操作技能人员方面更为明显，班组之间、员工之间工作配合协调和主动性不同程度下降，甚至出现能拖就拖，相互推诿现象。奖金分配结果的满意度降低，被奖励的人员感觉回报与付出不对等，未被奖励的人也感觉考核不公平。问题究竟出在哪里？如何在基层单位推进全员绩效考核，解决绩效滑坡的问题摆在车间管理者面前。

为了找到“病因”，公司人事处与车间一道“把脉”。

首先，对考核办法进行分析，受制于没有有效的考核工具以及未配备专职绩效考核业务人员，车间管理人无法及时、全面掌握员工全面绩效表现，考核办法只能以结果为导向，以反向考核为主，即根据工作完成结果，对照考核标准，对未达到工作标准扣减相应额度的奖金。除了上级对车间有考核加分或者有表彰，以及特别突出的工作表现或贡献，车间在考核时予以嘉奖以外，较少用到正向考核，绩效考核总体上表现为“干好应该，干不好该罚”。

其次，对配套的奖金兑现办法进行分析，发现车间奖金基数设置较高，绝大部分奖金按照岗位系数和考核得分等分配到班组，班组再按以上原则再次分配。奖金中以岗位系数分配的部分，较好体现了岗位贡献大小在奖金分配中的权重，但是由于绩效考核以反向考核为主，同一岗位员工之间的奖金考核分配随之体现出以罚为主的倾向，即奖金多少取决于犯错多少，存在干得多错的多罚的多，干得少错的少罚的少的可能。对工作表现积极、老黄牛式的员工，车间或班组想要对其奖励时，由于反向考核本身的缺陷，其绩效考核得分不高，只能从少量的预留奖金中兑现，存在说服力不强，激励力度也不足的问题。

最后，对班组长、员工代表进行访谈，发现较多员工对主动担当、积极工作的意愿不强，普遍存在对于承担工作多、任务重、工作效率高时，可能会成为考核关注点的顾虑，认为可能会多干多错，从而导致考核得分低，拿不到较多奖金，即使车间或班组从预留奖金中给予额外奖励，也因力度不足、名不正言不顺，认为与其付出不对等，特别是当奖金水平与少干活的人差距不明显时，会感觉不公平。承担工作较少的员工认为，自己犯错少，考核得分不会比多干活的人低多少，理直气壮认为奖金不可能少，对他人获得额外奖励存在意见的同时，也感觉考核兑现不公平。同时，还了解到虽然绩效结果有公示，但缺乏沟通，特别是对考核结果欠佳的员工，考核者没有针对如何改进提出建议，员工对考核结果的认同度不是很高。

经过研讨发现，问题症结在于负激励力度过大，正激励力度不足，导致绩效考核对规范、约束员工行为，确保各项工作要求落实起到了积极作用，但因过于强调“处罚”，打击了员工积极性，对激发员工工作热情作用消极。

二、改进措施

针对前期绩效考核中出现的问题，经过梳理，车间重新调整了绩效考核办法，综合应用正、反向考核方式和正、负激励措施，以求充分发挥绩效考核对生产经营的驱动作用。

首先，依托信息化平台，进行多角度、写实性考核。车间采用了班组绩效管理信息系统，考核者可以适时将员工的工作绩效表现录入考核平台，考核者和车间管理者可以通过平台随时查询员工绩效表现，权衡考核合理性并避免重复考核，考核时效性、科学性得到了保证。车间管理人员、技术人员、班组长均作为考核者，从不同的工作角度出发，对被考核者进行写实性跟踪考核，及时记录工作状态、工作成果，考核的广度、说服力得到了有效保证。

其次，细化分解工作任务，针对不同工作内容，综合采用正、反向考核方式。岗位基本职责以内的工作，属于岗位价值差异的范畴，作为最低考核标准，以反向考核为主，即完不成工作任务、达不到工作标准的，采用扣减奖金的方式考核。对基本职责以外的工作，比如施工监护、公共区域设备设施维护、兼任的党团工作、利用业余时间开展的演练、竞赛等，按照工作强度、难度、时长等因素以正向考核为主，设置不同加奖额度，由员工主动争取任务，争取相应奖金。考核时，不仅将完成工作的质量纳入考核，还将工作效率、态度等一并考核，综合赋予不同嘉奖额度。同时，对不同工作任务的奖金嘉奖标准和扣减标准、考核结果进行公开，鼓励全员参与标准制定和考核结果监督，实现了全过程、全方位、公正考核。有力保证了承担工作量大、工作成效好、付出多的员工，无可争议地获得较高的奖金，工作不主动、完成质量差的员工，主动接受奖金收入少的事实。

再次，建立绩效辅导交流机制。绩效考核结果出来后，考核者负责与被考核者就考核结果进行及时沟通交流，特别是对绩效表现不佳的员工予以重点关注，由负责专业工作的业务主管人员或班组长对其进行重点帮扶，及时了解员工心理状态，化解员工的抵触情绪，共同分析存在问题的根源、商讨改进办法，比如制定技能培训计划、针对性进行工艺和劳动纪律宣讲等措施，帮助员工及时改进不足，尽快提升工作绩效。

然后，降低奖金基数，保留足够的绩效考核挂钩兑现奖金额度。奖金基数作为履行基本岗位职责的保底数，依据岗位相对价值差异设置，标准下调。预留足够的奖金额度保证绩效考核兑现，从而保证绩效突出的员工名正言顺获得较多的奖金，使付出与回报相匹配。绩效较差的员工，既无法搭便车多蹭奖金，也没被“扣”奖金，减轻抵触情绪，真正体现“挣”奖金的考核分配理念。同时，充分利用专项奖励，通过评比评选对工作敬业、综合素质高、专项工作表现突出的员工进行重点奖励，有效弥补绩效奖金激励薄弱环节，全方位激励员工积极性和主动性。

最后，扩大绩效考核结果应用范围，将绩效考核结果与评优选优、技术技能等级晋升、培训学习等挂钩，不断激励愿干事、能干事、干成事员工不仅在物质上获得回报，在福利和精神层面也增强了获得感。

三、取得成效

经过一段时间的运行检验，发现从班组到员工，从管理人员、技术人员到操作技能人员，各团队和员工工作积极性明显上升，在较好完成本职工作的同时，竞相争取本职岗位工作职责外的工作，同时工作效率、工作质量显著提高，车间整体工作效率明显加快，整个车间层面生产运行组织更为顺畅、工艺运行更加稳定、各项生产指标均有不同程度改进，整体绩效有了极大改善。同时，收入凭贡献的“挣奖金”理念被潜移默化认可，对个人奖金量的抱怨少了，对个人由于付出多而回报少的怨气没有了，工作相互扯皮不见了，整个车间队伍变得更加稳定，氛围变得更加和谐。

四、启示意义

两次绩效考核方式调整，虽然初衷一致，但效果截然不同。第一次的绩效考核办法调整，主要是受上级对车间 KPI 考核模式影响，受制于考核工具欠缺，采用反向考核方式，重结果轻过程，重质量轻数量，压抑了员工的工作积极主动性。第二次考核调整，综合应用了正、反考核方式和正、负激励方式，将结果和过程、工作质量和工作数量、态度并重，更为全面、公正反映出员工的付出和真实绩效，更好调动了员工工作热情，提升了工作绩效。可以看出，基层的绩效考核不能简单借鉴、照搬领导人员和其他单位或部门的绩效考核模式，要想做实基层单位的绩效考核，提升全员绩效，必须要结合考核对象差异，灵活采用正、反向考核方式，在确保工作目标完成的同时，最大程度调动员工工作积极性；要充分利用信息化平台，固化考核标准，降低考核工作难度和工作强度，做实考核过程，突出公正、公平考核；要充分应用考核结果，结合有效激励手段，最大程度发挥绩效考核对各项工作的驱动作用；要充分进行绩效沟通，特别是绩效不佳者的辅导，促进被考核者不断提高绩效，从而保证组织绩效目标得以实现。

主要创作人：许晏清

参与创作人：陈兴华、樊亦琛

电网企业劳动定员定额数字化管理体系实践与创新

国家电网有限公司

为建设具有中国特色国际领先的能源互联网企业，适应集团管控模式优化需要，国家电网有限公司优化劳动定员定额管理，构建劳动定员定额“1+N”分级管理体系，并选取国网湖南省电力有限公司为试点单位，开展电网企业劳动定员定额数字化管理体系建设工作，创新构建智能化、数字化、精益化的劳动定员定额管理模式，促进公司和电网高质量发展。

一、实施背景

（一）促进电网企业提质增效的需要

电力体制改革、国资国企改革纵深推进，市场化交易规模不断扩大，对电网企业的营收和利润增长的影响逐步显现。同时当前受疫情、宏观经济下行及国家降价降费政策等多重影响，公司电量增速下降、盈利空间有所降低，需要通过优化定员定额管理，更好引导基层企业按照先进合理的定员定额组织生产，加快提升用工效率，压降用工成本总量，提升公司整体效率效益。

（二）提升定员定额精益化管理的需要

公司定员定额管理前期主要采取总部统一制定标准、开展定员测算、核定和分解的管理模式，定员标准主要考虑各单位共性因素，有待提升地形地貌、设备状况、客户密度、用工情况等差异化因素的考量。创新构建定员定额“1+N”分级管理体系，能够实现在公司统一框架和总体标准水平指导下，更好兼顾各单位技术装备条件、劳动组织方式、员工队伍素质等方面的差异，有效提升定员定额管理的精益度和适应性。

（三）适应公司数字化转型的需要

公司提出“建设具有中国特色国际领先的能源互联网企业”战略目标，并广泛应用“大云物移智链”等现代信息技术，推动公司数字化转型。当前公司营销、运检等各类业务系统沉淀了大量数据，云平台、大数据等新兴数据分析平台与技术日趋成熟，为定员定额数字化管理体系构建提供了先进技术手段，进一步促进定员定额管理更加智能化。

二、内涵与主要做法

以公司战略目标为统领，以“十四五”规划为引领，适应集团管控模式优化，深化“放管服”改革，创新构建定员定额“1+N”分级管理体系；基于企业中台和“电网一张图”，创新开发定员定额数字化管控系统，为定员定额数字化管理体系提供技术支撑，充分发挥定员定额导向作用，引导供电企业按照定员定额组织生产，促进定员定额管理精益化、数字化、智能化。

（一）创新构建“1+N”分级管理体系，建立劳动定员定额数字化管理体系长效管理机制

公司创新构建定员定额按“1+N”分级管理体系，在公司总部和省公司两个层面，分级构建“1+N”制度体系、“1+N”标准体系和“1+N”应用体系。

1.“1+N”制度体系

总部层面，制定公司《劳动定员定额管理办法》，明确各层级管理界面、标准管理、监督评价等内容，对省公司制定实施细则、开展定员测算核定及应用等提出原则性要求，是供电企业定员定额管理的框架性制度。

省公司层面，制定本单位《劳动定员定额管理实施细则》，明确单位定员测算、核定、分解与应用、监督考核等具体规则和流程，是省公司及所属单位因地制宜开展定员定额管理的制度依据。

2.“1+N”标准体系

总部层面，制定公司《劳动定员指导标准》（以下简称“1”标准），统一规范标准结构、定员大项和定员中项，选取关键典型参数，结合公司战略目标和发展需要，提出公司层面先进合理的定员水平，指导省公司合理确定定员定额水平。

省公司层面，制定本单位《劳动定员定额标准》（以下简称“N”标准），在“1”标准的框架内，合理确定定员小项和典型参数，结合“1”标准水平，按照先进合理原则提出符合自身实际的定员定额水平。

3.“1+N”应用体系

总部层面，通过“1”标准水平分析公司和各单位用工情况，预测分析人力资源需求，动态跟踪各单位定员管理情况，结合定员水平制定用工计划，指导各单位优化用工配置。

省公司层面，以本单位测算定员定额为依据，结合实际核定所属各单位劳动定员总量，指导所属单位逐级分解至各组织和岗位。基于定员定额分解结果，优化用工配置策略，引导基层企业按照定员定额组织生产，促进劳动效率持续提升。

（二）创新研究定员定额标准修编方法，夯实劳动定员定额数字化管理体系运行基础

针对公司管辖范围广、组织模式差异大、专业类别多等特点，公司在工时定额法、设备看管定额法、工作日写实核定法、比例定员法、经验估工法、同业比较推定法等传统定员定额方法的基础上，以公司各类业务系统大量沉淀数据为基础，创新运用定员量化分析方法，通过业务梳理、定员项目设置、典型参数选取、工作量化模型构建四个主要步骤制定公司定员定额标准。

1. 理清主营业务范围，推进业务分类分级管理

以“全面覆盖、规范统一、分类管理”为原则，结合新业务发展趋势，充分考虑新技术、新应用对公司业务模式的影响，按照“四级两类”的结构，对供电企业主营业务进行全面梳理，分专业制定供电企业业务名录。其中，“四级”是指业务层级，一级至三级业务分别与定员大项、中项、小项相对应，四级业务对应定员项目的工作要项。“两类”是根据业务对企业核心竞争力的影响程度和该业务的管控方式划分的业务类别，包括核心业务和常规业务；对于核心业务，严禁外包，已外包的限期收回；对于常规业务，鼓励自营，由基层企业结合自有用工规模，可适度实施外包。

2. 优化定员项目设置，适应企业业务发展需求

根据公司总体发展布局，结合电力改革要求的监管与非监管业务有效隔离需要，“1”标准将原定员标准 9 个大项优化整合为电网业务和产业发展两大类。其中，电网业务按照前端、中台、后台三个维度优化设置客户服务、生产运行、生产保障、信息通信、人才培训与开发、职能管理等 6 个大项，另设涵盖新兴产业、工程服务等业务的产业发展定员项。按照公司组织模式发展方向，大幅精简定员中项设置。省公司在“1”标准框架内，结合自身实际，因地制宜设置“N”标准定员小项，为基层企业将定员分解至班组及岗位提供直接依据，提高标准的适用性。

3. 精选定员典型参数，支撑定员定额数字化管理要求

从自然环境、经济因素、设备情况、用工方式、服务情况、工作情况、其他因素 7 个方面，建立地形地貌、气象气候、设备规模、设备状况、地方生产总值、客户密度等 26 个维度的定员影响因素指标库；按照“全面系统性、科学合理性、代表差异性、操作可行性、相对独立性”原则，通过文献分析法、专家研讨法、相关性分析法等方法选取定员典型参数。为更好发挥“1+N”分级管理体系整体作用，“1”标准在客观反映省公司定员规模的基础上，较大幅度精简测算模型。省公司根据实际需求，可适当增加“N”标准定员典型参数数量，进一步提高标准的精准性。

4. 创建工作量化模型，提高定员定额标准科学性

在确定各定员项目的典型参数后，采用工时定额法、经验估工法等方法确定各典型参数对实际工作量的影响系数；在此基础上，将不同维度、不同类型的典型参数值通过归一标准化处理，将实际设备规模转换成了标准工作量，各单位、各专业劳动效率可量化、可

对比；选取经营业绩好、劳动效率高的单位为典型样本，通过多元线性回归法、最小二乘法等数理建模方法构建标准工作量与实际用工的回归模型，得到设备规模与定员定额的内在逻辑关系。同时根据各定员项目的业务特点和复杂程度，选取相适应计算方法构建工作量化模型。对无规模效应的定员项目，选取直接定员计算法；对于有规模效应且典型参数较少的定员项目，选取直接插值定员计算法；对于有规模效应且典型参数较多的定员项目，选取折算插值定员计算法；对于有规模效应、典型参数较多且典型参数间有一定内在关联的定员项目，选取迭代插值定员计算法。

（三）合理确定标准水平，有效发挥定员定额引导作用

以公司“十四五”规划为目标，结合公司电费核算账务智能化、输电无人机自主巡检、变电“一键顺控”等新技术新装备应用情况，合理确定“1”标准水平，满足“十四五”期间对劳动效率提升的引导作用。省公司在“1”标准水平指导下，结合实际合理确定“N”标准水平，鼓励生产技术条件较好、效率先进的单位，以更高水平确定“N”标准水平。在确定标准水平后，根据各定员项目的工作量化模型，依托定员定额管理平台，组织开展定员标准试测试算，从总量、人均工作量、用工配置率三个维度对实际值与测试值进行对比分析，检验定员标准水平的合理性。

（四）创新打造共享型信息融合网，支撑劳动定员定额数字化管理体系高效运转

选取国网湖南省电力有限公司作为劳动定员定额管理平台建设及应用试点单位，应用“大云物移智链”等互联网新技术，开展定员定额管理平台、地图上的 e 所 e 站等示范项目建设，构建数据共享型信息融合网。

1. 构建定员定额管理平台，打造“中台 + 应用”典型示范

定员定额管理平台定位为公司劳动定员定额全过程管理的信息系统，实现流程全监控、管理全闭环、专业全联动，为人力资源管理人员提供技术支撑。建立微服务体系，打造中台创新示范。对定员台账、用工管理、定员测算核定、定员分解、定员分析等相关业务流程进行整体重构与设计，每项业务都设计成灵活的独立微服务，形成一整套微服务体系，所有应用全部微服务产品化，其他平台通过微服务方式调用功能，避免重复开发、资源浪费。建立数据调用体系，打造数据融合示范。基于数据中台标准 API 接口调用实现数据接入，实现应用服务的快速构建和业务需求的敏捷交付；同时贯通营销 SG186、PMS、ERP 等 20 余套系统数据，实现数据同源一致、实时交互。建立快速响应体系，打造云平台改造示范。根据公司统一部署，研究基于阿里云平台特性的部署适配方案，通过企业级分布式应用服务组件 EDAS 实现微服务的快速发布与全面监控；通过云服务总线 CSB 实现微服务的动态路由、流控和鉴权，实现应用服务的不停机快速发布和业务需求的快速迭代。

2. 构建数字化管控模式，推进定员定额管理转型升级

发挥数字化管理模式在数据提取、精准测算等方面的优势，全面推进线下业务线上化升级，实现定员定额管理由粗放到精准、由线下到线上、从孤立到共享的转型升级。贯通数据链路，专业数据自动提取。基于数据中台，优化数据使用和管理流程，建立数据自动提取规则，打破专业数据壁垒，全面整合各专业系统数据资源，实现人资、营销、设备等专业系统数据一键式提取。细化颗粒度，定员测算精准核定。基于定员定额管理平台，将定员测算组织单元由县级供电单位细化至班组层级，精准测算班组、供电所（站）等最小组织单元定员定额，细化定员定额测算颗粒度，减少定员核定分解难度，为定员定额核定、分解提供了理论依据和系统支撑。优化业务流程，全过程线上化管理。以定员定额管理平台为依托，全面优化定员定额核定、分解、分析等业务流程，推进定员定额核定、分解、分析等全过程业务由线下转为线上管理，减少人工干预。

3. 构建“地图 +”应用系统，打造定员定额多元化应用场景

基于电网一张图和数据中台，建立“地图上的 e 所 e 站”“地图上的输电”“地图上的变电”等应用系统，实现定员定额智能化管理。建立企业经营展板，可视化展示多元数据。创建多元数据展示模型，全面展示班组、供电所（站）所辖设备数量、客户数量、供电面积、设备状况、地形地貌、实际用工、定员定额、办公位置等经营相关数据。建立绩效电子看板，实时感知多维度指标。创建班组、供电所（站）的承载力和绩效电子看板，动态更新人均维护客户数、人均维护线路长度、人均维护变电站数、用工配置率、设备故障率等 29 个绩效指标，对各项指标进行实时跟踪和预警。建立应用保障机制，深化定员定额应用。创建定员定额在班组、供电所（站）的薪酬分配、用工配置、绩效考核等应用机制，县级供电公司以定员定额为依据，核定班组、供电所（站）承包人数和工资总额；同时以业绩指标和承包工资总额为基础，组织开展班组长、供电所（站）长等岗位公开竞聘，实行岗位聘用制，实现基层企业提质增效的目的。

三、实施成效

（一）精准量化定员影响因素，促进定员定额管理更精益

创新引入“客户密度、设备密度、平均坡度、平均相对高程、公变运行时间、公变到办公点距离”等关键影响因子，更加全面深入地分析、量化各关键影响因子对定员定额的影响程度，有效提升了定员定额管理的精益程度。

（二）有效应用数字化技术手段，促进定员定额管理更智能

基于定员定额管理平台，设备台账和用工人数实现自动提取、实时更新，关键因子和绩效指标能够纵横对比、直观展示，定员结果可以精准计算、动态核定，办公地点和供电范围能够一键查找、自动定位，无需手动填报相关数据和开展计算，为管理人员和一线班组减轻工作负担，大幅提升了定员定额管理的智能化水平。

（三）科学构建分级管理模式，促进定员定额管理更有效

构建定员定额“1+N”分级管理体系，更加有效地适应各层级管理目标，通过有力的标准水平引导，有序推进按照定员定额组织生产，人力资源在地区结构、专业结构、岗位结构等方面更加均衡，资源分配布局更加合理，定员定额管理对人力资源的高质量、高效率的促进作用更加有效。

主要创作人：尚锦山、陈春武

参与创作人：任　远、何文涛、尹华平

创新构建量化考核工作法
破解管理部门员工考核难

中国核工业集团有限公司

一、基本情况

绩效管理是组织战略落地、绩效实现、竞争致胜的关键抓手。从实践来看，现阶段管理部门因一般不直接承担组织最终经营指标，且工作体系化、标准化程度相对不足，其员工绩效管理存在考核指标难设定、业绩标准难量化、员工贡献难比较、改进方案难制定、分配差距难拉开等“五难”痛点。

为有效破解管理部门员工绩效管理难题，中国核工业集团有限公司将项目管理理念创新应用于管理部门员工绩效考核，研发了一套以标准工时为基础的管理部门员工量化考核工作法，该方法以员工完成任务后的工时赋予和计量为核心，实现了管理部门员工考核结果的量化、显化、可比化。2021 年在 6 家子企业的人力资源部门顺利试点实施，员工认可度超过 80%，同级人员与量化考核结果挂钩分配奖金最大差距达 64%，员工积极性、主动性，团队透明度、信任度得到有效改善，企业管理精细度显著提升，有效发挥了促进组织绩效提升、推动组织与员工共同成长的“一提升、两成长”应用价值。

二、主要做法

（一）构建“五工一改”完整体系，开创量化考核新途径新方法

一是创新研发管理部门量化绩效管理新模式。基于标准工时的管理部门员工量化考核工作法是在对管理部门全部业务进行体系梳理、工作分解和工时定标的基础上，以标准工时作为价值衡量单位，对员工实际完成任务进行工时核定，并据此开展考核评价、绩效改进和能力提升的绩效管理方法。该方法有助于实现管理部门员工绩效贡献的显化、量化、可比化，考核结果相对客观公正，有效克服了 360 度考核评价偏主观感性、考核结果公平性和说服力不强的缺点，也有效弥补了 KPI 在管理部门员工考核上指标分解难度大且时间成本高、员工工作量难以客观衡量比较的不足。

二是系统构建量化考核“五工一改”有机架构。在调研分析、工作梳理、集中开发的基础上，系统打造了量化考核工作法工作分解、工时定标、工时获取、工时核定、工时应

用、绩效改进的“五工一改”完整有机体系，突出绩效达成（工时获取）和绩效改进环节，要求管理者在员工绩效目标实现过程中加强绩效辅导，提供必要的技术和资源支持，帮助员工顺利达成既定目标。同时，要求管理者定期对工时核定结果进行归因分析，在组织和员工两个层面制定具体的绩效改进措施，实现绩效管理闭环，促进管理提升。

三是完整提出量化考核实施标准流程。以 PDCA 循环管理理念为指导，按照“前期准备—方案制定—方案发布—方案实施—评估与改进”制定了量化考核工作法实施的标准化流程和操作步骤。聚焦循序渐进和持续改进提升原则，将量化考核实施分为导入试行和正式运行两个阶段，在导入试行阶段，以打通量化考核工作全流程为目标，员工绩效奖金核定可暂不与量化考核结果挂钩；在正式运行阶段，定期发布员工量化考核结果，并将员工绩效奖金与其适度挂钩，充分发挥量化考核结果的激励性。同时以保持量化考核体系的有效性和适应性为目标，要求根据实际情况及时升级完善量化考核方案，并积极探索量化考核成果在提升组织绩效、促进组织与员工成长等方面的应用。

（二）开发“一册两库”应用指引，夯实量化考核基础

一是发布量化考核工作法指导手册。编制发布了《基于标准工时的管理部门员工量化考核工作法指导手册》，为管理部门开展量化考核提供了一套相对系统化的解决方案、标准化的程序指引和便捷化的工具支持。该手册包含编制目的、适用范围、概念界定、量化考核工作法内涵、量化考核工作法实施流程并设附录 6 个章节、7 大流程图和 13 个工作表单，对量化考核的实施步骤、操作细节和注意事项进行了详细阐述，其中各个步骤均辅以流程图，并以时间轴的方式明确了各个环节所需的建议时间，提高了实施单位对实施量化考核的理解和计划性。

二是开发工作分解库。结合公司的战略目标和所处发展阶段，在深入开展体系设计、业务梳理和流程优化的基础上，以产生可交付的工作成果为衡量基准，根据成果导向、适度领先、有序分解、业务独立、粗细适度的原则，按照“工作模块→一级任务→二级任务→基础作业单元”的顺序将各项管理工作逐层分解为边界清晰、成果明确、相互独立的若干基础作业单元，形成了“纵向到底、横向到边、全面覆盖”的工作分解库。

三是开发标准工时库。在历史数据分析、现场观测、专家研讨及民主协商的基础上，按照成果导向、合理适度、实测定标、民主集中、持续优化的原则，根据完成工作耗时规律，总结提炼了 4 大类工时定标规则，并逐一确定了完成各项基础业务单元所需的标准工作时间。通过模拟测算和实际运行验证了工时定标的合理性，为准确评价业绩贡献、实现按绩付酬奠定了坚实基础。

（三）建立“三个支持”赋能机制，助推量化考核落地

一是提供专业支持。以 6 家子企业人力资源部门为试点，率先实施管理部门员工量化考核工作法。将试点单位全部人力资源业务分解为 12 个工作模块、76 个一级任务、397 个二级任务和 1791 项基础作业单元，并逐项确定基础作业单元的工时标准。从试点运行情况看，试点单位人均日标准为 8.21 工时，与每日实际工作 8 小时接近，表明各项基础业务单元工时定标较为贴合实际，能够有效反映员工工作量。

二是提供IT技术支持。根据量化考核数据统计、分析和应用的需要，组织开发了量化考核信息化管理系统，并编制了《量化考核系统操作指导手册》。该系统包括标准工时库管理、工时统计与核算、综合评价、结果应用、问题反馈等功能，能满足管理部门量化考核工时数据统计分析的需要。各实施单位可根据自身需要，进行个性化的配置和管理，实现了工时统计与分析的数字化、可视化、智能化，提高了量化考核工作的工作效率和质量。

三是提供组织支持。组建覆盖集团公司领导、二级单位和试点子企业人力资源部门成员的“领导组—开发组—支持组”三级团队，形成了“决策指导—专业支持—资源保障”上下贯通的工作链条。研究制定量化考核专项工作推动方案，组织各试点单位制定了本土化的量化考核实施方案，定期开展辅导交流和问卷调查，掌握试点单位实施过程出现的问题和困难，及时提供支持和帮助。对实施效果较好的单位予以奖励，并作为先进典型在集团公司工作会分享经验，为量化考核的推进提供了坚强的组织保障。

三、应用成效

一是实现了管理部门员工绩效贡献的显化、量化、可比化。员工的绩效贡献可以通过量化的工时数据来衡量比较，考核结果客观公正、说服力很强，为有效拉开员工奖金分配差距提供了坚实依据。试点单位实施量化考核后，同职级岗位员工与量化考核结果挂钩分配奖金的最大差距达64%，相比此前分配额度，员工奖金增幅最大的达26%，降幅最大的达28%。

二是增进了组织透明度和信任度。员工的奖金是根据客观的工时数据算出来的，过程公平公正，结果经得起检验，有效减少了密薪制导致的信息不对称，业绩好的员工认为得到了组织的充分认可，干劲十足；业绩差的员工也觉得组织是公平公正的。根据无记名问卷调查，试点单位近90%的员工认为量化考核能为奖金分配提供客观依据。

三是推动了员工由“推活干”变为“抢活干”。通过每月发布工时总量考核排名前30%员工名单，确保了考核结果的公信力，营造了比学赶超的良好氛围，推动了排名靠后的员工积极主动认领工作任务，大幅降低了管理部门任务分配难度。同时，根据量化考核工时进行奖金分配，员工可以算出自己奖金的多少，深层次激发了员工干事创新的内在动力。根据无记名问卷调查结果，超过80%的员工支持本单位开展量化考核工作。

四是促进了管理提升。试点单位在工作分解和工时定标过程中同步优化了人力资源工作的顶层设计、工作流程和职责分工，提升了工作体系化、业务流程化、操作标准化、知识组织化的程度。同时，清晰的量化考核数据为管理者与员工进行绩效沟通提供了清晰的标准和依据，为员工指明了绩效改进的具体方向，推动了组织成功与员工成长同步实现。

主要创作人：杨朝东

参与创作人：李长瑜、王　豪、覃　彬

以利润为导向的薪酬分配管理体系构建与实施

鞍钢集团朝阳钢铁有限公司

鞍钢集团朝阳钢铁有限公司（以下简称朝阳钢铁）是世界500强企业鞍钢集团有限公司下属三级子公司，隶属于鞍钢股份有限公司，以热轧卷板为主要产品。2021年盈利15.5亿元；销售利润率12.6%，国内行业排名第4，同比上升1名；吨材利润664元，国内行业排名第4，同比上升5名，三项指标皆创历史最好水平。拥有能源动力、焦化、烧结、炼铁、炼钢、轧钢以及原料仓储、铁路运输等公辅配套设施设备，在年产200万吨精品钢材的基础上，预留进一步发展空间。设置9个职能部门、7个基层单位，现有职工2000人。

一、以利润为导向的薪酬分配管理体系构建与实施的背景

（一）推动国有钢企改革提档升级

习近平总书记就国有企业深化改革工作明确指出："国有企业要在深化改革中自我完善，在凤凰涅槃中浴火重生，而不是抱残守缺、不思进取、不思改革"。朝阳钢铁以利润为导向的薪酬分配管理体系构建与实施，是认真贯彻落实党的十九届四中全会精神和党中央、国务院提出关于国有企业改革的决策部署、两级集团公司党代会精神的重要举措，是企业再创新、再升级，提升市场竞争力的要素支撑。

（二）增强国有钢企深化改革动力迫切需要

薪酬是企业实现组织战略的手段和杠杆，薪酬管理绝不仅是一个分配问题，即如何分馅饼或分蛋糕的问题。首先，企业的薪酬政策和薪酬制度与重大企业改革之间是存在内在联系的；其次，作为一种强有力的激励工具和沟通手段，薪酬的有效运用，是新绩效目标达成的重要工具。朝阳钢铁作为集团公司改革试点标杆单位，用战略性的思维推动薪酬分配改革，打破多年来习以为常的"大锅饭"，让薪酬分配改革的成果最大限度地激发个人潜能，更公平的惠及全体员工，提高员工幸福指数。以利润为导向的薪酬分配管理体系构建与实施为促进企业和员工同利、同行、共享、打造机制灵活竞争力的钢铁基地提供动力支撑。

（三）培育国有钢企良好组织文化系统需要

薪酬对员工的工作行为和态度产生很强的引导作用，因此，合理的、富有激励性的薪酬制度有助于组织培育良好的企业文化。薪酬管理体系运行于企业管理中是企业不断寻求发展进步，员工不断寻求价值提升，达成共赢的重要过程；是维持企业职级明确，组织清晰的重要保障，有利于稳固企业管理构架；有利于企业制定人才策略，吸引优秀技术与管理人才加盟；是务实 + 创新的过程，使企业扩大业内外影响，在行业间具备竞争力、影响力，有利于鞭策员工，建立“能者上，庸者下”优胜劣汰的传承机制，促进人员学习与技能的提升。朝阳钢铁抓住国有企业三项制度改革这个“牛鼻子”，以“想为”的意识、“善为”的能力、“敢为”的气魄，在薪酬分配管理体系构建与实施上勇于突破，真正让贡献来决定报酬，为企业保持稳定的劳动关系、塑造良好的组织文化氛围提供支撑。

（四）提升国有钢企管理创新能力有效途径

朝阳钢铁薪酬管理一定程度存在着不容回避的问题，管理粗放现象依然存在，进一步降本增效措施没有得到充分落实，激励约束机制不够完善，内部分配制度科学合理性还有待细化，面对新冠肺炎疫情重大冲击，抵制风险能力还需提高。这些问题既是我们与先进企业的差距，也是制约企业持续发展的障碍，严重束缚了广大干部职工的创造力和企业的竞争力。不解决这些问题，企业就会逐步失去优势，企业发展就会停滞不前。朝阳钢铁急需探索符合自身实际的全面提升薪酬管理水平的有效途径，为推动高质量发展提供机制支撑。

综上，从国家宏观经济政策层面看，以利润为导向的薪酬分配管理体系构建与实施是落实国家深化国企改革的重要任务。从企业层面看，以利润为导向的薪酬分配管理体系构建与实施是破解国有钢铁企业居安思危和持续发展难题的迫切需要。因此，探索实施新的薪酬分配管理体系，不断激发队伍活力，有效控制企业经营成本，提升企业效益，牢牢掌握生产经营主动权，已经成为朝阳钢铁当今须面对的严峻市场形势，抢抓本轮国企改革机遇，进一步解放思想、转变观念，提升整体管理能力水平，增强核心竞争力，实现战略目标的必然选择。

二、以利润为导向的薪酬分配管理体系构建与实施的主要创新点

朝阳钢铁坚持以习近平新时代中国特色社会主义思想为指引，贯彻落实国企三年改革行动方案部署，以增强活力、激发动力、提高效率为中心，不断推动市场化改革走深走实。2020 年以来，朝阳钢铁以利润为导向，坚持“效益升薪酬升，效益降薪酬降”原则，系统思考、整体谋划、统筹兼顾，既深化创新，也严格遵循政策，完善公司治理结构及内控体系，全面实施预算管理，构建工资总额决定新模式，通过优化分配结构，推行差异化薪酬、成本转移以及成本变革等一系列薪酬分配组合改革，盘活工资存量，探索增量绩效驱动，授权分配，做实同利，员工获得感、幸福感和安全感不断提升，促进企业和职工共同

发展，致力将朝阳钢铁打造成一个灵活高效，高质量发展的钢铁基地，如图 1 所示。

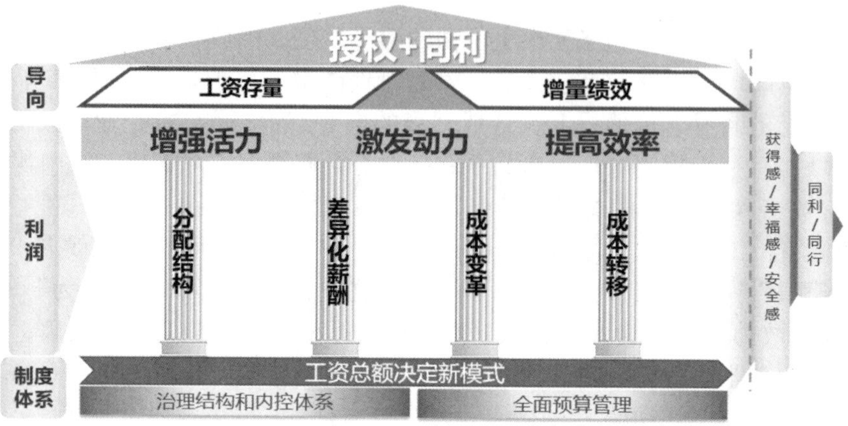

图 1　以利润为导向的薪酬分配管理体系框架

三、以利润为导向的薪酬分配管理体系构建与实施的主要做法

（一）全面预算管理，构建工资总额决定新模式

新一轮工资总额管理改革，强调在全面实行预算管理基础上，按照工资分配市场化改革方向，由企业自主制定工资总额方案，落实企业工资分配自主权。同时，工资总额管理改革强调改进和加强工资分配的监管，强化事前引导和事中事后监督，从而对企业的内控体系提出更高的要求。

1. 完善公司治理结构及内控体系

朝阳钢铁承接上级深化改革意见，设立董事会、监事会，明确朝阳钢铁党委的法定地位，建立董事会、监事会、经理层之间的决策、监督、执行机制，全方位谋划企业发展方向、分析生产经营风险以及利益调配与考核，高质量决策年度绩效考核办法、年度薪酬预算方案、高中层管理人员经营业绩考核和薪酬、职工薪酬福利方案以及企业重大事项。

2. 有效推行全面预算管理

朝阳钢铁改革原有工资总额审批制，全面实施工资总额预算管理，下授薪酬分配权给基层单位厂长，对所属单位实行工效挂钩和效益分享制度。

工资总额 = 工资总额基数 × 绩效考核分数 /100 × 调节系数 + 超额利润分享 + 其他专项奖励，如图 2 所示。

一是合理确定工资总额基数。各单位工资总额基数以上年度实际发放工资总额为基础，核减单项奖励，剔除绩效考核加减分影响的工资总额部分，并考虑机构编制、职工人数以及预算管理范围变化情况等因素计算的数值为基准值。

二是建立工资效益联动机制。2020 年实施利润导向更加突出的工资总额决定机制，实施超额收益分配，做实同利，确保及时激励。超额收益奖励是指完成利润指标基本目标值、挑战值部分后分段设定不同斜率增提的工资总额。超额收益分配是存量绩效迈向增量绩效的一次跨越，是两级公司对朝阳钢铁实施增量绩效管理的重要举措，如图 3 所示。

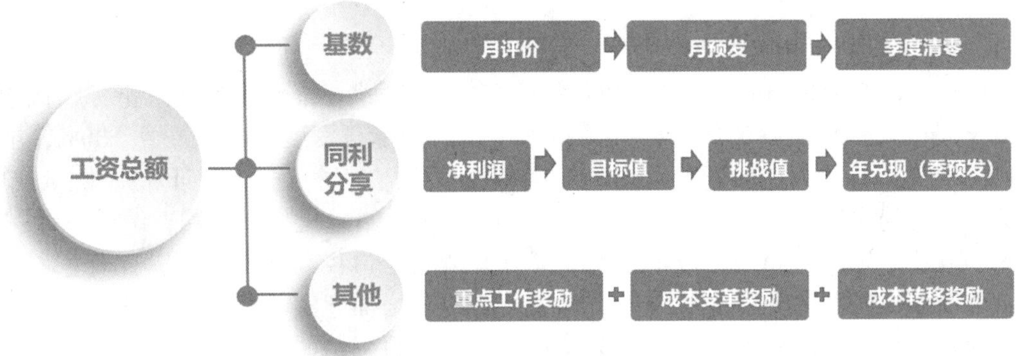

图 2　工资总额构成

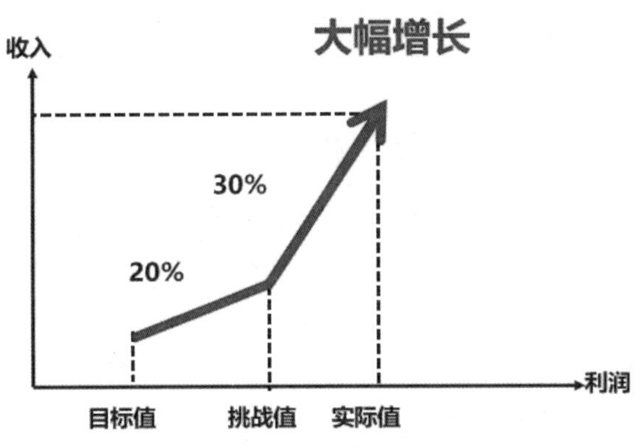

图 3　工资利润斜率

三是强化工效挂钩考核。优化关键绩效指标，根据当年绩效考核结果差异化核增核减工资总额。围绕公司利润，重新优化改进关键绩效指标，单位绩效核心指标增设公司利润指标，权重为 30%。各单位职工薪酬与单位绩效挂钩，绩效得分实施 70 分保底、130 分封顶，拉大单位绩效分值区间，拉大主要创效部门和辅助生产单位的收入差距；焦化厂、炼铁厂、炼钢厂、热轧厂的薪酬基数较其他单位高出 8%，对市场营销部实行上不封顶的绩效评价政策，鼓励主要创效部门努力完成关键绩效指标；年度重点工作奖励、成本转移奖励等纳入绩效专项奖励中。

四是动态监控各单位工资总额预算执行。根据各单位绩效考核结果，公司绩效评价实行月度通报，每季度清零守衡防超发。

经过两年构建与实施，朝阳钢铁工资总额管理体系已经建立，逐级加大向基层一线授权放权力度，向工区、班组等微观主体授放薪酬分配权，试行“选人 + 选薪”组阁制，落实工资总额预算承包政策，当基层单位人员减少时工资总额不进行调整，充分调动各单位人力资源优化自主性、灵活性、积极性。薪酬分配充分授权放权，贯穿到班组，每月各单位自主确定工资总额，形成“分灶吃饭，不吃瓜落、不搭便车”的大好局面，为内部单元的市场主体“松绑绳”“解羁绊”，责权利更统一，充分释放活力，提高薪酬分配的自主性、灵活性，经营业绩大幅提升。

（二）优化分配结构，盘活工资存量

1. 签订契约化经营合同，实施“两制一契”

基层单位全面推行管理人员“两制一契”管理模式，聚焦关键绩效指标，优化管理层领导人员薪酬与经济责任指标挂钩条款，契约指标与发展战略关联性 100%，增设年度和任期契约条款，加大领导人员的激励和约束作用。指标权重设计原则为：各单位管理层与公司利润挂钩权重 30%，本单位指标权重 70%。本单位指标按四个维度设计：效益、效率、成长、风险。涵盖了成本、产量、降采额、全口径人数优化、库存资金占用、智能制造项目提升、各类事故等方面。年度薪酬收入增加超额收益部分，即合同薪酬 + 增效奖励两部分。合同薪酬设封顶值为公司利润完成目标值时，本单位效益、效率指标完成挑战值以及成长、风险指标为完成目标值时的薪酬。增效奖励为公司利润完成超过目标值以后的超额收益按比例部分，不设上限。如果没有完成约定经济责任指标时，按照减利额的不同梯度，线性核减年度薪酬，若低于底线值时，管理层扣减风险抵押金，直至执行保底工资。

2. 深化全员岗位绩效管理，实施差异化分配

一是以岗位绩效管理“无死角”为目标。全面落实基层工区、班组考核分配自主权，按照“谁管人、谁考核、谁分配”和“能决定什么、控制什么就考核什么”原则，让“听得见炮声的人”有更大话语权。

二是以岗位经营为核心。全员实施，编制一人一表，合理设置绩效考核指标，考核指标量化指标 80% 以上，个性化指标不低于 50%，旨在绩效指标目标改善，实现战略目标贯穿到岗，岗位经营落实到人，侧重年度综合排序结果结合综合评价结果应用于末等调整和不胜任退出。按照“工作任务化、任务价值化、价值定量化”原则，重点解决两级机关管理技术人员绩效评价。2021 年单位和部门完成绩效考核指标贯彻到具体岗位的比例 100%；考核分配权赋予班组长的单位占比达到 100%；浮动工资差异系数为 1.12。

三是以实施“e 考核”模式为抓手。“e 考核”是以各产线 MES、ERP 等智慧运营一体化系统为依托，突破传统的手工月绩效考核模式，实现岗位生产过程控制参数和指标在线、量化、实时、自动考核，最终实现月考核结果与 SAP 薪酬管理系统的数据对接，完成绩效奖自动核算分配，清晰岗位职责，鼓励增量绩效，提高薪酬管理效率，破除高水平大锅饭。同时将绩效区间从 80–120 分调整到 70–130 分，将厂长奖励基金上限由 2% 提升到 3%。

四是尝试推行操作检修岗位联酬。生产操作岗位主体职工替代设备检修协力人员，完成部分低风险检修作业项目。即主体生产操作岗位人员参与设备检修工作，实施检修工票管理模式。

五是实施浮动工资差异系数。合理拉开收入差距，构建更加科学有效的全员岗位绩效管理体系，根据效益完成情况即时激励，提高工资效益匹配度。同时，加大收入分配向高级管理、高技能、营销、苦脏累险岗位倾斜，充分释放绩效考核的激励作用。

以公司利润为导向，通过公司效益、单位绩效、岗位绩效“三结合”，合理调整内部

收入分配结构，薪酬分配向一线职工、关键岗位人员倾斜，优化分配关系，实施差异化评价管理，实现精准激励。

（三）统筹推进成本变革，精准奖励项目团队

打造成本变革 2.0，在成本变革 1.0 精益且有组织创新的基础上，变管理者创新为管理者主导的全员创新，变重点项目创新为全要素、全系统创新。终极追求是成本变革 3.0，全员自觉创新。成本变革 2.0，作为中期过渡，是通向 3.0 的必由之路，让工人参与管理，由干部推动创新，改变行为与改变思维同步，逐步让创新成为全员自觉行动，如图 4 所示。

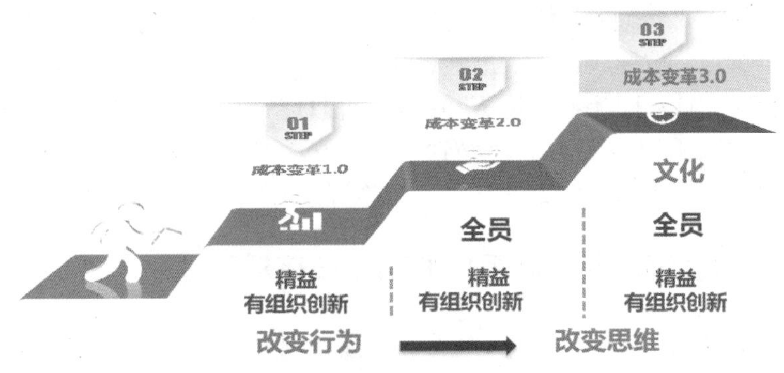

图 4　成本变革推进路径

一是在组织层面，给方法、定机制、搭平台。给方法，给精益生产的两条路径。一条路径是单工序做加法，全流程做减法；另一条路径是提目标值，收公差带。定机制，是用预算保、用创新攻、用同利推，按财务账面收益 100:1 同利激励。搭平台，组建“两委两组”，公司和工厂成立两级成本变革推进委员会 8 个，以工区为单位，成立推进组 35 个，以工序为单位，成立推进小组 124 个。全员参与，通过“两委两组”，覆盖全员；划战区，将有产品、有功能的子工序划为一个战区，战区内自主管理，改善产品、提升功能、提高效率，确保创新有的放矢；多兵种，战区内工艺、机、电、液专业要齐全，工人、管理、技术人员三结合，具备解决问题的能力；控风险，坚守四条底线，公司、工厂、工区三级管控，项目分级评审“扣扳机”，实现有序创新，受控创新；组织保障，各级领导下沉一级，公司到工厂，工厂到工区，工区到战区，“推动不牵头，服务不代办”，以行政资源助推解决问题，如图 5 所示。

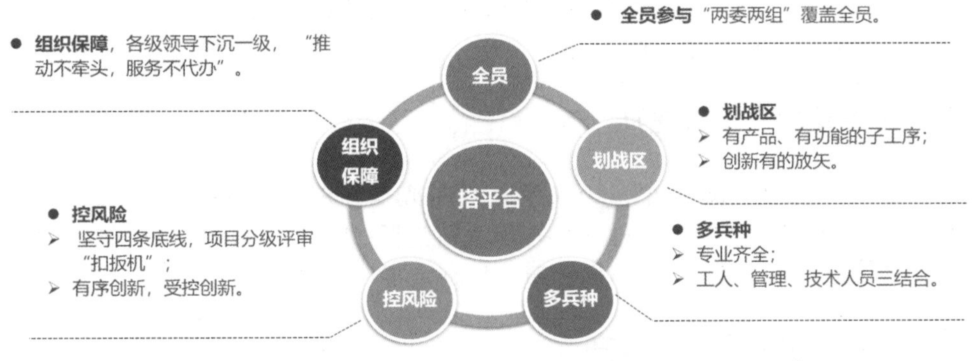

图 5　成本变革搭平台

二是在员工层面，提项目、做项目，提做双奖。提项目，要睁开善于发现问题的“眼睛”。将精益的方法与岗位结合，给精益以现场的视角，最前线的视角，让“听得见炮声的人”有参与权和话语权。做项目，要伸出善于解决问题的“双手”。既发现问题，也要解决问题，区域封闭，自主管理，自我改善。提做双奖，“提”和“做”按 1∶4 比例，同时奖励，鼓励立足岗位发现问题，鼓励团队协作解决问题。

（四）实施成本转移，创新增量绩效管理新模式

成本转移是朝阳钢铁对内部单元进行增量绩效管理的一种尝试，变单一的经济责任制评价为经济责任制+工资总额预算制+成本转移组合评价。将工序过程效率成本化，从产量、质量、事故三个维度，按瓶颈出发，追溯各工序成本责任，让成本效益归位。2020 年 5 月，铁日产量达到 6505 吨，打开了产量瓶颈，全流程日产提高 643 吨。铁产量升，钢产量随，固定费用降，将炼钢厂 1/4 降本额转移到铁厂，嘉奖铁厂 1.8 万元。自实施以来，共触发成本转移 128 次，共转移金额 1263 万元，实施奖惩 23.8 万元。

（五）构建制度流程支撑体系，推动改革有规可循

自改革启动以来，新制定了《市场化成本转移管理办法》《成立成本变革管理委员会》《成本变革管理办法（试行）》《成本变革奖励实施办法》《操检联酬试点实施方案（试行）》《工资总额预算管理实施办法》《增效奖励分配实施办法》等 7 个管理制度，承接修订《薪酬管理办法》《单项奖励管理办法》《员工绩效考核管理办法》《领导人员绩效考核及薪酬管理暂行办法》等 4 个管理制度，每年结合重点工作和经营实际更新《绩效评价办法》，构建制度流程支撑体系，推动薪酬分配管理体系更加完善，政策供给更加充足，企业管控规范化、科学化、高效化水平进一步提升。

四、以利润为导向的薪酬分配管理体系实施后取得的成果

（一）员工获得感、幸福感不断提升

企业活力动力充分激发，让“贡献决定薪酬”，做实同利，带来同向、同求、同行，职工共享发展成果，在岗职工薪酬收入大幅提高，工作热情空前高涨，精神面貌焕然一新，员工获得感、幸福感和安全感不断提升。

（二）成本竞争力显著提升

成本变革成效显著，2020 年、2021 年，工序成本分别压降 3.6 亿元、2.7 亿元；吨钢降本 146 元、111 元；35 项主要经济指标中，钢铁料消耗、综合成材率等 18 项指标同比改善，综合焦比、高炉利用系数等 18 项指标创历史最好水平。

（三）企业管理水平大幅提升

通过薪酬分配制度改革，朝阳钢铁组织绩效评价由单一的经济责任制评价变为经济责

任制+工资总额预算制+成本转移组合评价。打个比方，经济责任制是“分碗不分灶”，处理存量绩效的精准分配；引入工资总额预算制，“分碗、分灶”，各工序绩效和自己业绩强相关，工序间绩效脱钩，鼓励各工序追求增量，提效增收，将存量绩效变为增量绩效；再运用成本转移，“分碗分灶不分心”，对增量绩效精准分配，工序间绩效再挂钩，促进工序协同，鼓励各工序扩瓶颈，全流程提效率。通过先分后合，使业绩导向更清晰，绩效评价更精准，企业管理水平大幅提升，如图6所示。

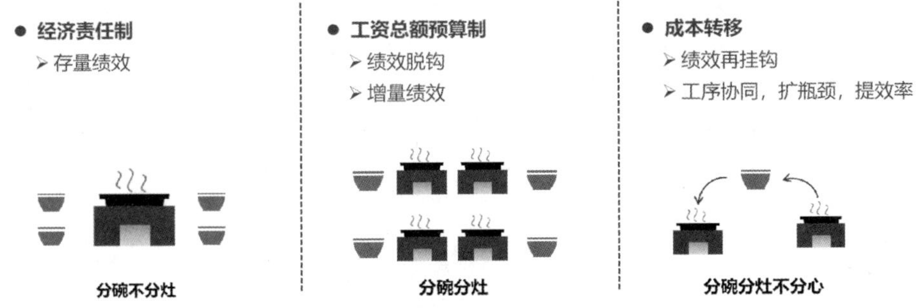

图6　经济责任制+工资总额预算制+成本转移组合评价图

（四）企业经营业绩蒸蒸日上

2020年，朝阳钢铁克服疫情影响，实现销售利润率10.7%，比2019年前进10名。2021年，销售利润率达到12.6%，是行业均值的2.5倍，行业排名第4，同比上升1名，行业地位显著提升。

主要创作：王淑艳、钟启双

参与创作：毛凤龙、王殿海、霍　岩

第五部分

企业文化建设

创新文化引领业务发展，创新力量赋能组织业务
——兄弟(中国)的创新培育机制

兄弟(中国)商业有限公司

兄弟(中国)商业有限公司(以下简称兄弟(中国))成立于2005年，主要事业领域包括以打印机、标签机、扫描仪等产品为代表的打印及解决方案事业，以及以缝纫机、绣花机为代表的家用机器事业。其母公司兄弟工业株式会社自创业至今已有百年历史，百年余间，坚持“At your side.”精神，以顾客为第一宗旨，不断挑战，提供优良价值。兄弟(中国)在中国发展的17年来，紧抓中国加入WTO后的经济快速发展机遇，形成了良好的业务发展局面。

随着国际国内经济形势的发展，市场竞争格局发生了剧烈变化，对企业内部组织环境和人才结构也提出了新的要求。公司面临业务平稳而缺乏突破、人才队伍活力有待激发等系列问题。作为一家在中国发展的外资企业，如何迎接新经济周期带来的挑战，如何满足新时代下中国用户的需求，如何推动战略升级和业务创新，兄弟(中国)面临着文化、组织、人才的“大考”。

为了“破题”，兄弟(中国)名誉董事长尹炳新先生与董事长总裁张燕女士号召大家向工业创新的先驱者学习，发起了一次系统性的“由表及里”、“从上而下”、“自内而外”的文化创新驱动的变革。通过打造创新平台等形式，实现了“从整体到个体”、“从策略到落地”赋能全员的有效执行，还通过组织教练的输出，实现了供应商组织管理理念的强化。

一、文化事例推广活动：企业文化塑造

兄弟(中国)传承了Brother集团“At your side.”的经营理念，并将其作为自身的核心价值观。在此基础上，兄弟(中国)进一步厘清了公司的愿景与使命，涵盖三大使命与两大愿景。三大使命分别为“多元包容、求变创新”、“成就顾客、幸福员工”、“关爱地球、回馈社会”。两大愿景分别为“践行‘At your side.’，成为中国用户的最佳伙伴”和“加速成长，成为Brother全球发展战略的核心”。

新的企业文化是通过X-power工作坊，由兄弟(中国)全体管理职参与、共创，并由企业管理者推动，再由全体员工践行，是一种自上而下的文化传递，也是一种自下而上的文化反馈。

在文化落地上，兄弟(中国)强调“实操性”，通过可观摩、可实践、可推广的具体事例，让文化不再是挂在墙上的口号，收集日常工作中体现企业文化的具体事例并推广，让员工

真正了解企业文化是如何贯彻到日常开展的业务中，并能与员工的实际行动及业务关联。

兄弟（中国）每年会结合当年业务发展需求以及重点强调的企业文化，在不同维度进行 G 宪章“事例评选”。对入选的优秀事例进行表彰，并推送参加“集团评选”；同时通过公司内网、月刊、企业微信等多种方式发表，以影响和带动更多的员工。

如此运作多年，兄弟（中国）通过一件件“事例”，把文化深深落地到员工心里、行动上。用精神奖励推动文化传播，让员工进一步感受企业文化的同时，更深刻理解文化所传递的核心内容。当员工的事例得到了认可与鼓励，更有动力去延续探索企业文化的行为，并带动身边的人一起加入。自 2009 年启动以来，每年收到的事例文案不断增加。近 5 年，平均每年收到 35 份投稿。员工越来越敢于表达自己，也越来越有成为榜样的自信。此外，员工是企业重要的财富之一。兄弟（中国）拒绝加班文化，为员工安排定期体检，建立灵活的办公机制，提供弹性且丰富的休假时间，鼓励员工关注健康，平衡工作与生活，将“幸福员工”落实到日常的细节中。

二、创新研究院：为人才发展赋能

关于组织和人才赋能，兄弟（中国）存在新生代员工涌入职场、新老员工时代差异、各层员工潜能有待激发等问题。因此，公司需要为员工提供更多元的成长发展空间，更丰富的学习资源，更广阔的创新实践平台。对于新生代给予更良好的入职体验和需求；还需历练中坚层，成就支撑兄弟（中国）发展的下一代经营人才，催化组织的变革创新，推动公司未来发展。

面对如此环境，公司人力资源团队决定以“打造富有创造力的成长型组织”为目标来开展项目。经过与经营层的反复推敲和深层探讨，最终孵化了“兄弟创新研究院”项目。

创新研究院的文化离不开兄弟（中国）的愿景和使命。兄弟（中国）希望可以在创新研究院内埋下能在组织内生根发芽的创新种子，通过共享与创新增强人与企业之间、人与人之间的信赖关系，用敏捷式运营让不同层级的员工都能收获成长。

创新研究院为了让每个层级的员工都能获得归属感，整体分为启知院、匠心院和精英院三个层级，根据员工的职级、能力、需求和参与的项目进行对应匹配，并开展有针对性的活动和项目。

启知院主要面向公司基层员工，开展“兄弟轻学堂”培训项目，围绕办公技能、职场思维等内容推送。轻学堂有内容丰富的微课赋能、市场营销思维课程、职场技能拓展分享、沟通表达等众多维度的内容，在线听音频或阅览的方式，也便于员工用碎片化的时间进行业务技能的提升和思维意识的转变。轻学堂会公开透明地公布员工的学习状况以及学习成果，对于获得所有人认可的优秀学员将优先提供优质的学习资源。公开、自由的学习平台使得越来越多的员工加入轻学堂，获得了众多好评和反馈。2021 年，轻学堂的线上覆盖率达全社的 91.70%，人均在线学习时长 12 小时。

除了线上内容，线下定期邀请 90 后和 00 后，开展“创新”、“互相协作”、“职场技能”等各种主题的“新生代同期会”，引发他们对职场发展的思考，并帮助新人在职场建立相互信任，拉近新生代的职场距离。公司高层对于新人活动也十分重视，通过活动观摩和致辞，给予新生代更多的鼓励和认可。同期会后，为了让大家能将线下学到的知识实际运用并有所产出，挖掘新人更多的潜力和可能性，创新研究院会跟进新人项目的后续运营，建立社群并运维，保持新人对项目的积极性与活力；同时还打造了“兄弟创客营”项目。创客营通过收集新生代天马行空的想法和想要去做的创新项目主题，为项目提供支持，并将项目的最终掌控权与进度把控完全交给新人，最后提供平台，让新人公开演讲自己小组的产出结果。在体验创新项目的同时能真正感受自己是真正被公司所信任、所培养的一份子。在创客营项目中，有的小伙伴用多元的方式推广公司产品，也有打造品牌联名口罩并推广。兄弟（中国）相信，无论项目的结果如何，最重要的是，相信新生代并提供能让他们自由发挥的平台，挖掘无限可能性，这也是创客营初衷。

匠心院主要面向公司中层员工，其中最为经典的是“兄弟教练成长营”项目。该项目为企业统一文化语言和构筑信赖关系打下了深厚的基础。教练项目的初衷是对于组织想要实现的目标，让员工拥有自发性思维。通过大量的教练式 1 对 1 沟通实践，运用教练领导力强化自身与团队的信赖关系。教练项目初期针对内部核心管理人员和高潜员工，高管担当教官，由教官带学员的方式进行授课和教练 1 对 1 实践。一年中，学员会与团队成员进行近 1300 余次教练式沟通。学员接触教练之前，大多以完成目标的思路去带领团队。随着教练的深化和拓展，学员更多地建立了与团队的信任度，运用教练式领导和教练式反馈等实用技能充分激发了团队中每个成员的潜力。

精英院主要面向高层员工。由创新研究院挑选 13 位资深经理并培养他们成为教练项目的教官，每位教官需跟学员每月开展 1 对 1 的教练对话实践。高管教练们通过开展教练指导不断升华自身的领导力，引领内部变革，并渗透到核心经销商，通过提升他们的管理水平，促进其与兄弟（中国）之间的信赖关系，实现共同成长。精英院也非常重视公司中高层在战略决策、经营意识、文化共创等方面的意识与统一。从 2020 年到 2021 年，开展 3~5 场董事长和部长分享会，中高层参与率达 80%。通过董事长和部长面向中高层定期开展的分享会，将企业文化故事与企业经营理念快速传递，部长们也将自身多年的从业经验和知识作分享，让更多员工了解企业故事和业务发展的同时，强化自身的经营管理形象，也让员工更加信赖 Brother 的品牌与经营战略。

三、提案活动：为业务创新赋能

兄弟（中国）的企业文化十分注重员工的多样性。公司全力为员工提供可发挥各种才能的工作环境和具有挑战性的工作机遇，全方位构建互相信赖的职场环境。

兄弟（中国）致力于为员工创建“多元包容、求变创新”的职场环境，然而创新是个日积月累的过程，需要不断累积好的创意，并采取有效措施将创意落地。提案活动作为企业文化中“变革、创新”的载体，是兄弟（中国）坚持了十多年的创新项目。提案活动的初心是希望全公司员工，都能有机会成为推动公司未来发展的主人，营造公司良好的创新氛围，推动公司的业务不断进步。只要有创意，每位员工都可以通过提案表达自己的想法。公司设有专门的事务局，事务局会对提案进行分类和汇总，然后交由公司提案评审团进行评审，最后将提案采纳结果反馈给员工。提案核心评审团由各业务负责人组成，采取多角度评审，并根据提案内容邀请不同的高管进行多维度考量，更加灵活和客观。

对于一些优秀提案，兄弟（中国）除了物质奖励外，也很注重精神奖励，以激发员工的荣誉感。被采纳的提案者将会受到董事长表彰，全年积极参与提案活动的员工也会提名给予认可和鼓励。

多年来，对提案项目不断优化升级，提案数量有了质的飞跃。自 2021 年以来，公司收到改善类提案共计 80 件；创新类提案共计 94 件，至今仍保持提案热度不减的良好状态。

兄弟（中国）通过良好的企业文化引领业务发展，创新力量为组织人才赋能的一系列举措，开启百年品牌焕然一新的生机活力，努力谱写创新发展的新篇章。

主要创作人：张　燕

参与创作人：商　蕙、张梦宇、刘媛丽、李艳阳

王宇仲、陈思瑜、李昱伟

美好生活，“核”你共建

——中国核建人力资源管理创新实践之“幸福核建”建设

中国核工业建设股份有限公司

“为中国人民谋幸福，为中华民族谋复兴”是中国共产党人的初心和使命。在习近平总书记新时代中国特色社会主义思想和党的十九大精神的指引下，中国核工业建设股份有限公司（以下简称中国核建）牢记“为人民谋幸福”的初心，深受新时代核工业精神的浸润，深知广大员工是企业蓬勃发展的基石。为更好地践行中国核建“关爱员工、发展员工”的人才理念，构筑中国核建健康、高质量发展的暖实力，2020 年，中国核建正式启动“幸福企业建设”项目，将幸福企业建设的宗旨锚定在“为员工谋幸福，为企业谋发展”。

中国核建幸福企业建设采取“由点及面”的推进方式。经过两年的探索，在“幸福项目部”试点建设的基础上，形成了以“中国核建幸福企业建设总体框架与建设路径”为主线，以“提升员工体验、激发员工活力、助力员工发展”为目标，“分阶段、分层级、分群体实施”的行动方针，逐步在工程建设行业摸索出了一套具有核建特色、切实可行的幸福企业建设理论和行动指引；求通过幸福企业建设，实现管理升级，打造“绩效、能力、体验”三位一体的幸福企业，不断提升员工的幸福体验，夯实企业发展的活力根基，构建全体员工共建共享的美好生态，奋力开启中国核建高质量发展的新篇章。

一、构筑顶层设计，引领“幸福核建”科学落地

2021 年，是“十四五”开局之年，也是中国核建全面推进幸福企业建设的关键之年。“幸福核建”专项工作组与外部专业智库全面构建了中国核建幸福企业总体框架与建设路径，并以此为工作主线，贯穿“幸福核建”建设全程，从而系统性、整体性、协同性地推进幸福企业建设工作。

（一）“幸福核建”的核心内涵

基于员工的核心需求和企业发展的关键驱动因素，聚焦“员工发展为主体、企业发展为整体”的价值共生逻辑，提炼形成“幸福核建”的核心内涵，把中国核建建设成为全体员工共同的关爱家园、同心家园、事业家园和文化家园。这是中国核建幸福企业建设的内

涵，也是公司“关爱员工、发展员工”人才理念的重要体现。

（二）“幸福核建”的愿景目标

中国核建幸福企业建设的愿景目标概括为“三有四化”。

“三有”描绘了“幸福核建”建设愿景，即“员工有体验、管理有温度、企业有发展”。“员工有体验”是指通过幸福企业建设提升员工幸福体验，激发员工活力；“管理有温度”是指通过幸福企业建设优化组织管理模式，激发组织活力；“企业有发展”是指通过激发员工活力和组织活力，助力中国核建的高质量发展。

“四化”描绘了“幸福核建”建设目标，即“体系化、数据化、场景化、品牌化”。“体系化”是指科学的顶层设计，在总体框架下，各级组织上下联动、整合资源、层层落实，保证幸福企业建设的体系化运作；“数据化”是指在幸福企业的建设过程中，强化数据的需求导向、赋能应用、闭环检验，推进幸福企业建设的迭代优化；“场景化”是指在幸福企业的建设过程中，基于员工体验的关键场景设计并落实行动举措，保证幸福企业建设落到实处；“品牌化”是指围绕总体框架和建设路径，丰富载体、打造标杆、搭建平台，让“幸福核建”建设成为行业的标杆实践，让“幸福核建”成为具有影响力的公司品牌。

（三）“幸福核建”的总体框架

“幸福核建”以一个模型为基础，以四大家园为依托，以六大路径为着力点，以两大机制为保障，形成“1+4+6+2”的总体框架，如图 1 所示。

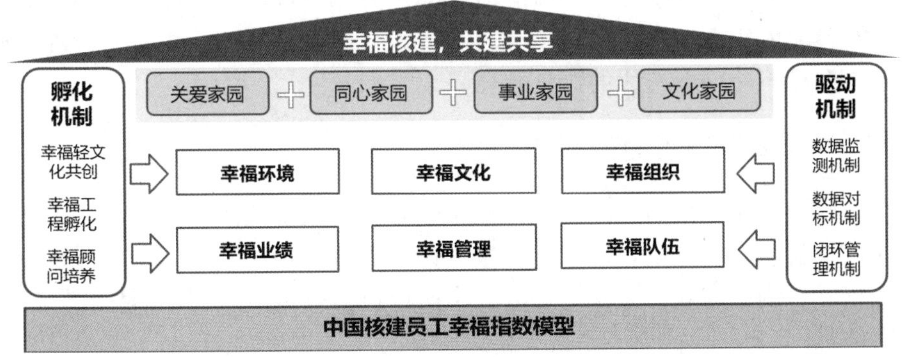

图 1　“幸福核建”总体框架

在理念上，秉持“为员工谋幸福，为企业谋发展”的核心思想，以幸福指数模型为基础，通过幸福指数透视员工体验与组织管理现状，为工作路径的迭代、管理模式的创新、组织能力的提升指明方向。

在方向上，依托四大家园，着力打造六大落地路径。六大落地路径是“幸福核建”的切入点、着力点、落脚点。在六大落地路径之下，各级组织设计并搭建“嵌入管理、植入团队、做实关爱、全员参与”的项目载体，以此将“幸福核建”作为一个有机整体统一推进。

在机制上，以“孵化机制”保障工作活力，充分激活一线，向下孵化向上萃取，促进项目载体的多样化、品牌化；以“驱动机制”保障持续运转，持续监测对标落地情况，闭环检验落地效果，推动幸福企业建设落地显效。

二、强化横纵协同，确保“幸福核建”高效推进

（一）“幸福核建”的推进策略

2020年，为深入贯彻习近平新时代中国特色社会主义思想和党的十九大精神，践行中国核建“关爱员工、发展员工”的人才理念，不断提升员工安全感、获得感和幸福感，以激发员工活力推进企业健康可持续发展，助力公司成为“具有全球竞争力的一流核电工程服务商，具有建筑多价值链融合能力的国际知名工程服务商”。经研究，中国核建决定启动幸福企业建设，坚定明确了“幸福核建”建设要由党委牵头，在各级党组织的引领下，以“幸福核建”总体框架为指引，形成股份公司、二级单位、基层项目部上下联动、齐抓共管、层层推进、共建共享的中国核建幸福企业建设工作体系。

“幸福核建”项目成立专项工作组，由董事长、党委书记担任组长，党委副书记担任副组长，中国核建经营管理部、安全环保部、人力资源部、党群工作部负责人以及中国核建各成员单位主要负责人担任工作组成员。同时，“幸福核建”建设专项工作领导小组下设办公室，办公室设在公司人力资源部；“幸福核建”建设专项工作办公室下设实施推进小组，由各二级单位分别指定一名具体分管领导组成。专项工作组的设立，确保了中国核建幸福企业建设各相关部门的参与，以及各二级单位的覆盖，以实现纵向和横向协同。

股份公司作为中国核建幸福企业建设的主导单位，主要负责从顶层设计的角度出发，搭建工作体系、设计运行机制、完善激励政策、检视工作成果；二级单位作为中国核建幸福企业建设的主体，各单位成立幸福企业建设工作小组，在幸福企业建设的总体框架下，整合内外部资源推进各项相关工作；基层项目部作为中国核建在基层一线落地幸福企业建设的抓手，是检验幸福企业建设各项工作是否能真正激发一线活力的重要标准，同时也是幸福企业建设路径不断创新迭代的孵化载体。

（二）“幸福核建”的推进计划

幸福企业建设不是一蹴而就的，而是一个体系化、系统性的长期工程。因此，中国核建幸福企业建设初期，以“培育理念、凝聚共识，以人为本、心系群众，循序渐进、因地制宜，围绕核心、创益增效”为主旨，分三个阶段进行推进，为“幸福核建”的持续建设打下了夯实的基础。

2020年10月至2021年6月为“幸福核建”的启动导入期，主要目标是“培育理念、试点推进”，以股份公司为主，成立专项工作组，完成幸福企业理念导入，开展“幸福项目部”试点工作，为全面推进“幸福核建”工作做好准备。

2021年6月至2022年6月为“幸福核建”的全面推进期，主要目标是“全面启动、精准聚焦”，以股份公司为主，完成“幸福核建”的顶层设计；以各二级单位为实施主体，开展覆盖全员的幸福指数调研，用数据化方式进行组织诊断；赋能基层项目部，提升基层管理者的幸福领导力，开展星级幸福项目部建设申报工作。

2022年6月至2023年6月为“幸福核建”的幸福内化期，主要目标是“持续提升、成果传播”。股份公司主要进行统筹组织工作；各二级单位根据自身情况开展幸福指数测评及推进工作，打造各自的幸福品牌，营造百花齐放的幸福企业建设生态，持续为基层项

目部做好事办实事，提升基层员工的幸福感、获得感和安全感。

三、聚焦精准赋能，助推“幸福核建”务实有效

基于“幸福核建”工作主线、工作目标及行动计划，在启动导入期和全面推进期，重点从 4 个方面开展落地行动，逐步推进中国核建幸福企业建设工作落地显效。

（一）“幸福核建”的数据引擎

1. 模型构建

2021 年，“幸福核建”以“加强顶层设计、夯实数据基础、深化赋能应用”为主线，为实现数据化目标，了解中国核建员工幸福现状，中国核建与外部专业智库合作构建了中国核建幸福指数模型。该模型聚焦员工队伍体验需求为何、员工积极胜任程度如何、组织发展环境温度如何、整体发展效能状态如何，表达了围绕员工队伍的主观体验需求，为积极胜任的员工提供幸福发展环境并让他们愉悦地为相关方创造价值的状态。

2. 全员测评

经过 2020 年试点单位测评探索，2021 年 9 月启动了中国核建全员幸福指数测评工作，在指数测评过程中，14 家二级单位幸福企业推进小组的分管领导和人力资源部对测评工作予以大力支持，积极组织所在单位的测评工作，最终获取超过 2 万份有效问卷。评测结果显示：中国核建的员工体验状态、员工幸福能力、组织环境要素、发展效能状态整体表现以正向为主，在员工工作、职业成长、团队发展、组织管理、员工关爱等幸福发展环境有优化空间。数据分析聚焦“幸福核建”建设六大路径，形成主题数据研判，精准把握现状，识别重点单位、核心队伍、关键群体，并进行提升策略建议的研究与设计。

3. 数据解读

2020 年完成试点项目部指数测评后，外部专业智库顾问面向股份公司管理层（“幸福核建”专项工作领导小组）汇报 2020 年试点项目部幸福指数测评数据分析及研判意见，基于数据反映的问题和员工的核心关注，以及组织能力与管理能力的明显短板进行研讨。与会领导对测评报告反馈的现状和问题表示了认可，并对幸福核建工作提出了指导意见，下一步工作将以目标和问题为导向，对接公司管理体系，完善优化提升的整体思路。

幸福指数解读成为公司年度人力资源会议的专项内容。在 2021 年和 2022 年公司人力资源工作会上，分别对 2020 年试点项目部幸福指数和 2021 年中国核建幸福指数进行了解读，帮助参会的各二级单位领导及人力资源部负责人澄清员工幸福指数的评估标准，厘清员工体验和企业持续健康发展的内在逻辑，聚焦员工需求，找到组织发展优化的关注点及杠杆点。此项工作已延伸至二级单位，多家二级单位自主开展幸福指数测评工作，以更好地助力幸福企业建设工作的开展。

（二）“幸福核建”的一线激发

中国核建大部分员工奋战在工程项目一线。提升项目部员工的幸福指数，既是每位员

工的核心需求，也是企业长期可持续发展的客观需要。因此，中国核建将“幸福项目部”建设作为“幸福核建”最为关键的一环。2020年中国核建按照“试点先行、以点带面、全面推广”的工作思路，正式启动“幸福项目部”建设工作。

1. 试点先行

2020年，项目组在征求各单位“幸福项目部”建设试点推荐意见的基础上，综合考虑项目性质、规模、建设周期等因素，选取霞浦示范快堆项目部和西安片区4个民用工程项目部作为中国核建“幸福项目部”建设试点，探索提升项目部员工幸福指数的赋能方案，搭建中国核建“幸福项目部”建设标准。“幸福项目部”试点建设包含试点项目启动会、实地调研访谈、线上幸福指数测评、幸福指数报告解读等工作。

2. 标准构建

中国核建基于项目部员工工作现状和试点建设取得的相关信息，设计并搭建了中国核建“幸福项目部”建设标准。该标准在工程建设行业也是一个创新举措，经过与试点项目部研讨、验证其可操作性和可落地性，并进行修改完善后发布了第一版《中国核建“幸福项目部”建设指导手册》。幸福项目部建设标准努力做到以一线员工的问题和需求为导向，与管理体系对接，为一线赋能，整体性提升项目部员工幸福指数。

3. 标杆示范

为持续打造“绩效、能力、体验”三位一体的“幸福项目部”，2022年年初，股份公司决定开展首批星级“幸福项目部”评选工作。系统梳理前期“幸福项目部”建设情况，评选一批星级“幸福项目部”，形成一批可复制、可推广的优秀做法，全面推进“幸福项目部”建设，迎接党的二十大胜利召开。《中国核建“幸福项目部”建设指导手册》作为“幸福项目部”建设的工作指引，为各项目部提供“幸福项目部”建设行动的参考依据，明确“幸福项目部”的建设标准，同时也作为星级“幸福项目部”的评选标准。星级“幸福项目部”评选是“幸福项目部”建设成果的集中体现。中国核建利用宣传平台分期分主题对星级“幸福项目部”建设“四个一”成果进行宣传，即“一位幸福代言人、一个幸福故事、一个幸福实践和一个幸福微视频。”

（三）“幸福核建”的队伍赋能

“幸福核建”建设的其中一条价值逻辑是：通过优化管理者的领导行为，提升团队成员的幸福体验，进而促进整个团队的绩效水平，提升团队的凝聚力与战斗力。这条价值链条连接了员工体验、管理者领导能力和团队绩效。项目部是公司在基层落地幸福企业建设的抓手。项目部管理者在组织内直面一线，是人才梯队搭建的第一目标人群。他们是否能切实根据员工体验短板提升管理方式，优化管理行为，并落地针对性的提升举措，是广大基层员工是否能切实感知幸福企业建设收益的关键。

从2020年幸福项目部试点建设，到2021年幸福指数测评，实地调研和测评数据都显示：中国核建项目部管理者有“以人为本”的管理意识，但缺乏必要的管理工具及手段，提升基层项目部管理者幸福领导力尤为重要。在此背景下，项目组以实践课题的方式，于

2021 年创新启动面向基层项目部管理人员的幸福领导力提升项目——“核力计划”，这是股份公司人力资源部“向幸福要绩效”的重要实践。

“核力计划”启动的目的是：以基层项目部管理者为对象，帮助他们了解员工体验对组织绩效的影响，让幸福对接管理；了解影响员工体验感的关键因素，共同探索行动方案，让幸福嵌入日常经营管理；助力打造一支懂人心、重关爱、善发展的管理团队，从而提升项目部员工的幸福体验，激发员工活力，促进项目部的幸福发展。

2021 年年底，第一期“核力计划”培训正式启动。该项目采用“行动 + 学习”的方式，通过 2 天集中培训 +60 天线上辅导 +1 天行动复盘，将幸福指数这一管理工具导入项目部管理者的日常工作。通过“核力计划”让项目部管理者能读懂数据、找到短板、形成行动、落地实践，不仅能掌握问题解决的思维和能力，同时形成解决问题的不动制度、不动流程的微方案，以管理思维的转变，促动管理模式的升级和管理行为的转变，进而激发活力，提升绩效，打造“绩效、能力、体验”三位一体的“幸福项目部”。

（四）“幸福核建”的品牌打造

“幸福核建”近 3 年的探索道路，在顶层设计、推进方式和落地内容上已经极具行业特点和核建特色。在项目推进的过程中，项目组着力通过多样形式，努力将“幸福核建”打造成为中国核建践行“关爱员工、发展员工”的“心”品牌，让“幸福核建”成为新时代中国核建的一张名牌，彰显核建精神。

1. 设计发布“幸福核建”品牌标识

为更好地传播“幸福核建”品牌，项目组设计了以四叶草为原型的“幸福核建”LOGO 标识：四片叶子里的字母 CECC 代表“幸福核建”的核心内涵，即关爱家园（C – Care & Security）、同心家园（E – Emotion & Relation）、事业家园（C – Career & Development）、文化家园（C – Culture & Spirit）；中间的 N 代表 and，意为四大家园是紧密关联的有机整体。同时，CNECC 也是公司英文名称首字母的缩写。

2. 在赋能过程中萃取基层实践

“核力计划”既是提升基层管理者幸福领导力的专项工作，也是幸福项目部建设的重要实践。首期“核力计划”学员围绕自己的幸福微行动承诺和幸福管理工具落地积极践行，并最终形成 25 个优秀实践案例。股份公司人力资源部于 2022 年 6 月对这些案例进行发布。这些优秀实践案例是公司首期“核力计划”的重要实践成果，更是中国核建基层管理水平提升的重要参照与工具。项目组在沉淀知识的同时将努力做好基层优秀管理实践的传播分享。

在星级“幸福项目部”评选中也围绕“四个一”，即“一位幸福代言人、一个幸福故事、一个幸福实践和一个幸福微视频”，发动更多的基层项目部参与幸福事业，让幸福能发声，让优秀被看见。在“幸福核建”建设进程中，还将不断地萃取各单位、各部门、各项目部的优秀经验，让“幸福核建”的有效经验可复制、能传承。

3. 对外积极打造品牌，在对标中提升

中国核建力求打造具有行业特点、核建特色的幸福企业建设模式。在开展幸福企业建

设工作的三年中，积极参与行业交流与外部对标：由中国核建党委编写的《中国核建幸福企业建设轨迹探索》被《国企》杂志收录；积极参与各类行业论坛、协会组织的创新实践交流，在实践中不断打磨具有核建特色的幸福企业建设路径。项目组将继续践行开放心态，和不同行业的优秀企业交流学习，汲取其他组织幸福企业建设优秀经验；同时，大力传播“幸福核建”建设模式，助力中国核建品牌影响力的持续提升。

四、做实做深做细，驱动“幸福核建”不断突破

2022年步入“幸福核建”的幸福内化期。本阶段的主要目标是“持续提升、成果传播”。结合此前的工作成果，2022年幸福企业建设思路是：以“强化数据应用、聚焦能力升级、做实员工关爱”为主线，做实、做深、做细“幸福核建”建设。

在强化数据应用方面，着力发挥幸福指数模型及数据的管理工具价值：股份公司加强对幸福数据结果的应用力度，将数据聚焦出的提升重点与年度重点工作做好对接，形成“幸福核建”建设年度重点工作；推进二级单位自主开展幸福指数测评工作，促进幸福共识，掌握幸福现状，聚焦精准提升，让幸福更好地触达一线、真正走进每位员工的心中；在“幸福项目部”建设过程中，以幸福指数作为“幸福项目部”建设闭环管理的重要依据，作为成果衡量的重要指标，并在后期星级“幸福项目部”中发挥检视作用。

在聚焦能力升级方面，既要做好关键队伍的能力进阶，又要匹配“幸福核建”建设做好能力内化：持续开展面向基层管理者幸福领导力提升的“核力计划”项目，覆盖更多的项目部，通过培训让基层管理者充分发挥主观能动性，全面优化中国核建基层管理队伍的管理能力，从而激发基层项目部的工作活力，创造更大的工作效能；二级单位主动对标幸福指数测评结果，拟定各单位的年度幸福企业建设方案，成为人力资源部的年度专项工作；打造“幸福核建”顾问团，从组织中筛选一支优秀顾问队伍，培育他们数据应用、赋能设计、策划实施等专业技能。

在做实员工关爱方面，精准聚焦员工需求，做细员工关爱工作：进一步建立全方位、多层次的员工关爱体系，实现员工关爱系统化、全覆盖目标，继续加大对基层项目部员工的关爱力度，丰富关爱内容、创新关爱形式，促进员工感受更加深刻；推行员工心理关爱机制，加大对困难职工、一线员工、女职工、劳务派遣工等关键群体、弱势群体及其家庭的关爱力度；帮助各级单位打造一支幸福关爱队伍，让他们能够读懂员工需求，帮助员工缓解情绪与压力，策划并实施提升员工体验的活动。

“幸福核建”承载着中国核建以人为本的经营理念，是全员共识、共创、共建的长期工作。近三年的实践探索，让中国核建各级管理人员深知“幸福核建”建设是组织健康的常态职能，是管理者的重要责任。中国核建从人力资源工作切入，努力构建健康的组织环境，强化干部的管理技能，提升广大员工胜任的幸福资本。环境在不断变化，更需要培育确信的能力迎接挑战。“幸福核建”是中国核建人的初心，我们期望在全员的努力下成就中国核建员工的美好生活！

主要创作人：王计平

参与创作人：王冬娥、王林森、曾　磊

第六部分

人才队伍建设

不断完善人才培养使用体系，助推企业高质量发展

中盐内蒙古化工股份有限公司

一、企业简介

中盐内蒙古化工股份有限公司是中国盐业集团公司所属最大的盐化工企业，拥有员工 9000 多人。公司金属钠产业在全国处于领跑地位；纯碱产业以近 400 万吨产能跃居国内纯碱行业第一；建成了内蒙古第一个盐化工循环经济产业示范园区；以金属钠、氯酸钠、纯碱、烧碱、树脂、糊树脂为产业链的盐化工产业集群不断扩大，入选国务院国资委“双百企业”。

二、项目背景

习总书记在党的十九大报告中指出，建设知识型、技能型、创新型劳动者大军，弘扬劳模精神和工匠精神，营造劳动光荣的社会风尚和精益求精的敬业风气。习总书记还亲自点题、亲自部署、亲自推进产业工人队伍建设的改革工作。近年来，中盐内蒙古化工结合企业转型发展的实际，以内蒙古产业工人队伍建设改革试点为契机，以创建优秀化工企业为目标，以内蒙古自治区职业技能等级认定自主评价试点示范企业和内蒙古自治区高技能人才培养基地为平台，以落实国企改革三年行动方案为抓手，分层推进，综合施策，不断完善人才培养使用体系，助推企业实现高质量发展。

三、主要做法

按照党中央、国务院《新时期产业工人队伍建设改革方案》中“政治上保证、制度上落实、素质上提高、权益上维护”的总体思路，中盐内蒙古化工主要在“构建全员性培养体系、构建全方位评价体系、构建差异化激励体系、构建多层级竞赛体系”四个方面做文章。具体做法是：

（一）构建全员性培养体系，全面提升员工专业素养和职业能力

中盐内蒙古化工的前身是内蒙古吉兰泰盐场，加入中国盐业集团公司后，公司在内蒙古阿拉善高新技术开发区建设盐化工循环经济园区投入几十亿元，但是，由于产业工人队

伍建设跟不上企业转型发展的需要，许多生产单元达标达产的过程很漫长，没有达到预期的投资效益。针对企业发展的实际，公司提出了做好“存量”和“增量”两篇文章、处理好“单项”和“综合”两个关系、管理好“1+1”“1+N”“N+N”三大平台的人才培养工作思路并予以落实。

1. 立足存量做补课，积极增量添活力

中盐内蒙古化工针对员工队伍学历偏低、化工及相关专业知识缺乏的实际，坚持“用什么、学什么、缺什么、补什么”的原则，分层次对员工的学历和专业理论进行提升。公司与兰州大学化学化工学院联合进行硕士培养；与内蒙古工业大学、内蒙古财经大学联合进行本科学历提升；与内蒙古化工职业技术学院、乌海职业技术学院、阿拉善职业技术学院等院校联合进行专科学历提升和化工及相关专业理论“扫盲”。在职员工的专业素养和职业能力得到明显提升。以公司本部为例，产业工人队伍中高中及以上学历的员工达到85%以上，2021年参加专业学历提升的在读员工达到580多人。公司与内蒙古、宁夏、甘肃的十几所优秀职业高校签订了长期合作协议，开展校企合作，把企业相关工艺编进教材，把课堂搬进车间。每年定期定量从校园招聘具备专业知识和技能的企业所需人才入企，补充企业发展的新鲜血液，做好人才梯队建设，满足企业由机械化向自动化、智能化发展的人才需求。

2. 坚持“单项”和“综合”相结合

“单项”就是指持证上岗。中盐内蒙古化工坚持做到特种作业持续上岗率100%和化工安全操作理论考核合格上岗率100%，2021年新员工入职安全培训22期401人次，特种作业培训23期445人次，公司结合实际采取线上和线下相结合的方式开展各类短期培训，全年参训人员就达18000多人次。“综合”就是固化办班模式，每年分别举办中青年骨干综合素质提升班、班组长综合能力提升班，既有集中授课，也有自学和作业；既有理论提升，也有实操演练。2021年，有130多人参加了相关培训。公司利用专家大讲堂邀请南京工业大学等高校教授、专职外部董事、合作厂家技术代表、公司包括高管在内的有高级技术职称管理技术人员等进行专题授课，听讲人数达800多人次，达到了预期的效果，形成了浓厚的氛围。

3. 健全“1+1”“1+N”“N+N”培养机制

“1+1”机制就是新员工“一对一”的师带徒技能培训，公司做到了“结对有仪式、师傅发津贴、过程有监督、出徒有考核”。2021年公司本部签订师带徒协议314份，已有80%完成了出徒考核。“1+N”机制就是专业领军人才利用名师带徒工作室这个平台带领一些技能骨干进行集体攻关和专业能力提升，形成浓厚的“工匠”氛围。公司有三个名师带徒工作室荣获阿拉善盟“名师带徒工作室”授牌并获得了资金支持，近年来，名师带徒工作室取得了各类专利266次，工作成效显著。“N+N”机制就是公司以员工培训平台建设为基础，以“化工生产自动化操作、电气仪表维修、化学检验”三大专业为重点，突出“技能培训、技能比武、技能等级认定”三大功能，通过企业内训师队伍建设、化工生产自动化操作仿真系统软件开发应用、化工专业技能人才培训教材的编制、化工技能人才职业等级认定评价题库建设与实操考试现场建设、线上培训＋现场培训、考试的校企合作机制创新等为企业高质量发展提供人才支撑，为阿拉善高新区化工企业提供服务，发挥中央企业示范引领和辐射作用。公司被内蒙古自治区人社厅认定为全区高技能人才培训基地，获得

了自治区、盟两级政府的资金支持。

（二）构建全方位评价体系，形成科学、公正的评价机制

（1）对中层管理岗位，中盐内蒙古化工坚持履职能力和工作业绩并重的原则。在履职能力方面，由上级、同级和下级从不同维度进行评价；工作业绩进行年度目标设定和重点指标分类，考核部门综合评价；实行年度考核不胜任退出和转型机制。2021 年，有 5% 的中层管理人员根据履职能力和工作业绩考核结果退出了中层管理人员序列。

（2）对于一般管理和技术岗位，公司实行评聘分开和竞聘上岗的评价机制。管理技术人员在通过专业技术职称考试获得资格证书后，还需通过公司人力资源部门的聘用审查，对年度工作业绩考核在 D 级以下的人员不予聘用或降级聘用并与工资挂钩；对于年度工作业绩考核 A 级的人员可以晋升高一级工资等级序列；管理、技术岗位补员一律实行公开竞聘上岗。

（3）对于生产岗位操作人员，公司以职业能力为导向、工作业绩为重点，职业道德、专业理论和技能操作为要素进行全方位自主评价，编撰了自主培训教材，建立了 37 个工种的 5 万多道题库，对技师以上的高技能人才评定增加了现场答辩等考评环节，作为内蒙古首批 16 家职业技能等级认定试点示范企业，公司发出了内蒙古第一批经人社部联网备案认可的职业技能等级认定自主评价证书，内蒙古人社厅还在公司召开了现场会向全区进行经验推广。2021 年，公司有 1310 名员工参加各个专业的职业技能等级认定考试，员工学技能的积极性不断提高。

（4）打通“蓝领”和“白领”身份转换、“技术职称”和“职业能力等级”转换的通道。公司取消了“干部”和“工人”身份，建立了管理、技术、技能操作三大晋升通道，2021 年，有 27 名一线生产操作人员通过公开竞聘走上了管理技术岗位，有 29 名高技能人才同时获得专业技术职称，特别是高级技师马占玉凭借自己的技术成果和专利通过了内蒙古自治区高级工程师的评审，既拓展了产业工人的发展通道，也起到了很好的示范作用。

（三）构建差异化激励体系，形成了“收入靠进步、收入靠业绩、收入靠能力”的分配体系

中盐内蒙古化工不断深化企业内部改革，向改革要效益，向改革要活力。公司建立了宽带薪酬体系，打通经营管理、工程技术、技能操作三条晋升通道，分级分档建立工资区间，分别划分了 8–12 个等级，每个等级有 8–20 个档次，拉开了岗位工资差距。同时，公司加大固浮分配比例，在单位和单位之间根据效益拉开了浮动工资差距；在岗位与岗位之间根据生产力要素进行科学分类评级；同岗位人员根据进步、业绩、能力分步评价与薪酬挂钩，调动了广大员工的创新创业热情。公司实行职业技能等级聘用津贴制，从中级工、高级工、技师、高级技师、特技技师到首席技师六个等级每月享受不同标准的津贴并纳入基本薪酬。2021 年，公司本部共有 2168 名技能员工享受了技能津贴，体现了“技高者多得、多劳者多得”的原则，员工工作技能的提升不仅带来了个人收入的增加，也带来了企业经济效益的提升。近几年公司各生产单元均满负荷、安全稳定运行，经济效益屡创新高。2020 年，公司克服新冠疫情影响，实现净利润 5.5 亿元；2021 年，公司实现净利润 14.77 亿元，同比增长 166.61%。

公司坚持短期激励和中长期激励相结合，实施了限制性股票激励计划，有400多名骨干员工与企业的发展进行利益绑定、风险共担，进一步树立工员工的主人翁意识，提高了幸福感、获得感和归属感。

（四）构建多层级竞赛体系，促进员工在工作实践中学习，在岗位练兵中提升

公司以培养技术技能型、复合技能型和知识技能型人才为重点，把造就高技能人才与普遍提高职工技能水平结合起来，广泛开展各类技术比赛，打造公司的高技能人才，充分发挥技能竞赛在技能人才队伍建设中的引领示范作用，以职业技能竞赛活动推动公司的高技能人才培养。近年来，公司以竞赛促学习，弘扬“工匠”精神，营造了比学赶超的良好氛围，组织参加全区化工总控工、化学检验工、叉车操作工等职工技能比赛，获得过化工总控工团体一等奖的好成绩，多次承办阿拉善高新技术产业开发区职业技能大赛，公司级和分厂车间级的技能比武活动已蔚然成风，广大员工通过技能比武实操水平不断提升。通过积极组织参加区内外、盟市等举办的各类职业技能大赛活动，为技术工人提供成长的舞台和展示娴熟、高超的操作技能水平的平台。近年来，公司组织参加、承办区内外各类职业技能比赛活动累计24项，参加职业技能竞赛人数累计692人次，除举办单位给予荣誉称号、职业资格晋升外，公司出台了相应的奖励办法，加大奖励力度，激励员工立足本职、岗位成才。通过岗前培训、技术交流、技术攻关、岗位练兵、技能大赛、推广先进操作法等各类活动，培养了一批岗位操作能手、技术标兵。形成了以技师和高级技师为龙头、高级工为骨干，满足公司生产经营发展的高技能人才队伍格局。

近年来，在阿拉善高新技术产业开发区、阿拉善盟、内蒙古自治区等各类职业技能竞赛中，员工的整体素质和专业技能提升得到有效验证。公司职工获得旗县级各类职业技能竞赛奖励66项、盟市级以上各类职业技能竞赛奖励44项、自治区级各类职业技能竞赛6项。在阿拉善盟首届化工职业技能大赛和阿拉善高新技术产业开发区第七届职业技能大赛中，公司包揽化工总控工、电气仪表工、化学检验工等13个项目的全部一等奖。

四、项目成效

中盐内蒙古化工不断完善人才培养使用体系，不仅助推了企业的高质量发展，同时也获得了当地政府部门的认可，取得了管理成果。公司被确定为内蒙古自治区首批职业技能认定的自主评价试点企业、内蒙古自治区高技能人才培养基地、内蒙古自治区产业工人队伍建设试点单位。《以提质增效为目标的管理变革》《建立自主孵化的化工人才培养机制》人力资源管理创新成果分别获第十二届、第十三届全国石油和化工管理创新一等奖。公司本部持有职业等级认定证书的员工2328人，高级工以上的高技能人才1398人，提前完成了全国安全生产专项整治三年行动计划中关于员工持证上岗人数的目标和国家职业技能提升行动方案中关于高技能人才培养的目标。公司正以坚定的步伐向着优秀化工企业的目标迈进。

主要创作人：王多荣

参与创作人：王　庆、刘发强、王　钰

中广核坚持“1223”工作思路，厚植工匠文化，着力培养核电运维高技能人才队伍

中广核核电运营有限公司

一、企业简介

中广核为实现集团旗下核电厂运维的高起点起步和业绩快速提升，成立了中广核核电运营有限公司（以下简称运营公司），作为集团核电运维领域的专业化平台公司，负责群厂的核电运维工作。中广核依托运营公司，推进“专业化、标准化、集约化”战略，实现集团核电运维水平快速提升的同时，坚持“1223”工作思路（图1），厚植工匠文化，培养了一支具有工匠精神的高水平核电运维技能人才队伍，为集团高质量发展提供了人才保障。

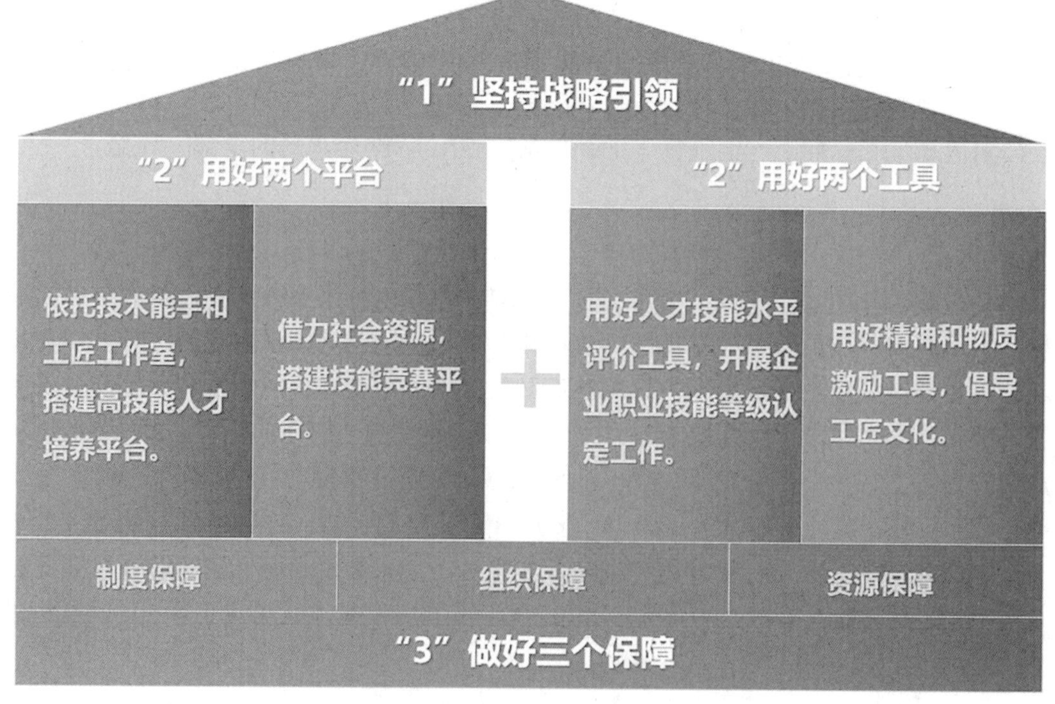

图1　中广核“1223”技能人才培养工作思路

二、主要做法

（一）坚持战略引领

运营公司秉承“企业发展、人才先行”理念，坚持人才引领发展战略，着力培养技能人才队伍。过去四十年，中广核从大亚湾起步，走出广东、走向全国、迈向世界，成长为国内第一、全球第三大核电企业，实现了跨越式发展。中广核认为，这些成绩的取得，关键得益于一支高素质的人才队伍。为贯彻落实习近平总书记关于“国有企业要做落实新发展理念的排头兵、做创新驱动发展的排头兵、做实施国家战略的排头兵”的重要论述，中广核坚定不移地走高质量发展之路。高质量发展需要高素质人才，为此，中广核旗帜鲜明地提出，着力培养建强“三支队伍”，即忠诚干净担当的管理干部队伍、能够引领集团未来发展的科技人才队伍和具备工匠精神的技能人才队伍。中广核认为广大技能型人才是集团高质量发展的基础力量，将技能人才队伍的培养作为集团高质量发展的重要方略，在“十四五规划”中就实施方略进行了谋篇布局，并在《集团深化改革三年行动方案》《集团深化干部人才队伍建设改革实施方案》中，对关键任务进行了部署。以集团发展战略的高度引领人才发展工作，为中广核打造高素质的专业化技能人才队伍确定了思路，指明了工作方向。

（二）搭好两个平台

1. 依托技术能手和工匠工作室，搭建高技能人才培养平台

中广核依托获得中华技能大奖、全国技术能手、深圳市鹏城工匠等荣誉的高技能人才，集中公司资源，积极与政府、行业协会合作搭建各类大师工作室、技师工作站等高技能人才培养平台，采取名师带徒方式加速培养高技能人才。同时，利用平台围绕企业生产积极开展技术攻关和技能创新，打造人才培养的标杆平台，充分发挥高技能人才的模范引领作用。目前，运营公司已建立了以“王建涛国家级技能大师工作室”“大国工匠乔素凯工作室”“广东省工业系统劳模和工匠人才创新工作室——曹建光主泵维修工匠工作室”“深圳市冯平机械类管阀维修技能大师工作室”为代表的 13 个“工匠工作室”和 1 个深圳市技师工作站。

2. 借力社会资源，搭建技能竞赛平台

为充分发挥技能竞赛“以赛促学、以赛促训、以赛促培”的作用，中广核积极与行业协会、广东省和深圳市等单位协作，主办和承办各类核电运维领域的技能竞赛。运营公司以培育数量充足、结构合理、技能精湛、素质优良的技术技能型、复合技能型和知识技能型工匠人才为目标，打造涵盖制度、流程、培养、交流“4 个 1”的技能竞赛标准化产品，已建立起覆盖集团内部和外部的多层次技能竞赛体系。仅运营公司累计承办国家级行业技能竞赛 1 项、行业级技能竞赛 3 项、广东省级技能竞赛 7 项、深圳市级技能竞赛 3 项、集团级技能竞赛 11 项，承办大型技能竞赛数量列集团首位，并于 2019 年成功创建“集团技能竞赛示范点”。同时，围绕核心技能提升“一专多能”“纵横拓展”，每年开展公司级、部门级竞赛 20 余项，技能通关赛 10 余项。

公司鼓励职工积极参加集团外技能竞赛，多名员工在中国核能行业协会、广东省电机工程学会等主办的外部竞赛中斩获佳绩。在中国核能行业首次国家级技能竞赛——2019 年全国核电厂水泵检修职业技能竞赛中，公司员工崔利勇夺个人第一名；2021 年全国核能系统核电厂水泵检修职业技能竞赛，公司员工李大伟、李庆磊又以个人第一名、第二名的成绩荣获一等奖；公司累计 3 人获全国技术能手、3 人获核能行业技术能手、19 人获广东省技术能手、14 人获深圳市技术能手、30 人获中央企业技术能手、39 人获集团技术能手。技能人才助力公司专业化品牌建设，在公司形成了“重技能、学技能、比技能、钻技能”的良好氛围。

（三）用好两个工具

1. 用好人才技能水平评价工具，开展企业职业技能等级认定工作

中广核始终如一高度重视技能人才队伍建设和技能人才评价工作，结合国内外先进做法采用多元化方式评价人才。1996 年，中广核在深圳市人力资源和社会保障局注册核电职业技能鉴定所，为企业员工开展核电工种的职业资格培训与考核，形成了稳定的评价模式。人社部启动的企业职业技能等级认定工作试点工作后，运营公司又在 2019 年代表中广核申报并成功获批成为广东省的首批试点单位，率先获得广东省首个职业技能等级认定证书；2020 年又获得广东省首批职业技能等级认定社会化评价资质并完成首批社会化评价实施。在职业技能等级认定实施中（图 2），通过将职业技能等级认定贯穿于技能人才的培养、评价、使用、激励工作中，有力激发了员工参与技能等级鉴定的积极性，在企业内形成了人人争相提升技能水平的积极氛围。

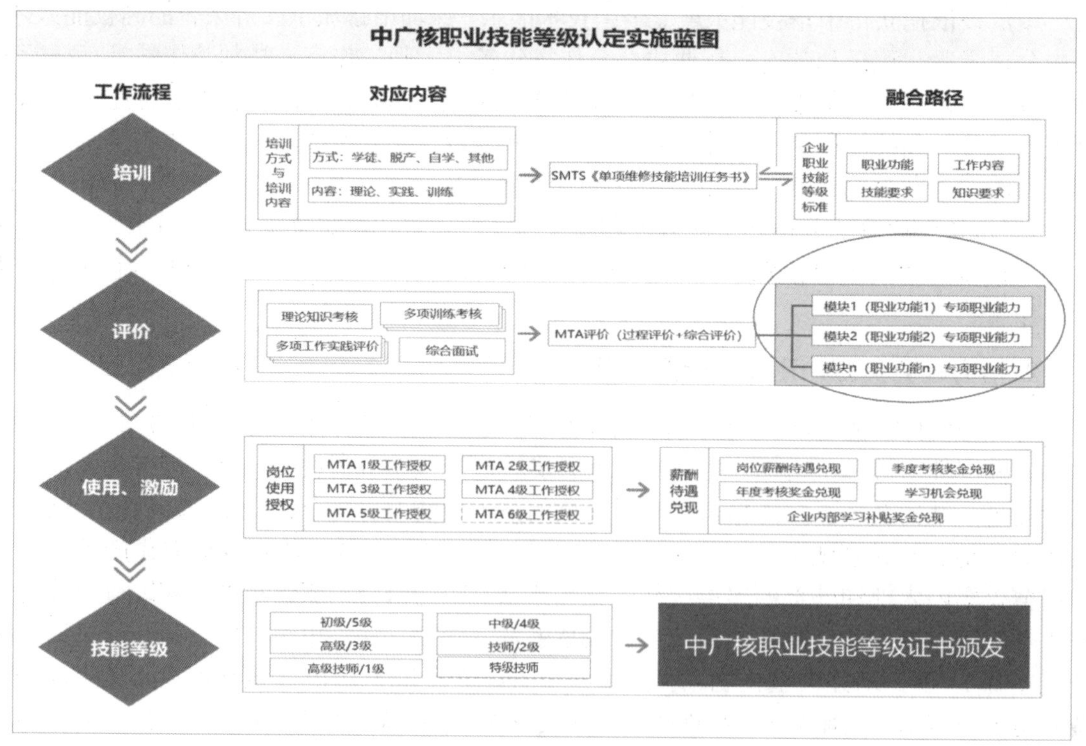

图 2　职业技能等级认定评价蓝图

2. 用好精神和物质激励工具，倡导工匠文化

中广核倡导工匠文化，鼓励员工打磨技艺，成为所在领域的专家，对于表现突出的，及时给予精神和物质激励。中广核重视发挥人才荣誉的牵引作用，一方面在集团内设立技术能手、模范员工、优秀师傅、技术改进奖、专项品牌奖等奖项，对技能水平高超、工作中取得突出成绩、师带徒成效显著的技能人才进行荣誉激励；另一方面，又积极对接政府、社会资源，为员工争取外部荣誉、成立工作室、申请项目资助，让高层次技能人才拥有更丰富的资源和更广阔的舞台发挥个人能力，实现自我价值。仅运营公司目前已荣获中华技能大奖、全国技术能手、国务院特殊津贴、广东省技术能手、深圳市技术能手等市级以上人才荣誉逾百人次，涌现出"大国工匠"乔素凯、"中华技能大奖"王建涛等有广泛社会影响力的高层次技能人才。同时，公司还设立专项资金，鼓励员工开展学历提升、专项能力培养、技能等级提升等，并且给予一定的物质激励。公司还为技能人才设立了技术员、技师、高级技师、专工、首席技师的职业发展路径，鼓励员工干一行爱一行，不断提升个人技能水平，成为具有绝招绝活的高技能领军人才。高层次技能人才已经成为运营公司一张闪亮的名片，擦亮了运营公司作为核电运维人才培养黄埔军校的品牌。运营公司也因为技能人才培养方面的突出成绩，被认定为"深圳市高技能人才培训基地""国家高技能人才培养示范基地"，荣获"国家技能人才培育突出贡献奖"等殊荣。

（四）做好三个保障

1. 凡事有章可循，做好制度保障

中广核强调凡事有章可循，针对人才培养工作，运营公司建立了包括《公司人才荣誉体系运作与管理制度》《职业技能等级认定管理》《公司核心人才管理》等在内的完善的制度体系，确保相关工作的规范开展和责任落实。

2. 凡事有人负责，做好组织保障

坚持党管人才原则，成立专门的委员会或工作组，由公司党委委员和总经理部成员担任负责人，由相关部门的负责人作为成员，推动人才培养战略落地。如组建教育培训委员会，全面负责人才培养培育工作；组建公司三年人才培养计划专项小组，结合公司战略目标，以关键岗位和核心人才为重点，以三年人才培养计划，引领核心人才的培养培育；组建人才荣誉工作领导小组，以人才荣誉为牵引，全面加强核心人才的培养培育。

3. 加大资源投入，做好资源保障

为了更好地服务技能人才培养工作，中广核坚持加大技能培训设施投资，建设了技能训练中心、防人因失误训练中心等 9 栋教学楼，配备 9 台系列化模拟机训练设施、安全与防人因培训设施、机电仪技能培训及通用培训设施，并拥有国内唯一 1:1 装卸料实操平台设施，总教学面积 3.7 万平方米，总投资 14 亿人民币，可同时容纳 1300 名学员开展培训。同时，建立了多媒体、E-learning 等现代化培训设施，累计开发技能培训类面授课程 500 余门，网课 300 余门。而且配备了 60 余人的专职培训管理团队，80 余名认证兼职讲

师,600 余人的特约教员队伍。通过持续的高强度投入,为技能人才培养奠定了坚实的设施、课程和师资保障。

“十四五”的壮阔蓝图已经铺就，中广核将持续加强技能人才培养工作，培养一支具备工匠精神的技能人才队伍，为集团持续高质量发展提供坚实的人才保障。

主要创作人：侯景刚、肖书勇、刘美军

参与创作人：陈灯明、刘晓萍

人才调研在人力资源管理中的创新与实践

中国国际工程咨询有限公司

一、企业简介

中国国际工程咨询有限公司（以下简称中咨公司）是国务院国资委管理的中央企业，成立于1982年。1985年，国务院批复了原国家计委呈报的《关于加强中国国际工程咨询公司的报告》，文件中明确："今后新上的基本建设大中型项目和技术改造限额以上的项目，其可行性研究报告和大型工程的设计，由国家计委委托中国国际工程咨询公司对技术方案、工艺流程和经济效益（包括投入产出）进行评估，他们提出意见后再由国家计委研究可否列入计划"。由此确立了"先评估、后决策"制度，中咨公司历史性地成为了国家投资建设领域决策科学化民主化的先行者。公司成立之初只有20人，如今总部有500余人，全集团共5000余人。中咨公司是一家智库型的央企，总部研究生及以上学历占比83%，高级以上职称占比68%，因此中咨公司主要以知识型员工为主。1959年，美国管理大师彼得德鲁克最早提出了知识型员工的概念①。知识型员工为追求自主性、个性化、多样化和创新精神的群体，他们更注重专业感并且追求来自工作本身的满足②。因此，在调研的时候还要结合知识型员工的特点来开展。

二、调研提纲设计

通过调研，可促使各单位站在人力资源管理角度考虑本单位发展。促进各单位对人才工作宏观与微观相结合的思考；激发用人主体的积极性，沟通交流知识型员工的管理创新。

（一）确定调研目的

调研、梳理、分析、总结各部门、所属企业人才工作现状、经验做法、存在问题等情况，结合公司发展战略，坚持问题导向、结果导向，查找人才队伍建设问题及短板，总结好的经验做法。研究提出公司完善人才发展体制机制方案及措施，努力破解人才发展瓶颈制约，打造素质过硬的人才队伍、促进人才建设高质量发展、提高人才工作水平。

①《基于认知偏差的知识型员工人力资源管理研究》，侯晓聪，《中国商论》，2021年21期

②《知识型员工流动的特点、原因与对策》，蒋春燕，赵曙明，《中国软科学》，2001年第2期

（二）调研内容提纲

1. 人才工作现状

包括（1）人才工作机制情况。包括人才制度建设，组织保障（含工作人员配备）、内部培训机制、人才储备（后备干部）、人才职业规划、人才提高及选拔（评价）机制等情况；（2）人才队伍情况。包括人才队伍现有数量、学历结构、年龄结构、职务职称结构、培训情况、高端人才引进及使用情况等；（3）发挥作用情况。包括人才队伍发挥作用情况、人才评价、考核激励及保障措施情况等。

2. 人才工作中存在的问题及短板

包括在本单位人才队伍建设及人才使用方面存在哪些重点问题、矛盾和短板。（1）人才队伍建设存在的主要问题并分析具体原因；（2）列举说明并简要分析本单位人才工作的短板有哪些；（3）结合国家及公司有关人才政策，在人才选、用、育、留方面，在引进急需人才方面有何困难以及破解思路。（4）知识型员工在管理过程中有哪些突出难点。

3. 人才工作中的经验和工作亮点

包括（1）各单位在人才工作中取得的经验，近年来人才工作的亮点；（2）对标其他企业及有关央企人才工作，有哪些明确可借鉴的经验做法。

4. 人才工作设想及建议

结合中央人才工作会议精神及本单位“十四五”规划情况，对“十四五”期间在人才队伍建设和人才工作方面的思路、需求、措施等工作展开设想。包括（1）“十四五”期间人才工作总体思路及设想；（2）在人才工作的配套支撑政策方面的需求；（3）从体制机制上研究提出“十四五”期间本单位及公司人才队伍建设长期性、规范化的对策建议等。（4）其他有关人才工作意见、建议。

三、调研方法

针对调研工作深度和广度的需求，调研工作采用了复合型调研方法。一是走访座谈法。人力资源部将调研提纲提前分发给被调研的各单位，此后与各单位主要负责人、业务骨干召开专题座谈会，双方均进行详细的书面记录。二是材料研读法。在座谈会后，各单位提交本单位的人才工作调研情况报告。人力资源部结合座谈会记录材料，对各单位材料进行了比对、研读和分析，同时，找到相关领域的标杆企业，针对同类型的问题，学习先进经验；三是统计分析法。根据调研情况，对各单位提交的材料进行统计分析，以数据化的方式辅助呈现人才工作目前最主要的痛点、值得推广的经验以及各单位在实际工作中提出的相关建议。

四、调研结果

根据调研提纲，最后呈现的调研结果分为亮点经验、问题短板、意见建议三部分。其中亮点经验主要是定性描述，因此采用了列举法进行分析；而问题短板和意见建议是定性描述和定量统计相结合，因此采用描述法和词频统计法进行分析。

（一）亮点经验

各单位有多样的激励机制、帮助知识型员工开展职业生涯规划、与重点院校开展建立联合培养机制、传帮带、建立内部学习交流、定期开展读书会、交流会等好的经验与做法。

（二）问题短板

从词频统计情况看，各单位在谈及人才工作中存在的问题和短板时，年龄结构问题和人手紧张问题较为突出，平台吸引力不足，符合公司新战略要求的人才、复合型人才缺乏以及培训问题紧随其后（图 1）。

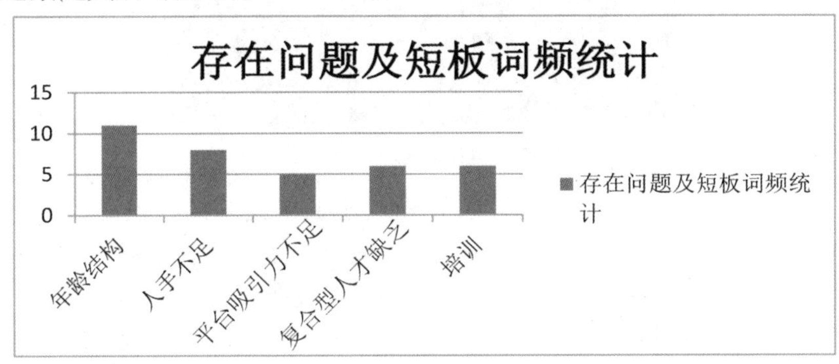

图 1　中容公司人才工作调研中提到问题及短版的词频统计条状图

（三）意见建议

从词频统计图反映，意见建议这一板块出现最多的是选聘和引进方面的建议，其次是人才培养、培训方面的建议，再次是人才激励方面的建议（图 2）。

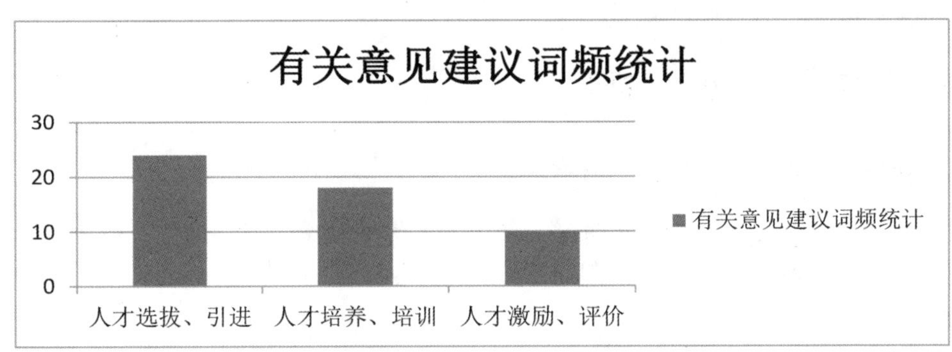

图 2　中容公司人才工作调研中提到有关建议的词频统计条状图

特别说明的是，本次调研统计分析还运用了词云图这一视觉化的统计工具。词云图视觉上更有冲击力，同时，词云图本身是对文本内容的高度浓缩和精简处理，能更直观地反映特定文本的内容，且词云图制作并不需要复杂的数据处理技术背景，互联网可以搜索到相应的生成工具，较为便捷（图 3）。

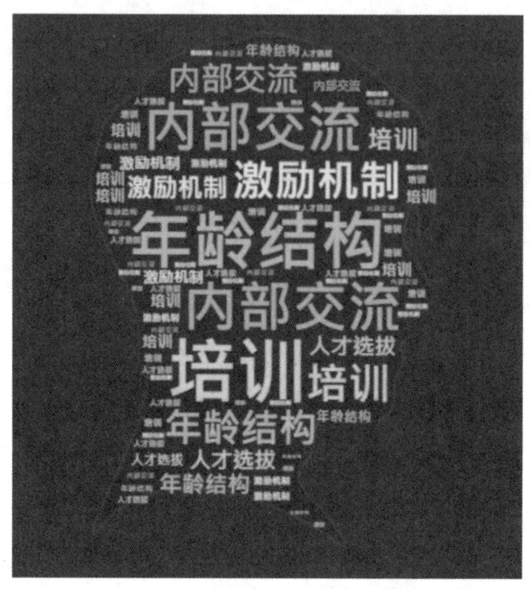

图 3　中咨公司管理部门调研中的词频统计云图

例如，统计中发现，中咨管理部门中关于人才工作建议词频最高的是“内部交流”，认为部分员工长期工作于某一固定岗位 10 多年，易产生僵化懈怠心理，难以激发创新热情，一定程度上制约了部门工作质效的提高；员工对公司业务不熟悉、融合能力不强；分析可见，管理部门对熟悉公司业务，到业务部门参与工作实践有着较为迫切的需求，这就推动了未来管理部门人才培养的导向是既要懂管理技术又要对业务有一定了解。

五、分析结论

有效的人力资源管理可以提高员工的劳动生产力和工作绩效，从而达到提高企业绩效的目的[①]。通过本次调研，针对各单位梳理的经验，总结的问题，提出的建议，人力资源部分析后提出了相应理念和具体措施，从而实现有效管理。

（一）确立“人才强企”战略

1. 强化顶层设计，加强人才工作领导

公司要牢固树立人才优先发展理念，确立人才优先发展的战略地位，形成“党委统一领导、公司领导齐抓共管、人力部门牵头、部门（所属企业）各负其责”的“四层联动”人才工作格局。

2. 围绕四个体系创新，全面支撑人才队伍建设

（1）推进“新的组织架构体系”建设，逐步形成体系完整、分工明确、反应快速、灵活高效的现代化企业组织体系；（2）推进“新的考核激励体系”建设，以分类和阶段目标

①《人力资源管理研究述评》，李佑颐，赵曙明，刘洪，《南京大学学报（哲学・人文科学・社会科学）》，2001 年第 4 期。

为重点，以岗位职责为基础，以持续改进提高绩效为目的，分层分类、差别化、精细化的绩效考核激励体系；（3）推进“新的引进培育体系”建设，坚持引进、发现、培育并举，创新人才流动机制；（4）推进“新的人才评价体系”建设，以适应公司人才工作管理总体提升为目标，以制度建设和资源共享为切入点，依托人力资源数字化转型，创新知识型员工评价体系，全面提高人才的选用育留水平。

3. 围绕三个维度，建设三支高素质人才队伍

围绕公司“业务、研究、管理”三个维度，优化专业人才配置，搭建适合公司业务特点和人才发展规律的人才队伍体系，全面加强“领军型精英人才队伍、骨干型核心人才队伍、潜力型年轻人才队伍”等三支人才队伍建设，为公司高质量发展提供强有力支撑。

（二）明确任务，突出重点，切实增强做好人才工作的针对性

1. 加强人才轮岗交流，促进人才全方面综合发展

（1）大力推动干部交流的动态机制，以人尽其才为目标，不断调整优化人才队伍结构，采取提任前交流、提任后交流、平级交流、挂职交流等多种方式，重点推进总部管理部门与业务部门、业务部门与智库研究部门、总部与所属企业间的良性流动，促进人才不断适应新岗位、融入新环境、完成新任务、得到新提升；（2）建立健全干部挂职常态化机制，以锻炼干部实践、促进公司业务发展为原则，巩固现有挂职交流渠道，不断合理拓展政府、科研院所、中央企业等单位的挂职交流渠道，促进干部再学习、再思考、再实践，进一步激发干部创新进取、干事创业新劲头。

2. 创新人才培训机制，建设学习型企业

（1）基于公司发展战略，整体谋划全员培训体系，建立纵向分层分类、横向全面覆盖的培训机制。制定面向公司领导的“领航计划”、面向中层干部的“远航计划”、面向处室负责人的“续航计划”、面向青年职工的“启航计划”、面向全员的“基石工程”，着力培养一批能干、会写、善讲的业务骨干；（2）推动公司知识体系案例库建设，通过案例总结、分享和评价，推进落实职工终身学习制度，整体提高职工业务素质能力水平。

3. 优化完善人才激励机制，激发干事创业新动力

（1）优化完善全员综合绩效考核评价机制，体现业绩与能力并重，设置科学的考核框架，规范细化具体考核机制；（2）强化考核结果运用，与干部选任、职级晋升、薪酬分配、进京落户等强挂钩，以此调动职工工作积极性和主动担当意识，激励职工担当作为；（3）强化非物质激励作用，优化完善评先树优机制，树立典型、激励先进、推动工作，让优秀成为广大职工学、赶、超的标杆，在工作中比贡献、见行动，更好地发挥先锋模范作用。

主要创作人：黄铃惠

参与创作人：杨炳志、王博文、陈晓庆

廉赛赛、王刘帅、刘天怡

企业人力资源“钻石模型”的构建与实践

中能建建筑集团有限公司

一、企业简介

中能建建筑集团有限公司（以下简称公司）成立于1952年，于2011年9月加入世界500强特大型能源建设央企——中国能源建设股份有限公司（以下简称中国能建），于2022年5月由原中国能源建设集团安徽电力建设第一工程有限公司更名成立，是我国能源电力建设的国家队、基础设施建设的主力军。公司直面行业产能过剩局面，果断实施战略转型，逐步由传统煤电项目一业独大到电力、非电业务并举的转变，目前已立足能源电力、房屋建筑“两大主业”以及市政、综合交通、环保水务“三大辅业”，构建“2+3”产业格局，业务拓展至国内31个省份和海外20个国家，承建各类电力装机突破1亿千瓦（其中新能源突破2200万千瓦），房屋建筑总面积4000万平方米。

二、企业人力资源“钻石模型”构建的背景及其意义

新一轮能源革命蓬勃兴起，碳达峰碳中和“30・60”战略深入实施，中国乃至世界能源格局正在发生深刻变化和系统性重塑。电力建设企业在积极争夺有限的电力工程建设市场的同时，都在争先恐后地开辟新业务、尝试新模式、探索新业态。现有电力建设企业的人力资源主要以火电厂建设土建、安装专业为主，行业特征十分明显，对于企业发展的局限性也很突出。

面对新形势、新战略、新要求，电建企业人力资源现状主要表现在以下几个方面的结构性矛盾：一是适应业务转型进程的加快，人力资源配置滞后，人才结构与业务结构存在错配现象，存量资源过剩，而转型业务资源短缺，人力资源效能低下，企业新旧动能切换遭遇梗阻；二是企业组织架构、资源配置模式、员工岗位职责、薪酬激励机制未与建筑行业接轨，不利于人才的培育与开发；三是管理技术人才培养方式单一，干部员工的思想观念、思维方式还存在固有的禁锢，素质能力也不能完全满足业务发展的需要；四是多种业务并存与发展，难以用一种绩效考核模式进行覆盖，致使激励约束的作用发挥不够明显，存在一定程度上的“大锅饭”现象。此外，每年仍有一定数量的人才流失，不利于企业核心竞争力提升。

为了解决上述存在的问题，进而实现人力资源与业务结构的高度匹配，公司率先进行探索与实践，构建了一种以战略规划为引领，以人才引进、培育、使用、测量、留人为要素的“钻石模型”，在完成适应性组织变革调整的基础上，大力推进人力资源供给侧结构性变革，有效解决了人力资源结构性矛盾，为企业快转型和高质量发展提供了重要支持。目前，公司人才结构进一步优化，支撑了公司实现由电建企业向建筑企业的换道超车，经营业绩连续十一年保持增长，在上级年度及任期经营考核中均居于 A 级企业前列。

三、企业人力资源“钻石模型”的内涵

转型发展期，人力资源管理的最大功能，是要为战略的实施配置相适应的人力资源，并进行有效的人力资源管理。一是突出战略引领作用。明确未来一个时期发展目标和业务定位，据此制定实施了 2018—2020 年、2020—2022 年、“十四五”人力资源发展规划，精准配置与管理人力资源。二是人才“引进”。根据战略和业务格局，制定年度招聘计划，按规范流程完成招聘任务，依法合规做好劳动关系的规范管理。三是人才“培育”。巩固传统业务对于员工所需素质能力的同时，重点对接转型业务对于员工素质能力的新要求，抓好员工的培训与开发。四是人才“使用”。差异化设置组织架构和职业通道，不拘一格使用人才，保证各类人才发展通道畅通。五是人才“测量”。适应各业务工作内容和要求的差异，完善业绩考评体系，实现精准考核，以此为基础形成对内具有公平性和对外具有竞争力的薪酬体系和激励机制。六是做好“留人”工作。一方面，用事业发展和企业文化凝聚人心，提升员工对企业的忠诚度。另一方面，用薪酬福利和组织关爱温暖人心，提升员工获得感和归属感。

以上六个方面共同形成集战略规划和人才引进、培育、使用、测量、留人于一体的主要模块。这六个模块相辅相成、缺一不可，形成人力资源管理的完整流程，在形态上与美国哈佛商学院著名的战略管理学家迈克尔·波特于 1990 年提出的“波特钻石模型”（图 1）相似，故将此管理模式称为人力资源“钻石模型”。

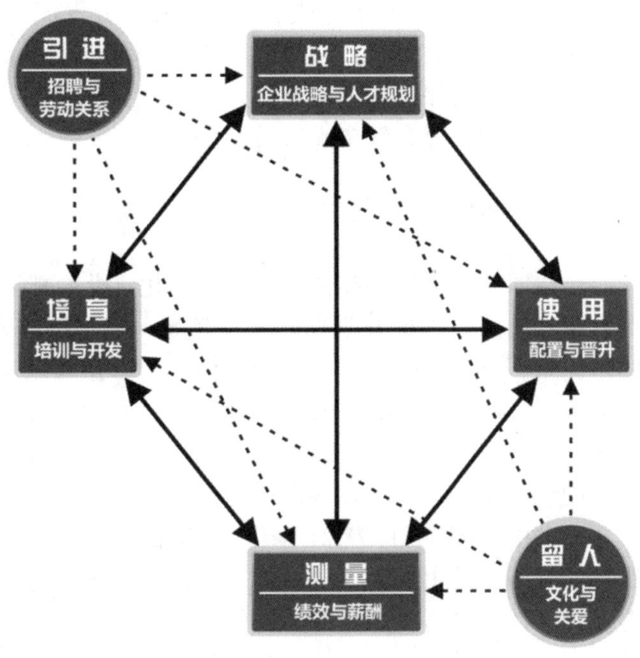

图 1　波特钻石模型

四、企业人力资源“钻石模型”的实施举措

（一）战略规划引领

公司采取SWOT分析法，作出战略选择，制定中长期发展战略规划，明确战略愿景、目标和业务定位，制定职能、业务战略和保障措施。以人力资源支持企业战略成功和竞争优势为核心，进行人力资源预测，编制中长期人力资源发展规划，制定招聘、配置、培训、绩效考核、薪酬分配等计划，层层落实，有效支持战略实施。围绕“2+3”业务格局，重点牵引人力资源向“大建筑”“大安装”及国际化、高端化、多元化等业务配置，支撑转型业务发展。此外，要与非电力建筑行业对标企业的人才理念和管理实践进行接轨，重塑人才发展的通道和专业格局。

（二）双管齐下引才

公司利用“九宫格”等人才盘点工具，充分开展岗位分析，并与建筑行业中建、中交等对标企业通行且有效的做法充分接轨，梳理岗位设置，明确岗位职责，建立岗位序列管理机制。通过外部招聘做大增量和内部转岗做优存量两种途径，优化企业人力资源结构。一方面，抓好增量资源引进，重点引进“大建筑”“大安装”和国际化、高端化专业领域紧缺型人才。近三年，市场化引进设计、投融资、调试等高层次紧缺型人才253人，补齐“工程总承包”全生命期和“投建营”全产业链人才短板。探索运用市场化手段，切实推动资源由“为我所有”向“为我所用”转变，充分发挥市场在资源配置中的决定性作用。目前，社会化用工突破1000人，另吸纳农民工就业岗位30000余个。另一方面，抓好存量资源优化。破除影响人才有序流动的发展通道、薪酬分配等制约因素，加速员工跨系统、跨专业、跨岗位有序流动，提高资源配置效率。

（三）多措并举育才

公司面对业务格局和管理方需求变化，投入必须的人力、物力和财力，整合培训资源，丰富培养方式，多措并举抓好人才培育，满足战略发展需要。首先，灵活构建现场培训、网络课堂、自学充电相结合的培训体系，坚持计划牵引，举办更多适应于转型业务发展的专项培训、高端培训和专题讲座。整合培训资源，分层建立内训师团队，提高内部培训质量。深化“导师带徒”，固化“双师导带”工作机制，加强过程跟踪，提升导带实效。三年来，培养内训师151人，开发课程551个，培训6.73万人次，员工培训覆盖率达100%，企业人才密度由2019年的77.21%升至2021年的80.33%。注册设计工程师、一级建造师等注册执业资格人员由2019年的347人升至2021年的723人，占比居于同行业第一。公司获得人社部授权首席技师、特级技师评聘试点，评出集团首批特级技师9人，成为安徽省高技能人才培训基地，并主编安徽省技能人才评价标准。依托国家级企业技术中心、国家高新技术企业、国家级博士后科研工作站“三大国字号”科创平台和安徽省装配式产业基地、安徽省高技能人才培训基地“两大省级基地”人才摇篮，强化校企产学研合作，探索联合培养高层次人才的新模式，着力培育战略性领军人才。

（四）不拘一格用才

公司选人用人不拘一格，员工只要融入公司战略格局，拓市场推动业务转型、搞生产保证优质履约、管经营提升效益空间、抓党建塑造企业品位，让价值创造者均等享有发展机会。畅通职业发展通道，采取员工与组织互动的有效方式，精准开展员工职业生涯规划。优化员工职业发展模型，与时俱进完善通道序列，加强宣贯力度，引导各级员工立足岗位、扎根基层成长成才。遵循员工职业发展和成长规律，引导与关注各类人才成长阶段，重视安排员工一线历练，夯实基本功。抓好人才梯队建设，打破传统专业局限，制定后备干部选拔与培养方案，完善后备干部库。有计划地安排后备干部和业务骨干，到急难险重项目摔打锤炼、强筋壮骨。分类建立一级项目班子、二级项目班子、技术专家、经营专家、党建专家、技能专家“六个人才库”，入库专家骨干850人，为选人用人提供重要参考。近三年，通过纵向晋升、横向交流，323人获得晋升，员工晋升率由2019年的4.47%升至2021年的5.94%，为员工提供多重职业发展空间。

（五）精准有效测才

公司完善业绩考评体系，分类建立各类业务和各级单位考核指标体系，建立上到公司高管层、下至各级单位负责人的年度关键业绩考评体系，构建业绩考核数据库，坚持过程动态盘点及分析，实现对各级单位、各类人员精准有效考核。推动关键业绩指标向各部门和单位副职延伸，逐步实现全员覆盖，奠定全面绩效管理基础。整合重复性指标项目，优化职能部门对基层单位考核指标，简化流程，注重实效。坚持以价值创造为核心的分配理念，进一步优化薪酬分配体系。优化职能部门和所属单位工资总额决定机制，促进收入分配公平。探索推行“增人不增薪、减人不减薪”机制，激发员工积极性和创造力。三年来，企业入库内外部专家人数达421人，年度增长率达16.62%。王怀祥获第十五届全国技术能手、特级技师、安徽省政府特殊津贴等；杨秀忠等技能大师工作室获省、市级命名和合肥市“名师带高徒”项目；69人获中央企业技术能手、全国电力行业技术能手、江淮工匠标兵、江淮工匠、合肥市金牌职工等称号。

（六）多维关爱留才

公司多频次组织开展战略宣讲和企业文化宣贯，使各级干部员工对企业战略目标和文化理念入心入脑，并通过各类企业文化活动开展和企业文化案例推介，趋同全员价值观，提升团队凝聚力。落实共享发展的理念，在企业战略目标达成和业绩增长的基础上，保证员工收入的协调增长，提升获得感，实现人企共赢。立足建筑行业薪酬标准和工程企业工作流动特性，给予一线干部员工更多关心关爱和心理疏导，为其切实解决工作、生活和思想上的各类问题，实现由以往“管业务”到“引导人”的转变，持续降低人才流失率。针对国际化人才，制定境外员工休息休假、关心关爱等保障性措施，采取家庭走访慰问、收集解决诉求、专项激励等措施，多部门前后台协同开展人文关怀。2022年上半年，收集75名员工子女高考、中考信息，对有陪考需求的开放“绿色通道”，对11名海外员工子女登门进行慰问。抓好项目生活设施标准化建设，丰富一线员工业余文化生活，进一步提升员工归属感和幸福感。员工满意度从 2019 年 96.91% 提升至 2021 年的 98.53%。

通过企业人力资源“钻石模型”的构建与实践，从根本上解决了长期以来困扰企业转型发展的人才瓶颈。近三年，公司开展适应性组织建设，分工更加明确、运行高效。引进各类人才 691 人，其中本科及以上 56.31%。员工流失逐年下降，人员总体结构适应公司战略需要。2019 年，企业人力资源“钻石模型”实践成果获全国电力企业管理创新论文大赛一等奖。

主要创作人：李国兵

参与创作人：曹宗保、王　平

用好“四大法宝”，解决结构性缺员难题

中国石油天然气股份有限公司辽河石化分公司

一、企业简介

辽河石化公司成立于2001年，是以原油加工、油气存储和销售为主要业务的炼化企业，原油加工规模550万吨/年，在册员工2300余人，相对于同规模先进炼化企业员工总量偏大，人工成本高。但另一方面公司业务范围广，油气主营业务、生产辅助业务、后勤服务业务全部自主经营，尤其是生产辅助业务和后勤服务业务占员工总量的一半以上。员工队伍平均年龄45.6岁，平均每年有100名左右操作工人退休，而每年新增用工指标只有20人左右，“退五进一”难以保证操作人员队伍的有序接替，无论是生产装置还是后勤单位都向人事部门喊缺员，“既多又少”的队伍结构性缺员矛盾突出，开展用工方式转型迫在眉睫。

二、解决方案的提出

面对日益严峻的用工矛盾，辽河石化分公司党委坚决贯彻落实集团公司组织人事劳动分配制度改革各项部署，抢抓改革关键机遇期，在业务、组织机构、用工模式、薪酬激励等方面全面与集团公司先进炼化企业对标，其中炼化企业炼油万吨用人中位值为2.91人/万吨，最低为广西石化0.41人/万吨，辽河石化为5.28人/万吨，万吨用人偏高；长庆石化一线员工占比为79.8%，辽河石化一线员工占比49.2%，一线员工占比偏低；机构数量中位值为38个，大连西太最少为22个，辽河石化机构数量58个，机构数量偏多；炼化企业一线平均奖金与三线差距中位值为1.75倍，独山子石化最高为6.04倍，辽河石化一线平均奖金是三线的1.37倍，收入差距偏小，精准激励作用不足。根据对标结果，辽河石化公司找到症结所在，邀请管理专家进行咨询会诊，制定了“一年转观念、两年见成效、三年上台阶、五年创一流”的改革目标，提出“四化”即业务“归核化”、组织机构“扁平化”、直接用工“精干化”、薪酬激励“精准化”改革举措。

三、主要做法

（一）推进业务“归核化”

以提高公司发展质量和效益为目标，遵循“做强主营业务、做精生产辅助业务、撤并

退出低效无效业务”的原则，转观念、找差距、明方向、定目标，明确了“该干什么、该用多少人、该用什么样的人”，2018—2021 年逐步将保洁、绿化、治安保卫、食堂餐饮、文体场馆管理、巡线、产品装车及维修保运业务外包，退出了招待所、浴池业务，移交了有限电视业务，有效减少直接用工 400 余人。89 名退出业务富余人员通过转岗培训补充至一二线倒班岗位，有效解决了新建润滑油高压加氢装置开工缺员难题。通过优化生产流程，关停了创效能力差的焦化汽油加氢装置，28 名操作人员转岗分流至其他装置。通过业务“归核化”，大量减少了二三线业务用工需求数量。

（二）组织机构“扁平化”

辽河石化以“大机构、一体化”组织模式为目标，大力推进组织结构扁平化改造，优化二级单位本部机构设置和职能配置，持续整合业务相近、区域相邻和体量偏小机构，组织机构由整合前的 58 个减少到 36 个，精简幅度 37%，二级机构不设机关，减少管理层级，领导干部职数压减 20 余人，管理和技术岗位压缩 50%。推行“大班组、大岗位”设置，加强人员通岗培训，积极先后完成了油品储运部、第三联合运行部、第五联合运行部、动力运行部、营销调运部的班组整合，减少班组 25 个，减少用工 100 余人，真正实现了机构整合、业务整合、人员整合的目标，进一步提高劳动效率，有效缓解人才断档压力。

（三）直接用工“精干化”

制定“五个一批”用工补充计划，即“高校招聘精准补充一批、非主营业务外包一批、引导员工正向流动一批、关联交易补充一批、劳务派遣返聘一批”以应对退休高峰期的到来。在组织机构优化整合的基础上，对标板块兄弟企业标准，全面核定近期定员、中期定员、目标定员，以目标定员为导向，逐步压减一线非核心操作岗位和二三线、低端低效业务操作岗位直接用工数量。积极落实集团公司内部人员优化盘活要求，第三方用工优先在集团公司内部调剂，与辽河油田公司签订了《人力资源对口支持框架协议》，缺员岗位优先由辽河油田公司人员补充，目前辽河油田累计有 140 名因业务退出而形成的富余人员补充至辽河石化辅助生产操作岗位，主营业务“管理 + 技术 + 核心操作技能直接用工，其他岗位第三方用工”模式初步建立。

在机关职能部门推行兼岗制度，副处长必须兼任一个具体业务岗位，有效减少机关编制 19 人。严格执行集团公司下达的用工总量控制计划，严把入口，畅通出口。利用自然减员高峰，“十三五”期间员工总量减少 413 人，降幅 15%。持续清理在册不在岗人员，下发《辽河石化公司关于结构调整中人员分流安置实施办法》，鼓励老弱病残员工办理内部退养、离岗歇业等有序退出，累计清理在册不在岗人员 139 人。

（四）薪酬激励“精准化”

为着力解决人才大量流失问题，充分调动干部员工工作积极性，辽河石化公司完善了业绩考核体系，实施精准激励，合理拉开员工收入差距，有效激发内生动力。

1. 以利润为导向，加大工效挂钩力度

实行绩效奖金与生产经营业绩动态挂钩。一是将月度绩效奖金基数与税前利润完成情况挂钩。公司根据上季度利润完成情况确定本季度各单位奖金基数，完成上季度利润奋斗目标，奖金基数上调 20%；完成利润基本目标，奖金基数不变；完不成利润基本目标，奖金基数下调 10%。二是业绩合同中效益类指标权重由 30% 提高到 40%，其中装置利润指标权重由 10% 提高到 20%，有效调动了各单位增收节支、争创效益的积极性。

2. 设置浮动奖，绩效考核手段更加灵活

在月度奖中设置人均 500 元 / 月的绩效考核浮动奖，浮动奖由浮动奖系数、达标对标修正系数、浮动奖基数三部分构成，浮动奖系数根据各部门经营管理难度系数确定，达标对标修正系数根据各装置达标对标情况确定，浮动奖基数由 19 套装置、92 项关键业绩指标完成情况确定，浮动奖最高单位与最低单位相差 10 倍多，一线与三线月奖均差由 360 元增加到 3000 元以上，班组长与副操薪酬拉大到 2000 元 / 月以上，形成岗位操作员工精准操作、单元装置精打细算、专业部门精准核算的良好局面。

四、取得的成效

（一）缺员问题得到有效缓解

通过一系列用工方式转型措施，不同业务通过不同类型的人员进行了有效的补充，有效缓解了各类业务的用工紧张问题。公司明确了“该干什么、干到什么规模”，把不该干的交给社会、交给市场，极大减轻了企业负担，提高了服务质量，大量减少了新增员工需求，把有限的新增员工用于主营业务关键岗位。

（二）员工实现正向流动

通过动态调整奖金基数和增设浮动奖，绩效工资占工资总额的比例由 48% 提高到 55%，公司树立“业绩升则奖金升、业绩降则奖金降”的绩效理念，激发了广大干部员工生产优化、节能降耗、挖潜增效的责任意识和主动意识，提升了装置的运行效率和创效能力。与 2020 年相比，2021 年公司全员劳动生产率增长超过了 26%，一线与三线月奖差距扩大至 6.4 倍，分配差异更加明显，收入差距合理拉开，一线人才流失现象明显好转，二三线 30 余人报名申请调往一线，原来都不愿意当班长的现象不复存在，进一步发挥了奖金的导向作用，个人绩效收入能升能降，机制逐步完善。

（三）关键人才流失率降低

2016 年至 2019 年，公司人才流失呈逐年上升趋势，2016 年 9 人，2017 年 17 人，2018 年 24 人，2019 年 21 人。从离职员工年龄段分布来看，离职人员主要集中在 30–45 岁之间，以专业技术人员和技能操作骨干为主，文化程度多为本科以上知名院校毕业生。通过薪酬精准激励和年轻干部培养，各岗位薪酬待遇基本实现与本地区劳动力市场价位接

轨，2020 年人才流失降为 5 人，2021 年无人才流失。一批年轻技术技能人才扎根辽河石化，信心坚定了，活力增强了，干劲更足了，有效助力公司特色发展迈上新台阶，圆满完成了总部下达的各项责任指标，2021 年度企业业绩考核综合得分位居板块前列。

主要创作人：陈　闯

参与创作人：相养冬、马宝山、马　楠

航天国际化经营企业人知岗匹配工程建设与实践

中国华腾工业有限公司

一、企业简介

中国华腾工业有限公司（简称中国华腾）是中国航天科工集团有限公司所属二级公司制企业，是航天科工国际贸易的主平台和国际化服务领域的核心单位。自成立以来，华腾公司始终以“国家利益高于一切”为企业核心价值观，秉承“服务国家战略、服务航天发展、服务国计民生”的企业宗旨，致力于打造世界一流国际化经营平台公司，为国家高科技产品“走出去”、推进高水平合作贡献航天力量。

二、人知岗匹配工程模型介绍

人知岗匹配工程是按照“岗得其人、人适其岗”的原则，根据个体间不同的素质，将不同的人安排在各自最合适的岗位上，并对人员进行持续培训与培养，不断适应新形势下岗位的新要求，根据绩效考核结果进行动态更新，从而做到“人尽其才、物尽其用”，实现人与企业协同成长。

航天国际化经营主平台的人知岗匹配工程包含“知岗、选人、育人、匹配”四个方面的工作内容。“知岗”即人岗相知，系统全面梳理企业人才画像，充分了解岗位要求和特点，明确胜任岗位所需要的能力素质，为从业人员设立标准并动态调整。“选人”即胜任素质，准确了解人员的内外在素质条件，利用人才选拔机制、人才储备机制，探索选拔出一支适应岗位需求的覆盖高层次人才后备专业人才的高素质人才队伍。“育人”即知岗相配，分析人员现状与岗位需求间的差距，按照员工岗位进入、成长、引领三个职业阶段划分，搭建清晰有序、主次分明的全职业周期教育培训体系，不断提升员工知识水平和工作能力。“匹配”即动态调整，实现“人知岗”匹配的最后一步，通过绩效考核，把合适的人放在合适的位置，充分发挥他们的工作潜能，实现人才的有效利用和人生价值的实现。

三、明晰人岗条件，夯实“知岗”基础

立足企业中长期发展战略，细化机构与岗位职责，并将“知岗”与企业发展需要保持同步，运用多重方法，不断提升“知人知岗、人岗相知”的准确性和精确性。

1. 科学绘制“人才画像”为人岗匹配积累数字资源

通过多维度基础数据积累和多层次能力素质测评，对“冰山模型”中显性及隐性能力的了解掌握。以人事信息系统作为掌握自然情况、专业资质和关键经验等显性特质的数据支撑；以入职测评、素质测评、年度民主测评、绩效考核及晋升考察等方式作为核心能力、发展潜力、发展意愿的等隐性特质的挖掘手段。以“人才画像”为基础，分层分类构建企业特色“雁阵”人才梯队，实现头雁领航、强雁续航、雏雁启航的人才格局。

2. 搭建岗位“胜任力”模型为选配合适人才提供标尺

基于组织机构职责，从职业胜任力、岗位胜任力、专业胜任力三个维度，细化工作职责与任务，全面把握岗位设置的核心任务，编写制定岗位说明书，实现人人皆有，人人不同。充分结合企业业务特点，量化工作协作关系，明确协作对象，促进沟通效率和质量提升，提出刚性任职资格和岗位发展资质提升方向，进一步明确胜任岗位的内外部资源要素，为员工发展指明方向。从知识结构、能力结构、目标导向出发，对于国际化经营一线业务人员提出的“六个三”能力要求，即全面掌握至少三型航天装备产品知识，熟练掌握至少三型航天高科技产品知识，与至少三位航天技术专家建立良好的工作友谊，与至少三位协作单位人员构建顺畅对接关系，深入跟踪并主导至少三个潜在项目推介，深度分析并掌握至少三个国别市场的多维度信息，同时根据企业发展阶段需求进行动态调整。

四、锚定胜任素质，创新“选人”模式

人才的高度决定了航天事业的高度，企业着眼于长远发展、立足任务急需、落实改革要求，探索创新高层次人才队伍建设，夯实后备专业人才储备。

1. 通过人才选拔机制打造高层次人才梯队

以领军人才为顶层牵引、以首席专家体系为核心支撑、以高端人才为重要补充，纵深推进“高精尖缺”航天国际化人才队伍建设。首席专家体系打破组织机构、业务类型、职务身份等条件限制，在现有职务管理体系的基础上，建立并行的专业人才评价体系，结合业务特点，通过内部选拔或外部引进，建立“首席翻译官”“首席营销官”“首席技术官”等多领域人才评价机制，为公司事务决策提供专业智力支撑。以任期形式进行聘任管理，以签订绩效目标责任书为抓手，实行“一事一议”“一人一策”的配套保障政策，全面提升企业树才品牌力和引才吸引力。

2. 按照企业经营领域建立后备专业人才储备库

在人才储备上，积极推进国有企业治理体系和治理能力提升各项要求落实，加快构建青蓝、财金、治企、利剑四类人才库。（1）青蓝人才库以年度为期限，动态掌握全级次优秀年轻领导人员储配情况、专业特长、培养计划等，对未来3–5年领导人员队伍建设提出规划方案，有计划、有节奏地推进领导人员配备。（2）财金人才库着重加强企业全级次财务、法律、审计等专业人才队伍建设，制定专门资质训考计划，掌握人才储备情况，建立定期轮岗机制，强化整体财金管理和抗风险能力。（3）治企人才库动态储备一批对于企业管理

经营较为熟悉、风险防范意识较强、具备相关专业知识的外派董监事人才，推动落实国有企业改革任务要求，夯实现代国有企业治理基础。（4）利剑人才库通过遴选在党建、纪监、人资、审计、法律、财务等工作经验丰富的优秀骨干人才，组成巡察检查专家人才库，定期开展专业培训，并择优选择开展巡察检查工作，从而加强党建工作监督力量。

五、狠抓能力培养，强化“育人”体系

面对复杂的国际化经营环境，秉持“人才资源是第一资源”理念，立足航天国际化经营对于人才政治素养、道德修养、专业水准、综合能力的全方面高标准要求，围绕企业战略发展和人才队伍建设需要，打造“三航计划”和“英才计划”两大培训体系，全力营造人才成长与组织发展相互促进、共同提升的良好氛围。

1. 推动建立以“三航计划”为核心的全职业周期培训体系

按照员工全职业周期发展不同职业阶段，对标“雁阵”格局中建设不同层次人才培养需要，对应打造“三航计划”，即“领航班”“续航班”“启航班”三大培训班次。“领航班”旨在打造“头雁”人才团队，重点培养干部人才高端复合能力，加强战略规划能力、创新思维能力和对于前沿发展的领会；“续航班”旨在深化“强雁”专业能力，以调训、选训、轮训等方式组织骨干人才定期参训，重点加深骨干人才岗位业务知识、团队管理能力、风险防范能力的理解。以青训班形式加强对青年骨干人才和年轻后备人才培训力度，分配专项研究课题，对公司管理、业务能力提升形成研究成果，以训代练，以训代战；“启航班”旨在辅助“雏雁”快速适应新的工作岗位、新的工作角色，重点针对岗位技能、角色转换、沟通能力等内容进行培训，形成以新员工培训、新驻外人员培训、新提拔干部培训为重要构成的“启航班”培训课程。过去五年，年人均参训达 100 学时以上，实现教育培训全员覆盖，在此基础上，不断提升全员教育培训精准度，打造航天国际化特色的教育培训品牌，营造“大学习、大培训”格局。

2. 建立健全以“英才计划”为核心的资质训考体系

人才培养充分适应“双循环”新发展格局，推动企业员工既掌握国内规则标准又熟知国际管理要求。鼓励员工积极考取与企业主要业务相关的国内国际各类资格认证证书，推动实现全员持证上岗。对标岗位胜任力要求，形成资质训考科目目录，并按照岗位必须、岗位晋级、复合培养三类情形，形成资质训考计划。制定资质训考提升年度计划，将训考与部门（单位）考核、奖惩“双挂钩”，完成工作急需且含金量高的资质考试，给予报销考试费用的同时，额外给予物质奖励。对于未能按计划完成资质训考的部门，在考核及奖励分配中予以体现。从机制上推进 CPA、CFA、期货从业资格、法律职业资格、项目管理等证书应考尽考。以专项激励政策鼓励一线业务人员考取法律、审计相关资质，将风险防范关口前置到业务前端。目前，企业全级次法律风控岗位人员已 100% 取得法律职业资格；财金管理岗位人员 92% 已具备财务、审计等专业类别资质，同时取得注册会计师、国际注册内审师、高级会计师、国际注册管理会计师资格资质人数较“十三五”大幅提升。

六、注重成长锻炼，畅通“匹配”通道

通过绩效考核，从正向激励、能力强化、淘汰更新等多方面，不断夯实平台育人措施，涵养人才资源“一池活水”。实施任职交流、挂职交流、岗位交流、短期帮扶等一系列人才交流措施的“活水计划”，不断畅通人才交流的通道，既满足工作需要，也尊重个人发展规划诉求。（1）从干部队伍建设上，有计划地安排优秀年轻领导人员到基层单位、一线岗位、转型创新前沿岗位历练，提升年轻干部解决实际问题的能力，培养善经营、懂管理的复合型企业管理人才。目前，企业党委管理的领导人员中，88%具有多岗位交流锻炼经历，复合型干部队伍建设初见成效。（2）从专业人才共享上，结合企业业务特点，发挥财务、法律、人力资源管理等专业人才优势，将总部作为专业人才孵化基地，建立与所属单位双向人才交流机制，并向初创公司及时提供必要的人才支援，六年来各类人才交流超百人。（3）从业务工作推动上，真正立足业务需要，选派国际化经营人才到航天科研院所学习产品知识，积极打造专业知识、语言能力与贸易实务兼备的国际化人才队伍；选派新业务新市场开拓人员到驻外机构、对口部门学习了解，加速航天外贸国际市场营销布局和转型升级创新发展。同时，对于绩效考核结果不理想的人员，强化胜利力特训营，将其纳入“育人”模式环节进行培训，不断提升其任职能力。

人既尽其才，则百事俱举。未来，航天国际化经营主平台将积极投身“一带一路”倡议建设，有效融入国内大循环、国际国内双循环的新发展格局，持续深入推进“人知岗”匹配工程，以一流人才支撑一流的事业，持续致力打造世界一流国际化经营平台公司，全面推进航天外贸事业高质量发展。

主要创作人：李丹宁

参与创作人：崔文琪

统筹人才“引进、培养和使用”，更好支撑兵器工业履行强军使命和推动高质量发展

中国兵器工业集团有限公司

一、企业简介

中国兵器工业集团有限公司（以下简称兵器工业）是我军机械化、信息化、智能化装备发展的骨干，全军毁伤打击的核心支撑，现代化新型陆军体系作战能力科研制造的主体，是国家“一带一路”建设和军民融合发展的主力。兵器工业集团现有 62 家子集团和直管单位，主要分布在北京、陕西、内蒙古等 29 个省、市、自治区，在全球 70 余个国家和地区设立了 100 余家境外分子公司和代表处。2021 年位居世界 500 强排名第 127 位，全年营业收入 5269 亿元，利润总额 226.3 亿元，净利润 178 亿元，已经连续 17 个年度和 5 个任期蝉联国务院国资委业绩考核 A 级。

二、进一步畅通完善人才职业发展通道

兵器工业是最早建立科技带头人制度的中央企业。2001 年，制定《集团公司科技带头人制度实施办法》，2006 年探索实施首席科学家制度，在集团公司层面建立了“两院院士－中国兵器首席科学家－中国兵器科技带头人－子集团级科技带头人－子集团级科技骨干”的职务晋升序列。近年来，兵器工业集团持续从“纵向”“横向”两个维度完善职业发展体系。

1. 从纵向级次上，增设兵器青年科技带头人职级

通过近年来的实践探索，兵器工业发现从子集团级科技带头人向集团级科技带头人晋升的台阶和难度有点大，不太利于青年人才脱颖而出、快速成长。为此，2020 年，兵器工业首次设立兵器青年科技带头人层次，并通过严格的程序，评选出了 140 名兵器青年科技带头人。并且，在待遇上予以保障，兵器青年科技带头人履职待遇和业务支出参照子集团总经理助理级，每年可以享受不少于 20 万元科研资金支持。通过增设这一职务层级，形成了“院士－首席科学家－集团级科技带头人（青年科技带头人）－子集团级科技带头人－子集团级科技骨干”五级科技人才职业发展通道。此外，各子集团和直管单位也结合实际，以此往下进行延伸，建立了符合本单位实际的多层级金字塔人才梯队，人才职业发展通道更加顺畅。

2. 从横向拓展上，增设人才职业发展通道序列

兵器工业集团近年来通过实践探索，逐渐形成了“战略与体系策划、军品科研、基础研究、民品科研、工艺技术”五个职业发展序列。按照集团公司装备研发体系、技术研究体系建设和建成世界一流企业和先进兵器工业体系的发展目标，我们将职业发展通道序列进行了拓展，形成了从“5”到“N”的发展。比如2022年，根据“平安兵器”发展要求和人才需求，新增质量、安全两个系列高层次人才评选，壮大建强安全、质量高层次人才队伍，为集团公司筑牢质量安全“两大基石”提供人才保障。从而实现了“不同的赛道、同样的精彩”。

3. 从考核激励上，健全分级分类考评和激励体系

通过近年来的实践探索，兵器工业逐渐认识到对科技人才考核评价和激励不能搞“一刀切”，应该结合科技人才具体岗位和价值贡献客观评价。（1）对于不同层级的科技人才，突出重点领域考核评价。比如，对于国家级高层次科技人才通过协议或契约形式，主要评价其在集团公司战略方向、技术前沿、关键核心技术攻关等方面的引领作用；对于集团公司级高层次人才通过年度和任期责任书形式，主要评价其在项目策划、任务推进、基础研究、科技成果等方面完成情况；对于其他层级的核心科技人才，以子集团和直管单位自主考核为主，重点突出创新、能力、贡献的导向。（2）对于不同类型的人才，根据科技人才价值贡献的特点实施差异化考核。比如，对于体系策划类人才，侧重从顶层设计、论证研究、战略规划等方面进行评价；对于应用基础研究类人才，侧重从学术和基础理论研究、预先研究、成果获得、前沿技术创新等方面进行评价；对于军品科技开发类人才，侧重从承担型号技术攻关、成果获得、保军强军等方面进行评价；对于民品产业开发类人才，侧重从产业开发、市场占有、经济效益等方面进行评价；对于制造工艺类人才，侧重从承担工艺项目、工艺创新等方面进行评价。目前，中国兵器首席科学家和科技带头人薪酬结构主要由基本年薪、绩效年薪、科技成果转让和中长期激励等组成。其中，其基本年薪为各单位（或业务板块）领导班子正职当年基本年薪的1.0倍、0.8倍，绩效年薪由各单位结合实际进行个性化设置，在责任书中予以约定，考核兑现。2020年兵器首席科学家平均年薪同比增长9.3%；兵器科技带头人平均年薪同比增长9.4%。

三、持续创新完善高层次人才引进模式

党的十九大报告提出：“聚天下英才而用之，加快建设人才强国。”兵器工业集团党组近年来高度重视人才引进，以“求贤若渴”的态度面向市场，吸引高端人才。

兵器工业集团立足“潜心于科研、成就于兵器”，为高端引进人才量身定做了涵盖制度建设、管理模式、工作方式、事业平台、承担项目、薪酬激励、团队配备、资金支持等“八位一体”的人才政策。（1）从制度建设看，建立《关于加快实施兵器工业集团战略人才引进工程的通知》《关于印发兵器工业集团“十二五”高层次人才引进计划》《战略人才引进工作模式》《关于印发“一人一策”契约清单的通知》《基础性创新团队管理办法（试行）》《集团公司特聘专家管理办法》等制度体系；（2）从创新管理模式看，集团公司指导各引才单位与专家从合作模式、成果目标、支持条件、利益分配、保密及竞业限制、退出及解约六

个方面（简称“一人一策六约定”）进行事先约定，明确界定专家与所在单位双方的责、权、利关系，实现责任清晰、权利明确、利益约定。（3）从工作方式看，为引进的高端人才提供全职工作、契约合作、专项工作三种模式进行自主选择。（4）从事业平台看，为专家提供适合其作用发挥的个性化事业平台，或担任实验室负责人，或以专家个人技术、出资等设立股份公司并担任技术负责人，或担任课题组负责人、专家顾问等。（5）从实施项目负责制看，推行项目经理负责制，赋予专家科研团队组建权、科研经费使用权、团队成员考核权等权力，确保专家潜心科研。（6）从强化激励看，实施个性化谈判工资制，建立内部知识产权制度，实行知识产权分红奖励、知识产权股份化，让专家持续分享研发成果转化带来的收益。对于引进高层次人才的薪酬在工资总额中予以单列。（7）从组建专业团队看，为专家配备科研助手、生活专员和项目策划与申报专人，并实施集团公司基础性创新团队建设支持计划、青年英才计划、种子计划。（8）从给予资金支持看，集团公司 2013 年开始建立人才发展专用资金，用于高层次人才引进、使用、培养、扶助。通过实施上述八个方面的积极政策，确保引进的高端人才“融进去、用得好”。

四、积极推进科技人才梯次化培养

作为国防军工企业，兵器工业对人才的需求具有专业性特殊、成长周期较长、保密度要求高等特点。为此，兵器工业坚持开放融合的人才工作体系，结合人才成长规律，不断健全自主培养模式。

1. 实施并拓展兵器定向生培养计划

兵器工业通过与清华大学签订兵器定向生培养协议，开设《兵器科学与技术》课程，设立定向生科技创新基金，成立兴趣团队，组织同学参加兵器创新大赛，充分利用双方专业资源协同育人。兵器工业已经连续 13 年招收集团公司所需各专业的定向生，共招收 350 余名定向生，其中已有 160 余人走上了兵器工业科研工作岗位。2021 年，兵器工业又和北京理工大学设立了亟需紧缺专业专项定向硕士班，单列 20 个名额面向全国考生统招，定向输送硕士研究生。通过充分发挥校企双方各自优势，探索建立校企双导师制，定向生在高校完成课程学习，在企业开展工程实践和课题设计，采用工学交替模式，促进产学研深度融合。

2. 积极实施“种子计划”

兵器工业在清华大学、华中科技大学等国内知名高等院校，组织选聘优秀博士研究生担任院士、中国兵器首席科学家、国家“特支计划”专家助手，实现高层次科技人才与优秀基础性人才强强联合，在产出科技成果的同时，培养出更多的优秀人才，共选聘“种子计划”47 人。部分“种子计划”已经成长为所在单位科研骨干，获得“中国科协青年人才托举工程”，或承担国家自然科学基金项目。

3. 实施“青年英才计划”

定期选派优秀青年骨干人才回到学校，“带着问题再学习”，吸收高校先进科技理论成果。目前，兵器工业已经和清华大学、华中科技大学、北京理工大学、大连理工大学等国内知名高校建立合作关系，累计培养500余名青年英才。

4. 启动实施“兵器战略科学家培养计划”

兵器工业一直以来高度重视高层次领军人才队伍建设，按照三个层次选拔了187名科技骨干纳入科学家培养计划，开展系统性培养。2021年中央人才工作会后，兵器工业以“两院”院士、承担国家重大科技项目的首席科学家等为主要培养对象，立即研究制定“一人一策”精准化培养方案，培育一批具有深厚科学素养、长期奋战在科研一线，视野开阔，前瞻性判断力、跨学科理解能力、大兵团作战组织领导能力强的兵器工业战略科学家队伍。

五、持续推动人才合作交流与共享

兵器工业发挥集团化优势，积极探索“厂－所”人才互通交流机制，破除人才流动障碍，促进人才向艰苦边远地区和基层一线流动，从研究院所选派一批中、高端科技人才作为技术专家到企业进行指导、交流；从企业选派一批中青年人才到研究院所进行跟研、学习，积极打造理论基础与生产经验兼备的科技创新人才队伍。2020年，集团在西安组织召开北化研究院和兵器四院人才交流培养专项工作启动会。这两家单位签署了《人才交流培养战略合作协议》。通过内部访问学者制度，实施人才双向挂职、研究生学历学位教育、项目联合攻关、高层次人才定向招聘等措施，北化集团和兵器四院之间在火炸药行业理念融合、管理改善和技术创新进一步增进，实现火炸药创新发展过程中人才要素的高层次优化，为火炸药行业结构能力调整提供强有力的支撑。

六、创新完善“人才飞地”机制政策

作为国防军工集团，由于“三线建设”历史和地域原因，不少企业地处偏远，这对人才引进都带来了相当大的难度。为此，兵器工业积极把握和用好“努力建设世界人才中心和创新高地”这一政策机遇期，主动探索，坚持多元化引才机制、市场化激励机制、个性化使用机制、多样化保障机制，依托现有子集团在北京、西安、南京等中心城市区位优势，探索设立“人才飞地”，吸引优秀人才到兵器工业工作。比如，飞地建设单位采用“揭榜挂帅”面向“飞地”所属高校和科创企业公开发布研究课题，吸引优秀人才到兵器从事课题研究或访问学者研究，“不求所有、但求所用”，解决重点领域关键核心技术问题，协同推进科技创新；再比如，在飞地建设单位，对集团公司级以上高层次科技人才，薪酬水平不低于同行业国有企业同类别人员90分位值；子集团级科技骨干人才薪酬水平不低于同行业国有企业同类别人员75分位值等。

主要创作人：于　洋
参与创作人：谬志勇、董慧龙、徐余庆
马　骁、刘云天

以战略发展为牵引的人力资源市场化变革，助推中国原子能迈向世界一流

中国原子能工业有限公司

一、企业简介

中国原子能工业有限公司（以下简称中国原子能）是经国务院、中央军委批准，由中国核工业集团有限公司（以下简称中核集团）发起设立的专业化公司。2017 年，中国原子能与中国核燃料有限公司合并，实现了核燃料产供销和服务一体化运营，主要从事核燃料产品的生产制造、工程设计、关键技术的研发，以及铀产品、核燃料循环设备、核电技术设备的进出口贸易。

二、推进人力资源管理变革的背景

习近平总书记对激发市场主体活力、深化国企改革多次作出重要指示，“要深入实施国企改革三年行动，健全现代企业制度，激发各类市场主体活力”。作为中央企业，是中国原子能必须直面的历史命题和必须担当的历史任务。

中核集团明确提出“劳动、人事、分配改革制度化、程序化、常态化工作机制全面完善，员工队伍整体素质明显提高，企业的活力、创造力和市场竞争力明显增强，企业的劳动生产率和经济效益明显改观”的改革目标。中国原子能加速推动人力资源管理变革，是落实集团公司改革要求，也是助力中核集团高质量发展的迫切需要。

中国原子能“十四五”战略规划目标是要建设世界一流核燃料企业，实施技术领先、成本领先、多元化和国际化基本发展战略。实现公司战略规划目标的重要举措之一就是要建设世界一流的人才队伍以及构建相匹配的市场化经营机制。但是，中国原子能离真正的市场化经营机制仍然存在一定差距，具体表现就是“管理人员难下、员工难出、薪酬难减”，制约了合理顺畅的“能上、能进、能增”，导致人均劳效还不够高、优秀人才薪酬未充分市场化、骨干人才积极性尚待进一步激发、人才竞争力有待进一步增强等问题。人力资源管理变革不仅是一个改革问题，更是一个发展问题，是企业内部改革发展自我革新与持续发展的关键环节，也是推动中国原子能高质量发展的内生需求。

三、人力资源管理变革的主要做法

（一）以“高业绩、强激励”为突破口，促进创新驱动与市场开拓，撬动核燃料向国际一流跃进

1. 加快科创人才布局，超前构建人才优势

实施高层次科技人才、国际贸易人才工程，人才链与创新创业链紧密结合。面向全球“一人一策”引进（或柔性引进）企业战略发展急需领域的顶尖科技人才；建立以“院士及战略科学家、领航人才、领英人才、高潜人才、核星人才”为主的六级人才梯队；聚焦短板，举全系统资源为高潜人才搭建成长平台，引进、培养、选拔一支高层次科技人才工程队伍。通过开展世界核大学培训、国际组织交流任职，建立基于岗位任务的国际贸易人才培训体系与激励机制等一系列举措，选拔培养一批具有中国原子能特色的国际贸易人才。

2. 加紧科创人才激励，大力激发人才动能

实行工资单列、差异化薪酬、年薪制、协议工资制和项目工资制等灵活高效的薪酬激励机制，让一流人才拿一流薪酬；大力支持实施中长期激励，构建企业命运共同体；加大授权赋能，鼓励试错，切实为科技人才松绑减负，实施特殊政策特殊管理，有效建立核心人才激励与保留机制。

3. 加强高业绩高回报，有效催生市场开拓热情

针对新成立子企业抢占增量市场、提高市场占有率的战略定位，突破传统模式，实践以净利润考核为主的工效联动机制——“上不封顶、下不保底”，绩效年薪占比高达 70%，高度体现“风险共担、收益共享”。2021 年该子企业成为中国原子能新的经济增长点。

（二）以“精准赋能、机制保障”为着力点，升级人才供应链，保障核能可持续发展

1. 人才建设与产业发展高度契合，全方位筑牢人才堤坝

实施卓越工程师、核燃料工匠、优秀年轻干部人才工程，人才链与产业链紧密结合，实现人才与业务供需平衡。培养一批具有突出技术创新能力，善于解决工程问题的卓越工程师队伍。实施“核匠计划”，培育一支知识型、复合型、专业特色鲜明的高技能人才队伍。引进培养一批、创新选拔一批，重点打造高端经营管理专家队伍；打破资历导向，缩短年轻干部成长成熟周期。2021 年本部中干正职平均年龄下降 4 岁，副职平均年龄下降 8 岁，全系统干部平均年龄降低 1.18 岁，40 岁以下的中层干部从 18% 提高到 21%。

2. 人才机制与业务需求高度融合，全周期构建基础支撑

通过探索建立岗位胜任力模型为核心的用人标准体系，推广研究式、案例式、体验式、模拟式和互动教学，基于大数据提供个性培训服务，精准选育赋能。通过建立互通无阻的多序列职业发展通道、选拔中国原子能的首席专家和科技带头人，实施专项激励等薪酬激

励以及关键人才荣誉激励，多元激励留人。通过建立符合各类人才特点的科学评价体系及人才盘点机制，破除“四唯”，以创新价值、能力、贡献为导向，科学甄别用人。

（三）以“降本增效、提质增效”为切入点，稳定市场份额，巩固企业生存之根本

1. 高效重构组织与岗位结构

精简职能部门，推行“大部制”，减少管理层次；精简撤销价值不明显、负荷不饱满的组织机构。从严控制岗位编制，特别是各级领导岗位以及与生产经营无直接关系的行政、后勤等辅助岗位的编制。2021 年本部机构减少 29%，定员精简 17%，干部职数精简 20%。

2. 集约人力资源管理标准化

统筹子企业开展标准化管理，包括领导班子选配标准化、组织机构标准化、岗位标准化、职位体系标准化、薪酬标准化等。

3. 协同劳动用工“两紧两松”

合理确定年度总体用工规模和用工结构，实施职工总量控制目标从“紧”，年度招聘计划从“紧”，员工退出数量宽“松”，员工退出条件宽“松”。

4. 统筹规模减员与用情帮扶

针对生产供大于求、经营困难的某子企业，中国原子能统筹协调，与企业上下联动，共同实施规模减员与就业帮扶，实现专业研判与因地制宜、政策引导与自主选择、坚决执行与人性关怀相统一。2021 年该企业实施减员 464 人，节约人工成本约 7000 万元 / 年，既有效降本增效，也体现国企担当。

5. 分类对标确定提质目标

对标国际一流，分类制定各子企业人力资源效能提升目标，纳入年度或任期经营绩效考核。

6. 降本导向负责人差异化激励

以降低某主要产品成本为目标牵引，对其负责人实行差异化激励，体现“强激励、硬约束”的原则，2021 年成功实现降本目标，帮助再就业 228 人。

（四）以“破三难、立三能”为根本点，增活力提效率，上下同欲应对激烈市场环境

1. 打破“难下”，树立业绩导向、能力导向、市场导向

中层管理岗位实行“重新起立再坐下”，常态化开展公开竞聘，2021 年管理人员竞争上岗比例达 67.5%。经营班子成员 100% 实行任期制与契约化；鼓励符合条件的子企业推

行职业经理人；大力鼓励中层管理人员实行任期制与契约化管理。2021 年管理人员市场化退出 52 人。

2. 打破“难出”，树立规矩意识、危机意识、进取意识

全面实施公开招聘，大力推行员工各类岗位竞争上岗。健全退出机制，2021 年市场化退出员工 566 人。

3. 打破“难减”，树立心有所向、劳有所得、成有所获

深入落实工效联动与“两低于”，在科改示范企业推行工资总额备案制；探索实施“模拟法人”绩效考核挂钩体系。全面实施全员绩效考核，根据岗位性质分类设计考核指标，管理岗位推行标准工时量化考核，科研岗位以科研成果周期性产出为导向，工程、生产岗位以任务完成为导向，营销岗位偏重营销合同签订、收入、回款。梳理制定关键岗位和核心人才清单，开展市场化薪酬对标，薪酬分配向关键核心岗位、骨干人员、做出突出贡献的人员、“高精尖缺”人员和一线苦脏险累岗位人员倾斜，执行“一岗一薪、易岗易薪”，刚性落实绩效考核结果与薪酬挂钩。2021 年中国原子能浮动工资占比 68%，收入差距倍数实现 1.48，同层级最大收入差距倍数高达 6.4。

人力资源变革模型详见附件。

四、推动人力资源变革的保障做法

（一）坚持党的全面领导，以思想“破冰”带动行动“突围”

思想引领。企业发展到一定程度，容易“小富即安”，创新创业激情隐退，中国原子能从习近平总书记全面深化改革重要论述中汲取精神力量，坚定改革定力，将其转化为“富而思进、锐意进取”的正能量和紧迫感，汇聚全面深化改革的强大合力。

定准基调。不同于新企业或“濒临关门”企业，中国原子能面临的改革压力更大，稍处理不慎，便可能“牵一发而动全身”导致重大风险。中国原子能不搞颠覆式改革，坚持实事求是、因企制宜，稳妥审慎、分步推进，“积小胜为大胜”，稳中求进推动改革。

组织保障。成立三项制度改革领导小组，组长由董事长、党委书记担任，亲自部署、亲自把关，关键环节亲自协调，改革落地的坚强后盾。

思想统战。中国原子能党委通过重温奋斗史，召开全员思想大动员、大讨论，多媒体多形式宣传，建立思想统一战线。

（二）坚持系统思维，推动蹄疾步稳、有力有序

中国原子能开展全方位、立体式人力资源变革，改革全链条环环相扣、循序渐进（图 1）。

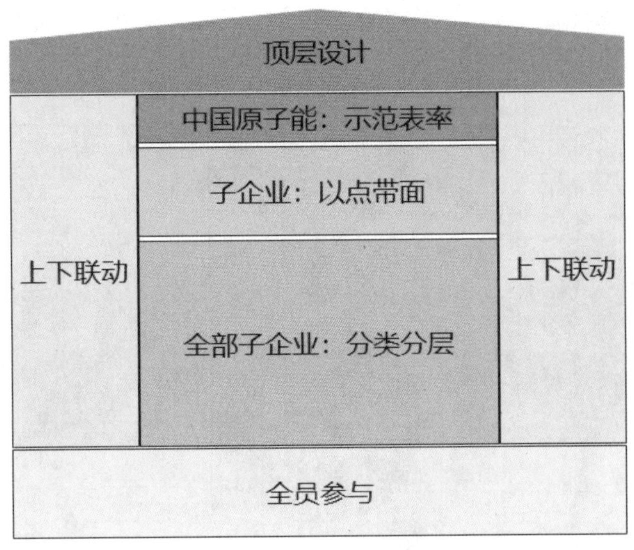

图 1　组织推动模式

顶层设计。中国原子能以“1 个施工图 +1 个推进计划 +N 个配套制度”为框架制定改革作战图；成员单位因地制宜、因时制宜制定二级“作战计划”。

示范表率。中国原子能率先在中核集团开展经理层任期制与契约化实践，从本部公司领导开始改革，到中层干部全体起立竞聘上岗，为成员单位示范表率开了好头。

以点带面。科改示范企业、规模化减员、职业经理人选聘、模拟法人均发挥以点带面作用。

分类分层。对处于充分竞争领域的商业子企业，改革步子适当迈得大一些；主业处于关系国家安全等关键领域商业子企业，把握“稳中求进”的改革总基调。

上下联动。科学的顶层设计与基层的探索实践良性互动、共同发力。充分验证了只有上级的决策部署与基层的自觉自愿、先行先试结合，改革才能形成“双引擎双动力”。

全员参与。规范履行民主程序，促使全员成为改革的支持者、参与者、推动者、践行者，实现“众人划桨开大船”效应。

（三）坚持激励约束，确保真改实改、一改到底

坚持运用“胡萝卜加大棒”，物质与精神结合，激励与约束并行，形成改革推进“永动机”。

契约促改。人力资源变革纳入子企业经营班子成员、改革部门负责人“责任状”，抓住改革的关键领导者、组织者、推动者，达到有令必改的目的。

以评促改。针对子企业制定量化的评估规则，引导关注量化指标、关注实效，确保改革形神兼具。

激励促改。设置改革专项奖励，专款专用、定向激励，增加改革推动者的持续动力。

竞争促改。出具评估材料，全系统通报先进与落后，进行提醒、督促，形成良性竞争态势，激励成员单位争当改革的“排头兵”。

监督促改。全过程实时监控进展，即时提醒督促；专项检查、纪委监督、巡视检查同

步开展监督，助推改革（图 2）。

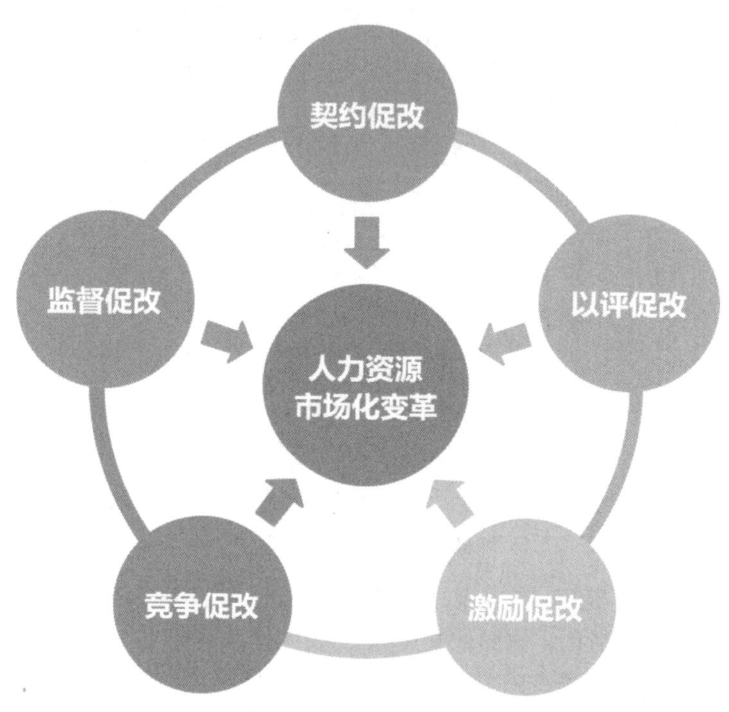

图 2　激励推动模式

五、人力资源管理变革成效

（一）党的领导得到根本性加强，政治定力进一步增强，以实践印证习近平总书记关于国有企业改革的重要论述是国企改革的根本遵循

党的全面领导得到根本性加强，全体干部员工政治定力进一步增强，在思想上政治上行动上同以习近平同志为核心的党中央保持高度一致。以实际行动践行习近平总书记关于国有企业改革的重要论述，印证习近平总书记一系列改革新思想、新理论、新观点是新时代国企改革的根本遵循。

中国原子能整体从“庸懒散浮拖”的被动向担当作为作表率的主动转变，从“等、靠、要、闹”向“比、学、赶、超”转变，国企市场意识淡薄以及根深蒂固的“大锅饭”“铁饭碗”“铁帽子”思想得到根本性扭转。

（二）人才结构逐步优化，人力资源持续高质量发展，优秀人才储备进一步扩容

2021 年博士研究生学历同比增长 122%，高级专业技术人员同比增长 12%，高级技师同比增长 13.2%，工程技术人员同比增长 6.4%，科研开发人员同比增长 35.1%，全国技术能手增长同比 50%。柔性引进 1 名“万人计划”领军人才，30 人入选集团英才培养计划。

（三）机制实现市场化重塑，人力效能取得实质性改善，改革改出了蓬勃生机

1. 机制实现市场化重塑

逐步形成更加成熟，更加定型的现代企业制度，由机关行政式管理机制向现代市场管理机制转变。2021 年中国原子能被国资委评为管理标杆企业，国企改革三年行动获集团公司第一名，改革管理创新成果获中国原子能一等奖并向集团、国资委推荐。

2. 人力效能取得实质性改善

2021 年人均利润同比增长 44%，全员劳动生产率同比增长 11%，人工成本利润率同比提高 20 个百分点，人事费用率增速大幅放缓。

3. 人员活力得到有效激发

逐步全面实现管理人员能“下”、员工能“出”、薪酬能“减”，改革改出新活力，促使“躺平者”从思想上“站起来”、从行动上“跑起来”。

（四）经济效益实现超预期扭转，科技创新数量稳步增长，企业高质量发展迈出重大步伐

1. 经济效益实现超预期扭转

2021 年中国原子能顶住内外严峻经济形势，在某主要产品销售价格下降 30% 的形势下，营业收入同比增长 16%，利润总额同比增长 25%，核燃料主业产品产能跻身世界前列。2021 年中国原子能获中核集团业绩突出贡献奖。

2. 科技创新数量稳步增长

2021 年专利授权数同比增长 4.5%，累计拥有有效专利数同比增长 19%。新增国家高新技术企业 2 户，60% 以上的二三级企业均属于国家高新技术企业。

3. 产业实力迈上新台阶

首炉自主化压水堆核燃料元件（CF3）疫情逆行，在海外三代核电“华龙一号”投运。斩获海外重点市场低浓铀中长期订单，多种产品打入国际一流核燃料企业供应链。

（五）为同类型处于稳定期或处于发展瓶颈期的国企提供了实践经验，具有一定推广价值

中国原子能具有央企特有政治属性、社会属性，经营管理、市场开拓受国家政策、国际形势影响较大，处于经营发展稳定期，因此在把握改革总基调、改革节奏、改革方向、改革突破点上，与完全处于充分竞争领域的市场化企业有一定差异，对同类型国企央企有一定的参考意义。

附件：人力资源管理变革模型

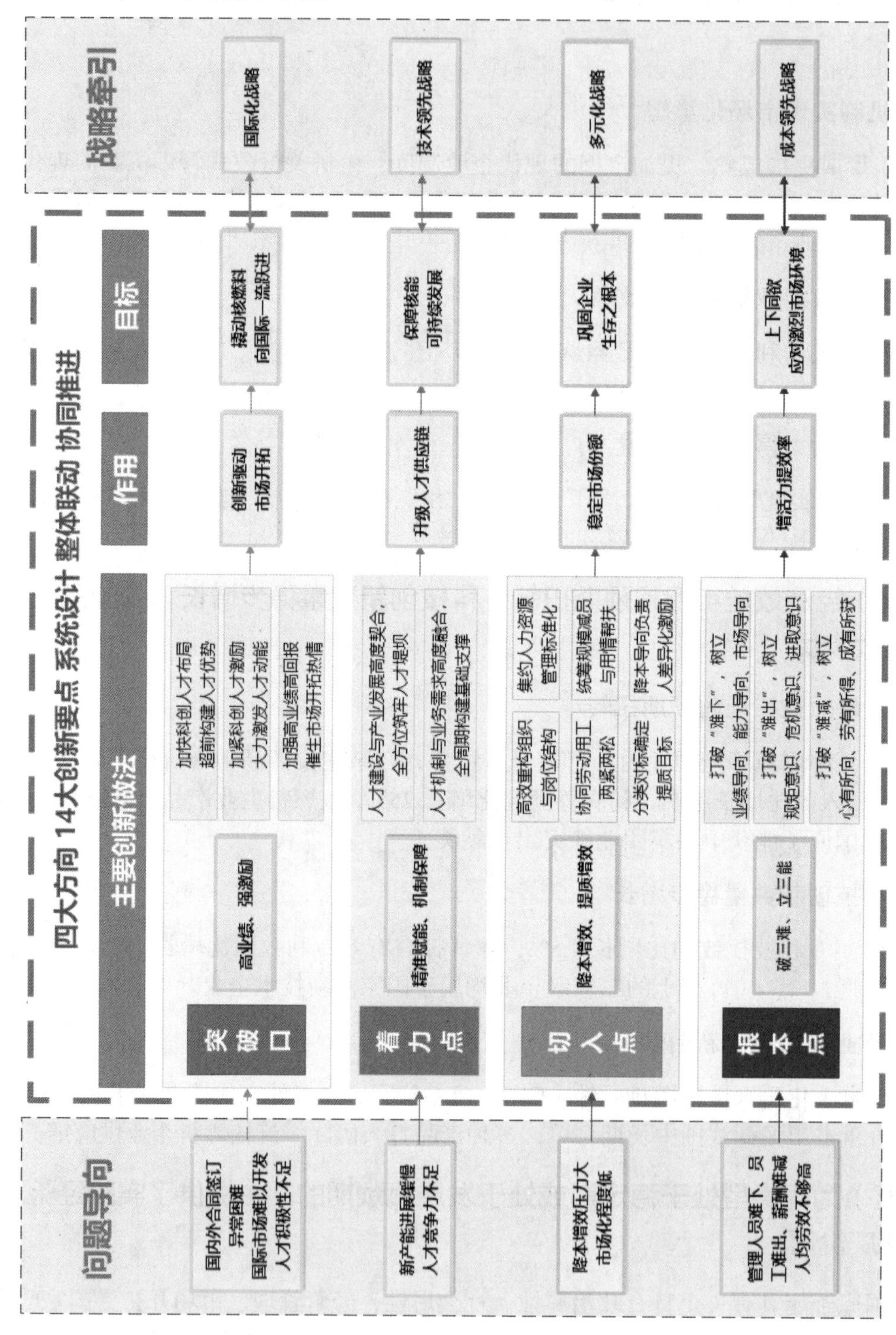

主要创作人：辛　锋、罗小未、金　玲

参与创作人：曾晓玲、李　阳、牛　宁、刘　悦、何乐平

吴端洋、孟　诤、董　立、刘源洁、张　涵

中国重汽集团技能人才聘任管理体系建设

中国重型汽车集团有限公司

一、企业简介

为弘扬工匠精神，树立技能导向，建立以能力和业绩为核心的技能人才晋升体系，中国重汽集团基于岗位价值，重塑岗位图谱，创新聘任机制，强化聘任激励，开创性的搭建了具有重汽特色的技能人才“技能专家+金蓝领”双通道聘任管理体系。

目前，中国重汽集团已制定并下发技能人才聘任管理制度，进一步明确了聘任标准，理顺了聘任流程，完善了聘任方式，丰富了聘任激励，细化了聘任考核，并在集团范围内进行了聘任宣贯和推广。目前，已组织完成集团公司全部主要生产制造单位的技能人才评聘工作，共选拔聘任近15000名技能型人才，其中，助理技师及以上高层次技能人才4600余人，占比30%。

技能人才聘任管理体系的建立及实施，提升了公司人力资源管理水平，全面激发了技能人才的工作激情和工作热情，打造了技能人才激情干事、永争第一的良好氛围和生态，为公司实现“打造世界一流的全系列商用车集团”提供了强有力的人才队伍保障。

二、技能人才聘任管理体系建设实施背景

（一）原技能人才管理存在的问题

存在的问题主要有：（1）原操作族各岗位分类粗放，技能人才与操作人员混合管理，缺乏精准管控、精准激励的基础；（2）原管理体系中，全部技能人员薪酬单纯与产量挂钩，重“量”轻“技”，未实现以技能获得报酬，薪酬激励的技能导向不突出；（3）技能人才缺少晋升通道，技能、业绩、荣誉无法与晋升挂钩，工匠精神缺乏在一线落地的土壤，不利于高技能工匠队伍培养；（4）对技能水平要求较高的技术支持类人员，没有单独的技能和业绩双挂钩导向的薪酬体系。

（二）技能人才聘任实施的必要性

1. 弘扬工匠精神，推动制造业转型升级的需要

工匠精神是中国制造和中国创造的灵魂，大力弘扬工匠精神，加强技能人才队伍建设，

是助力中国重汽转型升级、向智能制造迈进的坚强基础和必然选择。

2. 落地战略目标，打造世界一流的全系列商用车集团的需要

生产一流产品，打造一流企业，实现世界一流的全系列商用车集团的战略目标，离不开广大操作人员的激情和奉献，离不开先进有效的技能人才管控体系。打造一支高素质、高水平、高能力的“三高”技能人才队伍，已成为提高产品质量和核心竞争力，推动企业创新驱动发展，实现高质量转型的迫切需求。

3. 推动企业变革，全面深化三项制度改革的需要

2019 年以来，中国重汽集团坚定不移推进三项制度改革。改革成功需要全体员工的积极参与和认可支持，中国重汽集团技能人才队伍人员数量最多、群体最大、比例最高，打通技能人才队伍的晋升通道，让技能人才参与改革过程，共享改革红利，是保证改革成功的重要有利因素，也是全面完成中国重汽集团三项制度改革目标的重要保障措施。

三、技能人才聘任管理体系建设主要做法

（一）搭建技能人才双晋升通道

1. 精准分类，聘任范围全覆盖

技能人才聘任，对岗位进行全面梳理，结合中国重汽集团实际，完善岗位体系，编制岗位图谱，在操作族下设 4 个类，35 个子类，实现了对操作族岗位的全覆盖。

在全新搭建的岗位体系和岗位图谱的基础上，本次技能人才通道建设，分类和子类精准设计，并开创性的将劳务派遣用工纳入聘任范围，确保覆盖所有操作族岗位的同时，实现对不同用工类型技能人才的全覆盖，充分响应全员共享改革发展红利这一理念。

2. 岗位价值精准评价，基于岗位价值实施聘任

为了实现对岗位价值的精准评价，有针对性的开展技能人才聘任，以岗位体系和岗位图谱为基础，结合单位实际，按照整车、总成、零部件三类单位，开展岗位价值评价工作。

过程中，组织各领域专家成立价值评估专家组，从技能要求、培养周期、岗位关键性三个价值要素对岗位开展评估工作，对于技能要求高、培养周期长的技术支持和辅助服务类岗位，评定 A、B、C 三个等级岗位类型，对于技能要求单一、培养周期短的生产操作和辅助操作类岗位，评定 A 类和其他类两个等级岗位类型，为晋升通道搭建、职数确定等后续聘任工作，提供重要、精准输入。

3. 基于岗位特点，搭建梯次晋升双通道

为形成良好的一线操作族工人的成长牵引，基于岗位性质和岗位价值，分类搭建了技能专家和金蓝领双晋升通道。

（1）技能专家晋升通道：适用技能要求高、培养周期长的技术支持和辅助服务类岗位，以培养高技能水平的大国工匠为导向，牵引技能人才不断提升专业技能水平。技能专家晋

升等级由低到高为“高级工 – 助理技师 – 技师 – 高级技师 – 首席技师”。

（2）金蓝领晋升通道：适用技能要求单一、培养周期短的生产操作和辅助操作类岗位，以提升生产效率为导向，牵引技能人才不断提升工作效率和产品质量。金蓝领晋升等级由低到高为“高级工 – 助理技师 – 技师 – 高级技师”。

（二）制定科学、细化聘任标准

针对传统聘任标准单一性、片面性、局限性等问题，结合企业实际情况，经多次调研和试点验证，从基本素质、知识技能、组织贡献等维度，创新制定“基本能力要求 + 组织贡献要求”的技能人才聘任新标准。

基本能力要求是聘任到某一等级的技能人才所需具备的基本要求，包括工作经验、年度考评、学历等（表 1）；组织贡献要求是聘任到某一等级的技能人才所需具备的业绩和能力，包括技术创新成果、改善提升项目、荣誉称号、论文、专利等。

表 1　技能人才聘任标准

<table>
<tr><th rowspan="2">任职条件
聘任等级</th><th colspan="2">基本能力要求</th><th colspan="2">组织贡献要求</th></tr>
<tr><th>学历及工作经验</th><th>年度考评结果</th><th>技能专家</th><th>金蓝领</th></tr>
<tr><td>高级工</td><td>--</td><td>--</td><td>--</td><td>--</td></tr>
<tr><td>助理技师</td><td rowspan="4">** 及以上学历或取得 ** 及以上职业资格，具备一定年限的工作经验；
、 学历或取得 ** 及以上职业资格，具备一定年限的工作经验。</td><td>--</td><td>*</td><td>*</td></tr>
<tr><td>技师</td><td>--</td><td>*</td><td>*</td></tr>
<tr><td>高级技师</td><td rowspan="2">近三年考评结果为 * 或合格及以上</td><td>*</td><td>*</td></tr>
<tr><td>首席技师</td><td>*</td><td>--</td></tr>
</table>

为保证聘任标准的科学细化，实现技能人才的精准聘任，对组织贡献赋分建立分级（按照国家级、省级、市级、集团公司级，并考虑排名）赋分规则，并根据不同通道的价值导向，设置不同的聘任赋分要求（表 2）。

（三）创新技能型人才评聘方法

针对传统评价方式存在的主观性强、维度单一等系列问题，本次技能人才评聘创新采用以 360 度测评为主、笔试、实操为辅的方式进行。

360 度测评从技能水平、工作业绩、理论知识和通用素质 4 个维度全方位的对技能人才进行评价，评价关系按照同部门上级、平级、下级或其他部门具有客户关系的平级选取，通过合理设置评分占比，确保评价结果客观、准确，综合笔试、实操成绩，强制比例分布，让真正具有较高技能水平的人才脱颖而出。

表 2　组织贡献赋分标准

项目		级别		等级	1	2	3	4	5	说明
一、专业贡献	技术创新成果	市级及以上		*	*	*	*	*	*	
				*	*	*	*	*	*	
				*	*	*	*	*	*	
		集团公司级		*	*	*	*	*	*	
				*	*	*	*	*	*	
				*	*	*	*	*		
		单位级		*	*	*	*			
				*	*	*				
				*	*					
		新体系		*	*					
				*	*					
				*	*					
				*	*					
			提案人	*	*					
				*	*					
				*	*					
				*	*					
				*	*					
				*	*	*	*			
				*	*	*	*			
				*	*	*	*			
				*	*	*				
			实施人	*	*	*				
				*	*	*				
				*	*					
				*	*					
				*	*					
	获得荣誉	国家级			*					
		省级			*					
		市级			*					
		集团公司级（行业）			*					
		单位级			*					
	发表论文	核心期刊			*	*	*			
		行业公开发表期刊			*	*	*			
		集团公司级期刊			*	*	*			
	专利	发明专利			*	*	*	*		
		实用新型专利			*	*	*	*		
		外观设计专利			*	*	*			
二、其他	职业资格	高级工		技师		高级技师		与从事职业（工种）相同或相近		
		*								
	年度考核	连续三年考评结果						以单位认定的近三年考核结果为准		
		*								

其中，360 度测评中的理论知识和通用素质 2 个维度，能够很好的把企业文化建设与技能人才队伍建设有机融合，充分调动、激发了技能人才的积极性、主动性和创造性，进一步增强了企业人才队伍凝聚力。

（四）创新技能人才聘任激励

1. 打破“唯学历资历论”，让能者出、能者上

为加速高水平技能人才快速成长，中国重汽集团制定了破格聘任规则（表 3），对掌握高超技能、复合技能、有突出业绩且对企业做出重大贡献的优秀技能人才，打破学历、资历和聘任比例等条件限制，实施高等级（高级技师、首席技师）破格聘任，鼓励更多的优秀技能人才脱颖而出。

表 3　破格条件

序号	所获荣誉	聘任等级	适用通道
1	世界技能大赛荣誉；国家级技能大赛等荣誉； 中华技能大奖、全国技术能手等技能类荣誉； 大国工匠、齐鲁工匠等荣誉； 具备一定数量技术秘密 / 发明专利	首席技师	技能专家
2	国家级技能大赛等荣誉； 全国 QC 成果或国家级协会技能成果； 省级技能大赛等荣誉； 齐鲁首席技师、市级工匠等荣誉； 具备一定数量技术秘密 / 发明专利	高级技师	技能专家 金蓝领
备注	以上荣誉称号根据实际动态补充		

通过破格聘任，中国重汽集团共聘任首席技师 5 名、高级技师 8 名，挖掘了一批获得国家级省市级等技能荣誉的高水平技能人才，树立了一批高水平、高技能、高素质的技能人才榜样标杆。

2. 重塑技能人才薪酬导向，能力与业绩双挂钩

为充分激发技能人才的工作积极性，本着“以技能定薪、以绩效定薪”的原则，对技能人才实行“调结构 + 重激励”的全方位薪酬激励，实现了技能人才积极主动、激情干事的良好激励效果。

（1）调结构。考虑到技能人才岗位性质和工作内容的差异，对技能专家和金蓝领 2 种类型的技能人才分别进行薪酬结构调整。其中，技能专家套入操作族薪酬体系，薪酬结构调整为岗位工资 + 绩效工资 + 技能激励；金蓝领执行班产量日工资，薪酬结构调整为班产量日工资 + 技能激励。

（2）重激励。对于聘任到助理技师及以上等级的技能人才，增加技能激励，首席技师每月 2000 元，高级技师每月 1000 元，技师每月 500 元，助理技师每月 300 元，与原技能人才补贴首席技师最高每月 300 元相比，奖励额大幅提升。

3. 建立“转正直通车”，调整用工结构

为营造公平的用工环境，持续优化技能人才队伍用工结构，中国重汽集团将劳务派遣人员纳入技能人才聘任范围，为劳务派遣技能人才建立转正录用直通车，为劳务派遣人员提供良好的成长环境和广阔的成长空间。

对于聘任到助理技师及以上等级的劳务派遣人员，满足年龄条件即可以转为合同制员工，打通了劳务派遣人员转合同制员工通道，极大激发了劳务派遣人员的工作积极性，增强他们对企业的认同感和归属感。

（五）建立科学的聘任流程

为保证技能人才聘任工作做到公平、公正、公开，中国重汽集团建立了科学的技能人才聘任制度流程，采取方案审核、过程监督、结果审批等一系列保障性措施，具体流程如下：

（1）成立小组：各单位成立技能人才聘任领导小组、工作小组和监督小组，全面负责本单位技能人才聘任工作。

（2）方案提报：各单位形成并提报本单位《技能人才聘任实施方案》。

（3）方案公示：经集团公司审批同意的《技能人才聘任实施方案》需进行公示，公示期不少于 3 个工作日。

（4）报名审核：员工个人填写《技能人才申报表》,单位严格按照基本条件审核报名资格。

（5）组织测评：单位根据实际，有序组织开展 360 度测评。

（6）确定拟聘：根据测评结果，单位领导小组研究确定拟聘人员名单，开展技能专家薪酬套改工作。

（7）任前公示：经集团公司审批同意后，单位对拟聘人员进行为期 3 个工作日的公示。公示后，单位下发红头聘任文件，办理相关聘任手续。

（六）搭建动态管理机制

1. 建立新进人员套入机制

为满足新引进技能人才聘任的需要，对以社会招聘、校园招聘、退伍安置、转正录用等方式引入的技能人才，建立了科学、高效的新进人员套入机制。

为保证套入机制的科学性和高效性，按照进入渠道分类建立了套入规则，简化聘任流程。其中，社会招聘的技能人才，由各单位成立技能人才专家组参照技能人才基本能力要求及破格条件要求进行评定；校园招聘、退伍安置的技能人才，按照从事岗位类型、学历拟定聘任等级和薪酬结构。

2. 建立技能人才动态管理机制，实现“能上能下、能进能出”

结合年度绩效考评，配套专项考核机制，中国重汽集团设计了对技能人才进行专业、科学的综合考评机制，建立了技能人才晋升、降级和解聘动态管理机制。

（1）晋升机制。技能专家在聘任等级对应薪级区间内可通过累计积分晋升薪级薪等，满足跨层晋升条件的，可申请跨层晋升到更高等级；金蓝领根据年度考评结果实行奖金激

励，满足跨层晋升条件，可聘任至高等级（表 4~ 表 5）。

表 4　技能专家跨层晋升路径

现等级	跨层薪级薪等	晋升内容	跨层晋升条件			
			积分条件	基本条件	组织贡献赋分（不含年度考核赋分）	360 度测评
**	**	**	**	**	**	**

表 5　金蓝领跨层晋升条件

已聘等级	拟晋升等级	近三年考评结果要求	考评结果计算周期	组织贡献赋分（不含年度考核赋分）	组织贡献赋分计算周期	360 度测评
**	**	**	**	**	**	**

（2）降级解聘。对于年度绩效考评不合格的技能人才，实行降级或解聘，同时对高等级的首席技师和高级技师额外进行专项考核，不符合专项考核要求的，实行一票否决，进行降级。首席技师和高级技师专项考核要求是需要获得单位级及以上技术革新成果或组织贡献赋分（不含年度考核赋分）不低于专项考核标准分且完成一定数量高等级现场改善项目。

四、技能人才聘任管理体系建设实施效果

（一）营造了技能人才激情干事的良好生态

技能人才评聘、激励、动态管理一体化管理机制，打通了技能人才“技能专家 + 金蓝领”双晋升通道，实现了技能人才“待遇 + 荣誉”双重激励，充分调动技能人才的工作热情，激发了技能人才的内在创新动力，提升了技能人才的工作成就感，营造了技能人才激情干事的良好生态。

（二）推动中国重汽集团三项制度改革落地

通过开展“技能专家 + 金蓝领”技能人才聘任工作，共完成近 15000 名技能人才的聘任，大幅提升高水平技能人才收入，让更多技能人才共享改革红利，认可支持并积极参与三项制度改革；同时，通过建立技能人才动态管理机制（晋升、降级、解聘），保持已聘技能人才队伍的活力，推动已聘技能人才队伍实现“等级能上能下、人员能进能出、收入能高能低”，为全面推动三项制度改革落地提供助力。

（三）助力中国重汽集团高质量转型升级

从制度和机制上入手，中国重汽集团建立了技能人才成长发展的平台，把弘扬工匠精

神与技能人才队伍建设有机融合，充分调动、激发技能人才的积极性、主动性和创造性，初步打造了一支满足中国重汽集团发展需要的高素质、高水平、高能力的“三高”技能人才队伍，为企业高质量转型发展注入了活力和动力，为实现“打造世界一流的全系列商用车集团”战略目标奠定坚实的基础。

主要创作人：李庆洋、刘　柯

参与创作人：张　伟、黎　群、张　慧、李保龙

扎实推进“双向挂职”，破解青年技术人才培养难题

中国石油天然气股份有限公司辽河油田分公司

一、企业简介

在辽河油田公司四届三次职代会暨2022年工作会议上，公司党委将人才强企作为“六大战略工程”之一，强调“重点要抓住人才队伍这个成事之要，大力推进‘人才强企工程’”。集团公司党组副书记段良伟在集团公司人才强企工程推进年启动会上强调：“以工程思维推动落实人才强企战略举措，把优秀人才集聚到集团公司推进高质量发展进程中来，让人才的创造活力竞相迸发、聪明才智充分涌流，不断开创人才工作新局面。”

一直以来，辽河油田公司（以下简称油田公司）牢固树立“人才是第一资源”理念，尊重知识、尊重人才、尊重创造，以先进理念集聚培养各方面优秀人才，其中博士和硕士2000余人，培养各级技术专家400余人；先后攻克了一系列勘探开发技术难关，取得科技成果5800多项。技术人才作为科研攻关的核心竞争力，是技术进步的决定性要素。面对员工队伍年龄结构老化等现实问题，青年科技人才的培养和储备显得尤为重要。通过认真梳理公司专业条带和技术人才分布，对当前专业技术人才队伍现状和面临的形势进行了分析总结，发现人才培养途径不够丰富等问题显得尤为突出。

油田公司2019年以来分别选派两批科研单位青年专业技术骨干到采油生产单位挂职锻炼工作，旨在破解人才培养载体不够丰富、人才交流不够充分的难题，促进专业技术人才培养，取得了良好成效。在此基础上，2021年，油田公司面向所属科研生产单位开展了“双向挂职”交流工作，以科研项目历练、生产一线淬炼为主，辅以高端精准培训等措施，促进青年专业技术人才成长，不断激发其创新创造活力。

二、主要做法

（一）建高效能保障机制

为确保“双向挂职”工作落实落地，干出成效、育出人才，油田公司建立了“一揽子”的政策保障机制。

1. 一对一跟踪辅导

接收单位结合挂职人员的专业特点，“一对一”落实指导老师，负责日常工作指导和培训帮助，在挂职过程中发挥“传帮带”作用。

2. 全方位支持保障

派出单位安排挂职人员在挂职期间完全脱离原工作岗位，保留原待遇和岗位，未经上级油田公司批准不能随意抽回挂职锻炼人员，确保挂职人员全身心投入工作。接收单位安排具体挂职岗位，要按有关规定办理挂职人员的任（聘）免手续，给予必要的工作支持和生活支持。

3. 全过程考核评价

挂职人员要杜绝“过客”思想和“镀金”观念，将党组织关系转入挂职单位，认真参加组织生活，服从管理，在挂职岗位上作出应有贡献。接收单位明确挂职人员的工作目标、任务、要求，挂职期满后形成书面评定意见。挂职人员回到原单位后，向所在单位汇报挂职锻炼情况、分享学习收获，组织人事部门将其表现作为评先选优、提拔晋升等工作的日常考察情况依据。

（二）选代表性技术骨干

近年来，科研单位接收的高校毕业生普遍具备较高的专业理论素养，但由于缺乏油田基层一线实践经验，容易造成科研与实践脱节；而采油生产单位部分专业技术人员缺乏必要的科研项目攻关经验。通过以解决现场生产实际问题为导向，充分征求各单位意见和建议，优先考虑采油单位实际需求，确定了参与“双向挂职”实施范围和人选确定程序。首先采油单位突出思想政治素质，综合考量专业技术水平和科技创新能力，优选40岁以下青年技术骨干，提出挂职人选推荐建议。油田公司根据各单位挂职锻炼需求，结合初步人选的岗位经历，与科研单位协调确定最终人选，将他们选派到业务关联度高、针对性强的岗位进行挂职锻炼，做到任实职、干实事、真锻炼。经研究，首次共确定16名青年技术骨干参与“双向挂职”锻炼，其中科研单位8人，采油生产单位8人，平均年龄34.1岁。

（三）育复合型技术人才

在油田公司统一安排部署下，各单位高度重视，充分依托科研生产实际难题，全力营造良好挂职环境，为挂职人员搭建了生产一线实践锻炼、参与科研项目的成长实践平台。

1. 制定目标明确路径

安排科研单位企业技术专家、一级工程师，生产单位地质工艺研究所领导等作为挂职人员指导师傅，签订师徒合同，明确挂职人员成长第一责任人。注重引导挂职人员结合自身工作岗位、专业特长，精准把握原岗位和实践岗位技术工作结合点，制定学习工作目标，明确实践路径。高升采油厂张硕在钻采工艺研究院一级工程师吕民的指导下，制定了挂职锻炼“五大目标”，明确了理论学习、方案设计、科技攻关、现场应用等实践计划。

2. 量身选定科研项目

为给采油生产单位挂职骨干创造参加科研项目历练机会，提升技术能力、补齐实践短板，根据挂职技术骨干分类量身定制科研项目套餐，安排参与挂职单位技术交流、立项研讨、总结汇报；坚持以需求为导向，根据挂职人员需求提供广泛的轮岗培训和专项培训，使其全面掌握实习单位技术体系和各岗位特点。钻采工艺研究院与高升采油厂针对压裂防砂项目，与沈阳采油厂结合沈 625、沈 273 区块压裂项目，与欢喜岭采油厂重点结合锦 16 化学驱项目等，让互派的挂职人员都找准切入点。在拉近理论与实践、科研与生产的关系同时，让挂职人员和双方单位有更多收获。

3. 建立跟踪交流机制

坚持全过程管理，动态跟踪挂职人员工作进展，要求挂职人员按月提交学习实践总结，适时组织交流汇报；所在实践单位定期开展座谈交流，对挂职人员工作学习情况进行定期督导，确保实践锻炼落地见效。各单位充分发挥党建优势，依托“党建联盟”人才培养互嵌载体，实施精准落实保障机制，畅通了科研生产单位间业务和人才联络渠道。

三、实施效果

2021 年底首批“双向挂职”期满后，油田公司组织了总结汇报，16 名青年技术骨干汇报了实践锻炼情况，参与人员普遍反映“双向挂职”是提升自身眼界格局、锻炼业务水平、充实技术知识、转换思维方式的重要载体，也进一步顺畅了各单位间的技术和人才的交流通道，架起了科研联合攻关桥梁。

1. 人才综合素质不断提升

科研单位挂职人员通过到采油生产单位挂职锻炼，加深了对生产一线各种地质条件、工艺措施的理解，锻炼了组织协调能力，完善了工作思路，强化了科研工作的目的性、实效性和创新性。生产单位挂职人员通过亲身参与科技攻关项目，了解了项目从立项、攻关、试验、应用与结题的全过程；通过参加各类专项技术培训，技术水平得到大幅度提升；逐步打破思维局限，拓宽视野，坚定了立足岗位科技攻关的决心和信心。钻采工艺研究院陈楠在高升采油厂挂职期间，通过参与不停机间抽试验、超临界注汽及注水配套完善等技术的现场实践及监督，与自身长期的科研工作经历相互印证，深刻地认识了油井防砂工艺对一线生产的支撑作用。欢喜岭采油厂仲超在钻采工艺研究院挂职期间，开展了调剖调驱配方体系研究工作，为锦 16 化学驱中后期调剖、欢 26 块下步调驱打下坚实的理论和实验基础；参与完成的《油井选择性酸化解堵技术研究与应用》科研项目获得油田公司 2021 年度科技进步二等奖。

2. 科技联合攻关效果显著

挂职人员共牵头或参与编制油田开发方案 24 个，部署井位 130 口；参与完成《注水油田防砂试验与研究》等科技攻关项目 23 个，为油田公司各区块增产增储、提质增效提供了有力的科技支撑。茨榆坨采油厂陆美玲在勘探开发研究院挂职期间，在师傅指导下相继完成了《茨榆坨油田茨41块扩边研究》《茨榆坨油田龙606块深层砂岩储层研究》等项目的研究工作，取得了显著效果。勘探开发研究院葛明曦牵头曙光采油厂和院技术人员成立馆陶SAGD项目组，定期到现场检查，对生产异常井组及时分析、观察井描述井组汽腔发育形态，调整注汽井点，培育蒸汽腔。最终《馆陶整体调控方案》项目获批各类井20口，增加动用储量50万吨，为曙光SAGD上产1600吨奠定了坚实的基础。

3. 技术交流应用持续增强

挂职人员直插一线调研了解生产难题，充分利用科研单位技术储备优势，促进了科研单位与生产单位紧密结合，开展技术交流20余次，累计推广应用成熟技术25项260余井次，取得了良好的社会效益和经济效益。与此同时，挂职人员为生产单位搭建了地质专业软件、举升设计优化软件等应用平台，共计开展软件类技术培训10余次，极大提升了生产单位专业软件应用水平，提高了工作效率。钻采工艺研究院何强在欢喜岭采油厂挂职期间，先后参与各类工艺措施施工40余井次，充分运用油田化学工艺技术优势，与欢采合作完成了含泥砂原油资源化利用技术应用，共处理稀释后的含泥沙原油及浮渣87614吨，节约处理费用约2767万元，实现“产出处理平衡、资源化再利用”，被欢喜岭采油厂选定为提质增效典型案例报送到油田公司。

“国势之强由于人，人材之成出于学”。人才是企业发展的第一资源，是科技兴油的不竭动力。辽河油田公司将持续构建常态化的组织保障机制，不断加强青年技术人才的培养和储备，把“双向挂职”打造成人才培养、技术交流、联合攻关、成果共享的平台，为油田公司高质量发展提供人才支撑和智力支持。2022年，油田公司全面提升参与“双向挂职”单位覆盖面和挂职人数，32名来自各科研生产单位的青年技术骨干，已相继奔赴新单位新岗位。

主要创作人：赵万辉

参与创作人：李云峰、孔令坤

基于新上管理岗位人员个性特征的精准滴灌式培养实践

国网天津市电力公司培训中心

一、企业简介

国网天津市电力公司是国家电网有限公司的子公司，负责天津电网规划、建设和运营，致力于为天津经济社会发展提供清洁低碳、安全高效的电力能源供应。供电面积 1.19 万平方公里，供电户数 715.9 万户。截至 2021 年底，资产总额 814.79 亿元，资产负债率 55.63%；2021 年售电量 817.8 亿千瓦时，营业收入 482.95 亿元，业绩考核和内部对标均位列国网第 4，创历史最好成绩。

天津是我国最早用电的城市之一，电力工业起始于 1888 年，至今已有 133 年的历史。截至 2021 年底，天津电网共接入各类电厂 116 座，发电装机容量 2192.45 万千瓦；建成 1000 千伏变电站 1 座，500 千伏变电站 10 座，220 千伏变电站 89 座，电网保持安全稳定运行。

近年来，国网天津电力以习近平新时代中国特色社会主义思想为指导，深入贯彻“四个革命、一个合作”能源安全新战略和“双碳”目标要求，以钉钉子精神落实习近平总书记来津视察指示精神，努力在建设具有中国特色国际领先的能源互联网企业中“干在实处、走在前列”。历时三年竣工“1001 工程”，构建“两通道一落点”特高压受电格局，基本建成 500 千伏“三横两纵”双环网，提前一年完成“煤改电”和农网改造升级，天津电网加速向能源互联网转型升级。建成首批智慧能源小镇、省级综合能源服务中心、城市能源大数据中心、津门湖新能源车综合服务中心等一批标志性项目，配网带电作业机器人分获天津市和国网公司科技进步一等奖，并立项首个国际标准，建成核心区 0.9、市区 3、郊区 5 公里充电服务圈，打造了智慧能源示范样板。实施津碳“3060”电力行动，发布全国首个政企合作的电力“双碳”先行示范区实施方案，发起成立全国首个“双碳”产业联盟，服务天津港建成全球首个零碳码头，牵头筹建天津碳达峰碳中和运营服务中心，天津电力“双碳”工作迈出坚实步伐。出台“电十条”“双十条”等系列举措，助力天津连续两年获评全国营商环境标杆城市。作为国网系统唯一单位开展深化改革综合试点，两家单位之一获评国务院国资委管理标杆企业。党建考核保持国网前列，被中国工经联授予全国首家企业可持续发展创新实践基地。先后涌现出“时代楷模”“改革先锋”张黎明、“中国好人”王娅、全国劳模黄旭等一批先进典型，“个体先进”向“群体先进”升级经验获央企党建优秀研究成果一等奖，理论成果由人民出版社出版。

二、案例成果背景

近年来，部分培训在培训理念和思维依然停留在“大水漫灌”的培训模式上，培训方式和手法单一，培训内容宽泛，热衷于举办规模大、笼统性的培训，过于讲求参培人员多、培训场面大，往往把不同专业、不同岗位、不同部门的人员硬生生地拉在一起培训，不仅达不到预期的培训效果，还造成培训资源的极大浪费。基于此培训背景下，天津电力对新上管理岗位人员进行“精准滴灌”培养实践，改传统培训模式的“大水漫灌”为“精准滴灌”，即将培训内容精准化和模块化、培训方式场景化，让培训进专业、入班组、到岗位，切实有效地起到精准培训的积极作用，提升培训水平，扩大培训效益。

三、案例整体思路

为实现新上管理岗位人员能力素质全方位提升，本项目基于新上管理岗位人员的实际情况，采用“用旧斗，装好酒”的策略思想，创新提出“3S”滴灌式培训系统：（1）系统（Systematic）规划：在项目实施过程中通过对岗位要求、人员特征的精准分析，构建能力素质模型；并基于能力提升需求进行精准对应，设计培养内容、匹配培养形式、加强培训保障，搭建新上管理岗位人员全流程“精准滴灌式培育系统”，做到全系统机制通畅、流程可闭环；（2）精准（Subtle）培育：以“缺什么补什么、缺多少补多少、何时缺便何时补”为核心主题，基于现状调研得到：管理人员能力现状与设计的能力素质模型之间的差异对比，针对性的设计策划新上管理人员能力提升培训，为“精准滴灌式培育系统”通水蓄池，做到培训能精准控制，资源随需配；（3）高效（Speedy）评估：通过学员专项课题路演、最佳岗位实践评选等评估方式，确保新进管理人员培训得到跟进追踪，利用评估－反馈－迭代机制，确保新进管理者学有所获，获有所得，通过配置“精准滴灌式培育系统”评估自检模块，保障流程闭环，实现体系和流程自优化，助力目标落地（图 1）。

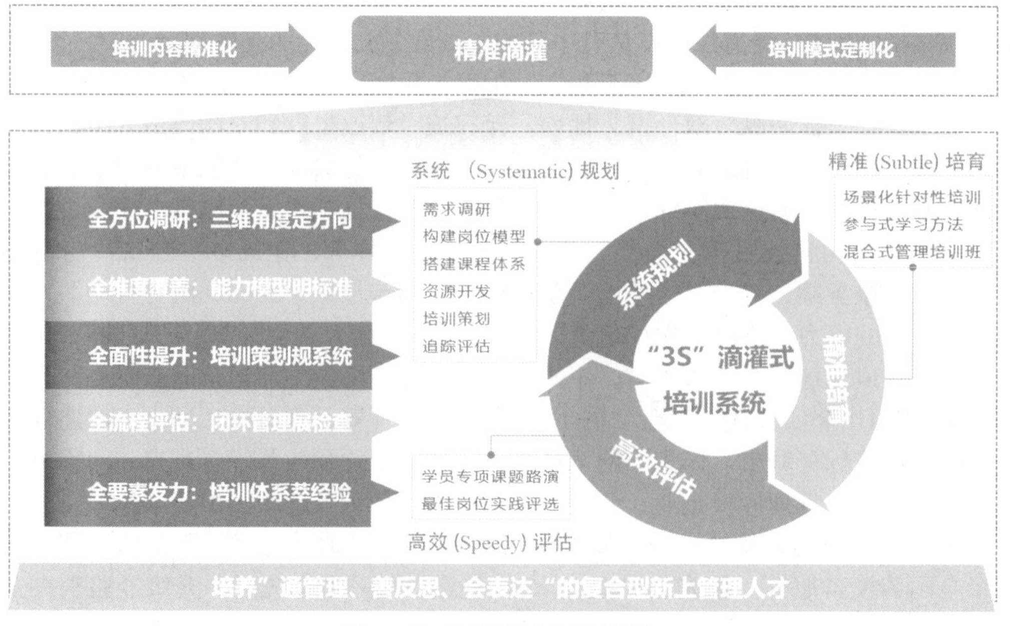

图 1 “3S”滴灌式培训系统

项目以构建培训内容精准化和培训模式定制化的“3S”滴灌式培训系统为目标，主要通过系统规划、高效评估、精准培育来培养“通管理、善反思、会表达”的复合型新上岗位管理人才。具体实施步骤为全方位调研、全维度覆盖、全面性提升、全流程评估和全要素发力五大步骤。并在五全具体实施过程中，通过需求调研、构建岗位模型、培训策划、培训评估等措施实现“3S”的系统规划；运用场景化针对性培训、参与式学习方法、混合式管理培训班等方式实现“3S”的精准培育；依托学员课题专项路演、最佳岗位实践评估等方法实现“3S”的高效评估。

四、案例成果措施

（一）全方位调研：三维角度定方向

采用问卷调查、结构化访谈、资料分析、数理分析等调研方法，基于此项目的实际情况，对新上管理岗位人员、绩效经理人、天津电力培训中心项目负责人围绕新上管理岗位人员的培训现状、培训痛点、培训期望三个方面进行三维全面需求调研。并对调研结果进行需求分析，确定初步培养目标成果，并编制了新上管理岗位人员的“精准滴灌”式调研分析报告，为后续搭建能力素质模型、设计培训策划等方面奠定理论支撑，指引实施方向。

（二）全维度覆盖：能力模型明标准

基于需求调研分析结果，构建“三维”能力模型，“三维”能力模型是以“铸魂、强根、聚力”三个维度为基准构建的模型，通过问卷调查、结构化访谈、资料分析等调研方法，系统梳理新上管理岗位人员实际需要从事的管理活动或工作内容，列出工作差异，为构建新上管理岗位人员能力素质模型提供基础。天津电力按照理论、实证双循环验证方式，通过“编码（获取关键信息）、解码（提炼能力要素）、形成初稿（形成模型框架）、验证补充（审定补充内容）和定稿（编制模型成果）”五大步骤，全方位系统梳理、多角度交互验证，最终形成新上管理岗位人员通用“三维”能力素质模型，使新上管理岗位人员的培训体系有了全新的设计核心和方向（表1）。

表1　新上管理岗位人员能力素质模型

指标维度		能力素质指标		
		一般管理人员	四级副职	四级正职
“铸魂”	政治素养	政策理论	政策理论	政策理论
		清正廉洁	清正廉洁	清正廉洁
		忠诚担当	忠诚担当	忠诚担当
“强根”	自我驱动	系统思维	全局思维	战略思维
		与时俱进	推动创新	开拓创新
		积极主动	精益求精	追求卓越
“聚力”	团队管控	计划组织	协同增效	使众人行
		决策判断	有效决策	经营决策
		发展他人	培育人才	战略落实

（三）全面性提升：培训策划规系统

1. 培训内容

根据管理人员的能力现状调研结果和“三维”能力素质模型的差距对比，对学员共性化的不足进行分析，首先基于不足情况、岗位工作要求、工作任务设计对应的课程课件，进行课程课件、新上管理岗位人员培训指导手册、讲师手册的开发，做到学员缺什么补什么；其中课程课件的开发内容包括但不限于管理意识、大局意识、沟通协调能力、目标计划能力、问题解决能力、自我完善意识、高效汇报工作技巧、战略解读落实等；其次基于调研分析的学员共性问题，明确哪些能力需加大力度培训，哪些能力需要蜻蜓点水的能力，做到学员缺多少补多少；最后基于工作实际设计安排学习计划，做到学员何时缺便何时补；让培训到岗位、到专业。

2. 培训方式

采取专家工作坊的方式，针对学员群体性质和培训内容，匹配科学合理的培训方式。在本次培训中，根据新上管理岗位的实际工作情景、所遇到的工作困难、工作的经验总结，创新开展了场景化的针对性培训：结合日常工作中遇到的各种问题查找原因，寻找解决办法，并采取理论加实践的方式，将新上管理岗位人员组织到现场进行实操培训，使培训收到了良好的效果（如关键性决策、下属谈话等场景化培训）。并采用多维主线教学、讲授、讨论、练习、案例教学、影视教学、角色扮演、情境模拟、头脑风暴、世界咖啡等多种参与式学习方法与之搭配培训，整个培训过程注重训练环节，强调学员感受和能力提升（表 2）。

表 2　培训内容

/	第一单元	第二单元	第三单元
培训方式	封闭培训	封闭培训	集中指导
9:00–16:30，白天 6 小时	培训指导	培训指导	总结规划
18:00–21:00，晚上 3 小时	落地模拟	落地模拟	/

3. 培训资源

针对“精准滴灌”的培训内容和培训方式进行系统的规划，主要为师资力量和课程资源两个方面。在师资力量上，天津电力不断的培养内训师在滴灌培训上的能力，并不断增强内部师资和外部师资的力量，保障滴灌式培训有条不紊地展开；在课程资源上，包括课程 PPT、讲师 PPT、能力测评、心理测评、学员手册等，根据培训内容和培训方式，组织内外部研讨，成立成果审核小组，保障课程资源的开发无误。

（四）全流程评估：闭环管理展检查

培训的评估追踪在每一阶段为培训的高效落地、学员的目标收获做强有力的保障。在本项目中，主要通过学员专项课题路演、学员最佳岗位实践评选两种评估方式全方位的检验学员培训学习成效。学员专项课题路演即在培训完成后根据培训内容进行专项汇报，如：管理意识专项汇报路演、问题解决能力专项汇报路演、目标计划能力专项汇报路演等，汇报专题学员可自行选择；最佳岗位实践评选即学员在培训结束后，回到工作岗位的后 3 个月，根据培训内容实践落地的实际运用情况展开最佳岗位实践评选。且在培训实施全过程中围绕培训师对学员的反映、学员的学习行为、学员对学习任务的掌握三个维度进行评估追踪，不断优化培训系统和管理流程节点，确保每一个培训内容准确无误地输送给学员。

（五）全要素发力：培训体系萃经验

为推动项目成果落地应用，促进天津电力新上管理岗位人员的综合素质提升，项目完成后，项目组组织项目成员总结提炼项目经验、工具及方式方法，对新上管理岗位人员的精准滴灌式培训进行模式沉淀，形成典型项目经验报告，以点带面，并对原有的培训体系进行优化迭代，促进天津电力精准滴灌式培训的全面发展，打造天津电力培训的标杆项目。

五、案例成果效果

（一）企业内部效益

1. 出影响

通过展开场景化的针对性培训方式 + 参与式的学习方法，极大的提升了学员学习兴趣和意愿，形成良好的学习感受，在企业内部形成良好的正向口碑。

2. 出结果

“精准滴灌式”培训将培训内容精准化和模块化，并将参培人员系统化和专业化，培训紧紧围绕工作实际，帮助解决工作中的现实问题，形成具有实效性、实用性的结果产出，形成了整改、提升，再整改、再提升的模式，为企业优质高效运转提供了可靠培训保障。

3. 出人才

“精准滴灌”式培训有利于同专业、同岗位的参培人员集中精力听课，相互交流，达到经验共享，提升积极的工作心态，将所学主动运用于工作中，形成主动担当、尽职尽责的工作意愿，为企业提供人才支撑。

（二）企业外部效益

1. 实践价值

通过培训新上管理岗位人员可以在政治素养、自我驱动、团队管控等通用管理能力方面，从自我、组织、领导三个方面进行能力提升，使新上管理岗位人员快速适应工作环境，积极展开工作，在工作岗位上充分发挥自己的力量。并通过典型经验萃取，为往后类似培训项目奠定了理论基础、提供了实践案例，具有一定的实践价值，是员工能力提升的最佳实践案例，在培训行业具有典型示范作用。

2. 理论价值

在本项目实施过程中采用场景化的针对性培训方式为主、参与式的学习方法为辅的培训方法，注重训练环节，注重学员的感受和能力体系，使其在原有培训体系上的课程教学、学员考核、项目组织、培训方式、培训方法、培训评估等方面落地了规范化、系统化，使天津电力的培训体系更加完善，具有一定的理论价值，获得了行业认可。

六、案例成功总结

（一）项目价值

本项目引用“精准滴灌”式培训并实践，创新提炼具有天津电力特色的“3S”滴灌式培训系统，在培训策划上围绕培训内容精准化、培训模式定制化进行精准滴灌，大力提升了新上管理岗位人员的通用管理能力，加速了人员在岗位上的实践和能力提升。同时为新上管理岗位人员的自我提升指引了方向，在天津电力内营造了良好的学习氛围，且这种“精准滴灌”的专业化、个性化培训也利于节约或降低企业的培训成本，丰富的项目经验和培训成本的降低，为往后类似培训树立了标杆。

（二）项目管理创新亮点

在项目中对“精准滴灌”式培训进行了深入挖掘，坚持“用旧斗、装好酒”的原则，对其进行了系统提炼和全面呈现。通过“3S”滴灌式培训系统，在培训中做到体系完整，决策有依据，拥有系统性的人才培养体系，做到明确目标对象该如何培养，培训方式和内容有法可依。突破了以往培训的瓶颈，解决了以往达不到预期培训效果的问题，同时降低了培训资源的浪费。

（三）理论应用及实践

在培训过程中通过“3S”滴灌式培训系统、场景化的针对性培训方式＋参与式的学习方法、闭环管理追踪评估等理论方法的运用，形成了有效的培训机制、合理的课程体系、闭环的课堂设计，有效支撑了新上管理岗位人员非专业能力的精准滴灌式培训，为优化员工培训工作固定了一套方案流程。

【连线人物】

杨义根　高级工程师，国网天津电力培训中心管理培训部副主任。深耕电力运行、建设、安全管理和人才培训工作达 8 年，曾获天津市企业管理现代化创新成果二等奖等多项重要荣誉。近年来，着力开展管理培训资源开发以及培训策划实施等工作，创新以行动学习支撑公司变革强企攻坚任务，探索由传统的“课堂授课”方式转换为“指导式咨询”培训新模式,在 2020 年“博奥奖”评选中分获“最佳系列微课奖”和“优秀产品思维应用奖”，输出天津模式。

主要创作人：杨义根

参与创作人：赵朋涛、陈　骁、李忠财

陈　晨、吕　浩

实施“人才强企”行动，持续打造人才发展新高地

国网山东省电力公司

一、实施背景

（一）人才强企是贯彻党中央对人才工作要求的自觉行动

党的十九大报告将人才放到党和国家工作的重要位置，提出“一个加快”“三个更加”新要求。党中央、国务院相继推出一系列重大举措，最大限度激发人才创新、创造活力。国家电网公司肩负着落实国家人才发展战略重要责任，需要把思想和行动统一到中央对人才工作的指示精神上来，打造结构合理、素质优良、作风过硬的人才队伍。

（二）人才强企是落实国家电网公司战略目标的有力支撑

2020年，国家电网公司党组确立了建设具有中国特色国际领先的能源互联网企业的战略目标。能源发展的绿色转型，智能电网的推广应用，需要有一支与之相匹配的高水平人才队伍去实现。公司深入研究人才发展规律，探索建立员工成长、成才、选用、评价、考核的新常态，为落实国家电网公司战略目标中永创最好走在前列提供坚强的人才保障。

（三）人才强企是激发人才创新创造活力的有效途径

当前受国内外复杂形势影响，要统筹做好“稳、进、育、开”四篇文章，迫切需要在危机中育新机、于变局中开新局。2020年国家电网公司全面实施“新跨越行动计划”，明确提出要以体制创新和人才队伍建设为保障，传承创新基因，实现更大跨越。提高创新能力根本在人才，人才是创新的根基，创新驱动实质上是人才驱动。

二、成果内涵及主要做法

立足新发展阶段，践行新发展理念，服务新发展格局，围绕打造战略落地“5+N”高地群，大力实施人才强企行动（图1），为公司“实现新发展、迈向现代化”提供坚强智力支持和人才保障。按照“1234”工作思路（“1”即突出“全员人力资源管理”一条主线，“2”即围绕“2025年和2035年”两个目标，“3”即坚持“党管人才、战略引领、全面激励”三项原则，“4”

即健全“爱才、引才、育才、励才”四大机制），为人才成长“搭台子”“铺路子”“架梯子”，培养更多的“大家”“大师”“大工匠”，努力提升人才总量、人才质量和人才价值，为建设具有中国特色国际领先的能源互联网企业提供坚强的智力支持和人才保障。

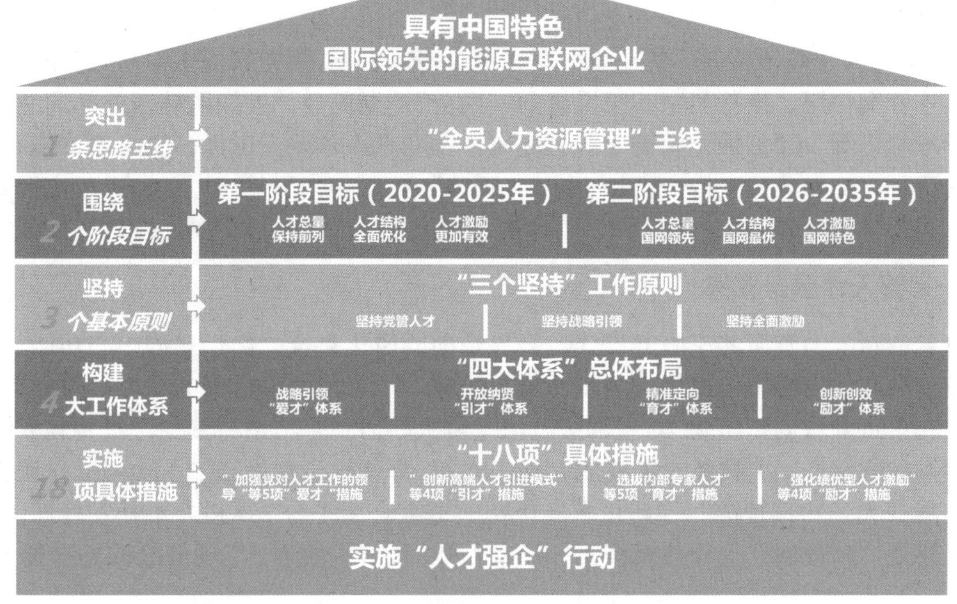

图1 打造人才发展新高地“人才强企”行动

（一）健全战略引领“爱才”机制，提升人才关爱温度

1. 加强人才顶层设计

（1）组织各级党委成立人才工作机构。坚持“党管人才”，围绕战略目标落地实施，加强人才发展对公司战略的精准承接，研究解决人才工作相关难题。（2）服务公司战略发展大局。科学谋划人力资源改革思路和政策措施，促进人才规模、质量和结构与战略发展相适应。（3）实行人才强企行动目标责任考核。将“人才发展指数”纳入公司对标体系和企业负责人业绩考核，人才工作列为党建工作责任制情况述职的重要内容。

2. 健全人才管理体系

（1）深化全员人力资源管理格局。围绕“主动承担、主动协同、主动服务”，大力倡导“管事先管人，抓工作先抓队伍”理念，细化管理、强化监督。（2）完善人才制度建设。结合“放管服”改革要求，有序下放专家人才选拔、引才配置等管理权限。开展核心专业人才队伍诊断分析，绘制人才发展地图，优化人才分布和结构，打造科学合理的人才梯队。

3. 拓宽人才发展通道

（1）拓展专家人才发展通道。开展优秀专家人才选拔，重点向科技研发、技术技能人员倾斜。设置专家人才岗位，赋予专家人才技术路线决策权、团队组建权、内部分配权。（2）拓展供电服务公司员工发展通道。开展星级评价，突出“能力 + 业绩”，任期内进行年度考核动态调整。强化“星级理念”，推行“挂牌亮星”。（3）拓展省管产业单位员工发展通道。稳妥推行岗位技能绩效工资制度，加快推广技能等级评价，实施注册执业资格取证培训“千人计划”，设置注册执业资格津贴。

4. 加强人才关爱关怀

（1）提升人才政治待遇。优化党委联系服务专家机制，为专家提供生活、工作上的服务。发挥人才咨询作用，推荐列席不同层级的“两会”、专业会，参加系统内外部的学术交流、技术标准制订等。（2）强化荣誉表彰。优先推荐专家人才评先树优，使人才价值和贡献得到业内认可。加强典型宣传，建设人才“荣誉墙”，树立创先争优榜样。（3）落实保障待遇。积极落实荣誉类疗养、积分落户、人才补贴、技能提升补贴等相关待遇，营造重才爱才环境。

5. 完善人才服务支撑

（1）创新人力资源共享服务模式。开展横向同质化整合，优化双创中心功能，为员工数量较少的驻济支撑单位提供人力资源支持服务。（2）加强平台服务支撑。设立首席专家工作室和重点领域创新团队，对省部级及以上重大科研项目给予持续稳定经费和人才支持。鼓励创办省部级及以上技能专家技能大师工作室，择优给予建设。（3）加强信息服务支撑。探索实践“大云物移智链”等新技术，优化人资综合云平台2.0和人才开发管理信息平台功能。建立“积分制”人才数据档案，自动生成个人成长报告，实现精准成长指导（图2）。

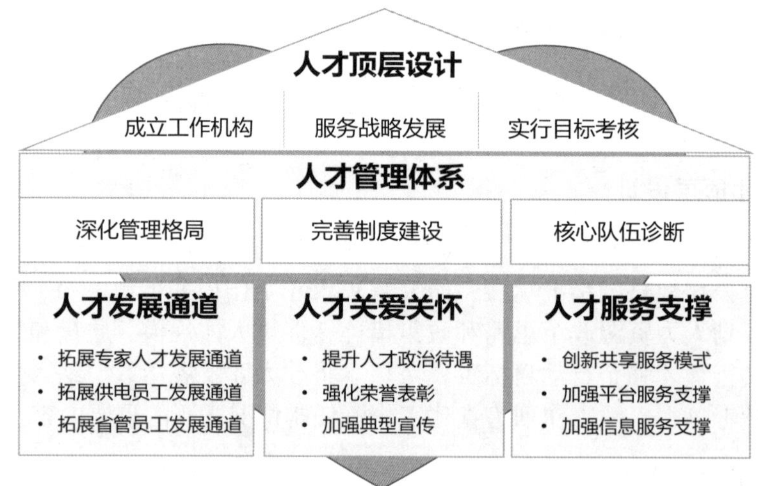

图2　战略引领“爱才”机制

（二）健全开放纳贤“引才”机制，提升人才聚集高度

公司主要通过以下4方面，健全开放纳贤“引才”机制，如图3所示。

1. 畅通高层次人才引进渠道

（1）持续加强院士引进合作。重点围绕高电压绝缘、电力系统稳定性控制等专业领域加强院士引进和合作，每年给予资金支持。（2）着力发挥“四站”人才集聚作用。建立健全“院士工作站”“博士后工作站”“优秀人才工作站”和“校企联合人才培养站”工作机制，开辟高端专业人才引进新途径。（3）积极拓展柔性引才渠道。探索逐步给予科研型单位柔性引才自主权，发挥产业链、技术链、资金链等资源优势，重点依托联合实验室、研发机构等优质平台，通过校企合作、学术交流、顾问指导等柔性方式引才引智。

图 3　开放纳贤“引才”机制

2. 精准招聘优秀高校毕业生

（1）提升毕业生招聘质量。设立高校招聘联络站，在校表现优异的 985 高校博士、硕士毕业生可提前签订就业意向协议，对一流学科专业优秀本科生定点猎聘。（2）优化高校毕业生校园招聘模式。抢先选拔智能电网、大数据、新能源等前沿领域的优秀人才，需求诊断结果经核准后列入校园自主招聘范围，赴知名高校实行“送考上门”“一站式录用”。（3）提升对优秀毕业生的吸引力。加强与各类招聘机构密切协作，组织开展“劳模进校园”“暑期行”等活动，加大人才引进和培养政策宣传力度。

3. 加快抢占紧缺人才制高点

（1）开辟招聘“绿色通道”。对迫切需要的大数据、人工智能等前沿和新兴领域及电力工控芯片、清洁能源等电网攻坚领域亟需人才，简化招聘流程和招聘方式，采取“一人一策、特事特办”。（2）实施人选报备制。面向国际、国内两个市场，针对新能源、大数据、金融产业等专业紧缺人才，各单位可在计划范围内分批自行招聘、人选报备。落实人才政策待遇，在户籍、住房、医疗、配偶就业和子女入学等方面提供方便。

4. 完善产业单位市场化引才

（1）健全完善产业人才招聘模式。针对市场化产业单位创新实施职业经理人选聘，畅通急需紧缺人才引进绿色通道。联合职业院校开展“订单式”培养，用人单位自主决定招聘时间和批次，先考试考察，毕业后即行入职、即招即用。（2）建立项目经理招聘容缺机制。对暂未取得职位要求的资格（资质）证书、但在规定期限内能提供的，允许先招聘录用。

（三）健全精准定向“育才”机制，加快人才成长速度

1. 建立多元化人才成长机制

（1）构建“全生涯”人才培养体系。设计“三个十年”人才职业生涯发展规划，利用“大数据”技术改进入职、适岗、转岗、晋升等各阶段培养模式。（2）深入推进产教融合。强化校企合作，推广“学历 + 技能等级”证书制度，推行“企业新型学徒制”和“现代学徒制”育才模式，利用公司七大实训基地、各单位创新工作室、技能大师工作室等实训资源，实现订单定向培养、毕业即上岗。（3）建立人才创新容错纠错机制。编制科技创新容错事项清单，健全容错工作流程，推动项目差异化验收评价，为勇于创新、敢于担当的人才撑腰鼓劲。

2. 加强“金种子”青年人才培养

（1）实施“金种子”六大工程。围绕服务公司“5+N”高地群相关专业人才培养，实施“金种子”新员工、班组骨干、班组长、管理人才、技能人才和博士人才六大培养工程。（2）推行“金种子”量化积分。构建基于量化积分的进阶式“集中培训 + 跟踪培养”机制，实现结果应用与青年干部培养、职员评聘、专家人才选拔的有效衔接。（3）强化“金种子”创新创效。设立青年人才科研攻关专项支持基金，创新双向导师交叉共建模式，建设“金种子”人才工作站，为重点项目研究等活动搭建平台。

3. 加强优秀高端人才培养使用

（1）加强专家人才培养使用。以专家人才为骨干组建柔性团队，依托实验室、劳模创新工作室和技能大师工作室开展创新创造。赋予专家人才在专业标准、制度、规范、规程、方案等相应层级、相关领域审核签字等权利。（2）加强各级电网工匠培养。通过工程实践、技艺革新、技能竞赛、师带徒等方式，提升技能人才培养高度。（3）加强优秀高层次人才培养。突出创新、创业、创造，遴选一批创新意识强、发展潜力大的高层次人才。

4. 加快产业单位人才培养

（1）建立产业单位人才序列。对标专家人才评选模式，建立产业单位人才管理体系，明确人才规模、等级、评选标准、津贴水平等。（2）推行职业经理人才制度。优化制订职业经理人竞聘标准、综合评价细则，通过签订协议约定工作目标和薪酬水平，吸引优秀人才担任职业经理人。（3）建立基建项目分红机制。对班组核心骨干人才实施项目分红，实现项目实施和人才成长紧密绑定（图 4）。

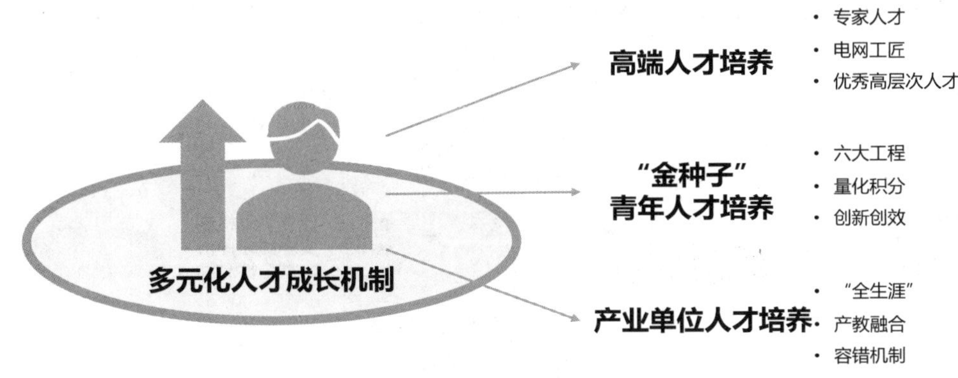

图 4　多元人才成长机制

（四）健全创新创效"励才"机制，加大人才激励力度

1. 强化绩优型人才激励

（1）给予绩优型人才更多成长机会。近 3 年积分高者优先聘任更高层级岗位和职级；对在三类区域偏远县公司工作累计 5 年及以上、绩效考核近 3 年累计 5.5 分及以上、近 3 年荣获省公司级及以上人才称号、夫妻两地分居的优秀员工，申请同层级调动不受一二三类区域限制。（2）提高绩优型人才工资收入水平。下放考核分配权限，A 级员工绩效工资不低于同层级水平的 1.15 倍，各级绩效经理人自主实施"能增能减"分配模式。

2. 强化复合型人才激励

（1）建立复合型人才培养激励机制。印发《复合型人才激励工作指引》，动态调整复合型人才典型班组（岗位）目录，实施复合型人才履职跟踪评价，对符合条件且圆满完成复合型工作任务的员工专项激励。（2）丰富复合型人才个性激励手段。从薪酬激励、职工疗养、职业发展等方面灵活选择个性化激励措施。

3. 强化专家型人才激励

（1）放宽工匠人才破格聘任职员条件。针对"大国工匠"等省部级及以上特殊高层次技能人才，确定破格聘任条件，合理布局高层次人才职业通道。（2）专家人才享受相应级别职员待遇。高端人才优先纳入专家人才序列，四级及以下职员聘任实施"放管服"管理，晋聘四至七级职员优先使用于技术技能岗位，比例一般不低于职数 50%。各级专家人才待遇参照职员确定。（3）探索高层次紧缺人才协议工资制。针对外部引进的"高精尖"人才，对照市场价位建立工资体系绿色通道，依据其科技创新成果、价值创造能力兑现。

4. 强化科技型人才激励

（1）在科技型企业优先实施中长期激励。通过岗位分红、项目分红或虚拟股权激励等方式，推进知识、技术等生产要素参与薪酬分配，形成"当期 + 长期"相结合的激励体系。在科研单位设立"首席"专业技术岗位，推行"去行政化"改革。（2）探索基于揭榜攻关的柔性团队激励模式。实施"主帅"项目负责制，充分授予技术路线选择、内部考核激励等方面的自主决策权限。团队成员A级员工占比可提升至30%，不占用所在单位基数（图5）。

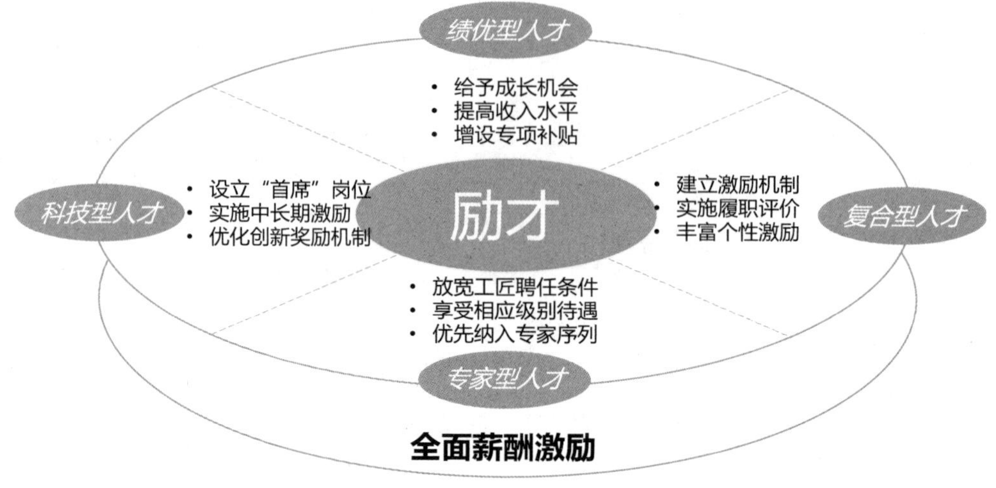

图5　创新创效“励才”机制

三、“人才强企”行动阶段性成效

2020年以来，国网山东电力人才发展新高地建设各项任务取得了阶段性的成果，形成和积累了一批独具山东特色的典型经验。

（一）“人才强企”各项行动目标成果丰硕

2020年招聘高校毕业生1299人，招收博士后4人，新增高端人才33人，“十三五”累计招聘各类员工8400人，高精尖缺人才社招109人，签约院士5人，引进博士后11人，新增高端人才253人，人才总量保持前列。2020年人才当量密度1.12，中级职称占67%，技师65%，较“十二五”末分别增长8%、17%、10%。“十三五”全口径用工由15.6万人降至13.1万人，本科及以上学历职工占比由35.6%提高至52.5%，人才结构全面优化。

（二）四大人才体系效果明显提升

在国网系统内率先评选市、县公司级专家人才600余人，新增聘期制职员3077人，累计655名县公司员工通过跨层级竞聘调入省市公司，人才关爱温度明显提升。招聘高校毕业生数量同比增长30%，定向猎聘引进国网智能公司优秀科技人才77人、综合能源公司等业内专家13人，累计引进合作院士5人，招收博士后11人，带动省部级及以上科技项目20余个，人才集聚高度明显提升。国网系统内首家获批企业技能人才自主评价，539人参评高级技师，培养技术能手92人，“大讲堂”评选177名金牌讲师。五年来新增省部级及以上高端人才253人，建成5个首席专家工作室、10个科研攻关团队，人才成长速度明显提升。

主要创作人：胡兴旺

参与创作人：赵书楠、郭万平、刘海鹏、谭金石

探索技能人才队伍建设，助推中医药高质量发展

广东一方制药有限公司

一、企业简介

广东一方制药有限公司（以下简称一方制药）隶属于国药集团中国中药控股有限公司，1992 年由广东省中医药工程技术研究院创办，是国家“中药饮片剂型改革生产基地”和国家“中药配方颗粒试点生产企业”，一方制药依托研究院和广东省第二中医院的强大科研和临床支持，研究生产了 700 余味产品，建立了中药配方颗粒特征图谱质量控制标准，开展了中药谱效学研究、等量性与等效性研究等科研工作，承担完成省、部级科研课题 50 余项。目前拥有佛山和顺一方、佛山里水一方、甘肃陇西一方、山东临沂一方、浙江磐安一方、湖南常德一方、江西南昌一方、陕西一方、广西桂林一方以及甘肃陇中药业、山东中平药业等 11 大生产基地，100 余个常用品种的药材基地。

一方制药于 1999 年通过澳大利亚 TGA 的 GMP 认证，2001 年研制出中药配方颗粒智能调配系统，2011 年荣获“国家科学技术进步二等奖”，2018 年通过国家 CNAS 实验室认证，2019 年被认定为国家企业技术中心，并先后获得多项省部级科技进步奖、“国家火炬计划重点高新技术企业”“南海制造业全国隐形冠军”等荣誉，是中药配方颗粒国家标准参与制定单位之一。产品已覆盖全国所有省、市、区，销往全球 60 余个国家和地区。

一方制药深入贯彻党的十九大和全国教育大会精神，深化产教融合，推进产教协同育人，拓宽企业参与人才培养的渠道和途径，校企双方联合举办职业教育、建设实训基地、组建产教联盟和职教集团、开展产学研合作等，进一步发挥企业重要主体作用，提升技能人才培养质量，增强吸引力和竞争力，发挥企业引领示范作用，推动中医药产业领域深化产教融合。

二、管理实践

（一）项目背景

习近平总书记一直高度重视中医药工作，尤其是党的十八大以来，习近平总书记对中

医药工作发表了重要讲话，作出了重要指示批示，为促进新时代中医药传承创新发展指明了方向。2019 年 10 月，全国中医药大会在北京召开，这是新中国成立以来第一次以国务院名义召开的中医药会议，中共中央国务院印发《关于促进中医药传承创新发展的意见》，是第一个以党中央、国务院名义印发的关于中医药的文件，也是新时代中医药发展的根本遵循和行动指南。中医药振兴发展迎来天时、地利、人和的大好时机。

中药配方颗粒在医药行业中属于较细分的领域，行业人才培养周期较长、存量人才较稀缺。国家药监局、国家中医药局、国家卫生健康委、国家医保局联合发布了《关于结束中药配方颗粒试点工作的公告》，自 2021 年 11 月 1 日实施。随着中药配方颗粒试点的结束，中药配方颗粒市场空间不断扩大，行业新进者的增加，将引发愈加激烈的人才竞争。

（二）项目思路

1. 坚持广泛合作、多方参与

在公司“十四五”战略规划指导下，立足公司高质量发展，主动寻求相关政府部门支持，吸引行业组织、高等院校、研究院所深度参与，加快探索政企、行企、校企、院企合作新形式。

2. 坚持深度融合、共获双赢

以市场和公司发展需求作为产教融合共谋发展的着力点，在人才培养、课程改革、实习实训、技术服务等方面开展全方位、宽口径、多渠道、深层次的合作。

3. 坚持服务发展、注重实效

立足服务广东省经济社会发展，紧扣我省战略定位，找准中医药产业发展和公司需求的切入点，实现专业与产业、职业岗位对接，专业课程标准与职业标准对接，教学过程与生产、服务过程对接，学历证书与职业资格证书对接，职业教育与终身学习对接。

（三）项目举措

1. 建立企校合作体制机制，开展订单培养

依托母公司中国中药控股有限公司建立企业与高校合作体制机制，继续与佛山科学技术学院合作招收“产业创新班”，企业技术人才、能工巧匠全程参与职业院校专业人才培养方案的制订。深化企校合作、产教融合。订单学生实习期到公司总部或子公司进行实习，优秀的订单毕业生优先进入公司工作，从事实习期安排的岗位工作，订单生可免除试用期。

企校共同探索产教融合机制创新，协调开展学生的职业素养教育，将公司先进产业文化、公司文化融入专业教育。通过订单培养、现代学徒制培养，建立“企校利益共同体”，将企校融合、具有企业特色的文化建设落实到人才培养方案中，融入人才培养的全过程，通过专业课程设置将产业文化、企业文化渗透教学中，培养学生职业素养，有效地提高学生成为公司员工后的综合素质和能力。

2. 开发与企业同步的教学资源，建立专业标准

以真实的工作任务、典型案例为载体进行课程教学设计，合理设计实验、实训、实习等关键环节，融“教、学、做”为一体，制定企校课程体系、教学标准等，利用互联网技术，开展网上直播或网上视频课程，推动中医药文化更广泛的传播，让更多医生能接触到来自专家的教学、指导。并形成一套高质量的网络课程。

加强与国内外同行业、企业界的合作，将公司人才需求的变化与专业招生相结合，及时吸纳新知识、新技术、新动态，了解行业技术革新动态，适时调整和更新高职院校本专业的教学内容，让公司的技术人员与学校专业教师共同组成团队，结合行业、企业的实际，共同开发技术技能标准及岗位规范。合作开展新技术、新产品研发，并将研究成果转化为生产实践，为社会提供技术服务。

3. 打造高水平实习实训基地，实现校企共建共享

企校共建共享中药材、中药饮片、中药配方颗粒实习实训基地，实现企校双方共同参与，并将公司真实生产项目或典型生产案例引入校园，创设真实职业环境，让学生学习过程真正体验在实践中学、在实践中做，使学生的学习内容更接近实际，更有成效。

4. 深度开展企校进行科研合作，不断推进产业开发

依托企校和国家企业技术中心、广东省中药配方颗粒工程中心、广东省中药配方颗粒重点实验室等科研平台，加强科研合作，加快产业开发，合作进行中药新产品、新技术、新模式、新工艺的研发，共同申报国家、省、市各级科研项目，申报各级科技成果奖。

5. 全面推进校企互兼互聘，建设企校专家团队

通过共建共享实习实训基地，可以实现兼职与专职相互融合，公司技术人员可以兼职实训教师，指导学生实习实训，或提供技术指导服务；专业教师可以兼职公司技术人员，到公司实践。同时，公司为学生就业提供就职岗位或就业指导服务。

6. 校企业合作培养高素质技能人才

继续加大公司技能人才培养力度，完善创新技能人才培养模式，推进公司生产经营高质量发展，根据国家、省、市全面推行企业新理学徒制有关政策，公司与佛山市南海区新志高职业培训学校联合开展产教融合、企校双制、工学一体的新型学徒培养工作。

7. 强基增能，培养高素质科研人才

以练促学，利用两个优质科研项目（国家标准研究、经典名方研究），培养一批优秀科研人才，形成一套系统的研究方法。在一方内部选拔一批高精尖人才组建导师队伍，总结其学术经验和技术专长，采用师带徒的方式，传授其先进经验，打造一批高素质的人才队伍。

8. 产业协同，培养全产业链人才

通过“中国中药健康产业园”及子项目“中国中药健康产业园文化博物馆”加强佛山地区中医药行业的联动，与中药配方颗粒上游行业，中药饮片、种植产地共同探索行人才

培育机制，加强行业间的交流学习，推动复合型人才培养。

9. 紧跟政策，开展职业技能等级认定

获批药物制剂工（中药提取工）5、4、3 级技能等级认定备案函，组织员工在岗实操培训认定药物制剂工（中药提取工）。并联合兴华职业技术学校成功申报电工 5、4、3 级技能等级认定资质，在公司内成功认证中级电工。

10. 测训一体，多渠道培养人才

以一方评价体系为依托，使用托马斯国际 PPA 测评系统，通过对行为风格、智商、情商、能力、工作业绩等多维度的综合测评，发现人才短板，有针对性的制定培养计划，提升人才的综合素质。

以一方研修院为人才培养主体，加强与高等院校、科研院所、行业组织等的合作，邀请专家到企业开展专业培训，不断完善课程体系、讲师体系，创新培训方式，线上线下多渠道实施人才培养工作。

（四）项目机制

1. 组织保障

（1）成立企校合作管理小组。组织成立企校合作管理小组，管理小组负责企校双方行政运行。

（2）明确管理小组职责。管理小组主要职责是研究企校合作建设的总体思路和重大项目；负责合作建设的统筹规划，提供资金及有关政策的保障；保证实施方案落实到位。企校合作管理小组主要是明确专业人员的培养目标，确定专业教学计划的方案，提供市场人才需求信息，参与学校教学计划的制定和调整，根据公司、行业的用工要求及时调整学校的专业计划和实训计划，协助学校建立和管理校内外实训基地。

（3）加强协调。加强企校工作的协调沟通，学校派专人与公司进行学生日常管理对接，公司各部门根据工作要求对实习和配置学生进行工作指导。

2. 资金保障

项目建设资金实行报账制管理，专款专用。严格按照项目设计方案运行，加强资金审计监督，严禁项目资金截留挪用，确保资金安全运行。

3. 质量监控

依据全面质量管理理念，实行多目标管理，以考核性诊断为主线，以标准与制度体系建设为基础，利用企校合作过程和结果为依据，形成质量保证的管理机制，培育以自律、职业精神的质量文化。

以产教融合、校企合作三年规划为依据制订一系列目标，结合高等教育人才培养内在规律建立人才培养的质量目标和质量标准，建立质量保证体系，完善企校合作的质量管理流程，形成常态化、可考核、激励明显的质量保证体系，实现人才培养质量和企校共同发展持续提升。

4. 成果宣传

广泛宣传校企合作成果，提高产教融合影响力，在公司网页上设立产教融合板块，全面介绍产教融合校企合作的经验、做法、成果提高产教融合影响力。介绍平台建设的推进情况，扩大产教融合的社会影响力和知名度，通过融媒体对学校的教学、招生就业、教学设施等进行宣传，为学生的职业生涯规划和创业就业指导提供帮助；学校通过自身的影响力和知名度，在各种媒体上，为企业进行多方位的信息宣传，和企业合作开展各种项目的实施，共同培养“理实一体”实用新型人才，为社会提供服务。

主要创作人：张苏苏

参与创作人：罗文汇、田旭芳

大胆探索、解压减负，建设创新团队，激发科研人才活力

中石化安全工程研究院有限公司

一、企业简介

中石化安全工程研究院有限公司（以下简称安全工程研究院）是中国石化直属的 HSE 科学技术研究机构。近年来，安全工程研究院认真学习贯彻习近平总书记关于做好新时代人才工作的重要思想，落实中国石化集团公司人才工作部署要求，大力推进实施新时代人才强企战略。围绕激发科研人员创新活力，把最富活力的科技力量集中起来共同作战，探索建立和优化创新团队运行模式。坚持“三自”原则，实行科技创新“特区”政策，推动科技创新平台建设，提升了自主创新能力。

二、研究背景

高质量发展首先是有创新含量、技术含金量的发展，特别是有人才智力成果支撑的内涵式发展。随着安全工程研究院的发展进入转型升级加速期、深化改革关键期和高质量发展攻坚克难期，对人才的渴求比以往任何时期都更为强烈，尤其是科技领军人才、战略科学家等“塔尖人才”。同时还需要解决人事制度僵化、人才政策精准化程度不高，体制机制改革“最后一公里”不畅通和“最后一米”未落地等问题。

因此，面向高质量发展的人才工作布局，需要将人才工作的关注点从人才“有没有”“多不多”转向更多考虑“优不优”“强不强”，即着重解决“人才泛化”问题和“人才支持”问题，并通过优化人才的培养、使用、评价、服务、支持、激励等机制充分调动人才的积极性，推动创新驱动发展战略、新时代人才强国战略有效落地。

三、创新团队运行模型设计理念

“人才是创新的根基，创新驱动实质是人才驱动”。围绕“人才泛化”“人才支持”、人才能力、绩效评价四方面问题，建立创新团队运行模型（图 1），进一步激发了人才活力。

“人才泛化”问题：进一步了收窄“人才”的内涵和范围，将“人才”概念聚焦定位在科技创新人才群体上。将战略科学家、科技领军人才、青年科技人才等战略科技人才力

量作为重点关注对象，为精准人才投入、提高政策匹配度、强化落地实施提供了基本遵循。

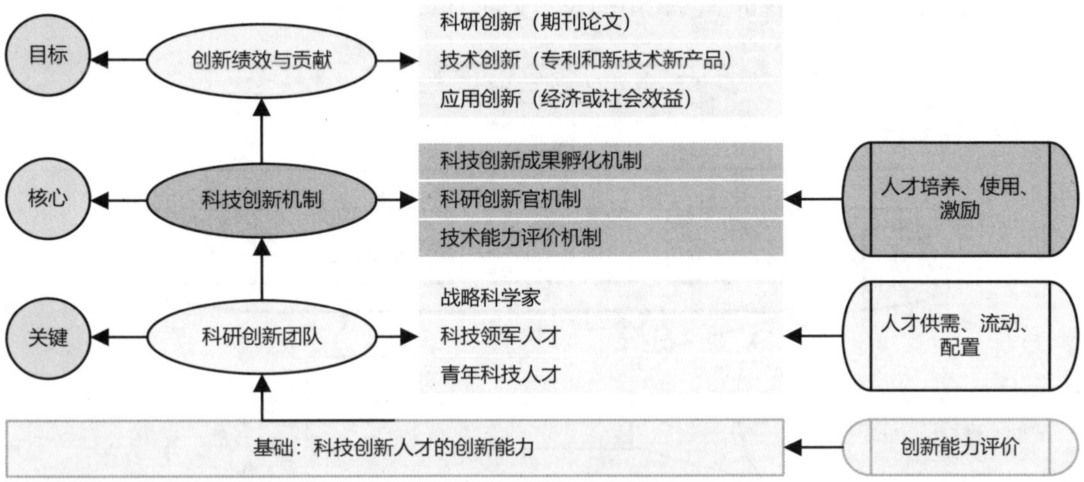

图 1　创新团队运行理论模型

“人才支持”问题：针对当前基础研究和应用基础研究领域的原始创新能力不足、科技成果转化率较低、青年科技人才创新作用发挥不足等，在评价机制（破“四唯”等）、激励机制（三项制度改革、授权放权、梯队建设、项目设置、经费管理等）、成果转化机制（“产学研”合作、孵化器等）等全链条创新给予支持。

人才能力问题：借鉴文献中的已有成熟做法，通过从创造性人格、创新能力自我认知和创新能力思维倾向三个层面构建创新能力测量指标体系，进一步明确了将平台体系建设、研发方案落实和实验数据获取作为创新团队成员能力提升的首要内容，为推动危化品安全领域的基础创新和应用基础创新夯实基础。

绩效评价问题：从全链条的创新绩效来看，人才对创新绩效的贡献主要体现在科研创新（反映基础研究状况的 SCI 论文和反映应用基础研究状况的 EI 论文）、技术创新（专利和新技术新产品）、应用创新（经济或社会效益）方面的产出和贡献。通过开展人才绩效产出与贡献评价，能够及时掌握人力资源的开发和利用水平。

四、创新团队科技创新机制模式设计

围绕打造 HSE 领域人才聚集中心和创新高地，立足于前瞻性新领域技术研究和应用型新业务培育，按照“公开选聘、自建团队，松绑减负、自设目标，授权赋能、自我管理”的“三自”原则，展开科技创新机制设计，加快形成有利于人才成长的培养机制、有利于人尽其才的使用机制、有利于人才各展其能的激励机制、有利于人才脱颖而出的竞争机制。

（一）全链条的科技创新成果孵化机制

围绕科研创新机制，完善科研创新平台整合，构建基于“平衡积分卡目标管理 + 全过程创新人才培养平台”的科技创新成果孵化模型（图 2）。将创新目标纳入企业战略层面，通过打造创新目标关键成效区，引领科技知识有效转化为经济和社会效益。同时依托全过程科技创新平台，保障创新价值转化中的技术更新与人才更迭。

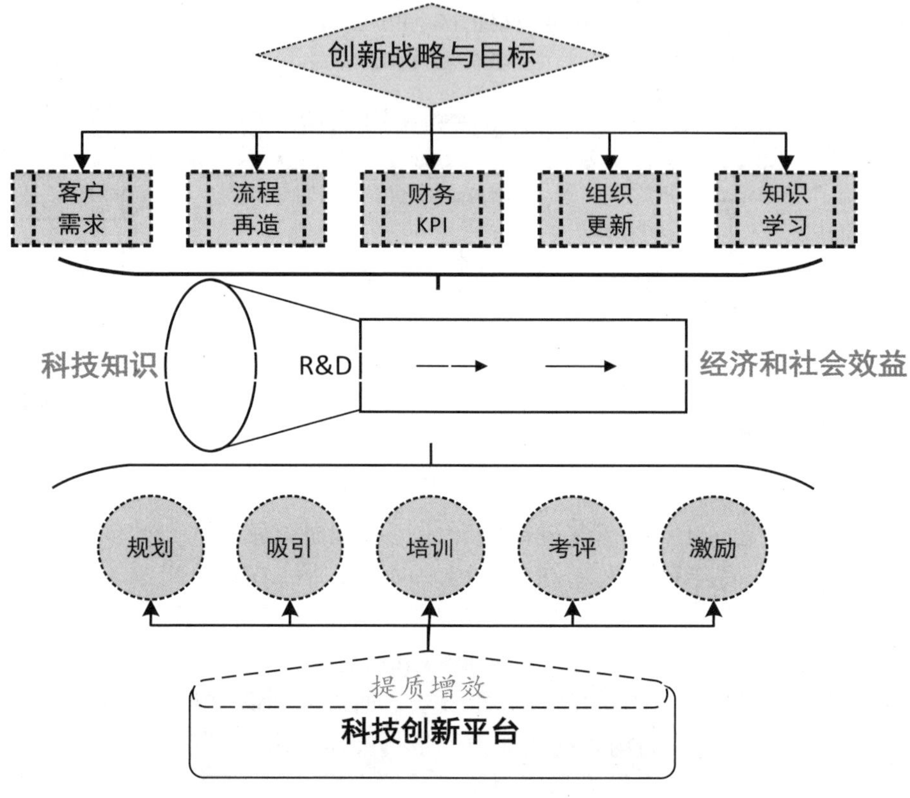

图2　科技创新成果孵化概念模型

（二）全周期的科研创新官机制

设立科研创新官，由科研团队负责人或科技领军人才担任，职责（图3）。科研创新官引领团队完全地、自主地开展科研工作，积极为团队求索创新搭台子、开绿灯，解放、整合科研资源，努力推动形成符合科研规律的创新生态。

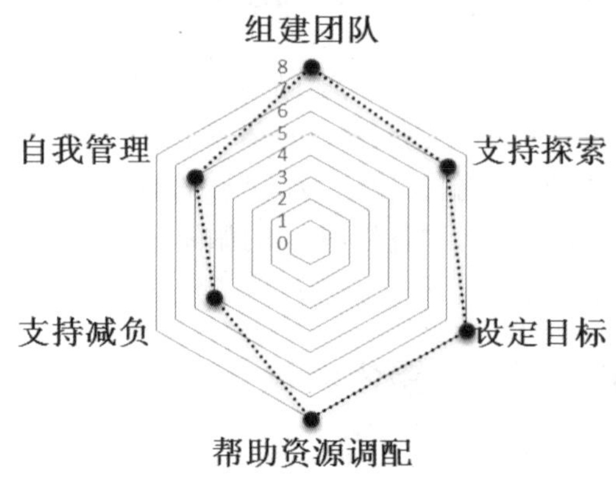

图3　基于“三自”原则的科研创新官职责

（三）全领域的技术能力评价机制

为保障科研创新机制的有效实施，在打造一流科研创新团队的同时，采用技术能力评价方法（表 1），不断甄别危化品安全领域中的基础技术、关键技术、试验中的技术、研制中的技术四类技术能力层次及其市场机会，进而引导创新团队有的放矢地培养具备技术核心能力、技术创新能力、技术吸收能力、技术引进能力和技术监测能力的“五能”创新型人才。

表 1　技术能力评价

<table>
<tr><th>技术能力层次
技术类型</th><th>领先者</th><th>强的</th><th>有利的</th><th>可防卫的</th><th>弱的</th></tr>
<tr><td>基础技术</td><td colspan="2">浪费资源警告</td><td rowspan="4">产业中的平均水平</td><td colspan="2">对生存的警告信号</td></tr>
<tr><td>关键技术</td><td colspan="2">现有竞争优势提供机会</td><td colspan="2">对现状的警告信号</td></tr>
<tr><td>实验中的技术</td><td colspan="2" rowspan="2">对未来竞争优势提供机会</td><td colspan="2" rowspan="2">对未来的警告信号</td></tr>
<tr><td>研制中的技术</td></tr>
</table>

五、“三自”创新团队运行的主要做法

（一）大胆探索，完善科研创新机制

1. 公开选聘，自建团队

根据创新团队建设要求，坚持高起点、高定位、高标准，布局安全环保前瞻和基础研究领域，设定创新团队研究方向。明确负责人专业背景、学历及职称要求，面向研究院内部和社会公开选聘。本着好中选优的原则，负责人直接聘任为院专家，列为科技领军人才培养。2019 年，原计划在 4 个专业领域设置创新团队，经过激烈竞争，最终确定在 2 个专业领域组建创新团队，聘任了 2 名团队负责人。根据创新团队人才需求，按照自愿原则，团队负责人在研究院内部自主选择优秀科研骨干组建团队，对符合要求的团队成员，所在部门要全力支持；对研究院内部无法满足人才需求的，面向外部公开招聘。

2. 松绑减负，自设目标

围绕专业领域未来发展，创新团队自主设定三年工作目标、分年度工作计划和具体措施。期间，在不降低长期考核目标的情况下可自行调整。例如，微纳材料与智能传感创新团队立足科技前沿，提出了将微流控、MEMS 和纳米材料等先进技术拓展并应用于 HSE 领域的总体思路。自主制定了智能型气体传感器、便携式复杂水体多参数快检系统、本质安全微反应工艺研发及应用等三年总体技术目标。同时在平台建设、成果奖励、人才培养等方面分年度制定了具体工作计划及推进措施。管理改革多措并举，减轻科研人员负担。创新团队一般行政事务性工作全部委托所在部门管理，将科研人员从事务性工作中解

放出来。优化考核评价方式，创新团队以3年聘期考核为主，简化年度考核。科研人员不参加应景性、应酬性活动和列席接待性会议，确保用于科研的工作时间。最大程度解放团队，让团队每一名成员都聚焦于科研工作，提高创新研发效率。

3. 授权赋能，自我管理

创新团队严格按照项目制管理模式，负责人拥有技术路线决策权、资源调配权。团队负责人直接和院长签订目标责任书，日常工作向分管院领导汇报。强化党建引领作用，在科研立项、管理运行、成员招聘、管理及考核方面实行自我管理。对于创新团队主导的科技成果，通过技术转让或许可方式实现转化的，提取不低于技术转让或许可净收入50%直接奖励给团队，对于解决“卡脖子”技术的，团队可以提高奖励比例，经综合认定后实施。通过技术入股等方式实现成果转化的，遵循相关中长期激励政策，创新团队可直接与转化单位商谈分成比例。创新团队成为了自我管理、创新活力的主体，大大激发了自我发展内驱力。

（二）搭建平台，提升科研创新效率

1. 项目支持，集中优势攻关

创新团队负责人均由在本领域有较深造诣、主持过重点项目和任务的青年博士担任。团队成员由相关专业优秀青年科技人才组成，形成精英团队。重点支持创新团队申报国家项目、中国石化项目及相关科技奖励；优先支持创新团队在本专业领域关键核心技术、新技术等项目攻关中“揭榜挂帅”；在科研装备、项目经费、人才培训等方面加强支持与倾斜。创新团队先后主持及参与了近10项国家自然科学基金、国家重点研发计划等国家科技项目，2021年承担的基础前瞻研究项目占全院30%。

2. 目标导向，科学优化激励

以“创新、成果及转化”为核心考核要点，关注团队的科技规划、创新平台、创新能力与创新文化建设。科学设置考核指标与权重，逐步由过程管理向效果管理转变。团队负责人实施年薪制，根据年度目标达成情况考核发放基本年薪。技术许可、成果荣誉奖励额外发放。团队成员年度考核评级从优，享受专项岗位补贴，绩效奖金按A类部门水平兑现。近年来，团队负责人收入均超过中层领导人员平均收入，部分人员收入超过了院领导。成果转化方面，依托创新团队设立“科技成果孵化转化重点专项”，整合全院力量协同攻关，探索自主实施、合作研发、许可转让、成果孵化等多种途径，加速项目推进与成果转化，提高成果转化奖励力度，充分激发创新团队科研人员的创新内生动力。

3. 管理保障，提升创新效率

针对创新团队科研需求，对于专利申报、国际合作、学术交流、出国团组、设备定制等，给予“特区政策”，全部以“绿色通道”“快速通关”模式办理，不受计划申报、名额指标等限制。所在部门管理创新团队的事务性工作，配备专职科研助理提供服务，为创新团队提升效率提供了充足的保障。通过协作创新、促进内外部的合作与交流，协同推进了

院相关学科平台与创新团队的建设发展。

六、实施效果

2019年以来，安全工程研究院已面向HSE新工艺、新材料、氢能安全等方向先后组建五支科研创新团队。这些创新团队立足建设目标，在基础前瞻研究、人才培养、成果转化等方面积极探索，切实发挥了引领作用，成为安全工程研究院科研创新的推进器，进一步解放了科技生产力。

（一）引领基础前瞻性技术研究

创新团队先后发表SCI三区以上论文20篇，申请境外PCT专利族数量10件，9项成果获得中国石化、学会、协会科学技术奖励，大幅增强了原始创新、集成创新和引进再创新能力，综合科研实力得到提升。其中，微纳材料与智能传感创新团队牵头完成的项目分别获得2020年度中国化工学会基础研究成果一等奖、2021年度中国石化基础前瞻二等奖，标志着安全工程研究院在微反应基础研究领域已处于国内前列；HSE功能材料创新团队参与完成的项目获得了2020年度中国石化科技进步特等奖，为自主知识产权的新材料研发与应用提供了关键安全保障。此外，创新团队积极主导及参与各类学术活动，加强本学科前沿科技信息收集与研究，定期开展内部研讨，主动为学科建设、高质量发展建言献策，为营造浓厚学术氛围发挥了积极作用。

（二）引领人才培养

5个创新团队共配备37人，其中博士22人、海外留学背景6人。允许团队根据实际需求引进联合培养研究生以及高水平博士后进入团队，执行一人一策，同时优先推荐创新团队成员参加更高层次团队和人才称号评选，成为高层次人才培养的“孵化器”。创新团队认真做好“传帮带”，积极培育青年人才，11人次荣获“闵恩泽青年科技人才”“中国石化十大杰出青年岗位能手”等荣誉称号，为安全工程研究院人才梯队建设起到了重要的引领与推动作用。

（三）引领科研创新成果应用

坚持产学研相结合，提高专业技术水平和创新能力，加快实现科技成果转化，不断创造新的业绩。研发形成的石化建筑物抗爆能力提升成套工程方案合同额达1.5亿元；加油站地下油罐内衬防渗漏技术已在全国近4000多座油罐内应用，合同额累计达9000余万元，节省投资近十亿元，通过该技术制定的防渗漏国家标准，成为全国加油站防渗漏主要依据，保障了国家环保任务完成，展示了中国石化社会责任和担当。

（四）引领成果孵化转化新模式探索

根据所处研发阶段，着重从本质安全化技术与产品、HSE功能材料、氢能安全技术、阻火抗爆高端装备等方面，分类梳理制定孵化转化重点工作。重点围绕“基于爆轰加速解耦的高效阻火抗爆装备”基础前瞻科技成果形成了科技成果孵化方案，明确了核心创新点、合作模式、成果孵化及产业转化计划等。目前，孵化方案已获集团公司批复，2 个孵化的创新公司已完成注册并正式运行。依托创新团队，探索知识产权专员制度，将知识产权管理深度融入创新团队科技研发与成果转化全过程。着力开发具有自主知识产权、并在国际上首次实现商业运行的专有成果，形成了严密的专利保护网络，为后续技术入股、技术许可等成果转化打下坚实基础。

主要创作人：王洪秋

参与创作人：徐乃盛、高雪琦

测培一体化人才发展顶层设计
——猎聘才测助力某大型央企搭建人才培养体系

猎聘才测（天津）信息技术有限公司

一、项目背景

H企业是国务院国有资产监督管理委员会直接管理的大型中央企业，总部设在深圳，是国家首批文化产业示范基地、全国文化企业30强。

当前，国家支持深圳建设“中国特色社会主义先行示范区”，深圳的战略定位得到全面提升，到“十四五”末，深圳将成为竞争力、创新力、影响力卓著的全球城市之一。深圳区域内的国央企要肩负起推进“双区建设”的重要历史使命。当前适逢国、央企改革窗口，国资国企改革面临新一轮提速加压。H企业作为深圳区域内的央企，想要实现新一轮产业扩张和转型升级，就必须打破舒适圈进行组织变革，创建符合新时代改革人力资源管理体系，促进企业健康有序的高质量发展。

基于以上背景，H企业在本次项目初期提出了关于其人力资源管理体系面临的一些挑战：（1）当前人才结构和能力与未来业务发展不相匹配，亟需完善和提升；（2）所需的人才结构及能力模型不清晰，未形成明确的人才管理规划；（3）员工培养发展路径不明，学习地图和发展通道有待进一步优化。

二、项目目标

根据项目背景和企业需求分析，该项目的目标主要是：

（1）量身定制长效的人才管理机制，为个人发展与组织发展建立有效链接；（2）科学构建人才发展体系，支撑H企业的人才战略规划目标；（3）全面系统化人才盘点，提升人力效能，支撑H企业的业务发展，并与集团更好协同。

通过该项目的实施，能够推动企业人才战略目标的落地，不断提升管理者的领导力、专业序列人才的业务能力和职能序列人才的支撑力，能够有效地支持企业健康持续发展。

三、项目设计与实施

（一）项目设计

1. 人才培养体系搭建技术路线

技术路线一：分析企业人才现状，与企业的战略发展目标做对比，发现当前企业人才的能力差距，从而找到提升路径，才能提升培养价值。

技术路线二：引入人才测评工具，培养前评估，精确培养目标；培养后评估，鉴定培养效果。

技术路线三：混合培养模式，集合多种培养方式的优点，能够更好地落地融合“721”培训法则，从冰山模型各层面发展员工的能力素质，提升培养效果（图 1）。

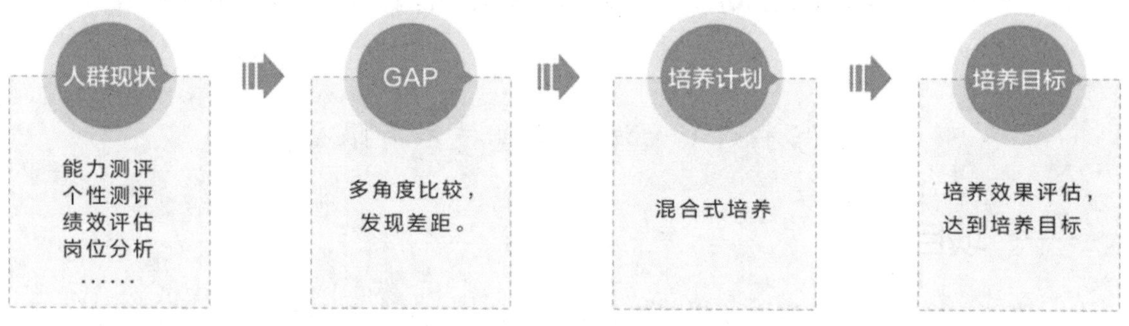

图 1　人才培养体系搭建技术路线

2. 人才培养体系搭建总体规划

H 企业人才培养体系的搭建，主要从标准梳理、人才盘点、综合培养、效果评估进行评估，再辅以针对“导师赋能”学习，保证后续人才管理落地，共分为五个阶段进行：

第一阶段：标准梳理。构建各层级及序列的能力素质模型体系（软性要求）和各职业通道的任职资格体系（硬性要求），并据此匹配适合的能力评价工具。

第二阶段：人才盘点。通过线上＋线下测评的方式，对各关键岗位人才进行摸底评估；对测评数据进行分析，形成盘点报告，输出能力地图，进行个人结果反馈。

第三阶段：综合培养。依据盘点结果，结合公司人才培养的战略目标，制定混合式的人才培养模式，确保培养效果。

第四阶段：效果评估。通过过程性评估数据和后期测评方式，解读培养效果。

第五阶段：导师赋能。选出导师进行教练式辅导，然后使导师与学员形成 1v1 或 1vN 结对，在培养过程中积极赋能，在训后实施学员 IDP 的持续辅导，陪伴学员的长期成长（图 2）。

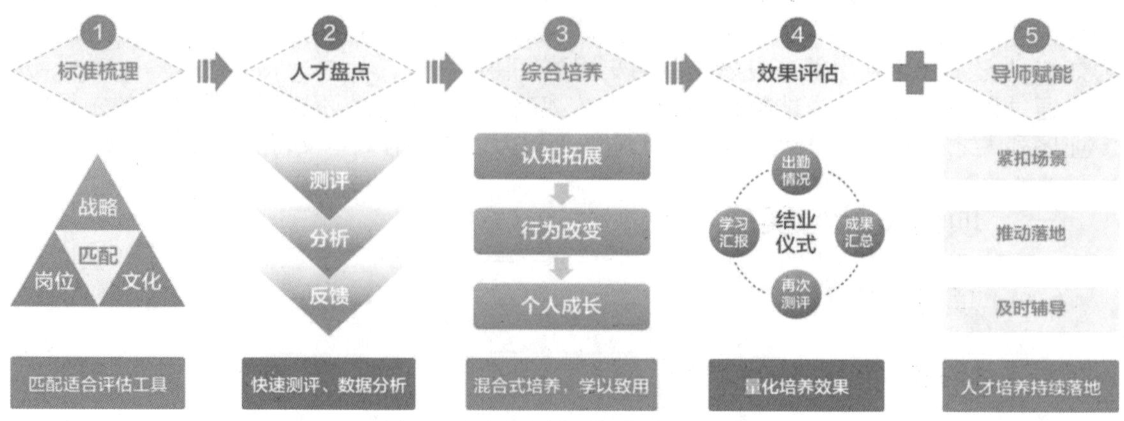

图 2　人才培养体系搭建总体规划

（二）项目实施

1. 人才标准体系构建

H 企业较早的时候制定过一套任职资格体系，但是由于该体系在实际应用中相对刻板、难以变通，加之企业当前的业务模式发生了较大的改变，正处在市场化转型的实践阶段，前、中、后台岗位所需要的人才标准也发生了变化，故在本次搭建人才发展体系过程中，猎聘才测项目组以“与企业战略目标一致”为基本原则，重新构建所有岗位的能力素质模型及任职资格体系。该流程的目的是为帮助企业破解新业务模式下的人才“密码”，亦为未来人才复制、培养目标制定和人才发展体系搭建提供有效的依据。

1）组织架构分析　目标明确

依据 H 企业的组织架构分析，按照层级划分，管理层级分为高、中、基三个层级；按照岗位序列划分，主要包含前台、业务管理、中台、后台和纪检五个序列。与企业方共同确认，最终确定共需要构建九类能力素质模型，具体如表 1 所示。

表 1　所需能力素质模型梳理

管理序列模型	高层领导力素质模型
	中层管理者能力素质模型
	基层管理者能力素质模型
岗位序列模型	前台能力素质模型
	中台能力素质模型
	后台能力素质模型
	业务管理岗能力素质模型
	纪检岗能力素质模型
文化价值观模型（全员通用）	

2）敏捷建模　高效快捷

由于 H 企业处于业务变革期，发展环境较为模糊，敏捷建模的方式更加灵活高效，适合企业需求。随着逐渐完善和稳定的业务发展，能力素质模型可以通过不断地迭代，形成与企业需求契合的人才标准。

敏捷建模的关键流程包含：（1）建模准备。通过对企业的相关资料进行分析研读，明确胜任素质的范围和基本框架，提前准备猎聘标准胜任力卡片辅助建模。（2）构建能力素质模型。以建模工作坊的形式，通过猎聘才测敏捷建模胜任力卡片库中的维度、定义和行为表现等信息进行讨论和调整，形成符合企业人才战略的能力素质模型。（3）模型确定和落地应用。最终确定能力素质模型内容，明确其应用方向（图 3）。

图 3　敏捷建模关键流程示意图

本项目共构建了九类人才能力素质模型，基于“个人测评模型 = 所在层级模型 + 所在序列模型 + 文化价值观模型”的原则，共生成十一套测评模型应用于本次盘点项目中。以后台序列中层管理者能力素质模型为例，如表 2 所示。

表 2　中层管理者能力素质模型

模型来源	一级维度	二级维度	维度定义
文化价值观模型	敬业	责任担当	对自己工作职责认识的清晰程度，以及自始至终妥善完成工作的能力。
		敬业奉献	个人在工作中所表现出的主动奉献程度及敬业精神。
	挑战	锐意进取	不满足于现状，能够坚持不断奋斗，以追求更高目标的动力。
		乐于挑战	个体在工作中表现出乐于挑战新事物或新目标的精神。
	创新	有效创新	解决问题时思维过程的新颖性，以及相应产出成果对现实工作的应用价值。
	共赢	全局观念	站在组织整体和长期发展的角度，系统、周全地分析和考虑问题的能力。
中层管理者能力素质模型	任务管理	战略落地	为确保企业战略方向与计划的达成，有效执行和调整企业经营活动的能力。
		任务规划	通过对工作任务进行分析和拆解，根据实际情况做出规划和分配的有效性。
	团队管理	团队凝聚	在团队中，营造相互信任、支持和共同发展的氛围，提高团队向心力的能力。
		识人用人	了解团队成员的工作状态，挖掘其优势与潜能，用人之长，合理分配工作的能力。
	自我管理	数据思维	对数据的关注与重视，挖掘运用数据帮助自己更好完成目标的能力。
		敏锐学习	持续学习工作中的新知识和新技能的意愿和能力。

续表

模型来源	一级维度	二级维度	维度定义
后台序列能力素质模型	工作能力	制度优化	对已有的工作程序或规章制度等进行适应性调整、优化的能力。
		快速响应	及时、恰当地对问题进行反应和处理的能力。
		善抓重点	工作思路清晰，能快速抓取到业务开展中的核心关键点与主要问题，支持业务目标顺利达成的能力。

3）任职资格优化　应用性强

项目中对于已有任职资格开展优化工作，包含：

（1）梳理任职资格框架：重新确认职级职等职位族分类；

（2）细分任职资格应用场景：将招聘场景和内部晋升场景进行区分；

（3）细化任职资格标准：除学历等硬性条件，将资历经验等标准的颗粒度进行细化，满足复杂工作环境下岗位的多元化任职要求，规避传统任职资格“一刀切”的管理问题；

（4）建立等效标准：将过往任职要求中的“一刀切”的硬性要求进行等效换算，丰富过往单一的任职要求，为员工的晋升提供多种等效标准依据。

通过以上任职资格体系的更新优化，帮助 H 企业更灵活地应用落地的同时，为后续人才盘点的对象选择提供依据，更为搭建培养体系输出了专业知识技能层面的标准。

2. 人才能力现状盘点

1）工具选定实施测评

此次盘点选择线上 + 线下的评估方式。线上评估选择能力、行为、个性等测验，线下评估选择 BEI 访谈，不同的评估手段，结果可相互验证，确保准确可靠。

在线测评工具选用猎聘才测的“魔方”——定制化胜任力测验、360° 评估和猎聘 DISC 测验（图 4）。

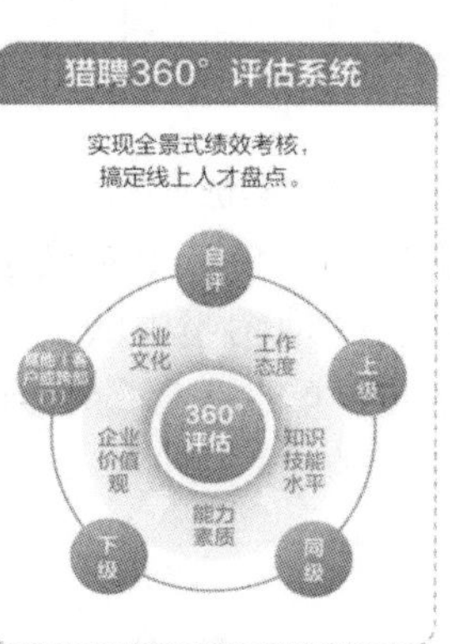

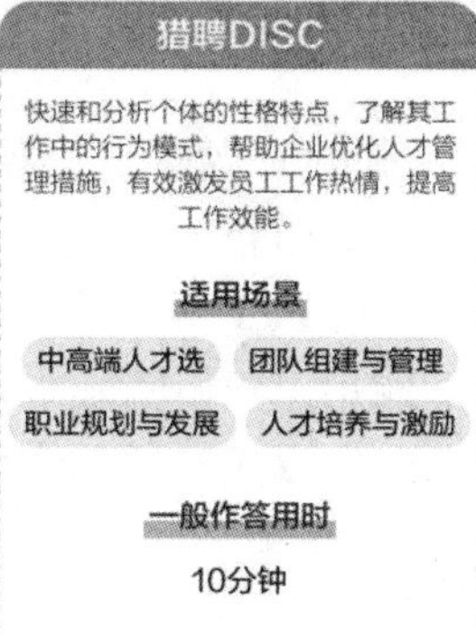

BEI访谈

BEI（行为事件面谈，Behavior Event Interview）行为事件面谈的目的及意义在于通过面谈者对其过去职业生涯中某些关键事件的详尽描述，揭示与挖掘当事人的素质，特别是隐藏在冰山下的潜能部分，用以对当事人未来的潜力产生预期，并发挥指导作用。

图 4　在线测评工具介绍

测评采用统一组织与实施的方式进行，避免产生随机误差，且保证过程公平公正。

2）数据分析形成报告

数据分析将依据盘点的目标进行。做好企业的人才战略管理，不但要了解自身的绝对情况，还要了解企业的相对情况，故在数据分析时，项目组遵循了“向外看”和“向内看”两个理念。

（1）向外看，参考行业对标线，分析企业人才的相对情况。通过参考行业不同层级和序列的对标线，发现人优我优、人优我劣、人劣我优、人劣我劣的素质能力。以下是中层管理者与行业对标的结果（图 5）。

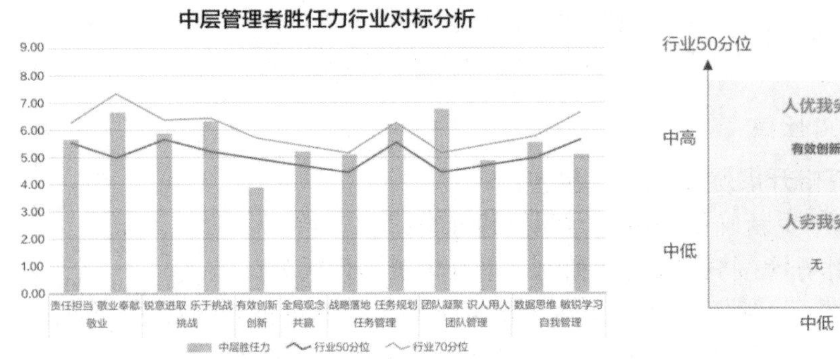

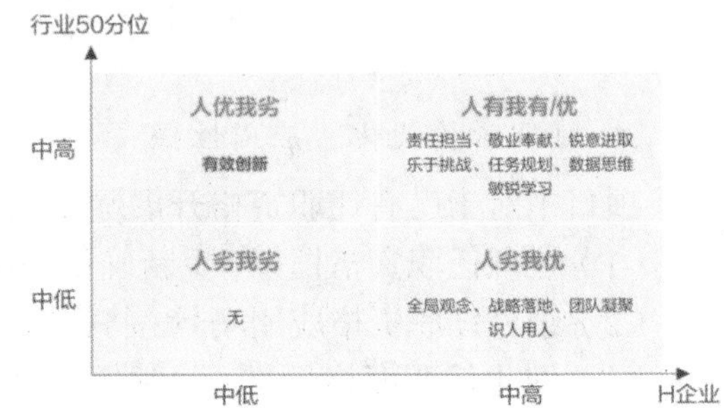

图 5　中层管理者与行业对标结果

（2）向内看，分析 H 企业的人才分布情况。整体来看，H 企业的关键人才主要呈现以下特征：

- 年轻化、高学历、1–3 年司龄、男性多；
- 突出优势：全心投入、锲而不舍；
- 明显劣势：局限思维、固守传统；
- 占群体比重最高的人格类型为：SC（学者型），主要表现是初始温和有耐心、做事严谨细致、重视集体与个人。

对能力数据进行分析，绘制了不同群体的能力地图，发现人才素质能力的优势区、差异区、关注区和提升区四个区域，从中寻找到人才培养的方向。以下是中层管理者的能力地图（图 6）。

3）测评反馈

为 H 企业后续培养发展的有效落地，项目组为 H 企业参与盘点的员工开展了测评反馈的工作。通过工作坊的形式解读个人测评报告，引导员工明确企业对员工的要求；通过展示部分企业盘点数据，帮助员工明确个人在人才地图当中的位置；通过个人发展计划制定方法的讲解，帮助员工输出 IDP，明确近期需要重点发展的能力素质项，为后期培训落地做好铺垫，激发员工主动学习、发展的强烈意愿。

3. 人才培养体系搭建

1）设计培养体系结构

在人才培养体系搭建过程中，以上成果应该如何应用？在本案例中，项目组基于所建立的人才标准，以文化价值观模型、能力素质模型和任职资格体系，将 H 企业的主要员工培养内容划分为核心行为胜任素质、领导力 / 管理胜任素质以及专业基础三大模块。这三大模块的人才标准内容与比例依据员工层级的不同各有侧重，依据差异性的应用场景，设计各层级的培养体系模块结构，具体见表3。

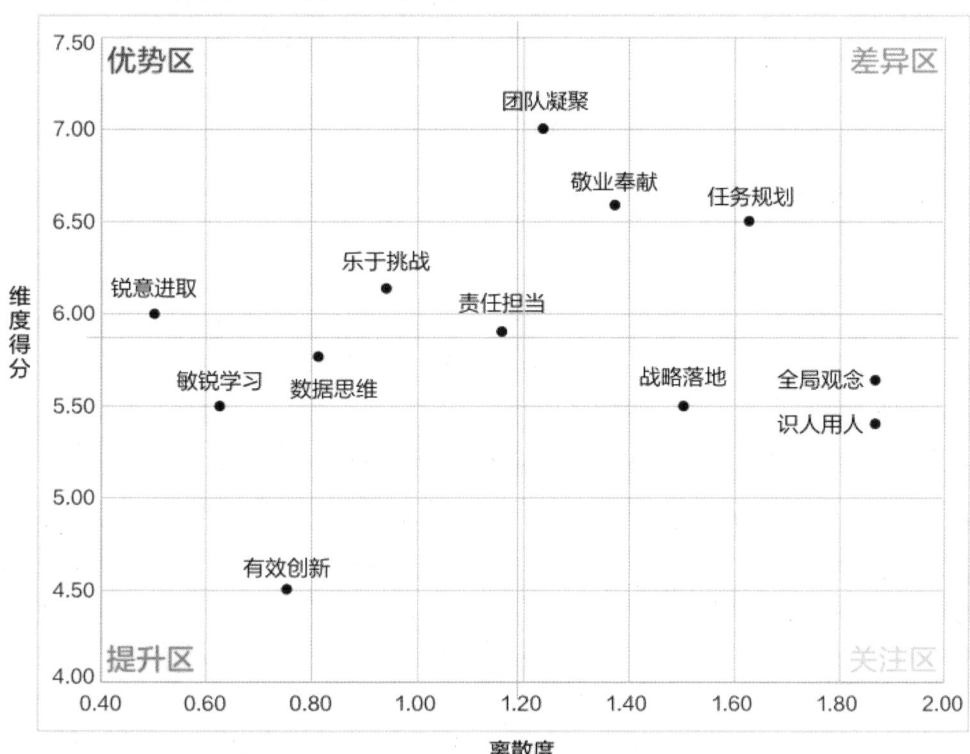

图6　中层管理者能力地图

表3　各层级的培养体系模块结构

	培训模块	胜任素质	课程分类
基于培训体系建设的胜任素质再分类	核心行为性胜任素质	全员核心通用素质	通用素质类
	领导力/管理类胜任素质	高层领导力素质 中层胜任素质 基层胜任素质	领导力发展类
		业务管理序列胜任素质 前台胜任素质 中台胜任素质 后台胜任素质	专业素养类
	专业基础	各岗位序列知识类胜任素质	专业知识类
		各岗位序列专业工作技能	专业技能类

2）依据盘点结果，确定培训内容

通过能力地图，圈定各类别人群关键提升项，并且综合考虑集团对于H企业的人才培养要求，确定培养的内容和方式，为不同层级和序列的人群定制个性化的培养计划。中层管理者的能力分析结果，如图7所示。

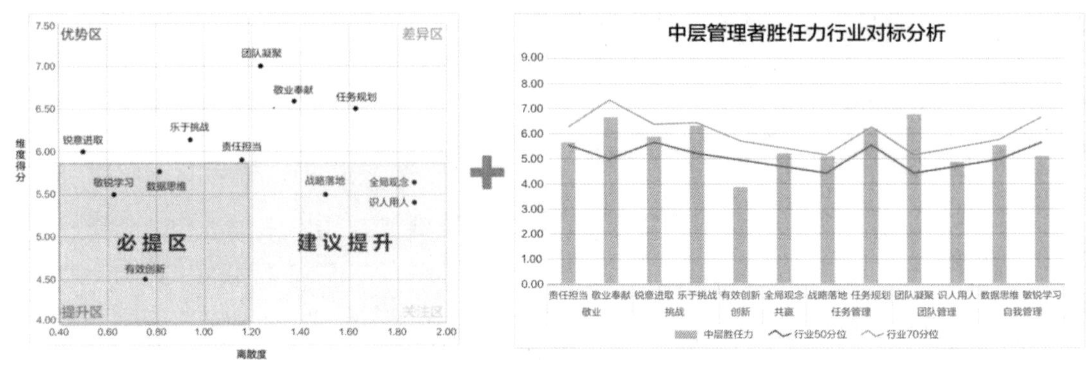

图 7　中层管理者能力分析结果

中层管理者的培训内容设计见表 4。

表 4　中层管理者的培训内容设计

一级维度	二级维度	课程类型	课程示例	培训方式
创新	有效创新	通用素质类	《创新变革领导力》	集中培训 在线学习
共赢	全局观念		《全局思维》《结构化思维》	
任务管理	战略落地	领导力发展类	《战略理解：大中型国企核心竞争力的转型智慧》《中层干部如何承上启下达成目标》	集中培训 在线学习 行动学习 在岗实践
团队管理	识人用人		《中层主管核心管理技能训练》	
自我管理	数据思维		《使用数据思维解决问题》	
	敏锐学习		《在业务中学习》	

4. 人才培养规划实施

培养规划落地实施的全景图设计如图 8 所示。

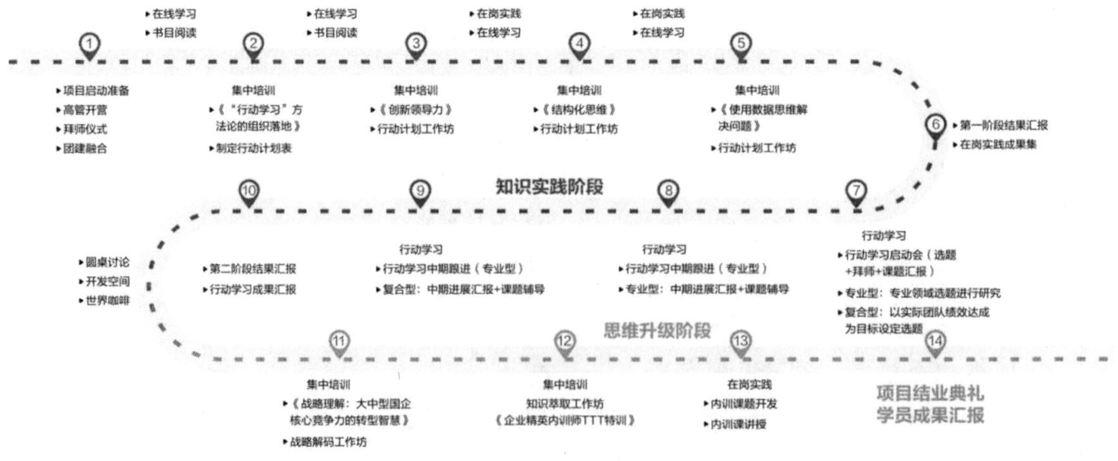

图 8　培养规划落地实施的全景图

培养过程中，持续观察、考核，并对出勤情况、学习成绩、行动学习成果、导师评价、胜任力测评等综合评价学员的态度、能力变化等（图 9）。

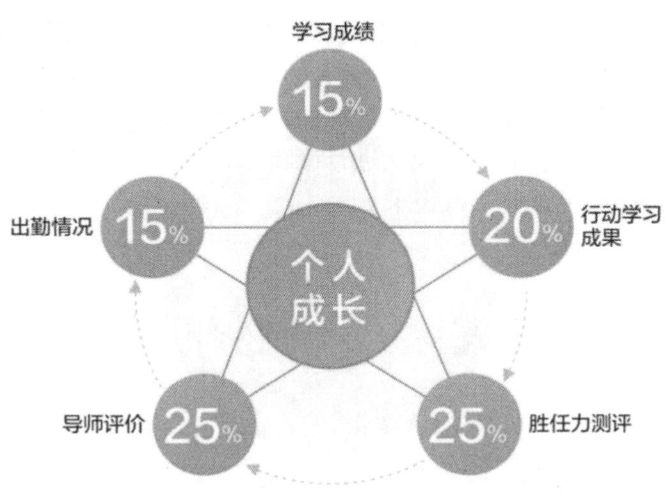

图 9　人才培养评价维度与权重

5. 解读人才发展报告，汇报项目成果

通过前后测成绩比较，结合培养过程性评估数据，综合量化培养效果，形成人才发展报告，并进行解读。举办项目结业典礼，由学员汇报培训成果，项目负责人汇报项目成果。

四、项目成果

此次项目的主要成果可以分为显性成果和隐性成果，具体如表 5 所示。

表 5　项目成果

类型	内容
显性成果	1. 任职资格体系、各层级全序列能力素质模型体系
	2. 系统测评报告、人才盘点报告
	3. 人才盘点汇报研讨、集体报告解读与反馈
	4. 各层级各层级全序列培养课程包
	5. 内部教练培训课程包、内部培训师辅导指南手册、评估反馈工具包、《培养过程评估报告》
	6. 实践案例集
	7. 员工的针对性培训
隐性成果	1. 人才管理体系的初步构建和人才发展体系的全面构建
	2. 各层级、全序列关键人才能力素质提升
	3. 内部培训师队伍建立
	4. 关键岗位人才选拔、培养模式建立
	5. 项目管理经验积累
	6. 小组学习研讨带动业务策略落地执行

猎聘才测项目组为H企业的人才培养体系搭建采用了基于数据洞察的“测培一体化”的人才发展解决方案，显著的特点是培养方案有的放矢、培训过程可追踪、培训效果可量化。通过为企业定制化构建符合战略发展的人才标准，使用科学的人才测评工具，对关键岗位人才进行评估，通过数据分析对人才现状进行诊断，有针对性地设计人才培养计划，使人才培养项目价值升级，满足企业用人需求。

主要创作人：刘　娟、刘　佳

参与创作人：肖　婷、黄先勇、魏　颖、叶　亮

第七部分

企业管理培训

万达集团 4321 人才孵化器
——多业态集团型企业的敏捷高效人才培养体系

大连万达集团股份有限公司

一、前言

万达集团于 1988 年初创基业，在 34 年的经营发展中经历了 4 次战略转型，现已发展成为以商管、投资以及文化产业为支柱，涉及多个行业领域的集团型企业。

随着时代的变迁，万达当前面临的内外部挑战也变得更加复杂、模糊和充满不确定性。万达集团经营业态众多，集团员工超 10 万人。如何通过建立灵活高效的人才培养体系，使万达能够在复杂的企业经营环境中持续涌现优秀人才、促进企业长期发展，这是万达人力团队所关注的核心问题。

二、背景

VUCA 时代下，集团组织需要实时调整，而这就对人才培养体系提出了更高的要求，即及时响应业务需要，甚至为业务转型提前布局，为企业持续发展提供人才资源。因此，建立一个既能够覆盖万达各层级单位，又能够及时响应经营需要的人才培养体系被提上了人力资源工作重点议程（图 1）。

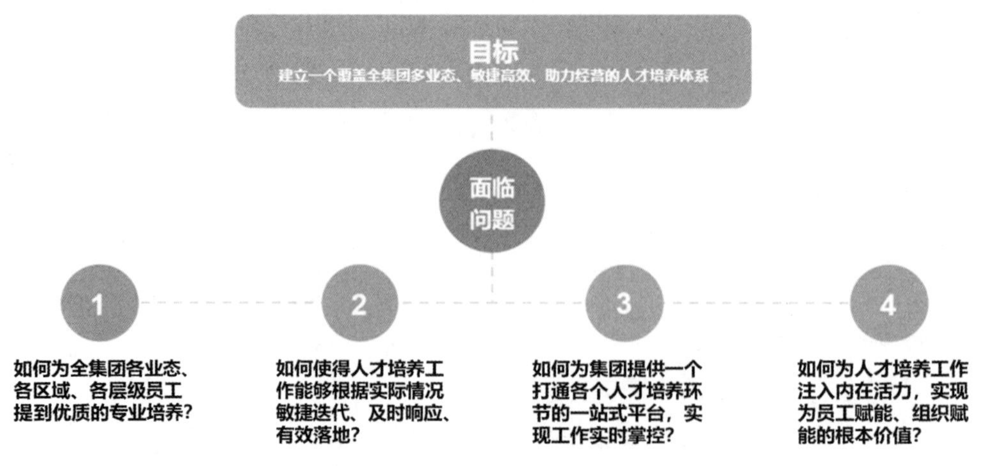

图 1　万达集团人才培养体系优化的目标与难点

万达集团在建立人才培养体系时面临以下问题：

（1）如何为全集团各业态、各区域、各层级员工提供优质的专业培训服务？

（2）如何使人才培养工作根据实际需要敏捷迭代、及时响应、有效落地？

（3）如何为集团提供一个打通人才培养各环节的一站式平台，实现培养工作实时掌控？

（4）如何为人才培养工作注入活力，实现为员工赋能、为组织赋能的根本价值？

基于以上的四个问题，万达集团采取一系列举措，调动全集团资源，搭建具有战略意义的人才培养体系。

三、整体方案

在深入调研的基础上，经过 3 次重大调整和升级，集团确定以“传承文化、助力经营、激活组织、赋能员工”为建设方针，建立“4321”人才培养体系（图 2）。

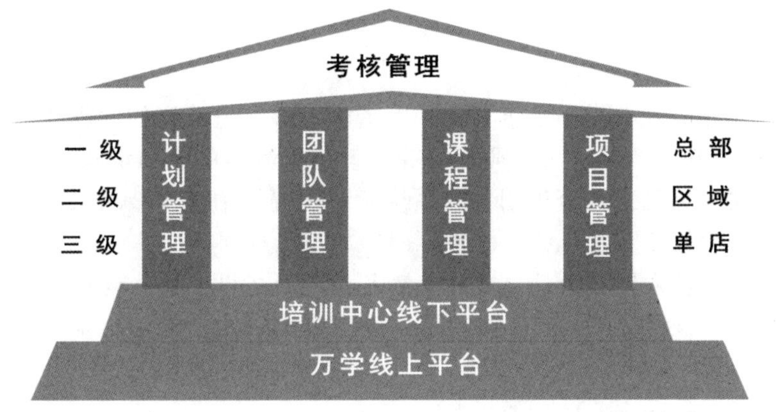

图 2　万达集团“4321”人才培养体系

1. 四纵内容管理

为了给全集团多业态、全岗位员工提供优质扎实到位的专业培训，“4321”管理体系提出了“四纵内容管理”，包括计划、团队、课程和项目管理四部分，保证高品质的内容输出。

2. 三级培养管控

为保证人才培养工作的有效触达，建立了“三级管控”机制，即产业集团、系统总部一级管理，区域公司二级管理，地方公司及单店三级管理，分级管控职责清晰，考核督导层层落实，实现人才培养方案的敏捷迭代和精准落地。

3. 双线平台

为实现集团对于人才培养的一站式掌控，万达集团搭建“双平台”，即线下和线上两个人才发展平台。在线上，搭建多功能学习系统——万学平台，是万达集团十余万名员工进行线上学习、考试、认证、职业发展培养的智能化工具。在线下，建立万达培训中心，既是集团核心人才的赋能场，也是集团人才培养的“中央处理器”。

4. 管理考核

采用 KPI 与 OKR 考核推动人才培养工作，形成以培养效果为目标导向的管理考核机制，以终为始闭环管理，从而将人才培养工作有效转化为员工、团队和组织的能力提升。

“4321”人才培养体系的搭建使得万达集团的人才培养管理方法形成了一个完整的逻辑链，让工作能够有条不紊地顺利推进，形成闭环。

四、具体措施

（一）“四纵”管理内容，将课程、团队、项目和计划管理作为抓手，把控人才培养工作质量，从而支撑整个人才培养体系

1. 课程管理

课程管理是人才培养工作初步落实的必要措施，核心是健全的课程体系。万达积累了 5101 门集 DEMO、课件、试题、讲师手册等配套材料齐全的学习课程。此外万达于 2021 年开启“优师百课”项目，从全集团各个系统的课程资源中选出精品课程一百余门，打造各业态品牌化课程项目（图 3）。

为了使人才全方位发展，万达从文化素养和专项业务两条路径建设人才发展的周期课程。全职业发展周期课程体系为员工提供了一个清晰的学习指引（图 4）。

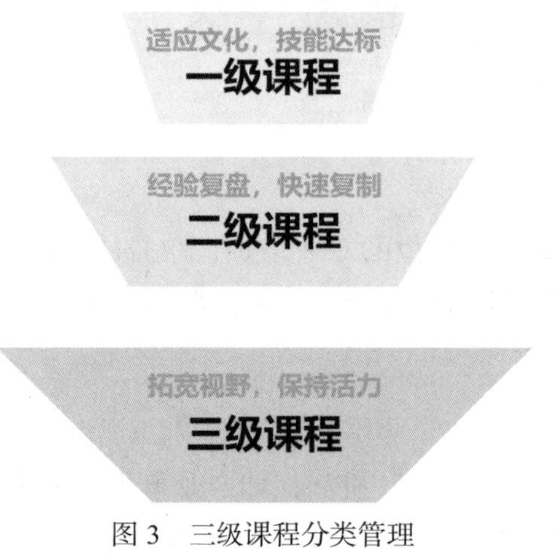

图 3　三级课程分类管理

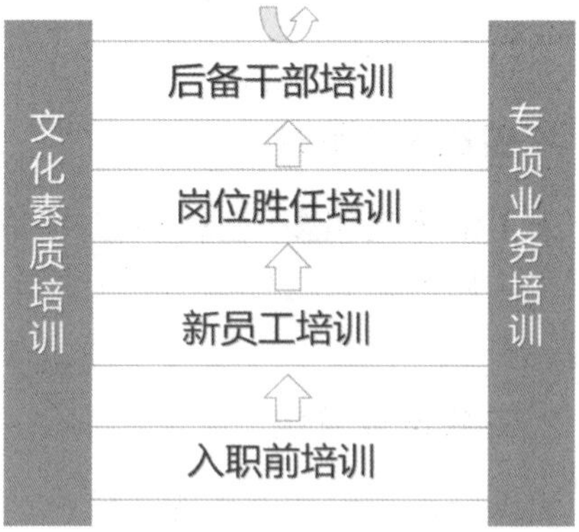

文化素质培训

后备干部培训

岗位胜任培训

新员工培训

入职前培训

专项业务培训

图 4　万达集团全职业发展周期课程体系

2. 项目管理

项目管理是在课程管理的基础上，打造各类品牌化项目，为各个产业集团提供定制化人才培养服务。在项目管理中，万达从五个维度进行人才发展项目开发，打造有亮点、有成效的精品项目（图 5）。

图 5　万达集团人才发展项目管理体系

（1）根据各系统特点，分别打造不同系列品牌项目，开发包括集团总部的“者”系列、投资集团的“航”系列、商管集团的“新”系列、影视集团的“影”系列等精品人才培养项目，持续为中高层管理者提供成长服务。

（2）“万新生招聘”是万达集团为未来招聘，旨在培养一批认同万达文化的高素质人才。开展栋梁计划，即每年录用 1000 人左右，未来 5 年万新生将超过 5000 人，不断提升成才率，为集团储备大量优秀后备人才（图 6）。

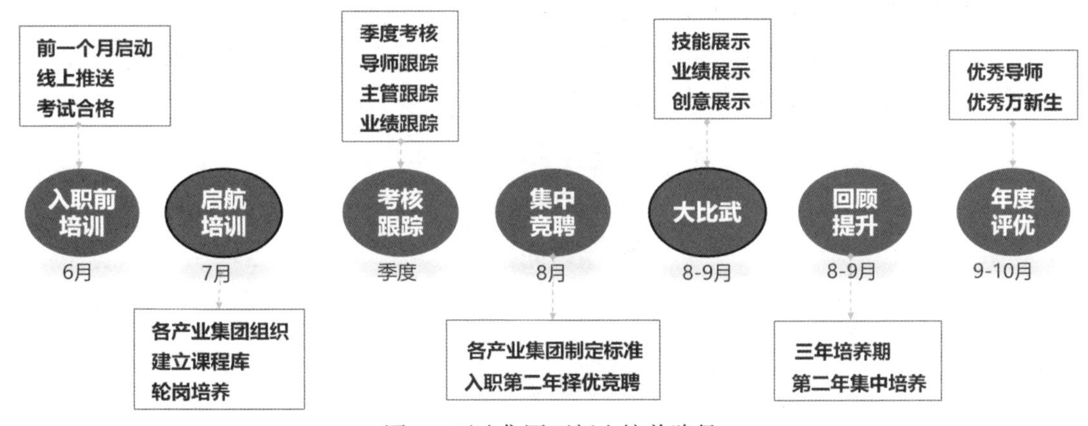

图 6　万达集团万新生培养路径

（3）从 2021 年起，万达成立多个项目组深入全国重点区域、项目，通过管理工具开展组织诊断，为组织发展及效能提升提供解决方案。

（4）人才培养内容“接地气”。为助力企业实际经营，万达根据经营实际，制定了助力经营的经典沙盘十余套，例如《房地产开发全生命周期沙盘》《二次定位沙盘推演》等优秀的沙盘项目。

（5）万达集团每年组织演讲比赛、义工活动，传播企业文化，弘扬正能量，打造文化传播类精品项目。

3. 团队管理

人才培养管理员团队是专门负责万达人才培养的专业性团队，这个团队分布在全集团各个层级，目前已有管理员 2936 人。其中一级管理员 78 人，他们主要负责人才培养计划开发、计划分解、项目设计；二级管理员 529 人，他们位于集团的中层，主要负责人才培养的项目分解与数据统计，起到上下承接的作用；三级管理员 2329 人，作为一线的人才培养管理员，他们主要负责培养计划的具体执行与落实。在三级管理员的管控之下，人才培养体系的每一个环节、节点才能够顺利运行。

与此同时，万达集团也十分重视讲师的培养。截至 2022 年底，集团共认证讲师 2893 名，并将讲师团队按专业水平、授课能力和工作阅历分为首席、资深、菁英三级；按授课内容分为管理、专业和企业文化三类（图 7）。

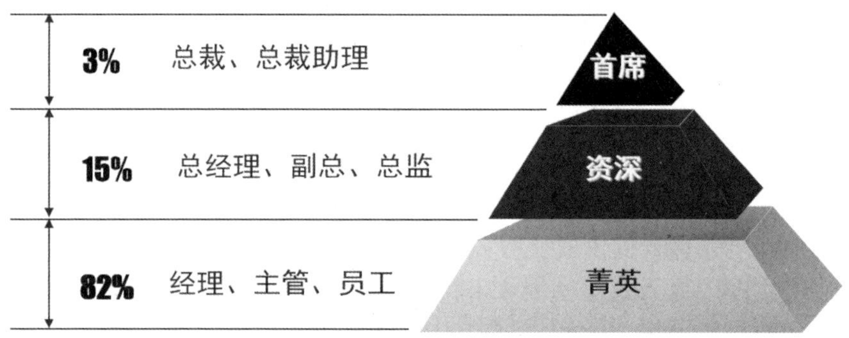

图 7　万达集团各类讲师职级分布

万达集团十分重视讲师的发展，建立两级讲师认证机制。包括培训前置、分级认证、及时汰换、跟踪预警。通过完善的讲师管理机制，保证每一位讲师都能发挥其价值，每一位优秀的员工都有机会成为出色的讲师（图 8）。

图 8　万达集团两级讲师认证机制

4. 计划管理

为切实助力业务，保障正常经营，万达人才培养体系会在业务经营的淡季反季节安排年度线下重点人才培养项目，将全年的培养工作展现在一张计划表单中，配合经营计划，把控好全年的人才培养工作节奏（图 9）。

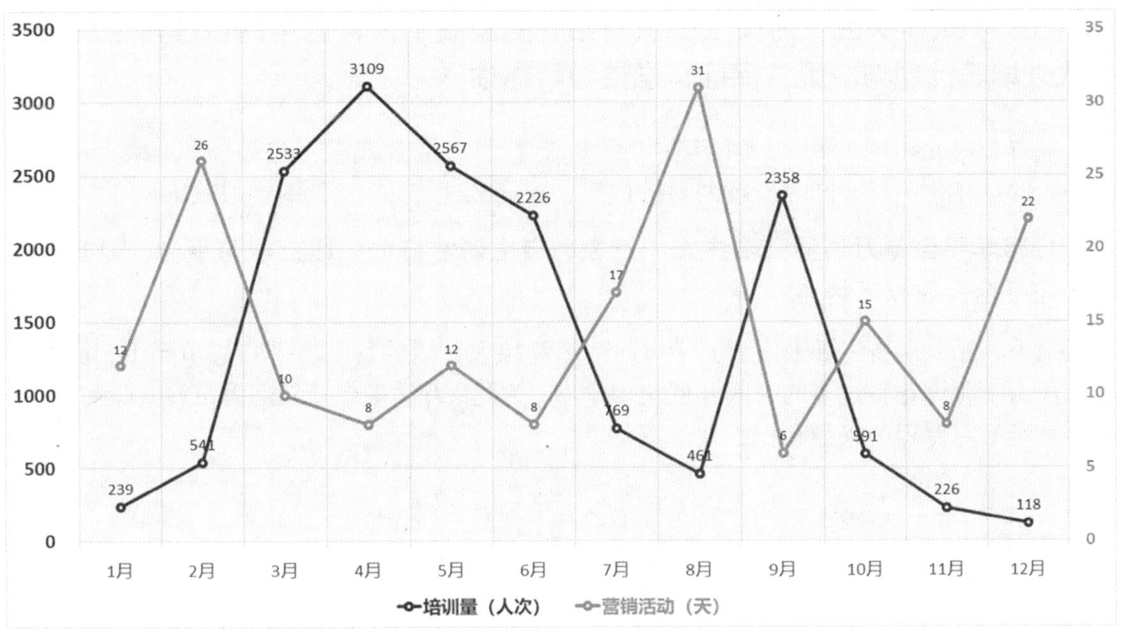

图 9　万达集团某区域公司 2021 年度反周期人才培养计划

（二）“三级管控”实现人才培养计划有效落地，便于及时响应一线需求，实现信息有效触达

“三级管控”承担起覆盖全集团员工的人才培养管理工作。三级管理员通过各类沟通方式，保证信息不失真，执行不打折，方案不过时，实现全团队的互联互通、工作落实到位。敏捷高效的沟通机制，更有利于三级管理员及时地反馈经营者的人才需求，再据此调整人才培养方案，从而真正实现从需求端出发，急一线之所急，为经营前线培养人才（图 10）。

图 10　万达集团特色人才培养三级管控模型

（三）“双线平台”为员工提供一站式的发展平台，也帮助管理者全方位掌控人才培养计划与决策，保证科学性与可靠性

随着数字化时代的到来，尤其在“后疫情时代”，混合式学习趋势将加速线上线下双线平台的一体化。只有同时发挥两者的优势，才能实现“1+1>2”的学习效果。

1. 万学平台是万达拥有自主知识产权，自主研发打造的线上学习平台，较其他在线学习平台存在以下特点

（1）一站式服务：便捷化线上学习，清晰掌控人才培养每一步。在快节奏下，高度的工作压力不允许花费过多的时间开展集中学习，为此，万学平台开发部署沉浸式学习功能，提升学员学习课程的兴趣和积极性（图 11）。

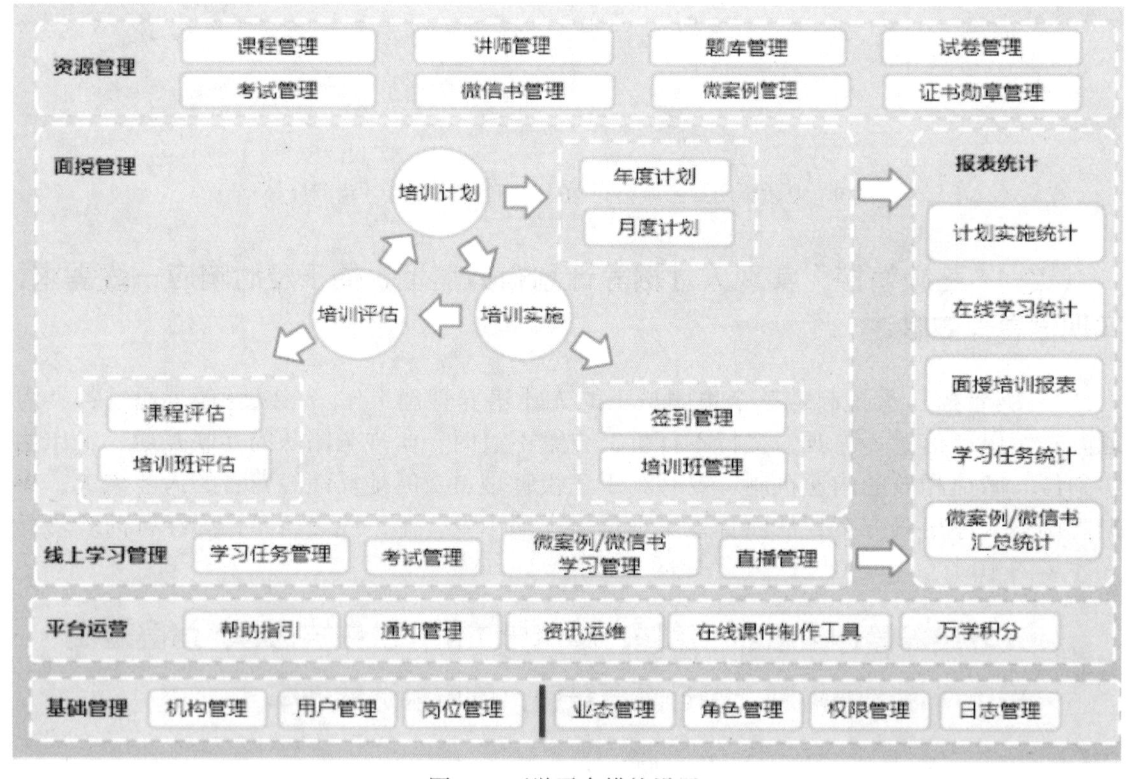

图 11　万学平台模块设置

（2）各集团独立运营：为不同业态提供人才培养专区。万达集团各业态在线人才培养系统独立运营，设置各业态独立页面，解决了各系统培养资源需要分类管理的问题。

（3）智能化学习：基于用户个人信息的定制化人才发展服务。万学平台能够准确根据岗位变化、文化程度、企业学习经历等全面信息，借助平台进行大数据处理分析，为员工提供职业规划建议，并为企业提供准确的人才数据。AI 基于员工特点，有针对性地推荐学习资源。万学平台也组织开发了“阶梯化成长”课程体系，针对不同阶段、不同岗位，定向精准推送学习任务。

（4）“三微”经验萃取，帮助员工即学即用。为帮助员工把握碎片化时间，万达组织各业务系统开发了“三微”系列，即“微案例”“微信书”和“微期刊”三个经验萃取栏目。微案例萃取实践经验，提炼解决方案，线上即时学习，目前已开发700余个案例。微信书制作成可即时查阅的电子工具书百宝箱，目前已开发33册，覆盖430个岗位。微期刊帮助员工开拓视野，了解最新资讯，目前已制作发布105期。

2. 万达培训中心是人才培养工作的“中央处理器”，统筹管控全集团的人才培养工作，运营万学平台，形成对人才培养工作的整体把控

（1）提供沉浸式高品质线下学习基地。万达培训中心主要负责经理级以上管理干部面授，新入职管理干部、应届管培生等培训都在线下平台实施。平台围绕各产业集团经营需要及发展趋势，设计了课程体系、师资体系、软硬件平台体系，满足各产业集团培训需求。

（2）实现对管理工作的专业管控。万达培训中心统一运营万学平台以及管理整个集团的人才培养数据，实现全流程掌控。同时，与各产业集团、各区域公司进行交流沟通，为各方提供专业性、针对性的人才培养建议和指导。

（四）“一考核”，以培养人才为最终目标，开展全集团人才培养工作，达成为员工赋能、为组织赋能、助力经营的目标

人才培养的终极目的是什么？有用！就是以任用为牵引，以人才发展为驱动，最终达成人才养成的目标。这就是人才培养“一考核”的终极意义和驱动力之所在。

万达人才培养体系采用KPI与OKR双结合的办法开展工作考核，对于集团当期重点工作主要采用KPI考核法，对各系统的创新性工作采用OKR方法，以考核促进人才培养管理提质增效，评估结果也成为竞聘升职的重要依据。目标管理制为万达人才培养体系注入动力，激活了整个人才培养体系（图12）。

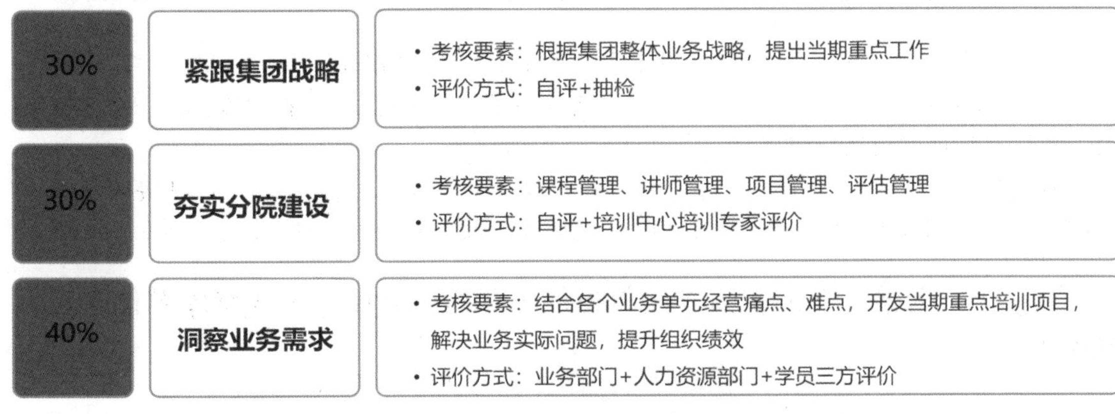

图12　万达人才培养考核依据

五、成效

（一）“四纵”内容支撑人才培养体系，成为万达集团人才培养高质量的体现

课程管理：2021年，年度新增1054门课程，其中培训中心组织开发精品课程40门。经优选汰换1170余门陈旧课程后，培训中心精品课程课件总数为5101件；“优师百课”项目甄选出170余门优质课程。

项目管理：各产业集团品牌化项目助力后备人才发展。例如，“攀登者”作为专注集团总裁助理级以上高阶管理人员项目，推送课程26门，学习时长1593小时。万新生培养项目目标为实现一年主管、三年经理、五年公司负责人进阶，充分体现了万达集团对新生力量培育的力度。

团队管理：培训管理员严格把控人才培养工作。2021年年度末，万达集团讲师库认证讲师约2900名，新增713名，淘汰43名，实现常态化优胜劣汰。

计划管理：万达人才培养体系严格遵照反业务周期原则，减轻各产业集团在业绩压力下的人才培养工作负担。

（二）“三级”培养管控实现集团人才培育工作的层层把控，将人才培养落实到一线业务，助力企业经营

在后疫情时代，万达人才培养体系及时根据外界状况调整各产业集团的人才培养工作，形成线上社群管理。万达培训中心则针对来访学员逐一排查，保障培训中心人员百分百安全。

（三）“双线平台”助力，一站式集成化把控，人才培养工作集中管理

万学平台：2021年，全集团共创建3万7千多个线上班次，完成1920个学习任务，1260万人次上线学习。此外，万学平台提供了课程、讲师、培养有效性的评分数据，助力人才培养管理的数据化决策。

万达培训中心：2021年，万达培训中心完成了到各地万达公司送课上门96场，培训经理级以上干部近1.3万人次，共计3.0万人天，满意度96.3分，开展外部培训2.7万人天。

（四）“一考核”实现了人才培养管理事事皆可考核，为人才培养体系注入动能

万达人才培养考核体系包括课程、讲师、学员、有效性等多个方面。考核分数每月评估，最后进行各产业集团排名，并召开会议探讨工作成果、分享工作经验，形成了集团内“你追我赶”的工作氛围。

六、结语

4321 人才培养体系从培育内容、管控方式、管理平台再到推动机制四个方面，为万达集团提供了助力多业态经营的敏捷灵活的人才培养体系，实现赋能于员工、赋能于团队、赋能于组织。只有创造一个灵活、自适应的人才培养体系，集团才能在动荡变化的外部环境中自我变革、敏捷进化、人才不断。

主要创作人：李泽玮

参与创作人：李　健

构建牵引业务变革的“STAR”管理人才培养体系

东风本田汽车有限公司

东风本田汽车有限公司（以下简称东风本田）是由东风汽车集团股份有限公司出资50%、本田技研工业（中国）投资有限公司出资10%、日本本田技研工业株式会社出资40%共同组建的乘用车整车生产企业，成立于2003年7月16日，秉持“一次规划、分步实施、滚动发展”的建设理念，已形成三个工厂并驾齐驱发展格局，设计年产能76.8万辆。

东风本田成立至今，持续完善产品布局，车型涵盖“SUV、中级车、中高级车”等各细分市场，是中国汽车行业少有的拥有燃油、纯电动、混合动力和插电混合动力四种动力系统的汽车企业。在过去的五年时间里，东风本田事业形态稳步提升，实现“30万辆至50万辆至70万辆”的快速飞跃，是湖北省工业史上首家且连续五年产值过千亿元的单体企业。2020年面对突如其来的新冠肺炎疫情，东风本田作为武汉首家复工复产的企业，成功打赢疫情防控“阻击战”和生产经营“保卫战”，销量增幅逆势上扬，跑赢行业大势。截至2021年，累计销售整车686万辆，上缴税金1420亿元。

东风本田坚持以习近平新时代中国特色社会主义思想为指导，深入学习党的十九大、全国组织会议精神，贯彻东风公司“三个领先、一个率先”的总体部署，坚持党建统领，努力构建面向未来百万辆产销的东风本田“STAR”管理人才培养体系。“STAR”管理人才培养体系历经18年，追随东风本田的组织发展周期，逐步形成并持续迭代完善，为东风本田输出一支实战型、专业型、复合型的“三型”管理人才队伍，为公司事业发展提供不竭动力。

一、项目背景

面对当今百年未有之大变局，东风本田管理人才队伍在“承接战略、推动执行、适应未来”的业务工作中起到至关重要的作用。管理人才培养要兼顾当下与未来的业务需求，适应业务快速变化，保障柔性人才决策，更要让管理人才队伍培养协同人力资源政策，有效带动全员培养，实现业务牵引功效。

（一）人才强企战略对管理人才能力提出“高素质、专业化”新要求

千秋基业，人才为本。党的十九大以来，以习近平同志为核心的党中央对人才队伍建

设工作提出一系列新理念，明确提出“建设高素质专业化管理人才队伍”的目标要求，强调经营管理人才既要修好“政治课”，又上好“专业课”。同时，加强优秀年轻管理人才的培养是实现东风公司“三个领先、一个率先”奋斗目标的战略要求，也是东风本田面向挑战百万辆产销体系新征程的现实需要。

（二）复杂多变的市场环境对管理人才能力提出“双需求、内生化”强要求

近年来，国际政治经济博弈愈加激烈，逆全球化暗流涌动。国内宏观经济下行压力持续显现，汽车行业进入“瓶颈期”，诸多汽车整车制造企业增长乏力。同时，造车新势力不断涌入，掀起人才争夺战。这就要求东风本田要着眼近期和长远双重需求，大力挖掘并培养优秀年轻人才，强化管理人才政治培养、源头培养、实战培养、多维培养、跟踪培养，搭建管理人才“壮筋骨、长才干”的成长舞台。

（三）电动化转型及高质量发展对管理人才能力提出“勇担当、多元化”高要求

当今汽车产业发展的机遇前所未有，面临的挑战和困难也史无前例。在满足国家政策（双积分）及国家战略（电动化、智能网联化）的前提下，汽车市场进入二次增长期。面对复杂形势和艰巨任务，东风本田搭建多维生态人才培养平台，努力造就一支面向百万辆体系的“专业型、实战型、复合型”管理人才队伍，在危机中育先机、于变局中开新局，抓住机遇，应对挑战，迎难而上。

二、项目内涵

面对电动化转型及高质量发展的双重关键任务，东风本田从支持业务到牵引业务的双需求视角，构建“实战灵活生态”的STAR管理人才培养体系，主动推进培养体系的数字化进程，保质保量为企业发展提供“三型”管理人才。

一是东风本田首次从牵引业务的视角提出双需求人才培养规划，构建“紧贴业务、实效赋能、灵活协同”的“梧桐树计划”，开展管理人才盘点，形成各业务领域管理人才储备缺口的“红绿灯”，明确培养对象及目标。

二是结合“扁平化”管理人才队伍的岗位特点，聚焦各层级的共性能力，提取核心通用胜任力，绘制三支柱“管理人才画像”，设计管理人才成长路径，绘制管理人才学习地图。

三是遵循“721”学习理论（70%实践学习，20%导师指导，10%课堂学习），通过“测－培－训－评－战”培养模式，针对性开展“重点强化”与“短板提升”相结合的培养内容，综合提高学员素质能力，实现内生化、多成果的持续成长。

四是坚持公开透明的甄选渠道，通过“部门推荐”+“综合测试”的方式，大力挖掘具备发展潜力的优秀管理人才。

三、主要做法

东风本田坚持贯彻落实东风公司关于管理人才工作的一系列新理念、新思想、新要求，遵循管理人才成长规律，构建牵引业务变革的“STAR”管理人才培养体系（图 1）。以战略为导向，业务为驱动，通过战略分解（Strategy）、人才盘点（Talent Analysis）、培养 & 实施（Activity）、交付再造（Result&Recycle）4 大环节，形成完整的 PDCA 循环，探索数字时代“灵活实战生态”的牵引型管理人才培养新途径，为公司新事业发展提前储备优秀年轻管理人才。

“STAR” 干部培养体系

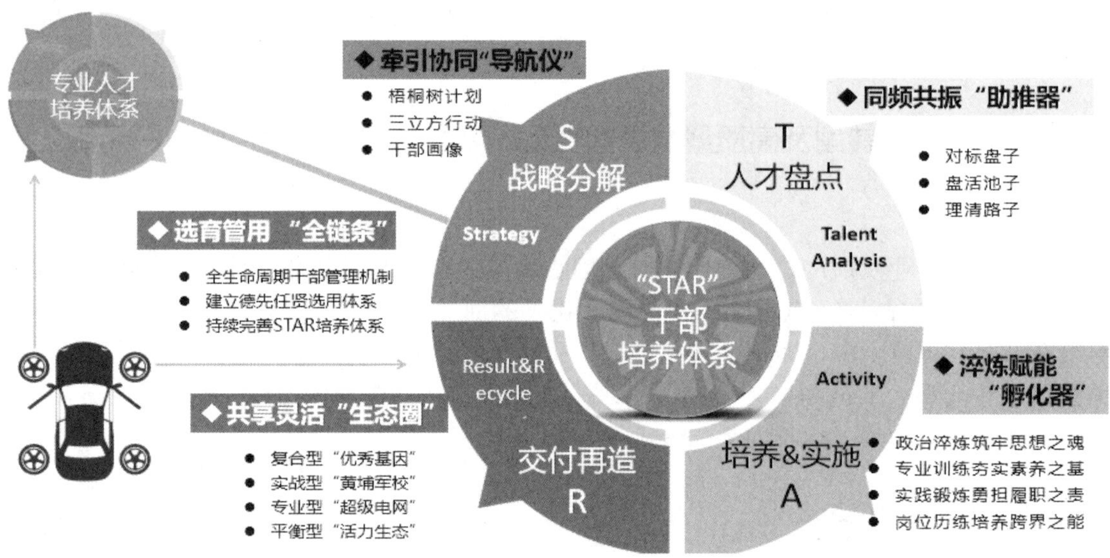

图 1 东风本田的“STAR”干部培养体系

（一）发挥牵引协同“导航仪”作用，推动人才强企纵深发展

1. 锚定转型升级战略定位，顶层设计“梧桐树计划”

一是调研业务领域，明确支撑公司发展的关键业务领域和人才；二是人才盘点，结合管理人才库现状以及未来管理职数的储配比例，识别各领域管理人才储备“红绿灯”，确定人才供需计划；三是基于人员招录和队伍现状，锁定“能上能下”的管理人才任用目标，具体化管理人才培养对象的数量与来源，培植弹性高效的“梧桐树”，从战略层面实现管理人才规划与业务强关联、强时效，升级公司人才竞争力。

2. 抢占变革高地，部署实施“3^3（三立方）行动”

公司面向未来，为贯彻新发展理念、构建新发展格局、推动高质量发展，准确识变、科学应变、主动求变，实施“3^3（三立方）行动”（图 2），以培养 400+ 管理人才、600+ 专业人才、1500+ 技能人才为目标，构建牵引变革的前瞻性管理人才培养体系、支撑战略的实战型专业人才培养体系、保障智造的工匠型技能人才三大培养体系，加速管理人才成长，抢占“高精尖缺”人才高地，驱动业务效率提升，助推公司高质量发展。

东风 HONDA 信念 突破 远界

人才培养3^3(三立方)行动

基于公司战略和业务发展需要，根据十四五人力资源发展方向，全面升级实施“梧桐树PLUS计划”，构建“三大机制”、实施“三大行动”，推进高质量人力资源保障，营造员工“喜悦成长、富有魅力和挑战”的职场环境，牵引驱动新事业发展。

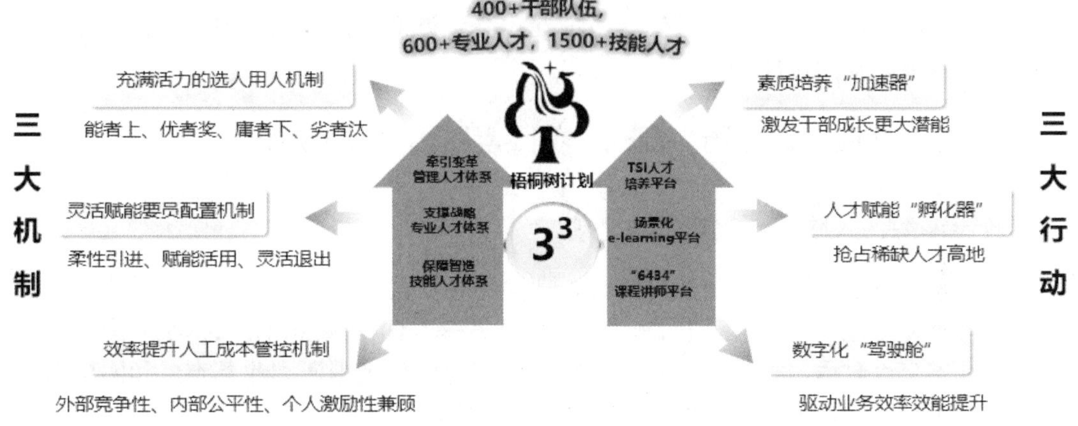

图 2 人才培养 3^3（三立方）行动

3. 聚焦前瞻事业发展趋势，重绘转型管理人才“三支柱画像”

一是政治过硬：根据新时期管理人才“忠诚、干净、担当”的要求，以党性修养为根本，绘制形成“管理人才思想画像”。二是素质前瞻：基于新时代管理人才“20 字”标准及公司战略转型升级发展需要，验证管理人才能力指标，迭代形成“管理人才素质画像”。三是专业全面：结合数字时代岗位未来发展的职业需要，聚焦各序列管理人才关键能力，绘制研发、制造、营销等六大序列“管理人才专业画像”。

（二）提升同频共振“助推器”效能，树立德才兼备选用导向

1. 对标盘子，迭代弹性绘制“管理人才 GAP 图谱”

一是建立科学盘点机制，通过匹配识人工具、对标人才标准，开展能力盘点；二是绘制管理人才 GAP 图谱，结合人才的绩效、能力和潜力，识别今日强将，挖掘明日悍将；三是制定敏捷纠偏程序，面对内外环境变化及业务调整，定期修正管理人才 GAP，以确保盘点结果的有效性。

2. 盘活池子，形成动态“管理人才库”

一是建立管理人才“履历标签”。通过座谈、走访等方式，定期把握思想动态、工作实绩、队伍状况等，形成管理人才独有的履历标签。二是建立管理人才库。结合管理潜力、素质能力、专业领域等特点，形成“青苗人才库”“继任人才库”“后备管理人才库”等，并定期检证调整。三是健全迭代管理人才考核机制。通过日常考察、项目考察、任职考察，对

不符合条件的管理人才及时调整出库，同时深挖一批实干、突出的优秀人才入库培养，打造渐次“吸收一批、调整一批”的动态管理机制。

3. 理清路子，开发进阶领航“成长地图”

一是设计管理人才四级成长路径，遵循管理人才成长规律，设计集强优势、补短板、疏痛点为一体的管理人才“成长地图”；二是开展跨专业历练，把党建、营销、研发等全价值链岗位作为锻炼的重要平台，让管理人才在多个业务领域增加历练；三是建立继任者计划。梳理高管岗位、定期盘点管理队伍情况，基于近期确保使用、中期重在培养、远期挖掘潜力的原则实施针对性培养。

（三）构建赋能“孵化器”模式，着眼素质培养体系建设

1. 政治淬炼，入脑入心筑牢思想之魂

一方面定期召开党政领导座谈交流会，帮助年轻管理人才进一步理解新时代对党员干部的具体要求，坚定理想信念，提高政治站位。另一方面开展经营层 2-WAY 沟通会，与青年管理人才交流对话，解答年轻管理人才在工作及成长过中遇到业务难点和困惑点，帮助其找准未来发力点，拓宽经营思维，提升战略视野。

2. 专业训练，内外双导夯实素养之基

一是分层分类匹配内部导师，依据后备人才的管理层级、专业背景、职业发展等特点，为其匹配导师，加速人才成长。二是邀请公司高层担任战略导师，通过战略研讨、高层会议、协同出差等方式，提升跨领域视野和战略思维。三是引入外部专家，通过趋势分享和管理辅导的方式，引导学员自我察觉与思考。

3. 实践锻炼，攻坚克难勇担履职之责

一是设立“全序列跨领域”研修机制，确保实践锻炼有序推进。二是推进“分层级深专业”课题机制，以做促学，锤炼本领。三是引导管理人才回归生产现场开展现场研修，通过 WHY-WHY 分析手法，提炼课题并制定解决方案。

4. 岗位历练，双轮双驱培养跨界之能

一是内部轮岗。结合员工成长需要，制定中长期管理人才轮岗规划。二是岗位轮值。基于管理人才成长特点，开展跨级岗位轮值计划，设置部 / 科长助理，通过岗位实践锻炼，拓宽跨领域、跨层级视野，加速其成长。三是搭载母公司平台，如长青计划 2.0、援疆援藏等，向集团及兄弟单位输送优秀管理人才。

（四）共建共享灵活“生态圈”循环，夯实育才养士关键根基

1. 突出文化引领，融合复合型“优秀基因”

一是传承母公司关注人才发展和成长的传统，营造尊重人才、尊重知识、尊重创造的

氛围与文化；二是秉持东风公司注重大视野、宽思路的复合型培养理念，结合本田关注“三现主义”和在岗锻炼的特点，形成承接战略、立足现场、注重实战、不断改善的人才培养导向；三是主动搭载母公司的培养项目，丰富东风本田管理人才培养的方式方法，培养新时代符合党和国家要求、切合公司发展需要的管理人才。

2. 立足智力储备，打造共生实战型“黄埔军校”

一是结合“部、科、系、班长”管理层级，根据“现任、新任、后备、管培生”不同阶段人员的特点，形成“4×4”管理人才培养模式。二是建立“严进严出”选拔机制。三是完善评价体系，将素质能力测评贯穿于管理人才成长前、中、后各阶段，强长板、补短板、固底板，实施针对性培养，强化培养效果。

3. 聚力资源供给，创建互生专业型“超级电网”

一是建立场景化 E–learning 学习平台，集成内外部优秀课程资源，将思想教育、领导力知识、业务成果等显性化；二是创建 TSI 人才资源中心，建立以理论培训（Theory）、技能实操（Skill）、智能设备操控（Intelligent）为核心的区域化人才培养中心，实现人才现地化培养；三是构建“6434”课程讲师体系，配置涵盖研发、品管等 6 大序列，面授、微课等 4 大课程类型，初中高 3 个层级，并设立种子、初中高 4 大级别的“阶梯式”讲师管理模式。

（五）促进选育管用“全链条”联动，健全适时迭代动态机制

1. 构建管理人才全生命周期管理人才管理机制

结合“萌芽、成长、成熟、成就、退出”五阶段的管理人才全生命周期，从“选拔、培养、考核、监督、退出”五个维度着手，实现“管理制度化、制度流程化、数据信息化、考核透明化”的“四化管理”，进一步推进管理人才一体化、规范化建设，提高选人用人工作满意度。

2. 建立“以德为先、任人唯贤、人事相宜”的选拔任用体系

以党管人才为统揽，建立以德为先、任人唯贤、人事相宜的选拔任用体系，坚持“德才兼备、以德为先”。坚决落实党委在选人用人中的主体责任，严格把好政治关、廉洁关。运用理论考试、素质测评、面试答辩等“4D”测评工具，大力选拔“想干事、能干事”年轻管理人才。

3. 持续完善牵引业务变革的“STAR”管理人才培养体系

“STAR”管理人才培养体系是“2019–2023 人才培养规划”（图 3）中的支撑战略的实战型管理人才培养理念的体现。

东风 HONDA 信念 突破 远界

2019-2023年人才培养体系

营造让员工喜悦成长的和谐氛围，激励员工创造卓越价值。

理念　**服务**员工能力发展提升，**助推**公司战略目标达成

目标　**人才队伍**：一支牵引业务变革的“实战型、复合型、专业型”人才队伍
人才数量：100+管理人才；500+专业技术人才

体系　**两大培养体系**

以业务为驱动的前瞻性专业人才培养体系

赋能 实战

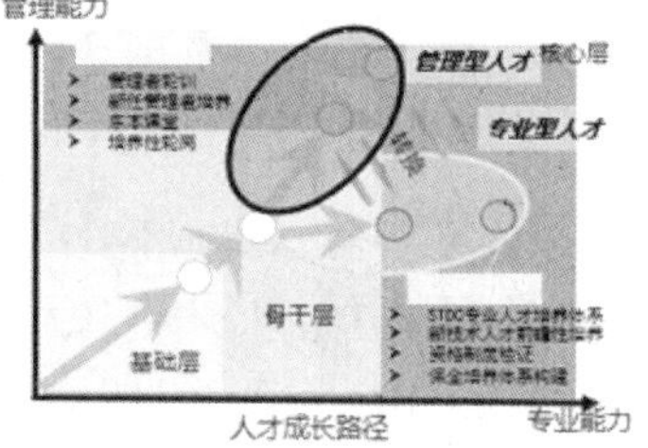

支撑战略的实战型管理人才培养体系

能下 能上

有人可用　才尽其用　人尽其才　乐尽其能

基石　**三大培训资源**

人才培养中心建成　“4CE”学习生态圈　课程与讲师体系

基于人力资源管理中期规划，制定人才培养“1523”行动，指导未来5年人才培养工作

图 3　2019-2023 年人才培养体系

四、项目收益

（一）管理效益

（1）构建体系：东风本田构建了包含 4 大环节的“STAR”管理人才培养体系。该体系强调从服务型向牵引型转变，从战略角度预测管理人才队伍需求，最终构建“实战灵活生态”的管理人才培养体系。

（2）人才育成：截止 2021 年 6 月，现有管理人才队伍共有系长及以上人员 529 人，整体平均年龄 40.5 岁，大学本科（含）以上占 77.0%，研究生学历占 8.7%，近三年管理人才平均年龄下降 3.6 岁。2011–2020 年累计培养后备管理人才 1400 余人，其中职务晋升 500 余人，近千人专业资格得到晋升，晋升率为 72%。

（3）人才保障：构建了分属“青苗库”“继任者库”“东本课堂库”等共计 1000 余名后备管理人才。

（二）经济效益

2020 年，受疫情影响仍实现了年销售 85 万辆的新跨越，跑出了东风本田“新速度”，

实现了在汽车行业罕有的逆势增长，产能利用率超过 140%，人均劳动效率超过 64 台 / 人，实际用工总量低于行业平均值 13%。

（三）社会效益

基于该培养体系下的管理人才储备项目《东本课堂—敏捷迭代，打造 STDC 后备管理人才培养体系》获得 2020 年全国学习设计大赛金奖，其人才培养经验得到同行业其他单位借鉴参考。

主要创作人：陈小莉、黄　梅

参与创作人：黄智耀、匡欲翔、李溪凝、王　艳

株机公司国际化技能人才培养举措及成果

中车株洲电力机车有限公司

中车株洲电力机车有限公司（以下简称株机公司）作为中国轨道交通装备行业“走出去”的一面旗帜，自1997年电力机车首次出口伊朗以来，经过二十多年的艰苦耕耘，产品已出口27个国家和地区，实现六大洲全覆盖，累计合同金额超过700亿元。公司积极响应“一带一路”倡议，率先倡导并深度实施“五本经营”模式，积极担当“四种角色”，秉持“三零三好”原则，国际化指数达12.96%，位居国内行业前茅，实现了国际化经营从“走出去”到“走进去”再到“融进去”的深度转型。在深入实施国际化战略的过程中，株机公司始终将人才育成作为战略支撑，聚焦“选、育、用、留”等核心环节，注重建章整制，建设了一支高素质的国际化人才队伍。

一、重投入赋能“走出去”，打造海外开拓“先锋队”

在“走出去”阶段，株机公司的主要策略是产品出口。为了破解国际化人才储备不足的困境，株机公司积极探索国际化人才的选育用留，为“走出去”全方位赋能，打造一支“先锋队”。

一是分层分类，打造“3456”国际化人才培养体系。聚焦人才培养的有效性，创新提出“线上与线下结合、高强度与轻量化结合、普及式与精准式结合、外部借力和内部营造结合”的原则，逐步形成“3456”国际化人才培养体系，即：设计经营、技管、技能3类人才差异化课程体系，提升语言、文化、知识、技能4大维度能力，畅通经营管理、专业管理、市场营销、工程技术、技能操作5大职业发展通道，建立线上学习、高等院校、海外子公司、集中培训、外语俱乐部、国际业务合作伙伴6大学习平台。初步建立起包含技管、技能在内的国际化人才梯队，有效满足了国际市场开拓的人才需求，通过数字化人力资源管理平台，管理范围覆盖海内外子公司，形成国际化人才库，实时更新人员流动情况。

二是保证投入，加大国际化人才培养力度。一方面，积极参与中车集团“631”项目，平均每期选派优秀员工不少于30人参加高级国际化人才培训，学员总数在集团一级子公司中排名前列。另一方面，注重自主开拓培育资源，先后与宁波诺丁汉、新东方、平和英语等8家院校或机构建立战略合作关系，实现优势互补，定期开办国际化人才培训班。第三，构建涵盖商务礼仪、项目演练等22个业务板块的课程体系，提高培训针对性。党的十八大以来，株机公司国际化人才培训累计投入费用超过3500万元，共1620余人参加了各级语言学习，100余人赴欧美国家研学深造，为国际市场的拓展提供高质量人才供应链。

三是多措并举，国际化人才培养初显成效。除基础赋能外，株机公司还搭建了英语风采大赛、国际创新论坛、多国体育赛会等常态化平台，设立PMP、国外法律法规、跨文化交流等培训项目，鼓励员工获取国际职业资格、参与国际标准认证等。通过多层次，全方位的人才培养平台，一批理念新、眼界宽、能力强的优质人才脱颖而出，党的十八大以来，株机公司培养国际化人才1500余人，为国际项目的顺利开展奠定了扎实的基础。

二、建机制支撑“走进去”，培育国际经营“全能军”

随着国际化进程的深入，株机公司的国际化经营模式逐步转向“产品+服务+技术+管理+资本”联合出海。为此，株机公司搭建了一套系统完备的管理机制，引导人才成为国际经营“全能兵”，更好支撑“走进去”。

一是创新激励机制。株机公司从选育、发展、回归等11个方面，构建了外派任职人员管理体系。一方面，将海外派驻经历作为部分干部任职和层级晋升的基本要求，并出台专项绩效评价和薪酬福利体系，同等岗位海外派驻员工年收入可达国内员工的2–2.5倍，激发更多人才主动申请“派出去”。另一方面，加强人员置换管理，建立内部调配计划和置换标准，并采取海外招聘、内部轮岗、骨干挂职等方式，促进外派人员合理流动，免除长期派驻的后顾之忧，畅通回归渠道。党的十八大以来，株机公司共派出近600人赴海外随岗锻炼，107名高中层管理者与青年骨干到海外挂职，外派储备池已超过2000人，有效保障了人才供应。

二是优化用工模式。株机公司牢固树立“本地化”用工理念，持续推进用工模式由“外派为主”向“外派+本地化”转变，从而满足目标市场政策要求，降低用工成本，形成比较优势，仅马来西亚每年用工成本就较全部外派节约5000万元。在本地化用工模式的牵引下，株机公司以项目为支撑，以境外机构为平台，不断拓展本地化用工的规模，充实海外经营管理团队。近年来，株机公司本地化用工数量稳定提升，现已达到1200余人，本地化用工率85%以上。

三是强化高端育才。一方面，借助中车品牌，依托海外子公司、研发机构、高等院校等平台实施“筑巢引凤”工程，柔性化引才。另一方面，打破制度约束，在并购、总包等领域大力引进高层次人才，同时，定期选派专家走出国门举办培训，资助海外员工到华参访培训、提升学历，定制个性化激励约束机制，用“人才活水”计划推进高端化聚才。党的十八大以来，株机公司在土耳其、南非、奥地利等3个国家组建海外研发中心，与中东科技大学、卡拉贝克大学、金山大学、柏林工业大学等6所海外知名高校签订战略合作协议，累计引进海外硕士留学生38人、外籍专家5人、国际化经营管理专家25人、具有国际视野的职业经理人7人，为国际化经营深度转型提供了充足的智力保障。

三、高格局引领“融进去”，铸造中车品牌“金名片”

经过多年努力，株机公司成功进入了欧美高端市场，国际化经营已逐步“融进去”，具备了一定的全球整合资源和产业发展能力。为此，株机公司启动了全球化人才战略，着力培育具有全球化视野的人才“金名片”。

一是加强管理融合，提高人才影响力。株机公司充分发挥总部的统筹协调作用，在公司本部及所属企业、特别是海外子公司中推进人才联合培养和协同共享。根据培训开发721法则，充分发挥马来西亚、南非、印度等境外子公司作为国际化技能人才育成基地的作用，常态化采用“随岗锻炼”“挂职交流”等培养方式，将境外子公司打造为国际化技能人才的主要培养平台。选拔出100名国际化技能人才赴吉隆坡子公司进行为期3–6个月的随岗培训，主要学习维保作业技能、专业英语、伊斯兰文化以及海外生活常识等，提升学员海外工作和生活的能力。以马来西亚为例，当地子公司借鉴本部丰富的绩效管理经验，结合当地用工习俗和实际情况，建立了全面绩效管理体系。通过导入绩效管理体系，当地员工在工作效率、工作质量及劳动生产效率等方面都有了大幅提升，当地子公司也得到了政府的高度认可与肯定，先后荣获马来西亚“优秀雇主”“企业人力资源管理卓越奖”等称号。

二是重视文化协同，提高人才包容力。坚持“拿下一个订单，进入一片市场，融入当地社会”，充分尊重所在国当地文化和宗教习惯，以传统节日、专项活动等为契机，促进跨文化交流融合。例如，协助马来西亚政府举办首届人力资源高峰论坛、在土耳其举办供应商大会，派驻各海外子公司的员工须担任“汉语教师”的角色，以中国传统文化、中国中车企业文化、日常工作专业术语、书法等为载体，培训海外本地员工汉语知识。多方面为国际化人才成长争取良好的生态环境，也更好地支撑了本地化用工融入公司发展，确保了国际化战略的有效落地。

三是树立全球意识，提高人才发展力。随着国际化战略的不断深入，株机公司的产品和服务已覆盖6大洲的27个国家，在德国并购了福斯罗机车公司，在墨西哥实施了中车首个海外总包项目，产品出口额、境外投资额、外籍员工数三项指标大幅跃升，国际化经营能力显著改善。面向未来，株机公司将以持续提升全球化资源配置能力为导向，积极探索新的国际化人才管理方式，包括高中层管理者总部外派、关键岗位人员国内外互派、加大薪酬策略的差异化水平等措施，从而建立具有株机公司特色的国际化人才选育模式，争当中车品牌“走出去”的先锋。

“十四五”新征程已经开启，株机公司瞄准“智慧株机”，持续深化国际化人才队伍建设，为实现“三个力争”“三个相当”奋斗目标奠定坚实的人才保障，为加快建成受人尊敬、世界一流的“中车”持续贡献株机力量。

主要创作人：程　建

参与创作人：吴　艺、潘　姝、卢　娜、吴　忱

基于人才聚集与创新能力的培训体系建设与应用

北京临近空间飞行器系统工程研究所

培训是人力资源管理中的重要环节，培训体系建设与实施的质量影响人才发展、人才绩效、人才梯队等多个方面。同时，培训体系的建设与实施，不可盲目抄袭大企业的成功做法，而是要因地制宜地开展个性化培训体系建设，不断促成学习型组织。

我部“以运作系统为牵引，三大体系为支撑，培训项目为抓手，上接创新能力提升战略，下接人才聚集效应”，开展了临空部本地化、个性化的培训体系建设与实施。经过近6年的实践，临空部培训体系建设已初见成效，培训工作与中心工作紧密结合，与员工成长充分融合，受到了各级领导的肯定，成为行业内的优秀范例。

一、总体思路

人才聚集的表象是个体数量的聚集，实质上是个体所承载的知识的聚集。在人才与知识聚集的过程中，产生的是新理念的交换、新知识的交互，其效果大于单纯的劳动力数量叠加。组织的创新能力就是在知识的交换、结合、分化，再交换、再结合、再分化的螺旋上升过程中得到提升的。组织内部的知识螺旋结构代表着一个组织的知识共享水平，也决定着创新的效率和水平（图1）。

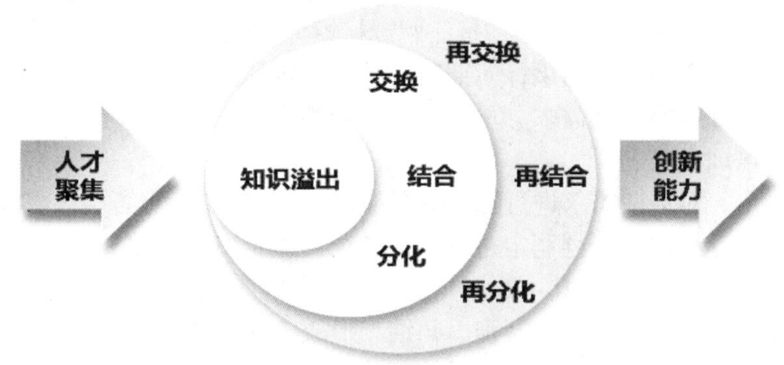

图1　人才聚集与创新能力关系

临空部在培训体系建设与实施中，深知人才聚集和创新能力是一体两面的——人才聚集不仅是个体的相加，更是个体所具备的知识水平、信息转化、创造能力的聚集，而创新能力是个体知识链接、协同、交换的主要产物。基于这样的理念，临空部培训体系建设与实施“以运作系统为牵引，三大体系为支撑，培训项目为抓手，上接创新能力提升战略，下接人才聚集效应”。不仅使员工个体知识倍增、价值提升，更直接促动临空部创新能力和事业勇攀高峰（图2）。

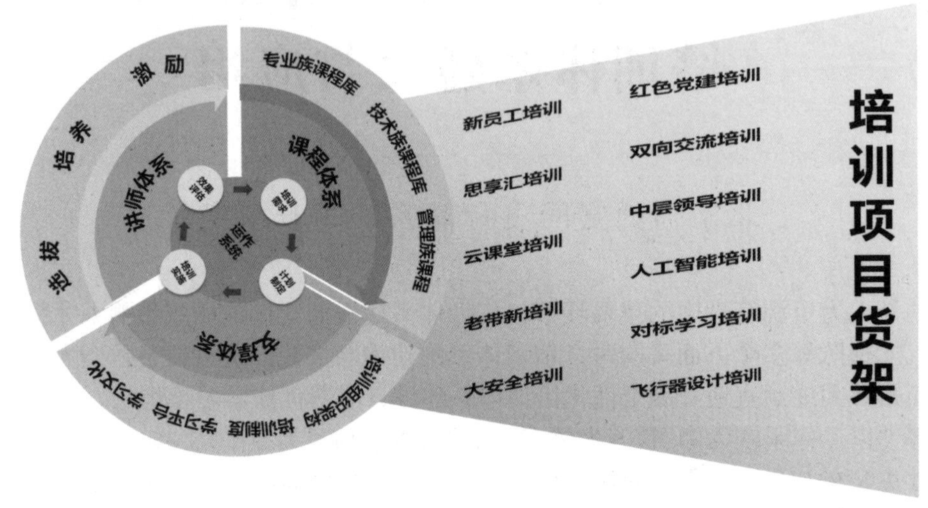

图2　临空部培训体系概览

二、实施方案

（一）运作体系牵引

运作体系抓住培训需求、计划制定、培训实施、培训评估四个环节，全生命周期发挥牵引作用，促进培训体系螺旋上升式持续优化。

（1）培训需求。培训的前提是找到能力素质缺口，找到掣肘人员效能提升的态度、技能、知识短板，是促进培训由执行力向生产力转换的前端。临空部通过“1个模型+3个方面”开展培训需求调研。其中，“1个模型”是任职资格模型，基于各职族、各岗位任职资格要求，结合上年度员工任职资格测评结果，对照行为标准锚定能力缺口；“3个方面”包含外部环境培训要求、临空部战略发展需求、员工职业发展需求，三个方面综合考虑，确定贴合业务、贴合发展的培训重点。

（2）计划制定。对培训需求进行充分的分析研判后，确定各级各类人群年度培训重点，进而制定年度培训计划。在计划制定过程中，遵循“立足发展战略、关注核心人才、兼顾个人成长”的原则，“个人–班组–处室”逐级对年度培训计划进行补充和完善，最后通过对全部培训计划进行汇总、筛选、甄别、归纳，形成《临空部年度培训计划和实施方案》。

（3）培训实施。对培训进行强管控是确保培训效果的重要手段，可以有效避免培训计划走形。运用项目管理思路，利用AVDIM下发年度培训计划，对培训课程、培训讲师、培训经费、培训时间、培训负责人等关键要素进行约束，可以有效提升培训体系运行在质量、进度、经费上的可控性。

（4）培训评估。培训评估是衡量培训有效性的重要手段，通过构建“4级培训效果评估”制度，形成了对课程内容、师资水平、知识技能获取、行为方式转变、员工业绩提升、组织业务优化等全方位的评价与反馈，建立起包括“培训＋考核＋评估＋报告＋跟踪＋转化”在内的完整培训评估及转化机制，有效促进培训体系服务于员工能力提升和组织绩效优化（图3）。

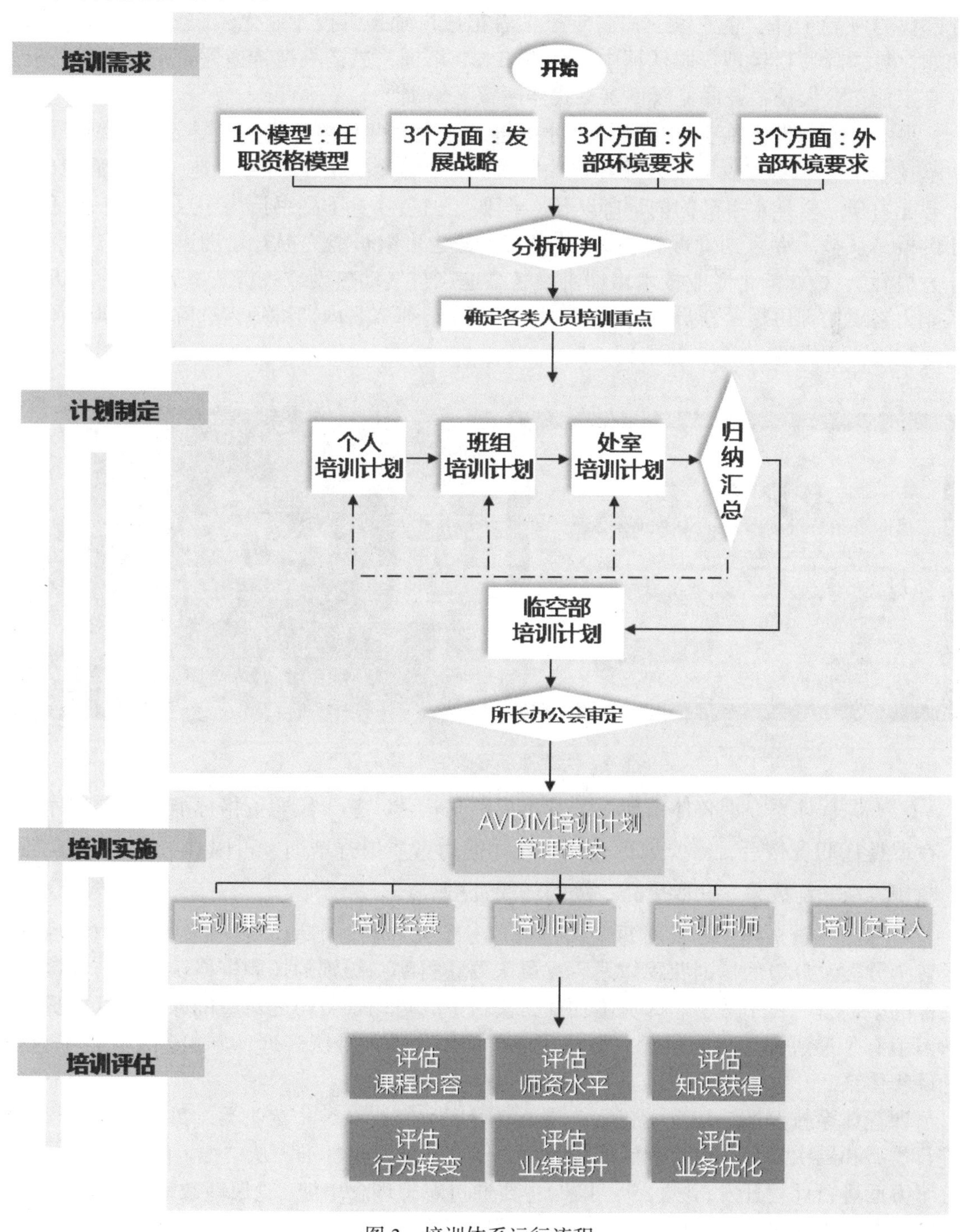

图3 培训体系运行流程

（二）三大体系支撑

三大体系是培训体系建设与实施的核心要素，包括讲师体系、课程体系、支撑体系。

（1）讲师体系。讲师体系建设的目标是构建一支“专兼结合、结构合理”的高素质讲师队伍。一方面，面向社会公开选拔、择优聘请专业讲师，利用临空部的品牌优势，聘请外部优秀领导干部、企业家、知名专家学者担任讲师，讲授专业化、职业化的培训课程。例如，与国际项目经理资质认证中心开展 IPMP 培训，邀请央视特邀评论员、全军首批外宣专家杜文龙大校，开展《新型 XX 武器展望》培训。

另一方面，发挥临空部自身的人才优势，加大力度从内部优秀领导干部、型号两总、学术技术带头人、专业技术人才和机关管理人才中选拔兼职讲师，打造一支政治素质好、业务能力强、教学水平高的内训师队伍。例如，白金泽党委副书记为中层领导干部任职培训讲授《从技术专家到管理高手》、吴晓蕊主任为班组长能力提升培训讲授《培养卓越领导力提升》、檀姝静为专业技术培训讲授《高速飞行气动热设计浅析》、马俊颖为新员工基本能力素质培训讲授《新员工礼仪培训》等。临空部多名内训讲师入选院级内训讲师库并获得院级课程大赛一等奖（图 4）。

IPMA
IPMP
International Project Manager Professional
华鼎维赢（北京）项目管理咨询有限公司
为“国际项目经理资质认证（IPMP）中国业务中心”，为此该业务中心应在授权期内拥有唯一授权，于指定区域（部委、行业主管部门包括央企、协会商会、联盟），全面做好IPMP宣传推广和考点授予认证业务等工作
授权期限：2016年1月1日至2025年12月31日
特此证明！
证书编号：P002
(IPMP)

图 4　严选外部资源 开发精品课程

（2）课程体系。课程体系建设的基本思路是构建“基于任职资格标准”的课程库。员工在取得任职资格后，需要进行有针对性的能力素质提升培训，再回到工作中进行实践，不断积累经验与成果，获取更高一级的任职资格。

对标任职资格体系，针对每个岗位的业务单元和具体活动，逐项逐层开发对应课程。设置了分类、分级的培训课程体系后，员工要获得哪一级别的任职资格认证，需要接受什么样的培训就一目了然了。即员工在什么岗位上，可以学习与之对应的课程，这样员工的学习就有了递进和迭代的目标，最终建成“实用为本、分层管理、方式多元、自主套餐”的课程体系。

课程体系按照职族建立了三大类课程：管理类、技术类、专业类，每一大类课程下再进行类型和层次划分。以管理族课程为例，依照任职资格标准，从“德、能、勤、技、廉”五个方面进行课程开发，“德、勤、廉”主要通过思想理念培训、党风廉政培训等进行强化，“能”“技”则通过决策管理、战略管理、团队建设等课程进行提升（表 1）。

表 1　任职资格（管理族）培训货架示例

培训对象	任职资格行为标准与培训内容					
管理族	任职资格行为标准	德	能	勤	技	廉
	培训内容	《思想理念培训》 《企业文化培训》 …	《决策管理培训》 《战略管理培训》 《团队建设培训》 …	《敬业度培训》 《职业素养与工作态度培训》 …	《对应岗位专业知识培训》 《安全与保密培训》 …	《党风廉政培》 …

（3）支撑体系。支持系统包括培训组织架构、培训制度、学习平台、学习文化四个方面。

培训组织架构主要基于临空部组织架构建立，即部级领导班子负责“把方向”，确保培训体系建设与实施不偏航；培训管理部门负责培训体系全生命周期的运行与维护，不断优化内训师队伍和课程库；各处室主要负责职能领域和专业技术的全部培训，包括策划、实施、落地、反馈等。

培训制度的作用在于确保员工在培训上有据可依、权责明晰，使培训管理人员有明确的工作流程指引，《十所教育培训管理办法》于 2016 年、2020 年分别制定、修订，持续运行效果良好。

学习平台是课程和知识的重要载体，通过 ALPHA10 流程电子化系统实现了培训过程管理；通过 AVDIM 计划管理模块实现了培训计划的有效管控；通过协同文件编辑功能实现了培训计划的协同编制；通过“汇智”知识管理门户实现了培训成果管理；通过 OA 综合业务协同平台实现了年度培训计划的审批与公布；通过腾讯会议 APP 实现了居家办公期间知识分享不间断。

学习文化是临空部培训体系的综合特征表现，“自发学习、自主分享、自由交流”在不同组织层级均有所体现。例如，在外场试验期间，试验队组织《山西讲武堂》，不但队伍内部进行经验分享，还邀请其他队伍进行经验分享。

（三）培训项目

（1）“全方位、立体化”开展新员工培训。为进一步做好新员工入职培训，临空部以“5 个维度、3 个层次、5 个责任主体“为切入点，组织所内 8 个部门进行 37 门培训课程的开发、培训教材的编写以及实践案例的设计，并通过编发《新员工学习手册》强化流程管控，打造全方位、立体化的新员工培训体系，搭建了新员工快速成长的平台。通过为新员工提供贴近实际、规范统一、有效实用的入职培训，使其更好地了解本所的发展现状及历程，更快地融入科研生产与管理，从而助力中心工作。

（2）“双导师培养双一流”的双向交流培训。新员工双向交流培训是航天“传帮带”培训的延伸与发展，临空部新入职员工都将开展跨部门培训 3–6 个月，确定双部门、遴选双导师、制定双计划。跨部门交流培训以“专业背景相近、项目经历相似、业务接口较多”为原则，注重加强工程与预研交流、总体与分系统交流、机关与研究室交流。通过跨部门的联合培养与协同攻关，现场签订培养协议，激发导师的责任感和学员的学习热情，让新员工有机会学到“双知识”、拿到“双学位”、达到“双一流”，努力构建“让徒弟变成英雄、让师傅更加出彩”的双赢空间（图 5~ 图 6）。

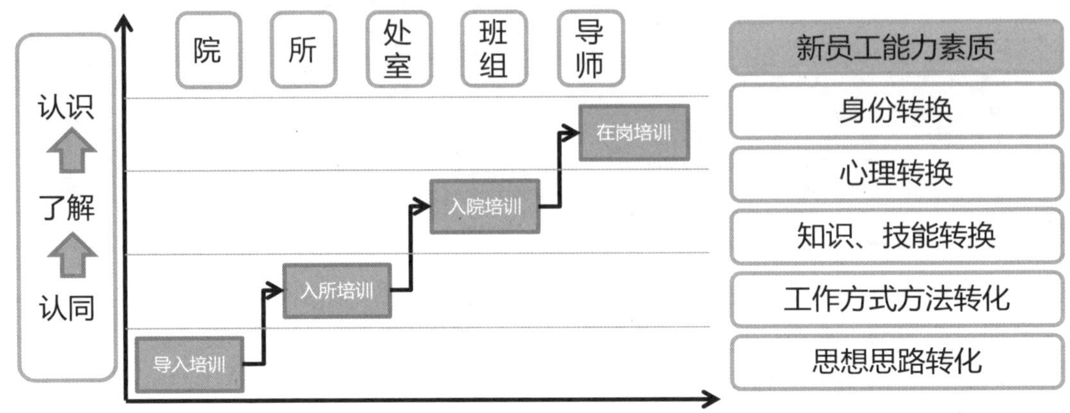

图 5　新员工培训体系模型

图 6　临空大讲堂

（3）旨在"向头部企业学习、跨界寻找解决方案"的对标学习培训。为了应对快速变化时代，提升中层领导干部及业务骨干的眼界，2016–2019 年持续开展对标学习培训，先后赴华为、腾讯、阿里、海尔、三星、大疆等外部企业，跨行业拓展思路；赴上海八院、五院西安分院、航天财务公司、航天煤化工等系统内部单位学习先进经验。

中层领导干部及业务骨干走进标杆企业，体验经营环境、企业环境、人文环境，亲身与标杆企业管理层接触、交流，更加深刻、全面地学习标杆企业的优秀管理理念、经营方法及科学的业务流程，感悟成功秘诀。通过调研发现问题、明确标杆对象、组成学习团队、参观前概况学习、标杆企业现场考察及解决问题、持续改善等步骤，让参训人员在学习考察中践行计划、开拓视野、寻求方案，从而真正实现学有所用（图 7）。

（4）举办"临空筑梦 智慧无疆思享汇"。"临空筑梦 智慧无疆思享汇"通过每周固定的一个下午的时光，雕刻一个不分身份、不分岗位、不分类别、平等互动的知识平台。通过"传"自己在工作生活中感悟到的"道"、"授"自己在工作生活中做成的"业"、"解"自己和同事在工作生活中遇到的"惑"，鼓励员工发现自己身上的闪光点，并通过知识分享的形式，汇聚员工间精神的共鸣、情感的认知和意识的认同。

图 7　赴大疆、华为等企业对标学习

除了前沿技术交流、型号研制经验，还有同事带来的《教你看懂世界名画》《如何对孩子进行美学教育》《潜水及水下摄影小课堂》《零基础健身》等生活分享，不仅让员工增长才干，也让人文情怀沁入人心，让大家感受到世界的多姿多彩，引导员工心气十足地干活、神清气爽地生活，开启不一样的人生。

（5）金牌讲师评比。2020 年共举办了 390 场内训课程，为鼓励积极开授课程、乐于传播知识的各位主讲人和处室，激励广大员工持续从不同维度、不同视角带来更多的思维碰撞和智慧火花，举办了“临空筑梦 智慧无疆”金牌内训师评比活动。活动设置“干货满满奖”“传道解惑奖”“求真求新奖”“有声有色奖”“高朋满座奖”“幕后推手奖”等奖项。在内部金牌讲师评选出炉后，临空部金牌讲师参加了“一院课程大赛”，经过层层筛选，共 4 门课程及其讲师获得课程大赛一等奖，10 余门课程及讲师入围决赛，临空部被评选为最佳实践单位。

三、实施效果

临空部基于人才聚集与创新能力的培训体系，在组织机构、职责、方法、程序、过程和资源等方面构成整体并由诸多要素构成。这些要素通过科学的运行模式有机地融合在一起，实现培训工作系统化、科学化、规范化，为员工成长提供思想引领、智力支持和文化支撑，也为组织成功注入坚定信念、创新精神和不竭动力。

（1）支撑创新能力提升战略。临空部培训体系的建设与实施以组织战略为统领，根植于创新驱动的发展战略，结合人力资源发展需求，经过多年实践与优化，持续发挥着迎合创新战略、适应创新需求、促进创新氛围的作用，为形成创新文化、提升创新能力提供了保障。

（2）催化人才智慧聚集效应。临空部培训体系的建设与实施着眼于组织核心需求，深度对接组织希望通过人才聚集形成知识聚集、知识倍增的核心需求，通过不断的交互交流、讲授知识、学习知识的迭代循环，将隐形知识显性化、将分散知识集中化、将游离知识固定化，提升个体知识能力，形成组织智慧效应。

（3）促成执行力向生产力转换。临空部以运作系统为牵引，以三大体系为支撑，以培训项目为抓手，构建了多层次、全方位、一体化的培训体系，适应不同人群、不同场景、不同诉求，实现组织与个体的共同成长。

（4）快速积累丰厚成果。通过培训体系的建设与实施，临空部在全院首家开展《国际项目经理 IPMP》培训项目，通过率 100%，现已纳入院属长征学院特色培训项目；全院首家开展《对标学习》项目，将临空部敢想敢为的精神发扬光大，现已纳入院属长征学院、多家院内单位经典培训项目；全院首家利用线上投票系统开展《金牌讲师》评选活动，票选出的优秀课程入选院级培训库、师资库，获得“一院课程大赛”一等奖数量最多；全院首家举办“思享会”，持续时间最长、开设场次最多、涉及内容最广。

四、经验总结

（1）理念新。领先应用人才聚集与创新能力交互理论，解决了培训与中心工作相分离的问题。通过对临空部培训体系进行重新设计与布局，实现了将知识交换、知识分享融入培训运行的 4 环节和培训体系的 3 大支撑，使培训体系与创新驱动战略相结合、培训体系与人才聚集效应相交融，充分体现了知识交互、螺旋上升的的培训理念。

（2）形式新。创新提出了适应高智力组织创新能力提升的培训体系模型，消除了培训工作零散无序的现象。通过研究标杆企业的成熟经验、人力资源管理的经典理论，总结出一套适应临空部高速发展的培训体系，即“以运作系统为牵引，三大体系为支撑，培训项目为抓手，上接创新能力提升战略，下接人才聚集效应”，形成了由各级各类人员组成的“专兼结合、结构合理”的高素质讲师队伍，构建了“基于任职资格标准”的课程库，实现了临空部逻辑可靠、架构清晰，各环节、流程相互依托、相互支撑的完整培训体系。

（3）内容新。研制了贴合战略发展的系列精品培训产品，攻破了培训内容脱离员工需求的难题。通过不断尝试、研发培训项目，总结凝练优秀经验做法，临空部形成了以《新员工培训体系》《“临空筑梦 智慧无疆”思享汇》《标杆企业对标学习》《双向交流上岗培训》为代表的精品培训项目，构建了院级、所级内训课程及内训师队伍，并在院级比赛中获得一等奖，实现了临空部高水平、高能力、高绩效的科技人才和管理人才输出，有效支撑了临近空间事业快速发展。

主要创作人：马俊颖

参与创作人：王永海、李　谦、尹　青

企业人力资源管理之培训体系设计新理念

中国国际工程咨询有限公司

企业面对的激烈市场竞争实际上是人的竞争。作为人力资源管理的重要一环，企业员工的开发与培训对企业的发展有着重要作用。如何为员工赋能，提升员工自身的职业竞争力，并以此进一步提升企业竞争力，这是企业竞争制胜的关键，也是对企业人力资源管理中培训体系的考验。本文以中国国际工程咨询有限公司为例，提出了培训体系设计的新理念，从数量和质量两大维度，用横向到底、纵向到边的方式，设计管理部门和业务部门条线的培训体系。

一、研究背景

人力资源培训体系是指基于企业战略规划，为完成企业所需的人才培养与人力资源开发工作而建立的一套动态系统和机制，也是企业为完成各项培训任务而进行的一系列管理的过程。人才培养是通过对人才供应链的“数量缺口补充 + 产品品质打造”来支撑公司的战略和经营指标落地的。数量缺口补充，就是为了应对业务发展带来的“有没有人”的问题,人才梯队体系（包括后备干部队伍、管理培训生项目）等都属于这一类；产品品质打造，就是为了应对随之而来的“人是否好用”的问题。在岗位体系里，专业技能培养、问题研讨、新员工适岗、干部晋升后的培训等都属于这一类。也即是说，与培养体系相比较，培训体系更具备动态调整机制，也是培养体系的重要一环（图 1）。

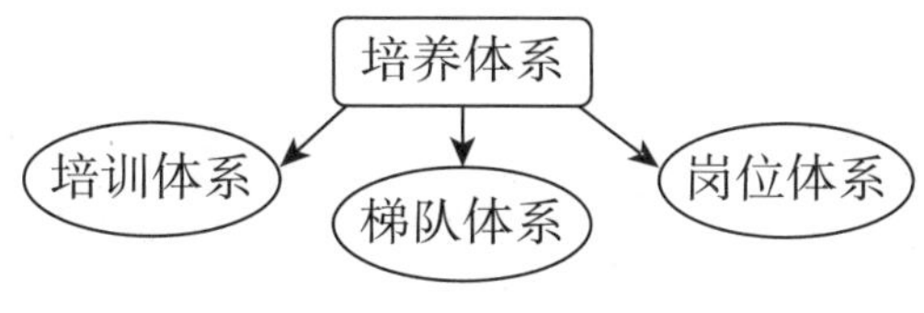

图 1　培养体系

很多专家认为，培训体系构建理念主要包括培养培训观念、健全激励制度、加强投资力度、完善考核机制等，本文则认为，上述理念只是针对培训过程中出现的具体问题，属于从结果导向看培训，而培训体系真正需要的是目标导向，也就是为培养体系服务。因此，培训体系是否符合培养体系要求，是否服务于培养体系，是否真正为员工赋能从而达到企业战略目标，才是培训体系构建应有理念。

二、公司背景

中国国际工程咨询有限公司（以下简称中咨公司）是国务院国资委管理的中央企业，成立于1982年。主要业务为规划咨询、评估咨询、工程管理、投资策划、管理咨询等。曾经参与过南水北调、京沪高铁、北京奥运会场馆、国家大剧院等项目的咨询工作。中咨总部有500余人，全集团共5000余人。中咨公司还是一家智库型央企，总部研究生及以上学历占比83%，高级职称占比68%，业务人员以各类项目经理为主。目前，公司的主要战略目标是人才强企，建设国家高端智库和世界一流咨询企业。

三、设计理念

公司的所有人才培养项目，都可以分为“数量级”和“质量级”两个维度。数量级的维度，解决的是“有没有人”；质量级的维度，解决的是“人是否好用”（表1）。

表1 管理者的两项任务

业务管理	组织管理
1. 战略：立足现在、放眼未来	1. 数量：有没有人（人员缺口）
2. 指标：利润从哪里来、利润如何落地	2. 质量：人是否好用（组织能力）

如图2所示，左侧为“数量型”人才培养项目，即以人才产出为目的培养项目，包括后备干部、人才梯队“补缺口”类的人才培养项目，其价值是产出足够的人才；右侧为“质量型”人才培养项目，即以提升在职人员工作质量为目的的培养项目，其价值是产出合适的人才能力。以此为基点，我们就能从人才供应链角度更好地思考培训的价值。公司的所有培训项目，都可以分别放到数量和质量这两个类别里。这是一种成果导向的培训分类。

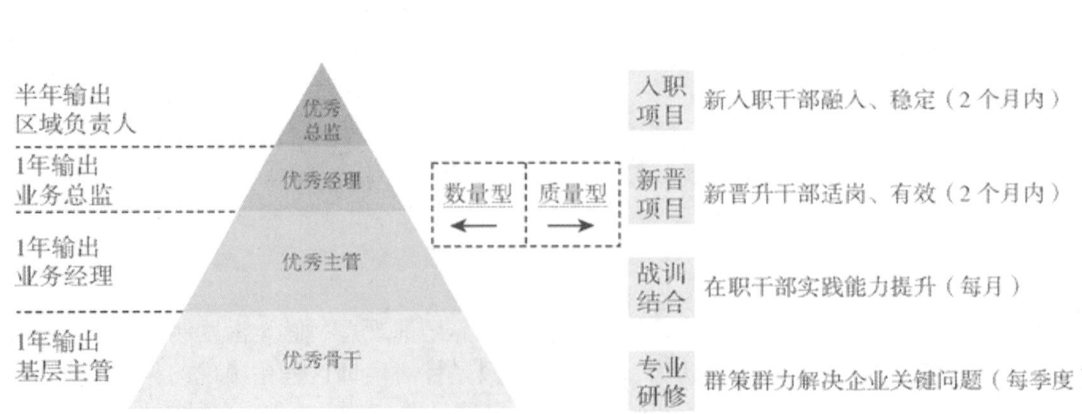

图2 数量型与质量型人才培养项目

四、新理念与培训体系设计

以“质量型”人才培养项目来说，为培养合适的人才能力，需要聚焦人才素质的提升、业务导向的人才高质量发展；以“数量型”人才培养项目来说，“补缺口”可以理解为产生足够多的数量。因此，在设计培训体系的时候，需要注意普适培养，抓好基础性的培训模块，激发员工自主学习能力，打造学习型组织等，从而为梯队体系和岗位体系需要的人才不断赋能。

（一）坚持战略引领，聚焦干部人才素质提升

立足贯彻人才强企战略，培养具备高度政治意识、大局意识，懂管理、会经营的干部人才队伍；培养“懂战略”的领军人物、“有智慧”的咨询大师、“好专研”的行业专家、“爱学习”的年轻骨干。

（二）坚持业务导向，聚焦改革与创新发展

以重大项目评估为抓手，瞄准五大业务板块新兴市场领域，适应高质量发展需要，不断助力企业管理提升、业务创新和拓展，进一步加快干部人才队伍能力建设。

（三）打造学习型组织，激发全员学习热情

结合公司员工学习特点及工作实际，根据培训对象的层次、年龄、能力等设计多维度、多样化的培训形式，打造具有中咨特色的学习型组织和丰富的知识库体系。

（四）整体规划，分类实施

集团整体统筹谋划培训体系和课程内容设置，相关部门和所属企业根据培训需求、培训内容等分类实施、开展培训。

基于上述理念，为全面体现学习型、研究型、分享型的智库企业特点，在公司业务发展战略、人才战略指导下，整体谋划设计管理序列培训体系（图 3）和项目经理职业素养培训体系（图 4），建立纵向分层分类、横向全面覆盖（通识教育与专项教育）的立体培训机制。

1. 管理序列培训体系

基于培训对象，本体系分五个层级，分别是领航计划、远航计划、续航计划、启航计划、基石工程，其中基石工程面向全体员工。

2. 项目经理职业培训体系

项目经理培训体系从两个维度出发，一是项目经理综合能力提升板块，二是项目经理岗位专业能力提升板块。其中，综合能力提升板块结合管理序列培训开展；岗位专业能力提升板块，基于公司五大业务方向划分出五个子板块，分别是规划咨询素质提升、咨询评

估素质提升、工程管理素质提升、投资策划素质提升和管理咨询素质提升（图 3~ 图 4）。

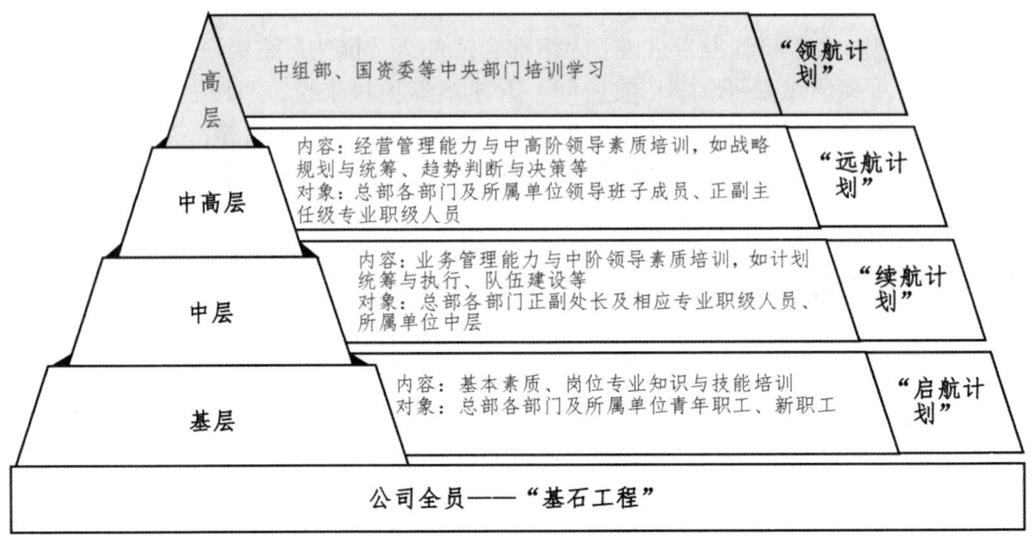

图 3　管理序列培训体系

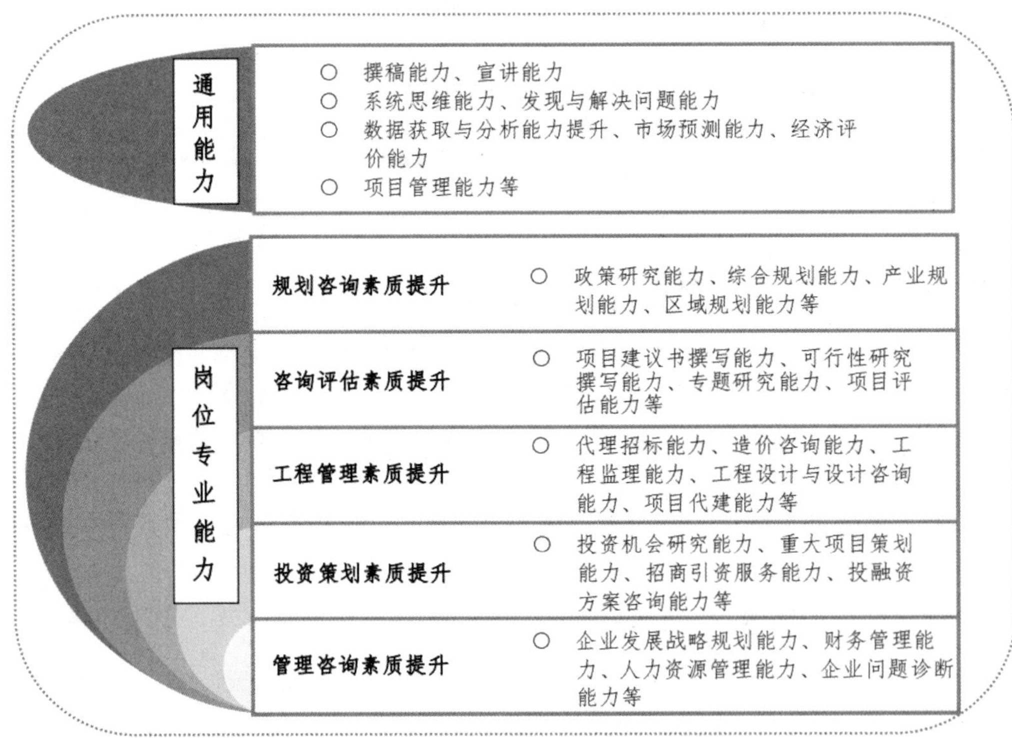

图 4　项目经理职业培训体系

3. 培训整体安排与具体项目

2022 年，中咨公司共安排 7 大模块 24 个培训班 30 余场培训学习，采用 10 余种培训形式，如案例教学、情境演练、团队共创、主题沙龙和沙盘模拟等，通过丰富多样的学习形式来调动学员的学习积极性，同时将线下课程资源录制成视频课程，方便因工作原因不能如期参训的员工灵活安排学习时间，保障培训效果。

7大模块分别是领航计划、远航计划、续航计划、启航计划、基石计划、高端开讲和项目经理专项培训。部分班次采用分期制、推荐制等，确保相关学员轮流参训。面向全体员工的培训班次，各部门及所属企业可基于实际需求选择性安排员工参训，确保员工参与培训的同时也能有效推进本职工作。

（1）领航计划

本计划面向公司领导，主要参加中组部、国资委等中央部门组织的培训学习，以及根据公司业务发展、组织需要等开展的学习和培训。

（2）远航计划

培训对象包括公司各部门及所属企业领导班子成员、正副主任级专业职级人员。

培训内容包括战略规划与统筹、趋势判断与决策、持续变革与实施等知识与能力的培训。

培训目的是帮助公司各部门及所属企业领导班子成员、正副主任级专业职级人员系统地掌握时代前沿经营管理办法，培养强大的领导素质和内部管理能力。

（3）续航计划

培训对象为公司各部门正副处长及相应专业职级人员、所属企业中层。

培训内容包括战略解读及理解、计划统筹及执行、队伍建设及团队协作等知识与能力的培训。

培训目的是帮助公司各部门正副处长及相应专业职级人员、所属企业中层，系统提升业务管理能力，强化团队管理、自我管理、绩效管理等领导力。

（4）启航计划

培训对象为公司各部门及所属企业青年职工、新职工。

培训内容包括企业文化、发展历程、政策制度、咨询基础、经济理论、职业技能等内容。

培训目的是帮助公司各部门及所属企业青年职工、新员工快速、全面地了解公司、融入团队，更快更好地胜任岗位工作。

（5）基石工程

培训对象为公司全员。

培训内容包括新兴产业政策、发展趋势及标准规范，特定领域特定行业的理论知识，以及公司各项规章制度等内容的培训。

培训目的是帮助公司全体职工快速、全面地了解、掌握相关知识、技能，开阔视野，适应企业的高质量发展

五、保障机制

结合新理念，创新人才培训机制，建设学习型企业。一是基于公司发展战略，整体谋划全员培训体系，建立纵向分层分类、横向全面覆盖的培训体系。制定面向公司领导的“领

航计划”、面向中层干部的“远航计划”、面向处室负责人的“续航计划”、面向青年职工的“启航计划”、面向全员的“基石工程”，着力培养一批能干、会写、善讲的业务骨干。二是建立健全职工培训考核评价机制，加强人才培养、管理、使用工作的统筹，对重要培训班进行跟班考察，了解培训表现，为培养、考察、识别人才提供参考。三是推动公司知识体系案例库建设，通过案例总结、分享和评价，推进落实职工终身学习制度，整体提高职工业务素质和能力水平。四是坚持“以老带新”，推进学习型组织建设，以“传经验、帮业务、带作风”为内容，各单位结合工作岗位要求，针对年轻职工，由部门负责人、业务骨干等担任业务指导老师，对年轻职工进行业务工作的学习辅导，有意识地让年轻职工多承担一些急难险重任务，在实践中积累经验、增长才干。

六、保障措施

（一）加强组织领导

将公司培训工作作为一项基础性、战略性工程来对待，公司各部门、所属企业要结合实际情况，积极配合、周密安排，统筹协调好业务工作与学习培训。

（二）统筹培训资源

加强公司内部、有关院校和外部培训机构的沟通与合作，沉淀培训资源，逐步建立内部讲师制度，充分发挥公司专家委员会专家、离退休老同志等专家资源，建立多渠道讲师资源库、合作机构资源库等，切实保障培训规划的落地落实。

（三）严格预算管理

按照“讲求实效、量力而行、勤俭节约”的原则，在落实培训计划过程中，一是结合各培训班培训目的、培训要求，合理安排培训预算支出，保障各项培训活动有序进行并取得成效；二是对培训费用进行统筹考虑和精细管理，建立培训费用支出台账，按班次严格控制预算使用；三是动态管控培训费用支出，结合培训中心执行培训计划的进度情况，分批拨付培训经费，同时对培训费用使用情况进行监督。

（四）严肃培训纪律

加强学员考勤管理，采用信息化手段，做好培训档案登记备案工作，并把参训情况列为干部考评、职称评定和提拔任用的重要依据。

（五）加强信息化建设

将有关培训资料、课程视频上传到公司培训信息系统中，便于职工随时随地线上学习。同时进一步加快培训信息系统建设，建立完善的线上培训课程和知识库体系。

（六）及时进行培训反馈

按半年度、年度定期反馈职工学习情况及考核情况，帮助公司各部门及所属企业及时了解本单位学习情况，从而有针对性地实施内部培养。

（七）做好疫情防控预案

为做好常态化疫情防控工作，公司严格执行国家各有关部门和面授培训班举办地政府及各有关部门发布的疫情管控相关要求，制定切实可行的应急方案。如因疫情等不可抗力致使面授培训班无法正常开班，公司将结合实际情况开展网络课程培训，并提前通知报名学员。

综上，企业人力资源管理中，培训体系的设计需要紧紧围绕公司战略、依托培养体系展开，以结果导向为指南，从人才供应的数量和质量角度全面完善培训体系设计理念。

主要创作人：黄铃惠

参与创作人：马全红、杨炳志、王博文、陈晓庆

廉赛赛、王刘帅、刘天怡

数字化企业知识循环中枢驱动企业发展

——云学堂助力某国企集团打造人才赋能数智平台

江苏云学堂网络科技有限公司

一、项目背景概述

某国企集团党校于2019年成立，以“使人才驱动企业发展”为愿景，锻造高质量人才梯队的培养基地，是服务集团战略、促进业务落地的重要平台，是推动企业文化融入与传承的主要渠道。

在党校建设规划之初，集团就将建设资源共享、管理高效、模式创新、快速响应、全员覆盖的线上大学平台作为全面构建统一教学管理体系的重要任务与关键路径，为企业人才发展构建信息化增效体系。

面对复杂多变的国内外形势、变革加剧的行业环境以及竞争激烈的市场形势，集团制定了高质量迈向世界500强的“十四五”战略目标，这对提升组织管控能力、人才建设能力、内生型人才培养能力提出了更高要求。

二、项目设计思路

项目目标：打造数字化企业知识循环中枢，以数字化学习模式，实现学习效果可视化、效率最大化、体验个性化，提高知识生产效率，将内外部知识转化为显性知识，通过动态的学习项目，最终将知识转换为人才能力和业务效果，加速深化人才培养成果转化，切实打造高质量人才队伍，为实现“十四五”战略目标提供坚实的人才保障。

项目路径：平台建设分为建设期、推广期、拓展期三阶段有序推进：2020年完成集团总部平台的上线搭建；2021年实现系统在金控、食品、交通、银行等子模块的覆盖，实现已有人才培养项目的线上化转型，应用数智化工具进行赋能提效；2022–2023年实现平台与主要业务系统的对接。基于前期探索经验，持续迭代优化平台功能，响应业务需求变化。

（一）平台建设期

1. 需求诊断

阶段目标：通过调研问卷、关键人员访谈等多种方式，对当前人才发展和知识管理的现状和痛点进行分析，形成一体化的运营诊断咨询方案（图 1）。

知识生产
知识源 > 知识
教学工具
直播+制课
提高知识传播与课程制作效率
知识库
知识管理与共享
沉淀日常工作Know-How
内容商城
外部知识引进
行业类、岗位类、能力类…
海量精品课程

知识转换
知识 > 学习
ULCD
企业各种培训场景的学习内容与路径设计
将企业知识管理系统（KMS）中的知识转换为学习管理系统（LMS）中的各类业务场景学习培训项目

知识激活
学习 > 能力
多种知识获取模式　提升知识掌握效率、效果与学习过程体验　知识迁移
培训中心
指派模式
基于业务要求为员工规划设计实施项目型学习
在线课堂
自主模式
基于知识加强或补充为员工提供自学课程
学习社区
社交模式
为员工搭建学习交流社区打造学习型组织氛围
考试测练
前知识定位
即时检验
智能组卷
通过在学习过程的不同节点穿插考试或练习，提升学习者对知识的掌握效率和效果
绚游 & 绚场
如何愉快的反人性
通过游戏化学习提升员工自学兴趣和意愿
通过数字化现场教学互动提升面授场景下的课堂参与度和氛围
智能教练
刻意练习 · 实战仿真 · 标杆学习
通过学后练习实现从学到理论知识到做到实战应用的能力迁移
训后评估
追踪能力效果
针对柯氏四级中的行为改变和绩效提升进行跟踪评价

人才发展
批量复制标准岗位能力，打造人才成长通道
岗位地图搭建 · 岗位能力建模 · 员工能力测评 · 学习方案匹配
基于能力模型、人才测评、岗位地图及测训一体化的学习组织方式，以人的岗位能力发展与标准化复制为首要目标，帮助企业体系化构建人才发展体系，提升培训精准性

图 1　基于绚星云学习的数字化知识循环中枢

工作重点：完成整体运营服务诊断及调研分析，制定解决方案，为运营机制和知识体系的搭建形成有效输入。

2. 建立平台运营机制

阶段目标：结合集团实际需求，建立学习平台整体运营机制并完成对相关责任人的平台培训赋能。

工作重点：完成平台设置、搭建运营队伍，完成相关人员培训赋能，设置平台运营关键指标。

3. 搭建集团知识体系

阶段目标：构建线上课程库，协助各部门、各板块公司沉淀、形成各类专业知识库。

工作重点：以人才发展和赋能为方向的知识与课程管理五级课程目录，分类管理、实时高效，保证课程检索学习便捷化；盘点已有资源，梳理课程缺口，引入云学堂等优质内容供应商。

（二）平台推广期

1. 结合业务特性，定向功能推广

阶段目标：聚焦平台的重点关注人群，实现核心功能场景在实际业务工作中的有效切入。

工作重点：第一期向全员推广直播和绚星微课，帮助下属公司开展线上实时培训，帮助培训管理者和内训师录课制课，沉淀组织经验。第二期向培训管理者推广人才培养方案和二级门户，帮助管理者设计、跟踪、管理复杂型人才培养项目，帮助二级、三级单位打造专属于自己的在线学习阵地。第三期向食品板块推送学习地图，进行标准化岗位人才培养。目前项目已在农牧、财务共享中心、IT 共享中心等子单位落地。

2. 全面覆盖人群，定向课程推广

阶段目标：充分挖掘、高效利用已有的学习资源，实现课程有效转化为员工能力，帮助学员建立自主学习的行为路径。

工作重点：分人群有序推进。第一期上线管理与领导力专项课程覆盖集团及板块部门、团队、项目负责人及一线业务管理人员。第二期组织能力提升专项课程覆盖高管、部门、团队、项目负责人及人资团队。第三期职业效能提升专项课程，覆盖入职新人、基层员工及志愿提升工作效率的员工。

三、项目实施亮点

（一）新员工入职培训规模化

业务痛点：根据“十四五”人力资源规划，全集团将引进超过 4 万名新员工。按照过往线下培训模式，不仅耗时耗力，而且培训不够及时且容易遗漏。同时，集团业务横跨多产业，新员工文化融入工作长期以来都是困扰培训管理者的一大难题。

解决思路：在学习平台中设定智能分拣模式选择学习项目，不同公司的员工自动触发专属定制的学习内容，入职即覆盖，培训与转正挂钩。以“线上学习 + 在线考试 + 师徒带教”的混合式学习形式，完整覆盖新员工学习指引、集团文化与战略、组织与制度、业务与职责等关键内容领域，实现一个学习平台窗口全覆盖，不同学习计划通知、督学自动周期化运作，从入职到培训全流程打通和自动化推进。

应用效果：在集团层面形成统一架构与全面覆盖，2021 年全年覆盖校招、社招新员工共 7555 人，覆盖率 99.45%，新员工考核通过率达到 100%，平均成绩达到 94 分。实现“入职即入学”“毕业才转正”“个性与共性集合”，满足大体量、多元化集团的新员工文化融入和适岗融入需求，有效降低了员工离职率（图 2）。

图 2　新员工快速胜任培养路径

（二）岗位成长标准化

业务痛点：在集团农牧板块，为推动新增产能按计划完成，实现十四五战略规划的业务目标，需重点提升员工人效与能力，然而人数占比最高的一线员工发展缺乏清晰的培养目标和学习路径，没有标准化的岗位知识和技能内容，传统培养模式难以满足业务扩张需求。

解决思路：基于学习平台的人才发展模块，梳理农牧板块岗位标准，设立对应岗位的知识及能力标准，搭建明确学习路径，高效覆盖农牧 4 个猪场、生产部门 24 个岗位（超过 400 人）。使用绚星微课等教学制课工具，高效输出技术标准化视频课程 38 门，标准操作程序（SOP）课件 88 个，涵盖生物安全规范、公猪站 / 配怀舍 / 分娩舍 / 保育育肥舍操作指引、常用兽药配制等岗位专业知识，形成方便、快捷、有趣的岗位学习地图，高效牵引学员进行专业能力提升。

应用效果：农牧学习地图的登录率 87.01%，学习率 54.03%，人均学时超 7 小时，实现标准化岗位的可复用学习地图，受到业务员工及部门长的一致好评（图 3）。

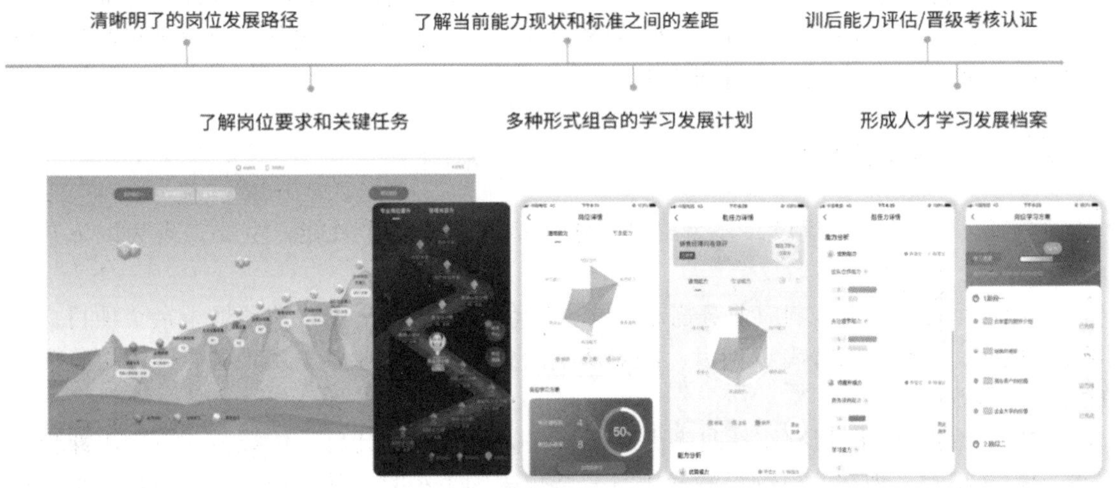

图 3　岗位学习地图示意

（三）话术培训智能化

业务痛点：乳液板块的战略年度销售目标对门店销售岗位的培养提出了更高的要求，原有的新品话术线下培训频繁，组织难度大，受疫情影响风险高，内部培训师人数相对不足，一对一话术演练难，对于营销人员的能力提升形成一定制约。

解决思路：针对液奶事业部促销员岗位 300 余人，构建四个重点场景的话术并导入平台，让学员在产品面授培训后进行人机对话练习。基于语音识别、语音合成等技术，由智能教练先进行话术示范，模拟客户对话场景，为学员进行一对一的场景式演练，完成固定问答和意图对话，反复训练并多维度评分反馈，最终通过在线考试进行实战通关考核，有效帮助学员加强话术记忆（图 4）。

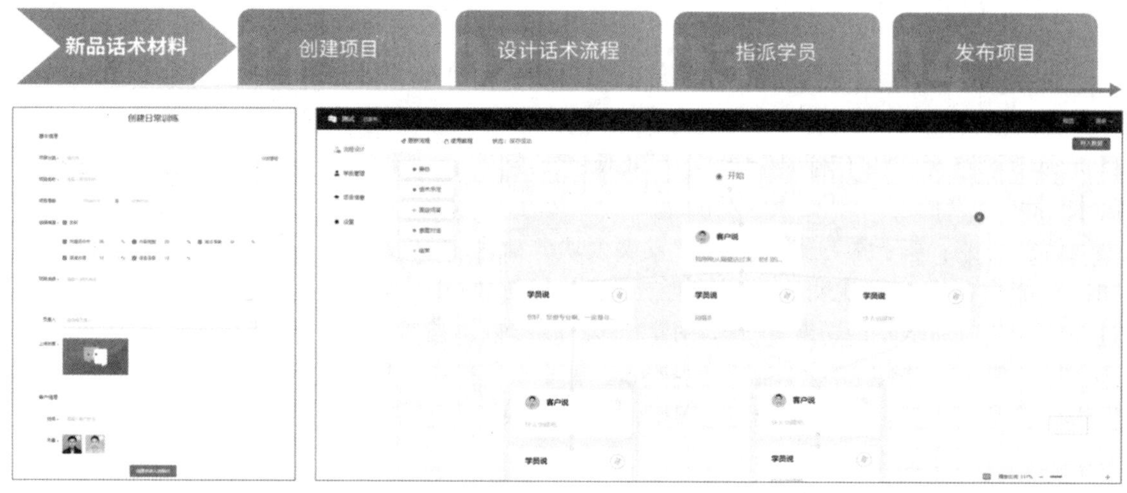

图 4　话术培训发布操作示意

应用效果：将原有话术培训流程由五步减少至三步，新产品销售话术的培训周期由 30 天缩减至 15 天，培训师巡店时间由 15 天降至 3 天，实现对培训过程的全程把控和员工学习进度的精准掌握，有效节约时间成本。

四、项目实践价值

数字化学习平台的建设，显著提升了集团培训管理运作效能，主要表现为以下几个方面：

响应速度提升：快速响应业务需求，打造特色功能，推广期快速落地十余个项目，直接支持战略、文化、业务专项项目，涵盖从集团到板块一线业务，实现各类人才培养项目的线上化高效运营。

运作效率提升：课程制作耗时大大降低，在完成教学设计后，传统模式下产出课程产品至少需 3 小时，现在通过绚星教学工具套装仅需约 1 小时，效率提升至少两倍。平台报表中心涵盖多达 100 多个分析维度，仅需勾选、导出等操作即可一键实时统计所需数据，进行业务数据分析。

人均效能提升：人均投入仅百元出头，全集团员工共享 5600 多门内外部高质量课程，项目人员投入精简，服务范围广，单人服务覆盖范围居行业第一梯队，平均每位培训人员服务超 1.29 万名学员（直播平台），4200 余名学员（学习平台）。

资源使用效率提升：目前平台内外部课程 5600 多门，新增产出 4705 门（截止 2022 年 9 月），大部分学习资源均开放供集团各板块学习，实现课程、师资共享。其中 90% 以上的知识为全新萃取，规章制度类文档占比不超过 5%，持续沉淀、挖掘组织知识资产，有效支撑业务落地。

主要创作人：贾洪雷
参与创作人：刘俏杉、徐　洁

第八部分

劳动关系管理

市场化经营机制改革下构建和谐劳动关系管理实践

中车齐车集团有限公司

中车齐车集团有限公司（以下简称齐车集团）成立于2018年5月，是中国中车深化国家供给侧结构性改革实施货车业务重组，原中车齐齐哈尔交通装备有限公司改组设立的。近年来，中车齐车集团坚持牢记“继续练好内功、继续搞好改革创新、继续做好自主创新”嘱托，致力高质量发展，依托铁路货车核心业务领先优势，推进专业化运作、国际化经营和多元化发展，逐步发展为以铁路货运装备业务为核心，风电装备、区域环境治理、轨道空调装备等战略新兴产业协同发展的专业化产业集团。

一、基本情况

齐车集团所属成员企业大多历史悠久，建企时间最长的企业已超百年。近年来，各企业虽然在逐步构建现代化企业经营管理制度，但受长期计划经济体制影响，职工中还存在着“铁饭碗”思想，部分职工还存在着“混日子”行为，使企业劳动效率低下，并严重影响其他职工工作积极性，粗放的劳动关系管理已成为企业发展的“绊脚石”。齐车集团作为“双百企业”，聚焦“五突破一加强”改革目标，坚持市场化经营机制深度转换，以建立“三能”机制为手段，全面对标对表，系统梳理分析劳动力资源现状，深化三项制度改革，健全劳动关系管理体系，建立协同推进实施路径，依法规范员工劳动关系，构建“能进能出”的劳动用工管理机制，切实提升了企业人力资源效能，为打造以铁路货车装备业务为核心、战略新兴产业协同发展的世界一流企业的发展目标提供支撑和保障。

二、主要做法

齐车集团以“双百行动”为契机，以构建市场化经营机制为手段，以创建世界一流示范企业为目标，以改革精神全面对标对表，系统梳理分析企业劳动关系管理差距，建立劳动关系管理体系，构建“目标引领、问题倒逼、压力传导、信息传报、常态督导和机构保障”等六大机制，打造工作动态宣传阵地，全面纵深推进改革举措落地。主要做法如下。

（1）坚持统筹谋划，建立劳动关系管理制度体系。齐车集团以齐车公司为试点，坚持问题导向和目标导向相结合，着眼处理历史积淀冗员，统筹推进所属各成员子企业深化劳动关系管理工作，构建市场化劳动用工机制。通过全面盘点历史积淀冗员现状，梳理员工关系管理相关制度、流程和职责分工，系统分析管理流程断点、漏点、重复、缺失管理环节。在考勤管理、劳动合同管理、工资支付、调用人员管理、工伤待遇和因病停薪管理等方面，共识别出 9 类 29 项具体问题。经过多次研讨、反复论证，确定以“不重不漏、形成闭环、提升管理”的原则，以“规范业务和构建机制”为目标，建立形成基础支撑机制、薪酬导向机制、推进落实机制和考核约束机制“四位一体”的闭环管理模式，并形成经验材料，在齐车集团所属成员子企业范围内推广实施，如图 1 所示。

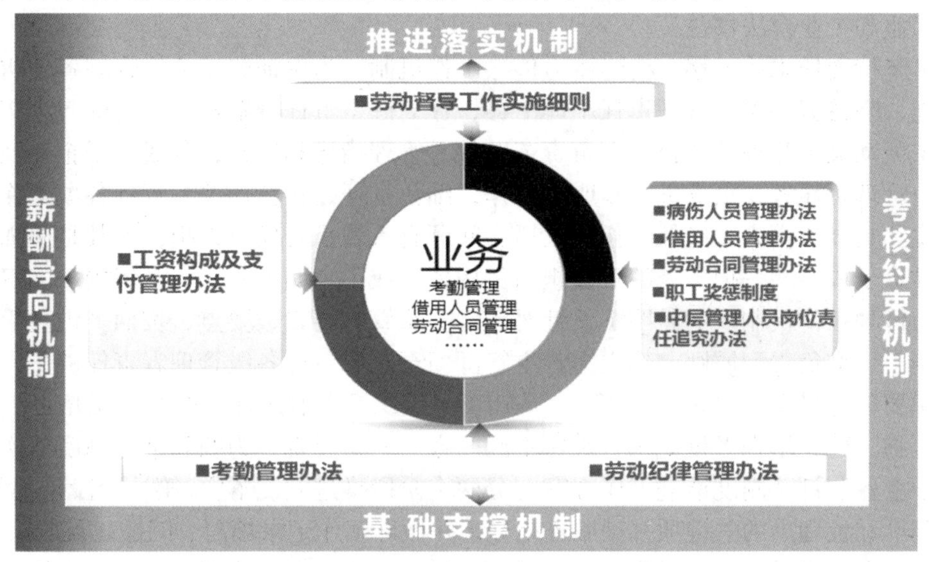

图 1　劳动关系管理制度体系图

（2）坚持目标导向，构建目标引领工作机制。紧密围绕企业发展战略，以“经营人才、激发活力、驱动价值创造”为主线，确定了劳动关系管理总体目标，即：劳动用工市场化机制逐步健全完善，“能进能出”的市场化用工氛围基本形成，企业劳动用工管理更加规范，以合同管理为核心、以岗位管理为基础的市场化用工制度更加健全，劳动用工结构更加合理，人力资源效能指标逐步改善。围绕既定目标，齐车集团实施“劳动关系 + 人才发展”两手抓，两手硬，在强化劳动关系管理同时，全面深化人才发展体制机制改革，加大人才培养力度，升华劳动关系管理内涵，营造人企互促互进、同步发展的良好环境和氛围。一方面是坚持以“效率、效益”为中心，以不断提升劳动效率为目标，以市场化配置为基本遵循，以劳资指标对标为主要抓手，严控用工总量，优化用工结构。另一方面是坚持党管干部、党管人才，突出价值创造，统筹谋划企业经营管理人员、科技人才队伍、党务人才队伍、国际化人才队伍、技能人才队伍等五支人才队伍建设，实施“育才赋能”工程。

（3）坚持问题导向，构建问题倒逼工作机制。牢固树立问题意识，客观理性地对待企业与员工劳动关系管理问题，并正视和解决现有企业与员工劳动关系管理问题，是企业推广劳动关系管理体系实施的前提要件。齐车集团针对因各种历史原因的“不在岗”问题，不回避、不推诿，针对问题的不同类型，有针对性地研究解决措施、方法和路径，实施历史冗员问题一次性清理整顿，明确“依法合规、遵守国家及地方法律法规；强化管理、严格执行企业规章制度；杜绝反弹，建立健全长效约束机制”的工作原则，建立不在岗人员台账，明确不在岗人员规范方法和时间进度，实施倒计时销号管理，倒逼企业劳动关系管理制度体系落地。以齐车公司为代表，针对历史冗员问题，研究制订了《规范长期不在岗人员工作方案》，设置复工、转岗、外派借调、因病停薪、保职创业、工伤退出生产岗位、解除合同等 7 个依法合规且符合实际情况的规范渠道，同时，引入医疗机构对超过医疗期的伤病人员进行劳动能力鉴定，明确解除劳动合同人员办理程序，明确复工人员实行试工期管理等，方案保证了在最大范围内用最稳妥方式，彻底解决了历史遗留问题，维护了广大员工利益和企业合法权益。

（4）坚持责任主体下移，构建压力传导工作机制。为保证劳动关系管理各项机制有效落地实施，坚持劳动关系管理责任主体下移，建立健全责任分解机制。明确齐车集团总部负责制定劳动关系管理总体目标，负责劳动关系管理指导和监督，各成员子企业及所属单位是第一管理责任者，负责进一步明确工作，细化责任，将劳动关系管理各项工作落实到具体岗位和具体负责人，确保工作有人抓、问题有人管、责任有人担，尤其是要强化基层单位领导班子成员“一把手”的责任担当，构建形成了“明责—知责—履责—问责”的责任、压力传导工作机制。一是明责，针对劳动关系管理要素、要点，按照“谁主管、谁督导、谁用工、谁负责”原则，建立完善主管部门至基层单位各级管理者责任链条，明确基层单位主要领导是第一管理责任者；二是知责，组织开展制度体系全员宣贯培训，分层分级组织实施，建立培训考核记录，确保不漏一人。三是履责，为顺利推进制度落实，由所属成员子企业制订《制度推进工作方案》，分两个阶段推进制度落实，第一阶段是服务指导，即按照制度和梳理出的关键项开展服务指导，并做好工作记录填写、问题建议收集等工作；第二阶段是深入推进，即通过项目例会制度，集中研究问题解决方案，通报实施情况。四是问责，以中层管理人员岗位责任追究机制为抓手，对各基层单位履责不到位的情况严格追究责任，以管理制度为抓手，对责任单位和责任人进行追责考核。通过压力传导工作机制建立，压实了各级劳动关系管理责任，有效促进了制度体系的落地实施，如图 2 所示。

劳动关系制度体系责任落实矩阵图

责任主体			指导	督导	检查	执行	问责	备注
集团总部	主管部门		●	●				
	监督部门				●		●	
所属成员子企业	主管部门	主管领导	●	●				
		主管员		●	●			
	基层单位	主要领导		●	●			第一管理责任
		主管员			●	●		
		班组长				●		
		员工				●		

注：“●”标记为主要职责

图 2　劳动关系制度体系责任落实矩阵图

（5）坚持信息同步共享，构建信息传报工作机制。由劳动关系管理责任主体梳理劳动关系管理核心要素，建立劳动关系信息报表，形成上下联动、横向通畅的信息传报工作机制。其中，齐车公司在劳动关系管理信息沟通机制方面尤为完善，一是建立信息上报核实机制，按照谁用工、谁负责的原则，由用工责任主体即基层单位，按照劳动关系管理制度开展自查自纠，初审并上报工伤假、病假、因病停薪、保职创业等异常考勤人员的相关凭证，主管部门对各单位上报的信息进行审核、确认，并及时反馈、核实和认定办理条件。二是建立信息公示机制，定期对异常考勤人员进行信息公示，明确公示范围、公示时间，设立监督举报电话，接受职工群众监督。三是建立不定期走访工作机制，重点针对已履行休假程序的病、伤等不在岗人员，进行不定期开展探视、家访，做好访查记录，形成这部分特殊群体的人文关怀与管理闭环。四是定期组织召开专项例会，人力、纪委、保卫等部门通报收集和反馈员工违法违纪信息，通报制度检查和落实情况，通报劳动关系管理新情况、新问题，研究制定对策及布置下一步工作，并以会议纪要的形式向全公司进行通报。通过多渠道的信息交流与沟通，有效的围堵了劳动关系管理信息漏洞，提升了劳动关系管理工作效率和工作效果。

（6）坚持举措长效实施，构建常态督导机制。以《劳动督导工作实施细则》为工作依据，实施劳动关系管理常态督导，确保举措长效实施。一是建立督导工作机构，领导小组由企业分管人力资源副总经理、纪委书记、工会主席组成，工作小组由企业人力部门、安全部门、法律部门、纪委和工会等组成。二是明确督导方式，包括定期督导和不定期督导，定期督导以季度为单位，每季度组织对各基层单位开展劳动督导工作，督导内容包括考勤管理、工资支付管理、劳动用工管理、劳务人员管理、劳动合同管理、职工奖惩管理、劳动纪律管理、中层干部追责管理等 8 项涉及劳动关系管理制度宣贯、落实和业务开展情况，推进各基层单位劳动关系管理常抓不懈；不定期督导根据业务需要、基层单位请求、突发问题信息、有关劳动管理举报等开展专项督导调查，包括谈话、调查、取证以及责任认定、调查结果反馈等，确保发现的劳动关系管理问题得到及时、有效解决，不留隐患。三是建立督导会议制度，工作小组每季度召开一次工作会议，听取本季度劳动督导工作开展情况，对因病停薪的办理及劳动合同解除等重大事项研究拟定处理意见，并上报领导小组决策；领导小组每季度召开一次工作会议，听取工作小组当期汇报，审议工作小组提报的议题；对临时突发的重大事项，召开领导小组临时会议，听取工作小组专题汇报，研究确定处理方案。四是建立劳动关系管理举报机制。充分发挥职工群众监督作用，设立举报信箱，公开电子邮箱和举报电话，鼓励实名举报，经调查举报属实，给与举报者奖励。通过督导机制的建立，企业劳动关系管理实现了制度管理、长效管理，有责必问、失责必究，全方位扎紧了制度的笼子。

（7）坚持党的领导，构建举措落地组织保障机制。坚持党对一切工作的领导，建立劳动关系管理举措落地保障机构，完善落地保障机制。劳动关系管理责任主体成立以党委书记、董事长、总经理为组长的劳动关系管理领导小组，负责劳动关系管理重大事项决策，重大问题的协调和处理。下设工作组、劳动督导小组，工作组负责政策研究、政策制定、政策解读、政策执行检查等工作，督导小组负责政策落实督促、指导、推进以及管理人员职责落实不到位的责任处理等工作，并建立团队协作制、项目例会制、工作评价制等工作机制，保障劳动关系管理各项举措有序推进。同时充分发挥工会在企业和员工之间的平台作用，加强双向沟通，构建交流渠道。坚持生产经营重大决策部署、涉及职工切身利益的重大决定必须经职代会审议，同商共议企业发展和职工权益保护；成立劳动保护委员会和女职工委员会，保护员工劳动安全、保护女职工权益；成立劳动争议预防调解中心，形成“公司、分厂、班组”三级劳动争议预防调解网络，保证及时介入事态，合理合法调解处理劳动纠纷，使一些用工矛盾在预防调解中得到化解，避免了事态扩大和延伸，充分发挥员工在劳动关系管理中的主体地位和作用，形成了各级组织齐抓共管的良好局面，为劳动关系管理各项举措有效落地实施提供了保障，如图3所示。

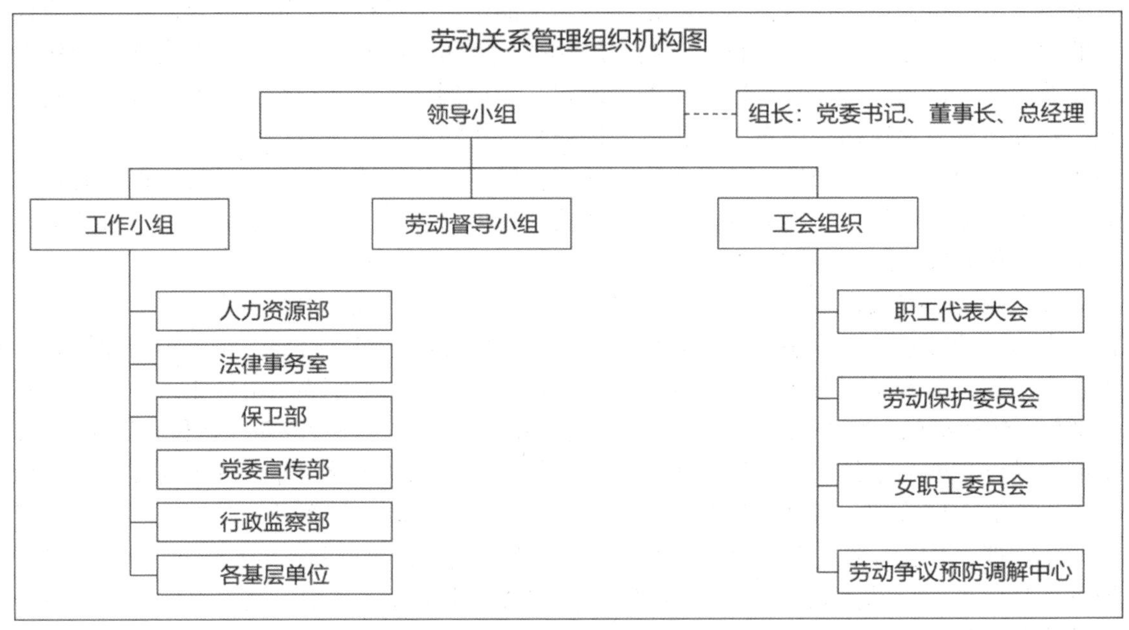

图3　劳动关系管理组织机构图

（8）坚持舆论氛围营造，打造工作动态宣传阵地。为确保基层组织和员工能够充分理解开展此项工作的重要意义，严格落实劳动关系管理各项政策机制，围绕劳动关系管理制度体系、机制要义、操作流程、工作动态信息，开展多渠道、多形式宣传活动，打造宣传阵地。一是会议宣传。召开中层管理干部专题大会，定向定标、统一部署，党委书记、董事长做动员讲话，要求各级管理人员提高政治站位，准确把握劳动关系管理在企业经营中的重大意义，总经理明确劳动关系管理整顿的具体任务和具体要求，人事副总经理对整顿工作做出具体部署安排，通过高层会议宣传动员，在中高层管理人员中凝聚共识，表达了企业深化劳动用工制度改革的决心，也为基层领导班子成员的下一步工作开展树立了信心；各基层单位召开基层贯标会议，向全体职工传达劳动关系管理专题会议精神，进一步宣贯、解读、部署落实；针对不在岗人员召开专题会议，讲清形势、明确要求。二是培训宣传。组织多层级专题培训，解读政策、宣传要义。由工作小组负责对基层单位分管领导、主管员集中培训，并分组赴基层单位在实际工作开展过程中进行指导培训，提升政策执行的精准性。基层单位组织对全体员工集中宣贯培训，组织基层单位以班组为单位开展政策学习。三是多媒体宣传。编印《劳动关系管理专辑》班组学习材料，编印《劳动关系管理制度百题问答》专刊报纸，制作劳动关系管理专题微课，并在企业广播、电视、公众号等多种媒体广泛宣传报道。通过灵活多样和切实有效的层层宣传和报导，使管理者充分认识到了强化劳动关系的必要性、紧迫性，也使广大职工看到了企业整顿劳动关系管理的决心，获得了广大职工对企业加强劳动关系管理的理解和支持，营造了良好的舆论环境和工作环境氛围，有效促进了劳动关系管理体系创建与实施。

三、实施成效

齐车集团通过劳动关系管理体系构建与实施，困扰企业多年的“两不找”“请长假”“失联”等长期不在岗人员的管理问题得到了有效解决，妥善安置了重病、重症和工伤等职工，并从人文关怀角度在薪酬福利待遇、企业困难补助等方面给予重点倾斜和关注，在重视经营的同时，充分彰显了国有企业的社会责任和担当，企业劳动效率显著提升，用工关系和谐，凝聚力显著增强。齐车集团旗下多家企业荣获了国家和地方等政府部门的荣誉表彰，其中，齐车公司荣获“全国模范劳动关系和谐企业”称号；山东公司荣获山东省“劳动保障诚信A级单位”；石家庄公司荣获石家庄市“劳动保障守法诚信优秀企业”。

主要创作人：刘红生

参与创作人：张　忠、张宝志、吴金保

和谐双赢：国企人员优化分流安置六步法

——劳达助力某国企人员优化分流安置服务

北京劳达企业管理有限公司

SHSJ工厂创建于1951年，1988年根据国家及地方政府的整体规划，与外方合资组建SHSJ有限公司，目前是行业内的核心企业。在SHSJ公司发展的历程中，相继通过ISO 9001、QS9000、ISO/TS16949质量体系、OHSAS18001：1999职业健康安全管理体系和ISO14001环境体系的认证，拥有各类专业人才的研发中心和具有生产功能齐全的制造中心，其产品为国内外著名的企业配套，并远销欧美等国家和地区。

2020年，根据当地国资委的要求，SHJI有限公司整体划归SHDT集团。SHDT集团根据集团业务的情况对SHJI有限公司的业务进行整合，同时基于人效的提升经过研究认为，需要对SHJI有限公司全体员工10%，即100人，进行分流与安置。

一、摸清底

劳达顾问从法律调查、环境调查、人事管理调查、员工背景调查四个维度对项目进行摸底评估。其中，法律调查，是指SHSJ有限公司所在的劳动法律人事政策、审裁口径、类似的争议案例。经过调查发现，根据当地劳动法律政策和审裁实践，加班工资可以不算做经济补偿月工资计算基数，企业组织架构调整属于劳动合同规定的客观情况变化，医疗期在当地有不同于国家的规定等。环境调查，是指SHSJ有限公司所处的外部地理环境和内部情况，经过调查发现SHSJ有限公司处于闹市，周边近期无企业实施类似人员优化分流和安置活动；SHSJ有限公司劳资关系比较和谐，历史上未发生过劳动争议纠纷事件；遇到劳资问题亦是通过协商、沟通解决。人事管理调查，是指SHSJ有限公司人事管理制度是否健全，过往人事管理是否合规，经过调查发现，其用工比较规范，在工资支付、社会保险缴纳方面合规，但是，人事管理制度存在未履行民主程序的情形。员工背景调查，是指对员工背景进行调查，经过调查发现，存在长期病假未到岗的人员，长期非正常不到岗的人员，存在违纪行为的人员，存在绩效考核不合格的人员，亦有在本单位连续工作满15年距离法定退休年龄不足5年的人员等。在员工家庭成员和背景方面，存在单亲、重疾、律师从业者等特殊群体。

二、找对路

找对路，是指符合法律要求人员优化分流和安置的依据和程序，我们认为应当至少选择两类以上的安置依据和程序。根据摸清底阶段收集、获取待优化分流和安置人员的信息，根据员工群体的情况，对于人员优化分流与安置，我们设置了复合型人员优化分流与安置方案。

比如，对于长期病假不到岗的人员，根据员工申请病假的记录，核算其法定的医疗期，符合医疗期满解除的，以医疗期满解除作为最终方案；同时，优先选择双方协商解除劳动合同。对于长期非正常不到岗的人员，将其纳入公司制度的管理范畴之内，书面通知员工返岗，优先选择协商解除劳动合同；对于不愿意协商、触犯劳动纪律的行为，给予违纪处分。对于在本单位工作满 15 年距离退休不满 5 年的，可选择内部退养，或者给予支付费用协商解除劳动合同。对于违纪的人员，按照制度给予劳动纪律处分，构成严重违纪的依法给予解除劳动合同。对于业绩不合格的人员，按照制度给予调岗、降职处理，开放协商解除劳动合同选项给员工。

三、算好账

算好账，是指人员优化分流与安置过程中需要支付的各项成本，包括经济补偿、违法解除时的经济赔偿、未休带薪年休假工资、工资（病假、加班）、社会保险费用、住房公积金费用、离职时是否有竞业限制和补偿、离职时是否有培训服务期协议、离职时是否有借款协议、奖金、各项福利待遇、未报销的费用等。通过对这些费用项目的核算，有助于帮我们从成本的角度评估安置的方式。比如，对于经济补偿成本高于内退成本的人员或者继续维持劳动关系的人员，从成本角度来看，内退或者继续维持劳动合同，可能是最优的选择；对于患有重大疾病、精神类疾病的人员，继续维持劳动关系给予病假待遇，或者协商停薪留职，可能是最优的选择。通过精算各种情形之下，人员优化分流和安置的成本，有助于帮助企业弄清楚在经济层面最大的成本是什么。

在国企进行人员优化与分流安置时，涉及到经济补偿方面的支出，应当做到有法可依、有据可查，因为这里涉及到对国有资产的处置，若支出没有法律依据做支撑，则会存在违法、违规的嫌疑，甚至是涉嫌国有资产流失、私分国有资产罪等刑事犯罪。

四、出计划

出计划，是指根据员工情况设计安置和实施的计划，计划是确保人员优化分流和安置达成的重要保证。劳动咨询顾问按照“一人一案”的原则制定人员优化分流与安置的计划，主要包括：优化分流与安置的法律依据，首选的方案、备选的方案，方案实施的时间节点，对应方案的安置成本，根据员工的背景安排对应的工作人员等。按照“一人一案”的原则制定人员优化分流与安置的实施方案，主要包括：谈判地点的选择，考虑客户处于闹市、日常经营活动秩序等因素，比如，对于长期不到岗的人员、长期病假的人员则选择在公司之外的场地进行沟通；每位人员预留 1 小时的沟通时间；在沟通现场有负责谈判、答疑等工作的人员，各司其职。

五、控过程

控过程，第一方面是指确保人员优化分流与安置整个过程中符合法律的要求，确保不存在违法和违规的风险。是指工作人员管控与待安置人员沟通、协商过程，确保不发生极端、群体性事件。这方面的内容包括，人员优化分流与安置方案应当按照企业内部决策程序进行决策，以避免内部合规性的问题；需要征求全体员工或员工代表意见的事项，应当征求意见；需要与工会或者职工代表协商确定的事项，应当与工会或者职工代表大会协商确定。在这个过程中，需要保留好相关记录，比如，征求意见表、协商确定会议纪要等文件。人员优化分流与安置方案的内部、民主决策程序，既是合规、风险管理的需要，亦是企业体现民主管理，尊重员工知情权、参与权的体现，这样有助于管控劳动争议纠纷，避免出面群体性、极端性事件的发生。

第二方面的内容包括，与员工谈判时间的设定，我们选择安排在工作日；每位员工预留 1 小时的沟通协商时间；分时段预约员工沟通的时间，避免集中预约、人员聚集的情形发生；对于无法当场决策的人员，给予其回去考虑的时间，避免人员在现场滞留、聚集。在沟通的逻辑上，向员工阐明公司外部环境发生的变化，现状无法继续维持的客观性；进而向员工表明所有关于劳动合同关系的处置公司将依法进行，同时遵循员工的意愿；若员工愿意接受公司的安置方案，大家通过签订书面协议的形式确保各自的权利和义务；若员工不愿意接受公司的安置方案，公司亦会存在按照法律规定的依据和程序来处理劳动关系。

六、好结尾

好结尾，一方面是指企业和员工都满意人员优化分流和安置的方案，另一方面是指人员优化分流和安置中涉及的法律文件合法有效，避免事后再引起争议纠纷。

如何让企业和员工都满意人员优化分流和安置的方案呢？这里涉及到三个方面的核心内容，其一，起点需要合理，即实施人员优化分流和安置的背景或者原因，应当符合大多数人员的生活常识和认识，这就需要企业把面临的客观、真实情况告知员工，让其明白企业和自己所处的环境和态势，这样有助于员工理解、接受企业的安排。在与员工的沟通过程中，劳达顾问向员工解释了企业的业务整体被划转，集团对企业全面工作的接管和新的要求，意味着过去很多做法需要调整，这种调整的对象是普遍性的，并非针对是个人的调整，同时调整对其企业本身而言具有不可控、必须实施的性质，这时候，员工就比较容易理解和接受企业做出的人员优化分流与安置方案。其二，过程中需要合情，通过对员工背景的调查，了解和掌握员工面临的困难和问题，给出针对性的解决方案，包括内部退养、停薪留职等措施。其三，底线要合法，即企业面向所有员工的安置方案、补偿、操作应当符合法律规定，做到有据可查、有法可依。

法律文件在法律生效，一是要确保内容合法，不违反法律的强制性规定，比如，约定不补缴社会保险给员工补偿，这样约定内容在法律层面存在不被认可的风险。二是确保员工具有民事行为能力，对于精神类疾病人员，除了员工签字之外，同时亦需要其法定监护人签字追认，这样才能确保签署协议的合法有效性，避免事后发生争议纠纷。对于需要员工签字确认的文件，通过协商一致并让员工签字确认；对于需要员工知晓的事项，通过书面形式向其进行通知并保留好相关记录。

最后，涉及到劳动关系解除或终止的，及时给员工出具离职证明文件，并办理社会保险、公积金、档案等转移手续；需要企业协助办理失业保险待遇，积极协助员工办理等。

劳达顾问围绕六步法实施项目，在客户规定的期限内，平稳的实现了人员优化分流与安置，获得了客户的认可和好评。

随着国有企业改革的持续深入，在企业用工、人力资源管理方面提出了更多新的要求，包括人力资源管理的合规管理，市场化用工的建设、劳动合同管理等。在这个过程中，势必会涉及到对员工劳动关系的调整，即人员的进出、岗位的上下、薪酬的增减等事项。

由于国企特殊的性质，国企人员优化分流安置作为企业经营管理中比较复杂的事项，涉及与员工劳动关系的调整、社会的稳定、国企的社会责任等，需要在国家、社会、企业、劳动者各方权益之间做出平衡。这时候，就需要国有企业具备合法、合规、合理处置员工劳动关系的能力。

主要创作人：张　陇

参与创作人：李永超

感谢用友网络科技股份有限公司对本书出版的大力支持！

用友数字人力 (DHR)，围绕“卓越员工服务、智能人力运营、敏捷组织决策”核心价值，已帮助包括 47 家一级央企、37 家世界 500 强在内的 7000 多家行业领军企业推动人力资源数智化转型。